ARCHIVES HISTORIQUES

DU POITOU

XXXVI

POITIERS

SOCIÉTÉ FRANÇAISE D'IMPRIMERIE ET DE LIBRAIRIE

6 ET 8, RUE HENRI-OUDIN

1907

SOCIÉTÉ

DES

ARCHIVES HISTORIQUES

DU POITOU

ARCHIVES HISTORIQUES

DU POITOU

XXXVI

SOCIÉTÉ FRANÇAISE D'IMPRIMERIE ET DE LIBRAIRIE

6 ET 8, RUE HENRI-OUDIN

LISTE GÉNÉRALE

DES MEMBRES

DE LA SOCIÉTÉ DES ARCHIVES HISTORIQUES DU POITOU

ANNÉE 1906.

Membres titulaires :

MM.

ARNAULDET (TH.), ancien bibliothécaire de la ville de Niort, au Fossé-Rouge, par L'Oie (Vendée).

BARBAUD, ancien archiviste de la Vendée, à Bressuire.

BARDET (V.), ancien attaché à l'Inspection du chemin de fer d'Orléans, à Poitiers.

BEAUCHET-FILLEAU (Paul), à Chef-Boutonne.

BLANCHARD (R.), membre de la Société des bibliophiles bretons, à Nantes.

BOISSONNADE, professeur à la Faculté des Lettres, à Poitiers.

BONNET (E.), professeur à la Faculté de Droit, conseiller général des Deux-Sèvres, à Poitiers.

BOURALIÈRE (A. DE LA), ancien président de la Société des Antiquaires de l'Ouest, à Poitiers.

CESBRON (Paul), à Breuil-Chaussée (Deux-Sèvres).

CHAMARD (DOM), ancien prieur de l'abbaye de Ligugé.

COLLON (l'abbé), chanoine honoraire, ancien aumônier du pensionnat des Frères des Ecoles chrétiennes, à Poitiers.

DELISLE (L.), membre de l'Institut, à Paris.

MM.

Desaivre, docteur en médecine, ancien conseiller général des Deux-Sèvres, à Niort.

Ginot (Émile), bibliothécaire de la ville, à Poitiers.

Grandmaison (L. de), ancien archiviste de l'Indre-et-Loire, à Tours.

Guérin (Paul), chef de la section du secrétariat aux Archives Nationales, à Paris.

Guyot (l'abbé Joseph), curé de Sillars (Vienne).

Lelong (Eugène), professeur à l'Ecole des Chartes, à Paris.

Marque (G. de la), à La Baron (Vienne).

Martinière (Jules Machet de la), archiviste de la Charente, à Angoulême.

Ménardière (de la), ancien professeur à la Faculté de Droit, à Poitiers.

Musset (G.), bibliothécaire de la ville, à La Rochelle.

Rambaud (P.), pharmacien en chef des Hôpitaux, à Poitiers.

Richard (A.), archiviste de la Vienne, à Poitiers.

Richemond (L. de), ancien archiviste de la Charente-Inférieure, à La Rochelle.

Saint-Saud (Cte de), à la Roche-Chalais (Dordogne).

Sauzé (Charles), ancien magistrat, à Ferrières (Deux-Sèvres).

Tranchant (Charles), ancien conseiller d'État, ancien conseiller général de la Vienne, à Paris.

Membres honoraires :

MM.

Arnauldet (Pierre), à Alfortville (Seine).

Babinet de Rencogne, à Angoulême.

Beauregard (H. de), député des Deux-Sèvres, au Deffend (Deux-Sèvres).

Bourloton (E.), à Paris.

Cars (Duc des), à Sourches (Sarthe).

Clisson (l'abbé de), à Poitiers.

Desmier de Chenon (Mis), à Domezac (Charente).

MM.

Fontaines (Hubert de), à Sérigné (Vendée).
Fromantin, administrateur délégué de la Société Française d'Imprimerie et de Librairie, à Poitiers.
Horric de la Motte Saint-Genis (Mis), à Goursac (Charente).
Hublin (G.), notaire honoraire, maire de Saint-Maixent.
Labbé (A.), à Châtellerault.
Laizer (Cte de), à Poitiers.
La Lande Lavau Saint-Étienne (Vte de), à Neuvillars (Haute-Vienne).
Lecointre (Arsène), à Poitiers.
Mascureau (Mis de), à Poitiers.
Moreau (J.), à Loudun.
Moranvillé (H.), à Paris.
Orfeuille (Cte R. d'), membre de la Société des Antiquaires de l'Ouest, à Versailles.
Pallu du Bellay (Joseph), lieutenant d'infanterie, à Poitiers.
Proudet, docteur en médecine, à la Mothe-Saint-Héraye.
Segrétain (Léon), général de division, à Poitiers.
Surgères (Mis E. de Granges de), à Nantes.
Vernou-Bonneuil (Mis de), ancien capitaine breveté au 18e dragons, à Vouneuil-sous-Biard.

Bureau :

MM.

Richard, président.
de la Bouralière, secrétaire.
Bonnet, trésorier.
de Clisson, membre du Conseil.
Desaivre, id.
Labbé, id.
de la Ménardière, id.

EXTRAIT

DES PROCÈS-VERBAUX DES SÉANCES DE LA SOCIÉTÉ DES ARCHIVES

PENDANT L'ANNÉE 1906.

Durant le cours de l'année, la Société s'est réunie les 18 janvier, 3 mai, 19 juillet et 15 novembre.

Elle a perdu un de ses membres titulaires, M. Ernest Cesbron. Curieux d'autographes et de pièces relatives à la guerre de la Vendée, notre confrère avait trouvé dans ses collections matière à d'intéressantes communications ; il a publié dans nos volumes, en 1889, tome XX, les lettres de M. Boula de Nanteuil, intendant de Poitou, à M. Blactot, son subdélégué à Bressuire, et en 1896, tome XXVIII, les Etats de dépense des garnisons protestantes des provinces de Poitou, Saintonge, etc , en 1598 et 1599.

Réceptions de nouveaux membres. — Dans le cours de l'année la Société a reçu deux membres honoraires : M. Paul Cesbron, fils de notre regretté confrère, et M. le lieutenant Joseph Pallu du Bellay, et un membre titulaire : M. l'abbé Joseph Guyot, curé de Sillars.

Publications. — Au mois de janvier a été distribué le tome XXXIV, contenant le cartulaire de la Merci-Dieu, édité par M. Etienne Clouzot, ancien élève de l'Ecole des Chartes, frère de notre confrère M. Henri Clouzot.

Travaux en cours d'exécution. — Le tome XXXV, contenant la suite des Extraits du Trésor des chartes, que continue à recueillir M. Guérin et qui formera le Xe volume de cette si importante collection, est en cours d'impression, pour paraître en janvier 1907.

M. Bardet se déclarant en mesure de publier le journal de M. de Maillasson, magistrat à Montmorillon au xviie siècle, dont il a terminé l'annotation, il est décidé que le volume XXXVIe lui sera affecté.

Travaux en préparation. — M. Rambaud offre de faire un volume avec des documents relatifs aux arts en Poitou dont il recueille depuis longtemps les éléments ; de son côté, M. Henri Clouzot propose d'accroître cette publication par une série de textes qu'il a réunis sur le même sujet.

M. de la Bouralière se propose, de son côté, pour être l'éditeur d'un volume de Miscellanées qui contiendra de nombreux documents déjà communiqués à la Société.

M. Sauzé de Lhoumeau annonce qu'il travaille toujours à rassembler les lettres de M. de Lansac en vue de continuer la publication déjà commencée par la Société des Archives.

A propos de la découverte assez récente d'un manuscrit de la chronique de Saint-Maixent à la bibliothèque du Vatican, M. Richard signale l'intérêt qu'il y aurait pour la Société de voir publier à nouveau ce document si important pour l'histoire du Poitou. Il fait remarquer que l'édition qui en a été donnée par MM. Marchegay et Mabille est fort incorrecte, et il en donne pour preuve la collation, faite par lui sur l'original, du texte qu'ils ont publié. Il est invité à se mettre à la recherche de quelque nouvel éditeur.

Composition du Bureau. — A la séance du 15 novembre, ont été élus : MM. RICHARD, président ; DE LA BOURALIÈRE, secrétaire ; BONNET, trésorier ; DE CLISSON, DESAIVRE, LABBÉ et DE LA MÉNARDIÈRE, membres du Conseil.

JOURNAL

DE

M. DEMAILLASSON

AVOCAT DU ROI A MONTMORILLON

(1643-1694)

PUBLIÉ

PAR M. V. BARDET

TOME PREMIER

INTRODUCTION

I

En 1882, Mr Nouveau-Dupin, conseiller général de Montmorillon, communiquait à Mr le Président de la Société des Archives historiques du Poitou le journal du sr Demaillasson, avocat du Roi à Montmorillon. Ce manuscrit, dont nous fîmes, à cette époque, la transcription intégrale, forme un registre in-quarto de 566 pages. Les quatre premiers feuillets, c'est-à-dire huit pages, manquent, ainsi que l'indique le numéro 5 inscrit sur le premier des feuillets subsistants. Plusieurs autres lacunes s'y rencontrent dans la suite ; elles seront désignées au cours de notre publication [1].

Le journal de Mr Demaillasson commence en 1643 et se termine au 28 octobre 1694, bien que l'auteur ne soit décédé qu'en 1698. Nous n'avons pu découvrir la cause de cet arrêt, qu'il y a tout lieu d'attribuer à la maladie ou à un affaiblissement des facultés. Toutefois, il est certain que le journal est complet, car il existe à la fin du registre plusieurs feuillets qui n'ont pas été utilisés. Le manuscrit est tout entier de la main de Mr Demaillasson, comme nous avons pu nous en convaincre par le rapprochement de pièces de son écriture qui sont passées sous nos yeux. Il y a cependant certains articles qui ne sont pas de lui, mais qu'il peut avoir inspirés ; nous les avons indiqués en note. Bien des noms ont été laissés en blanc par l'auteur et plusieurs autres ont disparu par suite du mauvais état du manuscrit ; ces lacunes ont été en partie comblées à l'aide des registres paroissiaux. Les adjonctions ainsi faites sont toujours placées entre crochets. De même, nous avons indiqué en renvoi le nom patronymique des personnes que l'auteur avait simplement désignées par un nom de terre.

Ce journal est loin d'avoir l'intérêt de celui de Denesde,

---

[1]. Sous le titre *Mémoires tirez d'un journal fait par le père* (lisez grand-père maternel) *de M. Lamiraut, lieutenant de police à Montmorillon, et communiqué par lui-même*, le savant bénédictin D. Fonteneau a extrait du journal de Mr Demaillasson divers articles qui se trouvent dans le tome LXVII, page 879, de son recueil. Le premier de ces articles, qui ne figure pas dans le manuscrit que nous publions parce que le feuillet est enlevé, est ainsi conçu : « Le 10 décembre 1648, quarante-neuf Espagnols, prisonniers de guerre à Montmorillon, pris à la bataille de Lens. Il en coûte cent écus par mois pour les nourrir. »

publié dans le tome XV de la Société. Cependant, il renferme une foule de faits qui, malgré leur peu d'importance relative, n'en sont pas moins intéressants pour l'histoire intime de Montmorillon et du pays montmorillonnais au xviie siècle. L'auteur nous fait assister aux cérémonies du culte auxquelles il prend part avec d'autres officiers du siège, et aux solennités diverses qui ont eu lieu dans cette ville : passages de grands personnages, réjouissances pour les victoires remportées par les armées françaises. Il nous fait connaître les calamités qui ont affligé la ville, maladies ou inondations ; les événements tragiques ; le passage des troupes, dont les excès et les violences étaient souvent la cause de rixes sanglantes. Il rapporte, en les accompagnant de réflexions, mais sans jamais sortir de la réserve que lui imposait la bienséance, quantité de renseignements sur les mœurs et les habitudes de la vie publique et privée[1]. On y voit l'existence douce et paisible que menaient les habitants d'une petite ville de province, unis par la plus grande intimité et un respect réciproque, à une époque où les journaux et la politique n'avaient pas encore fait leur apparition à la campagne[2]. Mr Demaillasson enregistre avec une scrupuleuse exactitude les naissances, mariages et décès[3]. Son journal est, sur ce point, un véritable registre d'état civil qui fournit des éléments authentiques très utiles pour dresser les généalogies des anciennes familles notables du pays. Nous avons essayé d'y ajouter quelques autres renseignements destinés à éclairer la filiation de plusieurs de ces familles. Enfin, nous avons cru devoir grossir ce texte d'une foule d'autres notes, qui, sans avoir un intérêt de premier ordre, pourront servir à le compléter. On trouvera, en

---

1. Cette réserve n'a pas empêché un honorable conseiller à la cour impériale de Poitiers de traiter notre Journal de « *Chronique scandaleuse* » et son auteur de « *journaliste caustique* », parce qu'il a osé révéler qu'un jeune postulant « qui s'était présenté devant Messieurs du présidial pour être interrogé s'il serait capable d'être reçu en l'office de conseiller, a été renvoyé étudier pour six mois », et que, cinquante jours après, « à la prière et sollicitation de plusieurs personnes, il fut reçu nonobstant son renvoi, ayant par écrit ce qu'on lui devait demander et ce qu'il devait répondre, et néanmoins ne laissa pas de faire plusieurs solécismes ». (Ch. de Gennes, *Etude historique sur le Présidial de Poitiers*, page 153.)

2. On sait que le premier journal politique fondé en France fut la *Gazette*, feuille hebdomadaire créée par le poitevin Théophraste Renaudot, médecin de Louis XIII, et dont le premier numéro parut le 30 mai 1631. Rien ne manqua à la vogue du premier journal. Dès son apparition, une estampe, aujourd'hui conservée à la Bibliothèque nationale, représente allégoriquement la *Gazette* assise entre le Mensonge et la Vérité, Renaudot écrivant, tandis qu'un quatrain gravé en marge lui prête ces paroles :

    Mille peuples divers parlent de mon mérite ;
    Je cours par tous les lieux de ce vaste univers ;
    Mon sceptre fait régner et la prose et les vers,
    Et pour mon trône seul la terre est trop petite.

3. Il a consigné séparément, à la fin de son journal, la naissance de ses enfants et des enfants de sa fille, femme de Mr Ladmirault de Vautibaut.

outre, à la fin du second volume, plusieurs pièces inédites, réunies en appendice, qui, se rattachant à divers articles ou notes de notre Journal, viendront, nous l'espérons, accroître l'intérêt que celui-ci peut avoir par lui-même. Voici le résumé de ces pièces :

I. — Liste des prieurs de la Maison-Dieu de Montmorillon de 1107 à 1791 (complète à partir de 1423), dressée au moyen des papiers de ce couvent déposés aux Archives de la Vienne (H 3 bis 1 à 385).

II. — Lettre du Prince Noir, datée d'Angoulême le..... 1366, au receveur de Poitou, pour l'inviter à payer aux Frères de la Maison-Dieu de Montmorillon la rente de cent setiers de blé qui leur était due moitié sur les Moulins-au-Roi et moitié sur la dîme de Latus (Arch. Vien. H 3 bis 66).

III. — Brevet du roi Louis XIII du 27 décembre 1613 portant union de la Maison-Dieu de Montmorillon à la Congrégation des Augustins réformés de Bourges, suivi : a) d'une supplique du 30 avril 1614 du même au pape Paul V (Arch. Vien. H 3 bis 385), et b) d'une bulle du pape Paul V du 16 octobre 1614 approuvant ladite union (D. Fonteneau, t. LXVII).

IV. — Acte de fondation du 27 juin 1631 par les habitants de Montmorillon d'une procession annuelle à Notre-Dame des Ardilliers de Saumur, à l'occasion de maladies contagieuses (Reg. par. de Saint-Martial de Montmorillon).

V. — Liste des fermiers du moulin à papier appelé le Moulinet-des-Mas, près Montmorillon, de 1648 à 1776, dressée au moyen des baux à ferme classés aux archives de la Vienne (H 3 bis 90).

VI. — Transaction du 18 juin 1658 entre les seigneurs du Cluseau et d'Ouzilly, qui règle les droits de possession de la justice de Latus (Arch. Vien. H 3 bis 91).

VII. — Procès-verbal des violences exercées le 8 novembre 1698 par Armand Poussard, marquis de Fors et du Vigean, sur la personne de Jean Grimaud, sergent royal à Saintes (et ses archers), chargé de faire exécuter un jugement de décret-saisie de la terre du Vigean, rendu au profit de dame de Saint-Gelais de Lusignan, marquise d'Anguitard (*Monographie inédite du Vigean* par le commandant Deliquet).

VIII. — Placet adressé, en novembre 1699, au roi Louis XIV, par Philippe David, prieur-curé de Notre-Dame de Plaisance, pour lui demander un secours au sujet des réparations à faire à l'église dudit lieu, accompagné : a) d'une lettre du 18 du même mois de Mr de Chamillart à M^r d'Ableiges, et b) d'une autre lettre du 3 décembre suivant du Frère Thadée Lempereur au Frère syndic de la Maison-Dieu, par laquelle il lui envoie une copie de ce placet dans lequel les Augustins de Montmorillon sont pris à partie (Arch. Vien. H3 bis 66).

A toutes ces pièces nous joignons la reproduction (planche I), faite avec la plus grande exactitude par la maison Baelde, de Poitiers, d'une vue de la ville de Montmorillon au xvi⁰ siècle, dont l'original se trouve aux archives de la Vienne (H³ bis 385), puis les marques des fabricants de papier de Montmorillon aux xvi⁰, xvii⁰ et xviii⁰ siècles (planches II, III, IV et V), dont les empreintes nous ont été fournies par les papiers de la Maison-Dieu (Arch. Vien. H³ bis 1 à 385).

Lors de la préparation des tomes XXXVI et XXXVII de la Société des Archives, il avait été arrêté que, malgré l'intérêt secondaire de certains articles, le journal de M⁰ Demaillasson serait publié intégralement et sans aucun retranchement, et que la matière des deux tomes ci-dessus serait fournie par ce journal. Celui-ci ne s'étant pas trouvé suffisant pour composer entièrement le second volume, on a cru devoir combler cette lacune par l'addition de pièces complémentaires, au nombre de vingt-cinq environ, qui sont toutes inédites et relatives à l'histoire de la ville de Montmorillon et du pays montmorillonnais.

II

La famille Demaillasson paraît avoir pris son nom du village de Maillasson², en la paroisse de Saint-Sulpice-les-Feuilles (Haute-

---

1. Paul Demaillasson, prieur de Bois-Métais, fils de Charles Demaillasson, avocat du Roi à Montmorillon, et d'Anne Clavetier, fit, le 3 juillet 1700, enregistrer ses armoiries comme il suit : « d'azur, à deux bâtons tigés par le pied de trois racines et fleurdelisés par le hault, le tout d'argent, passés en sautoir » (*Armorial général du Poitou*, dressé par Charles d'Hozier en vertu de l'édit de 1696).

2. Maillasson. — 6 maisons, 28 habitants, 1901.

En 1596, « le village de Maillasson, contenant en basty et en masures 15 fermes de logis », dépendait de Jançay (R. Drouault, *Monographie de Saint-Sulpice-les-Feuilles*, 2⁰ partie.)

Vienne), où elle comptait encore des représentants à l'époque de la Révolution.

Une branche, qui était venue habiter Montmorillon au commencement du xvi⁰ siècle, a occupé dans cette ville diverses charges de judicature.

Jean Demaillasson, avocat à Montmorillon en 1567, puis lieutenant civil et criminel au même lieu en 1583 [1], fils et unique héritier de Michel Demaillasson, eut deux enfants :

1° Jean qui se fixa à Magnac (Haute-Vienne) et eut :

a. Jean, établi marchand à Tours en 1646 ;

b. Jeanne, mariée à Louis Chavignat, de Magnac ;

c. Joseph, s^r du Bost, banquier à Paris en 1666 ;

d. Autre Jean, avocat au parlement de Paris en 1668.

2° François, s^r des Barballières [2] (Bonnes, Vienne), avocat à Montmorillon, épousa Marie Richard, décédée (après lui) le 18 septembre 1651, à l'âge de 71 ans, fille de Laurent Richard, éc., sgr d'Isse, du Chambon et de Tersanne, lieutenant civil et criminel à Montmorillon, et de Antoinette de la Coustière, dont il eut cinq garçons et deux filles :

A. — Laurent Demaillasson, avocat à Montmorillon, marié à Adrienne Doré, qui lui donna François, baptisé le 25 août 1627, et, étant veuve, se remaria à Jean Gaultier, s^r de Beumaine, greffier de la maréchaussée.

B. — François Demaillasson, avocat à Montmorillon, décédé le 31 janvier 1645.

C. — Louis Demaillasson, s^r de la Faix, procureur du Roi à Montmorillon [3], se maria deux fois : 1° à Louise Douadic ; 2° le 7 janvier 1653, à Eléonore Pineau, fille d'André Pineau, avocat, et de Marie Levasseur. Il fut inhumé dans l'église de Saint-Martial le 23 avril 1657, à l'âge de 52 ans, ayant eu du premier lit :

1° Marie, baptisée à Saint-Martial le 18 août 1628, mariée à Gaspard Fradet, s^r de la Gatevine, décédée le 27 novembre 1666 et inhumée le lendemain dans l'église de Lussac-le-Château ;

2° François, s^r de la Chèze [4], baptisé le 18 avril 1629, reçu avo-

---

1. Arch. Vien. H. 3 bis 64.

2. Le 7 janvier 1621, Gabriel Drouillard, marchand à Chauvigny, et Pierre Chapoton, laboureur, rendaient une déclaration du fief des Barballières, paroisse de Bonnes, à François Demaillasson, avocat à Montmorillon (Arch. Vien. E⋅ 699).

3. Par ordonnance du 18 juin 1663, les biens provenant de sa succession sont partagés : un tiers à sa veuve, un tiers aux enfants du premier lit et un tiers aux enfants des deux lits, par portions égales, et à chacun d'eux une huitième partie de tous les meubles et acquêts, abstraction faite au profit de François du fief de la Chaise, pour son préciput et droit d'aînesse (Arch. Vien. Greffe de la sénéch. de Montmorillon, liasse 25).

4. Le 20 juin 1681, François Demaillasson faisait informer secrètement au parquet de Montmorillon contre François Cherbonnier, fils de François

cat le 30 mars 1650, enquêteur à Montmorillon, marié, le 16 octobre suivant, à Elisabeth Demareuil[1], fille de François Demareuil, enquêteur, et de Marguerite Cœurderoy. Il mourut à la Chèze le 23 juillet 1683, ayant eu trois garçons et six filles :

a. Elisabelh, née le 14 août 1651, mariée, le 25 février 1675, à Pierre Guillemin, sr de la Bussière ;

b. Anne, née en décembre 1653, mariée, le 23 novembre 1677, à Gaspard Lucquet, sr des Marnes ;

c. François, né le 16 janvier 1655, décédé le 30 mars 1665 ;

d. Marie, née le 6 janvier 1657, décédée le 2 mars 1686 ;

e. Autre François, sr de la Chèze, né le 26 mars 1659, marié à Catherine Delaforest, veuve de Louis Dechaume, sr des Rochettes, et décédé le 22 avril 1692 ;

f. Marguerite, baptisée le 18 novembre 1660, destinée inconnue ;

g. Autre Marie, baptisée le 3 avril 1662, destinée inconnue ;

h. Autre Marie, baptisée le 12 avril 1665, mariée, le 17 janvier 1690, à Jean Chavignat, sr de la Lastière ;

i. Charles, né le 28 juin 1667, destinée inconnue ;

3° André, sr de la Pinotrie, baptisé le 11 avril 1630, interdit pour faiblesse d'esprit ;

4° Anne, mariée, le 3 juillet 1650, à Pierre Vezien, sr du Fief, avocat à Montmorillon, fils de Pierre, sr de la Roche-du-Fief, et de Louise de Monfaulcon, puis à Louis Pineau, sr de la Grange ;

5° Louise, baptisée le 24 juillet 1633, destinée inconnue ;

6° Magdeleine, baptisée le 17 juin 1635, destinée inconnue ;

7° Louis, sr de la Chèze, baptisé le 23 octobre 1638 [2] ;

Cherbonnier, cordier, et René Cresnon, fils d'Antoine Cresnon, marchand, qui avaient débondé un de ses étangs de la Chaise-Poitevine appelé l'étang du Milieu, pour aller chercher des canards qu'ils avaient tués (Arch. Vien. Greffe de la sénéch. de Montmorillon, liasse 52).

1. Le 22 décembre 1684, Pierre Bernard, maître charpentier, et Antoine Lenfant, maître couvreur et maçon, sont commis par le juge prévôt pour procéder à la visite des immeubles ci-après provenant de la succession de François Demaillasson et affermés par Elisabeth Demareuil, sa veuve, à Pierre Deforge, cordonnier : 1° une maison sise à Montmorillon, près le carrefour, comprenant : cuisine, escalier en pierre, chambres basses et hautes, étude, cuvier, écuries, boulangerie, boutique, jardin et « une tour au bout du carrefour, proche la rivière, qui a esté démollie par les grandes eaux, n'ayant ny porte, ny fenestres, ny plancher, ny thuiles, ny cherpente » ; 2° les maisons, granges et écuries des deux métairies et de la borderie de la Chaise, ainsi que les étangs appelés le grand étang de la Chaise, l'étang du Mitan (milieu), l'étang de la Bardelle, l'étang Bonnicault et l'étang Girault (Arch. Vien. Greffe de la sénéch. de Montmorillon, liasse 60).

2. Par sentence du 7 septembre 1685, Jean Argenton, avocat, et Marie Douadic, son épouse, sont condamnés à payer à Louis Demaillasson, sr de la Chèze, le terme échu de la rente de cent livres, constituée, le 16 avril 1647, au profit de feu Louis Demaillasson, son père, par feu Laurent Douadic, conseiller du Roi, et Martine Fauconnier, sa femme (Arch. Vien. Greffe de la sénéch. de Montmorillon, liasse 62).

8° Charles, baptisé le 7 octobre 1643, marié, le 25 novembre 1666, à Marie Dalest, fille de François, s^r de Peuterrault, et de Marguerite Dauberoche, et inhumé à Saint-Martial de Montmorillon, le 25 janvier 1691, ayant eu :

    a. Laurent, baptisé le 13 décembre 1671, destinée inconnue ;

    b. Félix, baptisé le 7 août 1673, destinée inconnue ;

    c. Marie, baptisée le 22 décembre 1675, destinée inconnue ;

    d. Jacques, baptisé le 4 juillet 1678, décédé le 19 octobre suivant ;

    e. Autre Jacques, né le 28 septembre 1679, baptisé le 1er octobre suivant, destinée inconnue ;

    f. François, né le 26 décembre 1680, baptisé le 29 du même mois, greffier criminel et procureur à Montmorillon, épousa, le 28 novembre 1709, Marie Goudon dont il eut :

        a) Fleurent, qui était parrain à Saint-Martial de Montmorillon le 28 août 1739 ;

        b) Joseph, baptisé le 28 décembre 1712, prêtre, vicaire d'Antigny de 1743 à 1748, puis curé dudit lieu de 1748 à 1774 ;

        c) Marie-Angélique, mariée, le 11 février 1744, à Joseph Desbouiges, s^r de la Lande, procureur en la justice de Brigueil-le-Chantre, fils de Jean, s^r de la Lande, et de feu Marguerite Naude ;

        d) François, qui assiste au mariage de sa sœur Marie-Anne le 15 avril 1755 ;

        e) Marie-Anne, mariée, le 15 avril 1755, à Gabriel Lauradour, praticien, fils de Gabriel Lauradour, bourgeois, et de feu D^lle Rabethe, de la paroisse de Saint-Paixent.

    g. Marguerite, née en décembre 1682 ;

    h. Pierre, baptisé à Saint-Martial le 18 janvier 1686 ;

    i. Eléonore, baptisée le 14 mars 1689 à Saint-Martial, mariée, le 11 février 1709, à Joseph Boisseau, notaire et procureur du marquisat de Lussac-le-Château ;

Du second lit :

9° Anne, née le 20 décembre 1653, femme de Jean Bastide, s^r du Pêcher, conseiller à Montmorillon ;

10° Catherine, née le 1er avril 1655, épouse de Sylvain Delouche, s^r de la Varenne et de Bois-Rémond, décédée le 8 juillet 1685 au château de Bois-Rémond, commune de Parnac (Indre).

D. — Jean Demaillasson, établi marchand de drap et soie à Tours, décédé le 17 mai 1658, à l'âge de 51 ans, et inhumé le même jour dans l'église de Saint-Saturnin de cette ville, ayant eu de Marie Dumont, son épouse, trois garçons et quatre filles :

1° Charles, dit Charlot, né vers 1641, destinée inconnue ;

2° Anne, dite Nanette, mariée, le 13 octobre 1660, à Guillaume Hallé, marchand de drap et soie à Paris, rue des Lavandières ;

3° Magdeleine, dite Magdelon, mariée, le 24 novembre 1666, à Louis Roy, marchand de drap et soie à la Rochelle ;

4° Jean, sergent royal à Montmorillon en 1675 ;

5° Manon, mariée, le 17 janvier 1667, à Mr Massicault, marchand à Tours ;

6° Fanchon, destinée inconnue ;

7° Pierre, destinée inconnue.

E. — Charles Demaillasson, s^r de la Chèze, baptisé à Saint-Martial le 9 décembre 1614 [1], est l'auteur du journal que nous publions aujourd'hui. Par lettres de provision du 31 juillet 1648, il fut pourvu de l'office d'avocat du Roi en la sénéchaussée de Montmorillon, sur la résignation de Me Jean Pailler, et par autres lettres patentes du 10 septembre suivant, il fut relevé des dispenses de parenté et alliance avec les autres officiers du siège. Il occupa cet office pendant 27 ans et le résigna le 18 août 1675 à Louis Ladmirault de Vautibaut, son gendre. Charles Demaillasson fut aussi maître des requêtes de la Reine mère Anne d'Autriche ; il épousa en premières noces, en 1643, dans la chapelle de Rouflac (Hains), Marie Poirier, fille de Pierre Poirier, conseiller et procureur en l'élection du Blanc, et de Françoise Mérigot, inhumée le 3 juillet 1644 dans l'église de Saint-Martial, et en secondes noces, le 3 juin 1647, dans l'église de Saint-Germain-sur-Vienne (Charente), Anne Clavetier, fille de Pierre, s^r de Vernet, et de Jeanne Berthon. Il mourut le 8 juin 1698 et fut inhumé, le lendemain, dans le chœur de l'église de Saint-Martial, près de l'autel de Notre-Dame, ayant eu du deuxième lit :

1° Marie, née le 20 décembre 1649, décédée le 2 mars suivant ;

---

1. Voici son acte de baptême dont un extrait est classé aux Archives de la Vienne (Présidial) :

« Aujourd'huy, 9e jour de décembre 1614, a esté baptisé Charles, fils de honorable Maistre François Demaillasson, advocat ès cours royalles de cette ville de Montmorillon, et de dame Marie Richard, sa femme, et a esté son parrain, honorable Charles Richard, conseiller du Roy et son procureur ès dictes cours, et damoiselle Fleurance Pailler, femme de Me Nicolas de la Mothe, aussy procureur au dict lieu, sa marraine. Ainsi signé : C. Richard, Fleurance Pailler et J. Jacquet, curé recteur du dict Saint-Martial. »

« Le présent acte a esté extrait du dict papier des baptesmes au feuillet 15 et par moy délivré à Maistre Charles Demaillasson, luy le requérant. »

« Faict à Montmorillon le 31e d'octobre 1648. Signé L. Grault, curé recteur de l'église de Saint-Martial de Montmorillon. »

Cet acte ne se trouve plus dans les registres paroissiaux de Saint-Martial, déchirés en plusieurs endroits.

2° Marguerite, dite Goton, née le 27 septembre 1651, mariée, le 17 juin 1670, à Louis Ladmirault, s^r de Vautibaut, trisaïeul du général ;

3° Jeanne, dite Jeanneton, née le 25 décembre 1652, décédée le 23 novembre 1655 ;

4° Fleurence, dite Fleuron, née le 23 mars 1656, se maria trois fois : 1° le 21 octobre 1687, à Jean-François Périgord de Massé, chevalier de Saint-Lazare, capitaine major des ingénieurs de France, tué d'un coup de canon au siège de Londondheri (Irlande) le 20 juillet 1689 ; 2° le 23 février 1691, à Jacques de Bridieu, éc., sgr de la Baron, décédé le 23 mars 1692, et 3° à Charles de Moncrif, chev., sgr de Fréville, conseiller du Roi, commissaire ordinaire des guerres en Poitou. Elle mourut au château de la Baron et fut inhumée dans l'église de Chéneché (Vienne) le 24 avril 1717, laissant un fils de son second mariage ;

5° Marie, dite Marion, née le 30 mai 1657, mariée en premières noces, le 8 juin 1694, à André Richard, lieutenant criminel à Montmorillon, et en secondes noces, au mois de juillet 1703, à François-Joseph Goudon de la Lande, prévôt des maréchaux de France à Montmorillon, fils aîné de Pierre Goudon de l'Héraudière, aussi prévôt des maréchaux, et de Marie Delaforest ;

6° Paul, né le 20 octobre 1658, se destina à la cléricature et fut prieur du prieuré de Bois-Métais, commune de Jazeneuil (Vienne), sur résignation faite en sa faveur, le 31 mai 1687, par René Ladmirault, prieur de Valençais. Il mourut le 6 février 1714.

F. — Magdeleine Demaillasson, née le 24 octobre 1617, mariée à Pierre Vachier, s^r de la Baudinière, décédée (après lui) le 28 juin 1652, laissant une fille, Marie, qui épousa, le 9 février 1665, Pierre Chazaud, s^r du Cluseau, conseiller au présidial de Poitiers, maire de cette ville de 1683 à 1686.

G. — Fleurence Demaillasson, épouse de Pierre Delamothe, s^r des Chaussidiers, veuve le 26 mai 1672, décédée le 5 août 1689.

III

Nous avons dit que le journal de Mr Demaillasson commençait en 1643 et se terminait en 1694. A cette époque, Montmorillon renfermait un chapitre, institué en 1220 dans la chapelle de Notre-Dame [1], donnée en 1093 à l'abbaye de Saint-Savin par

---

1. Notre-Dame fut, dans le principe, la chapelle du château. Bien que sa porte principale fût hors de l'enceinte de Montmorillon, le château et la ville

Pierre II, évêque de Poitiers ; — une riche maison hospitalière, la Maison-Dieu, fondée au commencement du xiie siècle, dont furent mis en possession les Augustins réformés de Bourges en 1614 ; — le prieuré et la cure de Saint-Martial, à la collation de l'abbé de Saint-Martial de Limoges ; — un prieuré de l'ordre de Grandmont, qui a donné son nom à une rue de la ville ; — un couvent de Récollets [1] dans la rue qui porte encore aujourd'hui ce nom, et une communauté de Filles de Saint-François, connue sous le nom de couvent de Saint-Joseph, établie en 1624 au lieu même occupé maintenant par l'hospice.

Saint-Martial était la seule église paroissiale de la ville, dont une portion, située sur la rive gauche de la Gartempe, dépendait de la paroisse de Concise [2].

L'archiprêtré de Montmorillon, en l'archidiaconé de Poitiers, était uni à la cure d'Hains où résidait le titulaire ; son territoire renfermait avec Montmorillon les paroisses d'Antigny, Béthines, le Bourg-Archambault, la Bussière, la Chapelle-Viviers, Château-Guillaume (Indre), Concise, Darnac (Haute-Vienne), Hains, Ingrande (Indre), Jauvard (idem), Jouet, Journet, Latus, Lautier, Leigne, Liglet, Mérigny (Indre), Mont-Saint-Savin, Nalliers, Nesme (Indre), Paizay-le-Sec, Pindray, Saint-Germain, Saint-Hilaire-de-Benaise (Indre), Saint-Léomer, Saint-Savin, Saugé, Thenet, La Trimouille et Villemort.

---

communiquaient avec l'église au moyen de portes latérales que l'on remarque encore dans la paroi de droite. La porte par laquelle on y entrait en venant du château a été murée en 1802. Le passage du château à l'église avait lieu par une ancienne porte de ville qui servait de pont et que l'on a démolie en 1808 ou 1809 (Ant. Ouest, III, 1837).

Le chapitre était composé d'un prévôt électif et de quatre chanoines qui étaient à la nomination de l'évêque de Poitiers et qui n'avaient que 200 livres de revenu chacun (D. Fonteneau, LXVII).

1. Le couvent des Récollets fut vendu comme bien national, et adjugé, le 9 messidor an IV (27 juin 1796), à Mr Ducluzeau, receveur de l'enregistrement à Montmorillon.

2. Mr Nouveau prétend que, malgré son titre de paroissiale, l'église de Concise ne fut en réalité qu'une succursale de Notre-Dame (A. O. III, 1837). C'est une erreur qu'il importe de rectifier. Toute la partie de la ville de Montmorillon située à droite de la rue Notre-Dame (aujourd'hui rue Montebello), depuis la rivière jusqu'au faubourg des Bancs, dépendant de la paroisse de Concise et formant la majeure partie de sa population, Messieurs du chapitre accordaient au curé de cette paroisse « l'autorisation de faire dans l'église de Notre-Dame les fonctions paroissiales, excepté celle d'y dire la messe paroissiale les dimanches et fêtes, d'y donner la bénédiction du Saint Sacrement et d'y faire les enterrements ». C'est ce qui explique pourquoi la résidence du curé de Concise et le dépôt des registres paroissiaux étaient à Montmorillon. (Voir aux pièces complémentaires l'autorisation du 25 décembre 1764.)

En 1803, lors de la réorganisation du culte, Notre-Dame fut érigée en église paroissiale, et la commune de Montmorillon, qui comprenait dès lors le territoire de l'ancienne paroisse de Concise, fut divisée en deux paroisses, celles de Saint-Martial et de Notre-Dame (Rédet, *Dict. topogr. du départ. de la Vienne*).

Montmorillon était le siège d'une châtellenie qui fut acquise par le roi Philippe le Hardi de Guy de Montléon, le 22 décembre 1281 [1]. Cette châtellenie, qualifiée dès lors baronnie, comprenait les paroisses de Saint-Martial de Montmorillon, Bouresse, Bourg-Archambault, Brigueil-le-Chantre, Concise, Jouet, Journet, Latus, Leigne, Liglet, Moulime, Moussac-sur-Gartempe, Pindray, Plaisance, Saint-Léomer, Saint-Remy avec l'enclave de Bussière, Saugé, Sillars, Thenet, la Trimouille et les enclaves de Condac, le Bouchaud et Chambon. Le château, détruit depuis fort longtemps, avait plus de 90 fiefs dans sa mouvance directe [2].

Cette ville était aussi le siège d'une juridiction dont le ressort fort étendu forma celui de la sénéchaussée qui y fut établie en 1545 [3]. Outre la châtellenie de Montmorillon, ce ressort comprenait celles de Lussac-le-Château et de Saint-Savin (Vienne), du Blanc et de Saint-Benoît-du-Sault avec la vicomté de Brosse (Indre), la vicomté de Rochechouart et la châtellenie de Saint-Victurnien (Haute-Vienne), la châtellenie de Brigueil-l'Aîné (Charente), la vicomté de Bridiers et de Bourganeuf avec les baronnies de Châtelus-Marcheix, Laron, Peyrusse et Pontarion (Creuse), et celle de Peyrat (Haute-Vienne). La sénéchaussée de Montmorillon ressortissait au parlement de Paris et, pour les cas présidiaux, au présidial de Poitiers [4].

Montmorillon avait en outre un prévôt provincial de la maréchaussée [5].

A l'époque qui nous occupe, la ville et les faubourgs [6] repré-

---

1. Voir l'acte de vente aux pièces complémentaires.
La baronnie de Montmorillon, avec toutes ses dépendances, fut aliénée, par contrat du 24 septembre 1587, à René Le Beau, éc., sgr de Sauzelle, pour la somme de 27,720 livres (Dugast-Matifeux. *Etat du Poitou sous Louis XIV*).
De cette baronnie dépendait une sergenterie féodale pour raison de laquelle le propriétaire était obligé de fournir, lors des grandes assises de Montmorillon, au sénéchal de Poitou et à ses officiers, la vaisselle nécessaire pour son dîner, et le foin et la paille pour ses chevaux (Arch. Vien. C. 389).
2. Rédet, *Dict. topogr. du départ. de la Vienne.*
3. Voir l'édit aux pièces complémentaires.
4. Le siège royal de Montmorillon se composait de : un sénéchal de robe longue, un président, un lieutenant civil, un lieutenant criminel, un assesseur, un procureur du Roi, huit conseillers, un juge prévôt, premier conseiller né du siège, et un greffier (D. Fonteneau, LXVII, p. 607).
5. D. Fonteneau, LXXV, p. 28.
Les prévôts provinciaux pouvaient prendre la qualité d'écuyer sans être regardés comme usurpateurs de noblesse (Art. 13 de l'arrêt du Conseil du 22 mars 1666). Ils portaient l'habit court, le manteau à collet, le chapeau à plumes, le bâton de commandement argenté à la main et l'épée au côté.
6. Les faubourgs de la Cueille et de Saint-Martial sur la rive droite, de Grassevau et de la Maison-Dieu sur la rive gauche. Le faubourg des Bancs, où se tenait le marché les mardi et samedi de chaque semaine, dépendait de la paroisse de Concise.
Dans le faubourg de Grassevau était « un petit châtel appelé Château-Brûlon, consistant en une maison, une fuye et un jardin avec le droit de construire un moulin sur la rivière de Gartempe et de lever moitié dîme de vin

sentaient une population de 2.500 habitants [1] (460 feux), à la tête desquels était, au xviie siècle, un maire électif qui fut rendu perpétuel en 1692 [2].

En 1691 et 1692, la paroisse de Saint-Martial [3] de Montmorillon était imposée pour la somme de 3.529 livres 10 sols [4].

Deux ponts reliaient la rive droite à la rive gauche : l'un, appelé d'abord le Pont-Notre-Dame, puis le Pont-Saint-Martial, porte aujourd'hui le nom de Vieux-Pont ; l'autre, appelé le Pont-Neuf et situé au-dessous du Pont-Neuf actuel, fut emporté par les eaux en 1740.

Au xviie siècle, il y avait à Montmorillon des tanneries, des teintureries, quatre fours banaux [5], neuf auberges ou hôtelleries : le Chêne-Vert, le Cheval-Blanc, la Croix-Blanche, l'Ecu, la Grille, le Lion-d'Or, Notre-Dame, le Point-du-Jour et les Trois-Rois, un maître et une maîtresse d'école, un maître écrivain, un messager, qui faisait le service des marchandises entre Montmorillon, Poitiers et Paris.

Il s'y tenait trois foires renommées où il se vendait des bœufs, des porcs, des moutons, des chèvres, des laines, du chanvre et des grains : la Saint-Eutrope (30 avril), la Saint-Laurent (10 août), une des plus considérables du Poitou, et la Confrérie (1er jeudi après la Saint-Denis, 9 octobre).

Ajoutons, pour compléter cette longue énumération, qu'au-dessous du Vieux-Pont étaient deux moulins appelés les Moulins-au-Roi, construits au xiie siècle et emportés par l'inondation de 1740, l'un sur la rive droite de la Gartempe, commune de Montmorillon, a donné son nom à une rue de la ville, et l'autre sur la rive gauche, commune de Concise ; au-dessus du Pont-Neuf, les Grands-Moulins, qui portent encore aujourd'hui ce nom, se composaient d'un moulin à farine (rive droite), d'un foulon et d'une papeterie (rive gauche) ; aux Mas se trouvaient deux moulins, l'un

---

dans un canton de vignes ès environs du dit château, contenant environ 200 boisselées » (Arch. Vien. H. 3 [bis] 385). En 1604, Louise de la Béraudière, dame de Lage de Plaisance, comprenait dans le dénombrement de cette seigneurie l'hommage lige au devoir d'un gant blanc apprécié 6 deniers que lui devait Perrette de Montfaucon, veuve d'Arthur Béraud, héritière de feu Mre François de Montfaucon, pour le lieu appelé Château-Brûlon, plus l'hommage lige que lui devaient les héritiers de feu Louis Bost pour le vergier Brûlon joignant ledit Château-Brûlon et contenant 50 boisselées (Ant. Ouest, X, 1887).

1. Arch. Vien. reg. 101², page 116.
2. Edit d'août 1692.
3. Comprenant le Pont-Neuf, la Cueille, Saint-Martial, le Fort, Grassevau, la Maison-Dieu, la Barre et le Plantis (Arch. Vien. C. 819).
4. Ces impositions étaient de 9492 livres 10 sous en 1762 et de 9266 livres en 1775 (Arch. Vien. C. 820).
5. Un au faubourg de Saint-Martial, un dans la rue du Four, près le couvent des Récollets, un au faubourg de Grassevau et un au faubourg des Bancs.

sur la rive droite, commune de Montmorillon, et l'autre sur la rive gauche, commune de Saugé. Ce dernier, appelé le Moulinet-des-Mas, était une papeterie.

Avant de terminer, nous tenons à adresser nos plus vifs remerciements à Mr Alfred Richard, notre distingué président, qui nous a complaisamment aidé de ses conseils ; à Mr Rambaud, notre obligeant confrère, pour ses intéressantes communications, et à Mr le Maire de Montmorillon qui a bien voulu mettre à notre disposition, aux Archives de la Vienne, les registres paroissiaux de Saint-Martial et de Concise.

V. Bardet.

JOURNAL

DE

M. DEMAILLASSON

AVOCAT DU ROI A MONTMORILLON

(1643-1694)

[1643.]

...... J'ay espouzé damoiselle [Marie Poirier], fille d'honorable Pierre Poirier [2], [conseiller et procureur du Roy] en l'eslection du Blanc, et de [Françoise] Mérigot, et a esté célébré [le dict mariage en la] chappelle de Roufflac [par Mre Pierre] Dalest, juge prévost royal en cette ville, archiprestre d'Ains [3], et le mesme jour je l'ay amenée céans.

1644.

Le jeudy 3 juillet 1644, est décédée la dicte Poirier ma femme, environ les six heures du matin, et a esté

---

1. Il manque plusieurs feuillets.
2. Pierre Poirier et Françoise Mérigot eurent quatre enfants : 1° Marie, épouse de M. Demaillasson; 2° Françoise; 3° Charles, s^r de la Pinaudière ; 4° François, s^r de Roufflac, avocat en la sénéchaussée de la Basse Marche.
Le 14 décembre 1648, Pierre Poirier déclarait tenir noblement de la commanderie de Roufflac (ordre de Malte) la terre des Héraudins où est bâtie la maison des Poiriers, consistant en chambres hautes et basses, jardins, maison de métayer, grange, toits, vigne, bois taillis et terres labourables, d'une contenance totale de 135 boisselées environ, au devoir de 31 boisseaux froment, 28 boisseaux drogée, 30 boisseaux avoine, 4 pots d'huile, le tout mesure de Roufflac, 6 poules, un chapon et 19 sols de rente noble, féodale et foncière, portable au-devant de l'église de Roufflac à chacun jour et fête de Noël. (Arch. Vien. H³ 265.)
3. Hains n'était pas un archiprêtré, mais le titulaire de l'archiprêtré de Montmorillon joignait à ce titre celui de curé d'Hains, où il habitait.

enterrée le mesme jour dans nos sépultures qui sont devant le cœur de l'église de Saint-Martial de cette ville, du costé droict, près le grand autel.

Le vendredy 30 décembre ensuivant, je suis party, environ deux heures après midy, pour faire mon premier voyage de Paris pour mon procez touchant ma charge, contre M[rs] le sénéschal [1] et Cœurderoy, conseiller en cette ville, et suis allé coucher à Angle.

1645.

Le trante et uniesme janvier, environ les trois heures du soir, Me François Demaillasson, mon frère, advocat en ce siège, est décédé et a esté enterré le lendemain dans l'église de Saint-Martial, dans nos sépultures.

Le 10 février, il y a eu arrest du conseil privé dans mon affaire contre M[rs] le sénéschal et Cœurderoy...

. . . .
. . . .
. . . . [2]

Le mardy 2 may, je suis party d'icy pour aller à Paris et ay esté passer à Tours, dont j'ay pris le messager et suis arrivé avec luy le lundy à Paris.

Le mercredy dernier jour de may, je tombay malade à Paris d'une fiebvre double tierce qui me dura près de sept semaines.

Le lundy 2 novembre, je suis party de Paris avec le messager de Tours où j'arrivay le lundy 6 [3] et vins en compagnie de Mr Fradet le père jusques à Amboise.

1646.

Le vendredy 3 janvier 1646, je suis party de Tours avec le cousin Maillasson, de Maignac, marchand à Tours, et suis icy arrivé le dimanche au soir 5 du dit mois.

---

1. Jean du Chastenet, baron de Murat, sénéchal de Montmorillon.
2. Le feuillet est déchiré en cet endroit.
3 Il faut vendredi 6.

1647.

Le 3ᵉ jour de juin 1647, j'ay espousé damoiselle Anne Clavetier, fille de Pierre Clavetier, sʳ de Vernet, et de dame Jeanne Berthon, de la paroisse de Saint-Germain-sur-Vienne[1], auquel lieu nous avons esté espousez.

Le lundy 15 juillet, j'ay amené ma femme céans. Monsieur et Madame de Marcillac[2] la conduisirent avec plusieurs autres personnes.

. . . . [3]

[Janvier 1649.]

Il nous ma. . . . .
les a... vivres de quoy. . . . .
nous serons rambourcé . . . .
des quittances du dit sʳ de. . . . .
trois heures du soir. . . . .
régiment des Clinviliers [5][et celui de la Mothe] Saint-Cyre, tous deux de ca[val]erie, qui [y ont] couché, et du logis de céans ayant [re]marqué pour cappitaine, le sieur de Sar... y a logé, qui avait cinq chevaux, 3..... et 5 vallets.

---

1. Aujourd'hui Saint-Germain-de-Confolens.
2. Jean de Grandsaigne, chev., sgr de Marsillac, Serres, Voulon, Villenon, Villeneuve et Abzac, conseiller du Roi en ses conseils d'Etat et privé, maréchal des camps et armées de Sa Majesté, et Catherine de la Béraudière, son épouse, grand-père et grand'mère de Mᵐᵉ de Montespan.
Le 14 mai 1644, Jean de Grandsaigne achetait de Jeanne de la Béraudière, veuve de Philippe de Maroix, chev., sgr de la Grange-Saint-Vivien et de Millac, pour la somme de 200 livres, deux boisseaux froment, quatre boisseaux seigle, quatre boisseaux avoine, mesure de la châtellenie de l'Isle-Jourdain, cinq sols et une geline de rente noble, directe, féodale et foncière, due par chacun an à ladite dame aux jours de Saint-Michel et Noël, sur un mas de terre qui a été autrefois en bois de haute futaie, appelé le petit bois de Chantouillet, contenant quarante septerées, mesure de ladite châtellenie, mouvant du seigneur de l'Isle-Jourdain. (Arch. Vien. E² 201.)
3. Il manque, en cet endroit, un feuillet au manuscrit.
4. Le feuillet est déchiré en cet endroit.
5. Timoléon de Séricourt, baron d'Esclainvilliers (Somme), mestre de camp de cavalerie en 1647, commandant de la cavalerie au siège de Furne en 1648, lieutenant général en 1655 devant Landrecies.

Il est norman de la ville de Vire et cappitaine (nota qu'il n'estoit que lieutenant) au dit régiment des Clinviliers et est party le lendemain, 29, environ les 8 à 9 heures du matin, lequel régiment est retourné sur ses pas ayant la nuict receu ordre de retourner dans leurs garnisons ; le commendant estoit le sr Mallet, piccard. Le régiment de la Mothe-Saint-Cyre (c'est celui des Clinviliers qui y est allé) est allé le chemin du Blanc. Il pouvoit y avoir en tout environ 250 chevaux et chascun des dits régiments estoit de 6 compagnies.

Le mesme jour, à la nuict, est passé icy le régiment de Ruvigny [1] composé de unze compagnies de cavalerie qui y a couché par le mesme ordre de Mr de Sainte-Maure. C'est un régiment d'Allemagne, néanmoins les officiers sont françois. Ils [avoient] leurs femmes avec eux. Il y avoit bie[n] trois cents hommes.

L[e lendem]ain samedy 30, le dit régiment [2]... et s'en est allé au Blanc. Du logis de c[éans avons re]marqué pour un cappitaine quatre vallets et [2]..... [che]vaux, néanmoins nous n'avons point [2].... que le dit cappitaine n'estoit [que lieutenant].

.....[2] Environ l'heure douze heures, [a esté] enterré dans le cemetière de Saint-[Martial le bon]homme Citois, gantier, décédé la [nuict précéd]ente.

Le mesme jour à midy, Laurans, mon vallet, fils de Jean Genty, m'a quitté et luy ay donné son congé qu'il me demandoit.

Février 1649, commencé par le jeudy [3].

Le mardy neufyesme février, je suis allé à Poictiers pour l'affaire que j'avois avec le sr Savaton. Mrs de la

---

1. Henri de Massuès, marquis de Ruvigny, né en 1605, maréchal de camp en 1645, lieutenant général en 1652, passa au service de l'Angleterre en 1680 et mourut à Greenwich en 1689.
2. Le feuillet est déchiré en ces endroits.
3. Il faut lundi.

Baillonnière [1] et Sororeau [2] y sont aussi allez avec moi.

Le 10, j'ay emprunté neuf cent livres de mademoiselle Messemé nommée Florence Richeteau [3], demeurant vis-à-vis de Saint-Didier à Poictiers. Mr Doré est caution dans l'obligation que j'ay donnée, passée le mesme jour. Le terme est au 20 janvier prochain. J'ay donné indamnité au dit sr Doré. L'obligation est passée par devant Caillat et Vezien, nottaires royaux. Il y a eu la somme de huict cent livres qui a esté donnée au sr Savaton, laquelle je luy devois, il y avoit 5 ans complets.

Le mesme jour, je suis [party de] Poictiers à une heure et suis venu [coucher cé]ant où j'ay trouvé mon beau-frère [du Qu]eirouer [4] qui ne faisoit que d'arriver. [Je suis] venu avec Mrs la Baillonnière et Sororeau.

Le vendredy 12, mon beau-[frère du] Queirouer s'en est allé environ sur les 9 [heures] du matin.

Le dimanche 14, [a esté] passé le contract [de mariage de ma] cousine Janneton Richard [5], [fille de mon oncle] le procureur du Roy, avec [Fleurant Goudon], sr de l'Hérodière [6], [et le] lendemain matin a esté [célébré] le m[ariage], sur les six à sept heures du matin, par Louis Grault, curé de Saint-Martial, et ce d[ans] l'église des pères Récollects [7] où a esté pareillement espousée la Margot, servante du dit sr procureur du Roy, avec un jeune homme de Plaisance.

---

1. François Arnaudet, sr de la Baillonnière.
2. André Sororeau, procureur du Roi à Montmorillon.
3. Fille de Pierre Richeteau, sgr de Lépinay et de Villejames, et de Renée Gabriau, mariée le 6 septembre 1620 à Uriel Falloux, sgr de Messemé, conseiller du Roi et receveur des tailles à Thouars en 1632. (Arch. Vien. E² 240.)
4. François Clavetier, sr du Quéroir, fils de Pierre Clavetier, sr de Vernet, et de Jeanne Berthon.
5. Jeanne Richard, dite Janneton, fille de Charles Richard, sgr de la Chèze, et d'Eléonore Vézien.
6. Fils de Fleurant Goudon, sr de l'Héraudière, et de Françoise Pain.
7. Couvent dédié à saint Antoine de Padoue. (Arch. Vien. S 101, page 116.) L'église des Récollets existe encore dans la rue qui porte ce nom. Elle a été convertie en grange.

Le vendredy 19, a esté leue en l'audiance l'ordonnance de Mʳ le lieutenant général de Poictou, adressée à Mʳ le séneschal par une lettre particulière du greffier de Poictiers, par laquelle il assigne les députez de toute la province au 26 de ce mois, à Poictiers, aux fins de s'assembler pour nommer des députez généraux des trois estats pour assister à la convocation générale des Estats à Orléans, qui est ordonnée par le Roy au 15 de mars prochain ; en suitte de laquelle lecture et publication Mʳ le séneschal et moy avons esté nommez députez pour le tiers estat pour se trouver à la dite assemblée de Poictiers.

Le jeudy 25, Mʳ le séneschal et moy sommes partis d'icy et allez coucher à Poictiers et avons logé à la Cloche-Perse [1].

Le mesme jour, ma sœur de la Baudinière [2] est allée coucher à Mazerolles chez Mʳ de la Pouge [3], et le lendemain est allée à Poictiers pour y demeurer et est allée loger chez Mʳ Chaillou, maître chandelier, demeurant près Saint-Porchaire. Elle a mené sa fille et sa servante avec elle.

Le lendemain, s'est faitte l'assemblée au pallais pour nommer des desputez pour envoyer à Orléans, dans laquelle assemblée ne se sont trouvez aucuns desputez des autres [4]..... royaulx et villes hors ceux [4]..... avec ceux de la ville de [4]..... [Ont esté] nommés desputez, pour le clergé [Messire Louis Rogier], doyen de Saint-Pierre, pour la [noblesse] Mʳ le [baron] d'Estissac [5], et pour le tiers estat

---

1. Auberge qui a donné son nom à une rue de la ville.
2. Madeleine Demaillasson, femme de Pierre Vachier, sʳ de la Baudinière.
3. Nicolas Vachier, sʳ de la Pouge.
4. Le feuillet est déchiré en ces endroits.
5. Benjamin de La Rochefoucauld, baron d'Estissac, fils de François, comte de La Rochefoucauld, prince de Marsillac, et de Claude d'Estissac, marié à Anne de Villoutreys, fille de Nicolas de Villoutreys et de Anne du Moulin, dont Anne-Françoise-Charlotte, née le 12 juillet 1639, baptisée à Saint-Porchaire de Poitiers le 20 février 1641, eut pour parrain François de Villemontée, conseiller du Roi, intendant de la justice,

Mʳ Roat[in] [1], sʳ de Jorigny, doyen des conseillers de Poictiers.

Le sabmedy, Mʳ le séneschal et moy sommes partis de Poictiers environ les deux heures après midy et sommes venus coucher au Temple, avons logé au Soleil.

Le dimanche dernier février, nous sommes partis du Temple et arrivez icy environ les onze heures du matin.

Mars 1649, commencé par le lundy.

Le 3ᵉ jour de mars, environ les 5 à 6 heures du soir, est décédée dame Catherine Charpantier, veufve de deffunct Mᵉ François Goudon, vivant procureur ès cours royalles de cette ville, aagée de soixante et quatorze ans.

Le lendemain jeudy 4, la ditte dame a esté enterrée dans l'église de Nostre-Dame près le grand autel, du costé droict d'iceluy.

Le dimanche 7, [j'ay loué un valet] pour me servir, nom[mé Louis de la Bretonnière, d'un] village appelé Meillars, [situé] près de Saint-Jacques en G[âtine].

Le lundy 8, j'ay payé trois livres au mestayer de Mʳ le procureur du Roy [2] de sa mestayrie de Flamaigne pour ce que je luy restois de la chartée de foin qu'il m'avoit amenée le 26 du passé.

Le 9, j'ay envoyé à Mʳ Michel Coullon, boucher, dix-huict livres pour de la viande et deux pains de suif de chascun vingt livres qu'il m'avoit fourny, qui est tout ce que je luy doibs ; envoyé par la servante de céans.

Le sabmedy 20, Louis de la Bre[tonn]ière, du bourg de Crousan, est venu céans pour me servir et m'a esté adressé par Mʳ Bastide et au dit sʳ Bastide par le sʳ Plumet, fils.

---

police et finances des provinces de Poitou, Saintonge, Angoumois et Aunis, et pour marraine Charlotte d'Etampes de Valençay, veuve de Pierre Brulart, marquis de Sillery, vicomte de Puisieux, baron du Grand-Pressigny. (*Poitiers, Saint-Porchaire*, reg. 194.)

1. Florentin Roatin, sʳ de Jorigny.
2. Pierre Delaforest.

Le mesme jour, est décédé, sur les 8 heures du soir, François Ladmirault[1], s[r] de Vautibaut, commissaire des monstres de la mareschaussée de cette ville, aagé de 41 ans ou environ.

Le lendemain, a esté enterré le dit s[r] de Vautibaut dans l'église des Augustins, sur les unze heures du matin, et est enterré dans le milieu de l'église, vis-à-vis d'un mausolée qui est dans la muraille[2].

Le mesme jour, environ les cinq heures du soir, est décédée dame Jeanne de la Lande[3], veufve de deffunct Me Jean Dalest, vivant juge prévost de cette ville, aagée de 73 ans.

Le lundy 22, a esté enterrée la ditte dame dans l'église de Saint-Martial, soubs son banc, près le crucifix, à main droicte.

Le mesme jour, environ les cinq heures du matin, je suis party pour aller à Poictiers avec Mrs de Laage[4], du Chefs[5] et autres et avons logé à la Cloche-Perse, y avons

---

1. Fils de Louis Ladmirault, s[r] de la Baudinière, et de Jeanne Thomas. Le 6 septembre 1655, Catherine Jacquet, sa veuve, rendait au couvent de la Maison-Dieu de Montmorillon une déclaration roturière pour le pré de la Font-Mescant au devoir de quatre sols de cens et rente et à la sujétion du passage des eaux de la fontaine de la Font-Mescant pour conduire ces eaux à la Maison-Dieu. (Arch. Vien. H³ *bis*, 120.)
Cette fontaine, située près du village de la Grange, est connue aujourd'hui sous le nom de Font-Mékin. (Cadastre, section H, n° 1313.)
2. Dans l'épaisseur du mur, à gauche en entrant, était le mausolée d'Etienne Vignole dit La Hire. Les Augustins, sous prétexte de placer une chaire à prêcher, avaient fait enlever l'inscription latine en lettres d'or sur marbre noir qui contenait la fondation. (Arch Vien. reg. S. 101, p. 126.) Pour plus de détails, voir le rapport de feu Mr Nouveau-Dupin dans le tome premier, page 153, des Bulletins de la Société des Antiquaires de l'Ouest.
3. Fille de Pierre Delalande, conseiller du Roi, juge prévôt de Montmorillon, et de Marguerite Vezien. Jean Dalest et Jeanne Delalande possédaient en 1646 une rente de 12 sols sur une maison sise rue du Puits-Chausset, à Montmorillon. (Arch. Vien. Fonds Babert.) Le 10 août 1661, leur succession est partagée entre leurs enfants : Pierre ; Jean ; Martial ; Jacquette, femme de Jean Sylvain, s[r] de la Bétoule ; François, décédé et représenté par sa veuve Marguerite Dauberoche ; Marie, veuve de Louis Cailleau, et Jeanne. (Arch. Vien. E² 68.)
4. André Delaforest, s[r] de Lage, conseiller du Roi à Montmorillon.
5. Félix Mérigot, s[r] du Ché, conseiller du Roi à Montmorillon.

demeuré tout le lendemain et en sommes partis à unze heures du matin, le 24, et arrivez icy environ les six heures du soir. Il y avoit grande rumeur au dit Poictiers et quantité d'habitans soubs les armes[1], quatre desquels armez nous conduisirent dès l'entrée de la porte de Pont-Joubert jusques à la Cloche-Perse où il fallut que l'hoste respondist de nous et pour sortir de la dite ville avec [nos] armes il fallut un passeport du gouverneur qui estoit M^r d'[Aumont][2].

[Avril] 1649, commencé par le jeudy.

[Le 7], jour de mercredy, je suis allé coucher [à Saint-Germ]ain[3] où j'ay demeuré jusques au lundy [12] que je suis venu à Azat coucher à Cerre où j'ay rencontré Mr de Labarde de Morthomat, avec ses trois enfans.

Le lendemain, je suis venu disner aux Roches chez Mr de Chomon[4] ; de là je suis venu passer chez Mr de Balantrut[5] et suis venu icy coucher.

Le mercredy 14, premier jour de droict d'après Pasques, Me Pierre Vezien[6], fils de M^r de La Roche du Fief[7], a presté le serment d'advocat en ce siège, a esté présanté par Me Laurant Augier, advocat, et a playdé, et pour ce qu'il ne nous avoit pas communiqué, nous avons empesché pour le Roy que personne ne playdast contre luy, estant une cause où nous avions intérest. Il y a eu appoinctement

---

1. Des bruits de factions s'étant répandus en ville et le peuple paraissant disposé à la révolte, le maire Jean Richeteau avait fait renforcer les gardes et les patrouilles. (Thibaudeau, *Histoire du Poitou*, t. III.)
2. César de Villequier, marquis d'Aumont, sgr de Chappes et de Clervaux, gouverneur de Poitiers.
3. Saint-Germain-de-Confolens est encore aujourd'hui communément désigné sous le simple nom de Saint-Germain.
4. Simon Chaussé, sgr de Chaumont, marié en premières noces à Adrienne Courault et en secondes noces à Renée Frottier, dame de Bagneux.
5. Philippe de Guillaumet, sgr de Balentru.
6. Baptisé à Saint-Martial de Montmorillon le 20 septembre 1628.
7. Pierre Vezien, s^r de la Roche-du-Fief, époux de Louise de Monfaulcon.

à escrire et produire, et ordonné qu'on nous communiqueroit.

Le mercredy 21, Me Jehan Roset, fils de Mr Roset de Saint-Savin, a esté receu procureur par la démission de son frère qui estoit pourveu de ladite charge que deffunct Jehan Goudon, sr de Jeu [1], luy avoit résignée, et lequel dit sr de Jeu avoit esté despuis prévost en cette ville. Me Laurant Augier, advocat, a présenté le dit Roset.

Le vendredy 30, jour de Saint-Eutrope, j'ay achepté deux bœufs des mestayers de Mr de la Forest, l'aisné, de sa mestayrie de Luchet, prix faict à quatre-vingt-sept livres, terme trois mois, et ay donné une pièce de 15 sols au dit mestayer ; j'ay donné les dits bœufs à Romanet, mestayer de la Chèze qui en avoit arresté le prix. J'ay payé les dits bœufs avant le terme cy-dessus au dit sr de la Forest et fait ledit payement chez Mr de La Vergne[2], advocat.

May 1649, [commencé par le sabmedy].

Le dimanche 2e jour de may, Pierre[3]...... que j'avois pris pour me servir s'en [est] allé, [sur] les 8 heures du soir, et s'est desrobé avec[3]........ de ceux qui estoient icy prisonniers, entre lesquels il y a eu 3 officiers.

Le mardy 4e jour, environ les 7 heures du matin, je suis allé disner à Abzat, chez ma sœur[4], de Serail, où j'ay couché et suis allé le lendemain disner à Saint-Germain.

Le mercredy 5, Mr de Lhérodière est party pour aller à Paris sur l'advis qu'il avoit eu que Desbuissons[5] s'estoit fait pourvoir de la charge de prévost de cette ville qui est au dit sr de Lhérodière et dont le deffunct Mr de Jeu avoit payé le droict annuel. On dit que c'est Mr de La Vau

---

1. Fils de Fleurent Goudon, sr de l'Héraudière, et de Françoise Pain.
2. René Vrignaud, sr de la Vergne.
3. Le feuillet est déchiré en cet endroit.
4. Madeleine Clavetier, femme d'Etienne de Leirat.
5. Louis Cœurderoy, sr des Buissons.

Irland [1] qui avoit sur l'advis dudit Desbuissons obtenu don de cet office de la Reine.

Le mercredy 5, M[r] le curé de Saint-Martial est party pour aller à Paris, et le fils de Mr Dupin aussi.

Le vendredy 14, je suis party de Saint-Germain après avoir disné chez M[r] de La Chèze de Gorce [2], où estoit madame de Mongeofre [3], avec Mr de Villejoubert [4], son gendre, et Mr du Roc [5], son fils, et suis venu à Abzat où j'ay couché, et le mesme jour ay esté voir M[r] et Mme de Marcillac à Cerre où j'ay trouvé Mr de Monette [6] et Mlle de Commarsat [7].

Le lendemain 15, je suis venu disner chez M[r] de Ba-

---

1. Bonaventure Irland, s[r] de la Vau, contrôleur général de la maison de la reine-mère Anne d'Autriche.
2. Pierre Laurens, s[r] de la Chèze, de Gorce, gentilhomme ordinaire de la chambre du Roi, fils de Jean Laurens, s[r] de Gorce, et de Françoise Néaulme, marié, le 3 mai 1648, à Marguerite de la Broue, fille de Bernard, éc., sgr du Pouyault, et de Jacquette Compaing, inhumé dans l'église d'Availle-Limousine (chapelle de Vareilles) le 15 février 1676, à l'âge de 50 ans, ayant eu : 1° Luce, baptisée le 27 mai 1649, mariée le 26 septembre 1672 à Philippe de la Roche, éc., sgr de la Mondie ; 2° Madeleine, baptisée le 26 septembre 1650, mariée le 3 juin 1682 à Pierre du Pin, éc., sgr de Montbron, cornette au régiment du Ligondez-Cavalerie, fils de Pierre du Pin, éc., sgr de Bussière, et de Anne Taveau. L'ouverture des mines d'or et d'argent découvertes sur les terres du Vigean et de l'Isle-Jourdain ayant été autorisée par un édit du Roi donné à Versailles au mois de juillet 1705, le s[r] Dudon de Volagré, concessionnaire et directeur général de ces mines, nomma, le 27 février 1706, Pierre du Pin inspecteur des travaux, aux appointements de 600 livres par an. On sait que ces mines ne furent jamais exploitées (A. O. Bulletins, XI) ; 3° Bernard, né le 1er avril 1652, baptisé à Availle le 8 du même mois ; 4° René, baptisé au même lieu le 5 août 1653 ; 5° Jacques, s[r] de la Chèze, de Gorce et de Reirac, lieutenant de cavalerie au régiment de Linoy, puis capitaine au régiment de Noailles, marié en premières noces à Marthe-Marie du Breuil-Hélion, et en deuxièmes noces, le 5 février 1701, à Marie Tessereau, veuve de Joseph Durieux de Fontbufaut, dont postérité
3 Luce de la Broue, veuve de Charles Desmier, éc., sgr du Roc, et femme de Antoine de Guitard, éc., sgr de Montjoffre.
4. François de Guitard, éc., sgr de Villejoubert, marié le 30 avril 1642 à Jeanne Desmier du Roc, fille du précédent.
5. Louis Desmier, éc., sgr du Roc, fils du même.
6. Pierre Champelon, sgr de Monette, marié, par contrat du 5 juin 1605, à Anne de Cognac, fille de François, sgr de Boisbelet, et de Anne d'Escurat.
7. Jeanne de Cognac, dite Mlle de Commarsat, née en 1629 et décédée à Abzac le 12 mars 1681.

lantrut à Nérignat, lequel je n'ay point rencontré et suis icy venu coucher.

Le dimanche 16, sur les 4 heures et demie du matin, je suis party pour aller à Poictiers où j'ay arrivé à 9 heures et demie, ay logé à la Croix-de-Fer où estoit mon cousin, le procureur du Roy[1], qui estoit arrivé le vendredy précédent et avoit formé opposition à la réception du fils de Cœurderoy dans la charge de conseiller et de celle d'advocat du Roy de cette ville, fondé sur l'aage du dit fils qui est du 3 ou 4 mars 1629, et sur ce que son père, François Cœurderoy, estoit conseiller en ce mesme siège. J'ay fait ce voyage pour le mesme suject.

Le mardy 18, sur la requête présentée par mon dit cousin a esté donné acte de l'opposition par M[r] le lieutenant de Poictou. Et le mesme jour nous sommes partis de Poictiers, mon dit cousin et moy, sur les 4 heures du soir, et arrivez icy à dix heures et demie.

.... [2] le sénéschal partit de Poictiers [2] .... arrivé le lundy 17 et s'en alla dans [2] .... dudit lieu à Paris ; je parlé à [2] .... mardy à la porte de la Cloche-Perse où je le rencontré en passant, environ les unze heures du matin, qui ne me dit rien de son voyage.

Le vendredy 21, Labre [3] a signifié la requête d'opposition de mon cousin le procureur à François Cœurderoy, père et fils, avec assignation à jeudy prochain à la chambre du conseil à Poictiers.

Le sabmedy 22, vigille de la Pentecoste, Mr du Chefs et moy avons mis entre les mains de mon frère de la Faix [4], présent le père gardien des Récollects, et par

1. Pierre Richard, s[r] de la Berthonnerie, fils de Paul, s[r] du Léché, et de Louise Fromaget, sa première femme
2. Le feuillet est déchiré en cet endroit.
3. Sergent royal à Montmorillon.
4. Le 26 janvier 1649, Louis Demaillasson, s[r] de la Faix, procureur du Roi à Montmorillon, et autres tenanciers déclarent tenir solidairement de la commanderie de Rouflac (ordre de Malte) la tenue de la Rabaudière près des villages de Pauvert et des Penins, consistant en

son ordre, 38ˡ· 3ˢ· 2ᵈ· que nous avions amassé pour la quëste du prédicateur, nommé père Fabien, et ce pour le caresme.

Le mesme jour, le maistre Saint-Mars¹ est venu céans qui m'a fait une robbe de pallais, un habit de sargette grise, un corset et des brassières de thabys² blanc pour ma femme.

Le mercredy 26, je suis party dès environ les 7 heures du matin et suis arrivé à une heure à Poictiers.

Le lendemain, a esté donné deffault contre les dits Cœurderoy, père et fils, portant deffances de se faire recevoir en la charge de conseiller où le dit fils se vouloit faire recevoir.

Le mesme jour, après midy, Mʳ et Mˡˡᵉ la lieutenante³ sont allez coucher à la Leuf et le lendemain sont partis pour aller à Saumur avec Mʳ et Mˡˡᵉ du Léché⁴.

Le mesme jour qui est le 28, je suis party de Poictiers sur les 9 à 10 heures et me suis icy rendu à 4 heures.

Le 29, environ les deux heures après midy, Mᵐᵉ de La Vergne⁵, femme de Mʳ de La Vergne⁶, advocat, est accouchée d'une fille qui a esté baptisée le lendemain à Saint-Martial, [Mʳ du] Chefs et Mᵐᵉ Nicault [parrin et marrine], nommée Catherine.

Le lundy 31, mon frère du Queirouer est venu nous voir et a mené avec luy ma sœur du Queirouer⁷ et Mˡˡᵉ de Cherzat⁸, ma niepce.

---

maison, charrières, jardin, chènevière et terres, au devoir de vingt-six sols de cens et rente noble, féodale et foncière, payables chacun an, au jour et fête de Toussaint. (Arch. Vien. H³ 265.)

1. Marc Thierry, sʳ de Saint-Mars, maître tailleur d'habits à Montmorillon.
2. Tabis, tafetas calandré anciennement en usage.
3. André Richard, conseiller du Roi, lieutenant général civil et criminel à Montmorillon, et Jeanne Berthelin, son épouse.
4. Paul Richard, sʳ du Léché, capitaine au régiment de Navarre, et Jeanne Poutrel, sa deuxième femme.
5. Marguerite Jacquet.
6. René Vrignaud, sʳ de la Vergne
7. Elisabeth Clavetier, femme de François Clavetier, sʳ du Quéroir.
8. Catherine de Leirat, dite Mˡˡᵉ de Cherzat, fille de feu Pierre de Leirat et de Madeleine Clavetier.

Juin 1649, commencé par le mardy.

Le mercredy 2, ma sœur de la Baudinière est icy retournée de Poictiers avec tout son esquipage.

Le jeudy 3, jour de la Feste-Dieu, j'ay tenu sur les fonds de baptesme, avec ma petite niepce la Baudinière, qui a esté certifiée par ma sœur, sa mère, la fille de Vincent Nicault et de Marguerite Gaucher, née le jour précédent, qui a esté nommée Marie, et baptisée par Mr Allange ; est morte 2 ou 3 mois après.

Le sabmedy 5, M^{rs} le procureur du Roi, père et fils [1], avec leurs femmes et Mlle de Lage [2] sont allez en Berry.

Le lundy 7, mon frère et ma sœur du Quérouer sont partys d'icy environ les unze heures du matin et y ont laissé Mlle de Cherzat.

Le mercredy 9, environ les huict heures du matin, M^r et Mlle la lieutenante [3] sont arrivez ici de leur voyage de Saumur.

Le mardy 15, au soir, M^{rs} le procureur du Roy, père et fils, sont arrivez avec leurs femmes et Mlle de Lage de leur voyage de Berry.

Le sabmedy 19, j'ay esté à la foire à l'Isle [4] et suis revenu coucher chez Mr de Balantrut, et le lendemain je suis icy arrivé avec Mr de Masgodar [5], sur les 2 heures après midy.

Lundy 21, la femme du s^r séneschal [6] de cette ville a

---

1. Charles Richard, s^r de la Chèze, et Charles son fils aîné.
2. Marie Delaforest, dite Mlle de Lage.
3. André Richard et Jeanne Berthelin, son épouse.
4. L'Isle-Jourdain est encore aujourd'hui communément désigné sous le simple nom de l'Isle.
5. Gaspard de Guillaumet, sgr de Masgodard et de Nérignac, fils de Philippe, sgr de Balentru, et de Gabrielle de Marans.
6. Jean du Chastenet, baron de Murat, maître des requêtes du duc d'Orléans, conseiller au conseil d'Etat, sénéchal de Montmorillon, marié, le 24 septembre 1631, à Elisabeth de Sainte-Marthe, fille de François, sgr de Champdoiseau, et de Marie Frubert.

accouché, sur les six heures du matin, d'une fille [1]. En suitte de quoy elle a tousjours esté du despuis malade, jusques au 2 juillet, qu'elle est décédée, environ sur les dix heures du matin. Elle s'appelloit Isabelle de Sainte-Marthe, et a esté enterrée dans l'église des pères Augustins de [cette ville, du] costé droict du grand autel, presque vis-à-vis la fenestre, le mesme jour environ les six heures du soir.

Juillet 1649, [commencé par le jeudy].

Le lendemain sabmedy 3 dudit mois, a esté fait service dans la dite église pour le repos de son âme.

Le dimanche 4, mon frère du Queirouer est venu céans, environ les 6 heures du soir, qui m'a apporté quatre cent cinquante-deux livres.

Le lundy 5, mon dit frère, Mrs de Lage [2], le procureur du Roy fils [3] et moy sommes allez disner à la Leuf et sommes revenus soupper icy.

Le lendemain, Mr de Léché [4], mon oncle, a esté coucher à Poictiers et le mercredy 7, est parti dans le carrosse pour Paris et pour aller de là en Normandie.

Ledit jour mardy 6, j'ay payé à Mr de Champaigne [5] quatre cent livres que j'avois emprunté de luy pour payer Fradet et ay retiré l'obligation.

Le jeudy 8, mon frère du Queirouer s'en est retourné chez luy et est party environ les 8 heures du matin et luy ay donné quittance de la dite somme de 452 liv.

Le vendredy 9, environ les 6 heures du soir, est arrivé

---

1. Isabeau, qui entra en religion avec sa sœur Hyacinthe au monastère de Blessac (ordre de Fontevrault) le 2 janvier 1667, après avoir donné à leur frère Pierre, sénéchal de Montmorillon, tous leurs biens présents et à venir, le 31 janvier précédent. (Arch. Vien. E² bis 250.)
2. André Delaforest, s^r de Lage, conseiller du Roi, lieutenant particulier et assesseur criminel à Montmorillon.
3. Jean Delaforest.
4. Paul Richard, s^r du Léché, capitaine au régiment de Navarre.
5. Jacques Vezien, sgr de Champagne. Il obtint, en qualité de prévôt des maréchaux, des lettres de noblesse qui furent enregistrées au bureau des finances de Poitiers le 15 novembre 1645. (Arch. Vien. C. 88, f° 59.)

au logis du s^r sénéschal Mr de Sainte-Marthe ¹, advocat au Grand Conseil, et sa femme² avec luy, qui n'y ont demeuré que cinq ou six jours.

Le dimanche 18, environ les 10 heures du soir, est arrivé M^r le sénéschal de retour de son voyage de Paris.

Le mercredy 28, j'ay esté coucher au Chefs avec Mrs du Chefs³ et de La Forest, le jeune⁴, et le lendemain suis allé au Dorat pour les affaires de M^{rs} les Maultrots et Rebillé, de Tours, et ay donné à Mr Robert⁵, advocat, trois louis d'or vallant trante livres pour les affaires dudit s^r Rebillé et m'an suis retourné icy le mesme jour.

Le lundy 19 juillet, M^r [de Joussaud⁶ m'apporta] céans quatre cent livres et deux cent [livres]⁷.......... sur le s^r Patrier, sergent, demeurant à [Cubord]⁷.......... my aoust prochaine à l'acquit du s^r du Pont⁷.......... dudit s^r de Joussaud, et luy ay rendu des obligations à la concurrence des dites six cent livres.

Le jeudy 22, jour de la Magdelaine, j'ay receu du s^r du Brueil, sergent, demeurant à Adrié, cent livres aussi à l'acquit du s^r Dupont dont j'ay donné récépicé au dit s^r du Brueil. Cela s'est fait à la foire de Lussac.

Aoust 1649, commencé par le dimanche.

Le vendredy, 6 aoust, je suis allé au Blanc avec Mrs de Champaigne, de La Forest, l'aisné, procureur, le greffier Gaultier du Poyot⁸ et Beumaine⁹ et en sommes revenus le lundy au soir 9.

---

1. François de Sainte-Marthe, sgr de Champdoiseau.
2. Marie Frubert.
3. Félix Mérigot, s^r du Ché, conseiller du Roi à Montmorillon.
4. Pierre Delaforest, s^r de Luché.
5. Simon Robert, avocat au Dorat, marié à Marie Douadic, sœur de Laurent Douadic, conseiller du Roi à Montmorillon.
6. François de la Roche, s^r de Joussaud, marié à Marguerite Lancereau, qui mourut sa veuve et fut inhumée à l'Isle-Jourdain le 11 janvier 1677.
7. Le feuillet est déchiré en cet endroit.
8. Gabriel Gaultier, s^r du Poyoux.
9. Jean Gaultier, s^r de Beumaine, greffier en la maréchaussée.

Le mardy 10, Mʳ Clavetier, mon beau-père, est arrivé céans, sur les six heures du soir, et s'en est retourné chez luy le sabmedy, 14, après disner, auquel jour il m'a payé cinq cent cinquante livres, sur la dot de ma femme, dont je luy ay donné récépicé le mesme jour.

Le mardy, 17 aoust, Mʳ de Lage et moy sommes allez à Confolent et retournez coucher à Saint-Germain, et le lendemain fusmes encore à Confolent, revinsmes disner à Saint-Germain, passasmes à Cerre voir Mʳ de Marcillac et vinsmes icy coucher.

Le vendredy, 20 aoust, Mʳ de Lage et moy avons esté, avec 18 autres habitans d'icy, à Verrière saluer Mʳ de Morthemar[1] qui y estoit arrivé le mardy précédant avec madame sa femme et toute sa famille.

Le mesme jour, Mʳ Grault, curé de Saint-Martial, est retourné icy de son voyage de Paris.

Le vingt et sept, mon frère du Queirouer est icy venu pour quérir Mˡˡᵉ de Cherzat, et le dimanche 29, ils sont tous deux partis d'icy sur les 8 heures du matin.

Septembre 1649, commancé par le mercredy.

Le sabmedy 4, j'ay esté disner à la Trimouille où j'avois donné rendez-vous au cousin la Clavelière[2], de Leignat, et suis revenu coucher icy.

---

1. Gabriel de Rochechouart, marquis, puis duc de Mortemart, marié à Diane-Marie de Grandsaigne, fille de Jean, sgr de Marsillac, Serres et Villenon, et de Catherine de la Béraudière. Ils eurent cinq enfants : 1º Louis-Victor, né le 25 août 1636, duc de Mortemart, comte de Vivonne, prince de Tonnay-Charente, maréchal de France le 28 juin 1675, marié en septembre 1655 à Antoinette-Louise de Mesmes, mort le 15 septembre 1688 ; 2º Gabrielle, mariée en 1655 à Claude-Léonor de Damas, marquis de Thianges, capitaine des chevau-légers dans le régiment du cardinal Mazarin, morte le 12 septembre 1693 ; 3º Françoise-Athénaïs, née en 1641, chef du conseil et surintendante de la maison de la reine Marie-Thérèse (charge qu'elle avait achetée 200,000 écus), mariée en 1663 à Henri-Louis de Pardaillan de Gondrin, marquis de Montespan, morte à Bourbon-l'Archambault le 28 mai 1707 ; 4º Marie-Christine, religieuse aux Filles de Sainte-Marie de Chaillot ; 5º Marie-Madeleine-Gabrielle, née en 1646, abbesse de Fontevrault, morte le 15 août 1704.

2. André Rochier, sʳ de la Clavelière.

Le lundy 6, a esté fait le service de la quarantaine de feu Mme la séneschalle [1], dans l'église des pères Augustins où il y a eu oraison funèbre faite par un des dits Augustins.

Le mercredy 8, j'ay payé à la Corporalle [2] 4 liv. 5 sols qui est tout ce que nous luy devions jusques au dit jour.

Le mercredy 15, Mr de Léché est arrivé à la Leuf de retour de son voyage de Paris et de Normandie, et Mr de Lhéraudière [3] est aussi arrivé en cette ville de retour de Paris où il a esté receu prévost des mareschaux de ce lieu, et le lendemain c'est fait installer icy dans la dite charge par Mrs le séneschal [4] et lieutenant [5].

Le vendredy 17, j'ay esté voir Mr de Léché à la Leuf où j'ay disné et après suis icy retourné coucher.

Le sabmedy 18, Mr de Léché est venu de la Leuf coucher en la maison en cette ville.

Le dimanche 19, j'ay receu de Patrier, sergent, demeurant à Cubor, deux cent livres qu'il me devoit à la décharge du sr Dupont, de l'Isle, et dont j'avois pris obligation du dit Patrier et avois rendu auparavant à Mr de Joussaud des obligations du dit sr Dupont jusques à cette concurrence, et j'ay remis entre les mains du sr Cailleau, procureur en cette ville, qui m'a apporté les deux cent livres, l'obligation du dit Patrier.

Le lundy 20, Mr du Léché s'en est re[tourné] sur les 3 à 4 heures du soir.

Le mardy 21, jour de Saint-Mathieu, a esté espousée dame Jeanne Verat, fille de Me François Verat, nottaire en cette ville, avec Pierre Silvain, sr du Bouchet, fils du fermier de Rhodes, dans l'église de Nostre-Dame.

---

1. Elisabeth de Sainte-Marthe.
2. C'est-à-dire à la femme du nommé Corporal.
3. Fleurent Goudon, sr de l'Héraudière.
4. Jean du Chastenet.
5. André Richard.

Le jeudi 23, je suis allé à l'Age-Bernard où j'avois mené le s^r de Tervannes [1], et là j'ay receu de Mr de Lagebernard [2] treize cent quarante livres pour Mrs Proust et Chesnon, marchands de Paris, et 19 livres pour mon frère de Maillasson de Tours pour trois aulnes de gros de Naples [3] qu'il avoit fournies à madame de Lagebernard et en ay donné mon récépicé au dos de la promesse du dit s^r de Lagebernard, et suis icy retourné coucher.

Le lendemain, je suis party de cette ville avec Mrs de Lage, assesseur, Lhéraudière, prévost, et du Poyot, et sommes arrivez à Poictiers environ une heure après midy.

Le dimanche 26, environ les 7 heures du matin, Mrs de Sausay, frères, marchands de Poictiers, et moy en sommes partys et avons esté coucher à Sainte-More d'où nous sommes allez le lendemain disner à Tours où nous sommes arrivez environ les unze heures du matin.

Le mardy 28, j'ay baillé à Mr du Mont, marchand de Tours, l'un des associez de Mrs Proust et Chesnon, les treize cent quarante livres que j'avois receues pour eux de Mr de Lagebernard, et les dix-neuf livres que j'avois aussi receues pour mon frère Maillasson [4] de Tours.

Le 29, jour de Saint-Michel, j'ay aussi payé au dit s^r Dumont huict cent quarante et une livres, que je devois à Mrs Proust et Chesnon, de Paris, pour deux promesses, montant, la première, qui est du [5]... octobre 164[5]..., à cinq cent cinquante livres, et l'autre du 28 aoust 1648, la somme de trois cent livres, et pour un billet de Mr de Lagebertie [6]

---

1. Charles Bonnin, s^r de Tervanne, procureur à Montmorillon.
2. Maximilien Lignaud, sgr de Lage-Bernard, marié le 14 février 1635 à Anne de Barbançois, fille de Léon, sgr de Sarzay, et de Françoise du Rieux.
3. Etoffe de soie à gros grain.
4. Jean Demaillasson, marchand à Tours.
5. Laissé en blanc.
6. Pierre Clavetier, s^r de Lagebertie, fils de Pierre, s^r de Vernet, et de Jeanne Berthon.

de deux cent et deux livres qu'il avoit donné audit sʳ Proust de Paris, ensemble pour les intérests de toutes les dites sommes jusques au dit jour 29 du présant mois, pardessus laquelle dite somme de huict cent quarante et une livres je me suis encore trouvé redevable tant pour le principal qu'intérest de ce qu'ils m'avoient presté de la somme de cent quarante-huict livres dont j'ay donné promesse, terme un mois.

Le mesme jour, j'ai donné à mon frère de Maillasson cent une livres dix sols que j'avois receue pour luy de Mʳ Tartarin, greffier de cette ville. Plus cinquante-quatre livres quatre sols pour la robbe de ma sœur du Queirouer et dix-huict livres quinze sols, pour une juppe de tabys de ma sœur de Leirat. J'ay aussi laissé à mon dit frère quatre-vingt-deux livres dix-sept sols six deniers que j'avois receu de Mʳ Robert, advocat au Dorat, pour Mʳ Rebillé, marchand de Tours, qui m'en a donné décharge, sur laquelle somme il m'est deu trente livres que j'avois avancées audit sʳ Robbert pour le dit sʳ Rebillé, que mon dit frère doit prendre et m'en tenir compte.

Le mesme jour, je suis allé coucher avec mon dit frère à Chisseaux où estoit ma sœur, sa femme, Nannette et le petit Charlot, son fils.

Le jeudy 30, je suis venu disner au Faux [1] et coucher au Port-de-Pilles.

Octobre 1649, commencé par le vendredy.

Le vendredy, 1ᵉʳ octobre, je suis venu disner du Port-de-Pilles à Chastellerault et coucher à Poictiers d'où je suis party à midy et demy et suis venu icy coucher. Le sʳ Font-

---

1. Cette terre fut vendue en 1710 par Aymar III de Chouppes à Louis Barbarin, comte de Reignac, lieutenant du gouvernement de Touraine, qui la fit ériger en marquisat et lui donna son nom. Le paroisse du Fau est aujourd'hui la commune de Reignac. (Moreau, *Mémoires du marquis de Chouppes*.)

bretin [1] et moy sommes venus ensemble, auquel jour a esté trouvé le nommé Gaultier [2]..... bourg Darnac, mort sur le chemin [2]..... village de Soulage. M^rs le juge pro[vost et procureur] du Roy de cette ville ont levé le corps.

Le jour précédent, fut enterré Pierre Boutet [la Roture], chirurgien de cette ville, dans le cemetière de Saint-Martial.

Le jeudy 14, j'ay receu du s^r Laurançon, du bourg d'Adrié, à l'acquit du s^r du Brueil, du dit bourg d'Adrié, quatre-vingt-huict livres que le dit s^r du Brueil m'a payé pour Mr Dupont de l'Isle.

Le dimanche 24, je suis allé coucher à Saint-Germain où j'ay demeuré jusqu'au mercredy au soir que je suis venu coucher à Asat.

Le jeudy 28, j'ay esté passer à l'Isle-Jourdain où il y avoit foire et y suis allé avec Mr Clavetier et de là suis allé coucher à Nérignat chez Mr de Balentrut.

Le vendredy 29, je suis icy retourné coucher et aussitost que j'ay esté arrivé j'ay envoyé, par la servante de céans, dix-huict livres à Mme du Poyot, dont il y en avoit quatorze livres pour deux chartées de foin que Mr du Poyot m'avoit fait avoir de devers le Bourg-Archambault, et les autres quatre livres estoient pour du scel que nous avions pris chez eux.

Le dimanche 31, environ midy, est décédé Mr Joseph Bonnin, marchand, et a esté enterré le mesme jour dans le cemetière de Saint-Martial.

Novembre 1649, commancé par le lundy.

Le 4e jour de novembre, je suis allé à Cerre avec M^r de

---

1. Jean Frédot, s^r de Fontbretin, sergent-royal à Montmorillon, époux de Catherine Cailleau.
Le 14 juin 1638, Jean Frédot et Louis Sex, marchand, demeurant au lieu noble de Beaulieu, paroisse de Persac, affermaient des Augustins de Montmorillon les aumôneries du Puy, paroisse de Persac, et de Prun, paroisse d'Adriers, pour cinq années, moyennant sept vingt dix livres par an. (Arch. Vien. H³ *bis* 130.)
2. Le feuillet est déchiré en cet endroit.

Beauvais [1], procureur, l'un des sindics, pour voir Mr de Marsillac de la part de la ville dont nous avons esté desputez, affin de voir ce que nous pourrions faire sur le bruict qui couroit que le régiment du comte du Doignon [2] avoit icy son lieu d'assemblée, et sommes venus coucher à Asat chez Mlle de Leirat.

Le vendredy 5, Mr de Beauvais est party d'Asat avec des lettres de Mr de Marsillac pour aller trouver Mr de Morthemar à [Tonnai-Ch]arante pour le mesme sujet, et moy je suis icy retourné coucher.

Le sabmedy 6, environ midy, Mlle Lhéraudière [3] est accouchée d'un fils [4] dans la maison de mon oncle, le procureur du Roy, son père.

Le mercredy 10, à la nuict, arriva icy le sr des Groyes, soy disant cappitaine du régiment de Brouage dont Mr du Daugnion estoit mestre de camp, qui apporta une lettre de cachet pour l'assemblée de 14 compagnies du dit régiment en cette ville ausquelles il estoit ordonné que nous fournirions de vivres par forme d'estappe durant dix jours [5].

Le dit jour, 10, j'ay achepté cinq aulnes un quart de drap de Baltazar Lageon [6] à 3 livres l'aulne. C'estoit pour Louis, mon vallet, et j'ay payé de ce que je devois à feu son père il y avoit desjà longtemps.

---

1. Jean Goudon, sr de Beauvais.
2. Louis Foucaud, comte du Doignon, fils de Gabriel et de Jeanne Poussard du Vigean, marié en 1650 à Marie Fourré de Dampierre, en eut deux filles : Louise-Marie, née en 1653, dame du Doignon, qui épousa Michel, marquis de Castelnau-Mauvissière, et Constance, née en 1654, dame de Dampierre, mariée à Isaac Renault, marquis de Pons, qui rendait aveu de Mareuil au château de Montmorillon, le 6 janvier 1672, à cause de sa femme. (Arch. Vien. C².)
3. Jeanne Richard, femme de Fleurent Goudon, sr de l'Héraudière.
4. Charles Goudon, sr de Jeu, baptisé à Saint-Martial de Montmorillon le 7 janvier 1652.
5. Il faut se souvenir, pour comprendre ces fréquents passages de troupes, que nous sommes au début de la Fronde.
6. Le 6 mars 1651, Balthazar Lageon, marchand sergetier, et Madeleine Guillon, sa femme, vendaient aux Augustins de la Maison-Dieu un pré, sis aux Rabaux, pour la somme de 100 livres. (Arch. Vien. H³ bis 72.)

Le lendemain, en l'assemblée qui fut faitte, ledit s⁻ des Groyes présenta la lettre de cachet sy-dessus, auquel on fit responce que l'on estoit prest d'y obéir pourveu qu'il eust l'attache de M⁻ le gouverneur du Poictou. Il promit de la donner avant que ses troupes entrassent en cette ville, et néanmoins se retira sans qu'il fut fait aucun establissement et reprit la dite lettre sans rien signer.

Le sabmedy 13, à 5 heures du matin, M⁻ de Beauvais arriva icy de retour de Tonnai-Charante sans y avoir rien fait, M⁻ du Daugnion ayant escrit à M⁻ de Morthemar qu'il lui estoit impossible de faire changer l'ordre qui estoit pour l'assemblée du régiment de Brouage en cette ville. Il apporta aussi une lettre dudit s^gr de Morthemar qui prioit M⁻ Langlée, commis de M⁻ Le Tellier, secrétaire d'Estat, de changer cet ordre. En suitte de quoy, il fut résolu dans l'assemblée qui fut faitte qu'on feroit partir un courrier pour, en conséquence de la recommandation de M⁻ de Morthemar, faire changer le dit ordre.

Le mesme jour, sur les 10 à 11 heures du matin, le cadet des enfants de M⁻ de Lage, nommé François, mourut et fut enterré après vespres dans l'église de Saint-Martial.

Le mesme jour environ midy, arriva icy le s⁻ de Villevert[1], lieutenant colonel du dit régiment, avec d'autres

---

1. Jean de Chamborant, marquis de Villevert, mestre de camp et lieutenant-colonel d'un régiment de son nom, né en 1613, marié : 1º par contrat du 15 juin 1636, à Gabrielle de Couhé, fille de François, chev., sgr de l'Etang du Mas, et de Françoise de Javerlhac ; 2º par contrat du 29 avril 1655, à Suzanne Saulnier, fille d'Etienne et d'Anne d'Orfeuille, dont Jean, chev., sgr de Puigelier, qui épousa à Civray, le 14 février 1684, Marie du Tiers, fille de Paul, conseiller du Roi et lieutenant criminel, et de Marie Collin.
Le 27 juin 1651, le marquis de Villevert donnait procuration à Mre Marc Guiot, chev., sgr de Saint-Marc, pour le représenter à l'assemblée de la noblesse qui devait prochainement avoir lieu à Poitiers pour nommer un député aux Etats généraux convoqués à Tours, en lui donnant mandat spécial de nommer Mre René Isoré, chev., conseiller du Roi en ses conseils d'Etat et privé, capitaine de cent hommes d'armes de ses ordonnances, marquis d'Airvault, sgr de Pleumartin, Jeu et Forges. (Arch. Vien. E² 1.)

cappitaines ; mon frère de Queirouer vint avec luy qui logea céans.

Le mesme jour, environ les deux à trois heures, fut faitte assamblée où Mr de Villevert [présenta] la susditte lettre de cachet ; on refusa de re[cevoir] les compagnies, attandu qu'ils n'avoient [pas l'attache] de M[r] le gouverneur, de quoy il y eut procès-verbal, et logèrent trois des compagnies qui estoient aux portes, l'une dans la mestairie de Lagegrassin et autres villages circonvoisins, l'autre à Concise et l'autre dans une maison du faulxbourg de la Maisondieu qui est près de chez Laurans Guillon. Le cappitaine, qui estoit le commandeur de Drou[1], nourrit cette dernière compagnie à ses despens dans la dite maison, les deux autres qui estoient, la Colonelle, à Concise, et celle du Boucheron[2] à Lage-Grassin, firent beaucoup de désordre et volèrent impunément principalement à Concise. On leur fit pourtant rendre partie de ce qu'ils avoient pris, Mr de Lhéraudière, prévost, y estant allé avec nombre d'habitans armez[3].

---

1. Henri de Chamborant, capitaine de cavalerie, commandeur de la commanderie du Vieux-Bois de Droux.
2. Georges de Bermondet, comte d'Oradour-sur-Vayres, baron du Boucheron, devint lieutenant général des armées du Roi et mourut au Grand-Arsenal à Paris, le 20 mars 1679.
3. Ces vols étaient souvent suivis de violences envers les habitants. Le 15 mai 1640, le métayer de l'aumônerie de Pananges, paroisse de Lignac, portait plainte pour les exactions et violences commises envers lui par les s[rs] de Tersannes (François Estourneau), capitaine d'une compagnie du régiment de la Feuillade, de l'Oliverie (Jacques de Salignac), son lieutenant, et le fils du s[r] de Champignolle (famille Girard).
Le 4 juin suivant, sur commission de Mr de Villemontée, intendant du Poitou, Valentin Dechaume, exempt de la compagnie du prévôt des maréchaux de Montmorillon, assisté d'Isaac Labbes, archer de la même compagnie, recevait les plaintes de plusieurs habitants des paroisses de Chalais et de Lignac sur les violences commises envers eux par les s[rs] de Billy et de Tersannes, capitaines du régiment de la Feuillade.
Le 23 juillet 1649, une information avait lieu sur les exactions et les violences commises le 20 juin précédent, au village de la Chaume-au-Picault, paroisse de Parnac, par une compagnie de chevau-légers du s[r] du Breuil, commandée par le s[r] de Mazières (Jean de la Faire), fils du s[r] de la Vauzelle (François de la Faire), cornette, et le s[r] de la Barge, maréchal des logis de ladite compagnie. (Arch. Vien., carton 32.)

Le dimanche 14, Mr de Pruniers [1] composa au nom des habitans avec Mr de Villevert et les autres cappitaines auquels on promit quinze cens livres, dix-huict grands pains et trois bussards de vin [2] pour les empescher de loger, moyennant quoy on fit coucher les soldats dans des granges. Et pour faire le payement de ce que dessus, fut arresté, par acte de ville, qu'on regalleroit le tout sur les habitans et pour faire iceluy régallement furent nommés : Mrs Pointeau [3], Beauvais [4], Villechinon [5], sindics, et la Boulinière [6], Poislieu [7] et Couppé [8], et M^r le procureur du Roy [9] et moy pour l'amasser avec pouvoir de prendre tel nombre d'habitans qu'il nous plairoit.

Le lundy environ midy, toutes les troupes deslogèrent des environs d'icy et ne resta que Mrs de Villevert, du Boucheron et un gentilhomme, leur parant, nommé M^r des Vaux, pour recevoir l'argent. Outre la composition faitte cy-dessus il fallut [encore] payer la despance de Mrs de Villevert, des Groyes et d'environ 40 gentilhommes qui vindrent icy au mandement du dit sieur de Villevert qui estoit piqué de ce qu'on avoit pris les armes pour empescher le désordre des soldats, ce qui ce monta 168^l· 10^s· tant au Cheval-Blanc [10] qu'à l'Escu, de laquelle despance les sindics donnèrent leur promesse.

Le mercredy 17, nous donnasmes les quinze cens livres promis à Mr de Villevert qui nous donna acquit par lequel il reconnut avoir receu les vivres nécessaires pour faire subsister les quatorze compagnies cy-dessus, et

---

1. François-Jacques, sgr de Prunier.
2. La contenance du bussard était de 270 litres environ.
3. Jean Pointeau, avocat.
4. Jean Goudon, s^r de Beauvais.
5. Pierre Dumonteil, s^r de Villechinon.
6. Jean Goudon, s^r de la Boulinière.
7. François Vezien, s^r de Poilieux.
8. Martial Jacquet, s^r de Couppé.
9. Pierre Delaforest.
10. Hôtellerie tenue par Jean Estevenet.

les sindics luy donnèrent une attestation comme ils n'avoient point icy fait de désordre. L'acte d'entrée des dites compagnies en cette ville est du 13 et l'acquit du s^r de Villevert est du 25 de ce mois. Il partit le dit jour mercredy, 17, et mon frère du Queirouer s'en retourna avec luy environ les deux à trois heures après midy. J'envoyay Louis, mon valet, avec mon frère.

Le dimanche 21, le s^r de Fontcailleau [1] arriva icy au soir de Paris et apporta un ordre de la Cour pour faire partir les gens de guerre qui devoient estre icy, incontinent le dit ordre receu, et devoient séjourner deux jours à Plaisance et par après suivre leur route.

Le lundy 29, j'ay esté disner à la Leuf, où Mr de Léché m'a donné deux cens livres qu'il devoit à mon frère de Lagebertye pour le payement d'un cheval qu'il avoit achapté de luy à Paris. Lesquels deux cens livres j'avois payées pour mon dit frère cy-devant à Mrs Proust de Paris à qui il les devoit, ou quoy que ce soit à Mrs Dumon et Demaillasson, mon frère à Tours.

Le mesme jour, j'ay achepté de Rambelière de la Chèze deux bussards de vin, 14^l·, dont M^r de La Mothe [2] en a pris un pour sept livres et l'autre a esté mené céans le lendemain ; j'ay donné 40^s· à Rambelière et douze livres qu'il me devoit.

Le mesme jour, au soir, j'ay donnay à Mr de Lavergne [3], advocat, trois cens livres sur une obligation que je luy doibs de deux cens escus. Mr Dubrueil Arnaudet [4] touscha cet argent qui luy fut presté par le dit s^r de Lavergne.

Le mardy 30, jour de Saint-André, Mr de Champaigne est party pour s'en aller à Paris et est allé coucher à Champaigne.

---

1. Jean Cailleau, s^r de Fontcailleau, greffier des insinuations.
2. François Mérigot, s^r de la Mothe.
3. René Vrignaud, s^r de la Vergne.
4. François Arnaudet, s^r du Breuil, receveur des consignations.

Le jeudi 25, j'ay fait pescher l'estang à Girault[1] près de la Chèze, où j'ay trouvé 235 carpes. Je n'ay point fait marché dudit poisson, Mr Dupin et ses parsonniers l'ont eu, j'en ay prins 26 carpes pour moy.

Décembre 1649, commancé par le mercredy.

Le mercredy, 1er décembre, j'ay esté disner à la Faix, avec Mrs de La Mothe et des Ages[2], où se sont rencontrez Mr le curé d'Antigny, le chambrier de Saint-Savin et Chicault, advocat de cette ville. J'ay achepté deux bussards de vin seize livres.

Le lundy 6, les mestayers de la Faix m'ont amené les deux bussards de vin que j'avois achepté d'eux.

Le sabmedy 11, j'ay donné à François Loubaud, mestayer de la Faix, vingt et deux livres six sols, et sept livres quatorze sols six deniers que je luy avois donné auparavant qui est pour quarante et trois boisseaux d'avoine qu'ils m'ont amené et pour les deux bussards de vin cy-dessus.

Le sabmedy 18, environ quatre heures et demie du soir, est décédée dame Jeanne Bost, vefve de feu Denys Jacquet, sr de la Grange, vivant archer en la mareschaussée de cette ville, aagée d'environ 74 ans et a esté enterée le lendemain, 19, dans l'église de Nostre-Dame, près la chappelle de Saint-Nicollas[3].

Le lundy 20, à six heures et trois quarts du matin, ma femme est accouchée d'une fille[4].

Le mesme jour, à 5 heures du soir, est arrivée ma sœur de Leirat qui estoit venue à cause de la maladie de ma femme qui fut fort mal en ses couches.

Le jeudy 23, ma sœur de Leirat s'en est retournée chez elle, je l'ay esté conduire jusques à Adrié.

---

1. Aujourd'hui l'étang Maillasson.
2. Antoine Jacquet, sr des Ages, bailli de la ville du Blanc.
3. L'autel Saint-Nicolas a été détruit depuis 1793. (A. O. *Mémoires*, III.)
4. Marie Demaillasson.

Le lundy 27, Claude Augier m'a donné soixante livres pour les deux cens de carpes qu'ils avoient eus de moy, luy et ses parsonniers.

Janvier 1650, commancé par le sabmedy.

Le cinquiesme, à six heures du matin, Mr du Chefs et moy sommes allez à Poictiers pour voir M^{rs} les esleus et tascher d'avoir quelque soulagement pour les tailles de la parroisse, et y sommes arrivez à midy et demy.

Le vendredy 7, j'ay payé cinquante livres à Mlle Messemé pour l'intérest des neuf cens livres que je luy dois, lequel intérest j'ay payé par avance pour l'année présante, en présence de Mr Daguin [1], procureur au présidial.

Le sabmedy 8, Mr du Chefs et moy sommes partys de Poictiers à neuf heures du matin et arrivez icy environ les trois heures, et avons obtenu descharge de 200 l. quoy qu'il y eust sur l'eslection vingt et huict mille livres d'augmantation pour les tailles.

Le mesme jour, mon frère du Queirouer est arrivé céans, environ sur les 5 heures du soir, pour conférer sur le mariage de ma niepce de Cherzat avec Mr de Saint-Christophle [2].

Le lundy 10, environ les neuf heures du matin, mon dit frère s'en est retourné à Saint-Germain.

Le mesme jour, j'ay donné à la femme de Valantin Barriat sept livres sur ce que je luy doibs pour les deux bussards de vin que j'ay eus de luy. Il n'y a point encore de prix fait.

Le jeudy 13, environ les quatre heures du matin, est décédé Mr Louis Goudon [3], procureur, aagé d'environ

---

1. Jean Daguin, s^r du Colombier, procureur au présidial.
2. Le mariage n'eut pas lieu. M. de Saint-Christophe (François du Theil) épousa le 17 septembre 1656 Catherine du Rousseau. (Nadaud, *Nobiliaire du Limousin.*)
3. Il avait épousé Marguerite Gaultier, dont il eut : 1° François, baptisé à Saint-Martial de Montmorillon le 28 novembre 1628; 2° Catherine, baptisée le 20 juin 1633.

48 ans, et a esté enterré dans l'église de Nostre-Dame, près le bénistier de la petite porte, au soir à vespres.

Le mesme jour, mon frère du Queirouer et Mr du Nouault [1], fils de Mr du Clos de Confolent, sont venus icy avec un autre des Sales, ont couché au Cheval-Blanc, où icy arrivèrent après minuit, et s'en sont retournés le lendemain après disner.

Le lundy 17, la fille de Laschinault [2], sergent, a esté espousée en l'église de Nostre-Dame avec un nommé Poiron, du Blanc.

Le mardy 18, environ les cinq à six heures du soir, Mrs les princes de Condé [3], de Conty [4] et duc de Longueville [5] furent arrestez prisonniers au pallais Cardinal par Mr de Guittault [6], cappitaine des gardes de la Reine, et conduits dans le bois de Vincennes [7].

Le lundy 24, la femme [8] de Me François de Marueil, enquesteur, est accouchée d'une fille qui fut baptisée à Nostre-Dame le premier jour de février ensuivant et nommée [Marie].

---

1. En 1662, Mr Duclos du Nouhault était juge de la châtellenie de Saint-Germain-sur-Vienne

2. Marie, baptisée à Saint-Martial de Montmorillon le 30 août 1628, fille de Nicolas Cherbonnier, sr de Lachinaud, et de Catherine Lion.

3. Louis II de Bourbon, prince de Condé (le Grand Condé), né le 8 septembre 1621, mort le 11 décembre 1686.

4. Armand de Bourbon, prince de Conti, frère du précédent, né le 11 octobre 1629, mort le 21 février 1666.

5. Henri II d'Orléans, duc de Longueville, né le 27 avril 1595, mort le 11 mai 1663, marié en secondes noces à Anne-Geneviève de Bourbon-Condé, sœur des précédents, née le 27 août 1619, morte le 15 avril 1679.

6. François de Comminges, sgr de Guitaut, capitaine des gardes du corps de la reine Anne d'Autriche. Son neveu de Comminges, sgr de Saint-Fort, lieutenant au même régiment, prit également part à l'arrestation et conduisit les prisonniers au château de Vincennes. (Todière, *La Fronde et Mazarin*.)

7 On sait que cet événement ralluma la guerre civile. Le prince de Marsillac prit de nouveau parti contre la cour, assembla des troupes en Poitou et s'avança jusqu'à Lusignan ; mais, à l'arrivée du maréchal de la Meilleraye, ses troupes se dispersèrent, et il abandonna la province pour aller s'enfermer dans Bordeaux. (Thibaudeau, *Histoire du Poitou*.)

8 Marguerite Cœurderoy.

Le mardy 25, la femme[1] de Mᵉ François Arnaudet, sʳ du Brueil, est accouchée d'une fille qui a esté baptisée à Saint-Martial le 27 ensuivant et nommée Susanne du nom de sa mère. François Cœurderoy, le fils, et dame Jeanne Dalest ont esté parrin et marrine.

Le sabmedy 29, Mʳ Clavetier est venu coucher céans.

Le dimanche 30, a esté baptisée, en l'église de Saint-Martial, par Mʳᵉ Louis Pargon, vicaire de Mʳᵉ Louis Grault, curé de la dite église, ma fille Marie, née le 20 décembre précédant, et a esté son parrin Mʳ Clavetier, mon beau-père, et sa marrine dame Marie Richard, ma mère.

Le lundy, dernier janvier, a esté espousée dans l'église de Saint-Martial Mᵉ Laurens Goudon, procureur, avec la vefve Girault, de Flamaigne, qui n'estoit vefve qu'environ despuis trois semaines [2].

Février 1650, commancé par le mardy.

Le 1ᵉʳ février, à la nuit, est décédée la vefve la Leuf, aagée de 75 ans, laquelle s'estoit retournée à la religion catholique, apostolique et romaine, il y avoit environ un an, ayant vescu despuis son mariage dans la religion huguenotte jusqu'au temps de sa conversion cy-dessus. Le lendemain, jour de la Chandeleur, la dite vefve a esté enterrée dans l'extrémité du cimetière de Saint-Martial, presque vis-à-vis la maison des Trois Roys.

Le mesme jour, Mʳ Clavetier est party d'icy sur les 9 heures du matin et s'en est allé coucher à l'Isle.

Le mardy 8, mon cousin le procureur du Roy [3] est party pour aller à Paris et a esté prendre le messager de Poictiers.

---

1. Suzanne Augier.
2. Le 8 juin 1666, Laurent Goudon, ci-devant procureur du Roi, et Berthomée Girault, sa femme, demeurant à Bourg-Archambault, vendaient à Louis Gaullier, marchand à Montmorillon, un pré appelé le pré du Pinier, pour la somme de 80 livres tournois. (Arch. Vien. H³ *bis* 106.)
3. Pierre Richard, sʳ de la Berthonnerie et de Tussac.

Le sabmedy 12, ma sœur de la Baudinière et ma femme sont allées à Saint-Germain et ont esté coucher à Azat.

Le sabmedy 19, j'ay esté coucher au Blanc pour demender du plant pour faire planter ma vigne.

Le mardy 22, je suis party du Blanc environ les 7 heures du matin, suis venu disner icy et ay esté coucher à Saint-Germain.

Le mesme jour, ont esté espousez le fils [1] de M⁰ Gabriel Chantaize, chirurgien, avec la fille aisnée [2] de Mʳ Clabat, appotiquaire. — Et le fils [3] de Mᶜ Jean Goudon, sʳ de Beauvais, procureur, avec la fille [4] de Mᶜ Louis Reat, sʳ de la Pansée, archer.

Le jeudy 24, sur les quatre heures du matin, est décédé Charles Gaultier, sʳ des Combes [5], aagé d'environ 33 ans, et a esté enterré le mesme jour dans l'église de Saint-Martial au dessoubs de leur banc.

Le vendredy 25, ma sœur de la Baudinière, ma femme et moy sommes venus coucher à Azat et ay esté voir Mʳ et Mᵐᵉ de Marcillac à Cerre, et le lendemain sommes venus icy coucher.

Le dimanche 27, a esté contracté et espousé dans l'église de Saint-Martial, à la grande messe, Mᶜ Jean Roset, procureur, sʳ de la Guesserie, avec dame Elisabeth de la Forest [6], fille aisnée de Mᶜ Pierre de la Forest, procureur, et de dame Marguerite du Monteil.

Le mesme jour, plusieurs habitans de cette ville sont allez pour donner secours à ceux de Saint-Savin qui avoient eu bruict avec une compagnie de cavallerie du régiment

---

1. .... Chantaise, fils de Gabriel Chantaise et de Jeanne Maurat.
2. Marguerite, fille de François Clabat et de Marie Goudon.
3. Jean, sʳ de Boismenu, notaire royal, fils de Jean Goudon, sʳ de Beauvais, et de Eléonore Chasseloup.
4. Jeanne, fille de Louis Rat, archer, et de..... Lescuyer.
5. Il avait épousé Catherine Delavergne, dont il eut Louis, baptisé à Saint-Martial de Montmorillon le 27 décembre 1648.
6. Inhumée dans l'église Notre-Dame de Saint-Savin (chapelle du Rosaire) le 30 décembre 1689.

du cardinal Mazarin qui y devoit entrer en garnison, le dit régiment commandé par le comte de Care, piedmontois, et y avoit eu un des cavaliers tué et le s^r de la Chaussée, procureur d'office du dit Saint-Savin et un ou deux autres habitans blessez le jour précédent [1].

Le lundy, dernier février, environ les trois heures du soir, est décédée dame Louise [Brisset], vefve de deffunct Jean Goudon, s^r de Jeu, vivant prévost des mareschaux de cette ville.

Mars 1650, commancé par le mardy.

Le mardy, 1er mars, la dite deffuncte a esté enterrée dans l'église de Saint-Martial le long et joignant la chappelle de deffunct Mr Thomas [2]; c'estoit le jour du mardy gras.

Le 2e jour de mars 1650, environ les six heures et demie du matin, ma fille Marie est morte sans que nous ayons pu sçavoir comment, et avons eu grand soubçon que sa nourrice l'ayt estouffée en luy donnant à tetter. C'estoit le premier jour de caresme, sa nourrice estoit femme de Michel Guignier, tessier en toille. Elle a esté enterrée dans nos sépultures, près la porte de la chappelle de Nostre-Dame, le mesme jour environ les deux heures après midy.

Le mesme jour, environ les 8 heures du matin, est

---

1. Ces séjours de troupes pesaient lourdement sur la ville déjà fort éprouvée, et portaient les habitants à la révolte. Par procès-verbal du 7 avril 1644, Louis Delaforest, lieutenant général en l'élection du Blanc, avait constaté l'état d'épuisement de la population de Saint-Savin et l'impossibilité où elle était de payer les subsides, la majeure partie des habitants ayant déserté la ville à cause de l'oppression des gens de guerre. (Arch. Vien. Abb. de Saint-Savin, 13.)

2. Paul Thomas, éc., sgr de la Croix de Boismorin et du Plessis, conseiller du Roi, succéda en 1586, comme sénéchal de Montmorillon, à André Le Beau, poignardé l'année précédente dans l'église Notre-Dame par les protestants. Paul Thomas et Françoise Mangin, son épouse, furent enterrés à Saint-Martial, dans la chapelle connue sous le nom de chapelle des Thomas. Leur fille, Louise, épousa en 1611 Pierre Robert, s^r de Villemartin, lieutenant général de la Basse-Marche, historien du Dorat.

décédée dame Marie Jacquet, femme de Mr Charles Bonnin, s^r de Thervannes, procureur, aagée d'environ 33 ans, et a esté enterrée dans l'église de Saint-Martial, un peu au-dessus des fonds baptismaux, le lendemain 3.

Le mardy 15, j'ay fait pescher le petit estang de la Chèze, dit l'estang Bonnicault, et n'y ay trouvé que 113 carpes, 74 tanches et quelques 6 ou 7 brochettons. Tout le dit poisson a esté mené dans les arches de Mrs Coubart [1] et Dupin et leurs associés, sans avoir fait de prix. Le mesme jour, ils m'ont fourny 295 pièces de nourrin que j'ay fait mettre dans l'estang à Girault et n'avons aussi point fait de prix, le dit nourrin estoit beau.

Le mercredy 16, M^r le séneschal [2] est party après l'audiance pour aller à Paris.

Le mesme jour, j'ay commancé à faire planter ma vigne du Peux des Forges et ay continué le lendemain, et ay pendant les dits deux jours fait planter tout le dessus.

Le jeudy 24, je suis party pour aller à Saint-Germain affin d'assister à la prise d'habit de religieuse de la sœur de ma femme, Mlle de la Faverie [3], qui prit le dit habit le dimanche 27 ensuivant, dans le couvent des religieuses de Confolent, qui sont de l'ordre de Sainte-Claire, et voulut que je luy servisse de parrin avec sa sœur Mlle de Leirat.

Le lundy 28, je suis icy venu coucher de Saint-Germain, et suis arrivé environ les quatre heures du soir.

Le mercredy 30, mon cousin Daubière nommé Jacques Richard [4] et mon nepveu de Maillasson nommé François,

---

1. Guillaume Coubart, marchand à Montmorillon, avait acheté, le 11 septembre 1623, de Gilles Cailleau, avocat, et d'Andrée Mauduit, sa femme, pour la somme de douze vingt livres tournois, un celier appelé le « grand celier de cheux Mauduit », situé dans l'enclos de la ville de Montmorillon, touchant la maison de feu Louis Goudon, s^r des Grittes. (Arch. Vien. H^3 bis, 113.)

2. Jean du Chastenet.

3. Louise Clavetier, dite Mlle de la Faverie, fille de Pierre, s^r de Vernet, et de Jeanne Berthon.

4. Jacques Richard, s^r d'Aubière.

ont presté le serment d'advocat en ce siège, et n'y avoit que mon oncle le lieutenant et M^r Cœurderoy, conseiller, de juges au siège. Mr Daubière a esté présanté par Mr de Lavergne [1], et mon nepveu par Mr Pineau [2].

Avril 1650, commancé par le vendredy.

Les sabmedy 9 et mardy 12, j'ay fait parachever de planter le dessous de ma vigne du Peux des Forges.

Le sabmedy de Pasques, 16, j'ay donné à mon frère de la Faix une obligation de 300 livres que j'ay empruntées de luy pour payer semblable somme à Mr de la Loge [3], procureur, que je luy devois dès le 1er may 1645, qui fut pour faire mon voyage de Paris.

Le mardy 19, environ les deux à trois heures du matin, la femme [4] de Mr Gaultier, lieutenant en la mareschaussée de cette ville, est accouchée d'une fille qui a esté baptisée le mardy 26, en l'église de Saint-Martial, et a esté son parrin, Pierre Augier, s^r de Chastenet [5], et marrine, damoiselle Marie de la Forest, fille aisnée de Mr de Lage, assesseur, et a esté nommée Marie.

Le mercredy 20, environ les trois à quatre heures après midy, les trois enfans [6] de Mr de Champaigne se sont battus en duel contre Goudon, procureur, s^r de l'Usine, et les deux aisnez [7] de Mr de Beauvais, procureur, ses cousins germains, qui ont esté tous deux blessez et principalement le cadet nommé Boismenu qui a eu trois coups

---

1. René Vrignaud, s^r de la Vergne, avocat et conseiller du Roi.
2. André Pineau, avocat.
3. Paul Dumonteil, s^r de la Loge.
4. Marie Fournier, femme de Germain Gaultier, s^r des Laises.
5. Fils de Pierre Augier et de Jeanne Vezien. Le 30 mai 1644, Pierre Augier, demeurant au Châtenet, paroisse d'Anthenet, cédait aux Augustins sa métairie située au faubourg de la Maison-Dieu à Montmorillon, en échange du fief d'Anthenet. (Arch. Vien. E^4 46.)
6. Jean, s^r du Breuil, baptisé le 2 juillet 1626 ; Pierre, baptisé le 20 avril 1629, et Jacques, s^r du Rivault, baptisé le 26 mai 1631, enfants de Jacques Vezien, s^r de Champagne, et de Marie Petitpied.
7. François et Jean, s^r de Boismenu, enfants de Jean Goudon, s^r de Beauvais, et de Éléonore Chasseloup.

d'espée. Leur combat s'est fait dans le pré de l'Escu, au dessoubs du moulin à Barrois. On dit qu'Allaix, sergent, les vit battre.

Le mercredy 27, après disner, j'ay esté coucher chez Mr de Balentrut à Nérignac où j'ay séjourné tout le lendemain et revins icy disner le vendredy 29. C'estoit pour l'accommodement du dit s^r de Balentrut et des pères Feuillans de Limoges pour des dixmes prétendues de part et d'autre. Mr Coutineau[1], advocat à Poictiers, estoit pour les Feuillans.

Le sabmedy 30, jour de la foire de Saint-Eutrope, j'ay achepté cinquante-cinq moutons qui m'ont cousté cent quarante et quatre livres et quelques sols. J'en ay mis 35 au Léché et 20 à la Chèze.

May 1650, commancé par le dimanche.

Le dimanche 1er jour de may, environ les 7 heures du matin, Daniel de Haubterre, s^r du Plessis, tailleur d'habits, fit sa profession de la foi catholique, apostolique et romaine publiquement dans l'église des pères Récollects de cette ville, entre les mains du père Téothyme, l'un des dits religieux récollects qui nous avoit presché l'advant et caresme, et y communia ensuitte, et avoit demeuré tousjours huguenot jusqu'à sa conversion qu'il a faite à l'aage de 40 ans.

Le mercredy 11, au matin, comme l'on vouloit monter en l'audiance qui ne tint point, arriva icy le s^r de la Rambourgère[2], cappitaine au régiment d'infanterie de la Mesleraye, avec un autre officier, qui apporta l'ordre de Mr de la Mesleraye[3], lieutenant général des armées du

---

1. Pierre Coutineau, avocat au présidial, fils de Pierre Coutineau, procureur à Saint-Maixent, et de Marie Masson, marié à Françoise Fressinet.
2. Peut-être François de la Porte, sgr de la Rambourgère, fils d'Antoine et de Louise Landerneau.
3. Charles de la Porte, marquis, puis duc de la Meilleraye, grand maître de l'artillerie en 1634, maréchal de France le 30 juin 1639, mort à l'Arsenal à Paris le 8 février 1664.

Roy en Poictou et Guienne, pour recevoir vingt compagnies du dit régiment, en garnison en cette ville[1].

Le jeudy 12, sur les quatre heures du soir, les dites vingt compagnies sont icy arrivées avec dix autres qui y ont couché et qui sont parties le lendemain pour aller à Saint-Savin en garnison. Nous avons eu un lieutenant logé céans qui y en a emmené un autre soupper et coucher. Il y avoit en tout cinq hommes et cinq chevaux.

Le dimanche 15, les officiers du dit régiment nous forcèrent de traicter avec eux, 304 livres par jour pour les dits officiers outre la nourriture des soldats qui estoient près de 400 et qui ont augmenté chasque jour, lesquels il fallut tousjours nourrir ou donner à chascun dix sols par jour, et ay esté taxé pour ma part de la dite contribution à cinquante sols par jour.

Juin 1650, commancé par le mercredy.

Le jeudy neufiesme, le s^r Ceriset est arrivé céans à la nuict et y a logé comme auparavant.

Le sabmedy 11, jour de Saint-Barnabé, les dites vingt compagnies de la Mesleraye sont parties et deslogées de cette ville après y avoir amené toutes leurs recreues. Ils estoient près de 700 hommes en tout.

Le dimanche 19, j'ay loué Hillaire de Chastre pour nous servir un an à commencer du jour de la Saint-Jean

---

[1]. Le parti du prince de Condé étant devenu le plus fort dans la Guyenne, le maréchal de la Meilleraye alla attaquer les révoltés jusqu'à Bordeaux, dont il fit le siège sous les yeux du jeune Roi, en septembre 1650. La capitulation eut lieu le 1er octobre suivant. La Reine accorda aux habitants de Bordeaux une amnistie générale dans laquelle fut compris le duc de La Rochefoucauld. La princesse de Condé eut permission de se retirer avec son fils dans celle de ses maisons d'Anjou qu'il lui conviendrait de choisir. Si le séjour de Montrond lui était plus agréable, elle pourrait y tenir une garnison de 200 hommes de pied et de 50 gardes à cheval entretenus aux dépens du Roi. Elle partit pour Milly en Anjou, d'où elle se rendit à Montrond. (Todière, *La Fronde et Mazarin*.)

A leur passage à Poitiers le 18 octobre, la princesse de Condé et son fils logèrent aux Trois-Piliers. (*Arch. Hist. Poitou*, XV.)

et luy ay promis pour son louage trante livres et une paire de carrelures pour ses souliers.

J'ay donné à mon valet, l'année 1652, dix-huict livres, plus en janvier 1653 je luy ay donné vingt-sept livres dont il a achepté une vache, plus trois livres en partant de céans le 2 juillet 1653.

Le jeudy précédent qui estoit le jour de la Feste-Dieu, ma femme a loué Jeanne Lion, du bourg de Concise, pour nous servir un an à commencer aussi du jour de la Saint-Jean et luy doit donner pour son louage douze livres. Elle a demeuré céans deux ans, et le sabmedy 29 mars 1653, je luy ay donné vingt et quatre livres.

Le mardy 21, je suis allé disner à la Leuf avec mon oncle le procureur du Roy [1] et sommes icy revenus environ les deux heures et demie après midy, où j'ay trouvé mon frère du Queirouer qui ne faisoit que d'arriver.

Le vendredy 24, jour de la Saint-Jean-Baptiste, environ les 11 heures du matin, mon dit frère est party et m'a donné 276$^{l.}$ 2$^{s.}$ dont je luy ay donné récépicé.

Le mesme jour, Louis de la Bretonnière, mon vallet, et Denize...........[2], servante de ma femme, sont allez demeurer chez Mr de Lage et Hillaire et Jeanne sont venus céans.

Le lendemain, j'ay payé à Mr de Lavergne[3], advocat, 300 livres que je luy restois d'une obligation de 600 livres qu'il m'avoit presté pour payer Fradet. Laquelle obligation j'ay retirée et rompue.

Le jeudy 23, mon cousin le procureur du Roy[4] est arrivé sur les 9 heures du soir de son voyage de Paris.

Juillet 1650, commancé par le vendredy.

Le dimanche, 3 juillet 1650, a esté contractée et

---

1. Charles Richard, s^r de la Chèze.
2. Le feuillet est déchiré en cet endroit.
3. René Vrignaud, s^r de la Vergne.
4. Pierre Richard, s^r de la Berthonnerie et de Tussac.

espousée en l'église de Saint-Martial, à la grande messe, par Mre Louis Grault, curé, Anne Demaillasson [1], ma niepce, fille de mon frère de la Faix, avec Me Pierre Vezien, s^r du Fief [2], advocat, et a esté conduite le mesme soir dans la maison du s^r de la Roche du Fief, père du dit s^r Vezien.

Le dimanche 17 juillet, mon frère du Queirouer et ma niepce de Cherzat sont arrivez ici sur les trois heures du soir. Ma mère [3] et ma femme sont allées ce mesme jour en voyage à Plaisance.

Le lundy 18, le s^r séneschal [4] de cette ville est arrivé icy de Paris.

Le mesme jour, entre sept et huict heures du matin, les trois enfants [5] de Mr de Champaigne se sont battus en duel contre le fils aisné [6] de Jehan Goudon, s^r de Beauvais, procureur ; Goudon, s^r de l'Usine, procureur, et la Baillonnière [7], et ont este blessez, sçavoir : le s^r du Brueil, aisné desdits s^{rs} de Champaigne, par la Baillonnière, et le fils aisné de Beauvais par Le Rivault, dernier des dits s^{rs} de Champaigne. Ils se sont battus proche de la Baillonnière.

Le mercredy 20, nous sommes partis mon frère du Queiroir, mes cousines de Lage [8] et Richard [9], ma femme et moy pour aller à Poictiers voir le Roy, et y sommes arrivez à 2 heures après midy.

Le lendemain, sur les cinq heures du soir, le Roy [10] est

---

1. Fille de Louis Demaillasson, s^r de la Faix, et de Louise Douadic.
2. Fils de Pierre Vezien, s^r de la Roche du Fief, et de Louise de Monfaulcon.
3. Marie Richard, veuve de François Demaillasson, avocat du Roi à Montmorillon.
4. Jean du Chastenet.
5. Jean, s^r du Breuil ; Pierre et Jacques, s^r du Rivault, enfants de Jacques Vezien, s^r de Champagne, et de Marie Petitpied.
6. François Goudon.
7. François Arnaudet, s^r de la Baillonnière.
8. Marie Delaforest, dite Mlle de Lage, fille de André, s^r de Lage, et de Jacquette Richard.
9. Marie Richard, fille de Charles, s^r de la Chèze, et de Éléonore Vezien.
10. Il était parti de Paris le 4 juillet.

entré à Poictiers accompagné de la Reine, de M^r le duc d'Anjou [1], de Mademoiselle [2] et du cardinal Mazarin.

Le sabmedy 23, M^{rs} le séneschal [3], de Lage, assesseur [4], de Lavergne, advocat [5], la Forest, procureur [6], et moy, avons esté asseurer le Roy de nos obéissances et de nostre fidélité. Le dit sieur séneschal a porté la parolle, et avons esté présentez par Mr de Saintot, maistre des cérémonies [7].

Le mesme jour, à midy, le Roy est party pour parachever son voyage de Bourdeaux.

Le dimanche 24, nous sommes partys de Poictiers et arrivez icy à la nuict, et ay levé un habit gris.

Le mardy 26, mon frère du Queiroir s'en est allé après disner.

Aoust 1650, commancé par le lundy.

Le mercredy, 10 aoust, jour de la foire Saint-Laurans [8], j'ay vendu dix des moutons que j'avois mis à la Chèze, à

---

1. Philippe de France, frère de Louis XIV, né au château de Saint-Germain-en-Laye, le 21 septembre 1640, porta le titre de duc d'Anjou jusqu'en 1661 et prit ensuite celui de duc d'Orléans.
2. Anne-Marie-Louise d'Orléans, duchesse de Montpensier, fille de Gaston-Jean-Baptiste de France, duc d'Orléans, et de Marie de Bourbon, née le 29 mai 1627, morte le 5 avril 1693.
3. Jean du Chastenet.
4. André Delaforest, s^r de Lage.
5. Pierre Vrignaud, s^r de la Vergne.
6. Pierre Delaforest.
7. L'acte donné par M. Saintot, maître des cérémonies de France, contenant l'ordre observé à la présentation des compagnies au Roi, fut déposé au greffe du Bureau des finances le 27 du même mois. (Arch. Vien. C. 92.)
8. Il y avait à Montmorillon deux foires renommées qui se tenaient dans un champ de figure carrée, fort spacieux, appelé le champ des Confrères et situé vis-à-vis l'église et l'hôpital de la Maison-Dieu. La première avait lieu le 10 août, jour de la fête de saint Laurent. Elle était une des plus considérables du Poitou à cause des bestiaux de toutes sortes qui s'y vendaient. L'autre, appelée confrérie ou assemblée, avait lieu le premier jeudi après la Saint-Denis (9 octobre) et durait trois jours. Pendant cette foire, les bouchers de la ville de Montmorillon étaient obligés d'exposer leurs viandes dans le champ des Confrères et, pour le droit d'étalage, devaient en livrer une certaine quantité de livres aux pauvres de l'hôpital de la Maison-Dieu, pour laquelle livraison il leur était dû du pain et du vin. (Arch. Vien. reg. S. 101, pages 123, 124.)

cinquante-cinq sols pièce. Il n'y en reste plus que sept, et y en est mort trois.

Le mesme jour, j'ay presté dix livres à Mme Marguerite de la Fontaine pour donner à Mr de la Fontmorte[1], procureur, à qui elle m'a dit qu'elle devoit vingt livres. J'ay esté payé.

Le lendemain, j'ay achepté de la Combe, marchand, douze aulnes de toille blanche pour me faire quatre chemises qui m'ont cousté 22 livres.

Le mardy 16, je suis allé à Bellac avec Mr de Lage, assesseur [2], qui m'avoit nommé d'office pour adjoinct pour faire une dessente par commission de la Cour ; Mrs de Lavergne, la Forest, Fontcailleau, mon frère la Faix et Allamanche, peintre de Poictiers, y estoient.

Le vendredy 18, Mr le président Le Bailleul [3] vint disner à Bellac avec deux conseillers de la grande chambre qui revenoient de Libourne où ils avoient esté députez du parlement de Paris avec autres pour demender au Roy la paix de Bordeaux et s'entremettre de l'accommodement.

Le mesme jour, nous partismes de Bellac et vinsmes disner au Dorat où je donnay douze livres à Mr Robert, advocat, pour l'affaire de Mrs Maultrots de Tours, et arrivasmes icy à neuf heures du soir.

Le sabmedy 20, à deux heures après midy, j'ay fait partir Valantin pour aller quérir mon frère Demaillasson à Tours à cause de la maladie de ma mère.

---

1. Jean Jacquet, sr de la Fontmorte.
2. André Delaforest, sr de Lage.
3. Nicolas de Bailleul, président au Parlement de Paris en 1627, urintendant des finances en 1643, mort en 1652.
Une de ses filles, Agnès, avait épousé, le 28 mars 1644, Henri Foucaud, marquis de Saint-Germain-Beaupré, comte de Crouzan, gouverneur de la Haute et Basse-Marche, fils aîné de Gabriel Foucaud, maréchal des camps et armées du Roi, gouverneur de la Marche, et de Jeanne Poussard du Vigean. (Blanchard, *Les Présidents au mortier du Parlement de Paris.*)

Le mercredy 24, après vespres, a esté baptisé Pierre Vrignault, fils de Mr de Lavergne, l'advocat, qui estoit né le jeudy, 14 de ce mois, sur les dix à unze heures du soir, et a esté son parrin Mre Vrignaud, chanoine de l'église de Saint-Hyllaire de Poictiers, qui a esté autrefois prévost de Nostre-Dame de cette ville, frère du dit sr de Lavergne, et marrine dame Marguerite du Monteil, femme de Me Pierre de la Forest, procureur. Il a esté baptisé en l'église de Saint-Martial par Mre Louis Grault, curé.

Le mesme jour, environ les six heures du soir, est arrivé icy mon frère Demaillasson de Tours.

Le mesme soir, on a commancé à faire la garde aux portes de la ville à cause des coureurs de Mourron [1], commandez par le sr du Broutet [2], mestre de camp d'un régiment, et où estoit le sr chevalier de Rhodes [3], et est entré en garde la compagnie de Mr le sénéchal. Il a esté fait trois autres compagnies, l'une commandée par Mr le lieutenant [4] et les deux autres par Cœurderoy, conseiller, et Labarde [5], enquesteur.

Le vendredy 26, en l'audiance, a esté installé en la charge de conseiller en ce siège Me Félix Mérigot, sr du Chefs, qui s'étoit fait recevoir au présidial de Poictiers et fait addresser la commission à Mr le sénéchal ou autre de Mrs de ce siège pour son installation. Mrs le sénéchal [6], le lieutenant [7], l'assesseur [8] et Cœurderoy, conseiller, estoient au siège, et a esté présenté par Me Augier, advocat.

Le sabmedy 27, mon frère Demaillasson, marchand à

---

1. Eclaireurs de l'armée de Condé.
2 Charles de Bost du Breuil, sgr du Broutet.
3. Charles Pot, chev. de Malte, fils cadet de Claude, sgr de Rhodes, et de Louise de Lorraine.
4. André Richard.
5. François Demareuil, sr de la Barde.
6. Jean du Chastenet.
7. André Richard.
8. André Delaforest.

Tours, et moy avons compté ensemble de tout ce qu'il m'avoit fourny de marchandises et d'argent tant à Poictiers, Paris, qu'issy jusques au dit jour, dont il y avoit des promesses escrites et signées de ma main qu'il m'a rendues fors une de 400 livres qu'il n'avoit pas apportée et qu'il m'a promis de rendre, et me suis trouvé son redevable de la somme de huict cens quarante et trois livres, de laquelle je luy ay donné une obligation escrite de ma main et signée de Véras et Babert, nottaires royaulx, dattée du dit jour 27, en laquelle est comprise 40 livres que mon cousin Richard, procureur du Roy, prit de Mrs Proust, à Paris, au mois de juin, pour employer dans une affaire que luy et moy avons au Conseil contre nos sindicts, et trente-huict livres que devoit Mr Grault [1] à mon dit frère pour des estofes qu'il luy avoit envoyées, il y a quatre ans, dont il faut que je compte avec le dit Grault, et mon dit frère m'a aussi desduict douze livres que j'avois fournies à Mr Robert du Dorat, pour Mrs Maultrots de Tours, qui sont entrées dans le susdit compte.

Le dimanche 28, outre l'obligation cy-dessus, j'ay donné une promesse à mon dit frère de cent cinq livres pour quatre livres, trois onces, 2 gros de frange de soye jaulne et trois aulnes de mollet [2] qu'il nous avoit cy-devant envoyée pour la garniture d'un lict et chambre qu'il faut que Mr Clavetier, mon beau-père, paye.

Le mesme jour, mon dit frère est party pour s'en retourner à Tours. Je l'ay conduict jusques à la forest de Chavaigne.

Septembre 1650, commancé par le jeudy.

Le dimanche, 11 septembre 1650, a esté baptisée Marguerite Mérigot, fille de Mr Félix Mérigot, s^r du Chefs,

---

1. Nicolas Grault, s^r du Verdier.
2. Etoffe de laine légère.

conseiller, et de damoiselle Jeanne Arnaudet, et a esté son parrin Mr de Faugerey [1], gendre de Mr de Boussigné [2], et marrine dame Marguerite du Monteil, femme de Mr Pierre de la Forest, l'aisné, procureur. Elle est née le dimanche 28 aoust dernier, environ les 5 heures du matin, et a esté baptisée par Mre Louis Grault, curé de l'église de Saint-Martial.

Le vendredy 16 septembre, ma sœur Demaillasson [3] de Tours est icy arrivée environ vespres.

Le vendredy 23, est décédé, environ les 7 heures du soir, Louis Gaultier, sr de Lislette, archer en la mareschaussée de cette ville, aagé de 38 ans ou environ, et a esté enterré dans le cemetière de Saint-Martial près la croix où on chante l'Evangile, le lendemain 24.

Octobre 1650, commancé par le sabmedy.

Le mardy, 4 octobre, entre deux et trois heures du matin, est décédé Louis Augier [4], aagé de 16 à 17 ans, fils de Me Laurans Augier, advocat en ce siège, et a esté enterré le mesme jour dans le cemetière de Saint-Martial, à l'entrée de la porte du Ravelin, du costé droict.

Le mesme jour, environ les 7 heures du matin, est décédé Me Pierre Vezien, sr de la Roche du Fief, aagé d'environ 72 ans, et a esté enterré, sur les trois heures du soir du mesme jour, dans l'église de Saint-Martial, un peu au des-

---

1. François Ferré, sgr de Faugeré, décédé à Pressac le 8 juillet 1669. Il avait épousé, le 12 juin 1644, Marguerite de l'Espine, fille de François et de Madeleine Brun, dont il eut: 1º François, baptisé le 27 juillet 1649 ; 2º Jacques, né le 17 avril 1651, baptisé le 16 juin 1652 ; 3º Félix, baptisé le 6 octobre 1654 ; 4º Emmanuel et 5º Jacques, baptisés le 5 décembre 1655 ; 6º Louis, baptisé le 8 septembre 1665. (Reg. paroissiaux de Lathus.)

2. François de l'Espine, sgr de Boussigny, vendit, le 10 octobre 1648, la métairie d'Essiet à Jean Dechaume, sr de Lage-Bourget. (Arch. Vien. E² 68.)

3. Marie Dumont.

4. Né le 6 mars 1633, fils de Laurent Augier et de Elisabeth Cœurderoy.

soubs de la chappelle de feu Mr Thomas, dans les sépultures des Veziens.

Le mercredy 5, j'ay vendu à Gabriel Huguet, boucher en cette ville, les sept moutons qui estoient de reste des vingt que j'avois mis à la Chèze, prix fait à 18 livres 10 sols, et me doit payer à la Toussaint.

Le vendredy 14, mon frère Maillasson de Tours est icy arrivé comme nous estions à disner céans.

Le dimanche 16, ont esté contractez et espousez en l'église de Nostre-Dame par Mre Boudet, curé de Consize, environ les 10 heures du matin, Me François Demaillasson, advocat, mon nepveu, et damoiselle Elisabeth Demarueil, fille de Me François Demarueil, enquesteur, et de damoiselle Marguerite Cœurderoy.

Le jeudy 20, environ les 6 heures et demie du matin, mon frère et ma sœur Demaillasson de Tours sont partis pour s'en retourner et ont esté coucher à la Rochedebran.

Le lundy, 17 précédent, environ deux heures du matin, est décédé Me Denys Goudon, s^r de Rivalière [1], sergent, qui a esté enterré le mesme jour dans l'église de Nostre-Dame, aagé de 71 ans.

Le sabmedy 22, ma niepce de Cherzat, ma femme et moy sommes allez coucher chez ma sœur de Leirat à Azat.

Le lendemain 23, mon frère de Lagebertye est venu coucher audit lieu et le lundy, 24, luy et moy sommes allez coucher chez Mr de Chaumon, aux Roches, dont il est party le lendemain pour s'en retourner joindre la Cour qui retournoit de Bordeaux et estoit arrivée le sabmedy, 22, à Poictiers, dont elle estoit partie le dit jour de lundy 24, auquel jour je suis aussi venu coucher à Azat.

Le jeudy 27, je suis party d'Azat et ay esté coucher à Saint-Germain.

Le dimanche 29, je suis retourné coucher à Azat.

---

1. Fils de Félix Goudon, s^r de l'Héraudière, et de Michelle Rochier.

Novembre 1650, commancé par le mardy.

Le mercredy, 2 novembre, ma niepce de Cherzat, ma femme et moy avons esté coucher à Saint-Germain.

Le vendredy 4, nous avons esté disner à Confolant chez Mr du Nouault et sommes retournez coucher à Saint-Germain.

Le dimanche 6, je suis allé coucher à Bellac pour la mesme affaire que j'y fus le 16 aoust dernier où tous ceux qui y estoient en ce temps s'y rendirent le mesme soir, fors Mr de [la Vergne], procureur, qui n'y vint pas cette fois.

Le dimanche 13, ces messieurs qui estoient à Bellac et moy sommes venus disner au Dorat et coucher icy.

Le mercredy 23, j'ay esté coucher à Saint-Germain.

Le mardy 29, mon frère du Queiroir, ma niepce de Cherzat, ma femme et moy avons esté coucher à Charroux, chez Mr Chanier [1], et y avons séjourné tout le lendemain.

Décembre 1650, commancé le jeudy.

Le jeudy, 1er décembre, nous avons esté coucher à Savigné chez Mr de Combour [2], où nous avons séjourné tout le lendemain.

Le sabmedy 3, nous avons esté coucher à Cyvray chez Mr l'advocat du Roi, Imbert [3], où nous avons séjourné tout le lendemain.

Le lundy 5, nous sommes revenus encore coucher à

---

1. Jacques Robert, sr de Champniers, conseiller du Roi et lieutenant du prévôt provincial du Poitou, marié à Jeanne Bricauld de Verneuil, fille de Gabriel, juge sénéchal de Rochemeau, et de Charlotte Gascougnolles, dont: 1° François, sr de Champniers, qui épousa Françoise Savatte, et eut: a) Jean, b) Gilles, c) Françoise, d) Gabrielle, e) Elisabeth, entrée aux religieuses bénédictines de Saint-Maixent en août 1698 (Arch. Vien. E² 270) ; 2° Jean, sr de Saint-Pierre.

2. Jean Albert, sr de Combourg.

3. Charles Imbert, sr de Pontpinson, époux de Suzanne Bricauld de Verneuil.

Charroux chez Mr Chanier et y avons séjourné le lendemain.

Le mesme jour de lundy, est décédée à Verrières madame de Marcillac [1], le corps de laquelle est enterré dans le cœur de l'église d'Azat.

Le mercredy 7, nous sommes venus coucher à Allouhe chez madame Gratieux, où nous avons séjourné tout le léndemain.

Le vendredy 9, nous sommes venus coucher à Saint-Germain.

Le mardy 13, ma femme et moy sommes venus coucher à Azat et le lendemain au soir nous sommes rendus icy à coucher.

Le mardy 20, Mr de Tervannes [2] et moy avons esté disner à la Faix où estoit Mr le curé d'Antigny. J'ay achepté deux bussards de vin 28 livres. J'en ay avancé une pièce de 58 sols.

Le dimanche 25, jour de Noël, Mre Joseph Allange, prestre et advocat en cette ville, est mort subitement en disnant chez Mr le prieur de Saint-Martial, au prieuré, environ les unze heures et demie du matin, après avoir dit la messe de minuit dans l'église de Saint-Martial et une autre messe basse et la grande messe parrochialle en la dite église, environ demie-heure après la célébration de laquelle il trespassa et fut enterré le lendemain après vespres dans la dite église, sous son banc, vis-à-vis la chaire du prédicateur. Il estoit aagé de 70 ans ou environ.

Le sabmedy, 31 décembre, François Loubaud a receu 14 livres sur les deux bussards de vin qu'il m'a vandus.

Nota que le 20 janvier 1651, Mr de Lage estant à

---

1. Catherine de la Béraudière, épouse de Jean de Grandsaigne, sgr de Marsillac, Serres et Villenon.
2. Charles Bonnin, sr de Tervanne, procureur du Roi à Montmorillon.

Poictiers, au lieu de l'obligation que je devois à Mlle de Messemé de la somme de neuf cens livres où deffunct Mr Doré de Poictiers estoit caution, il en donna une autre où luy, mon oncle le procureur du Roy [1] et le cousin Daguin, procureur à Poictiers, sont cautions. J'en ay donné indamnité du 20 février 1651 ; l'obligation est pour la mesme somme de 900 livres, passée pardevant Touton et Caillat, nottaires à Poictiers. J'ay la quittance de l'obligation où estoit caution Mr Doré, dont il y a signification à sa vefve. Le terme que Mr de Lage a pris est pour un an.

Année 1651, commancée par le dimanche.

Le lundy 9 janvier, mon frère du Queiroir est arrivé céans qui m'a mis entre les mains les cent cinq livres que Mr Clavetier devoit payer pour la frange et mollet de soye qui a esté mis au lict de ma femme, et 155 livres 10 sols que ma sœur de Leirat doit à mon frère Maillasson de Tours pour des estoffes pour ma niepce de Cherzat.

Le mercredy 18, à cause des eaux, l'audiance c'est tenue dans la gallerie des Récollects.

Le mesme jour, Mr de la Dorlière [2] est allé à Paris pour les affaires de la ville.

Le jeudy 19, mon frère du Queiroir s'en est retourné à Saint-Germain.

Le sabmedy 21, j'ay donné à François Loubaud cinq quarts d'escu neufs sur les deux bussards de vin que j'ay achepté de luy et partant ne luy reste que cent dix-sept sols.

Le dimanche 22, a esté épousé, en l'église de Saint-Martial, par Mre Louis Grault, curé, Jacques Vezien [3],

---

1. Charles Richard, s^r de la Chèze.
2. Louis Delavergne, s^r de la Dorlière.
3. Fils de Jacques Vézien, s^r de Champagne, prévôt en la maréchaussée de Montmorillon, et de Marie Petitpied, baptisé à Saint-Martial de Montmorillon le 26 mai 1631.

sr du Brueil, avec damoiselle Perrette de La Chaume, fille de Me Martin de La Chaume, archer.

Le mercredy 25, le sr Dancour et le sr Damoresan ont apporté une lettre de cachet addressante aux eschevins de Montmorillon pour recevoir en garnison la compagnie mestre de camp et estat-major du régiment Desclinvilliers. Et à cause qu'ils n'avoient pas l'atache de Mr le gouverneur on a sursis l'establissement de la garnison.

Le vendredy 27, je suis party, à trois heures après midy, d'icy et ay esté coucher à Saint-Savin avec Mr de la Forest, le jeune, et le lendemain avons parlé à Mr le marquis de La Rocheposay[1], à la Rocheposay où il estoit, qui a escrit audit sr Dancour, cappitaine et major dudit régiment Desclinvilliers, pour le porter à s'accommoder avec nos habitans. Nous estions députez pour aller trouver le dit sr marquis de La Rocheposay et sommes revenus coucher le mesme jour à Saint-Savin.

Le dit jour, vendredy 27, le dit sr Damoresan, commissaire ordinaire des guerres, apporta l'atache de Mr le marquis de La Rocheposay, lieutenant de Roy en cette province, pour recevoir la garnison cy-dessus. En suitte de quoy elle a esté establie et les gens de guerre sont icy entrez au soir, environ les sept heures. Il y a eu 65 logements.

La nuict du 28 au 29, est décédé Jacques Goudon, sr de Chasteau-Gaillard, aagé d'environ 32 ans, qui a esté enterré le dit jour, 29, dans l'église de Nostre-Dame.

---

1. Charles Chasteigner, marquis de la Roche-Posay, baron d'Abain, lieutenant du Roi en Poitou, né au château d'Abain, le 18 juin 1611, mort à la Roche-Posay, le 9 octobre 1667. Il avait épousé, le 10 avril 1640, Charlotte Jousserant, fille de Philippe, sgr de Londigny, et de Anne d'Escoubleau du Coudray-Montpensier.
Le 22 septembre 1647, il cédait à Jacques Maron, lieutenant particulier en la sénéchaussée de Civray, la terre et seigneurie de la Bonardelière, paroisse de Saint-Pierre-d'Exideuil, en échange de la maison noble de la Brétinière, paroisse de Sommières. (Arch. Vien. E² 46.)

Le dimanche 29, le dit s^r de la Forest et moy sommes icy arrivez à neuf heures du matin.

Le lundy 30, Mrs de la Forest, l'aisné, Lavignasse[1] et du Brueil Arnaudet, sindicts de cette ville, et moy avons arresté un traicté avec Mr Dancour pour tout le quartier d'hyver, en conséquance du pouvoir qui nous en a esté donné par acte d'assemblée des habitans de cette ville du dit jour, lequel traicté a esté passé par escrit, soubs nos seings privez, et en est demeuré autant au greffe.

Le mardy 31, conformément au susdit traicté, tous les officiers et cavalliers tant de la dite compagnie mestre de camp et estat-major sont partis d'icy à la réserve de Mr Mallet, lieutenant de la dite compagnie, et du s^r de Saint-Martin, mareschal des logis, et de douze cavalliers qui sont restez et qui y doivent seulement demeurer pendant tout le quartier d'hyver. Ils avoient dès l'entrée jusques au dit jour tousjours vescu à discrétion.

Le mesme jour, sur les neuf heures du soir, est décédée damoiselle Anne Douadic, aagée d'environ 28 ans. Elle n'avoit point esté mariée.

Février 1651, commancé par le mercredy.

Le mercredy, premier février, la dite damoiselle a esté enterrée au matin dans le millieu de la chappelle de deffunct Mr Thomas.

Le jeudy 16, est décédée à Saint-Germain ma belle-sœur du Queiroir, nommée Elisabeth Clavetier, aagée d'environ 43 ans. Ma femme et moy n'y estions pas.

Le sabmedy 25, environ les 8 heures et demie du soir, est décédée dame Marie de Lavergne,[2] fille de Me Simon

---

1. François Cœurderoy, s^r de la Vignasse. Le 12 mai 1625, il avait acheté d'Étienne Estevenet, marchand à Montmorillon, le lieu et tenue de la Vignasse, sis au-dessus du faubourg de la Maison-Dieu, et une cave sise sous le cimetière de Notre-Dame, pour la somme de 200 livres tournois. (Arch. Vien. H³ bis-120.)

2. Baptisée à Saint-Martial de Montmorillon le 11 avril 1626. Fille de Simon Delavergne et de Adrienne Chauvin.

de Lavergne, procureur, aagée d'environ 23 ans, et a esté enterrée le lendemain, à la grande messe, dans l'église de Saint-Martial, soubs le banc de Mr Douzilly[1].

Mars 1651, commancé par le mercredy.

Le mercredy, 1er mars 1651, sur les 8 heures du matin, est décédée dame Anne Nicault, vefve de deffunct Me Mathurin Dalest, sr de la Vault, vivant lieutenant en la prévosté de cette ville, aagée d'environ 30 ans, et a esté enterrée le lendemain matin en l'église de Nostre-Dame, vis-à-vis et joignant la chappelle de Saint-Nicollas.

Le sabmedy, 4 mars, je suis party, environ midy, avec mon cousin de la Berthonnerie et avons esté coucher chez mon beau-père à Saint-Germain.

Le dimanche 5, Mr Clavetier, mon dit cousin, mon frère du Queiroir et moy sommes allez disner chez Mr de Sonneville[2] à Baubuchet.

Le lundy 6, mon dit cousin, mon dit frère et moy sommes allez à Confolant et revenus le mesme jour à Saint-Germain.

Le mercredy 8, mon dit cousin et moy sommes venus coucher à Nérignat chez Mr de Balantrut.

Le lendemain 9, environ les quatre heures du soir nous sommes icy arrivez.

Le mardy 14, j'ay, suivant l'ordre de mon frère Maillasson de Tours, envoyé à Mr de Nesde[3], marchand de fer à Poictiers, deux cent cinquante-cinq livres quinze sols

---

1. Charles Petitpied, sgr d'Ouzilly.
2. François Bardonnin, éc., sgr de Sonneville et de Bois-Buchet, marié à Olive de Villoutreys, dont : 1° Gabrielle, baptisée à Lessac le 26 octobre 1629, religieuse du tiers-ordre de Saint-François à Angoulême, décédée à Bois-Buchet, le 19 septembre 1678, et inhumée le lendemain à Lessac ; 2° Jacquette, baptisée à Lessac, le 17 mai 1637, eut pour marraine Jacquette Bardonnin, dame de la Grange-Bardonnin. (Reg. par. de Lessac, Charente.)
3. Antoine Denesde, auteur d'un journal historique publié par notre regretté confrère et ami, M. Emile Bricauld de Verneuil, dans le XVe volume de la Société des Archives historiques du Poitou.

pour les habits de mademoiselle de Cherzat, ma niepce, et pour les franges et mollet que mon dit frère nous avoit envoyées. Je me suis mesconté de cent sols, car le tout revient à la somme de 260 livres quinze sols. J'ay mis la dite somme cy-dessus entre les mains de M'r du Brueil Champaigne qui alloit à Poictiers, pour la donner au dit sr de Nesde qui la doit faire tenir à mon dit frère.

Le jeudy, 16 mars, la femme de Mr François Goudon, sr du Chambon[1], a accouché sur les six heures du soir d'un fils qui a esté baptisé le lendemain et nommé Pierre. Me Pierre Nicault, advocat et esleu particulier en cette ville, a esté son parrain, et dame du Monteil, femme du sr Roset, de Saint-Savin, sa marrine. Il a esté baptisé en l'église de Saint-Martial.

Le mercredy 22, environ les unze heures du soir, ma niepce Fradet[2] est accouchée d'une fille.

Le lundy 27, Mr de Lage et moy sommes partis d'icy, environ les six heures du matin, pour aller à Poictiers pour l'affaire que nous avions devant Mrs les thrésoriers contre nos habitans et sindicts qui nous avoient compris dans la taxe des ustanciles pour les gens de guerre dont Mrs les thrésoriers nous ont deschargez et ordonné que ce que nous avions payé nous seroit rendu. Mrs Pierre de la Forest, l'aisné, procureur, Louis de Lavergne, sr de la Dorlière, François Cœurderoy, sr de la Vignasse, et François Arnaudet, sr du Brueil, estoient sindicts de cette ville, esleus au mois de juin dernier[3].

---

1. Marguerite Delaforest.
2. Gaspard Fradet, sr de la Gatevine, marié à Marie Demaillasson, fille de Louis, sr de la Faix, et de Louise Douadic. Le 19 septembre 1665, il sous-affermait à André Allaire, sergent royal baillager, moyennant 21 livres par an, la moitié du four à ban de la ville de Lussac-le-Château, dépendant du prieuré de la Madeleine, dont il était fermier. (Arch. Vien. E² 251)
3. En 1652, les Augustins étaient en procès avec MM. Delaforest, Delavergne, Cœurderoy et autres syndics de Montmorillon au sujet de deux chevaux, une mule et une charrette qui avaient été réquisitionnés par lesdits syndics pour conduire deux canons à Gien et qui n'avaient

Le mercredy 29, j'ay arresté les parties de ce que je doibs au s^r Bruneau, confiseur à Poictiers, qui se montent la somme de 22 [livres] que j'ay promis de luy payer dans les festes de Pasques. J'ay acquitté les dites parties le 9 aoust 1652.

Le mesme jour, environ les deux heures après midy, Mr de Lage et moy sommes partis de Poictiers et arrivez icy à neuf heures du soir.

Avril 1651, commancé par le sabmedy.

Le lundy de Pasques, 10 avril, a esté baptisée, en l'église de Saint-Martial, par Mre Grault, curé, la fille dont ma niepce Fradet estoit accouchée le 22 mars dernier, et a esté son parrain Mr Gaultier, lieutenant en la mareschaussée, et marrine ma sœur de la Mothe [1], et a esté nommée Florence.

Le mercredy 12, je suis party, environ les 10 heures du matin, pour aller à Paris pour l'appel que Mr François Cœurderoy, conseiller en ce siège, a interjecté à la cour de parlement de ma réception et installation en mon office, et suis allé coucher à Tournon. J'ay fait mon voyage avec Soury, facteur du messager de Rochechouard.

Le lundy 17, je suis arrivé, environ les trois à quatre heures du soir, à Paris et ay esté loger dans la rue des boucheries de Saint-Honoré au-dessus des Quinze-Vingts, à l'Ollivier, chez Mr Charrault, où je payois 40 sols par jour. Mr de Saint-Romain [2], baron de Sansac, frère de M^r de

---

pas été restitués par les gens de guerre. Les religieux demandaient la restitution de leurs chevaux ou le payement d'une somme de 700 livres. Par arrêt rendu aux requêtes du palais à Paris en 1655, les syndics furent condamnés à payer 300 livres qui ne furent pas versées. Comme indemnité, les métairies de la Maison-Dieu et d'Anthenet, appartenant aux Augustins, furent déchargées du logement des gens de guerre, et les tailles de chacun des métayers furent fixées à une pistole de 10 livres par an. (Arch. Vien. H^3 *bis* 379.)

1. Fleurance Demaillasson, mariée en 1642 à Pierre Delamothe, s^r des Chaussidiers.

2. Jean Bardonnin, sgr de Saint-Romain, comte de Sansac, marié à Madeleine de Boisse de Pardaillan.

Sonneville de Baubuchet, et mon frère de Lagebertye et moy couchions en mesme chambre.

Le 17 de may, Mr de Léché, mon oncle, arriva à Paris par le carrosse de Poictiers.

J'ay demeuré à Paris jusques au vendredy, second jour de juin, que je suis party pour m'en retourner, et suis venu par la voye du messager d'Orléans, jusques à Orléans, auquel j'ay donné 13 livres pour m'y amener et 20 sols pour mettre la celle et la bride de mon cheval sur celuy sur lequel il m'avoit monté. Nous vinsmes coucher ce jour-là à Estampes et le lendemain à Orléans où j'arrivay à cinq heures du soir et logeay à la Croix-Blanche, près le Martroy. Mr de Léché est party de Paris le mesme jour que moy pour aller en Normandie.

Juin 1651, commancé par le jeudy.

Le jeudy 1er juin, demie-heure après minuit, ma cousine de Lage [1] est accouchée d'une fille nommée Jeanne. M^r le greffier de la maréchaussée a esté parrin et ma cousine de Lhéraudière, marrine.

Le dimanche 4, jour et feste de la Trinité, nous partismes d'Orléans, par batteau, sur les 8 à 9 heures du matin, et arrivasmes à Blois sur les six heures du soir et logeasmes à la Gallère, sur le port.

Le lundy 5, nous arrivasmes à Tours, Mr de Boisrémond [2] le fils et moy qui estions partys ensemble de Paris, et fus coucher chez mon frère, et le dit s^r de Boisrémond logea à la Châsse.

Le lendemain, nous séjournasmes à Tours et fusmes à Marmoutier, l'après-dinée, où je fus voir le père Dom

---

1. Jacquette Richard, fille de Charles et d'Eléonore Vezien et femme de André Delaforest, s^r de Lage, conseiller du Roi à Montmorillon.
2. Robert Delouche, sgr de Boisrémond, fils de Michel, marié à Louise Sornin, fille de François, s^r des Faugères, et de Marguerite Rossignol. (Champeval, *Chartrier de Bagnac*.)

Cyprien Richard ¹, bénédictin, qui estoit au chapitre général qui s'y tenoit.

Le mercredy 7, nous partismes de Tours, environ les 8 heures du matin, et vinsmes coucher le dit s^r de Boisremond et moy à Barroux et avions pris des chevaux de relays à Tours pour nous conduire.

Le jeudy 8, jour de la Feste-Dieu, nous vinsmes disner à l'abbaye de la Mercy-Dieu où les religieux nous prestèrent des chevaux pour nous conduire chascun chez nous et renvoyasmes à Tours ceux que nous y avions pris. Nous nous séparasmes M. de Boisremond et moy à Nallier et je vins coucher icy.

Le sabmedy 10, mon cousin de la Berthonnerie et Mr de Romagny ² se sont battus en duel près le village de Corneroux, et le dit s^r de Romagny a esté désarmé.

Le mardy 20, M^r le greffier de la mareschaussée ³ et dame Jeanne Dalest ont esté espousez en l'église et parroisse de Tollet.

Le vendredy 23, mon frère du Queiroir est icy venu nous voir et y a demeuré jusques au mercredy 28, qu'il s'en est retourné à Saint-Germain.

Le mardy 27, est décédée et a esté enterrée la fille dont ma cousine de Lage avoit accouché le 1er de ce mois, nommée Jeanne. Mr de Lage estoit à Poictiers dès le jour précédent et n'en revint que le lendemain du dit enterrement qui fut fait dans l'église de Saint-Martial vis-à-vis de la chaire du prédicateur, dans les sépultures de la Lande.

Le mercredy 28, environ les neuf heures et demie du soir, la femme ⁴ de Mr Gaultier, lieutenant en la mareschaussée, est accouchée d'un fils ⁵.

---

1. Il avait été prieur de l'abbaye de Saint-Maixent de 1637 à 1639. (*A. H. P.* XVI, cxvii.)
2. Jacques Berthelin, sgr de Romagny, fils de Michel, sgr d'Aiffres, et de Marie Pastureau.
3. Jean Gaultier, s^r de Beumaine.
4. Marie Fournier, femme de Germain Gaultier, s^r des Laises.
5. François.

Juillet 1651, commancé par le sabmedy.

Le dimanche 2 juillet, mon oncle le procureur du Roy [1], et mon cousin Richard [2], sont allez en Berry avec leurs femmes.

Le mardy 4, environ les 6 heures du soir, ma femme s'est trouvée presque inopinément saysie d'une fiebvre qui luy a duré jusques au lendemain au soir à mesme heure.

Le jeudy 6, environ les 10 heures du matin, la fiebvre a encore reprise ma femme et luy a cessé le lendemain au matin à pareille heure.

Le sabmedy matin, 8, à mesme heure, elle a encore eu son accez qui ne l'a quittée que le dimanche matin sur les 10 heures.

Le lundy 10, environ les 4 heures du matin, son accez l'a reprise et ne l'a laissée que le lendemain environ les 9 heures du matin qui estoit le mardy.

Le mesme jour au soir, M^{rs} le procureur du Roy, père et fils, et mesdemoiselles leurs femmes sont retournez de leur voyage de Berry.

Le mercredy 12, environ les 4 heures du matin, la fiebvre a encore repris ma femme et luy a duré jusques sur les 6 heures du soir et du despuis n'en a eu qu'un autre petit accez qui ne dura que 7 à 8 heures. Et pendant qu'elle a esté malade elle a esté saignée deux fois, quoy qu'elle fust dans son septiesme mois de grossesse, et a pris deux lavements, le tout par ordonnance de Mr Turpin, médecin de cette ville.

Le dit jour, Mr de Lage, assesseur, est allé en son païs aux Chazaux.

Le mardy 18, ma cousine de Lage a mené sa fille aisnée aux religieuses à Chastellerault pour y estre pansionnaire.

---

1. Charles Richard, s^r de la Chèze.
2. Charles Richard, fils aîné du précédent.

Mon oncle le procureur du Roy y avoit mené ma cousine Marion [1], sa dernière fille, au mois de mars dernier pour y estre religieuse.

Le sabmedy, jour de la Magdeleine, environ les 9 heures du matin, mon cousin de la Berthonnerie et moy sommes allez à Azat chez ma sœur de Leirat où nous avons couché.

Le dimanche 23, mon dit cousin et moy avons esté à Cerre, voir Mr de Marcillac, où nous avons trouvé Mr et Mme de Saint-Victour [2] et Mr de Buxière [3], fils de Mr du Puy, de Bellac.

Le mesme jour, Mr de Lage, assesseur, est retourné icy de son païs.

Le lundy 24, après disner, mon dit cousin, mon frère du Queiroir et moy sommes allez à Confolent pour voir la sœur de ma femme, religieuse, et sommes retournez à Saint-Germain coucher.

Le mesme jour, est décédée dame Claude de la Vergne, femme de Me Jean de la Vergne, sr de la Boutaudière, procureur, agée d'environ 30 ans, le dit la Boutaudière, son mari, estant à Paris dès le lundy, 29e jour de may, où il arriva avec le fils aisné [4] de Cœurderoy et Grault [5].

Le lendemain, la dite de la Vergne a esté enterrée dans le cimetière de Saint-Martial, dans les sépultures des de la Vergne, proche le Charnier.

Le mercredy 26, mon dit cousin de la Berthonnerie, mon frère du Queiroir et moy sommes revenus coucher à Azat.

---

1. Marie Richard, fille de Charles, procureur du Roi, et de Marie Vezien.

2. Charles de Saint-Nectaire, sgr de Saint-Victour, marié, le 27 décembre 1633, à Jeanne de Rabaine, fille de Paul, sgr d'Usson et de la Tour de Brillac, et de Diane Esthuer de Caussade, décédé à Brillac le 24 février 1664.

3. ...... de la Coudre, sr de Bussière, fils de Joseph de la Coudre, sr du Puy, lieutenant en l'élection de Bellac. (Arch. H{te} Vien Bellac, GG{1}.)

4. François Cœurderoy, sr de Cognac, fils de François, conseiller.

5. Jacques Grault, sr du Verdier.

Le jeudy 27, mon dit cousin et moy sommes venus icy coucher. Il a eu un accez de fièvre par le chemin, qui estoit de 4 ou 5 qu'il avoit eu despuis le dimanche précédent qu'il commença à se trouver mal.

Aoust 1651, commencé par le mardy.

Le vendredy, 4 aoust 1651, environ les 8 heures du matin, Mr le séneschal [1] est icy arrivé de retour de son voyage de Paris où il estoit dès le commencement du moys de may.

Le jour précédent, au soir, le sr de la Boutaudière arriva icy pareillement de retour de Paris.

Le jeudy, 10 aoust, jour de Saint-Laurent, j'ay achevé de payer François Loubaud des deux bussards de vin que j'avois achepté de luy le 20 décembre dernier, qui estoit de 5 livres 17 sols.

Le dimanche 13, environ à une heure après midy, Mme de Villechinon [2] est accouchée d'une fille dans le logis de Mme de la Loge Monteil [3], vis-à-vis l'eschelle de Nostre-Dame.

Le lendemain 14, environ midy, la femme [4] de mon nepveu Maillasson est accouchée d'une fille [5] dans la maison de Mr l'enquesteur, son père, au fauxbourg des Bans.

Le dimanche 20, le sieur du Taillis, gentilhomme, demeurant près de Chaillac, est décédé environ 8 heures du soir dans l'hostellerie des Trois-Roys au faulxbourg de Saint-Martial.

Le lendemain, le dit sr du Taillis a esté enterré soubs le bénistier de l'église de Saint-Martial.

---

1 Jean du Chastenet
2. ..... femme de Pierre Dumonteil, sr de Villechinon.
3. Jeanne Delaforest, femme de Paul Dumonteil, sr de la Loge, procureur.
4. Elisabeth Demareuil, fille de François Demareuil et de Marguerite Cœurderoy, et femme de François Demaillasson.
5. Elisabeth Demaillasson, mariée, le 25 février 1675, à Pierre Guillemin, sr de la Bussière.

Le mesme jour, a esté baptizée dans l'église de Nostre-Dame par Mre Boudet, curé de Concize, la fille dont Mme de Villechinon estoit accouchée le 13 du courant et a esté son parrain le s^r Chantaize, chirurgien, et marrine Marie de la Forest, fille de Me Pierre de la Forest, l'aisné, procureur ; elle a esté nommée Marie.

Le mercredy 23, environ les 4 heures du soir, a esté aussi baptizée dans la mesme église et par le mesme curé, la fille de mon nepveu Demaillasson, née le 14 du courant. J'ay esté son parrain, et dame Elisabeth Cœurderoy, femme de Me Laurens Augier, advocat, sa marrine, et a esté nommée Elisabeth.

Le jeudy 30, la femme[1] de Me Jean de la Forest, s^r de l'Espine, procureur, est accouchée d'une fille sur les 9 heures du matin.

Septembre 1651, commencé par le vendredy.

Le vendredy, 1er septembre, environ les[2].... heures du soir, est décédé à la Leuf le fils de mon oncle de Léché, nommé René[3], filleul de ma femme, qui estoit né le 17 janvier 1649, et a esté enterré en l'église de Syllars.

Le sabmedy 9, je suis allé au Dorat avec mon cousin Daubière.

Le mesme jour, mon frère du Queiroir est icy arrivé au soir.

Le dimanche 10, mon dit cousin et moy sommes icy retournez coucher.

Le lundy 11, environ les 5 heures du matin, est décédée au village de la Jujière, la vefve de feu Me Laurens Gaultier, vivant procureur en cette ville, aagée d'environ 72 ans, et a esté enterrée dans l'église de Saint-Léomer.

Le mesme jour, environ les 3 heures du soir, est aussi

---

1. Gabrielle Amard.
2. Laissé en blanc.
3. Fils de Paul Richard, s^r du Léché, et de Jeanne Poutrel.

décédée en cette ville la fille [1] de M⁰ Laurens Augier, advocat en ce siège, qui estoit religieuse à Villesalem, aagée d'environ 23 ans ; son corps a esté conduict à Villesalem, où il a esté enterré le lendemain.

Le mardy 12, mon frère du Queiroir est party pour s'en retourner à Saint-Germain.

Le dimanche 17, mon oncle de Léché[2] est arrivé à la Leuf de retour de son voyage de Paris.

Le mesme jour, la fille dont estoit accouchée la femme[3] de M⁰ Jean de la Forest, le 30 du mois passé, est décédée.

Le lundy 18, à deux heures après midy, dame Marie Richard, ma mère, est décédée dans sa maison size rue du Pont-Neuf; elle s'estoit arrestée au lict le dimanche 10 du présant mois et pendant qu'elle a esté malade elle ne s'est pleinte de ressentir aucune douleur ; elle receut le Saint Sacrement de l'autel le dimanche 17, environ les 8 heures du soir, et l'extrême-onction, une heure et demie ou 2 heures après ; elle me reconnut tousjours quand je luy parlay jusque à trois quarts d'heure ou une heure avant son trépas. Comme elle avoit mené une vie pleine de piété et dévotion, elle mourut aussi fort chrestiennement et rendit l'âme comme si elle n'eust fait que sommeiller. Le père Félix, dévot religieux du couvent des Récollects de cette ville, l'assista jusques à la fin. Mon frère de la Faix, mes sœurs de Labaudinière et moy et plusieurs autres personnes y estoient lorsqu'elle rendit son âme à Dieu, lequel je supplie luy faire miséricorde. Elle estoit agée de soixante et unze ans.

Le lendemain au matin, elle fut enterrée dans l'église de Saint-Martial ès sépultures de M⁰ˢ les Richards, ses père et ayeulx, un peu au-dessus des barreaux des fonds de

---

1. Marie, baptisée à Saint-Martial de Montmorillon le 9 avril 1628, fille de Laurent Augier, et de Elisabeth Cœurderoy.
2. Paul Richard, sʳ du Léché.
3. Gabrielle Amard.

baptesme, aprochant du milieu de la largeur de la dite église.

Le mercredy vingt et sept, environ les neuf heures et un quart du matin, est née dans la maison où feu mes père et mère faisoient leur demeure et moy aussi, dans la première chambre, sur la rue, Marguerite Demaillasson, ma seconde fille.

Octobre 1651, commancé par le dimanche.

Le dimanche, premier jour d'octobre, ma dite fille a esté baptizée dans l'église de Saint-Martial, à la sortie de la grande messe parrochialle, par Mre Louis Pargon, vicquaire de M^r le curé Grault qui estoit malade au lict, et a esté son parrain, Valantin Barriat, maître sargetier, et sa marrine Marguerite Bernard, fille de Simon Bernard, charpentier, demeurante au Pont-Neuf, dans la dernière maison de la ville. Martial Foussadier, dit la Jeunesse, maistre sargetier, a signé l'acte de baptesme comme présant.

Ce mesme jour, la femme[1] de Jean Dechaume, s^r de Lagebourget, est accouchée d'un fils qui a esté baptizé le dit jour en l'église de Saint-Martial. Me Jean Goudon, s^r de la Boulinière, procureur, a esté son parrain.

Le sabmedy, vingt et un octobre, Mr de Sauvebœuf[2], lieutenant général des armées du Roy, estant à la Brulonnière à Persac, escrivit aux officiers et sindicts de cette ville pour luy envoyer le plus de gens que l'on pourroit pour aller charger les trouppes de M^{rs} les princes de Condé

---

1. Louise Vachier, fille de Antoine Vachier, s^r de Crémiers, et de Diane Martinet Le 19 janvier 1643, Diane Martinet, qui était veuve en deuxièmes noces de Mathurin Demareuil, procureur à Montmorillon, cédait à François Vachier, son fils aîné, moyennant une rente annuelle de six vingt livres, les étangs de Beaufour, du Bâtardeau, de la Planche et du Léché, paroisses de Saulgé et de Moulimes, et l'étang de Biard, paroisse de Journet. (Arch. Vien. H³ bis 82.)

2. Charles-Antoine de Ferrières, sgr de Sauvebœuf, lieutenant général des armées du Roi.

et de Conty dont le dernier avoit passé avec Mme de Longueville[1] et Mr de Nemours[2] à l'Isle Jourdain, et estoient allez coucher au Vigean[3] le lundy 16 précédent. Ils avoient, à ce qu'on disoit, plus de 2000 chevaux et venoient de Mouron. On n'a pu envoyer à Mr de Sauvebeuf que 32 fantassins et 14 cavaliers, outre les archers qui sont partys ledit jour 21.

Le dimanche 22, M^rs le séneschal, du Chefs, conseiller, le procureur du Roy et moy avons esté pour conduire les dits cavalliers et fantassins coucher à Azat et la plus part des dits cavalliers et fantassins ont logé dans le village de Serail où nous avons payé leur despance, M^r le séneschal et moy.

Le lendemain, nous avons esté avec toute la dite trouppe à Brillac qui estoit assiégé par Mr de Sauvebeuf, où estoient Mrs Dusson[4], de Villautranche et de Limérat[5], de Saint-Victor d'Ingrande[6], des Pesselières[7] et Richelieu Ville-

---

1. Anne-Geneviève de Bourbon-Condé, femme de Henri II d'Orléans, duc de Longueville.
2. Charles-Amédée de Savoie, duc de Nemours, tué en duel le 30 juillet 1652 par François de Vendôme, duc de Beaufort, son beau-frère.
3. Le seigneur du Vigean était alors François Poussard, marquis de Fors et du Vigean, qui fut assassiné dans la forêt de Verrières le 28 mars 1663.
4. Jean de Rabaine, sgr d'Usson, fils de Paul, sgr d'Usson et de Brillac, et de Diane Esthuer de Caussade.
5. Jacques d'Abzac, sgr de Villautrange et de Limérac, marié, le 30 juin 1650, à Anne de Rabaine, sœur de Jean ci-dessus, mort maréchal de camp en octobre 1678.
6. Léon de Barbançois, marquis de Sarzay, sgr de Saint-Victor d'Ingrandes, fils de Léon, sgr de Sarzay, et de Françoise du Rieux, mestre de camp du régiment de Conti-Cavalerie le 11 novembre 1651, gouverneur de Bourg-sur-Mer en 1662, marié, par contrat du 4 juillet 1645, à Jacqueline de Nuchèze, fille de Jacques, sgr de Baudiment, et de Jeanne de Launay. Le 1er juillet 1657, procès-verbal était dressé contre lui pour avoir exercé des violences sur la personne du s^r Bénard, huissier aux Aides en l'élection du Blanc, qui était chargé de faire exécuter un arrêt de la cour de parlement de Paris rendu au profit des Augustins de Montmorillon. (Arch. Vien., carton 32.)
7. Charles de Grivel de Grossouvre, comte d'Ourouer, sgr des Pesselières, gouverneur de Fougères. Il fut assassiné à Paris au mois de décembre 1658, sans laisser d'enfants de Marie-Françoise de Guémadeuc, fille de Thomas, baron de Guémadeuc, et de Jeanne de Ruelan, qu'il avait épousée en 1647.

maixant¹, lesquels se rendirent à discrétion et se vindrent rendre prisonniers du dit sʳ de Sauvebeuf le mercredy matin ensuivant. Le sʳ de Villautranche commandoit et avoient environ 45 à 50 cavalliers qui estoient tous dans le chasteau². Ils furent presque tous démontez et despouillez par des cavalliers qu'avoit le sʳ de Sauvebeuf, lequel prit tout l'esquipage des dessus dits prisonniers que l'on disoit se monter à plus de 12 mille escus, et les conduisit à Limoges, à ce qu'on dit ; on les accusoit d'avoir pris les armes pour Mʳ le prince de Condé contre le Roy.

Le dit jour mercredy, Mʳˢ du Chefs, le procureur du Roy et moy sommes partys d'Azat et arrivez ici au soir. Le lundy nous avions couché à Saint-Germain chez Mʳ Clavetier.

Le sabmedy 28, le Roy, la Reine et Mʳ le duc d'Anjou arrivèrent au Blanc où ils séjournèrent tout le lendemain dimanche, auquel jour Mʳ le comte de Vivonne³ arriva icy fort tart et logea à l'Escu. Il avoit quitté le Roy au Blanc.

Le lundy 30, Mʳ le comte de Vivonne partit et s'en alla à Lussac.

Le mesme jour, le Roy partit du Blanc, passa à Saint-Savin et s'en alla coucher à Chauvigny⁴. Ses chevaux-légers passèrent icy et furent loger à Saugé, et une compagnie des gardes qui fut loger à Leigne.

Le lendemain, le Roy s'en alla à Poictiers⁵.

---

1. Pierre de la Pivardière, sgr de Richelieu et de Villemexant, baptisé à Bossay le 4 juillet 1618.
2. Ce château, appelé la Tour de Brillac, fut détruit et rasé. (Michon, *Stat. mon. de la Charente.*)
3. Louis-Victor de Rochechouart, comte, puis duc de Mortemart et de Vivonne, frère de Mᵐᵉ· de Montespan.
4. Il logea à l'hôtellerie du Beau-Soleil, située en la ville basse, au commencement du chemin qui monte au château. (Ch. Tranchant, *Notice sur Chauvigny.*)
5. Le Roi et sa suite passèrent la Vienne près Chauvigny sur un pont de bateaux dont la construction ordonnée par dépêche de Sa Majesté, du 11 octobre, coûta mille livres. (Arch. Vien. C. 94.)
Il y avait autrefois « à l'issue de Chauvigny, sur le bord de la rivière

Novembre 1651, commancé par le mercredy.

Le vendredy 3 novembre, environ les 4 à 5 heures du matin, est décédé mon nepveu Me Pierre Vezien, s^r de la Roche du Fief, advocat en cette ville, aagé de 23 ans. Il mourut d'une perte de sang par le nez et par la bouche. Il avoit esté assez longtemps malade auparavant, mais il commençoit à se lever et se promener par la chambre, et avoit bien soupé le soir devant qu'il mourut. Il a esté enterré le mesme jour en l'église de Saint-Martial dans les sépultures des Veziens, proche le bénistier.

Le jeudy 9, est décédée, environ les 3 heures du soir, dame Marie [1] Chauvin, femme de Me Simon de Lavergne, procureur en cette ville, aagé d'environ 65 ans, et a esté enterré le lendemain dans le cimetière de Saint-Martial, dans les sépultures des de Lavergne, près le Charnier.

Le vendredy dixiesme, M^rs le séneschal [2], l'enquesteur [3], de Lavergne, advocat [4], la Vignasse [5], sindic, sont allez à Poictiers pour asseurer le Roy de nostre fidélité et obéissance.

Le jeudy 16, les régiments de cavallerie du grand maistre Mr de la Melleraye et d'Harcour ont passé en

---

de Vienne, une maison qui, en cas de rupture du pont, avoit droit de bateaux pour passer et repasser la dite rivière ».

Par transaction passée le 12 octobre 1497, entre frère André Marin, prêtre, commandeur de la commanderie et aumônerie de Chauvigny, membre dépendant de la Maison-Dieu de Montmorillon, et Thomas Guinebaud, marchand, ce dernier promet de payer les arrérages et de continuer audit commandeur la rente foncière de 24 sols due sur cette maison. Par ce même acte, le frère André Marin donne son consentement à l'arrentement de ladite maison fait au profit dudit Thomas Guinebaud par « les bâtonniers et confrères de la confrairie de Notre-Dame qu'on célèbre à Saint-Didier de Poitiers » Le 6 mars 1610, le tenancier de cette maison était poursuivi par-devant le sénéchal de Chauvigny faute de payement de la rente de 24 sols. (Arch. Vien. H³ *bis* 379.)

1. *Aliàs* Adrienne.
2. Jean du Chastenet.
3. François Demareuil.
4. René Vrignaud, s^r de la Vergne.
5. François Cœurderoy, s^r de la Vignasse.

cette ville et ont esté loger à Moulime et à Persac. Ils estoient commandez par Mr de Bougy [1], mareschal de camp.

Le lendemain, le dit régiment de Bougy passa icy qui estoit aussi cavallerie et fut loger avec les autres.

Le mardy 21, logea icy et coucha une nuict le s^r de Saint-André [2], mareschal de bataille, avec environ 35 à 40 cavalliers et deux petites pièces d'artillerie et le lendemain fut loger à Saint-Savin.

Le jeudy 23, passa icy le régiment d'infanterie de Montosier [3], composé de 20 compagnies, qui fut loger dans la parroisse de Saugé où il séjourna jusques au dimanche ensuivant. Ils ont fait tous les desgats et volleries imaginables dans la dite parroisse et aux environs. Il y en avoit cinquante dans la mesterie du Léché et 14 chevaux. La cavallerie qui logea à Moulimes et à Persac ont fait la mesme chose.

Décembre 1651, commancé par le vendredy.

Le mercredy 13 décembre, Me Félix Augier [4], fils de Me Laurens Augier, advocat, et Me Jean Argenton, fils de Me Jean Argenton, procureur, ont presté le sermant d'advocats et ont esté tous deux présantez par le dit Me Laurans Augier. Mrs du Chastenet, séneschal, Richard, lieutenant, Dalest, juge prévost, Cœurderoy et Mérigot, conseillers, estoient au siège.

Le dimanche dernier jour de décembre, Mr du Chefs et moy avons esté deschargez de la charge de procureurs fabriqueurs de Saint-Martial que nous avions exercée pen-

---

1. Jean Révérend, marquis de Bougy, lieutenant général en 1653, mort en 1658.
2. Alexandre de Puy-Montbrun, marquis de Saint-André, lieutenant général des armées du Roi, mort en 1673.
3. Charles de Sainte-Maure, duc de Montauzier, mort le 17 mai 1690. Il fut gouverneur des provinces d'Angoumois et de Saintonge pendant la Fronde.
4. Baptisé à Saint-Martial de Montmorillon le 1er février 1630.

dant trois ans, et ont esté nommez en nostre place M° Antoine Naude, s^r de Montplanet, et Me Pierre de Laforest, le jeune, procureur au siège de cette ville.

Année bisextille 1652, commancée par le lundy.

Le dimanche 7 janvier 1652, ont esté baptisez en l'église de Saint-Martial, par Mre Louis Grault, curé, le fils dont ma cousine de l'Héraudière avoit accouché le sabmedy 6 novembre 1649, et une fille qu'elle avoit eue environ un an après, et ont esté parrains et marrines, au garçon mon oncle Mr Richard, esleu à Poictiers, et cy-davant procureur du Roy en cette ville, et ma tante de Léché. Il a esté nommé Charles (c'est Mr de Jeu). Et à la fille, Gabriel Gaultier, s^r du Poyot, et ma cousine Richard, femme de mon cousin le procureur du Roy, et a esté nommée Marguerite.

Ce mesme jour, le père Bénigne, gardien des Récollets, environ sur les 10 heures du matin, en confessant dans leur église Mme de Lagebourget[1], tomba subitement en une apoplexie et demeura plus d'une heure privé de tout mouvement et croyait-on qu'il fust mort. Il reprit par après ses esprits et s'est despuis assez bien porté. Il mourut du mesme mal le jeudy 25 avril ensuivant.

Le mercredy 10, je donnay à Mr de Lage, assesseur, 50 livres 12 sols pour porter à Mlle Messemé à Poictiers, pour l'intérest des 900 livres que je luy doibs, laquelle somme il donna à la dite damoiselle le sabmedy 13. Il y a les 12 sols de plus que ce qu'il faut pour le dit intérest, lequel n'est deu et ne commencera à courir que du vingt janvier prochain. Je le paye par advance.

Le dimanche 14, a esté espousé en l'église de Saint-Martial, à la grande messe, par Mre Louis Pargon, cy-devant vicaire, le s^r Mallet, lieutenant de la mestre de camp

---

1. Louise Vachier, femme de Jean Dechaume, s^r de Lage-Bourget.

du régiment de cavallerie Desclinvilliers, et damoiselle de Baslon[1], vefve de déffunct Mr du Brueil.

Le mardy 16, nous avons fait le partage de la succession de déffuncts mon père et ma mère. Mon oncle de Léché faisoit pour mon frère Maillasson de Tours qui n'y estoit pas. Le dit partage est receu par Veras et Brisson, nottaires royaux de cette ville.

Le lundy 22, environ les huict heures du soir, le fils de déffunct le s^r de la Petiteville, nommé [2]....., fut tué dans la cour de Mlle Dallongny[3], d'un coup de mousqueton par les vallets de Mr Douzilly, fils de la dite damoiselle Dallongny, qui estoient le nommé le Savoyard et le nommé Choufleury, que je pris prisonnier et le menay céans où le

---

1. Yolande de Baslon, fille de Pierre, éc., sgr de la Forest, et de Anne Frottier, mariée en premières noces, le 18 novembre 1624, à Pierre de Lanet, éc., sgr du Breuil. Le 20 mars 1645, elle demeurait au lieu noble de Tussac, paroisse de Leigne, et vendait à Fleurent Ferré, chev., sgr de Boiscommun et de Pindray, le fief et lieu noble du Scot pour la somme de 3.960 livres. (Arch. Vien. H³ *bis* 102.)
2. Laissé en blanc.
3. Marie Ajasson, mariée en premières noces à Fleurant Petitpied, sgr d'Ouzilly, notaire secrétaire de la maison couronne de France, inhumé à Latus le 3 février 1638, et en secondes noces à Charles d'Aloigny, chev., sgr des Bordes. Elle eut du 1er lit : 1° Pierre, baptisé le 17 juillet 1629 ; 2° Charles, éc., sgr d'Ouzilly, la Popelinière et Lage-Courbe, baptisé le 4 juin 1630, décédé à Paris, près la place Maubert, le 20 août 1673. Son corps fut inhumé dans l'église Saint-Etienne-du-Mont et son cœur en l'église de Latus (chapelle Saint-Blaise) le 25 septembre suivant. (Reg. parois. de Latus.) Le 18 juin 1658, il transigea avec Jacques Berthelin, chev., sgr du Cluseau, au sujet de la possession de la justice de Latus (V. appendice VI). Il épousa Gabrielle Barbe, inhumée dans le chœur de l'église de Latus le 14 mai 1683, à l'âge de 58 ans, dont il eut : a) Sylvain, baptisé le 25 juillet 1658, inhumé dans l'église de Latus (chapelle Saint-Blaise), le 21 novembre 1679 ; b) Marie-Anne, baptisée le 1er avril 1661, inhumée dans l'église des Récollets à Montmorillon le 21 août 1692. Elle épousa, le 31 janvier 1680, Gaspard de Blom, éc., sgr de Beaupuy, inhumé dans l'église de Latus (chapelle d'Ouzilly) le 8 septembre 1731, à l'âge de 78 ans ; c) Anne, baptisée le 25 novembre 1664 ; d) Charles (Dom Charles de Saint-Maur), religieux de Saint-Bernard, procureur de l'abbaye royale des Chasteliers en 1683. 3° Jacques, baptisé le 2 octobre 1631 ; 4° Marie, baptisée le 24 septembre 1634, veuve en 1661 de François de Valencienne, sgr de Lespine et du Peux-Montfaucon ; 5° Sylvain, baptisé le 2 août 1635 ; 6° Marguerite, baptisée le 23 mars 1650. Du 2e lit : 7° Marie, née le 2 décembre 1639, baptisée le 16 janvier 1640 ; 8° Sylvain, baptisé le 22 avril 1645 ; 9° Joseph, baptisé le 11 février 1646. (Reg. parois. de Latus.)

s^r juge prévost et mon cousin le procureur du Roy le vindrent quérir et de là le conduisirent en prison. Le dit de la Petiteville estoit de Vivonne, mais son père estoit de cette ville et s'appelloit Augier. (Celuy qui a tué le dit fils de la Petiteville a eu des lettres de rémission qui ont esté enthérinées à Poictiers.)

Février 1652, commancé par le jeudy.

Le jeudy premier jour de février, il passa icy le régiment de dragons du mareschal de la Ferté-Senetere [1], et le soir à la nuit, le régiment du comte de Broille [2], commandé par le comte de Saint-Front. Le premier fut loger à Adrié et l'autre devoit aller loger à Saint-Remois, mais à cause de la nuict il logea aux environs de cette ville dans la parroisse de Saugé.

Le vendredy 2, jour de la Purification, passa icy la compagnie de gendarmes du dit mareschal de la Ferté, et le régiment infanterie estranger de Bodax, commandé par luy-mesme, lequel fut loger à Lussac-le-Château avec un régiment de Pollonnois aussi infanterie.

Le sabmedy 3, a passé deux ou trois compagnies de dragons de Manican et le régiment de Montcouret qui fut loger à Nérignac. C'est un régiment de cavallerie.

Le vendredy 17, Mr de Pruniers, sergent de bataille, apporta une lettre de cachet addressante aux eschevins et habitans de cette ville, par laquelle il leur est ordonné de recevoir et reconnoistre le dit s^r de Pruniers pour leur commender durant les troubles et mouvemens, la dite lettre en datte du 31 octobre dernier, expédiée à Poictiers,

---

1. Henri de Saint-Nectaire ou Senneterre, maréchal de France, appelé le maréchal de la Ferté, mort au château de la Ferté, près Orléans, le 27 septembre 1681.
2. François-Marie, comte de Broglie, mort au siège de Valence en 1656. Page du duc de Savoie, il entra en 1634 au service de la France, fut nommé maréchal de camp en 1646, maître de camp du régiment de Champagne en 1648, et lieutenant général de l'armée de Flandre en 1650. Il obtint des lettres de naturalisation en février 1650,

laquelle ayant esté veue par les s^rs sénéschal [1], lieutenant [2] et Cœurderoy, conseiller [3], qui vouloient monter en l'audiance. Il fut remis à en délibérer à issue de la dite audiance, quoy que je demendasse l'exécution de la dite lettre de cachet que le s^r de Pruniers m'avoit communiquée au matin. Et ne s'estant rien arresté de certain, il fut remis à l'après-dinée où il fut arresté par acte d'assemblée que très humbles remontrances seroient faites au Roy pour continuer les officiers dans l'authorité de leurs charges soubs laquelle les habitans se sont tousjours maintenus dans la fidélité et obéissance envers Sa Majesté, attendu mesme qu'il n'y avoit point de forteresse en cette ville, et en plusieurs endroicts elle n'estoit pas fermée de murailles [4]. Et par autre acte le dit s^r sénéschal [5] fut député avec Me Nicolas Grault pour faire les dites remontrances.

Le dimanche 19, le s^r sénéschal partit pour aller à Saumur trouver le Roy et faire les dites remontrances.

Le dimanche 25, il est icy arrivé au soir de retour du dit voyage où il ne fit rien et le dit s^r de Pruniers [6] fut confirmé.

Le mardy 27 au soir, le dit s^r de Pruniers apporta une autre lettre de cachet du 23 du courant, donnée à Saumur, portant la mesme chose que la précédente avec commendement aux habitans de luy obéir, et donna la dite lettre à Mrs de la Forest [7] et du Brueil [8], sindicts.

---

1. Jean du Chastenet.
2. André Richard.
3. François Cœurderoy.
4. Prise par les ligueurs, la ville de Montmorillon fut réoccupée en 1591 par le prince de Conti au nom de Henri IV qui fit démanteler ses fortifications. Ses murailles étaient flanquées de quatorze tours, les unes rondes et les autres carrées, y compris les portes de ville au nombre de six. Une porte placée sur le pont, côté Notre-Dame, contenait à sa partie supérieure un local servant de prison. (Arch. Vien. S 101, p. 116 et 117.) V. Planche I, une vue de Montmorillon au xvie siècle.
5. Jean du Chastenet.
6. François Jacques, sgr de Pruniers.
7. Pierre Delaforest.
8. François Arnaudet, s^r du Breuil.

Le mercredy 28, les habitans par acte d'assemblée ont reçu le dit s^r de Pruniers pour leur commander suivant et conformément à la dite lettre de cachet, lequel acte j'ay signé.

Mars 1652, commancé par le vendredy.

Le lundy 4 mars, mon frère du Quéroir a emmené ma femme à Saint-Germain et sont allez coucher à Azat chez ma sœur de Leirat. Mon dit frère estoit icy dès jeudy dernier.

Le jeudi 14, j'ay receu deux bussards de vin que M^r des Ages[1] du Blanc avoit achepté pour moy à Bénavant qui couste 36 livres sur le lieu, et 3 livres et trois boisseaux d'avoine pour le roullier qui me l'a amené, outre quoy je l'ay nourry luy et ses trois chevaux.

Le mesme jour, j'ay vendu à Pierre, vallet des Grands-Moulins, vingt et un boisseaux froment, soixante livres, et cent cinq boisseaux d'avoine, quatre-vingt-cinq livres. Il me doit donner mon argent à la Quasimodo. J'ay esté payé.

Le lundy 18, a esté enterrée dans le cimetière de Saint-Martial, dame [Marie] de la Leuf, vefve de deffunct Joseph Bonnin, marchand.

Le mardy 19, mon cousin de la Berthonnerie et moy sommes partys d'icy, sur les 10 heures du matin, et avons esté coucher à Saint-Germain.

Le vendredy 22, mon dit cousin, mon frère du Queiroir, ma femme et moy sommes venus coucher à Azat chez ma sœur de Leirat.

Le sabmedy 23, mon dit cousin, ma femme et moy sommes icy arrivez à la nuict.

Avril 1652, commencé par le lundy.

Le jeudy 4 avril, environ les 10 à 11 heures du matin,

---

1. Antoine Jacquet, s^r des Ages, bailli de la ville du Blanc.

est décédé François Gaultier, s^r de Beumont[1], âgé d'environ 34 ans. Il y avoit près de trois mois qu'il estoit tombé soubs le pont de Saint-Martial et s'estoit blessé à la teste, duquel coup il l'avoit fallu trapaner environ trois semaines après. Il avoit perdu la parolle un jour ou deux avant d'estre trapané sans l'avoir recouverte du despuis, quoy qu'il connust et entendist.

Le vendredy 5, le dit s^r a esté enterré en l'église de Saint-Martial dessoubs le banc des Jacquets, un peu au-dessus de la chaire du prédicateur.

Le mesme jour, est arrivé, environ les trois heures après midy, le s^r de Genlis[2], mareschal de camp et cappitaine au régiment des gardes, qui a logé icy dès le mesme soir avec dix compagnies du dit régiment et deux du régiment des gardes suisses. Il a logé à Lescu. Luy et toutes les dites trouppes ont séjourné icy tout le lendemain et n'en sont partis que le dimanche 7, sur les 9 heures du matin, et ont esté loger à Concremier. Je n'ay point eu de logement. Le s^r du Poyaut[3], d'Availles, qui estoit à la recourse de quelques chevaux, a tousjours esté céans pendant le séjour des dites trouppes.

Le sabmedy 6, le régiment de Picardie qui estoit à Plaisance a passé icy et est allé loger à la Trimouille où il a séjourné jusques au [4].....

Nous avons esté contraints de donner au dit s^r de Genlis, qui nous menaçoit d'un plus grand séjour et de faire icy loger toutes les trouppes qu'il commendoit, qui pouvoient faire en tout deux mille trois cents hommes de cavallerie et d'infanterie, qui estoit une partie de l'armée qui avoit assiégé Xaintes et Taillebourg, deux mille livres

---

1. Epoux de Marie Jacquet.
2. Florimond Brulart, marquis de Genlis, mort en novembre 1653, pendant le siège de Sainte-Menehould.
3. Bernard de la Broue, sgr du Pouyault, fils de Salomon et de Jeanne Guy.
4. Laissé en blanc.

outre le logement que nous avons souffert pour empescher l'effect des dites menaces.

Le dimanche 7, à 3 heures après midy, a passé en cette ville le régiment de cavallerie de la Vieuxville, composé de cinq compagnies que l'on disoit devoir loger à Ingrande.

Le mercredy 24, a esté achevé de poser le rétable de l'église des pères Récollects de cette ville, qui leur revient à environ 1150 livres [1].

Le jeudy 25, sur les quatre heures du matin, le R. P. Bénigne, gardien des Récollects de cette ville, tomba subitement en apoplexie dont il trespassa environ les sept heures du mesme matin. Il avoit esté attaqué du mesme mal le 7 janvier dernier.

May 1652, commencé par le mercredy.

Le sabmedy 11, ma tante la lieutenante [2] et Mrs de Lavergne [3], du Brueil-Champaigne [4], Nicault [5], de la Forest l'aisné [6] et moy sommes partis pour aller voir les Ostensions à Limoges et sommes allez disner à Nouic [7] et coucher à Saint-Junien où nous avons veu aux Récollects du dit lieu, un os du bras de saint Amand, une dent de saint

---

1. Par son testament du 15 mai 1632, Paul Vezien, s^r d'Aubière, conseiller du Roi élu en l'élection de Poitiers, juge sénéchal de Lussac-le-Château, époux de Anne Poirier, donne aux Récollets de Montmorillon la somme de 150 livres pour la construction de leur église, à la charge par eux de dire une messe de *Requiem* tous les jours pendant un an. Il donne aussi à l'église de Persac un « parement d'autel de la somme de 100 livres et un calice platine d'argent, dans lequel parement et calice ses armes et celles de sa femme seront empraintes ». (Arch. Vien. G^9 167.)

2. Jeanne Berthelin, femme de André Richard, lieutenant général civil et criminel.

3. René Vrignaud, s^r de la Vergne.

4. Jacques Vezien, s^r du Breuil-Champagne.

5. Pierre Nicault, avocat.

6. Pierre Delaforest, procureur du Roi.

7. C'est dans cette commune que se trouve le château du Fraisse, dont le corps de logis principal fut bâti en 1534 par Jean des Montiers, qui fut nommé à l'évêché de Bayonne en 1550. (L'abbé Arbellot, *Revue arch. du Limousin.*)

Junien et un morceau d'un os de sainte Croussille. Et dans l'église du dit Saint-Junien, un morceau de la vraye Croix et les chefs de saint Junien et saint Amand[1].

Le dimanche 12 may, nous sommes partis après disner de Saint-Junien et avons esté passer à Saint-Victurnien où nous avons veu dans l'église du dit lieu, le chef de saint Victurnien, un os du costé de saint Sébastien, un os du costé de saint Fabien. Et on nous a monstré une châsse où on nous a dit estre tout le reste du corps de saint Victurnien, mais qu'il y avoit d'autres ossements meslez dont on ne sçavoit le nom qui estoit cause que l'on n'exposoit pas tout le dit corps. De là, nous sommes allez coucher à Limoges où nous avons esté loger Chez-Pistollet[2].

Le lendemain, nous avons veu dans l'église de Saint-Martial de Limoges le chef du dit saint[3]. A Saint-Pierre : l'oreille de saint Jean-Baptiste, des ossements de saint Anthoine, hermite, des os des Inocens, une pierre de celles dont saint Estienne fut martyrisé, un os de sainte Appolline, de l'huylle et ossements de saint Nicollas de Tollantin. A la Reigle : un os du bras de saint Anthoine, abbé, un os du bras de saint Martial, de la vraye Croix et plusieurs

---

[1]. Il y avait autrefois à Saint-Junien une église dédiée à saint Amand, dont on voyait encore, il y a quelques années, les arceaux ruinés et les poétiques débris sur un coteau escarpé, au bord de la Vienne. Cette église a presque entièrement disparu. Il ne reste plus aujourd'hui que le croisillon du nord qui renfermait le tombeau de saint Amand, et qu'on a converti en chapelle. Les Récollets prirent possession de ce lieu en 1598.

Au bas de la ville de Saint-Junien, sur les bords de la Vienne, se trouve la chapelle de Notre-Dame-du-Pont, qui est un des plus gracieux sanctuaires et un des pèlerinages les plus célèbres du Limousin. Louis XI y fit deux pèlerinages : le premier, au mois de juillet 1463, en revenant de Bayonne ; le second, au mois de mars 1465, après avoir reçu à Poitiers les ambassadeurs du duc de Bretagne. C'est à cette époque qu'il octroya à la commune de Saint-Junien l'appétissement ou huitième partie du vin qui se vendait en détail dans la ville et la banlieue. (L'abbé Arbellot, *Revue arch. du Limousin*.)

[2]. Hôtellerie.

[3]. Ces reliques étaient renfermées dans une châsse en argent qui avait été construite à Paris en 1646-1647 par Pierre Celliers, orfèvre, et Claude Villiers, doreur. (A. Leymarie, *Le Limousin historique*.)

autres reliques de saint Pierre, saint Jacques et sainte Anne et de quantité d'autres saints. Aux Cordeliers : un os du chef de sainte Agathe, l'escuelle de saint François, la tunique de saint Louis, évesque de Tholose, un os du doigt de sainte Magdelaine. Aux Fueillans : des os de sainte Martine, de saint Martin de Tours, de saint Thomas d'Acquin et quantité d'autres reliques. A Saint-Dampnolet, le chef du dit saint. A Saint-Aurélian [1], le chef du dit saint. A Saint-Estienne, le chef de saint Celse, la mâchoire et la chemise de sainte Valérie. A Saint-Michel, le chef de saint Loup.

La nuict du vendredy 24 au sabmedy 25, ma cousine de Lage [2] est accouchée d'une fille qui a esté baptisée, ledit jour 25, en l'église de Saint-Martial et nommée Catherine. Son frère Charlot [3] a esté son parrain et Catherine Mallet, fille de Mr Mallet, advocat à Saint-Benoist, sa marrine.

Le jeudy, jour de la Feste-Dieu, 30 may, dame Susanne de la Forest, femme de Me Pierre Nicault, esleu et advocat en cette ville, a accouché, sur les dix heures du matin, de deux fils et une fille qui ont esté baptisez le dit jour en l'église de Saint-Martial par Mre Louis Grault, curé d'icelle. Et a l'un des dits fils esté nommé René, l'autre Pierre et la fille Marie.

Juin 1652, commancé par le sabmedy.

Le mercredy 5 juin, sur les six heures et demie du soir, est décédé Pierre du Monteil, s^r de Villechinon, aagé de 37 ans [4].

Le jeudy 6, le s^r de Villechinon a esté enterré en l'église de Nostre-Dame à 4 ou 5 pas du bénistier.

---

1. La chapelle de Saint-Aurélien appartient aujourd'hui aux bouchers de Limoges. Devant la porte de cette chapelle on voit une croix, haute de cinq mètres, d'un seul bloc de granit, sur laquelle sont représentés les douze apôtres, deux à deux, avec leurs divers attributs.
2. Jacquette Richard, femme de André Delaforest, s^r de Lage.
3. Né le 28 janvier 1638, baptisé à Saint-Martial de Montmorillon le 27 mai suivant.
4. Fils de Pierre Dumonteil, procureur, et de Renée Goudon.

Le mesme jour est décédé François Cœurderoy, sʳ de la Vignasse, environ les quatre heures du soir, et a esté enterré, le lendemain 7, dans l'entrée de l'église de Nostre-Dame qui n'est pas couvert[1], à main gauche en entrant.

Le sabmedy 15 juin, environ les unze heures du matin, est décédée ma cousine de Lage, nommée Jacquette Richard, aagée de 34 ans. Elle demeura dès le 10, sur les 7 heures du soir, jusques au unze, sur les 8 heures du soir, sans parler ny ouir que lorsqu'on luy donna l'Extrême-Onction, auquel temps elle entendit ce qu'on luy disoit et tesmoigna de grands repentirs d'avoir offencé Dieu, et despuis jusques à sa mort fut presque tousjours dans le délire. Elle a esté enterrée, le lendemain 16, dans les sépultures de Mʳˢ les Richards dans l'église de Saint-Martial au-dessus les fonds baptismaux.

Le lundy 17, environ les 7 heures du matin, est décédée damoiselle Marie Cœurderoy, fille de Mᵉ François Cœurderoy, conseiller en ce siège, âgée d'environ 18 ans, et a esté enterrée le mesme jour, environ les quatre heures du soir, dans les sépultures des Cœurderoys qui sont dans l'entrée de l'église de Nostre-Dame, qui n'est pas couvert, à main gauche en entrant, tout joignant la muraille et proche l'autel qui y est.

Le dit jour, nous avons changé de logis et sommes venus demeurer dans la maison de Mʳ de Léché où nous avons couché le soir, et le lendemain, j'ay envoyé ma femme avec sa fille et sa nourrice demeurer à la Lande pour quelque temps à cause des maladies populaires qui sont en cette ville, qui fut cause que le jour précédent il fut arresté par un acte passé en l'audiance, où il n'y avoit d'officiers que Mʳ le séneschal et moy, qu'après le sabmedy

---

1. Le 7 janvier 1637, le lieutenant civil et criminel de la sénéchaussée de Montmorillon avait dressé procès-verbal de l'état désastreux où se trouvait l'église collégiale de Notre-Dame par suite des guerres. (Arch. Vien. Gˢ 80.)

22 en suivant l'on cesseroit les affaires du siège hors les privilégiées, les requestes, les provisoires et les criminelles, jusques au septiesme jour d'aoust prochain.

Le jeudy 20, environ les sept heures du soir, est décédée dame Françoise Goudon, âgée de 41 ans, femme de M⁰ Jean Cailleau, greffier en cette séneschaussée.

Le vendredy 21, la dite Goudon a esté enterrée dans les sépultures des Cailleaux, un peu au-dessus la croix qui est vis-à-vis la grande porte de l'église dans le cimetière de Saint-Martial.

Le mesme jour, environ les 10 heures du matin, est décédé M⁰ Jean Goudon, s^r de la Boulinière, procureur au siège royal de cette ville, âgé de près de 45 ans, et a esté enterré le dit jour dans l'église de Saint-Martial, sous son banc, près la chaire du prédicateur.

Le dimanche 23, sur les huict heures du soir, est décédé Jean Estevenet, hoste du Cheval-Blanc, âgé d'environ 55 ans, et a esté enterré le lendemain, jour de Saint-Jean-Baptiste, en l'église de Nostre-Dame, près le Crucifix.

Le jeudy 27, environ les [2] heures du matin, est décédé [Pierre] Maingueneau, s^r de la Cordé[1], sergent en cette ville, âgé de 42 ans ou environ, et a esté enterré le dit jour en l'église de Nostre-Dame.

Le vendredy 28, à quatre heures et demie du soir, est décédée damoiselle Magdelaine Demaillasson, ma sœur, vefve de deffunct Pierre Vachier, s^r de la Baudinière, âgée de 34 ans, unze mois et quatre jours, après avoir receu tous les saints sacrements de Pénitence, Eucharistie et Extrême-Onction qui luy furent administrez par Mre Louis Grault, curé de Saint-Martial [2].

La nuict du mesme jour, est aussi décédée Jeanne de

---

1. Il avait épousé Guyonne Thiaudière.
2 Pierre Vachier et Magdeleine Demaillasson eurent pour enfants : Marie, femme de Pierre Chazaud, s^r du Cluseau, qui fut maire de Poitiers de 1683 à 1686, et Louis, baptisé à Saint-Martial de Montmorillon le 2 septembre 1640.

Lavergne, vefve de feu Hélie Pin, sʳ de la Fontaine, âgée de 64 ans ou environ.

Le lendemain 29, elles ont esté toutes deux enterrées, sçavoir : ma sœur dessoubs le banc de nostre maison, joignant le chœur de l'église de Saint-Martial, et la dite Lavergne dans le cemetière. Ma sœur est décédée dans son unziesme jour de maladie.

Le mesme jour, sur les sept heures du matin, est décédé Gabriel Gaultier, sʳ du Poyol, âgé de 39 ans ou environ, après avoir esté malade pendant 5 mois ou plus et venu étique, et a esté enterré le mesme jour, proche de leur banc qui est vis-à-vis le mien dans l'église de Saint-Martial.

Juillet 1652, commancé par le lundy.

Le lundy 1ᵉʳ juillet, sur les trois heures du soir, est décédé Gilles Petitpied, mareschal, âgé de 32 ans ou environ. Il a esté enterré le mesme jour dans le cemetière de Saint-Martial.

Le dimanche 7, sur les 8 heures du soir, est décédée damoiselle Jeanne Arnaudet, femme de Mʳ du Chefs, conseiller en cette ville, et a esté enterrée le lendemain dans l'église des pères Augustins de la Maisondieu. Elle pouvoit estre âgée de 39 ans.

Le mercredy 10, environ les trois heures et demie après minuit, est décédée dame [Louise de] Montfaulcon, vefve de feu Mʳ de la Roche-du-Fief[2], âgée d'environ 52 ans, et a esté enterrée le mesme jour dans l'église de Saint-Martial au-dessoubs le banc des Monfaucons qui est immédiatement au-dessus des sépultures de Mʳˢ les Richards.

Le sabmedy 13, environ les unze heures du matin, est décédé Mᵉ Jean Jacquet, sʳ de la Grange, qui avoit

---

1. Félix Mérigot, sʳ du Ché.
2. Pierre Vezien, sʳ de la Roche-du-Fief.

esté procureur en cette ville, mais s'estoit deffait de son office il y avoit longtemps, et a esté enterré le mesme jour dans le cemetière de Saint-Martial.

Le lundy 15, ma femme et moy sommes allez coucher à Azat et avons mené nostre fille et sa nourrice.

Le mercredy 17, nous sommes allez coucher à Saint-Germain.

Le sabmedy 20, je suis revenu à la Lande coucher.

Le dimanche 21, Mr de Villemort [1] m'a amorti la rente de 37 livres 10 sols qu'il me devoit et m'a donné six cens livres qui estoit le principal, et ay pris une promesse de certain nottaire de 150 livres (j'ay esté payé despuis) pour les arrérages qu'il me devoit. Il m'en estoit deu une année et le courant davantage que les dits 150 livres, mais j'en ay fait grâce à Mr de Villemort. J'ay touché le dit argent moy estant à la Lende.

Le vendredy 26, j'ay donné à mon frère de la Faix les dits 600 livres que je luy devois. Il m'a remis 74 livres que je luy devois de plus et m'a rendu deux obligations qu'il avoit de moy.

Aoust 1652, commancé par le jeudy.

Le sabmedy 3 aoust, je suis party de la Lende et ay esté coucher à Saint-Germain.

Le dimanche 4, est décédé et a esté enterré dans [le cemetière] Me Nicollas Massonneau, sergent en cette ville, âgé d'environ 45 ans.

Le mercredy 7, mon frère du Queiroir, ma niepce de Cherzat et moy sommes allez coucher aux Roches chez Mr de Chomont, et le lendemain nous sommes allez coucher à Poictiers et avons logé au Chesne-Vert [2].

Le vendredy 9, j'ay mis entre les mains de Mr Guille-

---

1. Charles du Bouex, sgr de Villemort.
2. Hôtellerie, près le plan de la Celle.

mot [1], marchand à Poictiers, 243 louis moins dix sols à 3 livres 10 sols le louis faisant en tout 1200 livres pour faire tenir à mon frère Demaillasson, marchand à Tours. Je n'ay point de récépicé du dit s[r] Guillemot. J'avois receu cet argent, le mercredy précédent, de Mr Clavetier, et cent trente livres davantage que j'ay pris pour me servir.

Le sabmedy 10, je suis venu coucher, avec mon frère du Queiroir, à la Leuf, après avoir laissé ma niepce de Cherzat chez Mr Cuirblanc, procureur à Poictiers.

Le dimanche 11, mon dit frère et moy sommes venus coucher à la Lende.

Le mercredy 14, mon dit frère s'en est retourné à Saint-Germain et moy je suis icy venu à l'audience et m'en suis retourné coucher à la Lende.

Le lundy 19, sur les quatre heures du soir, est décédé Me Jean Jacquet, s[r] de la Planche, qui avoit esté nottaire en cette ville, et avoit donné il y a desjà longtemps son office à Paul Jacquet, s[r] de la Bignolle [2], son fils ainé. Il estoit âgé d'environ 74 ans, et a esté enterré le lendemain dans l'église de Nostre-Dame.

Le sabmedy 24, est décédé le père Laurens, récollect, et a esté enterré en l'église des Récollects, auprès du balustre, à costé droict en entrant, le dimanche 25. Il estoit de la communauté du Dorat.

Le mercredy précédent, 21 du dit mois, le s[r] de Chanteloube [3], aagé d'environ 26 à 27 ans, estant allé à la chasse

---

1. Le 17 décembre 1648, Jean Guillemot, marchand de drap et soie à Poitiers, et autres tenanciers déclarent tenir solidairement de la commanderie de Rouflac (ordre de Malte) dix-huit boisselées de terre, mesure de Saint-Savin, au lieu appelé Bonneuil, situé au faubourg de Saint-Germain, au devoir de vingt sols de cens et rente noble, féodale et foncière, payables chacun an au jour et fête du lendemain de Noël. (Arch. Vien. H³ 265.)

2. Le 1er juillet 1633, il avait affermé des Augustins de la Maison-Dieu, pour cinq années, les aumôneries du Puy, paroisse de Persac, et de Prun, paroisse d'Adriers, moyennant la somme de sept vingt livres tournois par an. (Arch. Vien. H³ *bis* 135.)

3. Louis de Villedon, éc., sgr de Chanteloube, fils de Antoine de Villedon et de Marguerite Barbarin, avait épousé Françoise de Mons, fille

après disner, a esté assassiné comme l'on croit ou quoy que ce soit n'a esté veu du despuis. Il c'est trouvé environ à mille pas de sa maison, à l'entrée d'une lande que l'on dit qui en dépend, deux fosses pleines de sang, à un pied et demy l'une de l'autre, et environ 10 ou 12 pieds de bruière toute rompue et foulée et y en avoit beaucoup de senglante. Il y a eu des personnes qui ont tesmoigné avoir veu, le dit jour, deux hommes de cheval qui couroient, à une heure de soleil, un homme de pied qui fuioit devant eux dans ce mesme lieu et avoir ouy tirer deux coups, de sorte que l'on s'est persuadé que c'estoit le dit s^r de Chanteloube qui y avoit esté tué, sans que du despuis l'on ait pu trouver le corps. Mr de Lage et moy avec Mr Tartarin, greffier criminel, avons esté le dit jour de sabmedy 24 sur le lieu pour en faire procès-verbal et informer, sur la plainte de mademoiselle de Chanteloube. On a sceu certainement que c'estoit Mr du Bourg[1] avec le nommé Scillet son valet, qui l'avoient assassiné.

Septembre 1652, commancé par le dimanche.

Le mardy 10 septembre, a couché icy huict compagnies du régiment d'infanterie de Rouannois qui ont payé y ayant un commissaire et un estapier nommé Forest[2] de Poictiers qui leur donna leur estappe en argent et les habitans n'ont rien fourny que l'ustancille. Ils pouvoient estre 160 hommes dont il y en avoit très peu d'armez.

---

de Christophe de Mons, éc., sgr de Maillezac, et de dame Phelippot. Leurs enfants mineurs eurent pour curateur Jean de Saint-Martin de Bagnac, qui fut remplacé dans ces fonctions par François Barbarin, éc., sgr de la Borderie et du Chambon. nommé par le conseil de famille réuni à Montmorillon le 5 août 1661 et composé des parents suivants : Casimir Barbarin, éc., sgr de Fontérou, frère cadet de François susnommé ; Jacques Ferré, éc., sgr des Ages ; Jean Laurens, éc., sgr de Pierrefolle ; François Jacques, éc., sgr de Pruniers ; Pierre de Villedon, éc., sgr de Juniat, et Pierre de Villedon, éc., sgr de la Grange, frère du précédent. (Champeval, *Chartrier de Bagnac*.)

1. Louis Blanchard, sgr de Bourg-Archambault.
2. René Forest, receveur des étapes à Poitiers.

— 80 —

Le lendemain 11, ils ont esté logé à Quiau.

Le dit jour, je suis party de la Lende et ay esté coucher à Saint-Germain où j'ay trouvé mon frère de Lagebertye de retour de l'armée de Guienne. Il y avoit huict jours qu'il estoit arrivé.

Le lundy 16, je suis venu coucher de Saint-Germain à Azat où j'ay amenay ma femme, ma fille et sa nourrice.

Le mardy 17, nous sommes tous venus à la Lende où nous sommes arrivez environ deux heures après midy.

Le sabmedy 21, jour de Saint-Mathieu, a esté enterré dans l'église des Récollects, proche du balustre, à costé droict en entrant, le père Luc, récollect en cette ville, qui estoit mort le jour précédent d'une apoplexie dans laquelle il estoit tombé le mercredy précédent.

Le jeudi 26, a esté enterrée dans l'église de Nostre-Dame, dame [Eléonore] Chasseloup, femme de M⁰ Jean Goudon, sʳ de Beauvais, procureur en cette ville.

Le vendredy 27, nous avons composé pour l'ustancille avec un des officiers de la compagnie de gensdarmes de Mʳ le duc de Rouannois [1] qui devoit icy passer et prendre l'estappe, et avons donné 30 livres moyennant quoy ils n'ont pas passé icy.

Le mesme jour, a commancé le chappitre des pères Augustins de cette ville où a esté esleu provincial le père Polycarpe, mineur, et le père Raphaël (Aloncle] estoit provincial auparavant. Le père Reverdy a présidé.

Octobre 1652, commancé par le lundy.

Le mercredy 2 octobre 1652, nous avons fait faire le service du bout de l'an de feu ma mère [2].

Le jeudy 3, mon frère de Lagebertye nous est venu voir

---

1. Artus Gouffier, duc de Roannez, pair de France, maréchal des camps et armées du Roi, mestre de camp d'un régiment de cavalerie. Il fut pourvu de la charge de gouverneur et lieutenant général en Poitou par lettres patentes du 22 août 1651.
2. Marie Richard.

et est party, le sabmedy ensuivant 5, pour s'en retourner à Saint-Germain.

Le dimanche 6, a fini le chapitre des pères Augustins lesquels le dimanche précédent firent une procession, tous en corps, dans l'église de Saint-Martial où ils célébrèrent la grande messe et y en eut un qui prescha et ensuitte tous les jours pendant la huictaine, il y eut prédication dans leur église après vespres.

Le lundy 7, environ les 8 heures du matin, est décédé honorable homme Me Charles Richard, conseiller du Roy et esleu en l'eslection de Poictiers, mon oncle et mon parrain, lequel avoit exercé l'office de procureur du Roy en cette ville pendant l'espace d'environ 28 ans avec beaucoup d'honneur et d'approbation de tous les gens de bien, l'ayant résigné à mon cousin Richard, son fils aisné [1], il y avoit environ huict ans. Il trespassa au village de la Chambut où il s'estoit retiré à cause de la maladie populaire de cette ville, âgé de soixante ans moins 21 jours. Il a esté enterré le mesme jour, environ les six heures du soir, dans les sépultures de M^{rs} les Richards dans l'église de Saint-Martial, en la tombe de deffuncte damoiselle Eléonord Vesien [2], sa première femme. Son mal commença par une fièvre tierce de laquelle il eut trois accez reiglez et après elle se changea en continue qui l'emporta dans son septiesme jour.

Le mercredy 23, est décédé, environ les six heures du soir, Me Laurens Goudon, s^r de Martrays [3], âgé de 46 ou 47 ans. Il mourut des maladies populaires.

Le jeudy 24, le dit s^r de Martrays fut enterré dans l'église de Saint-Martial dans les sépultures des Douadics.

---

1. Pierre.
2. Fille de Pierre Vezien, s^r d'Aubière, et de Jacquette Motard.
3. Laurent Goudon, s^r du Martray et des Grittes, avait épousé Judith Douadic dont un fils, Laurent, baptisé à Saint-Martial de Montmorillon le 31 mars 1630.

— 82 —

Le dit jour de mercredy 23, la femme [1] de Jean Nivelet, sergent bailliager, est accouchée d'un fils et le sabmedy ensuivant est accouchée d'un autre [2].

Dans ce mesme mois, la femme [3] de M⁰ François Arnaudet, s^r du Brueil, et la femme [4] de M⁰ Jean Roset, s^r de la Guesserie, sont accouchées de chascune une fille [5].

. . . .
. . . . [6].

Décembre 1652, commancé par le dimanche.

Le dernier jour du mois de novembre, mon frère du Queiroir est icy venu et s'en est allé le mercredy ensuivant quatriesme décembre.

Le jeudy 5, sur les trois heures du soir, est décédée dame [Marie] Cailleau, femme de M⁰ Babert [7], nottaire, âgée d'environ 44 ans, et a esté enterrée le lendemain dans [l'église] de Nostre-Dame.

Le mercredy, jour de Noël, 25 du dit mois, environ huict heures et demye du soir, est née dans la salle basse de la maison de mon oncle du Léché, où nous faisons nostre demeure, ma fille Jeanne, laquelle a esté baptizée, le mardy ensuivant dernier jour de l'année, dans l'église de Saint-Martial par Mre Louis Grault, curé de la dite église et prévost dans l'église collégialle de Nostre-Dame, et a esté son parrain Paul Richard, escuier, s^r de Léché, cappitaine entretenu au régiment de Navarre, demeurant à la Leuf,

---

1. Françoise Pain.
2. Pierre et Louis, baptisés à Saint-Martial le 30 dudit mois.
3. Suzanne Augier.
4. Elisabeth Delaforest.
5. Elisabeth Arnaudet et Antoinette Rozet, baptisées à Saint-Martial, l'une le 28 et l'autre le 24 dudit mois. Antoinette Rozet épousa, le 22 février 1677, Gabriel du Souchet, fils de Gaspard du Souchet et de feu Renée Pescher, de la paroisse de Saint-Martin-l'Ars. Jean Rozet et Elisabeth Delaforest eurent aussi un fils, Jean-Baptiste, qui épousa, le 8 août 1705, Rachel Guillemot, veuve de Pierre Lelarge. (Reg. p^x de Saint-Savin.)
6. Il manque le mois de novembre.
7. Gilbert Babert, notaire royal.

mon oncle, et damoiselle Jeanne Berthelin, femme d'André Richard, lieutenant général civil et criminel en cette ville, aussi mon oncle.

Année 1653, commancée par le mercredy.

Le 7 janvier 1653, a esté contractée à la Leuf et espousée, en l'église de Syllards, par le s^r curé de la dite paroisse, ma cousine Marie Richard, appellée Mlle des Chirons, fille de Mr de Léché, mon oncle, avec Claude Micheau, s^r du Meslier, de la ville de Saint-Benoist.

Le dit jour, environ les trois heures du matin, a esté espousé par Mre Louis Grault, curé de Saint-Martial, et ce, dans l'église des Récollects, Me Louis de Maillasson, s^r de la Faix, mon frère, avec dame Eléonor Pineau [1], fille de Me André Pineau, advocat. Personne des parans de mon dit frère n'y a esté prié, n'y a assisté.

Février 1653, [commancé par le sabmedy].

Le sabmedy 8 du dit mois de février, je suis allé coucher à Saint-Benoist avec le père Brochard, prédicateur en cette ville, le P. procureur des Augustins de cette ville, nommé père Parent, et M^r le procureur du Roy [2], et en sommes partys le lundy 10 que nous avons esté coucher au Brueil chez Mr du Coulombier [3]. Et le mardy, sommes retournez icy M^r le procureur du Roy et moy.

Le sabmedy 23, Me Louis de Maillasson, s^r de la Faix, mon frère, ayant obtenu dispence pour se marier à cause de la parenté qui est entre luy et dame Eléonor Pineau, sa

---

1. Fille de André Pineau, avocat, et de Marie Levasseur.
2. Pierre Richard, s^r de la Berthonnerie.
3. Pierre de Fougères, sgr du Colombier et du Breuil-Bouchard, marié, le 12 novembre 1633, à Marguerite Vezien, fille de Pierre, sgr d'Aubière, et de Jacquette Motard. Le 1er mai 1709, leur fils, François, fondé de procuration de Charlotte Pastelet, sa femme, donnait à ferme, pour sept années, à Clément Pasquet et à Anne Desmaisons, sa femme, le lieu noble d'Aubière avec les métairies de la Paponnerie, de Mongodard, de la Porte d'Aubière, de Chez-Giriez et de la Brousse-Gillier, moyennant la somme de 620 livres tournois par an, plus quatre livres dues aux religieux Cordeliers de Fougeré. (Arch. Vien. E² 251 *ter*.)

femme, a esté de rechef espousé avec elle en l'église des Récollects par Mre Louis Grault qui les avoit espousez. Il y avoit : Me André Pineau, advocat, père de la dite Pineau ; Me Denys Pineau, chantre de l'abbaye de la Celle de Poictiers, son frère, et sa mère, et Me Jean Bastide, advocat, et moy, et cela fut fait sur les six heures du soir.

Le 19 du dit mois, j'ay envoyé à mon frère, à Tours, les licts, couvertes et linges qui luy estoient escheus en partage. J'ay donné trois livres au messager qui les a portez à Poictiers.

Mars 1653, commancé par le sabmedy.

Le vendredy 21 mars, M^r le séneschal[1], les s^rs de la Loge[2], procureur, et Babert[3], greffier, et moy sommes allez coucher à la Bastide et le lendemain avons esté à Montlebeau pour faire inventaire des meubles appartenant à la fille mineure du deffunct s^r du Mas, et n'avons presque rien trouvé, tout ayant esté emporté et vendu par la vefve[4], qui c'est remariée au s^r de Chantebon, cadet de la maison de Forges. Le mesme jour, nous sommes venus coucher à la Souterranne où nous avons séjourné jusques au mardy ensuivant 25 que je me suis rendu icy. M^r le séneschal s'en fut à Mérignat dès le dimanche 23 et ne revint icy ny les autres que le mercredy matin 26.

Le sabmedy 22 février précédent, nous avons traicté avec un officier du régiment de cavallerie du conte de Broglio pour une compagnie qui devoit icy demeurer en quartier d'hyver et luy avons donné, pour l'ustancille, quinze cens livres et six vingt livres que le dit officier eut pour

---

1. Jean du Chastenet.
2. Paul Dumonteil, s^r de la Loge.
3. François Babert.
4. Marie du Bouex, fille de Charles, sgr de Villemort, et de Marie Lhuillier, mariée en premières noces, le 4 mai 1651, à François Simonnot, sgr du Mas-Vigier, tué au siège de Bordeaux le 4 mai 1652, et en secondes noces, le 19 novembre de la même année, à Antoine Muzard, sgr de Chantebon. (Reg. p^x de Béthines.)

luy seul, et moyennant la dite composition, nous devons estre exempts de gens de guerre durant le dit quartier d'hyver, ce qui a esté exécuté.

Avril 1653, commancé par le mardy.

Le lundy de la semaine sainte 7 avril, mon frère de Lagebertye est arrivé céans, sur le soir, qui revenoit de Paris et y a séjourné jusques au mercredy que nous avons ensemble esté disner aux Roches, chez Mr de Chomon, et coucher à Azat chez ma sœur de Leirat.

Le jeudy, nous avons esté coucher à Saint-Germain où j'ay séjourné jusques au mercredy ensuivant, 16 du dit mois, que mon dit frère est party pour aller joindre son régiment qui estoit en quartier d'hyver aux environs de Toulouse et moy je suis venu passer chez Mr de Balantrut et coucher céans.

Le [1]........ Siméon Dobterre, sa femme [2] et toute sa famille, ont abjuré la religion prétendue réformée et fait profession de la religion catholique, apostolique et romaine.

Le [3]........ Daniel Perrineau, fils cadet d'autre Daniel Perrineau, s'en fut aux Augustins où il fit pareillement abjuration de l'hérézie et profession de la religion catholique, apostolique et romaine. Il estoit âgé d'environ 14 ans.

Le sabmedy 19, Abraham Perrineau, fils aisné du dit Daniel Perrineau, fit pareillement profession de la religion catholique, apostolique et romaine. Il estoit âgé d'environ 23 ans.

Le mardy 28, mon cousin de la Berthonnerie, fils de mon oncle de Léché, du premier lict, a esté contracté à Brosse et espousé dans la chappelle du chasteau [4] du dit lieu par

---

1. Laissé en blanc.
2. Jeanne Perrineau.
3. Laissé en blanc.
4. Chapelle dédiée à saint Denis. Le château de Brosse fut vendu nationalement le 9 messidor an VI sur Joseph de Fougères qui le racheta. (Eug. Hubert, *Dict. hist. de l'Indre.*)

le curé de Chaillac, avec damoiselle Marguerite de Louche, fille de deffunct Barthélemy de Louche, s^r de la Carrierre, vivant assesseur en la mareschaussée du Blanc, et de damoiselle Catherine Collin, femme à présent du s^r séneschal de Brosse. J'y estois allé le mercredy, et revins le jour qu'ils furent espousez, avec de Lage.

May 1653, commencé par le jeudy.

Le lundy 4 may, mon frère du Queiroir et ma sœur de Leirat nous sont venus voir et, le huictiesme du dit mois, mon dit frère m'a payé cent escus dont j'ay donné acquit, et, le sabmedy 10, ils s'en sont retournez chez eux.

Le mercredy 28 mai, Me André Gaillard, présenté par Mr Augier, et Me Claude Michau, présenté par Mr de Lavergne, ont presté le serment d'advocat en ce siège et ont playdé. Ils sont tous deux de Saint-Benoist-du-Sault.

Juin 1653, commancé par le dimanche.

Le jeudy 26 juin, Mr de Lage et moy avons esté à Poictiers pour prendre esclaircissement sur les différens que nous pourrons avoir avec mademoiselle la lieutenante [1]. Nous avons logé à Saint-Martin [2] et sommes retournez icy coucher le lendemain.

Le lundy dernier jour de juin, mon frère du Queiroir et ma niepce de Cherzat avec sa femme de chambre sont icy venus nous voir.

Le mesme jour, la nourisse qui nourissoit ma fille Jeanne s'en est retournée chez elle, et nous l'a laissée céans. Nous l'avions mise en nourrisse au village de la Paponnerie, près Lussac-le-Chasteau, chez le nommé Carion, et devions donner pour un an 20 livres en argent, un boisseau de froment, une paire de brassières et un chappeau. J'ay donné,

---

1. Jeanne Berthelin, femme de André Richard, lieutenant général civil et criminel.
2. Hôtellerie.

le sabmedy précédent, au mary de la dite nourrisse un chappeau et dix livres dix sols. Elle ne l'a gardée que six mois, encore s'en faut-il de quelque chose. La nourrisse qui nourrissoit céans ma fille Marguerite l'a sevrée et a commencé à nourrir Jeanneton.

Juillet 1653, commancé par le mardy.

Le vendredy 4 juillet, mon frère du Queiroir s'en est retourné et a laissé céans ma niepce de Cherzat.

Le mardy 8, M^r et Mlle de Léché sont partis de la Leuf et ont esté prendre le carosse de Poictiers à Paris le lendemain et doivent aller, de là, à Pontaudemer, pour recueillir la succession du s^r Poutrel, père de ma dite tante de Léché, décédé le [1]...... juin dernier.

Le mercredy 16 juillet, ont été contractez et espousez en l'église de Nostre-Dame par [Jean] Boudet, curé de Concise [2], [Philippe] Sylvain, s^r des Plaines [3], demeurant à Brosse, et damoiselle Anne de Marueil, fille cadette de Me François de Marueil, enquesteur, et de damoiselle Marguerite Cœurderoy.

Le sabmedy 26 juillet, mon oncle le lieutenant [4], par l'impression et le pouvoir que sa femme avoit sur luy, vendit ses offices de lieutenant général civil et criminel et de commissaire examinateur, dont il n'avoit que la moictié, l'autre moictié du dit commissaire examinateur appartenant au sénéchal, à François Cœurderoy, demeu-

---

1. Laissé en blanc.
2. Ancienne paroisse réunie à celle de Notre-Dame de Montmorillon, érigée en 1803. L'ancienne commune de Concise a été annexée à celle de Montmorillon le 18 novembre 1801. Elle s'étendait sur une partie de la ville de Montmorillon, comprenant le château, l'église collégiale de Notre-Dame et le couvent des religieuses de Saint-François, aujourd'hui l'hospice.
3. En 1663, il devait une rente de 25 livres aux Augustins de Saint-Benoît-du-Sault, en qualité d'héritier de André Sylvain, son père. (Arch. Indre, H 562.)
4. André Richard, lieutenant général civil et criminel, époux de Jeanne Berthelin.

rant à Poictiers, fils d'autre François Cœurderoy, conseiller en ce siège, la somme de trente mil cinq cens livres.

Le mercredy 30, environ les trois heures et demie après midy, le dit s^r lieutenant nommé André Richard, âgé d'environ 65 ans, est décédé en sa maison où il faisoit sa demeure, scyse dans la Grande rue, et a esté enterré le lendemains dans l'église de Saint-Martial, dans les sépultures de M^{rs} les Richards, un peu au-dessus des fonds baptismaux joignant la muraille de la dite église.

Aoust 1653, commencé par le vendredy.

Le sabmedy 2 aoust, mon frère du Queiroir nous est venu voir.

Le lendemain, Mlles de Puyrobin [1] et des Gats [2] sont aussi arrivées céans pour nous voir, et s'en sont retournées le mardy 5.

Le jeudy 7, mon frère du Queiroir s'en est retourné.

Le mardy 12, je suis allé disner chez Mr de Balantrut qui avoit couché céans et de là j'ay esté à Saint-Germain pour porter un extraict du bien du dit s^r de Balantrut, pour traicter du mariage de son fils aisné [3] avec ma niepce de Charzat [4], et le jeudy 14, je suis retourné passer chez luy et luy ay laissé un extrait du bien de ma sœur de Leirat.

Le sabmedy 23, Mr de Lage et moy sommes allez à Poictiers où nous sommes arrivez environ les onze heures du matin. C'estoit pour consulter encore sur les sujects des affaires communes de la famille avec mademoiselle

---

1. Marguerite de Guillaumet, fille de Philippe, sgr de Balentru, et de Gabrielle de Marans, mariée à Pierre de Mancier, sgr de Puyrobin, fils de Gaspard, sgr de la Vergne, et de Claude Hillaire. Elle fut inhumée à Nérignac le 14 mars 1685, à l'âge de 63 ans, laissant une fille, Anne-Marie, dite Ninon, qui épousa, le 17 juillet 1687, Jacques Guiot, sgr de Teil, fils de Jean, sgr de Fanet, et de feu Louise de Cléré. (Reg. par^x de Moussac-sur-Vienne.)
2. Esther de Guillaumet, dite Mlle des Gats, sœur de la précédente.
3. Gaspard de Guillaumet, sgr de Nérignac.
4. Catherine de Leirat, dite Mlle de Cherzat.

la lieutenante [1], et avons consulté Mrs Daguin [2] et Maison-
dieu l'aisné, advocats, et sommes retournez icy le lundy
au soir ensuivant.

Septembre 1653, commencé par le lundy.

Le lundy 1er septembre 1653, j'ay esté disner chez M[r] de
Balantrut et coucher à Saint-Germain d'où j'ay rapporté
la résolution de ce que ma sœur de Leirat vouloit donner
en mariage à ma niepce, sa fille, et le mardy suis venu
coucher chez elle à Azat, et mercredy retourné disner
chez Mr de Balantrut où je luy ay laissé le mémoire de ce
que dessus, et suis venu céans coucher avec Mr de Lérignat qui ne s'en est retourné que le vendredy après disner.

Le dit jour de mardy 2 septembre, j'ay receu trois cens
livres de Mr Clavetier dont je luy ay donné acquit.

Le vendredy 19, mon frère du Queiroir et ma sœur de
Leirat sont icy venus coucher.

Le dimanche 21, jour de la Saint-Mathieu, le próject
du contract de mariage de Mr de Lérignat [3] et de ma niepce
de Cherzat a esté arresté et signé par Mr de Balantrut et le
dit s[r] de Lérignat et par ma sœur de Leirat, ma niepce de
Cherzat et mon frère du Queiroir, céans.

Le lendemain 22, ma dite sœur, mon dit frère et moy
avons esté coucher à Abzat et Mr de Lérignat est party et
venu avec nous jusques à Adrier.

Le mardy 23, j'ay receu de Mr Clavetier la somme de dix-
neuf cens quatre-vingt livres dont je luy ay donné acquit.

Le sabmedy 27, j'ay presté à Mr de Tervanne [4], procureur en cette ville, et à Mr de Laumosne la somme de

---

1. Jeanne Berthelin, veuve de André Richard, lieutenant général civil et criminel.
2. Hilaire Daguin, fils de Gaspard Daguin, s[r] de la Groie, procureur au présidial, et de Catherine Coustière.
3. Gaspard de Guillaumet, sgr de Nérignac, fils de Philippe, sgr de Balentru, et de Gabrielle de Marans.
4. Charles Bonnin, s[r] de Tervanne.
5. François Pian, s[r] de Laumône.

deux mille cent onze livres dont j'ay retiré obligation receue par Babert et Naude, nottaires en cette ville, laquelle somme m'a esté payée au mois d'octobre 1654.

Le lundy 29, jour de Saint-Michel, sont icy venus coucher : Mr Clavetier, mon beaupère ; mon frère du Queiroir et ma sœur de Leirat et Mrs de Balantrut ; de Lérignat, son fils ; de Puyrobin, son gendre ; l'abbé des Cars [1], son fils cadet ; l'abbé du Dorat [2] et le chastelain de Rancon [3], ses beaufrères, et le fils de Mr de Bourdeix, procureur du Roy à Saint-Léonnard, son nepveu, qui ont tous souppé céans, et après souper, a esté passé le contract de mariage de Mr de Lérignat et de ma niepce de Cherzat.

Le lendemain mardy, sur les cinq heures et demie du matin, le dit s^r de Lérignat et ma dite niepce ont esté espousez en l'église des pères Récollects par Mre Louis Grault, curé de Saint-Martial de cette ville.

Ce mesme jour, après qu'ils ont eu disné céans ils s'en sont tous allez coucher à Lérignat et ont emmené ma dite niepce que ma femme a esté conduire qui est retournée icy le jeudy au soir ensuivant. Le mercredy 2e jour [4], d'octobre, j'avois esté disner avec eux et m'en estois retourné le mesme jour.

Octobre 1653, commancé par le mercredy.

Le dimanche 5 octobre, ma femme et moy et mon nepveu Maillasson [5] avons esté coucher à Saint-Savin où Mrs de Lage [6] et de la Forest l'aisné [7], procureur, nous sont venus trouver, le lendemain nous avons esté coucher

---

1. De Guillaumet, s^r des Cars, destiné à la cléricature qu'il abandonna pour se marier.
2. René de Marans, abbé du Dorat en 1648, par résignation *in favorem* de Gabriel de Marans, son oncle.
3. .... de Marans.
4. Il faut lire 1er jour.
5. André Demaillasson, s^r de la Pinotrie, fils de Louis, s^r de la Faix, et de Louise Douadic.
6. André Delaforest, s^r de Lage.
7. Pierre Delaforest.

tous ensemble à la Haye et le mardy 7 à Tours où nous avons esté descendre à la Gallère ¹, ma femme et moy avons tousjours couché chez mon frère de Maillasson ². Le mercredy et le jeudy 9, nous avons séjourné à Tours et tousjours mangé chez mon dit frère. Le vendredy 10, nous sommes partis et avons esté coucher à Saumur et logé à la Fontaine ³ près les pères de l'Oratoire ⁴. Le sabmedy, nous sommes partis à deux heures après midy et avons esté coucher à Chinon au Grand-Cerf ⁵, près la halle. Le dimanche, nous avons disné à Richelieu au Puy-Doré ⁵ et sommes venus coucher à Chastelleraut à Saint-André ⁵. Le lundy 13, nous avons disné à l'Escu ⁵, à Chauvigny, et sommes icy venus coucher.

Le lundy 20, ont esté contractez et espouzez en l'église des pères Récollects Me Félix Augier ⁶, advocat, et damoiselle Marguerite Vrignault, fille de Me René Vrignault, sr de la Vergne, advocat, et ce par Mre Louis Grault, prévost de l'église de Nostre-Dame et curé de Saint-Martial. La mère du dit sr Augier ne voulant pas consentir au dit mariage, elle n'a point esté establye dans le contract et le jour des nopces s'est absantée avec ses deux filles sans y vouloir assister.

Le sabmedy 25, Me Charles Bonnin, sr de Tervanne, procureur, a esté espousé en l'église des Récollects par le dit sr Grault avec dame Marie Jacquet, vefve de feu François Gaultier, sr de Beaumont. Ils ont eu dispances à cause de l'alliance qui estoit entre eux, la deffuncte femme du dit Bonnin nommée aussi Marie Jacquet ayant le germain sur cette dernière. La dite dispance fondée sur la petitesse de cette ville et que la dite Jacquet n'avoit du bien suffisamment pour se marier ailleurs à une per-

---

1. Hôtellerie.
2. Jean Demaillasson, marchand de drap et soie.
3. Hôtellerie.
4. Collège.
5. Hôtelleries.
6. Fils de Laurent Augier et de Elisabeth Cœurderoy.

sonne de sa condition, laquelle dispance a esté addressée au saint official de Poictiers pour connoistre de la vérité du contenu en l'exposition d'icelle et la fulminer, lequel, après une deuxiesme information par luy faitte, ordonna que le sacrement de mariage leur seroit conféré par le dit s' curé de cette parroisse, les ayant dispansez de la publication des bans.

Le jeudy 30, ma cousine du Meslier [1] est accouchée à la Leu, d'un garson [2], baptisé le 6 septembre ensuivant 1654.

Novembre 1653, commancé par le sabmedy.

Le vendredy 7 novembre, Me Jean Bastide, advocat en cette ville, s'estant fait pourvoir et recevoir à la Cour en un office de conseiller nouvellement créé en ce siège, s'est présanté pour y estre installé, ce qui a obligé tous les officiers qui se veullent opposer à ce nouveau establissement à ne point tenir d'audiance ny faire aucune expédition ce jour-là. Il avoit amené deux nottaires de Saint-Benoist, nommez Servenon et Carré, pour luy donner acte en cas qu'on le refusast, et les nottaires de cette ville prindrent leurs chevaux leur voulant faire payer leur bienvenue. M^r le procureur du Roy et moy avons refusé de demender son installation à cause que c'estoit un office nouveau.

Le sabmedy jour de la feste de Toussaints, le s^r de la Vault-Sainte-Jame [3], grand prévost de Poictou, est venu au Bourg-Archambault pour prendre le s^r du Bourg [4] par vertu d'un décret de prise de corps de la Cour sur une information faitte pardevant Mr de Lage, assesseur criminel, à la requeste de la vefve du deffunct s^r de Chanteloube [5], pour le meurtre commis en la personne du dit

---

1. Marie Richard, femme de Claude Micheau, s^r du Meslier, lieutenant général civil.
2. Nommé André.
3. Philbert Porcheron, s^r de la Vau-Saint-Jasme.
4. Louis Blanchard, sgr de Bourg-Archambault.
5. Françoise de Mons, femme de Louis de Villedon, sgr de Chanteloube.

deffunct s^r de Chanteloube, le 21 aoust 1652, duquel elle accusoit le dit s^r du Bourg et son vallet, nommé Sillect. Ils manquèrent de le prendre, quoy qu'il fust chez le nommé Varat, dans le bourg, ensuitte de quoy, n'y ayant presque personne dans le chasteau du Bourg, ils s'en saisirent estant au nombre de 30 à 40 hommes, et dit-on, il est véritable, qu'il s'est trouvé quantité de fers pour faire la faulce monnoye, avec plusieurs lettres de différentes personnes qui s'en mesloient. Il y a eu grand nombre de gentilshommes qui se sont employez et qui disoient qu'ils vouloient assiéger le dit grand prévost, mais tout cela est venu en fumée [1].

Le sabmedy 15, Mr Chanier [2], de Charroux, ayant le couché céans s'en est allé au Bourg [3] voir le dit grand prévost, et est venu coucher céans le dit jour de sabmedy.

Le mesme jour, je suis allé coucher à Saint-Germain où mon frère du Queiroir m'avoit mandé pour me parler de son prétendu mariage avec la sœur de Mr de Millac [4]. J'ai disné à Lérignat chez Mr de Balantrut.

Le dimanche 16, je suis venu coucher à Azat, avec Mr de Balantrut que je trouvay à Saint-Germain, et laissé Mrs Clavetier et du Queiroir en résolution de ne pas sitost conclure le mariage susdit.

---

1. A 4 kilomètres en aval d'Availle-Limousine, au hameau de la Belletière, la Vienne forme un groupe d'îles remplies de roches micacées. La plus grande de ces îles qui contient trois tombelles est appelée île Archambault. D'après une tradition, son nom lui viendrait de celui d'un seigneur qui autrefois y fabriquait de la fausse monnaie. Ce faux monnayeur est évidemment Louis Blanchard, sgr de Bourg-Archambault. On pourrait peut-être établir un rapport entre les micas de l'île Archambault et la fabrication de la fausse monnaie ou les procédés criminels. A l'époque dont nous parlons, la Belletière appartenait à Jean Maigret, qui fut enterré à Availle-Limousine le 24 juillet 1653, laissant postérité. Marguerite Prévéreaud, sa veuve, se remaria, le 25 juin 1655, avec Daniel de la Roche-Beaucourt, sgr de Saint-Chaumant et du Mosnard, paroisse d'Oradour-Fanais.

2. Jacques Robert, sr de Champniers, lieutenant du prévôt provincial de Poitou.

3. Bourg-Archambault était communément désigné sous le simple nom de Bourg.

4. Marie de Maroix, sœur de Emmanuel de Maroix, sgr de Millac.

Le dit jour, le grand prévost emmena la sœur de Mr du Bourg et un vallet et une servante à Poictiers. On dit qu'on ne voulut pas recevoir les dits prisonniers dans les prisons de la dite ville, à cause que M^rs du présidial contestoient l'establissement du dit grand prévost, qui est un office nouvellement créé et qui avoit esté levé par deffunct son père, il y avoit environ six ans seulement.

Le lundy 17, je suis retourné icy et ay disné chez Mr de Balantrut qui s'en revint avec moy.

Le jeudy 20, j'ay trouvé icy Mr de Lérignat à mon retour de Maugoueran où j'avois esté disner le matin avec Mrs de Lage ; le procureur du Roy ; Daubière et le curé de Saint-Martial, et ay receu une lettre de mon frère le Queiroir par le petit la Violette, où il me mandoit de me rendre à Millac, le sabmedy ensuivant, où son père et luy se devoient assembler pour conclurre son mariage avec Mlle de Millac [1]. Je luy ay fait responce que je n'y pouvois aller à cause que j'estois indisposé, outre qu'il avoit arresté des articles dès le 4 octobre sans m'en avoir parlé ny à qui que ce soit, et ay aussi escrit à Mr Clavetier la mesme chose et mandé sur tout qu'il ne fit rien au préjudice de mon frère de Lagebertye. Mr de Lérignat y est allé et a porté la dite lettre. Il fut marié le dimanche ensuivant 23.

Le dit jour 20, environ les [2]..... heures du soir, Mlle de la Faix [3] a accouché d'une fille qui a esté baptizée, le sabmedy 22, par Mre Louis Grault, curé de Saint-Martial. Mr de Lage et ma femme ont esté parrain et marrine et a esté nommée Anne.

Décembre 1653, commancé par le lundy.

Le vendredy 28 novembre, mon cousin Daubière, ma

---

1. Marie de Maroix, dite Mlle de Millac.
2. Laissé en blanc.
3. Eléonore Pineau, femme de Louis Demaillasson, s^r de la Faix, procureur du Roi.

cousine la procureuse du Roy[1] et moy partismes pour aller à Poictiers. Elle logea chez Mme Garrault, sa tante, et mon dit cousin et moy à Saint-Martin[2] où nous avons séjourné jusques au mercredy ensuivant 3 décembre que retournâmes tous coucher icy. Mon dit cousin fut installé le mardi 2 en son office d'esleu qu'avait possédé deffunct mon oncle son père, et fut présanté en l'audiance de l'élection par Mr Maisondieu le jeune, advocat à Poictiers.

Le mardy 16 décembre, mon cousin Daubière et moy avons esté à Poictiers pour porter la somme de 2923 livres en laquelle mon oncle de Léché est condamné envers Cœurderoy, fils aisné de Cœurderoy, le conseiller en cette ville, pour le remboursement de la finance et marc d'or qu'il avoit payé pour les offices de deffunct M^r le lieutenant[3], lesquels offices ont esté adjugez au s^r de Léché[4] par préférence au dit Cœurderoy, conformément à la clause du contract de mariage du dit s^r le lieutenant, par arrest du privé conseil du 12 octobre dernier, lequel argent ayant esté offert au dit Cœurderoy, il n'a voulu recevoir et l'avons consigné à ses périls, risques et fortune ès mains de Mr Vezien, nottaire à Poictiers, le dit jour 16. Nous estions logez à Saint-Martin, et sommes icy retournez le vendredy 19.

Janvier 1654, commancé par le jeudy.

Le dimanche 4, ma femme et moy avons esté coucher à Lérignat chez Mr de Balantrut où nous avons séjourné jusques au 6 que je suis retourné céans, et ma femme avec M^r et Mlle de Lérignat sont allez à Azat.

Le lendemain 7, Me Jean Bastide est survenu ex abrupto dans nostre audiance avec un conseiller de Guéret nommé Photiat et un jeune homme qu'il disoit estre son greffier,

---

1. Marguerite Delouche, femme de Pierre Richard, procureur du Roi.
2. Hôtellerie.
3. André Richard, lieutenant général civil et criminel.
4. Paul Richard, s^r de Léché.

Le dit conseiller a dit estre là pour installer le dit Bastide en un office de conseiller en ce siège par vertu de commission de la Cour, et sur ce qu'il ne m'a voulu dire son nom, sa qualité et fait refus de me communiquer sa commission disant seulement qu'il estoit nostre suppérieur et que son nom estoit assez connu dans la province, j'ay empesché qu'il ne fust passé outre quoy qu'il déclarast qu'il installoit le dit Bastide qui voulant ensuitte monter au siège en fut empesché. M[rs] l'assesseur [1] et Cœurderoy estoient seuls au siège, et dans le tumulte, Mr du Chefs survint qui monta en habit cour. Nous fusmes trouver le dit commissaire, après l'audiance, au prieuré de cette ville où nous sceumes qu'il s'en estoit allé, et après plusieurs discours de part et d'autre, il dit qu'il dresseroit son procès-verbal de ce qui s'estoit passé, et nous dismes que nous en ferions autant. Le mardy ensuivant, nous envoyasmes ceux que nous avions faits, à Paris, et j'escrivis à M[r] le procureur général.

Le sabmedy 17, j'ay esté avec Mr de la Vergne, advocat, à Saint-Savin, pour voir le chambrier [2] qui avoit esté excédé extraordinairement et blessé à la teste par les valets et autres gens de l'abbé de Saint-Savin [3], desquels le prévost du Blanc [4], assisté de ses archers et de plusieurs parans et amis du dit s[r] chambrier, en prit trois prisonniers, et un autre qui se nommoit Lafontaine [5] fut tué par

---

1. André Delaforest, s[r] de Lage.
2. Jérôme Jacquet, chambrier de l'abbaye de Saint-Savin, curé d'Antigny.
3. Bénigne de Nuchèze, fils de Henri et de Eléonore Turpin de Crissé, abbé de Saint-Savin, inhumé dans le chœur de l'église d'Availle-Limousine le 2 septembre 1676. Il fut interdit pour ses nombreux méfaits par sentence du Châtelet de Paris du 24 juillet 1673. Après son interdiction, les religieux de l'abbaye donnèrent commission à Me Louis Delaforest, le plus ancien gradué de la châtellenie, pour exercer la justice à Saint-Savin. (Invent. de l'abbaye de Saint-Savin, liasses 3 et 4.)
4. Anselme Ralaud, lieutenant criminel de robe courte en la maréchaussée du Blanc.
5. Jacques Douesner dit la Fontaine.

un des dits archers nommé Le Taillis, après avoir tiré un coup auparavant sur un autre archer nommé Despommiers, et fut le corps et les trois autres prisonniers conduicts à Poictiers le dit jour, qui furent le lundy déclarez compétens. Ils avoient commis les dits excès le jour précédent, sur les neuf à dix heures du soir, et avoient volé son manteau et chappeau et 15 ou 16 livres qu'il avoit en ses pochettes, et fut le dit chappeau trouvé chez le dit abbé, lequel ne voulut d'abord ouvrir ses portes et parut revestu à diverses fois à la fenestre vestu de tous les habits sacerdotaux dont la chasuble estoit de camelot blanc, tenant un calice avec la patène en la main, et une autre fois une hostie qu'il disoit venir de consacrer; et de tout y a procez verbal que j'ay signé.

Le lundy 19, a esté baptisée en l'église de Nostre-Dame la fille cadette de mon nepveu Maillasson par Mre Boudet, curé de Concise, et ont esté ses parrain et marrine mon cousin Daubière et damoiselle Anne Demarueil, femme du s^r des Pleines et sœur de ma niepce Maillasson, et a esté nommée Anne[1]. Elle estoit née du mois dernier.

Le dit jour après soupper, ont esté espousez en l'église d'Azat par le s^r Renault, prieur, curé du dit lieu, Mr de Balantrut et ma sœur de Leirat. Il n'y avoit présents que leurs valet et servante.

Le lundy 26, ma femme est retournée de Saint-Germain et pendant son absance a esté faire voyage à Saint-Junien et Saint-Victurnien avec Mlle du Queiroir [2].

Février 1654, commancé par le dimanche.

Le sabmedy 14 février, M^r et Mlle de Lérignat [3] sont icy venus et y ont passé les jours gras et s'en sont allez le jeudy 19, après disner.

---

1. Fille de François Demaillasson et de Elisabeth Demareuil.
2. Marie de Maroix, femme de François Clavetier, s^r du Quéroir.
3. Gaspard de Guillaumet, sgr de Nérignac, et Catherine de Leirat, son épouse.

Le 24, a esté trouvé dans le parquet un pacquet où il y avoit des significations faites à Mrs le séneschal[1], de Lage[2], Cœurderoy[3], du Chefs[4], du Brueil Arnaudet[5], Verat, greffier de la prévosté, Brisson, nottaire, Borde, archer, Lerpinière[6], procureur, Montplanet[7], Augier[8], hoste des Trois-Roys, Corné[9], son fils, et à moy d'un arrest obtenu par Bastide le 27 du passé, portant que nous comparoistrions en personne pardevant Mr le lieutenant général de Poictiers[10], et jusqu'à ce que nous eussions obéis, interdiction de la fonction de nos charges. Les dites assignations signées Du Rivault.

Mars 1654, commancé par le dimanche.

Le dimanche 1er mars, nous avons esté à Poictiers Mrs de Lage, du Brueil, du Chefs et moy pour faire nostre comparution. Mr le séneschal[11] y estoit allé dès le vendredy précédent qui s'en retourna le dit jour que nous y fûmes, et le lendemain tous les autres cy-dessus nommez, excepté Cœurderoy et Lerpinière, y arrivèrent et rendismes tous nostre audition le lundy et mardy pardevant Mr Reveau[12], lieutenant particulier, pour l'absence de Mr le lieutenant général[13], et nous en retournâmes icy le dit jour de mardy 3.

---

1. Jean du Chastenet.
2. André Delaforest, sr de Lage, lieutenant particulier.
3. François Cœurderoy, conseiller du Roi.
4. Félix Mérigot, sr du Ché, conseiller du Roi.
5. François Arnaudet, sr du Breuil, receveur des consignations.
6. Pierre de Lerpinière, sr de Baudelette, procureur.
7. Antoine Naude, sr de Montplanet, procureur et notaire.
8. François Augier.
9. Jean Augier, sr de Cornet. Il épousa Louise Crugeon dont Eléonore, baptisée à Saint-Martial de Montmorillon le 7 mai 1663, eut pour parrain Me Félix Augier, avocat.
10. Claude de Tudert, sgr de la Bournalière, donna sa démission de lieutenant général au présidial et fut remplacé dans cette charge par Jean de Razes, sgr de Verneuil, qui fut installé le 2 juin 1654.
11. Jean du Chastenet.
12. Martin Reveau, sr de Cirières.
13. Claude de Tudert.

Le vendredy 6, j'ay esté coucher à Lérignat, avec Mr de Balantrut qui estoit icy venu, le jour précédent, pour me querir et me mener à Saint-Germain. Le lendemain, nous fûmes coucher à Azat et le dimanche 8, disner à Saint-Germain où Mr Clavetier et le dit sr et damoiselle de Balantrut comptèrent ensemble des deniers dotaux de la dite damoiselle. Et sur trois mille livres à elle promis par son contract de mariage du[1]..... juin 1628 avec le deffunct sr de Leirat, son premier mary, il ne s'en trouva de payé que unze cens cinq livres deux sols dont y avoit des scédulles du dit deffunct sr de Leirat pour 802 livres et le surplus avoit esté payé à la dite damoiselle durant sa viduité. Mr Clavetier leur donna une reconnaissance de ce qu'il restoit qui est la somme de 1894 livres 18 sols et les intérests qu'il s'obligea de payer suivant et au désir du dit contract.

Le lundy 9, je partis de Saint-Germain, passay à Lérignat et m'en vins icy coucher.

Le dimanche 22, je suis allé à Poictiers et le lendemain j'ay fait offrir à François Cœurderoy la somme de 3546 livres 7 sols 8 deniers par Mr Daguin, procureur, au nom de Mr de Léché, contenue par exécutoire du 8 novembre dernier que le dit Cœurderoy avoit obtenu contre le dit sr de Léché au conseil privé, l'offre que nous avions fait le 16 décembre dernier n'ayant esté trouvé valable à cause que Mr de Lossandière, advocat du dit sr de Léché au Conseil, avoit assisté à la taxe du dit exécutoire, ce que nous ignorions, et que les sommes portées par l'arrest du Conseil estoient confuses par le dit exécutoire avec les fraix et loyaux cousts ausquels le dit sr de Léché estoit condamné. Les louis d'or[2] ont esté pris à 10 livres 10 sols pièce, les escus d'or à 5 livres 9 sols, les pistolles d'Es-

---

1. Laissé en blanc.
2. La fabrication des premiers louis fut ordonnée en 1640. Depuis cette époque, l'expression d'écu, dont on se servait aussi pour les espèces d'or et d'argent, a été réservée aux pièces de ce dernier métal.

— 100 —

paigne à 10 livres 6 sols et les louis d'argent à 3 livres 3 sols. Il y a eu 12 cens quelques livres prises, pour faire le dit payement, chez mon frère de la Faix et le surplus chez deffunct mon oncle le procureur[1] du Roy. Et le mardy 24, Cœurderoy a receu son argent.

Le dit jour dimanche 22, M^r et Mlle de Léché sont arrivez de Normandie dans le carrosse de Poictiers, le dit s^r malade, et ont logé chez M^r des Groges[2].

Le mercredy 25, je suis retourné de Poictiers et ay esté coucher à la Leuf, Mr du Meslier qui estoit allé voir mon oncle de Léché, Mr de Maillezat Roderie[3] et moy sommes venus ensemble, et le lendemain, je suis arrivé icy à disner.

Le sabmedy 21 précédent, le séneschal est party après disner pour aller à Paris, son fils aisné apelé Mérignat[4], y estoit mort subitement le dimanche 8 précédent.

Le dit jour sabmedy 21, est décédé, sur les sept heures du soir, Daniel Perrinneau, tanneur, lequel avoit tousjours vescu huguenot jusques sur les trois heures après midy qu'il se convertit et fit profession de la foy catholique, apostolique et romaine entre les mains du père gardien des Récollects, nommé père Charles Landeau, et receut le Saint-Sacrement par les mains de M^r le curé sur les six heures du soir.

Le[5]......... est décédé Me Gabriel Chantaize et a esté enterré le lendemain dans l'église de Nostre-Dame.

Avril 1654, commancé par le mercredy.

Le mardy 7 avril, Mrs de Lage, Lhéraudière, le procureur du Roy, Aubière et moy avons esté à Poictiers

---

1. Charles Richard, s^r de la Chèze.
2. Bonaventure Mayaud, s^r des Groges, conseiller au présidial de Poitiers, décédé en sa maison des Groges le 8 juillet 1681 et inhumé le lendemain dans l'église des Carmes (chapelle des Mayaud) à Poitiers (Reg. p^x de Leigne.)
3. René Barachin, sgr de Maillezat et de la Roderie.
4. Jean du Chastenet, s^r de Mérignat.
5. En blanc.

pour voir mon oncle de Léché qui estoit à l'extrémité et le lendemain, sur les unze heures et demie du matin, est décédé ayant conservé le jugement et la parolle jusqu'à environ un quart d'heure avant son trespas, et tesmoigné jusqu'au dernier souspir des sentiments d'un homme de bien et d'un véritable chrestien par un destachement des choses de la terre et une résignation parfaitte à la volonté de Dieu. Il estoit logé chez M^r des Groges, rue des Quatre-Vents, paroisse de Saint-Cybard, et estoit dans sa 58e année. Il fut ouvert après son décéds et se trouva dans son corps une pierre de la grosseur et plus longue qu'un gros œuf de pigeon, une autre de la grosseur d'un gros pinon [1] et une autre de la mesme grosseur qui estoit rompue par moitié et ses reins tous couverts de sable et avoit les poulmons pris aux costes. Mon cousin de la Berthonnerie et sa femme [2], M^r et Mlle du Meslier [3] y estoient.

Le jeudy 9, tous ces messieurs et moy, excepté mon cousin de la Berthonnerie, conduisîmes le corps de mon dit oncle dans l'église de Syllards.

Le lendemain, il fut enterré dans la dite église ès sépultures de la Leuf, le second, près l'hostel à main droite en entrant.

Le dimanche 12, ma tante sa femme [4], et ma cousine du Meslier sont retournées à la Leuf, avec Mr du Meslier qui les avoit esté quérir le jour précédent.

Le dit jour 9, sur le soir, est décédée Mlle la controlleuse [5], vefve de deffunct Me Jean Gaultier, vivant con-

---

1. Noyau.
2. Pierre Richard, s^r de la Berthonnerie, et Marguerite Delouche, son épouse.
3. Claude Micheau, s^r du Meslier, et Marie Richard, sa femme.
4. Jeanne Poutrel.
5. Françoise Couperie. Le 2 septembre 1645, Françoise Couperie, veuve de Jean Gaultier, contrôleur des montres de la maréchaussée de Montmorillon, Blaise Demareuil, aussi contrôleur des montres, et Anne Gaultier, sa femme, vendaient à François Cœurderoy, s^r de la Vignasse, pour la somme de 2500 livres, une métairie sise au faubourg de la Maison-Dieu. (Arch. Vien. H^3 bis 62.)

trolleur des monstres en la mareschaussée de cette ville, et lendemain 10, elle a esté enterrée dans le cimetière de Saint-Martial.

Le mercredy au soir 29, est décédée dans le chasteau de Seouvre, prest Saint-Savin, damoiselle Fleurance Vachier, femme de Louis Cœurderoy, s^r des Buissons, et le vendredy ensuivant premier jour de may, elle a esté enterrée dans les sépultures des Cœurderoys en l'église de Nostre-Dame de cette ville.

Le jeudy 30, est arrivé icy le régiment de Chouppes[1], qui a couché la nuict, et M^r l'intendant leur a fait fournir l'estappe, c'est par roulte du Conseil qu'ils ont logé et sont partis le lendemain. Ils alloient du costé de la Catalongne.

May 1654 [commancé par le vendredy].

Le dimanche 3e jour de may, a esté contracté et espousé en l'église de Saint-Martial par Mre Louis Grault, curé, Mr Rodreis, de Brigueil-l'Aisné, avec dame Antoinette de la Forest, fille de Me Pierre de la Forest, procureur, et de dame Marguerite du Monteil, sa femme, et le lendemain, on a mené la mariée en son mesnage au dit Brigueil.

Le mercredy 6, est décédé et a esté enterré le plus jeune des enfans du s^r séneschal[2], aagé de six ans, dans l'église de Saint-Martial, en la chappelle de Nostre-Dame. Il n'estoit que ondoyé et on l'appelloit Fafa. Il ne fut malade qu'environ deux fois 24 heures.

Juin 1654, commancé par le lundy.

Le vendredy 19 juin, M^r le séneschal[1] est arrivé en cette ville de retour de son voyage de Paris avec Mr Grault.

Le samedy 20, mon frère du Queiroir et sa femme sont

---

1. Pierre, marquis de Chouppes, lieutenant général des armées du Roi, mort le 23 avril 1684.
2. Jean du Chastenet.

venus nous voir et ont amené avec eux Mlle de Saint-Chauman, fille de Mr de la Mondye[1].

Le mercredy 24, jour de la Saint-Jean, j'ay esté coucher à Antigny chez M[r] le chambrier[2], et le lendemain, sommes allez ensemble coucher au Blanc, lequel jour mon frère du Queiroir et sa compagnie sont partis de céans après disner.

Le sabmedy 27, je suis party du Blanc sur les cinq heures du soir et suis venu coucher icy, avec M[rs] l'assesseur[3], de la Forest l'aisné, procureur, et le greffier des Abatis[4]. Mr de Pouzeoux[5], second président en l'eslection du Blanc, est venu avec nous.

Le lendemain dimanche, M[rs] le curé ; l'assesseur ; du Brueil Arnaudet ; la Forest l'aisné ; le greffier ; Daubière ; de Peuxgirard[6] et moy sommes allez disner au Rivault chez Mrs de Champaigne et sommes icy retournez après souper.

Le lendemain, jour de Saint-Pierre et de Saint-Paul, M[r] l'assesseur et moy sommes allez à la Trimouille, pour quérir la cousine Magdelaine Sauzay[7] que le nommé Dangueville se vantoit d'enlever et l'avons amenée céans.

---

1. Paul de la Roche, éc., sgr de la Mondie, marié le 28 août 1632 à Agathe de Maroix, fut inhumé à Millac le 6 janvier 1658, laissant au moins deux enfants : Marie, dite Mlle de Saint-Chaumant, décédée à Millac le 15 juillet 1704, à l'âge de 60 ans, et Philippe, chev., sgr de la Mondie, qui se maria deux fois : 1° le 26 septembre 1672, avec Luce Laurens, fille de Pierre, sr de la Chèze, de Gorce, et de Marguerite de la Broue ; 2° le 20 juillet 1697, avec Marie-Anne Tessereau, fille de Louis, sgr de Pressigny, et de Barbe Poitevin du Plessis-Landry, de laquelle il eut : 1° Marie, baptisée à Millac le 1er mai 1702 ; 2° Barbe-Charlotte, mariée à 44 ans, le 14 novembre 1746, à René Guiot, fils de Claude, sgr de la Rabauderie, et de Marie-Anne Frottier, inhumé dans l'église de Millac le 18 mars 1753, à l'âge de 43 ans. Philippe mourut à Millac le 21 février 1720. En 1686, il rendait hommage du fief de la Mondie aux administrateurs de l'hôpital général de Limoges. (Arch. H[te]-Vien. Terrier de l'hôpital général de Limoges, p. 364, B 496.)

2. Jérôme Jacquet, chambrier de l'abbaye de Saint-Savin, curé d'Antigny.

3. André Delaforest, sr de Lage.

4. Jean Gaultier, sr des Abattis.

5. Etienne Mangin, sr de Pouzioux, fils de François, sr des Petites-Ages, et de Marie Favier, marié à Marie Jacquet.

6. Martial Dalest, sr de Peugirard ou Puygirard.

7. Magdeleine Jacquemin, fille de..... Jacquemin, sr de Sauzé.

Juillet 1654, commancé par le mercredy.

Le dimanche 5 juillet, il a esté publié que personne n'eust à payer les cens, rentes, dixmes et autres devoirs deubs au prieuré de Saint-Martial de cette ville qu'au s^r des Buissons comme prieur du dit prieuré. On a dit que le mardy précédent 30 juin, il avoit esté mis en possession du dit prieuré par Mre Félix Boutet faisant la fonction de prieur curé de Journé. Ce bruict s'est trouvé faux du despuis, mais il agissoit par vertu d'un bail fait en la chambre ecclésiastique à faute du payement des décimes.

Le dimanche 19, je suis allé à Poictiers pour faire confronter des témoins aux collecteurs de Saint-Martial de l'année 1652 dont les principaux sont des Varennes [1] et Fontbretin. J'ay logé au-dessus des Ursullines, chez Mr de la Pannerie, le jeune, qui m'y a mené estant tous deux partis d'icy ensemble avec M^r le président des esleus, et m'en suis retourné en cette ville, le mercredy 22, avec une fièvre qui m'a duré 24 heures et ay passé à Lussac en m'en revenant.

Le lundy précédent 13 du présent mois, ont esté espouzez en l'église de Saint-Martial [Pierre] Berthonneau, s^r du Pin, et dame Marie Goudon, fille de deffunct Me Laurans Goudon, s^r de Martrois, et de dame Judich Douadic.

Le lundy 20, ont esté contractez et espouzez en l'église de Nostre-Dame par Mre Louis Grault, curé de Saint-Mar-

---

1. Jean Vezien, s^r des Varennes, archer de la compagnie du prévôt des maréchaux à Montmorillon, marié à Flesve Chotard. Le 15 novembre 1663, leur succession est partagée entre leurs enfants : 1° Jean, prêtre, curé de Vouhet ; 2° Perrette ; 3° Marguerite, veuve de François Lestrigou, s^r de la Giraudière, demeurant au bourg de Béthines ; 4° Marie, demeurant à Vouhet ; 5° Jean Lestrigou, s^r de Cherpillé, demeurant à Béthines, au nom de Jean et Marie Lestrigou, ses enfants, et de défunte Louise Vezien, sa femme. (Arch. Vien. H^3 *bis* 115.)

tial, le s^r de Chizé [1], esleu en l'eslection du Blanc, et damoiselle Catherine Dalest, fille de deffuncts Me Mathurin Dalest, s^r de la Vau, advocat en cette ville, et dame Catherine Nicault.

Le dit jour, Mlle de la Vergne [2] a accouché, environ les 8 à 9 heures du matin, d'une fille qui a esté baptisée le mesme jour ou le lendemain en l'église de Saint-Martial et nommée Jeanne. Mr Jacquet [3], président en l'eslection du Blanc, et dame Jeanne Dalest, femme de Me Jean Gaultier, greffier en la mareschaussée de cette ville, ont esté parrein et marrine.

Le mercredy 29, Mrs de Lage, du Meslier et moy sommes allez à Poictiers pour faire vuider la contestation que nous avions tous les héritiers de deffunct M^r le lieutenant [4] et la damoiselle sa vefve [5] sur l'enthérinement de sa donation mutuelle dont nous la prétendions faire deschoir par le moyen du divertissement, substraction et recelle par elle faict des meubles et papiers de la succession sur quoy nous avions passé compromis, et nos arbitres n'ayant voulu accepter iceluy compromis, le lendemain après disner, nous nous accordâmes de gré à gré au logis du Chesne-Vert où elle estoit logée avec les s^rs Deffre [6] et de Romagny [7], ses frère et nepveu, et Montplanet [8], procureur en cette ville, et nous délaissant à tous les héritiers les offices du dit deffunct s^r lieutenant qu'il avoit vendus à Cœurderoy, la maison où il faisoit sa demeure avec le

---

1. Jean Mangin, s^r de Chizé, fils de Pierre et de Jeanne Rouelle.
2. Marguerite Jacquet, femme de René Vrignaud, s^r de la Vergne, avocat.
3. François Jacquet, s^r du Courtioux, conseiller du Roi, président en l'élection du Blanc, époux de Magdeleine Rat. Leur fille, Catherine, épousa au Blanc, le 24 novembre 1670, Louis Collin, sgr de Laminière, capitaine au régiment de Royal-Infanterie.
4. André Richard.
5. Jeanne Berthelin, fille de Jacques et de Catherine Bruneau.
6. Michel Berthelin, sgr d'Aiffres, fils des mêmes.
7. Jacques Berthelin, sgr de Romagné ou Romagny, fils des mêmes.
8. Antoine Naüde, s^r de Montplanet, fils de Pierre et de Claire Augier.

jardin joignant la maison du sr de la Forest et la somme de huict cens livres payable dans deux ans sans intérest, le tout franc de toutes debtes et charges. Et le sabmedy ensuivant, premier jour d'aoust, nous avons passé transaction pardevant Babert et [1].............. nottaires en cette ville, conformément à ce que dessus ; nous retournâmes de Poictiers le vendredy.

Aoust 1654, commancé par le sabmedy.

Le jeudy 20 aoust, je suis party pour aller au Bourg-Dieu [2] où j'ay mené ma niepce la Baudinière pour quitter le blanc [3], nous y sommes arrivez le lendemain et le sabmedy ensuivant 22, elle a quitté le blanc dans la chappelle de Nostre-Dame et en sommes partis le mesme jour et arrivez icy le dimanche. Valentin Barriat l'a menée en trousse.

Le mercredy 27, Mr Fournier [4], président en l'eslection de Poictiers, et Mr Guillot, procureur du Roy en icelle, avec le sr Pean, commis greffier, et Mr Daguin, procureur à Poictiers, sont icy arrivez pour instruire le procès de Jean Genty, demendeur en crime contre Jean Vezien dit les Varennes, Jean Frédot dit Fontbretin, Pierre Nivelet [5], Jean Huguet [6], François de la Chastre, Léonnard Gallet et Simon Babert [7], collecteurs des tailles de l'an 1652, accusez de concussion et d'avoir pris de l'argent de nombre de particuliers habitans pour les diminuer en la

---

1. Laissé en blanc.
2. Aujourd'hui Déols, près Châteauroux. L'église Saint-Etienne était le sanctuaire du pèlerinage de Notre-Dame.
3. C'est encore la coutume à la campagne de consacrer les enfants à la Vierge en faisant vœu de ne leur faire porter, jusqu'à un certain âge, que des vêtements blancs ou bleus. Autrefois, ce vêtement était pris et quitté dans la chapelle même où avait lieu la consécration.
4. Pierre Fournier, sr de Monselais, fut maire de Poitiers en 1661.
5. Pierre Nivelet, marchand gantier, marié à Gabrielle Véras.
6. Maître tailleur d'habits, marié à Sylvaine Aubry.
7. Il épousa Jeanne Gallet, dont il eut René, baptisé à Saint-Martial de Montmorillon le 4 février 1662.

taille, lesquels sr. président avec les autres dessus dits ont icy demeuré jusques au mardy ensuivant 1er septembre, pendant lequel temps ils ont ouy et confronté 22 témoins auxdits collecteurs. Il a cousté pour les fraix du dit voyage 398 livres que j'ay payé. Mr Daguin n'a voulu prendre et pourtant il s'en fault de 44 livres qu'il luy revenoit pour sa taxe.

Le dit jour, Mrs de Lage, Lhéraudière et le procureur du Roy[1] et moy sommes allez rendre nos civilitez à Mr le mareschal Foucault au Bourg—Archambault[2] qu'il a achepté despuis cinq ou six jours. Mr de Lhéraudière y mena tous les archers.

Septembre 1654, commancé par le mardy.

Le mercredy 2 septembre, le sr de Lage[3], beau-frère de la cousine de Sauzay[4], l'a emmenée à la Trimouille.

Le dimanche 6, a esté baptizé en l'église de Syllards le fils dont ma cousine du Meslier avoit accouché à la Leuf le 30 octobre dernier 1653, et a esté son parrain Mr de Lage, assesseur, et ma cousine la procureuse du Roy sa marrine. Il a esté nommé André.

Le 8, la cousine de Sauzay est venue disner céans et s'en est retournée le mesme jour à la Trimouille avec son beau-frère de Lage.

Le sabmedy 19, ma femme est allée coucher chez Mr de Balantrut d'où elle est partie le lendemain pour aller à Azat et de là à Saint-Germain chez son père pour le voir et boire des eaues d'Availle[5] à cause d'un mal de ratte

---

1. Pierre Richard.
2. Cette terre avait été saisie sur Louis Blanchard, accusé d'assassinat et de fabrication de fausse monnaie.
3. Jean Dechaume, sr de Lage-Bourget.
4. Magdeleine Jacquemin, fille de..... Jacquemin, sr de Sauzay, mariée à Pierre Dechaume, sr du Monteil, le 4 février 1655.
5. Eaux minérales froides découvertes vers 1615. Elles sont situées dans la commune d'Abzac (Charente), à 1500 m. d'Availle. On distingue trois sources principales : la première est sulfureuse et contient des

dont elle est oppressée. Elle a mené sa fille Gotton et Mme Fayolle[1] avec elle.

Le vendredy 25, au soir, est décédé Me François Massonneau, dit Gastignon, chirurgien, aagé d'environ 40 ans, et a esté enterré le lendemain dans [l'église] de Nostre-Dame.

Le sabmedy 26, est décédée, environ les sept heures du soir, une des filles de deffunct Mr de la Vignasse, aagée de 13 ans, nommée............[2] qui a esté enterrée dans les sépultures des Cœurderoys en l'église de Nostre-Dame, le lendemain.

Le dimanche 27, a esté contracté M^e [2].......... Guillemin, s^r du Peux, mon cousin, avec dame Claire Naude, fille de Me Anthoine Naude, s^r de Montplanet, procureur, lequel contract a esté passé au village de Cousset, paroisse du Bourg-Archambault, et ont esté espousez le dit jour en l'église du Bourg par Mre Louis Grault, curé de Saint-Martial et prévost de l'église de Nostre-Dame de cette ville. Le festin s'est fait au dit Cousset. J'y ay assisté.

Le dit jour, a esté baptisé, au soir, en l'église de Saint-Martial, la fille de mon cousin Gaultier, lieutenant en la mareschaussée de cette ville, par le dit s^r Grault, curé, à laquelle j'ay esté parrin, et Marie de Lerpinière, femme du s^r Boisvert[3], chirurgien, marrine. Elle a esté nommée Marie, et estoit née le jeudy précédent.

---

hydrochlorates de soude et de chaux; les deux autres sont ferrugineuses et renferment de l'acide carbonique et des sels solubles, tels que hydrochlorate de soude, sulfate de fer et sous-carbonate de soude et de fer. Ces eaux étaient employées dans les maladies suivantes: l'hydropisie, les fièvres intermittentes, les engorgements du foie, l'hypertrophie de la rate, la gravelle et la goutte. Les eaux d'Availle sont depuis longtemps abandonnées. (Note communiquée par M. Constancin, pharmacien chimiste à Availle-Limousine.)

1. Marguerite Delamothe, femme de Mathurin Sylvain, s^r de Fayolle, sergent royal à Montmorillon.
2. Laissé en blanc.
3. Jean Julien, s^r de Boisvert, chirurgien à Montmorillon.

Octobre 1654, commancé par le jeudy.

Le jeudy 1er octobre, Fayolle [1] et moy avons esté disner à Nérignat chez Mr de Balantrut et coucher à Saint-Germain où nous avons séjourné jusques au sabmedy 3 que nous sommes venus avec nos femmes coucher chez le dit sr de Balantrut et le lendemain dimanche, sommes icy retournez. J'ay ramené aussi ma fille Marguerite. Le lendemain lundy, ma femme et moy sommes allez du costé de Mongoueran pour faire vendanger et sommes retournez icy le vendredy ensuivant.

Le dit jour dimanche 4, la femme [2] du sr Augier le jeune, advocat, est accouchée d'une fille, qui a esté baptizée le lendemain dans l'église de Saint-Martial par Mre Grault, curé, et nommée Marguerite ; le sr Augier, son grand-père, et Mlle la Vergne, sa grand'mère, ont esté ses parrain et marraine. Elle a esté religieuse à Villesalem.

Le dimanche unze, ont esté espousez en l'église de Saint-Martial par Mre Pierre Dalest, archiprestre et juge de cette ville, le nommé la Gresle, boutonnier, et la fille de Grand-Jean Barrois [3], meusnier.

Le sabmedy 17, la femme [4] du sr de Chastenet est accouchée d'une fille qui a esté baptizée le mesme jour en l'église de Saint-Martial, et nommée [Marie]. Le sr Grault, curé du dit Saint-Martial, a esté son parrin, et la femme d'Argenton [5], marchand en cette ville, marrine.

Le mercredi précédent, Mr le mareschal Foucault est venu icy et a disné chez le sr séneschal [6]. On a esté au devant de luy en armes, et les officiers et la pluspart des advocats et procureurs ont esté en corps, vestus de lon-

---

1. Mathurin Sylvain, sr de Fayolle, sergent royal à Montmorillon.
2. Marguerite Vrignaud, fille de René Vrignaud, sr de la Vergne, et de Marguerite Jacquet, et femme de Félix Augier.
3. Jean Barrois, dit Grand-Jean.
4. Catherine Levasseur, femme de Pierre Augier, sr du Chastenet.
5. Marie Chasseloup, femme de Jean Argenton.
6. Jean du Chastenet.

gues robbes, luy faire compliment chez le dit sʳ séneschal, j'y estois.

Le mesme jour, a esté baptisé en l'église de Lussac-le-Chasteau le fils dont ma niepce Fradet[1] estoit accouchée le dimanche précédent, et ont esté ses parrin et marrine, Mʳ de Lhéraudière et [2]............... et a esté nommé Florent.

Le mercredy 28, je suis allé coucher à la Leuf et lendemain ma tante de Léché [3] et Mʳ du Meslier et moy sommes allez à Poictiers où s'est trouvé mon cousin de la Berthonnerie, pour terminer les différens qu'ils avoient entre eux sur diverses prétensions qu'avoit mon dit cousin, ce que nous fismes le vendredy 30 chez Mʳ de Riparfons [4] et par son advis et celuy de Mʳˢ Raberueil et Maisondieu le jeune, advocats. Mʳ de Lage, assesseur, y estoit aussi, lequel estoit arrivé le mesme jour que nous à Poictiers et retournoit de Saumur où il avoit mené ma cousine sa fille [5]. Mʳ le procureur du Roy et sa femme [6], Mʳ Daubière et ma cousine Marion Richard, Mʳ le greffier et sa femme [7], et Mʳ de la Forest l'aisné, procureur, estoient du dit voyage de Saumur, qui sont tous retournez icy le vendredy, fors Mʳ de Lage avec lequel je suis revenu seulement le sabmedy, et ma tante et Mʳ du Meslier sont retournez à la Leuf.

Novembre 1654, commancé par le dimanche.

Le mardy 3 novembre, ma dite tante et le dit sʳ du

---

1. Marie Demaillasson, femme de Gaspard Fradet, sʳ de la Gatevine.
2. Laissé en blanc.
3. Jeanne Poutrel, veuve de Paul Richard, sʳ de Léché.
4. Jean Gabriau, sʳ de Riparfond, conseiller du Roi, lieutenant particulier au présidial de Poitiers, marié le 14 mars 1626 à Marie Reveau, fille de feu Jean Reveau, sʳ de Cirières, et de Gabrielle Robin. (Arch. Vien. E² 236.)
5. Marie Delaforest, dite Mˡˡᵉ de Lage.
6. Louis Demaillasson, procureur du Roi, et Eléonore Pineau, sa femme.
7. Jean Gaultier, greffier en la maréchaussée, et Jeanne Dalest, sa femme.

Meslier sont allez à Poictiers et le lendemain ont pris le carrosse pour se rendre à Paris et aller de là au Pontaudemer. Elle a mené aussi mon cousin de la Boutrigère [1].

Le mesme jour, les autres officiers et moy fusmes en corps voir Mr de Maugis, conseiller de la Cour, qui estoit arrivé chez M[r] le séneschal [2] le jour précédent.

Le lendemain, j'ay esté à Villesalem où fortuitement je me trouvay à la profession de la fille de Mr Jacquet [3], président en l'eslection du Blanc, et de la fille de deffunct le s[r] des Petites-Ages, second président, nommée Elisabeth Mangin [4], qui l'ont faitte le dit jour.

Le mercredy 18, Mr Clavetier est arrivé céans. Il estoit venu icy pour prester le serment devant M[r] le séneschal [5] pour faire l'apréciation de la terre de Brigueil-l'Aisné, avec Mrs du Puy, de Bellac, du Monteil, près Saint-Junien et Saint-Brice, avec deux paysans, estant tous six nommez commissaires par la Cour de parlement, et est party le vendredy ensuivant et allé coucher à Lérignat.

Le dit jour vendredy, je suis allé à Poictiers pour faire juger le procès contre les collecteurs de 1652, et ay logé à Saint-Martin.

Décembre 1654, commancé par le mardy.

Le mardy premier décembre 1654, le procès cy-dessus a esté jugé.

Le jeudy 3, je suis party de Poictiers où j'avois tousjours demeuré despuis le 20 et suis venu coucher céans.

Le dit jour, Mr de Lage est allé chez sa mère où il a mené ma cousine sa fille [6] et s'en est retourné icy avec elle le mardy 15.

---

1. Paul Richard, s[r] de la Boutrigère et du Léché.
2. Jean du Chastenet.
3. François Jacquet, s[r] du Courtioux, conseiller du Roi, président en l'élection du Blanc, époux de Magdeleine Rat.
4. Fille de François Mangin, s[r] des Petites-Ages, et de Marie Favier.
5. Jean du Chastenet.
6. Marie Delaforest, dite Mlle de Lage.

Janvier 1655, commancé par le vendredy.

Le lundy, 4 janvier 1655, Mr de Balantrut est venu céans pour communiquer du mariage de Mlle des Gast [1], sa fille.

Le dit jour, environ les six heures du soir, est décédé Me Simon de Lavergne qui avoit esté procureur en ce siège, aagé de 78 ans ou environ, et a esté enterré le lendemain en l'église de Saint-Martial.

Le mardy 5, Mr de Balantrut s'en est retourné à Nérignat.

Le dimanche 10, je suis allé coucher chez Mr de Balantrut où s'est pareillement rendu M^r le chastelain de Rancon [2] et le lendemain, Mrs de Balantrut, le chastelain, Lérignat, Puyrobin, la Bouige [3], la Rode [4] et moy sommes allez au bourg d'Asnière où s'est trouvé Mrs de Cheminade [5] et le prieur [6] de Lérignat, son oncle, et après avoir tous ensemble conféré sur le sujet du mariage du dit s^r de Cheminade avec Mlle du Gast, les trois premiers, le dit s^r de Cheminade et moy sommes venus coucher à Nérignat, et les trois autres à la Bouige, lesquels sont venus le lendemain chez le dit s^r de Balantrut, et ont arresté de

---

1. Esther de Guillaumet, dite Mlle des Gats.
2. De Marans.
3. Isaac Baconnet, s^r de la Bouige, fils de Pierre et de Louise Savatte. Il épousa Magdeleine de Vaucelle dont il eut au moins Marguerite, mariée le 30 avril 1697 à François Delavergne, s^r de la Salle, fils de feu Henri Delavergne, s^r de la Salle, et de Jeanne Cardinault.
4. François Baconnet, s^r de la Rode, frère du précédent, marié, par contrat du 17 avril 1657, à Catherine Sornin, dont : 1° Jean, s^r de la Rode, marié en premières noces à Anne Négrier et en deuxièmes noces, le 13 novembre 1703, à Marie de la Porte, fille de feu Antoine, sgr du Theil, et de Catherine Regnault. Il eut du premier lit, Daniel, s^r de la Rode ; 2° Daniel, s^r de la Bouige, fut nommé curateur à la personne et aux biens de son neveu Daniel, le 6 octobre 1704 ; 3° Jeanne, épouse de Pierre Dumonteil, s^r de la Valade ; 4° Catherine, femme de Mathurin Dumonteil, s^r de la Chérie ; 5° Magdeleine. Ces trois dernières étaient présentes au testament de Catherine Sornin, leur mère, le 18 janvier 1691. (Arch. Vien. G⁹ 73.)
5. François Vidaud, sgr de Cheminade.
6. Louis Barbarin.

s'y trouver pour la conclusion du dit mariage le sabmedy 23 du courant. M^r le chastelain et moy sommes partys le mercredy 13; il s'en est allé du costé de Lester et moy céans.

Le mardy 12, Mr de Lage est allé à Poictiers, auquel Mr Tartrain a donné cinq livres que je luy avois mis entre les mains pour payer l'intérest des 900 livres que je doibs à Mlle Messemé, ce qu'il fit le 13 du dit mois, en présance de Mr Vezien, nottaire à Poictiers, lequel intérest commencera le 20 du courant, je le paye par advance. Le dit s^r s'en est retourné le vendredy 15.

Le jeudy 14, environ les huict heures du soir, ont esté espouzez en l'église de Saint-Martial par Mre Louis Grault, curé, Me Jean de Lavergne, s^r de la Boutaudière, procureur, et dame [Jeanne] Argenton, fille de deffunct Jean Argenton, marchand, et de [1]..... Reat.

Le sabmedy 16 janvier, ma niepce Demaillasson [2] est accouchée d'un fils qui a esté baptizé en l'église de Nostre-Dame par Mre Boudet, curé de Concise, et nommé François, le dimanche 24. Mr François de Marueil, cy-devant enquesteur, père de ma dite niepce, a esté parrin, et damoiselle Marie de la Forest, ma cousine, fille de M^r l'assesseur, marrine.

Le mercredy 20, la femme du s^r des Harsis [3] est accouchée d'un fils qui a esté baptizé le jeudy 21 ensuivant et nommé Gaspar [4]. Le s^r Fradet, mon nepveu, a esté parrin et dame [Jeanne de la Forest] marrine.

Le sabmedy 23, j'ay esté coucher chez Mr de Balantrut,

---

1. En blanc.
2. Élisabeth Demareuil, femme de François Demaillasson.
3. Renée Dumonteil, femme de Jean Robert, s^r des Arcis. Le 22 août 1664, Jean Robert acheta de Jean Delabarde, s^r de Laudière, et de Marie Robert, son épouse, la métairie des Arcis, paroisse de Moussac-sur-Gartempe, avec les rentes dues par les tenanciers du village des Arcis, pour la somme de 1500 livres tournois. (Arch. Vien. H³ *bis* 120.)
4. D'après le registre paroissial, cet enfant serait une fille qui a été nommée Jeanne.

et le dimanche, environ une heure après minuict, ont esté espouzez en l'église de Nérignat, François Vidaud, s^r de Cheminade [1], et damoiselle Ester de Guillaumet, nommée Mlle du Gast, fille cadette de Mr de Balantrut, par Mre Barbarin, curé du dit Nérignat, et ce par permission du curé de Moussac-sur-Vienne, d'autant que Nérignat n'est qu'une annexe de la parroisse du dit Moussac. Et le mardy je suis icy retourné.

Le jeudy 28, a esté espousé en l'église de Saint-Martial par Mre Louis Grault, curé d'icelle et prévost de Nostre-Dame, dame Marguerite Augier [2], fille de Me Laurens Augier, advocat, avec Me Phelippes Pichon, s^r de Pommeroux, fils de [Léonard] Pichon, aussy s^r de Pommeroux, lieutenant du vicomté de Brosse, et de dame [Michelle] Goudon.

Le sabmedy 30, Mrs de Lage, assesseur, le procureur du Roy [3] et moy sommes allez à la Trimouille où a esté passé le contract de mariage de Me Pierre de Chaume, s^r du Monteil, fils d'autre Pierre de Chaume, aussi s^r du Monteil, avec dame Magdeleine Jacquemain, fille du deffunct s^r de Sauzay, ma cousine.

Février 1655, commancé par le lundy.

Le mardy jour de la Purification de Nostre-Dame, ont esté espousez à la grande messe en l'église de Saint-Martial par Mre Louis Grault, curé d'icelle, Me Jean Estevenet, appotiquaire, fils de deffunct autre Jean Estevenet, hoste du Cheval-Blanc, et dame Anne Clabat, fille du s^r Clabat, appotiquaire.

Le jeudy 4, les dits de Chaume et Jacquemain ont esté

---

1. Fils cadet de Pierre Vidaud, sgr de Cheminade, et de Jeanne Rabaud.
2. Baptisée à Saint-Martial de Montmorillon le 30 octobre 1625, fille de Laurent Augier, avocat, et de Elisabeth Cœurderoy.
3. Louis Demaillasson, procureur du Roi.

espousez en l'église de Saint-Pierre de la Trimouille par le curé d'icelle.

Le jour précédent, mes cousins Daubière et des Hors [1] et mon nepveu l'enquesteur [2] et le s[r] de Peuxgirard [3] estant à Brigueil [4], en suitte de quelques parolles offensives qui se dirent inopinément entre mon dit nepveu et le s[r] des Gorces, fils cadet du s[r] de la Périère d'auprès de Lérignat, le dit des Gorces ayant poussé son cheval, le pistollet à la main, contre mon dit nepveu, il luy tira un coup d'un des siens dont le dit des Gorces fut blessé à la main et la balle perça son manteau, juste au corps et baudrier et fut respondre à l'autre bras. C'estoit environ les 7 à 8 heures du soir, dans la rue, estant tous à cheval.

Le lundy 8, ont esté espousez en l'église des pères Récollects par Mre Louis Grault, curé de Saint-Martial, Me Mathieu Pineau [5], fils de Me André Pineau, advocat, et dame [Anne] Argenton [6], fille de Me Jean Argenton, s[r] de la Rengeardière, procureur.

Mars 1655, commencé par le lundy.

Le vendredy 5 mars, mon cousin Daubière et moy sommes allez à Poictiers où j'ay changé des fourchettes et cueillères d'argent rompues pour une douzaine d'autres à trois fourchons et ay payé 20 sols par pièce de façon.

Le dimanche, avant de partir, j'ay payé Mr Guillemot de tout ce que je luy devois pour ma niepce et pour moy, qui

---

1. Louis Richard, s[r] des Ors, baptisé à Saint-Martial de Montmorillon le 8 février 1634, fils de Charles Richard, procureur du Roi, et de Eléonore Vezien.
2. François Demaillasson.
3. Martial Dalest, s[r] de Peugirard.
4. Brigueil-le-Chantre souvent désigné sous le simple nom de Brigueil. Surnommé le Chantre parce que le chantre de la collégiale de Saint-Pierre du Dorat (Haute-Vienne) avait le patronage de l'église de cette paroisse.
5. Baptisé à Saint-Martial de Montmorillon le 2 octobre 1625, fils d'André Pineau et de Marie Levasseur.
6. Fille de Jean Argenton, s[r] de la Rangeardière, et de Andrée Rozet.

revenoit à la somme de 85 livres 8 sols, et luy ay laissé pour envoyer à mon frère à Tours, cent livres dix sols en argent. Nous avons logé à Saint-Martin où j'ay laissé à l'hostesse 29 aulnes de toille en rouleau pour envoyer à Saumur blanchir, et sommes revenus icy le dit jour dimanche.

Le lundy précédent, premier du dit mois, ma tante de Léché, Mr du Meslier et mon cousin de Léché sont retournez de leur voyage de Normandie et arrivez à la Leuf.

Le sabmedy 27, Vigile de Pasques, est arrivé icy mon frère Maillasson, marchand de Tours, qui est venu loger céans.

Le lundy 29, Mr Clavetier est arrivé icy où il estoit venu pour affirmer l'appréciation qu'il avoit faitte, avec les autres commissaires, de la terre de Briguel, contenir vérité. Il y estoit venu avec eux le 18 novembre dernier pour prester le serment devant M^r le séneschal [1].

Le mercredy dernier du dit mois, le s^r séneschal de cette ville est party pour aller à Paris et a mené sa fille aisnée [2] avec luy. M^r et Mme de Messignac [3] avec leur fille aisnée [4] y sont aussy allez. Et tous les dessus dits ont esté coucher chez le s^r de Beumaine [5] à Plaincourault [6].

Avril 1655, commancé par le jeudy.

Le jeudy premier avril, Mr Clavetier est party d'icy et est allé passer chez Mr de Balantrut.

Le mesme jour, a esté baptisée en l'église de Saint-Mar-

---

1. Jean du Chastenet.
2. Antoinette du Chastenet.
3. René Bonnin, sgr de Messignac, et Judith Bernard, sa femme.
4. Marie-Gabrielle Bonnin, qui épousa François de la Béraudière, marquis de l'Isle-Jourdain et de Rouet. Ils eurent un fils, François-Anne, marquis de l'Isle et de Rouet, marié à Marguerite-Magdeleine Texier, dont Jeanne-Armande-Marie-Anne, baptisée à Saint-Savin de Poitiers le 7 février 1705, eut pour parrain Jean-Armand Poussard, chev., marquis de Fors et du Vigean, et pour marraine Marie-Anne de la Béraudière. (Poitiers, Saint-Savin. Reg. 230.)
5. Jean Gaultier, s^r de Beumaine.
6. Ancienne commanderie de Malte.

tial la seconde fille dont la femme de mon frère de la Faix[1] estoit accouchée la nuict précédente. Et a esté son parrain M° Jean Demaillasson, mon frère, marchand de Tours, et marrine dame Catherine Levasseur, femme de M° Pierre Augier, s′ de Chastenet, et nommée Catherine.

Le dit jour, mon frère Maillasson et moy avons compté ensemble de toutes affaires que nous avons eu ensemble jusques au dit jour, despuis nottre dernier compte qui fut le 27 aoust 1650, dans lequel présent compte sont entrez les sept cens livres que je luy devois pour supplément du partage de nostre fonds, et encore les deux cens vingt et quatre livres neuf sols que je luy devois aussi pour ma part de 348 livres que nos deffuncts père et mère luy devoient, dont il m'a laissé les promesses entre les mains, pour laquelle somme de 224 livres neuf sols j'ay pris des obligations qui estoient deues par les Bruslez, mestayers du Léché, à la succession de nos dits deffuncts père et mère, et de la vaisselle d'argent à partager en commun entre tous nous autres héritiers. Et encore cent dix livres tant pour du bleg que j'avois vendu qui appartenoit à mon dit frère et estoit resté pour sa part après le décedsde deffuncte nostre mère que pour les autres meubles, ustancilles d'estain, fer, cuivre et bois que j'ay acheptez de luy. Et encore toutes les marchandises et autres choses qu'il m'avoit fournies despuis nostre dit dernier compte. Et encore l'obligation dont je luy estois redevable de la somme de 843 livres mentionnée au dit dernier compte. Et tout compté et desduictes les sommes qu'il a receues de moy, je me suis encore trouvé son redevable de la somme de cinq cens quatre-vingt-quatre livres, cinq sols, huict deniers, pour laquelle est demeurée la dite obligation de 843 livres cy-dessus par devers luy endossée du surplus de la dite somme de 584 livres 5 sols huict deniers. Et du

---

1. Eléonore Pineau, femme de Louis Demaillasson, s′ de la Faix.

dit compte en a esté fait double soubs nos seings privez, dont en avons pris chascun un, tous les deux estant escrips de ma main.

Le sabmedy 3 avril, nous avons, tous les héritiers de nostre deffunct oncle le lieutenant, vendu les offices qu'il possédoit en son vivant, sçavoir : à Mr de Laage [1], l'office de lieutenant général criminel, pour le prix de quinze mille livres compris la finance et marc d'or, et celuy de lieutenant général civil, moitié de l'office de commissaire examinateur en ce qui concerne le civil, à Mr du Meslier [2], pour la somme de treize mille livres y compris aussi la finance et marc d'or ; le contract n'a eu d'effect, mais du despuis Me Louis Richard, s^r des Hors, fils de deffunct mon oncle le procureur du Roy, a traicté du dit office de lieutenant criminel pour le mesme prix, et Mr de Meslier de celuy de lieutenant civil.

Le lendemain dimanche 4, Mlle la lieutenante [3] a esté prendre le carrosse de Poictiers qui partira le mercredy ensuivant pour aller à Paris.

Le dit jour, mon frère Maillasson s'en est retourné à Tours et a esté passer par Poictiers où il a esté coucher le dit jour.

Le jeudy 8, je suis party avec Mr Poirier, mon beau-père, pour aller à Poictiers pour son accommodement avec son fils et sa brue ; nous avons logé à Saint-Martin, et se sont soumis à l'advis de Mrs de Ché [4], conseiller honoraire, Filleau [5], advocat du Roy, Rigommier, La Touche-Bourceau [6] et Riffault, advocats au présidal, qui ont travaillé durant trois séances pour reigler leurs différends. Mais du

---

1. André Delaforest, s^r de Lage.
2. Claude Micheau, s^r du Meslier.
3. Jeanne Berthelin, veuve de André Richard, lieutenant général civil et criminel.
4. François de Razes, s^r de Ché et de Verneuil, maire de Poitiers en 1646.
5. Jean Filleau, s^r de la Boucheterie.
6. Charles Bourceau, s^r de la Touche.

despuis, le dit s^r Poirier n'a voulu exécuter leur arresté à cause de la minorité de sa brue et de l'incapacité de son fils duquel elle s'estoit faitte séparer de biens peu de temps auparavant, fondant les causes de séparation sur ce qu'elle alléguoit qu'il estoit prodigue, furieux et privé de sens et ainsi disoit qu'il ne pouvoit traitter valablement avec eux. M^rs le chastelain de Rancon [1] et sceulx de Maignat et Poirier, fils, y estoient.

Le vendredy 9, la femme de M^r le lieutenant général de Poictou nommé Mr de Razes, escuier, s^r de Vernueil [2], est accouchée d'un fils [3] environ les quatre heures après midi.

Le mesme jour, à Confolant, est décédé le père Baltazard, récollect.

Le lundy 12, Mr Poirier et moi sommes icy retournez de Poictiers.

Le mercredy 14, est décédée Marie Ladmirault [4], fille cadette de Mlle de Vaultibault, environ les six heures du matin, et a esté enterrée en l'église des Augustins le dit jour. Elle estoit aagée d'environ 14 ans.

Le lundy 19, Mrs de Lage, le procureur du Roy [5] et moy sommes allez à la Leuf où nous avons commancé à travailler aux partages des meubles de deffunct mon oncle de Léché, dont mon cousin de la Berthonnerie en a eu une sixiesme partie.

Le jour précédent, arrivèrent icy M^rs le lieutenant général [6] de Poictiers ; Jarno, s^r du Lac [7], procureur du Roy ; Daguin, advocat ; Saint-Martin et Sautereau, procureurs audit Poictiers, pour faire une descente ordonnée par la

---

1. ..... de Marans.
2. Jean de Razes, s^r de Verneuil, et Marie Maquenon, mariés le 15 mars 1654.
3. François de Razes, qui fut pourvu de l'office de lieutenant général de la sénéchaussée en 1686, en remplacement de son père.
4. Baptisée à Saint-Martial de Montmorillon le 7 avril 1640, fille de François Ladmirault, s^r de Vautibaut, et de Catherine Jacquet.
5. Louis Demaillasson, s^r de la Faix.
6. Jean de Razes, s^r de Verneuil.
7. Jean Jarno, s^r du Lac.

Cour, sur le procez y pendant, entre Mr Vrignault, chanoine de Saint-Hyllaire de Poictiers, et Chantaize, sr de Remigeoux, à cause de quelques brandes qui sont près du village de la Pierre-Folle.

Le sabmedy 24, Mrs le curé de Saint-Martial [1], de Lage, du Brueil-Arnaudet, La Forest, l'aisné, et moy et quelques autres estant allez à la chasse du costé du dit lieu de la Pierre-Folle, à dessein de faire voir chasser un lièvre audits srs lieutenant et procureur du Roy, le fils cadet du sr de la Rhoderie [2], nommé des Moulins [3], demeurant en la mestairie de la Garenne, tua un de nos chiens qui chassoient dans du bleg qui estoit à luy, proche de la dite mestairie, ce qui nous obligea tous à luy oster son fusil, et receut mesme quelques coups, et Douadic, l'un de ceux de nostre compagnie le pensant frapper, je receus le coup, qui estoit d'une espée dans le fourreau, sur le bras gauche et sur le nez, dont je fus blessé au dernier endroit.

Le lendemain dimanche, Mrs le lieutenant [4] et procureur du Roy [5] accommodèrent le susdit différend et fut dit que l'on rendroit le fusil du dit des Moulins et qu'il nous rendroit un chien de chasse. Mrs de Lage et Gaultier furent au Poirat où se rencontrèrent le dit Desmoulins et le sr de Maillezat Rhoderie [6], son frère, et là Mr le lieutenant les fit embrasser tous et de là s'en retourna à Poictiers avec tout le reste de sa compagnie qui estoient icy venus pour raison de la dite commission de l'autre part.

May 1655, commencé par le sabmedy.

Le lundy 24 may, j'ai esté disner à Nérignat et le soir, Mr de Balantrut et ma sœur, sa femme, et moy avons esté

---

1. Louis Grault.
2. François Barachin, sgr de la Roderie.
3. Bertrand Barachin, sgr des Moulins.
4. Jean de Razes, sr de Verneuil.
5. Jean Jarno, sr du Lac.
6. René Barachin, sgr de Maillezac et de la Roderie.

coucher chez Mr Clavetier, et le lendemain fusmes ensemble avec Mrs Clavetier et du Queiroir à Confolent où Mr Clavetier paya ou quoy que ce soit, entra en la place de Mr de Cheminade, gendre du dit s^r de Balantrut, qui devoit au s^r de la Ferrandie[1], de Confolent, la somme de seize cens vingt livres ; et paya au dit s^r de Cheminade, comptant, outre la susdite somme, deux cens livres, et encore luy donna une promesse de neuf vingt livres, payable dans quinze jours, faisant en tout la somme de deux mille livres, qui a esté payée par le dit s^r Clavetier, à l'acquit du dit s^r de Balantrut, au dit s^r et damoiselle de Cheminade, sur la somme de quatre mille quatre cens livres qu'il ressort pour la constitution dotalle et intérests d'icelle à la dite damoiselle de Balantrut, et lequel acte passé et receu par Boirot, nottaire au dit Confolent. Nous revinsmes tous coucher à Saint-Germain. Je séjournay le lendemain, et suis parti le jeudy, jour de la Feste-Dieu 27, suis venu disner à Nérignat et coucher icy.

Le mercredy 26, a esté enterré dans le cimetière de Saint-Martial, Louis Cailleau, s^r du Clou, sergent royal. Le dit jour, Me Mathieu Pineau, fils de Me André Pineau, advocat, a esté receu et presté le serment en l'office de procureur de Me Pierre de Lerpinière.

Juin 1655, commancé par le mardy.

Le jeudy 2, environ les [2]..... du matin, ma cousine du Meslier est accouchée, à la Leuf, d'une fille[3].

Le mercredy 9, nous composâmes avec des officiers du régiment de Mérinville[4], qui avoient ordre pour faire

---

1. Guillaume Couvidat, s^r de la Férandie, avocat en parlement.
2. Laissé en blanc.
3. Jeanne, fille de Claude Micheau, s^r du Meslier, et de Marie Richard.
4. Eusèbe Desmontiers, comte de Mérinville, capitaine de cinquante hommes d'armes sous le roi Henri IV, eut de Mlle de Reillac deux enfants : Jean, vicomte de Mérinville, et François, baron d'Ozillac, qui partagèrent la succession de leur père le 4 décembre 1605.

l'assemblée des recreues de dix compagnies de séjourner icy six jours et leur donnasmes huict cens livres qui furent portées chez Mr de Lespau[1] par Mrs de Marsac[2] et La Forest Lespine[3], scindicts, le 12 ensuivant.

Le [4]....... Me Pierre de Chaume, fils d'autre Me Pierre de Chaume, s[r] du Monteil, a esté receu en l'office de procureur de Me Blaise Vrignaud, s[r] du Parc, et a presté le serment en l'audiance.

Le lundy 28, environ les six heures du matin, la femme[5] de M[e] [Vincent] Bonnin, appottiquaire, est accouchée d'un fils qui a esté baptizé le jeudy 1er juillet en l'église de Saint-Martial par le père Chasteau, vicaire, et a esté nommé Charles. Me Charles Bonnin, s[r] de Tervanne, procureur, et dame Jeanne de la Leuf, femme du s[r] de Marsac, ont esté parrin et marrine.

Juillet 1655, commencé par le jeudy.

Le dit jour 1er juillet, nous avons quitté la maison de deffunct mon oncle de Léché, où nous demeurions despuis la Saint-Jean 1652, et sommes venus demeurer dans celle de deffunct M[r] le lieutenant[6], dont je me suis accommodé, avec tous mes autres cohéritiers, pour le prix de deux mille livres.

Le mardy 13, a esté baptisé en l'église de Syllars, par M. le curé du dit lieu, la fille dont ma cousine du Meslier[7] estoit accouchée le 2 juin dernier. Ma tante de Léché[8] et moy avons esté parrin et marrine, et a esté nommée Jeanne, et en suitte suis allé disner à la Leuf avec le dit s[r] curé.

---

1. Paul de Nollet, sgr de Lépaud et du Mas-du-Bost, conseiller du Roi, sénéchal de la Basse-Marche, marié, le 19 décembre 1633, à Marie Guiot de la Vergne, fille de Mathieu et de Fabienne des Roziers.
2. François Goudon, s[r] de Marsac, époux de Jeanne Delaleuf.
3. Jean Delaforest, s[r] de l'Epine, marié à Gabrielle Amard.
4. Laissé en blanc.
5. Catherine Delaleuf.
6. André Richard, lieutenant général civil et criminel.
7. Marie Richard, femme de Claude Micheau, s[r] du Meslier.
8. Jeanne Poutrel, veuve de Paul Richard, s[r] de Léché.

Le jeudi 15, M⁰ Phelipes Pichon, sʳ de Pommeroux, s'estant présenté pour rendre la loy que Mʳˢ du présidial de Poictiers luy avoient donnée, pour estre interrogé s'il seroit trouvé cappable d'estre receu en l'office de conseiller que possédoit M⁰ François Cœurderoy, le père, a esté renvoyé estudier pour six mois, et le jeudi 22 ensuivant, après estre venu icy, il s'en est retourné à Poictiers, et s'est mis en pension chez le sʳ Umeau [1], advocat au dit lieu, pour y estudier.

Aoust 1655, commencé par le dimanche.

Le sabmedy 7 aoust, sur les 2 heures après midy, sont arrivez deux gensdarmes de Mʳ le cardinal Anthonio [2] qui ont apporté une route de la Cour, pour loger icy une nuict 20 gensdarmes du dit sʳ cardinal, commandez par le guidon de la dite compagnie, lequel guidon, appelé le sʳ de Launay, Mʳ de Lhéraudière a arresté prisonnier au bout de la cour du parquet de cette ville et conduict en la chambre du geôlier, par l'ordonnance de Mʳ de Fortia [3], intendant en cette province, et le soir à la nuit, l'a transféré dans la maison de M⁰ Gilbert Babert, procureur et nottaire, où estoit autrefois l'hostellerie de la Grille. Et le lendemain dimanche, après que tous les dits gensdarmes furent partis pour s'en aller à Bellac, où estoit leur route, et qui furent conduits par le nommé le sʳ de la Sollaye, prenant qualité de mareschal des logis, le dit sʳ de Lhé-

---

1. Jean Umeau, avocat, docteur et professeur en droit de l'Université de Poitiers, né dans cette ville en 1598, prit possession de sa chaire de droit le 27 juillet 1657 et mourut en 1682. Il avait épousé Françoise Rabaud, originaire de la ville du Blanc, dont il eut postérité.
2. Antoine Barberin, né en 1607, cardinal en 1627, grand aumônier de France en 1653, archevêque et duc de Reims en 1657, décédé au château de Nemi, province de Rome, le 3 août 1671. Nommé en 1652 à l'évêché de Poitiers, il ne put obtenir ses bulles d'Innocent X, malgré des instances réitérées. Il fut remplacé en 1657 par Gilbert de Clérambault, frère du maréchal de ce nom.
3. Bernard de Fortia, sgr du Plessis-Cléreau, intendant du Poitou, de l'Aunis et de la Rochelle de 1653 à 1657.

raudière, prévost de cette ville, et le sᵣ Gaultier, son lieutenant, avec la pluspart des archers, emmenèrent le dit sᵣ de Launay à Poictiers, comme il estoit porté par l'ordonnance du dit sᵣ de Fortia, lequel après avoir fait rendre par le dit prisonnier vingt-huict pistolles, le laissa aller en liberté et put rejoindre ses camarades.

Le dimanche 29, le chevalier de Carnavalet est icy arrivé avec sa compagnie du régiment de cavallerie du comte de Broglie, qui a présenté une route de la Cour pour loger icy une nuict, et qu'il seroit fourny aux effectifs des vivres par forme d'estappe, en advertissant deux jours devant, à faute de quoy et de ce qu'ils n'avoient d'attache de Mᵣ le gouverneur ny d'autre on ne leur voulut point fournir de vivres, ce qui les obligea d'envoyer à Poictiers où n'ayant trouvé ny Mᵣ le gouverneur[1], ny Mᵣ l'intendant[2], il leur fut payé par nous la somme de 60 livres pour leur estappe. Ils séjournèrent icy jusques au mercredy ensuivant 1ᵉʳ septembre, et logèrent et payèrent comme des marchands.

Septembre 1655, commancé par le mercredy.

Le jeudy 2, Mᵉ Phelippes Pichon, sᵣ de Pommeroux, à la prière et sollicitation de plusieurs personnes et principalement de Mᵣ de Lhéraudière, son oncle, fut receu au présidial nonobstant qu'il eust esté renvoyé pour six mois. Il avoit par escrit ce que l'on luy devoit demander et ce qu'il devoit respondre, et néantmoins ne laissa pas de faire plusieurs solescismes. Il se voulut icy faire installer le sabmedy ensuivant aux baux à ferme, mais on ne le voulut pas, sur ce que personne n'y avoit jamais esté installé.

Le mardy 14, mon cousin le procureur du Roy[3] est allé à Bourges, pour voir le sᵣ Doriamont, traictant des francs-

---

1. Artus Gouffier, duc de Roannez.
2. Bernard de Fortia.
3. Pierre Richard.

fiez de Bourges et du Blanc, afin de composer pour ce qu'il en peut devoir, avec le dit Doriamont, et est revenu le mercredy 22.

Le lundy 20, premier jour de la semaine des assizes, M⁶ Phelippes Pichon, sʳ de Pommeroux, a esté installé en l'office de conseiller de Mᵉ François Cœurderoy par Mʳˢ de Lage et du Chefs. Il a fait une petite harangue après avoir esté présenté par Mᵉ Laurens Augier, son beau-père, qui a harangué en latin et en français.

Le lendemain 21, jour de Saint-Mathieu, au soir environ les sept heures, est arrivé icy le sʳ sénéschal avec sa fille qui revenoient de Paris où ils avoient esté dès le dernier mars.

Le dit jour, Mᵉ Jean Bastide est icy venu pensant se faire installer en sa nouvelle charge de conseiller en ce siège, suivant l'arrest du privé conseil du Roy par lequel les anciens officiers ont esté déboutez de leur opposition et offres de remboursement du dit office et condamnez pour tous despans, dommages et intérests en la somme de 250 livres, en datte du 14 aoust dernier ; et quoy que le lendemain 22 du dit mois de septembre et le vendredy ensuivant fussent les jours ordinaires des audiances des grandes assizes, néantmoins l'on n'a point tenu de cour, à dessein, et ainsi le dit Bastide s'est retiré après avoir icy séjourné jusques au sabmedy ensuivant avec son oncle Lagriminière[1] et les nommez Rocheblon et Peureau, qu'il avoit icy amenez pour luy servir de tesmoins en cas qu'on refusast de l'installer. Il est allé logé au Prieuré[2], personne ne l'ayant voulu loger.

Octobre 1655, commencé par le vendredy.

Le vendredy 1ᵉʳ octobre au matin, est décédée en leur maison noble du Rivault joignant la Trimouille, damoiselle

---

1. ... Bastide, sʳ de la Griminière.
2. Prieuré de Saint-Martial.

Marie Petitpied, femme de Jacques Vezien, escuyer, s[r] de Champaigne, cy-devant prévost en la maréchaussée de cette ville, aagée d'environ cinquante ans, et le lendemain, son corps a esté conduict et amené jusques à la Croix-Blanche[1] par le curé de Saint-Pierre la Trimouille, avec un autre prestre et le père cordelier, confesseur des religieuses de la Trimouille, Mrs de Champaigne, ses trois enfants[2] et des Aages, son gendre[3] et plusieurs autres personnes de la Trimouille et des environs l'ayant accompagné, où le père Chasteau, vicaire de Saint-Martial, M[r] le curé marchant en qualité de parent, l'a esté prendre et lever et l'a conducte en l'église du dit Saint-Martial où elle a esté enterrée dans les sépultures des Veziens à costé du bénistier, un peu au-dessus le chappitre de Nostre-Dame ; a esté aussi chanté un *Libera* au dit lieu de la Croix-Blanche où quantité de personnes sont aussi allez. J'y ay esté.

Le mercredy 13, ma femme est allée coucher chez Mr de Balantrut, et le lendemain chez Mr Clavetier, à Saint-Germain, où elle a mené nostre petite Janneton, et s'en est retournée par le mesme chemin et arrivée icy le mercredy 27.

Le sabmedy 23, je suis party pour m'en aller à Paris voir mon frère de Lagebertye, qui y estoit malade d'une fiebvre continue, dont mon frère Maillasson de Tours m'avoit donné advis le jour précédent par homme exprès, et y suis arrivé le jeudy 28, sur les 10 heures du matin, en compagnie du messager de Tours que j'avois esté joindre à Amboise, le dimanche précédent ; ayant mené et ramené mon cheval. J'ay logé avec mon dit frère Lagebertye à l'hostel de Provence, au-dessus et joignant l'hostel de

---

1. Au faubourg de Montmorillon.
2. Jean, Pierre et Jacques Vezien.
3. Antoine Jacquet, s[r] des Ages, bailli de la ville du Blanc, époux de Marie Vezien.

Longueville, chez Mr Fontaine, où l'on payoit un escu par jour, sans la chambre, pour laquelle on payoit dix sols par jour. Je n'y ay rien payé, mon frère ne l'ayant voulu permettre. J'avois laissé mon cheval au logis du messager de Tours, pour lequel j'ay payé 20 sols par jour.

Il y avoit d'autres chambres, deux entre autres, dont on payoit pour la plus belle six francs et pour l'autre quatre francs par jour.

Le mardy 26, est décédé René de Lavergne, s^r de Mortaigue [1], marchand, après avoir demeuré un très long temps languissant et sans partir du lict.

Novembre 1655, commancé par le lundy.

Mr du Meslier est arrivé à Paris le mercredy 17, pour se faire recevoir en l'office de lieutenant général en cette ville.

Le dimanche 21 novembre, je suis party de Paris pour m'en retourner et venu coucher à Linards en compagnie du messager de Tours, après avoir laissé mon frère de Lagebertye beaucoup remis en santé, et qui partit le lendemain pour Compiègne, où estoit le Roy et M^r le cardinal Mazarin, et suis arrivé le jeudy 25, chez mon frère, à Tours, où j'ay séjourné jusques au lundy 29, que j'en suis party, et arrivé icy le lendemain 30, sur les 4 heures du soir.

Le 22, ma niepce du Fief [2] s'est faite enlever par le fils de Pineau, d'auprès de Civray, et s'est allé marier avec luy au Teil-aux-Moines. La fille de Mlle Douadic l'a accompagnée.

Le mardy 23, environ les 9 heures du soir, est décédée céans ma fille Jeanne, malade d'une diarrée, avec fiebvre

---

1. Il avait épousé Magdeleine Loreau, dont il eut Jean, baptisé à Saint-Martial de Montmorillon le 6 janvier 1629, et Louise, baptisée au même lieu le 1er novembre 1630.
2. Fille de Pierre Vezien, s^r de la Roche-du-Fief, et de Anne Demaillasson.

continue, et a esté enterrée, le lendemain 24, en nos sépultures dans le chœur de l'église de Saint-Martial.

Décembre 1655, commancé par le mercredy.

Le vendredy 10, environ les unze heures du matin, est décédé M⁰ Julien Turpin[1], docteur en médecine, demeurant en cette ville, aagé d'environ 72 ans, mais fort caduc, et le mesme jour, il a esté enterré en l'église des Augustins entre l'hostel de Saint-Roc et celuy de Sainte-Anne, à costé près la muraille.

Le dimanche 12, je suis allé coucher chez Mr de Balantrut et le lendemain, à Saint-Germain, d'où je suis party le jeudy et venu coucher à Abzat chez ma sœur de Balantrut et le lendemain, à Lérignat, et suis retourné icy le sabmedy 18.

Janvier 1656, commencé par le sabmedy.

Le vendredy 7 janvier 1656, je suis allé à Poictiers pour donner de l'argent à Mlle de Léché[2], ma tante, qui s'estoit obligée de payer à divers marchands pour mon cousin de la Berthonnerie, par une transaction passée entre eux. Le lendemain, ay payé au s^r Ingrand[3], marchand, 649 livres; au s^r du Pont[4], marchand, 289 livres; au s^r Herbaud[5], marchand, 112 livres qu'il a receu comme ayant charge d'un nommé Fournier, hoste de Mirebeau, et au s^r du Tartre, hoste du Bœuf-Couronné[6], 348 livres. Et le lende-

---

1. Il avait épousé Magdeleine Foucault dont il eut : Louis, baptisé à Saint-Martial de Montmorillon le 16 avril 1642, et Jacquette, baptisée le 25 septembre 1649.
2. Jeanne Poutrel, veuve de Paul Richard, s^r de Léché.
3. Jacques Ingrand, marchand de drap et soie.
4. Pierre Dupont, marchand de drap et soie, marié, le 24 février 1653, à Marguerite Babinet.
5. François Herbault, marchand de drap et soie.
6. Avant d'être au Bœuf-Couronné, Dutertre demeurait au Croissant, qu'il vendit à un nommé Rocroy. Ce dernier, en faisant repaver une chambre basse, au mois de janvier 1661, trouva huit cadavres qu'on avait enterrés sous les pavés. Soupçonné d'être l'auteur de ces meurtres, Dutertre fut arrêté et condamné à être étranglé par sentence de l'éche-

main dimanche 9, je suis retourné coucher icy. Et pour payer partie des dites sommes, j'ay pris de Mr Pin l'aisné, banquier, 1802 livres 10 sols, suivant une lettre de crédit des s^{rs} Bouault et Bricet, marchands de Tours, que mon frère m'avoit envoyée, et ay tiré, par son ordre, une lettre d'eschange sur luy et Mr Dumont, son beau-frère et associé, de pareille somme payable ausdits s^{rs} Bouault et Bricet à deux jours de veue. Nota que mon dit frère avoit receu ordre de Mrs Proust, marchands de Paris, ses beaufrères et associez, de faire payer à ma dite tante la somme de 2.500 livres, à Poictiers, en suitte duquel il m'a mandé de faire faire le dit payement et de prendre des sommes qui luy seroient deues au païs pour cet effect, et ce qui manqueroit de le prendre du dit s^r Pin, et de fait, j'ai employé pour acquitter la dite somme de 2.500 livres, outre ce que j'ay pris du dit s^r Pin, sçavoir : 517 livres 10 sols que Mlle la lieutenante [1] luy devoit, plus 122 livres que j'ay touché pour luy de Mme de Maignat [2], plus 200 livres que je devois à mes dits s^{rs} Proust, plus 500 livres que mon cousin des Horts m'a donnée et qu'il estoit obligé de faire payer à Mr Trébilhon, procureur à Paris, qui les avoit fournis pour l'expédition des provisions et autres fraix pour

---

vinage du 9 avril 1661. Il fit appel devant le Parlement de Paris qui, par arrêt du 17 mai, confirma la sentence des premiers juges et renvoya Dutertre à Poitiers pour y être exécuté. Mais il fut tué le 22 mai, par un de ses conducteurs, au village d'Herbault, entre Blois et Amboise. Dutertre fut en outre condamné à payer 300 livres à la fabrique de la paroisse de Saint-Germain, dans laquelle se trouvait le logis du Croissant, pour être convertie en une rente destinée à faire dire à perpétuité une messe basse, le 15 de chaque mois, pour le repos des âmes de ceux dont les ossements avaient été retrouvés, et à faire poser, près de l'autel choisi à cet effet, une plaque de cuivre indiquant les causes de la fondation de ces messes. De plus, une pyramide en pierre, portant une plaque de cuivre avec l'extrait de la sentence, devait être dressée devant le logis du Croissant. Cette pyramide fut posée le 20 juin suivant. (*Arch. Hist. Poitou*, XV, 188 et 189.)

1. Jeanne Berthelin, veuve de André Richard, lieutenant général civil et criminel.

2. Catherine de Montbron, femme de Antoine de Salignac, marquis de Magnac.

l'office de lieutenant criminel de cette ville, plus 78 livres que j'ay receu des pères Récollects pour faire tenir à Paris pour partie en payement d'un tableau pour leur église, et lesquelles sommes de 500 livres et 78 livres j'ay escrit ausdits s^{rs} Proust de faire payer la dernière au père Mornet, religieux du grand couvent des Augustins de Paris.

Le sambedy 22, est décédée dame Claire Augier[1], vefve de deffunct [Pierre] Naude, s^r de Montplanet, aagée de 75 ans ou environ, en sa mestairie de Montplanet, parroisse de Brigueil, et le lendemain, à vespres, a esté enterrée dans le cimetière de Saint-Martial, tout contre la porte, dans les sépultures des Augiers.

Le jeudi 27, le régiment de Montozier est icy arrivé où il a séjourné jusques au sambedy 29, où il a esté nourry, le tout suivant l'ordre du Roy porté par leur route. Ils sont venus du Blanc icy et d'icy à Moussac-sur-Vienne, n'y ont esté loger à la prière des s^{rs} du Verger[2] et des Carts[3] et sont allez coucher à Usson.

Février 1656, commencé par le mardy.

Le vendredy 4 février, a esté baptisé en l'église de Saugé, par Mre Pierre Bareau, curé, le fils de Jean Perrin, mon mestayer du Léché, auquel j'ay esté parrin, et la fille de Jean Bruslé, du village de la Bouige, marrine, et a esté nommé Charles. Est mort aagé de 3 à 4 ans.

Le mardy 8, a esté baptisé en l'église de Saint-Martial, par Mre Anthoine Guérin, vicaire d'icelle, le fils de Me François des Combes, maistre d'escolle en cette ville, auquel

---

1. Fille de Félix Augier et d'Elisabeth Vachier. D'après le *Dictionnaire des Familles du Poitou* de Mrs Beauchet-Filleau, Claire serait issue du deuxième mariage de Félix Augier avec Florence de l'Espine ; c'est évidemment une erreur. Elle était née en 1581, puisqu'elle avait 75 ans en 1656, et son père n'épousa Mlle de l'Espine qu'en 1594.
2. ..... de Guillaumet, s^r des Cars.
3. ..... Prévost, s^r du Verger.

j'ay esté parrin, et dame [Nicole] Roset, sa belle-sœur, marrine, et a esté nommé Charles[1].

Nota que le lundy 21, damoiselles Mathurine et Jeanne Dalest[2] ont esté contractées icy avec les deux frères du s[r] de Chizé du Blanc, avec lesquels elles ont esté espousées, le lundy ensuivant, en l'église de Saint-Cyran au Blanc.

Le sabmedy 26, M[r] et Mlle de Lérignat sont icy venus avec Mlle des Champs[3] et y [ont] passé le carnaval, et les dites damoiselles s'en sont retournées le mercredy ensuivant, premier jour de caresme et de mars, et Mr de Lérignat, le lendemain.

Mars 1656, commencé par le mercredy.

Le vendredy 3 mars, Me Claude Micheau, s[r] de Mesliers, est arrivé icy de Paris où il estoit allé pour se faire recevoir dans l'office de lieutenant général civil et moictié de commissaire examinateur auquel il fut receu, le jeudy 24 février, au Parlement, et a esté icy installé, le mercredy 8 mars, dans l'audiance tenue par M[rs] le séneschal, de Lage, le juge prévost[4], du Chef et Pommeroux, et a esté présenté par Mr de la Vergne, advocat.

Le jeudy 23, jour de la My-Caresme, environ les onze heures trois quarts avant minuict, ma femme[5] est accouchée de sa quatriesme fille qui a esté baptisée le dimanche

---

1. Fils de François Descombes et de Marguerite Rozet. Le 15 novembre 1661, François Descombes, notaire apostolique et régent, et Marguerite Rozet, sa femme, vendaient aux Augustins de la Maison-Dieu, pour 75 livres, trois boisselées de terre au lieu dit les Rabaux. (Arch. Vien. H[3] *bis* 72.)

2. Filles de Mathurin Dalest, s[r] de la Vault, et d'Anne Nicault. Mathurine épousa Pierre Mangin, s[r] de Joumé, et Jeanne, Gabriel Mangin, s[r] de Ferrande, tous deux fils de Pierre Mangin, s[r] de Chizé, et de Jeanne Rouelle.

3. Marie de Guillaumet, dite Mlle des Champs, fille de Philippe, sgr de Balentru, et de Gabrielle de Marans. Le 23 novembre 1750, sa nièce, Louise de Guillaumet, épouse de Joseph Guiot, éc., sgr du Cluseau, vendit les Champs à François-Armand de la Lande, chev., sgr de Lavau-Saint-Etienne, pour 9900 livres. (Ant. Ouest, X, 2e série 1887.)

4. Pierre Dalest.

5. Anne Clavetier.

2 avril ensuivant, en l'église de Saint-Martial, par Mre Louis Grault, curé d'icelle, et a esté son parrin, Gaspard de Guillaumet, escuyer, s^r de Nérignat, mon nepveu, et sa marrine, dame Fleurance de Maillasson, femme de Me Pierre de la Mothe, ma sœur, et a esté nommée Fleurance.

Avril 1656, [commancé par le sabmedy].

Le lundy 17 avril, je suis allé coucher à Saint-Germain où, peu de temps après, est arrivé mon frère de Lagebertye qui venoit de Piedmont, et le vendredy ensuivant, je suis icy retourné coucher et ay passé à Nérignat allant et venant.

Le lundy 24, mon dit frère nous est venu voir céans et le jeudy 27, il s'en est retourné et l'ay conduit jusques chez Mr de Balantrut où nous avons couché et m'en suis, le lendemain, venu coucher icy.

Le sabmedy 29, j'ay escrit à Mrs Proust de fournir à Me Vincent Bonnin, qui alloit à Paris pour se faire recevoir en un office d'esleu en cette ville, la somme de deux mille livres, avec promesse de la rendre à Tours un mois après qu'ils l'auront prestée, ce qui a esté exécuté, la femme [1] du dit Bonnin ayant porté la dite somme à Tours.

May 1656, commencé par le lundy.

Le jeudy 4 mai 1656, environ les 8 heures du matin, est décédé le fils de Bareau, appelé Saint-Laurens, et a esté enterré, le dit jour, dans le cimetière de Saint-Martial, entre l'église et le Charnier.

Le lendemain, j'ay esté disner chez Mr de Balantrut et luy et moy avons esté coucher à Saint-Germain d'où je suis retourné icy, le mardy suivant, et ay pris congé de mon frère de Lagebertye qui devoit partir, le jeudy après, pour s'en retourner à l'armée en Italie.

---

1. Catherine Delaleuf.

Le mercredy 17, j'ay esté parrin et ma cousine de Lage, marrine, chez M° Jean de Chaume, s¹ de Lagebourget, à une fille dont sa femme [1] estoit accouchée le jour précédent, environ une heure après midy, laquelle a esté baptisée, en l'église de Nostre-Dame, par M¹ᵉ Boudet, curé de Concise [2].

Le lundy 29, damoiselle Catherine Ladmirault, fille de deffunct François Ladmirault, vivant commissaire des monstres en la mareschaussée de cette ville, et de damoiselle Catherine Jacquet, a esté contractée et le lendemain espousée, en l'église des pères Récollects, par Mʳᵉ Louis Grault, curé de Saint-Martial, environ les cinq heures du matin, avec Jean de Villedon [3], escuyer, sʳ du dit Villedon.

Juin 1656, commancé par le jeudy.

Le dimanche 11, jour de Saint-Barnabé, fut tué roide mort, en l'assemblée d'Antigny, le valet de Mᵉ Jean Jacquet, sʳ de la Fontmorte, procureur, par le fils du nommé Pellerin, à ce que l'on dit, lequel s'évada.

Le mardy 13, a esté contractée en la maison de la Daslerie, et espousée en l'église de Latus, par le curé de Lussac-les-Eglises, la fille [4] de Mᵉ François Pian, sʳ de l'Aumosne, avec Mᵉ [Joseph] Berneron, fils de la greffière du dit Lussac-les-Eglises.

Le dimanche 18, le sʳ séneschal [5] est party, environ les cinq heures du soir, pour aller à Paris.

Le sabmedy 10, Mʳ l'assesseur [6] et ma cousine sa fille [7] sont allez à la Vergne, près Rhodes, chez la mère du

---

1. Louise Vachier.
2. Elle fut nommée Louise.
3. Fils d'Antoine de Villedon, sgr de Pliboux, et d'Anne de la Rye.
4. Anne, fille de François Pian, sr de Laumône, et de Louise Gendre.
Le 16 novembre 1667, François Pian rendait aveu au château de Montmorillon du fief de la Dallerie, paroisse de Latus. (Arch. Vien. C².)
5. Jean du Chastenet.
6. André Delaforest, sʳ de Lage.
7. Marie Delaforest.

dit sr assesseur et en sont retournez le jour de la Saint-Jean 24.

Le lundy 26, Mr l'assesseur et moy sommes allez à Poictiers et y avons arrivé, environ les 10 heures du matin, et retournez icy le lendemain, environ les unze heures du soir.

Juillet 1656, commancé par le sabmedy.

Le dimanche 2 juillet 1656, ont esté contractez Me Jean Argenton, advocat, et damoiselle Douadic [1], fille du deffunct sr Douadic, conseiller en ce siège.

Le dimanche 9, les recreues du régiment de la Couronne faisant près de cinq cens hommes commandez par le sr de la Jonie, lieutenant collonel du dit régiment, ont icy couché auxquels nous avons fourny l'estappe à nos despans, et le lendemain sont allez au Blanc. Ils avoient routte.

Le unze juillet 1656, a esté baptisée en l'église de Saint-Martial, par Mre Louis Grault, curé d'icelle et prévost de l'église de Nostre-Dame, Marguerite Micheau [2], fille de Mr le lieutenant, et a esté parrin, Paul Richard, escuyer, sr de Léché, fils de deffunct Mr de Léché, mon oncle, et marrine, damoiselle Marguerite de Louche, femme de mon cousin de la Berthonnerie. Elle est née le jour de la Saint-Martial 30 de juin dernier, sur les neuf heures trois cars du soir.

Le sabmedy 15 juillet, les dits Me Jean Argenton et damoiselle Anne Douadic ont esté espouzez, en l'église de Saint-Martial, par Mre Louis Grault, curé d'icelle.

Aoust 1656, commancé par le mardy.

Le sabmedy 12 aoust 1656, est décédé Me [Louis] Este-

---

1. Anne Douadic, fille de Laurent Douadic et de Martine Fauconnier.
2. Fille de Claude Micheau, sr du Meslier, et de Marie Richard.

venet[1], fils de la Verdrie, hoste du Point-du-Jour, aagé d'environ 20 ans, et le lendemain a esté enterré en l'église de Nostre-Dame.

Le 15, jour de l'Assomption de la Vierge, a esté faitte une procession généralle pour obtenir de la pluye, qui a commencé à issue de vespres en l'église de Nostre-Dame d'où l'on est party et venu en celle de Saint-Martial et de là en celle des Récollects et après en celle des Augustins, et l'on a porté l'image de la sainte Vierge en procession à laquelle ont assisté les pères Récollects avec leur croix. Il y a eu acte du Chapitre de Nostre-Dame, le jour précédent, par lequel il est arresté que sur la remonstrance faite par les s^{rs} officiers de cette ville, le dit image sera porté. Le dit acte signé Babert.

Le vendredy 18, est décédée dame [Catherine Pinateau[2]], vefve de deffunct Me Jacques Chasseloup, en secondes nopces, et de M^e [Pierre] Vezien en premières nopces, tous deux procureurs en ce siège, et a esté enterrée, le lendemain 19, dans le cemetière de Saint-Martial, vis-à-vis de l'ormeau, à main gauche, joignant le chemin que l'on va des Récollects à l'église de Saint-Martial.

Septembre 1656, commancé par le vendredy.

Le mercredy 13 septembre 1656, M^r le séneschal est arrivé icy, au matin, de retour de Paris.

Nota que le vendredy au matin, premier jour de septembre, est décédé Me Pierre de Lerpinière, s^r de Baudelette, cy-devant procureur en cette ville, aagé de 68 ans ou environ, lequel a esté enterré, le dit jour, en l'église de Saint-Martial, au-dessoubs du banc des procureurs de la parroisse.

---

1. Fils de René Estevenet, s^r de la Verdrie, et de Jeanne Sansignier.
2. Par son testament du 23 juin 1652, Catherine Pinateau lègue une rente de 30 livres aux Augustins de la Maison-Dieu. (Arch. Vien. H³ *bis* 58.)

Le mardy 26, j'ay commancé à faire vandanger ma vigne et n'ay achevé que le lendemain, environ midy. J'y ay eu 22 charges de vendange et les deux tiers d'une bassée qui m'ont fait sept bussards et demy de vin, et ay fait presser un peu plus de la moictié de la rappe qui a rendu un bussard de vin.

Octobre 1656, commencé par le dimanche.

Le mercredy 4 octobre, environ les huict heures du matin, moy estant en vendange dans la vigne de la Croix-à-la-Dame, près le village des Cartes, parroisse d'Antigny, je vis, avec plusieurs personnes qui y estoient, trois soleils qui paroissoient à travers d'un petit nuage vis-à-vis les uns des autres en une égalle distance, ce qui dura demie-heure et quelque chose davantage. La mesme chose se vit en quantité d'autres endroicts fort esloignez.

Novembre 1656, commancé par le mercredy.

Le sabmedy 4 novembre, environ les 9 heures du matin, Louis de Blanchard, escuyer, s^r du Bourg-Archambault, fut aresté prisonnier chez Me Anthoine Naude, s^r de Montplanet, par Mr de Lhéraudière, et au même instant conduit en la prison, d'où, le mesme soir, environ la minuit, il fut mené à Poictiers par Mr Gaultier pour faire juger sa compétence, et ayant esté déclaré compétent, le lundy matin ensuivant, il fut icy reconduit en la prison le dit jour. Son procez commença à estre instruict par Me André Pineau, advocat, à deffaut d'assesseur en la mareschaussée, pour le départ de Mrs de Lage et Pommeroux et pour l'absence de Mr du Chez.

Le mercredy 8, environ les 10 heures du soir, décéda la vefve de deffunct Chastaigner et fut le lendemain enterrée.

Le dit jour 9, ma femme et moy fusmes coucher chez Mr de Balantrut, d'où je retournay icy, le sabmedy ensuivant 11, et ma femme y demeura pour s'en aller le lendemain à Saint-Germain.

Le dimanche, environ les unze heures du matin, M⁰ de Lhéraudière mena le s⁰ du Bourg à Poictiers pour luy faire juger son procez qui estoit une accusation de fausse monnoye.

Le mardy 14, il fut condamné d'avoir la teste tranchée par jugement de M⁰ˢ du présidial prononcé par le dit s⁰ de Lhéraudière, et le soir fut exécuté à la place, devant Nostre-Dame-la-Grande.

Le jeudi 16, je fus à Saint-Germain où je comptay, avec mon beau-père et mon beau-frère, de tout ce qu'ils me devoient pour le reste de dot de ma femme et fismes un double de nostre compte dont ils en gardèrent un et moy l'autre. Il est du lundy 20, sous nos seings privez de mon dit beau-père et de moy.

Le dit jour 20, ma femme et moy vinsmes coucher à Nérignat et le mercredy 22, nous sommes arrivez céans.

Le mardy 28, j'ay vendu le bois des Cartes à François Puyferrier, bottier [1] à Antigny, la somme de 320 livres.

Décembre 1656, commancé par le vendredy.

Le lundy, environ les trois heures après midy, 18 décembre, est décédé [Jacques] Gaultier, fils de deffunct Gabriel Gaultier, s⁰ du Poyol, et de dame [Catherine] Naude, aagé d'environ 16 ans. Et a esté enterré le lendemain en l'église de Saint-Martial, à costé de nostre banc. Il est mort de la petite vérolle.

Le dimanche 24 décembre, environ les deux heures du matin, est décédé, au village de la Canne, M⁰ Blaise Vrignaud, cy-devant procureur en cette ville, aagé d'environ 52 ans, et a esté enterré le mesme jour, sur les quatre

---

1. Faiseur de bots (sabots).

heures du soir, au cimetière de Saint-Martial tout devant le charnier. Il est mort d'une espèce d'apoplexie [1].

Janvier 1657, commencé par le lundy.

Le jeudy 4 janvier 1657, j'ay esté à Poictiers, avec mon cousin Daubière, pour payer deux cens seize livres à Mr Richard, conseiller à Poictiers, qu'il m'avoit presté pendant que je demeurois au dit Poictiers, avec les intérests, suivant la condemnation que j'en avois consentie. Ce que j'ay fait le lendemain. Et s'est trouvé le tout revenir à la somme de deux cens quatre-vingt-quinze livres, m'ayant remis la dernière année. Et le dimanche ensuivant, mon dit cousin et moy sommes partis du dit Poictiers à unze heures et sommes icy arrivez, environ à cinq heures un quart.

Le sabmedy, jour des Roys, environ la minuict, ma niepce Maillasson [2], femme de mon nepveu l'enquesteur, est accouchée d'une fille qui a esté baptizée en l'église de Nostre-Dame, le dimanche 14 du présant mois, par Mre Boudet, curé de Concise, et a esté son parrin, Me Louis Richard, sr des Horts, et sa marrine, damoiselle Marie de Marueil, sœur de ma dite niepce, et a esté nommée Marie.

Le mardy 16, Mrs le curé de Saint-Martial, de Lage, de Villedon et moy sommes allez coucher chez Mr de Balantrut et retournez icy le lendemain après disner. Et Mr de Lérignat est venu avec nous et s'en est retourné le mardy ensuivant à Nérignat.

Le dit jour de mardy 23, ont esté espousez en l'église

---

1. Il avait épousé Fleurence Boileau dont il eut : 1o René, baptisé le 1er août 1628 ; 2o Catherine, baptisée le 26 novembre 1629 ; 3o Sylvain, baptisé le 7 octobre 1632 ; 4o Anne, mariée à Fleury Boutineau, marchand tanneur à Montmorillon. Le 26 septembre 1676, elle et son mari arrentaient à Me Mathurin Jacquemin, notaire de la châtellenie du Cluzeau, à Latus, la métairie de la Roche moyennant 10 livres tournois par an. (Arch. Vien. H³ bis 96.)

2. Elisabeth Demareuil, femme de François Demaillasson.

de Saint-Martial, par Mre Louis Grault, curé, René Picquet, teinturier de la ville de Poictiers, et Anthoinette Crugeon [1], fille de Eustache Crugeon, teinturier en cette ville, et le dimanche ensuivant ils s'en sont allez à Poictiers pour y demeurer.

Le mardy 30, a esté espousée en l'église de Syllards, Jeanne Marabays, fille de Mathurin Marabays, servante de ma tante de Léché, avec un jeune homme nommé Morillon, du village de la Leuf.

Février 1657, commancé par le jeudy.

Le mardy 6 février, ont esté espousez dans l'église d'Antigny, Sylvain Maché et Adrienne Maché, sa sœur, mes mestayers à Maugouéran, avec [2]......., frère et sœur, de la parroisse de Leignes, et ont fait un eschange pour le regard des deux femmes.

Le jeudy 8, M^r le procureur du Roy et moy sommes allez à la Trimouille au sujet de la détention de la belle-sœur du s^r des Aubiers [3], que l'on m'avoit donné advis qu'il avoit ainsi renfermée à cause qu'elle s'estoit rendue catholique, et que luy et sa femme et tous leurs parens sont de la religion prétendue réformée, et que pour prétexte à cette violence ils disoient qu'elle estoit folle ; de quoy ayant voulu prendre connessance, nous la fismes mener au Rivault, chez Mr de Champaigne, et après avoir conféré avec elle, nous y trouvasmes en effect beaucoup de faiblesse d'esprit, et toutefois il fut aresté qu'elle

---

1. Baptisée à Saint-Martial de Montmorillon le 17 janvier 1636, fille d'Eustache Crugeon, maître teinturier, et de Jeanne Moreau.
2. Laissé en blanc.
3. Fleurant Ribault, s^r des Aubiers, procureur fiscal de la Trimouille, fils de Alain Ribault, s^r du Fresne, et de Jeanne Giberton, fut enterré à Saint-Savin le 18 mai 1689, « sans avoir reçu aucun sacrement parce qu'il était décédé tout subitement et dans un seul instant, mais qui avoit bien vesqu selon l'approbation de tout le monde et en bon chrétien quoique nouveau converty ». (Reg. par. de Saint-Savin.)

seroit conduitte à Saint-Savin, chez le s^r Boisjoubert [1], chirurgien, pour y demeurer quelque temps et y estre visitée par des ecclésiastiques pour voir véritablement ses intentions.

Ledit jour, a esté espousée dans l'église du Bourg-Archambault, la fille du mestayer de Marin.

Le dimanche 11, ont esté espousez en l'église de Saint-Martial, le fils cadet des Trois-Roys [2] nommé en sa seigneurie Malgouste, et la seconde fille [3] de Me Gilbert Babert, procureur.

Le lundy, environ les 8 à 9 heures du soir, a esté espousé [4]......Doradour, escuyer, s^r de Cléré, avec damoiselle Jeanne Berthelin, vefve de deffunct mon oncle le lieutenant [5], par M^r le curé Grault, en l'église de Saint-Martial.

Incontinent après, a esté espousé par le dit s^r curé, en l'église des pères Récollects, Me Jean Jacquet, s^r de la Giraudière [6], et dame Marguerite Béraud, fille de Me Simon Béraud [7], qui assiste seul ausdites espousailles, sans aucun autre de ses parens, et moy je fus quérir la dite dame Béraud chez son père et sa mère, et la menay en la dite

---

1. André Raveau, s^r de Boisjoubert, inhumé à Saint-Savin le 5 novembre 1693. Il eut d'Elisabeth Carré, sa femme, un fils, André, aussi chirurgien, qui épousa le 8 août 1684 Marie Rozet, fille d'Auguste, s^r de Condat, et de feu Magdeleine Carré. (Reg. par. de Saint-Savin.)

2. Philippe Augier, s^r de Malgoute, fils de François Augier et de Catherine Gaultier.

3. Elisabeth Babert, fille de Gilbert Babert, procureur, et de Marie Cailleau.

4. Laissé en blanc.

5. André Richard, lieutenant général civil et criminel.

6. Il fut inhumé à Saint-Martin d'Angle le 18 décembre 1697, dans sa 62e année, ayant eu : 1° Pierre, s^r de la Giraudière ; 2° Jean, baptisé à Saint-Martin d'Angle le 13 août 1665; 3° Marie-Anne, née en 1669 ; 4° Louis, baptisé le 22 mars 1677. (Reg. par. de Saint-Martin d'Angle.)

7. Simon Béraud, marié à Louise Chastillon, en eut: 1° Laurent, baptisé à Saint-Martial de Montmorillon le 1er novembre 1625 ; 2° Jacquette, baptisée le 6 août 1627; 3° François, baptisé le 23 novembre 1628 ; 4° Pierre, baptisé le 23 avril 1630 ; 5° Marguerite, sus-nommée, baptisée le 14 octobre 1633 ; 6° Marie, baptisée le 22 août 1637 ; 7° Anne, baptisée le 4 avril 1641.

église des Récollects. Sa dite mère n'y voulut jamais assister, et à la sortie de l'église, fut conduite par son mary en la maison de Me Jean Jacquet, procureur, son père, la dite dame Béraud.

Le jeudy 15, après disner, Mr de Nérignat et ma niepce, sa femme, s'en sont retournez chez eux avec Mlle des Champs qui estoient tous icy venus, le sabmedy précédent, pour passer les jours gras.

Le sabmedy 17, mes cousins de Maillasson [1], de Maignat, estant en cette ville pour s'accommoder de plusieurs procez qu'ils ont ensemble, à la prière que je leur en avois faitte par l'advis du s^r Vetelet [2], juge du dit Maignac, et du s^r Maurat, advocat au Dorat, leurs conseils, et de Mrs Augier et de Lavergne, supernuméraires, nous avons commencé tous ensemble à examiner leurs questions, et après quatre scéances, on a remis et continué les parolles pour quinzaine, et se sont retirez le lundy 19.

Le dit jour lundy 19, Mr de Lage est allé à la Vergne, près Rhodes, chez Mme sa mère.

Nota que le sabmedy 10 février précédent, Mme la duchesse de Morthemar [3], M^r le comte de Vivonne, son fils, Mlles de Tonnay-Charente [4] et Loyal [5], ses deux filles, vin-

---

1. Jean Demaillasson, marchand à Tours ; Jeanne Demaillasson, mariée à Louis Chavignat ; Joseph Demaillasson, s^r du Bost, qui était banquier à Paris en 1666, et Jean Demaillasson, avocat au Parlement de Paris en 1668.
2. Martial-Joseph Vételay, juge sénéchal de la baronnie de Magnac.
3. Diane-Marie de Grandsaigne, femme de Gabriel de Rochechouart, duc de Mortemart, décédée à Poitiers le 11 février 1666 et inhumée le lendemain aux Filles de Sainte-Catherine. Vers 1785, le couvent de Sainte-Catherine étant devenu une caserne à soldats, le corps de la duchesse fut transféré aux Cordeliers, dans le tombeau de la famille. (*Arch. Hist. Poitou*, XV.)
4. Françoise-Athénaïs, qui devint marquise de Montespan.
5. Il doit s'agir de Marie-Magdeleine-Gabrielle, sœur de la précédente, alors âgée de douze ans, qui succéda à Jeanne-Baptiste de Bourbon, le 18 août 1670, comme abbesse de Fontevrault. Malgré nos recherches, nous n'avons pu savoir comment lui venait ce nom de Loyal.

drent icy coucher chez Mr le séneschal [1]; plusieurs de nos habitans furent au-devant d'eux, en armes, et tout le corps de la justice, en robbes, leur fut rendre ses civilitez chez le dit sr séneschal. Mr le lieutenant [2] conduisoit la compagnie. Le lendemain, dimanche 11, la dite dame et tout le reste partirent du matin pour s'en aller au Bouchet et de là à Paris.

Le vendredy 16, les Varennes et de la Chastre m'ont payé 286 sols 16 livres 3 deniers en laquelle ils estoient condamnez envers Jean Genty par exécutoire du 5 janvier dernier, en conséquence de la sentence par luy contre eux obtenue le 1er décembre 1654, en l'eslection de Poictiers, duquel exécutoire j'avois fait faire cession à Mr Charles Bonnin, procureur, qui en a donné la quittance. Jean Huguet, Simon Babert et Léonnard Gallet avoient traicté avec moy pour les dits despans que j'avois faits, m'estant seulement servy du nom du dit Genty pour poursuivre le dit procez et fait tous les fraix.

Mars 1657, commancé par le jeudy.

Le jeudy 1er mars, je suis allé à Poictiers et logé aux Trois-Cardinaux [3], près Saint-Ciprien. C'estoit pour solliciter pour les Fouards, prisonniers au dit Poictiers, contre les srs d'Anché. J'ay esté passer à Lussac, en allant, et de là suis party avec le sr Fradet [4], gendre de mon frère de la Faix, qui m'avoit prié pour faire la dite sollicitation, et sommes arrivez à Poictiers à quatre heures après midy, dont je suis retourné icy le dimanche ensuivant, 4 du dit mois, et y ay laissé le dit sr Fradet à cause que le procez ne devoit se juger de quatre ou cinq jours.

Le mardy 6, je suis allé à Rancon pour -prier Mr le

---

1. Jean du Chastenet.
2. Germain Gaultier, sr des Laises.
3. Hôtellerie.
4. Gaspard Fradet, sr de la Gatevine, époux de Marie Demaillasson.

chastelain [1] de vouloir sur l'opposition de Fleurant Véras, sr de Ferrière, et Nicollas de Marueil, son beau-frère, à l'exécution de la commission à luy adressante pour leur faire leur procez à la requeste de Me [Antoine] Naude, sr de Monplanet, sa femme et sa fille, pour de prétendus exceds commis en leurs personnes par les dits Véras et de Marueil, en l'église de Saint-Martial, aux Advents de Nouël dernier, sauf aux parties à se pourvoir pardevant nos seigneurs de la Cour de parlement, ce que le dit sr chastelain m'accorda, le lendemain, après qu'ils eurent rendu leurs auditions par devant luy, et le jeudy 8, suis icy retourné avec les dits Véras et de Marueil.

Le dimanche dixhuictiesme, a commencé l'ouverture du jubilé universel [2] pour durer un mois ; l'on a commencé la dite ouverture en l'église de Nostre-Dame où a esté la première station qui a fini le sabmedy ensuivant ; la seconde station aux Augustins et aux Récollects qui a finy le sabmedy de Pasques ; la troisiesme aux églises de Saint-Martial et de Concise qui a fini la vigile de Quasimodo, et la dernière aux Religieuses [3] qui a fini le sabmedy 14 avril. En toutes lesquelles églises, le temps durant des dites stations, le Saint-Sacrement a esté exposé dès les 7 heures du matin jusques à cinq heures du soir, et pour gaigner le dit jubilé l'on n'estoit obligé que de jeusner un vendredy.

---

1. ..... de Marans.
2. Le jubilé universel, institué en 1300 par le pape Boniface VIII, s'observait tous les 100 ans. Le pape Clément VI le réduisit à 50 ans pour y faire participer un plus grand nombre de chrétiens. Urbain VI restreignit ce temps à 33 ans en 1389. Enfin Paul II le fixa à 25 ans en 1468, ce qui fut confirmé en 1478 par Sixte IV.
3. Communauté des Filles de Saint-François, connue sous le nom de couvent de Saint-Joseph, qui se trouvait au lieu même occupé aujourd'hui par l'Hospice. En 1651, les Filles de Saint-François achetaient de François Cœurderoy, sr de la Vignasse, la vigne des Veaux, renfermée dans leur enclos, sur laquelle il était dû une rente noble de 7 livres 15 sols 7 deniers aux Augustins de la Maison-Dieu. (Arch. Vien. H³ *bis* 379.)

Avril 1657, commancé par le jour de Pasques.

Le lundy 2 avril, le s^r sénéschal [1] est allé du costé d'Angoulesme où il a mené sa fille aisnée [2] et, en s'en retournant, est tombé malade au bourg de Chasseneuil, à deux lieues de la Rochefoucault, où il est décédé le mardy dixiesme, sur les 10 heures du soir, n'ayant demeuré que trois jours malade. Il pouvoit estre aagé de 57 ans ou environ. Aussitost qu'il fut expiré, l'on l'habilla de ses habits et on conduisit son corps chez le s^r de Brie, près Angoulesme.

Le mercredy 9, est décédée, environ les 10 heures du soir, dame Anne de Fenieux, vefve de deffunct [Pierre] de Marueil, s^r de la Machère, aagée d'environ 78 ans, et a esté enterrée le lendemain, en l'église de Saint-Martial, soubs leur banc, vis-à-vis la chappelle de Mr Thomas, au-dessoubs du banc des procureurs.

Le sabmedy 14, environ les six heures du soir, est décédé le père Cyprien, récollect, aagé d'environ 55 ans, et a esté enterré le lendemain, en leur église, du costé gauche en entrant, proche le bénistier.

Le dit jour dimanche 15, sur les 9 heures du soir, est décédée damoiselle Martine Fauconnier [3], vefve de deffunct Me Laurens Douadic, conseiller en cette ville, aagée d'environ 65 ans, et a esté enterrée le lendemain, en l'église de Saint-Martial, soubs leur banc.

Le dit jour lundy 16, environ midy, est décédée dame Marie Levasseur, femme de Me André Pineau, advocat en cette ville, aagée de cinquante-sept ans ou environ, et a esté enterrée le lendemain, dans le cemetière de Saint-Martial.

---

1. Jean du Chastenet.
2. Antoinette du Chastenet, femme de François Green de Saint-Marsault, sgr de Nieul.
3. Fille de Simon Fauconnier, docteur en médecine au Dorat, et de Jeanne Durivaud.

Le dit jour, a esté enterré, en l'église des Augustins, Michel Coulon[1] dit Micheau Petiot, boucher, aagé de près de 78 ans.

Le lendemain jeudy, environ les 7 heures du soir, est décédé Jean Argenton, marchand, aagé de 43 ans, et a esté enterré, le lendemain 20, dans le cimetière de Saint-Martial.

Le sabmedy 21, environ les 3 heures après midy, est décédé Joseph Morneau, boucher, aagé d'environ 36 ans, et a esté enterré, le lendemain, dans le cimetière de Saint-Martial.

Le dit jour dimanche 22, sur les 9 heures du matin, est trépassé [Jean] Argenton, fils de M⁰ Jean Argenton, sʳ de la Rengeardière, procureur, aagé de près de 18 ans, et a esté enterré le dit jour, à cinq heures du soir, dans le cimetière de Saint-Martial.

Le lendemain lundy, sur les sept heures et demie du matin, est décédé Mᵉ Louis de Maillasson, sʳ de la Faix, procureur en cette ville, mon frère, aagé de 52 ans, unze mois, 20 jours, et le mesme jour a esté enterré, sur les cinq heures du soir, dans nos sépultures dans le cœur de l'église de Saint-Martial, joignant la chappelle de Nostre-Dame. Il avoit receu tous les sacrements le jour précédent, et comme il avoit vescu très vertueusement, il est mort en véritable chrestien avec les tesmoignages de conformité à la volonté de Dieu et de douleur de l'avoir offensé autant que l'on se pourroit jamais imaginer, ayant tousjours parlé et connu jusques à un quart d'heure avant d'expirer. Je prie le bon Jésus de luy donner son saint paradis. Je luy ay fermé les yeux.

---

1. Le 6 mai 1652, Michel Coulon et Nicole Rozet, sa femme, vendaient à François Descombes, régent, et à Marguerite Rozet, sa femme, un pré appelé Joussé, pour 200 livres. (Arch. Vien. H³ *bis* 120.)

Le 3 mars 1657, ils léguaient aux Augustins de la Maison-Dieu une rente de six livres sur une maison et un jardin sis au faubourg de la Maison-Dieu, à la charge, outre leur sépulture dans leur église, de dire deux messes basses tous les ans à perpétuité. (Arch. Vien. H³ *bis* 385.)

— 146 —

Le mercredy 25, est décédée au couvent des religieuses de Confolent, de l'ordre de Sainte-Claire, dame Louise Clavetier, ma belle-sœur, qui avoit pris l'habit le 27 mars 1650, et despuis y avoit vescu, et est morte comme une sainte.

May 1657, commencé par le mardy.

Le sabmedi 5, est décédée la vefve [1] de deffunct Jean l'Escuyer, s^r du Prat, vivant archer en la mareschaussée de cette ville, et a esté enterrée au cimetière de Saint-Martial.

Le [2] .... a esté enterrée au cemetière de Saint-Martial, joignant la croix qui est à l'entrée du grand chemin dudit cemetière pour aller à l'église, Susanne Cailleau, vefve de deffunct [Pierre] Pentecousteau, s^r de Bartolle [3].

Le dimanche 13, M^{re} [4] .... Gaultier, s^r des Chirons, fils de Me Jean Gaultier, greffier en la mareschaussée, a dit sa première messe et icelle chantée en l'église des Récollects.

Le mercredy 16, Me Jean Jacquet, s^r de la Giraudière, fils de Me Jean Jacquet, s^r de la Fontmorte, procureur, a presté le serment d'advocat et a plaidé. Me Laurens Augier l'a présanté et M^e Fœlix Augier, son fils, a plaidé contre luy. J'ay aussi plaidé.

Le vendredy 25, furent leues en l'audiance et registrées au greffe de la séneschaussée les provisions de l'office d'assesseur de robbe longue en cette mareschaussée obte-

---

1. Catherine Léobet.
2. Laissé en blanc.
3. Pierre Penthecousteau, s^r de Bartolle, sergent au régiment de Vaubécourt, compagnie de Mr de la Contour, est qualifié de « mestre de camp d'infanterie » dans un acte de baptême du 26 février 1635, dressé par le curé de Saint-Martial de Montmorillon. Il eut de Suzanne Cailleau : 1º Louise, baptisée le 20 avril 1628 ; 2º Gabriel, baptisé le 15 septembre 1633 ; 3º Catherine, baptisée le 2 septembre 1634 ; 4º Marie, baptisée le 18 octobre 1635 ; 5º Pierre, baptisé le 14 mars 1637.
4. Laissé en blanc.

nues par Pierre Sableau, s^r du Taillis [1], avec acte de sa réception au dit office au siège de la connestablie à la table de marbre à Paris, après m'estre levé et déclaré que j'en avois eu communication et n'empeschois pour le Roy. M^r le procureur du Roy estoit en l'audiance. Le dit Sableau s'estoit présanté à la huictaine précédente, vestu de longue robbe et bonnet carré, qui avoit demandé par Me Augier qui présenta les dites provisions, la dite lecture et enregistrement, ce que j'empeschoy à cause qu'il ne m'avoit parlé ny communiqué, ce qu'il fit le jeudy précédant la dite lecture. Il prétendoit avoir scéance et monter au siège en qualité de conseiller en la séneschaussée, laquelle il avoit fait employer dans ses dites provisions ; mais on ne le voulut souffrir, et fut dit que les dites provisions seroient leues et registrées en qualité d'assesseur de robbe longue en la mareschaussée.

Le dit jour, en la mesme audiance, fut receu Me Louis Douadic [2], fils de Me Joachin Douadic, s^r de la Loge, en l'office de procureur de deffunct mon frère, à la charge d'obtenir lettres dans trois mois, et presta le serment.

Le mercredy 30, M^e [François] Goudon [3], fils de deffunct Me Jean Goudon, s^r de la Boullinière, vivant procureur, fut receu au dit office de procureur dont il avoit esté receu à la survivance après la mort de son père, à la charge d'obtenir lettres de provisions dans trois mois, et presta le serment. Je me suis trompé, ce ne fut que le mercredy suivant 6 juin.

---

1. Le 25 juin 1664, Pierre Sableau, s^r du Taillis, demeurant à la Bouige, paroisse de Moulime, s'oblige à payer à la cure dudit lieu certains arrérages de rentes consenties sur la tenue de Paubrye par Pierre Sableau, s^r du Taillis, et Jeanne Baconret, ses père et mère. (Arch. Vien. G^9 73.)

2. Baptisé à Saint-Martial de Montmorillon le 4 septembre 1627, fils de Joachim Douadic, s^r de la Loge, et de Renée Goudon, marié à Louise Vrignaud.

3. Fils de Jean Goudon, s^r de la Boulinière, et de Marie-Anne Delaforest.

Le dit jour mercredy 30 may, vueille de la feste du Corps-Dieu, environ les dix heures du soir, est née ma cinquiesme fille, laquelle a esté baptisée le mercredy ensuivant 6 juin, en l'église de Saint-Martial, par Mre Louis Grault, curé, et a esté son parrain, honorable Louis Richard, s^r des Horts, mon cousin, et marrine, damoiselle Marie Vachier, ma niepce, et a esté nommée Marie.

Juin 1657, commencé par le vendredy.

Le lundy 4, a esté baptizé en l'église de Saint-Martial le fils [1] de Bouchaud, cordonnier, qui estoit né sur les trois heures du matin du dit jour, et a esté son parrin, Pierre Vrignaud, fils de Me René Vrignaud, s^r de la Vergne, advocat, et ma fille Marguerite, marrine, et a esté nommé Pierre. Mre André Guérin, vicaire du dit Saint-Martial, l'a baptizé.

Le mardy 26, mon frère du Queiroir, sa femme [2], M^r des Cars [3] et Mlle de Saint-Chaumant [4], fille aisnée de Mr de la Mondie, nous sont venus voir et ont demeuré céans jusques au sabmedy ensuivant qu'ils sont tous partis et sont allez coucher chez Mr de Balantrut.

Le vendredy 29, le s^r de Valanciennes se voulant baigner dans l'estang de la Penneterie, parroisse de Lastus, fut saisy, après s'estre jetté dans l'eau, d'une foiblesse qui luy osta les forces et le jugement, en sorte que ne pouvant plus nager il se noya ou quoy que se soit trespassa dans l'eau.

Juillet 1657, commencé par le dimanche.

Le lundy 2 juillet, M^e [Pierre] Syvain, s^r du Boucheaud, et dame Marie de la Forest [5], fille de Me Pierre de la Fo-

---

1. Pierre, fils d'Etienne Bouchaud et de Gabrielle Dechassaigne.
2. Marie de Maroix.
3. ...... de Guillaumet, s^r des Cars.
4. Marie de la Roche, dite Mlle de Saint-Chaumant.
5. Baptisée à Saint-Martial de Montmorillon le 6 septembre 1637, fille de Pierre Delaforest et de Marguerite Dumonteil.

rest, procureur, ont esté contractez et espousez, à dix heures du matin, par Mre Louis Grault, curé de Saint-Martial et prévost de Nostre-Dame, en l'église des pères Récollects de cette ville.

Le mardy 3, j'ay esté coucher au Blanc pour faire juger le procez de mon mestayer de Maugouéran et de celuy de Mr du Brueil Arnaudet de sa mestayrie de Saint-Cyprien contre les collecteurs de la parroisse d'Anthigny, de l'année présante, à cause des abus commis par les dits collecteurs au régalement des tailles, qui ont perdu leur procez et esté condamnez en l'amende de 30 livres, à la restitution des sommes qu'ils avoient abusé et aux despans. Mr du Brueil Arnaudet y vint aussi, et fusmes avec M^r le lieutenant de cette ville, et revinsmes le lendemain coucher icy tous.

Le mardy dixiesme, Mlle de Villedon [1] est accouchée de son premier fils qui a esté baptizé en l'église de Saint-Martial par Mre Louis Grault, curé, le jeudy 12 ensuivant. Le s^r de Pliboux [2], père du s^r de Villedon, et Mlle de Vaultibault [3], mère de la dite damoiselle de Villedon, ont esté parrain et marraine, et l'ont nommé Jean.

Aoust 1657, commencé par le mercredy.

Le mardy 7 aoust, environ les 4 heures du matin, ma cousine de Lhéraudière [4] est accouchée d'un fils nommé Pierre.

Le lundy 20, Mr Clavetier est venu nous voir avec Mr de Lérignat et s'en sont retournez, le mercredy 22, coucher à Lérignat.

. . . . [5]

---

1. Catherine Ladmirault, femme de Jean de Villedon.
2. Antoine de Villedon, sgr de Pliboux.
3. Catherine Jacquet.
4. Jeanne Richard, femme de Fleurent Goudon, s^r de l'Héraudière.
5. Il manque le mois de septembre.

Octobre 1657, commencé par le lundy.

Le mardy 9 octobre 1657, ma cousine la lieutenante [1] est accouchée d'une fille à six heures trois quarts du soir.

Le jeudy ensuivant, jour de la foire des Confrairies, elle a esté baptizée par Mre André Guérin, vicaire, en l'église de Saint-Martial, et a esté son parrain, Me Pierre de la Forest l'aisné, procureur, et marrine, ma cousine Marie Richard [2], fille de défunct mon oncle le procureur du Roy, et a esté nommée Marie.

Le vendredy 12, environ les deux à trois heures après midy, est décédé Louis Pallier, s^r de la Rougerie [3], aagé de 71 ans, et a esté enterré, le lendemain, en l'église de Saint-Martial, soubs le banc de deffunct M^r l'advocat du Roy, son frère [4].

Le jeudy 25, environ les trois heures et demie d'après midy, est décédé Jacques Grault, s^r de Tornat [5], aagé d'environ [29] ans, et a esté enterré, le lendemain vendredy, en l'église de Saint-Martial, soubs leur banc joignant la muraille.

Le lundy 29, je suis party pour aller à Tours voir mon frère Demaillasson, qui m'avoit mandé souhaitter que j'y allasse, sur la résolution qui avoit esté prise par les médecins et chirurgiens de Tours de faire opération à une thumeur qu'il a despuis la coste clavicule jusques sur la tétine gauche, ce qui ne fut pas mis à exécution, d'autant que les chirurgiens de Paris et un nommé Mr Collard,

---

1. Marie Richard, femme de Claude Micheau, s^r du Meslier, lieutenant général civil.
2. Fille de Charles Richard, s^r de la Chèze, et d'Eléonore Vezien.
3. Fils de Louis Pailler, avocat à Montmorillon, et de Marie Laisné.
4. Jean Pailler, fils des mêmes.
Leur sœur, Fleurence, avait épousé, par contrat du 22 février 1615, Nicolas Delamothe, procureur du Roi à Montmorillon, fils de Robert Delamothe et de Marguerite Dousset. (Arch. Vien. E² 258.)
5. Baptisé à Saint-Martial de Montmorillon le 17 mai 1628, fils de Nicolas Grault, s^r du Verdier, et de Louise Boutin.

premier chirurgien de M^r le duc d'Orléans, qui le vint voir, et ceux de Paris furent consultez, le deffendirent absolument comme une chose qui luy cousteroit infailliblement la mort. Je fus coucher à la Haye et le lendemain à Tours.

Le mercredy 31, je payay à mon dit frère 450 livres pour Mr du Meslier dont je luy ay apporté acquit, et pour parachever la dite somme, j'ay fourny 43 livres 5 sols que je devois au dit s^r lieutenant pour la jouissance de la moitié du grand pré, pour laquelle j'ay payé 33 livres et le parsus montant à 10 livres 5 sols ; c'estoit pour argent qu'il m'avoit presté. Le dit jour, j'ay aussi payé à mon dit frère vingt livres deux sols pour quatre aulnes de taffetas blanc, de la soye et du ruban qu'il m'avoit envoyé il y a quelque temps pour habiller ma fille aisnée [1]. Plus j'ay payé pour une pièce de ruban noir de 60 aulnes 13 livres 5 sols, pour un manchon 28 sols, pour 24 aulnes ruban noir à lasser 3 livres, pour 12 aulnes ruban blanc 30 sols, pour deux onces et demie de soye de différentes couleurs 3 livres ; fait en tout 22 livres 3 sols.

Novembre 1657, commancé par le jeudy.

Le mardy 6 novembre, je suis party de Tours pour m'en retourner avec Valentin Barriat que j'y avois mené avec moy, et ay laissé mon frère incommodé au dernier poinct. Je suis venu coucher à la Haye et le lendemain icy.

Le mercredy 14, mon cousin des Horts est party pour aller à Paris pour se faire recevoir en l'office de lieutenant criminel de cette ville.

Décembre 1657, commancé par le sabmedy.

Le sabmedy 15 décembre 1657, environ les huict heu-

---

1. Marguerite Demaillasson, dite Goton.

res du matin, ma cousine la procureuse du Roy [1] est accouchée d'une fille, laquelle est décédée le mercredy 29 décembre 1660 [2].

Le mercredy 26, ma femme et moy sommes allez coucher à Nérignat où nous avons séjourné tout le lendemain, et le vendredy 28, sommes allez avec Mr de Nérignat coucher chez Mr Clavetier où nous avons séjourné tout le sabmedy et le dimanche suivant ; et le lundy, dernier jour de l'année, sommes retournez coucher à Nérignat.

Janvier 1658, commancé par le mardy.

Le mardy 1er jour de l'an et le lendemain, nous avons séjourné chez Mr de Balantrut et le 3, sommes retournez icy.

Le mardy 15, Me Charles Bonnin, procureur, et moy sommes allez à Plaisance, pour assister au mariage de Hyllaire Pin, fermier des enfans de la femme de la Bruslière [3], archer, avec la seconde fille du premier lict de [4]..... Estevenet, s^r de la Davidière, qui ont esté espousez par le nepveu du s^r prieur de Plaisance, son vicaire, en l'église du dit lieu, et sommes retournez ici le mesme jour.

Le mardy 22, j'ay mis un quadruple d'Espaigne, un escu d'or, deux pistolles d'Espaigne et six sols en monnoye, faisant en tout cinquante livres, ès mains du fils du messager de Rochechouard à Poictiers, pour les porter à mon cousin Daguin, ce qu'il a fait, ainsi que le dit s^r Daguin m'a mandé par sa lettre du 23 ensuivant, et qu'il les donneroit à Mlle de Messemé pour l'intérest des neuf

---

1. Marguerite Delouche, femme de Pierre Richard, s^r de la Berthonnerie, procureur du Roi à Montmorillon.
2. On l'appelait Soury.
3. François Cardinault, s^r de la Brulière, archer, eut de Perrette Gaultier, son épouse : 1° Sylvain, baptisé à Saint-Martial de Montmorillon le 3 février 1626 ; 2° Pierre, baptisé le 9 mars 1627; 3° Marguerite, baptisée le 28 octobre 1630.
4. Laissé en blanc.

cens livres que je luy doibs qui avoit commencé le [1].....
et que je paye par advance. J'ay payé tous les dits intérests
tousjours par advance.

Le lundy 28, environ les unze heures du soir, un jeune
homme de Montargys, gantier de sa profession, travaillant chez Pierre Nivelet, tomba du hault du pont en la
rivière, lequel on ne put tirer de l'eau, à cause de la glace,
et ainsi se noya en présance de plus de 30 ou 40 personnes
qui taschoient de le secourir et luy avoient jetté une corde
qu'il avoit prise, vis-à-vis du jardin de M. Goudon où il
s'estoit arresté contre la glace, et l'avoient amené à six ou
sept pieds de la muraille, mais on ne le put tirer au-dessus de la glace qui joignoit la dite muraille.

Febvrier 1658, commancé par le vendredy.

Le vendredy 1er febvrier au soir, est décédé en la commenderie de Plaincourault, Me Jean Gaultier, sr de Beumaine, qui en estoit fermier [2], aagé d'environ 37 ans. Il
est mort echtique, et a esté son corps conduit icy le dimanche troisiesme et enterré le dit jour, en l'église de
Saint-Martial, soubs le banc de Mr de Lavergne, près le
mien.

Le dit jour, a esté aussi enterré en l'église de Jouhé,
Me Martin de la Chaume [3], qui avoit esté cy-devant archer
en cette ville. Il estoit décédé le jour précédent, 2 du dit
mois, au village de la Ferrandière, où il faisoit sa demeure.

Le mercredy 13, coucha icy une recrue du régiment de
Mérinville par vertu de route de la Cour et mandement du
sr de la Fortia, intendant. Ils n'estoient en tout que dix-huict ou vingt quoy que l'ordre fut pour deux cappi-

---

1. En blanc.
2. Le 20 septembre 1652, il avait affermé pour cinq ans la commanderie de Plaincourault (ordre de Malte), moyennant 1500 livres par an. (Arch. Vien. H³ 258.)
3. Il avait épousé Jeanne Vrignaud.

taines, 12 lieutenans et cent soldats. On les logea tous au logis des Trois-Roys [1] et allèrent le lendemain coucher à l'Isle-Jourdain.

Le sabmedy 16, environ les 10 heures du soir, la femme [2] de Me Félix Augier, advocat, est accouchée d'un fils, qui a esté baptizé en l'église de Saint-Martial, par Mre André Guérin, vicaire, le dimanche 3 mars ensuivant, et a esté son parrain, François Vrignaud, chanoine en l'église de Saint-Hyllaire-le-Grand de Poictiers, frère de ladite damoiselle Augier, et dame Susanne Augier, femme de Me François Arnaudet, sr du Brueil, receveur des consignations, sœur du dit sr Augier, sa marrine, et a esté nommé François.

Le mardy 26, a esté espouzée en l'église de Nostre-Dame la fille de Claude Petitpied, maître taillandaire du bourg de Thollet, et a esté emmenée le dit jour au bourg de Thollet.

Le jeudy 28, ont esté espousez en l'église de Saint Martial, par Mre André Guérin, vicaire d'icelle, le fils aisné [3] de François Gendre, boucher, demeurant au faulxbourg des Bans, et la fille aisnée [4] de Pierre Lhuyllier, sr de la Chaumette.

Mars 1658, commancé par le vendredy.

Le dimanche 3, à la grande messe de l'église de Saint-Martial, ont été espouzez par Mre Louis Grault, curé, [Félix] Nouveau, sr de la Carte, archer en la mareschaussée de cette ville, demeurant chez la Palme [5], son père, au bourg de Lathus, et dame Marie Goudon [6], fille aisnée de Me Jean Goudon, sr de Beauvais, procureur en cette ville.

---

1. Hôtellerie tenue par François Augier et Catherine Gaultier, sa femme.
2. Marguerite Vrignaud.
3. François Gendre, sr de la Croix-Blanche, maître boucher.
4. Anne Lhuillier.
5. Jean Nouveau, sr de la Palme.
6. Fille de Jean Goudon, sr de Beauvais, procureur du Roi, et d'Eléonore Chasseloup.

Le lendemain lundy, en l'église des Récollects a esté espouzé, par M^rc André Guérin, vicaire de Saint-Martial, Jacques Chasseloup, s^r de Boiscantault, fils de Me François Chasseloup, procureur, et deffuncte dame [1] ..... Vezien, sa première femme, avec une fille [2], de Saint-Benoist, qui n'avoit ny père ny mère.

Le dit jour 4, en la mesme église, a esté espousée une fille, de Lussac, nommée Guiot, fille de Jeanne de Lucquet qui avoit esté mariée avec le nommé [3] ..... Guiot, en premières nopces, et à présent femme du nommé Pacquet, sergent royal au dit Lussac, avec un jeune homme de Maignac, lequel estoit en pension chez Bordeau [4], arpenteur au dit Lussac, lequel jeune homme l'avoit enlevée quelque temps auparavant. Le dit mariage fut célébré par un prebstre qu'ils amenèrent, en présence des dits Pacquet et sa dite femme, et du père du dit jeune homme.

Le sabmedy 23, jour de la dédicace de l'église de Saint-Martial, est décédé Jacques Vezien, s^r de Boisfleury [5], demeurant au faulxbourg de la Maison-Dieu, et le lendemain a esté enterré en l'église des Augustins de la dite Maison-Dieu.

Avril 1658, commancé par le lundy.

Le sabmedy 27 avril, vigille de Quasimodo, Me Louis Richard, s^r des Horts, mon cousin, est retourné de Paris avec le messager de Rochechouard, où le lundy de la semaine sainte il fut receu [6] .... des enquestes en l'office

---

1. Laissé en blanc.
2. Anne Delagarde, qui était sa veuve en 1679.
3. Laissé en blanc.
4. Gaspard Bordeau, arpenteur et appréciateur royal à Lussac-le-Château.
5. Il avait épousé Anne Chenon, dont il eut: 1° François, baptisé à Saint-Martial de Montmorillon le 11 janvier 1635; 2° Paul, baptisé le 29 juillet 1637; 3° Jean, baptisé le 28 avril 1642.
6. Laissé en blanc.

de lieutenant criminel de cette ville, et fut installé icy, le mercredy 8 may ensuivant, par Mr de Mesliers, lieutenant général. J'étois absent.

May 1658, commancé par le mercredy.

Le jeudy 2 may, je partis pour aller voir mon frère Demaillasson, marchand à Tours ; j'allois coucher chez M^r le chambrier[1] à Anthigny, le lendemain à Sainte-Maure, et arrivay chez mon dit frère à Tours le sabmedy à midy, lequel je trouvay accablé de douleurs que luy causoit sa thumeur venue à une si prodigieuse grosseur qu'elle luy descendoit fort près de la cei[nture]. Un ecclésiastique dévoué qui, d'un bourg près de Chartre en Beausse, faisant profession de la chirurgie par dispence particulière du pape, et l'un des excellens hommes du royaume en ce mestier, et deux célèbres médecins et six des plus expérimentez chirurgiens de Paris qui virent cette thumeur la jugèrent mortelle et n'y voulurent rien faire, en sorte que mon dit frère s'en estoit retourné de tous les susdits lieux sans y avoir trouvé aucun secours et estoit arrivé chez luy le jour du vendredy saint 19 avril.

Le dimanche 12 may, à six heures et demie du soir, la thumeur de mon dit frère perça, sans qu'il souffrit aucune douleur, et n'en conneut rien que quand il se sentit mouillé ; elle jetta trois pots ou d'avantage de matière semblable à du miel rouge liquide ; le lendemain trois médecins et trois chirurgiens furent d'advis de faire une plus grande ouverture, ce qui fut fait, et en arrachèrent de dedans de gros grumeaux de sang figé et couppèrent des chairs deux pleins plats du tout. Enfin il se fit despuis une continuelle perte de matière semblable à celle qui sortit quand la thumeur perça, laquelle commença à avoir une mauvaise et puante odeur, quoy que cette première qui

---

1. Jérôme Jacquet, curé d'Antigny et chambrier de l'abbaye de Saint-Savin.

sortit en perçant ne sentist pas plus que de l'eau espanchée. Et peu à peu les forces commencèrent à diminuer à mon frère, la fiebvre l'ayant pris dès le lendemain que son mal eut percé, tellement que le jeudy 16, il fut mis en Extrême-Onction sur les huict à neuf heures du matin, après avoir reçu le Saint-Viatique deux jours auparavant, et le vendredy au matin 17, environ sept heures un cart, il expira, n'ayant perdu la parolle qu'environ un quart ou demy-heure avant et conservé tousjours son jugement sain quasi jusques au dernier souppir. Sa mort fut une vraye mort de saint, n'ayant jamais tesmoigné la moindre impatiance dans tout son mal, mais au contraire ayant fait parestre et par ses actions et par ses parolles tant de constance et de conformité à la volonté de Dieu que son discours le plus fréquent estoit que sa saincte volonté fust entièrement accomplie. Le dimanche que son mal perça il fut encore à la messe à sa parroisse. Il estoit aagé de cinquante et un ans trois mois et demy. Il fut enterré le mesme jour de son décebs, à huict heures du soir, en l'église de Saint-Saturnin, sa parroisse, soubs les cloches. Il fut regretté de tous ceux qui le connoissoient et qui avoient ouy parler de luy, qui estoient en prodigieuse quantité à Tours, autant qu'homme le peut jamais estre. Je prie mon Sauveur Jésus-Christ de luy donner son saint paradis.

Le mercredy 22, je suis party de chez ma sœur et ay esté coucher à Saumur, et logé à la Fontaine[1] près la chappelle de Nostre-Dame[2]. Et le jeudy, après avoir fait mes dévotions, je suis venu disner à Chinon où ma niepce Magdelon[3], fille cadette de deffunct mon frère, m'attendoit, et sommes venus coucher à Richelieu, le lendemain disner

---

1. Hôtellerie.
2. Eglise de Notre-Dame-des-Ardilliers, désservie par les pères de l'Oratoire, qui y avaient un collège.
3. Magdeleine Demaillasson, dite Magdelon, fille de Jean Demaillasson, marchand à Tours, et de Marie Dumont.

à Chastellerault et coucher à Chauvigny, et le sabmedy 25, nous sommes arrivez céans sur les unze heures du matin.

. . . . [1].

Juillet 1658, commencé par le lundy.

Le dimanche 7 juillet, ma fille Marguerite a esté marrine au fils de sa nourrice et Mr du Brueil Mazay [2], gendre de Mlle de la Fouchardière, parrin. Le baptesme a esté fait en l'église de Syllards par le s^r curé d'icelle, à issue de grande messe.

Le vendredy 12, environ les sept à huict heures du soir, trespassa dame Magdelaine Foucault, vefve de deffunct Julien Turpin, vivant médecin en cette ville.

Le dit jour, presque à mesme heure, tomba icy et ès environs de cette ville de la gresle d'une grosseur comme œufs de pigeons communément, il y en avoit bien de plus grosse. Elle ne fit pas grand mal icy, n'estant pas tombée fort espais. Elle rompit pourtant bien des vittres en plusieurs maisons, et gasta beaucoup de villages, ès parroisses de Syllards et Jouec.

Le lendemain, la dite vefve Turpin fut enterrée aux Augustins, entre les deux pilliers où sont les chappelles de Saint-Roc et de Sainte-Anne.

Le mardy 30, M^{rs} l'assesseur [3], Daubière, Gaultier et moy, sommes allez à Saint-Benoist où mon cousin de la Berthonnerie nous avoit priez d'aller pour l'assister à un accommodement que de ses amis l'avoient porté de con-

---

1. Il manque le mois de juin.
2. Paul de Coral, sgr du Breuil-du-Mazet, fils de René et de Marguerite Jay, avait épousé, le 12 février 1654, Diane-Marie de Savatte, fille de François, sgr de la Fouchardière, et de Diane de la Couture-Renon. Leur fils, Louis, sgr de la Fouchardière, épousa : 1° à Availle-Limousine, le 15 avril 1676, Marie Compaing, fille de François, sgr de la Devinière, et de Marie Micheau ; 2° le 27 juillet 1703, Marie-Anne Chaud, fille de Léonard Chaud, sgr de Boisdumont et de Lenet, et de Marguerite Delaforest.
3. André Delaforest, s^r de Lage, assesseur criminel.

sentir avec un gentilhomme nommé Mr de Villebussière [1], dont le vallet avoit blessé mon dit cousin à la main quelque temps auparavant, dans une disputte qu'il avoit eu au jeu, avec le dit de Villebussière, lequel ayant l'espée à la main, son dit vallet à mesme temps donna le coup. Cet accommodement avoit esté fait le dimanche précédent et ainsi nostre voyage fut inutile et retournasmes icy le jeudy ensuivant premier jour d'aoust.

Aoust 1658, commancé par le jeudy.

Le sabmedy 17 aoust, M^r l'assesseur et moy sommes allez à Poictiers pour tascher de mettre quelque ordre pour nous sortir des poursuittes qu'aucuns des créanciers de deffunct mon oncle le lieutenant [2] et sa femme [3], présentement mariée au s^r de Cléray, faisoient contre nous et nos cohéritiers pour le payement des debtes où il estoit obligé, et tascher de nous rendre maistres des criées que le dit s^r de Cléray faisoit faire soubs le nom de M^r le chantre de Saint-Hyllaire, pour absorber tout le bien comme il avoit desjà commencé par l'enlèvement de tous les meubles et généralement de tous les bestiaux et fruicts qu'il enleva avec environ 60 ou 80 hommes qu'il tint en garnison, pendant le temps des mestives et batèsons, à Lanet [4]. Nous retournasmes le lundy ensuivant, estant partis de Poictiers à trois heures après midy, et arrivasmes icy à dix heures.

Le vendredy 23, environ les dix heures du matin, est décédé Mre Pierre Borde, prebstre et cy-devant chanoine de l'église de Nostre-Dame [5], aagé de cent trois ans. Il

---

1. Jean Bertrand, s^r de Villebussière, fils de Georges Bertrand, s^r de Boisvert, et de Françoise Ajasson.
2. André Richard, lieutenant général civil et criminel.
3 Jeanne Berthelin.
4. Fief acquis le 4 juillet 1677 par Léonard Chaud, sgr de Boisdumont, qui en rendait aveu au seigneur de Latus le 26 septembre 1701.
5. Chapelain de la chapelle de Saint-Léger au charnier de l'église de Saint-Martial de Montmorillon en 1653.

avoit receu l'ordre de prestrise en l'année 1587. Il a esté enterré en l'église de Concise le mesme jour de son décebs.

Le lendemain sabmedy, je suis party pour aller à Tours au sujet de mon nepveu Jean Demaillasson, lequel faisoit désordre chez ma sœur sa mère, avoit pris de l'argent, et avoit blessé ou quoy que ce soit s'estoit trouvé en compagnie d'autres desbauchez qui avoient blessé un pauvre homme en un jeu de boulle, en sorte que ma dite sœur l'avoit fait renfermer dans un cabinet chez elle, et m'avoit fait escrire par Mr Dumont, son beau-frère, d'y aller pour adviser ce qu'on feroit de ce garçon. Je passay à la Roche-de-Bran, pensant y trouver Mr Richard, conseiller à Poictiers, et ne l'y ayant rencontré fus coucher à Poictiers pour luy en communiquer ; le lendemain dimanche j'en partis, à 7 heures et demie du matin, et fus coucher à Sainte-Maure et le lundy arrivay à Tours, environ à unze heures du matin. On avoit fait sortir mon dit nepveu du lieu où il estoit enfermé et estoit à Chisseaux qui est un lieu appartenant à ma dite sœur, à 8 lieues de Tours, l'envoya quérir et luy ayant parlé pour tascher de le faire rentrer en son devoir, ce qu'il me promit, je partis de Tours le jeudy 29, à 8 heures du matin, vins coucher à Chastellerault et le lendemain 30, me rendis céans à six heures du soir.

Le sabmedy 31, la cousine de Chaulme [1], femme de Mr Pierre de Chaulme, procureur, est accouchée d'un garçon, lequel a esté baptisé le lundy ensuivant 2 septembre, en l'église de Saint-Martial, par Mre André Guérin, vicquaire, et nommé Louis [2]. M^r des Horts, lieutenant criminel, a esté parrin et Mlle de Lavergne, marrine. Est décédé le jeudy 2 avril 1682 et a laissé deux petits garçons de son mariage.

---

1. Magdeleine Jacquemin.
2. Il épousa Catherine Delaforest le 4 mars 1680.

Le dit jour 31 aoust, est aussi accouchée d'un garçon la femme [1] de M⁹ Mathieu Pineau, procureur, lequel a esté baptizé le lendemain, en l'église de Saint-Martial, et a esté son parrin, M⁹ André Pineau, advocat, et marrine, Mme de la Rengeardière, ayeul et ayeulle du dit garçon qui l'ont nommé André.

Septembre 1658, commancé par le dimanche.

Le vendredy 27, je suis party pour aller à Tours voir ma sœur Demaillasson qui estoit malade. Mr Proust le jeune m'avoit envoyé un des garçons de chez ma dite sœur exprès pour me mender d'y aller et que les médecins disoient qu'elle estoit en péril. Je fus coucher, avec Chaussé, qui estoit celuy qui m'estoit venu quérir, à un bourg nommé Dangé, et le lendemain nous arrivasmes à Tours à quatre heures du soir. Je partis pour m'en retourner le mercredy ensuivant 2 octobre, vins coucher à la Haye et le lendemain à Anthigny chez M^r le chambrier [2] à la cure et le vendredy arrivay céans à neuf heures du matin.

Octobre 1658, commancé par le mardy.

Le jeudy 17 octobre 1658, est décédée dame Marie Goudon, femme de [Félix] Nouveau, s^r de la Carte, archer en la mareschaussée de cette ville, sur les cinq heures du soir, en la maison de Me Jean Goudon, s^r de Beauvais, son père, et le lendemain a esté enterrée dans l'extrémité du cemetière de Saint-Martial, au-dessoubs de la croix qui est vis-à-vis la porte de l'église. Elle estoit accouchée un ou deux jours auparavant d'un garçon qu'on disoit n'estre à terme.

Le dit jour dixhuictiesme, environ la minuict, ma-

---

1. Anne Argenton.
2. Jérôme Jacquet.

dame Gaultier [1], femme du cousin Gaultier, lieutenant en la mareschaussée, est accouchée d'un garçon [2].

Le dimanche 20, à une heure trois quarts après midy, ma femme est accouchée d'un fils [3].

La nuict ensuivant, environ l'heure [4] ..... est décédé Me Jouachim Douadic, sr de la Loge [5], procureur en cette ville, aagé de 55 ans, et le lendemain 24, a esté enterré dans l'église de Saint-Martial, dans leurs sépultures, huict ou dix pieds au-dessoubs de l'hostel de Saint-Michel.

Le mardy 22, environ un quart d'heure avant midy, est décédée dame Louise Vrignault, femme de Me Louis Chantaize, sr de Remigeoux, aagée de [6] ..... ans, et, le lendemain 23, a esté enterrée dans l'église de Nostre-Dame, à costé de la chappelle de [6] ....

Le dit jour 23, à cinq heures du matin, est décédée [Marie] Lescuyer, femme de Louis Reat, sr de la Pensée, archer en la mareschaussée de cette ville, aagée d'environ 60 ans, et a esté enterrée le mesme jour dans le cemetière de Saint-Martial.

Le vendredy 25, environ minuict, est décédé Gabriel Chantaize, Me chirurgien, agé de 32 ans, ou environ, et a esté enterré, le lendemain sabmedy, en l'église de Nostre-

---

1. Marie-Renée Fournier, femme de Germain Gaultier, sr des Laises.
2. Jacques, baptisé à Saint-Martial de Montmorillon le 24 octobre 1658.
3. Paul Demaillasson.
4. Laissé en blanc.
5. Il avait épousé Renée Goudon dont il eut : 1° Laurent, baptisé à Saint-Martial de Montmorillon le 8 juillet 1625 ; 2° Jeanne, baptisée le 27 décembre 1626 ; 3° Louis, procureur, époux de Louise Vrignaud ; 4° Marie, baptisée le 29 juillet 1629 ; 5° René, baptisé le 3 septembre 1638.
Le 1er octobre 1656, Joachim Douadic, Laurent Augier, avocat, et Louise Jacquet, veuve de Louis Augier, sr des Vigères, propriétaires de la majeure partie du bourg et village de Concise, font défense aux habitants de mettre aucuns pourceaux dans les bois dépendant de Concise et de ramasser le gland, lequel sera « usé » par les pourceaux des propriétaires, sous peine de dommages et intérêts. (Reg. par. de Notre-Dame de Montmorillon.)
6. Laissé en blanc.

Dame, un peu au-dessus de la sépulture de la femme de Remigeoux, son frère, et joignant la dite chappelle.

Le lundy 28, jour de Saint-Simon et Saint-Jude, environ les cinq heures et demie du soir, a esté baptisé en l'église de Saint-Martial, par Mre Louis Grault, curé d'icelle et prévost de l'église de Nostre-Dame, mon fils, lequel a esté nommé Paul, et a esté son parrain, Paul Richard, escuyer, s^r de Léché, mon cousin germain, et marrine, Magdelaine de Maillasson, fille de deffunct mon frère de Maillasson, marchand à Tours, ma nièce.

Novembre 1658, commencé par le vendredy.

Le 1er novembre 1658, environ les quatre heures du matin, Mme du Brueil [1] est accouchée d'une fille, laquelle a esté baptisée, le dimanche 3, en l'église de Saint-Martial, et a esté son parrin, Mre François Augier, prebstre, chanoine en l'église de Nostre-Dame et prieur curé de Journec, son oncle, et marrine, Mlle [Marie] de Marueil, fille de Me François de Marueil, s^r de la Barde, cy-davant enquesteur en cette ville, et a esté nommée [Gabrielle] [2].

Le mercredy 6, environ les quatre heures du matin, ma cousine de Lhéraudière est accouchée d'un garçon nommé André [3].

Le dimanche 17, environ les unze heures du soir, ma

---

1. Suzanne Augier, femme de François Arnaudet, s^r du Breuil.
2. Elle fut religieuse au couvent de Saint-Joseph à Montmorillon (ordre de Saint-François). Par son contrat de religion du 8 janvier 1679, ses père et mère lui constituent une rente annuelle de 100 livres sur leur métairie de Concise à eux appartenant en qualité d'enfants et héritiers de Me Laurent Augier et d'Elisabeth Cœurderoy, et lui abandonnent l'usufruit et la jouissance de ladite métairie telle qu'ils l'ont eue en partage avec Me Félix Augier, avocat en parlement. Ce contrat est signé par : Anne Augier, supérieure ; Elisabeth Augier ; [Florence Roatin] du Temple; des Martins; de la Condesière; Anne [Pichon] de Pommeroux ; Catherine Delavergne ; Anne de Vérine ; Jacquet ; Marie Vrignaud ; Marie du Goulet ; [Jacquet] des Ages ; Marie Argenton; Marie du Chastenet; Marie Gaultier ; de Nollet, toutes religieuses de la communauté. (Arch. Vien. H^3 bis 70.)
3. André Goudon épousa Françoise Citoys, fille de René, sgr du Breuil, et de Marthe Constant.

cousine la lieutenante [1] est accouchée d'un fils qui a esté baptisé le lendemain, en l'église Saint-Martial, par Mre André Guérin, vicaire d'icelle, et a esté son parrin, Jacques-Félix Richard, son oncle, et marrine, Marie de Lerpinière, femme de Julien Boisvert, chirurgien, et a esté nommé Henry. Est mort avant l'aage de 3 ans.

Le lundy 25, a esté enterré en l'église de Saint-Martial Me Blaise de Marueil [2], advocat en cette séneschaussée et controolleur des monstres en la mareschaussée, soubs son banc joignant le banc des procureurs fabriciens. Il estoit décédé au village de Biard, la nuict précédente, et estoit aagé d'environ 52 ans.

Année 1659, [commencée par le mercredy].

Le vendredy 3 janvier 1659, Louis Coubart, fils de Jean Coubart, messager de Poictiers, est décédé subitement, environ les 7 heures du matin, n'ayant pas demeuré une demie-heure en vie après s'estre trouvé mal. Il a esté enterré le mesme jour dans le cemetière de Saint-Martial.

Febvrier 1659, commencé par le sabmedy.

Le mercredy 12 febvrier, est arrivé en cette ville le père général des Augustins nommé Paulus Luchinus, de la ville de Pisaune [3] en Italie, au-devant duquel la plus part des habitans furent en armes, tambour battant, et fut conduit en cette sorte dans l'église des Augustins de cette ville qui l'allèrent recevoir, avec la croix, un peu au delà de l'hospital, et fut le *Te Deum* chanté.

Le lendemain, tous les officiers avec la plus grande partie

---

1. Marie Richard, femme de Claude Micheau, s^r du Meslier, lieutenant général civil.
2. Sa métairie de la Machère, paroisse de Bourg-Archambault, fut saisie sur Anne Gaultier, sa veuve, et vendue par décret, le 27 mars 1669, à Jacques Richard, s^r d'Aubière, conseiller du Roi à Poitiers, pour la somme de 1820 livres. (Arch. Vien. H³ *bis* 106)
3. Pisogne, province de Brescia.

des advocats et procureurs du siège royal de cette ville, tous en corps, vestus de leurs robbes, le furent complimenter. Mr du Meslier, lieutenant général, portant la parolle, l'harangua en latin ; toutes ces cérémonies ont esté faittes sur l'espérance que les Augustins de cette ville donnèrent aux habitans d'establir icy un collège pour instruire la jeunesse, pourveu que l'on rendist à leur général tous les honneurs que l'on pourroit. La plus part des dits habitans des mieux censez n'en ont pourtant rien creu et aussi les dits Augustins n'ont rien voulu faire ensuitte.

Le mardy 18, a commencé le chapitre des Augustins et le père Augustin Chesneau a esté esleu provincial.

Le dimanche 23, ont esté espousez [François] Maingueneau, s^r de la Cordé, et Margueritte de Lerpinière, fille de deffunct [Louis de] Lerpinière, s^r de la Boussée, sergent en cette ville, et de Margueritte Laisné, dans l'église de Saint-Martial.

Le lundy 24, ont esté espousez en l'église de [Notre-Dame] M^e [Jean] Chasseloup, appotiquaire, et dame Marguerite Vezien, fille de deffunct Me André Vezien, s^r de Beaufran, et de dame Marguerite Chantaize.

Le mercredy 26, jour de caresme prenant, le père général des Augustins est parti de cette ville peur aller à Paris et a esté coucher au Blanc. Le père [François] Parent a esté esleu prieur de la Maison-Dieu [1].

Le jeudy 27, sur les six heures du matin, Mlle la procureuse du Roy [2] est accouchée d'un fils, lequel a esté baptisé quelque 15 jours après, en l'église de Saint-Martial, et a esté parrin, le petit Louis de Nollet, fils du s^r de Solleilloux, et ma cousine Marie Richard, marrine, et a esté nommé Joseph.

---

[1]. Voir la liste des prieurs de la Maison-Dieu à l'appendice I.
[2]. Marguerite Delouche, femme de Pierre Richard, s^r de la Berthonnerie, procureur du Roi.

Mars 1659, commencé par le sabmedy.

Le mardy 11 mars 1659, ma cousine de Lage et ma femme qui a mené avec elle sa fille aisnée et moy sommes allez coucher chez Mr de Balantrut.

Le mercredy 12, Mr de Balantrut et moy sommes allez coucher à Saint-Germain où nous avons séjourné le jeudy et vendredy, et le sabmedy 15 sommes retournez à Nérignat où j'avois laissé ma cousine, ma femme et sa fille, et le lundy 17 sommes retournez icy.

Le mercredy 19, jour de Saint-Joseph, Mlle de Villedon [1] est accouchée, environ une heure après minuict, d'un fils lequel a esté baptisé, en l'église de Saint-Martial, par Mre Louis Grault, curé d'icelle, et a esté son parrin, Me Estienne Mangin, sr de Pouzeoux, second président en l'eslection du Blanc, et marrine, damoiselle Charlotte Jacquet, femme du sr de Beaupoil [2], l'un des receveurs de la dite eslection, et nommé Estienne-Joseph.

Le mercredy 26, la femme [3] de mon nepveu l'enquesteur est accouchée d'un fils lequel a esté baptizé, en l'église de Saint-Martial, par Mre André Guérin, vicaire d'icelle, le mercredy 2e jour d'avril, et a esté son parrain, Me François Goudon, sr de la Boulinière, procureur, et ma sœur de la Mothe, marrine, et a esté nommé François [4]. Leur fils

---

1. Catherine Ladmirault, femme de Jean de Villedon.
2. Pierre Beaupoil, sr de Lipardière, receveur des tailles en l'élection du Blanc. Le 27 mars 1690, Charlotte Jacquet, sa veuve, déclarait tenir de la commanderie de Lavaudieu (ordre de Malte) un mas de brandes appelé les Prises, au devoir de 7 livres 10 sols payables, chacun an, au jour et fête de Saint-Michel. (Arch. Vien. H{3} 267.)
3. Elisabeth Demareuil, femme de François Demaillasson, enquêteur à Montmorillon.
4. Il épousa, le 22 avril 1692, Catherine Delaforest, veuve en premières noces de Louis Dechaume, sr des Rochettes. Le 1er septembre 1693, Catherine Delaforest, femme non commune en biens dudit François Demaillasson, sr de la Chèze ; Gabrielle Lhuillier, veuve non commune en biens de Félix Augier, sr de Malgoute ; Marie Augier, veuve de Louis Ducellier, huissier archer, déclarent tenir solidairement de la commanderie de Rouflac (ordre de Malte) diverses pièces

aisné a le mesme nom. . . . .
. . . . 1.

May 1659, commancé par le jeudy.

Le sabmedy dixiesme may, environ les sept heures du soir, est décédée dame Elisabeth Cœurderoy, femme de M° Laurens Augier, advocat, aagée d'environ 60 ans; et le lendemain a esté enterrée dans le cemetière de Saint-Martial, près la porte du Ravelin, à main droicte en entrant en l'église.

Le mardy 13, ma femme est allée coucher chez Mr de Balantrut pour voir sa niepce de Lérignat [2] qui estoit très mal, et retournée icy le lendemain.

Le sabmedy 17, je suis allé coucher chez Mr de Balantrut pour y voir aussi la dite niepce et suis retourné le lendemain céans.

Le jeudy, jour de l'Ascention 22, nous sommes partis Mme la greffière [3], ma femme et moy pour aller visiter les reliques de saint Martial, saint Léonnard et plusieurs autres saints de Limousin que l'on monstroit cette année, et avons esté coucher à Chasteau-Poinsat, le lendemain disner à Grammont [4] où nous avons veu toutes les reli-

---

de terre près du village des Mats, paroisse de Moussac-sur-Gartempe, au devoir de trois boisseaux de seigle, mesure de Montmorillon, de rente noble, féodale et foncière, et trois deniers de cens, payables, chacun an, au jour et fête de Saint-Jean de Noël. (Arch. Vien. H³ 266).

1. Il manque le mois d'avril.
2. Catherine de Leirat, femme de Gaspard de Guillaumet, sgr de Nérignac.
3. Jeanne Dalest, femme de Jean Gaultier, s^r de Beumaine, greffier en la maréchaussée.
4. En 1176, Henri II, roi d'Angleterre, fît reconstruire et couvrir de plomb les bâtiments du monastère de Grandmont. Les chroniques du xiie siècle rapportent que ce prince envoya de la Rochelle, pour cet usage, 800 chariots chargés de plomb et attelés chacun de huit chevaux. Le distique suivant, tiré d'une inscription de Grandmont, fait allusion à cette munificence de Henri II :

Henricus nulli regum pietate secundus
Plumbea tecta locans pavit, agrosque dedit.

L'abbaye de Grandmont fut supprimée en 1772 par le pape Clément XIV, sur la demande de Mgr d'Argentré, évêque de Limoges. En

— 168 —

ques de l'abbaye et de là coucher à Saint-Léonard[1] auquel lieu ma femme a accomply un vœu qu'elle avoit fait quand elle accoucha de sa fille Fleurance.

Le sabmedy 24, après disner, nous sommes partis et venus coucher à Limoges. Le dimanche 25, après avoir presque visité toutes les églises où il y a des reliques à Limoges, nous sommes venus coucher à Saint-Junien ; le 26, nous en sommes partis après avoir visité les chefs de saint Junien et saint Amand et sommes venus coucher à Saint-Germain où nous avons séjourné tout le lendemain mardy, et le mercredy nous sommes venus coucher chez Mr de Balantrut, le jeudy 29 nous nous sommes rendus en cette ville. Nous avions mené avec nous Valantin Barriat.

Nous avons passé à Saint-Victurnien et visité le chef en passant.

Le sabmedy 31, vigile de la Pentecoste, a esté pendu et estranglé au marché de cette ville par l'exécuteur de la haulte justice de Poictiers [2]. . . . . condamné à mort prévostalement soubs la prononciation de Germain Gaultier, lieutenant de robbe courte en cette mareschaussée, pour avoir desrobbé la cavalle du nommé Paris, de Béthines. J'assistay lors de la prononciation du jugement de mort et signay l'acte de révocation que fit le dit accusé de certains faits de son audition, nonobstant l'opposition que fit Me Pierre Richard, procureur du Roy en cette ville, pour m'empescher de signer.

Le dit jour, environ les trois heures, le s[r] Gaultier, fils de M[r] le greffier Gaultier de cette ville, est arrivé icy avec

---

1821, les bâtiments et l'église du monastère furent démolis et les matériaux portés à Limoges pour la construction d'une prison. (L'abbé Arbellot, *Revue arch. de la Haute-Vienne.*)

1. L'église et le tombeau de saint Léonard étaient un des lieux de pèlerinage les plus vénérés du Limousin. Henri de Bourbon, père du grand Condé, y vint le 5 octobre 1620 acquitter un vœu qu'il avait fait lorsqu'il était en prison à la Bastille. (Même source.)

2. Laissé en blanc.

ma niepce Fanchon [1] et la fille de Mr Proust l'aisné, nommée Nanette, qu'il a menées pour estre pensionnaires chez les dames religieuses de cette ville.

Juin 1659, commencé par le dimanche.

Le jeudy après soupper, 5 juin, ma femme et moy avons conduit ces deux filles chez les religieuses et ay payé leur pension pour trois mois à raison de cent livres par an pour chacune.

Le mercredy unze, le dit s[r] Gaultier est party pour s'en retourner à Tours et a esté coucher à Poictiers.

Le jeudy 26, je suis allé à Poictiers avec Mr de Lage, où nous sommes arrivez, environ les unze heures du matin, et avons logé à Saint-Martin et sommes retournez icy le lendemain. J'ay laissé mes provisions chez Mr Vezien, nottaire.

Juillet 1659, commencé par le mardy.

. . . .
. . . . [2].

Aoust 1659, commencé par le vendredy.

Le dimanche 10, jour de Saint-Laurent, a commencé la solemnité de la feste de saint Thomas de Villeneufve [3], archevesque de Valence de l'ordre de Saint-Augustin, canonizé au mois de novembre 1658. On a fait une procession d'abord qui a commencé aux Augustins où les Récollects ont assisté en corps, est venue à l'église de Nostre-Dame, de là à Saint-Martial et puis en celle des Récollects, de là s'en est retournée en celle des Augustins. Tous les officiers, advocats et procureurs, y ont aussi

---

1. Fille de Jean Demaillasson, marchand à Tours.
2. Il manque le mois de juillet.
3. Thomas Garnier, plus connu sous le nom de saint Thomas de Villeneuve, né à Fuenllana, diocèse de Léon, en 1488, mort à Valence en 1555. Il entra dans l'ordre de Saint-Augustin, fut ordonné prêtre en 1520, remplit les fonctions de prieur, puis celles de provincial, devint prédicateur particulier de Charles-Quint et fut nommé à l'archevêché de Valence en 1545.

marché en corps. Il y avoit plusieurs enseignes et guidons portez par des jeunes gens de cette ville ; deux cens pauvres précédoient tout le reste qui portoient tous chacun un pain que les Augustins leur avoient donné valant quatre sols pièce. Il y avoit deux estendars et représentations du sainct et son image avec d'autres reliques portées fort sollemnellement et qui estoient précédez d'un concert de hault boys fort mélodieux. Au retour de la procession, a esté célébrée la grande messe fort solemnellement et y a eu à vespres prédication et le jour de l'Assomption de la saincte Vierge et le dimanche ensuivant que l'on a fait la closture qui a finy par une autre procession faitte autour du cimetière des dits Augustins où on a porté le Saint-Sacrement et tous les estendars, guidons et enseignes et l'image du sainct. Tous les officiers y ont pareillement assisté en corps ; pendant l'octave qu'a duré la dite solemnité il y a eu un concours de peuple tant de la ville que du voisinage, de toutes conditions, qui y ont fait leurs dévotions. Il y avoit indulgence plénière pour ceux qui, confessez et communiez, visiteroient la dite église des Augustins durant la dite octave.

Le dimanche 24, j'ay esté coucher chez Mr de Balentrut, le lendemain Mr de Lérignat et moy sommes allez à Saint-Germain et y avons séjourné tout le mardy et sommes partys le mercredy après disner et venus coucher à Nérignat, et le lendemain 28, je suis retourné céans.

Septembre 1659, commencé par le lundy.

Le dimanche 14, je suis allé à Anthigny pour y voir M^r le chambrier [1] qui estoit à l'extrémité. J'y ay couché et suis party le lendemain, l'ayant laissé qu'il sembloit se porter un peu mieux. Mr de Lavergne, advocat, et moy sommes retournez ensemble.

---

1. Jérôme Jacquet.

Le dit jour lundy, environ les trois heures après midy, est décédé Mº François Veras [1], nottaire royal en cette ville, et a esté enterré en l'église de Nostre-Dame le mardy 16.

Le dit jour lundy 15, environ minuict, est décédé le dit sr chambrier [2] en son logis de la cure d'Anthigny, au grand regret de tous ses parroissiens et universellement de tous ceux qui le connoissoient, et de moy particulièrement qui ay perdu mon camarade d'escolle et un de mes meilleurs amis. Il estoit aagé d'environ 40 ans. Il a esté enterré, le lendemain 16, vis-à-vis le grand autel et joignant le balustre de l'église d'Anthigny. J'ay assisté à ses funérailles. Je prie le bon Dieu de luy donner son sainct paradis.

Le jeudy 18, environ les unze heures et demye du matin, est décédé le père Ciryle, gardien des Récollects de cette ville, et a esté enterré le lendemain en leur église. Il pouvoit estre aagé de 36 ans et est mort de dissenterie.

Octobre 1659, commancé par le mercredy.

Le lundy 6 octobre, ont esté contractez et espousez, en l'église de Saint-Martial, par le sr Gazil, curé de Nostre-Dame de Saint-Savin, Mº [François] Michelet, sr de Boismenu [3], de Saint-Savin, et Catherine de la Vergne, fille de Mº Pierre de la Vergne, sr de la Rue, et de Fleurance de la Vergne, sa femme, de cette ville.

Le sabmedy 11, a esté enterrée dans le cimetière de Nostre-Dame Marthe Desvignes, femme de Marc Thierry dit Saint-Mars [4], tailleur d'habits, aagée d'environ 38 ans.

Le sabmedy 18, a esté enterré, dans le cimetière de Saint-

---

1. Epoux de Nicole Goudon.
2. Jérôme Jacquet.
3. Notaire royal et procureur à Saint-Savin. Il eut pour enfants : 1º Pierre, baptisé le 9 décembre 1669 ; 2º Marie, baptisée le 1er février 1671 ; 3º François, baptisé le 16 avril 1673, inhumé le 30 mars 1678 ; 4º François, baptisé le 11 février 1676, décédé le 6 novembre 1679 ; 5º Florence, baptisée le 9 mars 1678. (Reg. par. de Saint-Savin.)
4. Il épousa en deuxièmes noces Sylvaine Pian.

Martial, Daniel Perrineau, aagé d'environ 22 ans, qui est mort de la dissenterie.

Le mesme jour, a aussi esté enterré le fils de Saint-Mars, tailleur, qui est pareillement mort de dissenterie, aagé d'environ 12 à 13 ans.

Le dixiesme du présent mois, est décédé à Paris Mre Louis de Foucault, mareschal et vice-admiral de France.

. . . .
. . . . [1].

Année 1660, commensée par le jeudy.

Le jeudy 1er janvier, Me Laurens Augier, advocat en cette ville, a dit et célébré sa première messe en l'église des Religieuses de cette ville, après avoir pris les quatre mineures et les ordres de sous-diacre, de diacre et de prestrise en mesme temps, c'est-à-dire aux trois jours des quatre-temps de Noël dernier, de M^r l'évesque de Périgueux, en conséquence d'une dispense qu'il avoit obtenue du pape, appellée un *extra tempora*. Il estoit aagé de 63 ans. Il n'a pas laissé de plaider et de consulter comme auparavant un assez longtemps après.

Le mardy 13, je suis allé, avec Mr de Laage, à Poictiers pour payer la paulette[2]. Mr Douzilly est venu avec nous et avons logé à la Croix-de-Fer. Le s^r Chameau, commis pour la recepte du dit droict annuel, nous a conseillé d'attendre à cause que son ordre portoit de ne recevoir les officiers qui n'y estoient pas entrez qu'en payant quatre années, et qu'il pourroit peut-être recevoir quelque autre ordre, et ainsi nous retournasmes le vendredy ensuivant

---

1. Il manque les mois de novembre et décembre.
2. Droit que payaient certains officiers de justice et de finances à raison de leurs charges. Cet impôt, établi par Sully en 1604 sur la proposition du secrétaire d'Etat Charles Paulet, fut supprimé par édit de décembre 1709 et rétabli par déclaration du mois d'août 1722. Il était du soixantième du prix de la charge. La paulette a subsisté jusqu'à la Révolution.

et laissâmes nostre argent chez le s^r de Hainaud, hoste de la Croix-de-Fer.

Le mardy 20, Mrs du Meslier, de Laage, le procureur du Roy [1] et moy sommes allez coucher à Poictiers pour assister au mariage de mon cousin Daubière [2] dont le contract se passa, le lendemain, avec damoiselle Marie Chaussetière, fille de deffunct [3]....... Chaussetière, vivant procureur au présidial, et de dame [3]....... Barraud, laquelle estoit vefve en seconde nopce du nommé Mr Labbé. Ils furent espousez le jeudy matin 22, en l'église de Nostre-Dame-de-la-Chandelière, à six heures, par le vicaire de la dite parroisse. Nous signâmes tous le contract de mariage et acte des espouzailles.

Le dit jour 22, Mr de Laage et moy payâmes la paulette au s^r Chameau, commis, lequel avoit receu un arrest du Conseil, despuis nostre despart, portant permission aux officiers qui n'estoient point entrez au dit droict annuel d'y entrer en payant seulement deux années, ce que nous fismes, quoy que nos quittances soient dattées du 15 du courant, et le 23 nous sommes icy retournez.

Le dit jour mardy 20 précédent, ont esté contractez et espousez, en l'église des Récollects, par Mre Louis Grault, curé de Saint-Martial et prévost de l'église de Nostre-Dame, Me François Estourneau, fils de deffunct Nicollas Estourneau, s^r de Cherbaudière, vivant sergent royal en cette ville, et de dame [Jeanne] Sororeau, ses père et mère, et dame [Marie] Babert, fille de Me Gilbert Babert, procureur et nottaire, et de deffuncte [Marie] Cailleau.

Le sabmedy 24, ma femme et moy sommes allez coucher chez Mr de Balantrut et sommes retournez icy le mardy au soir 27.

---

1. Pierre Richard, s^r de la Berthonnerie, procureur du Roi.
2. Jacques Richard, s^r d'Aubière, fils de feu Charles Richard, procureur du Roi à Montmorillon, et de feu Eléonore Vezien.
3. Laissé en blanc.

— 174 —

Le dimanche 25, a esté enterrée Marguerite de Lerpinière, femme de M⁰ [François] Maingueneau, sʳ de la Cordé¹. Elle avoit tousjours traisné despuis son accouchement qui avoit esté, environ trois semaines ou un mois auparavant, d'une fille.

   Février 1660, commencé par le dimanche.

Le dimanche premier jour de février, ont esté espousez [Savin] Bougeault, maistre d'escolle, et la fille² de Romanet, maistre cordonnier.

Le mercredy 4, ont esté contractez Pierre Massonneau, travaillant au moulin à papier, et Jeanne Desbordes, fille de deffuncts Charles Desbordes dit Charles de Colère, et de³..... Le contract a esté passé chez Mʳ de Lage, je l'ay signé.

Le sabmedy 7, a esté enterré, au cemetière de Saint-Martial, Mathurin Loreau dit Canadelle, sergetier, aagé d'environ 73 ans. Il ne s'estoit trouvé mal que le jeudy 5 précédent.

Le lundy 9, les dits Massonneau et Desbordes ont esté espousez en l'église de Saint-Martial.

Le mardy 10, jour de mardy gras, au soir, ont esté espousez, en l'église des Religieuses, par Mʳᵉ Gaultier, sʳ des Chirons, prestre, Mᵉ François Babert, greffier, fils de Mᵉ Gilbert Babert, procureur et nottaire, et dame [Marguerite] Cailleau, fille de Mᵉ Jean Cailleau, greffier des insinuations, et de deffuncte dame Françoise Goudon.

Le lundy 16, mon frère de Lagebertye est arrivé céans, à disner, avec Mʳ de Balantrut et s'en sont retournez le mercredy ensuivant, après disner, à Lérignat. Le dit sʳ de

---

1. Il épousa en deuxièmes noces Jeanne Durand et fut enterré à Notre-Dame de Montmorillon le 10 janvier 1699, laissant de sa dernière femme une fille, Suzanne, mariée, le 24 janvier 1713, à Louis Ducellier, sʳ de Peufavard, fils de feu Louis Ducellier, huissier archer à Montmorillon, et de Marie Augier.
2. Louise, fille de Melchior Romanet.
3. Laissé en blanc.

Lagebertye estoit arrivé chez son père, le dimanche 8, et revenoit d'Italie.

Le mardy 24, j'ay esté coucher à Lérignat et le lendemain Mr de Lérignat et moy sommes allez coucher chez Mr Clavetier. Le sabmedy, nous sommes retournez coucher à Lérignat et, le dimanche 29, je suis retourné céans.

Mars 1660, commencé par le lundy.

Le dimanche 7, environ les 9 heures du soir, est décédée l'hostesse des Trois-Roys [1] et a esté enterrée dans le cemetière de Saint-Martial le lendemain.

Le dit jour dimanche 7, environ les 10 ou 11 heures du soir, est décédée dame [Suzanne] Goudon, fille de deffunct Me Jean Goudon, vivant s^r de la Boulinière, procureur en cette ville, et de dame Anne de la Forest. La dite Goudon pouvoit estre aagée de 22 ans, laquelle avoit vescu très dévotement et est morte comme une saincte.

Le mercredy 10, je suis party, environ les 7 heures du matin, avec Me Charles Bonnin, procureur, pour aller à Poictiers pour l'accommodement de Mlle de la Fouchardière et de Mrs de la Bouige [2] dont j'avois pris les parolles pour en passer par l'advis de Mr de Riparfons et autres, lequel s^r de Riparfons n'ayant pu travailler à leur affaire, elle a esté remise à une autre fois et nous sommes icy retournez le sabmedy 13, après avoir laissé toutes les pièces chez le dit s^r de Riparfons.

Le jeudy 25, jour du jeudy sainct, ma sœur Demaillasson, de Tours, est arrivée céans, à sept heures du soir, et avoit avec elle ma niepce Mannon, sa troisiesme fille, et le s^r Gaultier, son facteur, qui les conduisoit.

Le sabmedi sainct 27, Mrs de Lagebertye et Balantrut sont venus céans, environ les unze heures du matin, et après y avoir disné s'en sont retournez coucher à Lérignat,

---

1. Catherine Gaultier, femme de François Augier.
2. Isaac et François Baconnet, s^{rs} de la Bouige et de la Rode.

sur les trois à quatre heures. Ils estoient venus pour me dire de me trouver, le jeudy ensuivant, à l'Isle où ils se devoient assembler pour régler les prétentions de Mlle de Balantrut touchant la part qu'elle prétend ès successions de ses frères et sœurs, décédez despuis la mort de leur mère.

Le mardy de Pasques au matin, la femme de la Croix, marchand, s'estant trouvée mal subitement, elle mourut une heure ou deux après, et fut enterrée le mesme jour dans le cimetière de Saint-Martial.

Le lendemain dernier mars, je partis après disner et fus coucher à Lérignat.

Avril 1660, commencé par le jeudy.

Le jeudy 1er avril, M^r et Mlle de Balantrut et Mr de Lérignat et moy sommes allez à l'Isle-Jourdain où se sont aussi trouvez Mrs du Queiroir et de Lagebertye, qui avoient pour conseil Mr du Mas [1], de Confolant, juge d'Availles, et Mr de Balantrut avoit pris le s^r Dansay [2], du dit lieu de l'Isle, pour le sien, lesquels n'ayant pu convenir, il fut arresté que je ferois juger leurs questions à Poictiers. Je retournay coucher chez Mr de Balantrut et le lendemain j'arrivay icy à unze heures du matin.

Le mardy 6, ma sœur Demaillasson, sa fille Mannon et le s^r Gaultier, leur facteur, partirent pour s'en retourner à Tours et furent coucher à Poictiers. Je partis avec eux, mais la cavalle de Mr de Lage sur laquelle j'estois m'estant eschappée à my-chemin du Temple aux Forges, je couchay le dit jour au Temple et arrivay le lendemain à neuf heures du matin à Poictiers, et allay loger à la Lamproye [3] où estoit logée ma dite sœur, laquelle partit avec sa dite fille et Gaultier, le jeudy 8, pour Tours.

---

1. Jean Dubois, s^r du Mas-du-Puy, avocat en parlement, juge sénéchal d'Availle, agent d'affaires de M^r le duc de Mortemart.
2. Antoine Dansays, avocat en parlement, juge sénéchal du Vigean.
3. Hôtellerie.

Le vendredy 9, je me suis rendu céans, ayant fait vuider les questions de mes dits beaufrères par Mrs Daguin, La Touche Bourceau et Maisondieu l'aisné, advocats au présidial.

Le lundy de Pasques 29 mars, ma sœur Demaillasson envoya quérir sa fille Fanchon et Nannette Proust sur les chevaux qui l'avoient conduitte icy avec l'homme de pied qu'elle avoit amené avec elle qui les ramena à Tours. Elles n'ont demeuré chez les religieuses de cette ville où elles estoient en pension que neuf mois et vingt et un jours.

Le jeudy 15 avril, j'ay esté disner chez Mr de Balantrut et coucher chez Mr Clavetier où j'ay séjourné tout le lendemain, et le sabmedy 17, suis retourné coucher chez le dit s^r de Balantrut, et le dimanche suis arrivé céans, à deux heures après midy.

Le lundy 19, mon frère de Lagebertye est party de Saint-Germain, pour s'en retourner à son cartier, d'où il est encore retourné despuis chez son père, le 4 may, et en est party le 5, pour aller en Cour.

May 1660, commencé par le sabmedy.

Le vendredy 7 may 1660, M^r le lieutenant criminel [1] est party, après disner, pour Paris où il est allé pour la sollicitation du procez qu'il a contre le lieutenant criminel de robbe courte au Blanc, prenant qualité de prévost du Blanc, pour un reiglement. Tous les officiers de ce siège qui ont intérest au criminel et moy, avec eux, sommes intervenans en la dite instance de reiglement. La Merlatrie [2], hoste du Cheval-Blanc, et Mr de Joumé font aussi voyage avec luy. Nous contribuons tous nous autres officiers aux fraix du dit procez et avons passé acte entre nous pour consentir que nos émolumens, en ce qui concerne le criminel, soient employez pour les dits fraix.

---

1. Louis Richard, s^r des Ors, lieutenant criminel.
2. François Jacquet, s^r de la Merlatrie et de la Chamoisière.

Le dimanche 16, mon frère du Queiroir est icy venu et le lendemain est allé au Dorat et le mardy est retourné céans et le mercredy est allé coucher chez Mr de Balantrut.

Le lundy 17, est décédée dame Jeanne Vezien, vefve de deffunct Me Jean Gaultier, vivant s^r des Abatis, environ trois heures après midy, et a esté enterrée, le lendemain 18, en l'église de Saint-Martial.

Le vendredy 21, je suis allé coucher à Nérignat, chez Mr de Balantrut, et le lendemain sommes allez ensemble à l'Ille-Jourdain, à la foire, et retournez encore coucher chez luy et le dimanche suis retourné icy, à la messe.

Le dit jour 23, Mr de Lérignat est venu coucher céans, et le lendemain, du matin, s'en est retourné.

Juin 1660, commencé par le jeudy.

Le jeudy 15 juin 1660, j'ay esté disner à Nérignat, et après disner sommes partys, Mr de Nérignat et moy, pour aller coucher à Saint-Germain voir Mr de Lagebertye, qui y estoit arrivé le mardy précédent, et revenoit de Saint-Jean-de-Lus où il s'estoit trouvé lors du mariage du Roy, qui y fut fait, le 9 du présent mois, par l'évesque de Bayonne[1]. Le 3 du dit mois, dom Louis d'Aro avoit espousé l'Infante à Fontarabie en vertu de la procuration du Roy.

Le vendredy, Mr de Nérignat et moy sommes retournez coucher à Nérignat, ayant laissé Mr de Lagebertye à Saint-Germain, qui en est party le lendemain sabmedy pour aller à son cartier trouver sa compagnie qu'il a trouvée à Ganap en la Limagne d'Auvergne, et le dit jour sabmedy je m'en suis icy retourné.

Le jeudy 24 juin, jour de Saint-Jean-Baptiste, mon nepveu Jean Demaillasson, fils de deffunct mon frère

---

1. Jean-Dolce, neveu de Bertrand d'Eschaux, archevêque de Tours.

Demaillasson, marchand à Tours, est icy arrivé avec le cousin du Chastenier [1], marchand à Poictiers. Mon dit nepveu y est venu par ordre de sa mère et de Mr Proust, l'aisné, son oncle, pour aller avec mon beau-frère Mr de Lagebertye à l'armée, ce qu'il n'a voulu faire. Il a tousjours demeuré céans du despuis jusqu'à ce que je l'aye mené à Poictiers. Le dit cousin du Chastenier s'en retourna le mardy ensuivant, jour de Saint-Pierre et Saint-Paul.

Juillet 1660, commencé par le jeudy.

Le dimanche 4 juillet, le Roy et les Reines sont arrivez à Poictiers, environ les cinq heures du soir [2], et en sont partis le lendemain, à huict ou neuf heures du matin, pour aller à Richelieu.

Le dit jour dimanche, Mr du Meslier, lieutenant, Mlles de Léché [3], la lieutenante [4], procureuse du Roy [5], Mme de la Faix et quantité d'autres femmes et filles sont allez à Poictiers pour voir la Cour et sont retournez le mercredy ensuivant.

Le lundy 19, Mr le lieutenant criminel [6] est retourné de Paris et a apporté arrest rendu à la Tournelle, portant deffence au lieutenant criminel de robbe courte du Blanc de prendre connoissance que des cas prévostaux entre personnes domiciliées et à luy enjoinct de garder les ordonnances.

---

1. Louis Duchastenier, fils de Jacques Duchastenier, procureur au présidial de Poitiers, et de Gabrielle Girault, marié, le 15 septembre 1654, à Jeanne Macé.
2. Pendant son arrêt à Poitiers, le Roi mit la première pierre à la chapelle du monastère des Carmélites (qui a servi de grand séminaire pendant tout le XIXe siècle) avec une petite truelle d'argent que les religieuses avaient fait faire exprès. (Arch. Hist. Poitou, XV.)
3. Jeanne Poutrel, veuve de Paul Richard, sr du Léché.
4. Marie Richard, femme de Claude Micheau, sr du Meslier, lieutenant général civil.
5. Marguerite Delouche, femme de Pierre Richard, sr de la Berthonnerie, procureur du Roi.
6. Louis Richard, sr des Ors.

Le dit jour, j'ay esté disner chez Mr de Balantrut où j'avois donné rendez-vous à mon beau-frère du Queiroir et suis retourné coucher icy.

Le dit jour, ont esté espousez en l'église de Saint-Martial, par Mre Grault, curé d'icelle, le nommé Lavigne et la Denize, servante chez Mr de Lage.

Le mercredy 21, à unze heures du soir, je suis party avec mon nepveu Demaillasson pour aller à Poictiers où nous sommes arrivez le jeudy, à six heures du matin, et le sabmedy 24, j'ay fait marché pour le mettre chez Me Berthonneau, nottaire, demeurant au-dessoubs de la prévosté, à soixante escus par an dont Mr du Chastenier a payé au dit sieur Berthonneau 45 livres pour le premier quartier, et y ay laissé mon dit nepveu et suis party de Poictiers pour m'en retourner icy, à cinq heures du soir, et suis arrivé à trois heures et demie du matin.

Aoust 1660, commencé par le dimanche.

Le mardy 3 aoust, j'ay conduict ma femme chez Mr de Balantrut dont je suis retourné le mesme jour, et le jeudy ensuivant, elle, Mr de Lérignat et sa femme sont allez à Abzat pour boire des eaues d'Availle et après ont esté voir Mr Clavetier à Saint-Germain et sont retournez à Lérignat le sabmedy 21. Ma femme avoit mené avec elle sa fille aisnée.

Le dit jour sabmedy 21, à six heures du matin, est décédé Me Laurens Cailleau, cy-davant chanoine en l'église de Nostre-Dame et prieur de Jouhé, laquelle chanoinie il avoit résigné au fils [1] de Me Jean Cailleau, son nepveu, et le prieuré à Mre [2] .... Collard, chanoine à Morthemer, aussi son nepveu, soubs pension, il pouvoit y avoir environ 2 ou 3 ans, et fut enterré en la dite église de Nostre-Dame, le lendemain dimanche 22.

---

1. Louis Cailleau.
2. Laissé en blanc.

Le dit jour de sabmedy 21, je fus coucher, avec ma niepce Magdelon, à Nérignat et le lundy matin nous retournâmes céans avec ma femme et Gotton.

Septembre 1660, commencé par le mercredy.

Le mercredy 15, je suis allé à Poictiers avec Me Charles Bonnin, procureur, pour l'accommodement de Mlles de la Fouchardière avec Mrs de la Bouige et de la Rhode, sur le partage des biens de deffuncts Guy Savatte, escuyer, s^r de la Fouchardière, et damoiselle Louise Vaillant, sa femme, autheurs communs des dites parties. Nous avons trouvé au Temple les dits s^{rs} de la Bouige et de la Rhode qui nous attendoient. Ils sont allez loger à Saint-Martin, et nous à la Lamproye.

Le vendredy, après disner, Mrs de Riparfons, de Sérière, lieutenant particulier, et du Bost Barbarin[1], conseiller au présidial, ont commencé à voir le procez et continué le sabmedy matin et l'après-dinée, chaque scéance de près de cinq heures, et enfin le dimanche matin. Ils ont dressé une transaction que toutes les parties ont signé après que ces M^{rs} et moy leurs avons dit ce qu'ils jugeoient se devoir faire, qui porte que les dites damoiselles donneront mille escus, payables au premier jour de mars prochain, pour tous les droicts des dites successions qui peuvent appartenir aus dits s^{rs} de la Bouige et de la Rhode, comme héritiers de damoiselle Louise Savatte leur mère, fille des dits deffuncts Guy Savatte et de Vaillant. Et a aussi esté establye dans laditte transaction damoiselle Catherine Jacquet, vefve de deffunct François Ladmirault, s^r de Vaultibost,

---

[1]. Isaac Barbarin, sgr du Bost, fils de Jean, juge sénéchal de l'Isle-Jourdain et de Saint-Germain-sur-Vienne, et de Elisabeth Barbade, marié le 27 février 1620 à Catherine de Razes, eut en partage la terre du Bost, paroisse d'Esse, comprenant 4 métairies au Bost, 4 au Mas du Coux, 3 à Montoux et 1 au Grand-Maillac. Son frère cadet Jean eut une maison à l'Isle-Jourdain et 5 métairies en la paroisse de Millac (1 à Charde, 1 à la Roche et 3 à Mondenau). (*Chartrier de Bagnac*, par Champeval.)

comme cessionnaire de moictié des droicts appartenans aus dits s^rs de la Bouige et de la Rhôde, laquelle l'a pareillement signée, et doit estre la ditte somme de trois mille livres payée, sçavoir : au dit s^r de la Bouige, neuf cens livres; au dit s^r de la Rhode, sept cens cinquante livres, et à la ditte damoiselle de Vaultibault, treize cens cinquante livres. M. Berthonneau, nottaire, a receu la ditte transaction que M^rs les arbitres et moy avons semblablement signée, et sommes partis pour nous en retourner, le dit Bonnin et moy, environ à cinq heures du soir, et arrivez icy à deux heures après minuict du dit jour dimanche 19. Les dits s^rs de la Bouige et de la Rhode sont venus avec nous jusques au Temple. J'avois nommé pour arbitres aux parties les dits s^rs de Sérière et du Bost suivant le pouvoir qu'elles m'en avoient donné.

Octobre 1660, commencé par le vendredy.

Le mercredy 6, Mr de Lagebertye a esté receu dans une charge de gentilhomme ordinaire de la maison du Roy[1], qui luy a cousté 25 mille francs.

Le jeudy 7 octobre 1660, je suis party pour aller à Tours où ma sœur Demaillasson m'avoit mandé pour assister au mariage de ma niepce Nannette, sa fille aisnée, et ay mené avec moy ma niepce Magdelon, sa cadette, suivant l'ordre de ma ditte sœur, laquelle avoit tousjours demeuré céans despuis le 25 may 1658 que je l'amenay, et l'ay laissée chez sa mère, et ay encore mené ma niepce Labaudinière pour accomplir un vœu à Saint-François-de-Paule et un autre à Nostre-Dame-des-Ardiliers[2] à Sau-

---

1. Les gentilshommes ordinaires de la maison du Roi, institués par Henri III, avaient pour attribution de porter les ordres du Roi. Leur nombre, d'abord fixé à quarante-cinq, devint par la suite illimité. L'usage s'introduisit même de nommer des roturiers gentilshommes ordinaires, mais seulement à titre honorifique.
2. Voir, appendice IV, un vœu fait à Notre-Dame-des-Ardilliers par les habitants de Montmorillon, le 27 juin 1631, à l'occasion de maladies contagieuses.

mur. Nous sommes allez disner à Maillé et coucher à la Rocheposay, le lendemain disner à la Haye et coucher à Sainte-Maure, et le sabmedy disner à Montbazon et coucher à Tours.

Nota que pendant nostre voyage, François Cœurderoy, s^r de la Vignasse [1], a esté espousé avec la fille [2] de Mme de la Boulinière.

Le mardy 12, a esté passé à Tours le contract de mariage de dame Anne de Maillasson, ma niepce Nannette, fille aisnée de deffunct mon frère Demaillasson, de Tours, avec le s^r Guillaume Hallé, marchand de marchandises de soye, demeurant à Paris, rue des Lavandières, et le lendemain matin ils ont esté espousez en l'église de Saint-Saturnin.

Le dimanche 17, ma niepce la Baudinière et moy partismes de Tours pour nous en retourner et allasmes coucher aux Trois-Vallets et le lendemain à Saumur ; le mardy 19, nous vinsmes coucher à Chinon, avec Mr Hallé, sa femme, Mme de la Rivière sa sœur, Mme Dumont, de Paris, et le s^r François Dumont, fils de M. Dumont, marchand à Tours ; le mercredy nous arrivâmes tous à Richelieu, à unze heures du matin, et y séjournâmes tout le jour ; le jeudy, Manon et moy vinsmes disner à Chatellerault et coucher à Chauvigny, et tout le reste de la compagnie s'en retourna à Tours ; le vendredy 22, Manon et moy arrivâmes céans à disner, nous avions mené avec nous l'apprentif de Valentin [3], fils du nommé Bouttentrain de Saugé.

Le dimanche 24, j'ay esté disner à Lérignat et retourné icy coucher.

Le mercredy 27, le s^r de Marsac [4], un de nos scindicts

---

1. Baptisé à Saint-Martial de Montmorillon le 5 mars 1629, fils de François Cœurderoy, conseiller du Roi, et de Marguerite Achard.
2. Marguerite Goudon, fille de Jean, s^r de la Boulinière, et de Marie-Anne Delaforest.
3. Valentin Barriat, maître sergetier à Montmorillon.
4. François Goudon, s^r de Marsac.

et moy avons esté à Poictiers où on nous a priez d'aller pour parler à M. le marquis de la Rocheposay pour sçavoir s'il avoit donné ordre d'envoyer des cavalliers chez les redevables de la taille de l'année 1657 ; nous ne l'y trouvâmes pas et parlâmes à un nommé Mr Royer, commis de M. l'intendant, qui nous dit que l'on ne devoit point envoyer de cavalliers pour la ditte année 1657, mais qu'il y avoit ordre d'en envoyer pour faire payer 1658-1659 et les trois quartiers de la présente 1660, et nous donna une lettre pour le commandant par où il luy mandoit de n'envoyer point de cavalliers pour la ditte année 1657, lequel commendant s'appelloit Mr de Thiéblemont, cornette de la compagnie de M^r le comte de Lagny du régiment de Laguillottière. Ils arrivèrent icy en garnison le jeudy 14 octobre, le dit s^r comte de Lagny y estoit quand ils arrivèrent, et la compagnie estoit de cinquante maistres. Nous retournâmes icy, M. de Marsac et moy, le jeudy 28.

Le sabmedy 30, j'ai esté à Lérignat porter des lettres que j'avois receu de M. des Cars, par où il demandoit mille escus à Mr de Balantrut, son père, pour parvenir à un mariage fort advantageux ; j'y rencontray mon beau-frère Mr de Lagebertye qui estoit arrivé à Saint-Germain, le jeudy précédant, et estoit venu conduire M. le marquis de Pompadour [1] jusqu'à un lieu appelé Fontarabie, près de Lérignat. J'y couchay et retournay icy le dimanche 31.

Novembre 1660, commencé par le lundy.

Le mercredy 10, mes beau-frères de Balentrut et Lagebertye sont venus céans nous voir, et s'en sont retournez le sabmedy ensuivant 13. J'avois esté coucher à Lérignat le mardy 9, et vinsmes icy ensemble le dit jour 10.

---

1. Jean, marquis de Pompadour, baron de Treignac, lieutenant général des armées du Roi et des provinces du Haut et du Bas-Limousin, mort en 1684. Il avait épousé, le 12 octobre 1640, Marie de Rochechouart, fille unique de Jean et de Françoise Esthuer de Caussade.

Décembre 1660, commencé par le mercredy.

Le lundy 5, j'ay tenu sur les fonds de baptesme, avec ma cousine de Lage, la fille de Pierre Massonneau, travaillant au moulin à papier, et de Jeanne Desbordes, laquelle a esté baptizée, en l'église de Saint-Martial, par Mre André Blanchon, vicaire, et a esté nommée Marie. Elle estoit née le jour précédent. Elle n'a vescu que fort peu de temps.

Le mardy 21, mon frère de Lagebertye est venu céans coucher, et le lendemain matin, est party, avec le messager de Rochechouard, pour aller à Paris.

Le mercredy 29, environ les 3 heures du matin, est décédée la fille de M^r le procureur du Roy [1], et a esté enterrée, environ les dix heures du matin, en l'église de Saint-Martial, ès sépultures de M^rs les Richards. Elle n'avoit point esté baptizée qu'au bassin, on l'appelloit Soury. Elle est morte de la petite vérolle, n'ayant esté malade que dès le dimanche précédent.

Janvier 1661, commencé par le sabmedy.

Le jeudy 6, jour et feste des Roys, Me René Massonneau, s^r de la Marnière, a chanté sa première messe dans l'église de Nostre-Dame. Mme Gaultier [2], femme du cousin Gaultier, lieutenant en la mareschaussée, et moy avons esté parrain et marraine. Les chanoines de Nostre-Dame le sont venus prendre céans où il s'est vestu de ses habits sacerdotaux, et l'ont conduit processionnellement en l'église de Nostre-Dame.

Le lundy 10 janvier, les eaues ont esté si grandes qu'elles ont esté dans le carrefour de cette ville de ceinturée et céans ont couvert la septiesme marche du degré. La

---

1. Fille de Pierre Richard, s^r de la Berthonnerie, et de Marguerite Delouche.
2. Marie-Renée Fournier, femme de Germain Gaultier, s^r des Laises.

rivière a fait de grands dégâts, entre autres, elle a emporté le moulin appellé des Grands-Moulins [1], tout entier, et mesmes les meulles et chilloux qu'elle a fait descendre assez loing au-dessoubs du dit moulin, a fondu une partie de la maison du deffunct s^r sénéschal, abbatu la muraille du jardin de Mr Pierre de la Forest, l'aisné, et fait quantité d'autres désordres. La rivière a tousjours augmenté jusques à trois heures du mardy matin [2].

Le jeudy 13, Mr de Lage et moy sommes allez à Poictiers pour payer le droict annuel, ce que nous fismes

---

1. Le 6 avril 1605, Paul Thomas, sénéchal de Montmorillon, rendait hommage au château de Montmorillon des moulins à blé appelés les « Grands-Moulins, sur la rivière de Gartempe près Montmorillon, et du moulin à papier étant de l'autre côté de la rivière, à l'endroit de l'écluse des Grands-Moulins, de nouveau reconstruit et bâti par le dit Thomas, suivant la permission du Roi par ses lettres données à Paris au mois de février 1605 ». La construction de ce moulin à papier fut la cause d'un procès entre Paul Thomas et les Augustins de la Maison-Dieu, procès qui dura cinq années. C'est à l'occasion de ce procès que fut prise la vue de Montmorillon que nous donnons à la planche I. Le 10 septembre 1610, une transaction a lieu entre Louis de Manes, prieur de la Maison-Dieu, et Paul Thomas au sujet du procès pendant entre eux pour raison de la construction du moulin à papier et aussi pour raison de la reconnaissance et paiement des cens et rente dus au prieuré de la Maison-Dieu. Paul Thomas reconnaît que les dits moulins à papier sont dans la justice, fief et rivière du prieuré de la Maison-Dieu, pour raison desquelles appartenances et dépendances il promet payer par chacun an, au jour et fête de Noël, cinq sols de cens et devoir féodal, dix livres de rente annuelle et perpétuelle, amortissable toutes et quantes fois pour la somme de deux cents livres. Le 9 mars 1611, une autre transaction a lieu entre les mêmes, au logis de Sainte-Catherine à Lussac-le-Château, au sujet du procès pendant entre eux pour raison de la place du moulin à drap, proche des Grands-Moulins, acquis par le dit Thomas, d'un bois taillis appelé la Garenne des pauvres, autrefois possédé par Me Félix Joyeux, procureur fiscal de la Maison-Dieu, et d'une cave proche des Grands-Moulins. Paul Thomas reconnaît devoir et promet payer dorénavant perpétuellement pour lui, les siens et ayant cause, au prieur de la Maison-Dieu et ses successeurs : 1° douze deniers et un chapon de cens et rente noble, féodale et foncière, à cause et pour raison de la place du moulin à drap ; 2° dix sols de rente noble, féodale et foncière sur et pour raison de la Garenne des pauvres ; 3° deux sols, six deniers et deux chapons pour raison de la cave. (Arch. Vien. H^3 *bis* 89.)

2. Quatre-vingts ans plus tard, le 5 décembre 1740, une crue encore plus forte eut lieu. « Les deux arcades du pont de Montmorillon du côté de la ville furent emportées. Il y eut plusieurs maisons fondues et une quantité de murs rasés dans la ville de Montmorillon. On dit que cette crue fait tort à cette ville de plus de cent mille livres. » (Reg. par. d'Antigny.)

le lendemain, et retournasmes icy le sabmedy 15. Nous logeâmes à la Lamproye. Le s^r Bonnin, appothiquaire de cette ville, alla et vint avec nous.

Le ¹....... à 8 ou 9 heures du soir, est décédée Jeanne Allaire, femme de Me Laurens Brisson, nottoire royal, aagée de 48 à 49 ans, et a esté enterrée le lendemain dans le cimetière de Saint-Martial.

Le sabmedy 29, M^r et Mlle de Lérignat et Mlle des Champs nous sont venus voir et y ont demeuré jusques au jeudy 3 février ensuivant.

Le lundy dernier janvier, Mr de Lérignat, ma niepce la Baudinière et moy sommes allez à Lussac-le-Chasteau, pour assister au mariage du fils et de la fille de Barbaud (François Estevenet dit Barbaud, mestayer de ma niepce la Baudinière, au port de Lussac), mariez avec un autre frère et sœur, enfans d'un paysan d'un village tout proche. Ils ont esté espousez par le s^r Cartaud, curé de Lussac, en l'église du dit lieu.

Février 1661, commencé par le mardy.

Le sabmedy 5 février, ma femme et moy sommes allez coucher à Lérignat et le lundy ensuivant, Mr de Balantrut et moy sommes allez à Saint-Germain et retournez, le jeudy après, à Lérignat, d'où ma femme et moy sommes partis et arrivez icy le sabmedy, à unze heures du matin, 12.

Le lundy 28, ont esté espousez par M^re ¹..... Gaultier, s^r des Chirons, Me François Goudon, s^r de la Boulinière, procureur, fils aisné de deffunct Me Jean Goudon, s^r de la Boulinière, avec la fille aisnée ² de deffunct Mr de la Vignasse.

---

1. Laissé en blanc.
2. Marie Cœurderoy, fille de François, s^r de la Vignasse, et de Marguerite Achard.

Mars 1661, commencé par le jour du mardy gras.

Le 1ᵉʳ jour de mars, ont esté espousez Jean de Chastenet[1], appotiquaire à la Trimouille, et dame Jacquette Clabat, fille, du premier lict, de Mᵉ François Clabat, aussi appotiquaire en cette ville.

Le lundy 7, j'ay esté à Poictiers avec Mʳˢ de la Forest l'aisné, procureur, et Goudon, sʳ du Chambon, l'un des scindics de cette ville, lesquels alloient trouver Mʳ Pellot[2], intendant de la justice, pour faire modérer les frais de quatre exécutions faittes par le nommé Montault, prenant qualité de commis de l'épargne, envoyé pour le recouvrement des taxes faittes pour la ceinture de la Reine, qu'on baptisoit du nom de don gratuit, des bestiaux de Montplanet et de Chaulme, procureurs, et de ceux de Mᵉ Jean Gaultier, cy-davant greffier en la mareschaussée, et de mon beau-frère Lamothe, exécutez en deux jours à deffault, comme prétendoit le dit Montault, du payement de la taxe de quinze cens livres sur cette ville, lesquels frais il faisoit monter à douze cens livres et qui furent arrestez par le dit sʳ intendant à cent cinquante livres. Je fus voir le dit sʳ intendant seulement pour luy faire civilité. J'estois allé particulièrement à Poictiers à cause que mon nepveu Demaillasson estoit sorty de chez Mʳ Berthonneau, et le trouvay placé chez Mʳ Douadic, le jeune, procureur, nostre cousin. Je retournay icy avec les dits sʳˢ de la Forest et du Chambon et de Chaulme qui estoit arrivé aussi tost que nous à Poictiers, et arrivasmes icy le mercredy, environ les unze heures du soir.

---

1. Le 12 mars 1692, il déclarait tenir de la commanderie de Rouflac (ordre de Malte) une maison sise à la Trimouille, consistant en deux petites chambres hautes, au devoir de 20 deniers de rente noble, féodale et foncière. (Arch. Vien. H³ 266.)

2. Claude Pellot, sgr de Port-David, de Sandars, des Deffends et de Tréviers, intendant de Poitiers et de Limoges de 1659 à 1663.

M'· Augier, advocat, partit avec le messager pour aller à Paris, le mercredy 23.

Mariage de Monsieur [1] avec Madame Henriette [2], princesse d'Angleterre, en la chappelle du pallais royal à Paris, le jeudy dernier jour de mars.

Avril 1661, commencé par le vendredy.

Le lundy 4, le s' Gargan, commissaire des trouppes qui sont en garnison dans le Hault-Poictou, apporta le licentiement de la compagnie du comte de Lagny estant icy en garnizon, en suitte de quoy ils s'en allèrent tous dès le lendemain et le mercredy, les uns d'un costé, les autres de l'autre.

Le mercredi 13, mourut et fut enterré un des petits enfans de chez M' de Lhéraudière.

Le dit jour, mourut aussi et fut enterrée la femme du sergent La Grille [3].

Le dit jour, mourut icy un jeune homme nommé [4]... .... Borde, frère du séneschal de Bourganeuf, aagé d'environ 21 ans, lequel tomba malade en cette ville s'en retournant de Poictiers chez luy. Il estoit clerc de M° Bruneau, procureur à Poictiers; il fit son testament par lequel il légua aux pères Récollects cinq cens livres, à la charge d'estre enterré en leur église, ce qui fut fait le soir du dit jour, et de célébrer un annuel pour le repos de son âme. Il donna à M° Loreau, procureur en cette ville, qu'il fit son exécuteur testamentaire, mille livres et deux cens à Valentin Martin dit Chirouet, cabarestier, chez lequel il estoit logé et mourut.

Le sabmedy de Pasques, est arrivé chez son père en

---

1. Philippe d'Orléans, frère de Louis XIV.
2. Fille de Charles Ier, roi d'Angleterre, et d'Henriette-Marie de France, morte le 30 juin 1670.
3. ...... Delavergne, s' de la Grille, sergent royal à Montmorillon.
4. Laissé en blanc.

cette ville le s^r Gaultier, facteur de ma sœur Demaillasson de Tours.

Le mercredy précédent 13 du courant, est arrivé céans mon nepveu Demaillasson que j'avois envoyé quérir le mardy 12 à Poictiers pour changer d'air, estant tout indisposé. Il s'en est retourné à Poictiers, le lundy 2 may ensuivant, et est party avec le dit s^r Gaultier qui est passé par Poictiers pour s'en retourner.

. . . .
. . . . ¹.

Juin 1661, commencé par le mercredy.

Le mardy 21 juin, [François] de Mareuil, controlleur des monstres de la mareschaussée, et damoiselle Sébastienne Gaillard, niepce de Mr de Lage, ont esté espousez en l'église de Saint-Martial par Mre André Blanchon, viquaire d'icelle.

Le dit jour, j'ay fait embrasser céans Mr du Brueil-du-Mazay et Mrs de la Bouige et la Rhode, frères, et y avons disné tous ensemble et le s^r de Tervanne.

Le mardy 28, a esté enterrée en l'église de Nostre-Dame la vefve Lesvigères ².

Juillet 1661, commencé par le vendredy.

Le vendredy 8 juillet, environ les sept heures et demie du matin, est décédé Fleurant Goudon, escuyer, s^r de Lhéraudière, prévost en la mareschaussée de cette ville, aagé d'environ 45 ans, et a esté enterré le lendemain, en l'église de Saint-Martial, soubs son banc joignant le mien.

Le jeudy 14, je suis allé à Poictiers, avec mon cousin Daubière, et avons passé à Chatelarcher où nous avons esté disner d'icy et de là coucher à Poictiers. J'ay fait ce

---

1. Il manque le mois de mai.
2. Louise Jacquet, veuve de Louis Augier, s^r des Vigères, procureur à Montmorillon.

voyage pour terminer une poursuitte que Mr Falloux, conseiller au présidial, fils de Mlle de Messemé, faisoit contre Mr Daguin, procureur au dit présidial, pour le payement de quelques fraix et de quatorze mois d'intérest de la somme de neuf cens livres que j'avois cy-davant empruntée de la ditte damoiselle dont le dit s^r Daguin estoit une de mes cautions. Je luy avois envoyé cinquante livres pour payer une année du dit intérest avant qu'il fut escheu, tellement que les fraix avoient esté faits par sa faulte. Je luy presté 93 livres pour sortir de cette affaire et cinquante livres qu'il me devoit d'un autre costé dont il me donna sa promesse avec un transport de 27 livres quelques sols de rente constituée, deue par Mr de Boismorant [1], pour me faire annuellement payer de la ditte rente jusques à la concurrence de ce qu'il me devoit du despuis ; je luy ay renvoyé les contracts et jugemens concernant la ditte rente qu'il m'avoit mis entre les mains, m'ayant mandé qu'il avoit trouvé à la vendre et que, tout aussi tost qu'il l'auroit vendue, il m'enverroit l'argent qu'il me doit. Ç'a esté le s^r de Lagebourgé, mon compère, qui luy a porté les dittes pièces, j'en ay bien le reçu. Mr Daubière et moy retournâmes icy le sabmedy ensuivant. Du despuis il m'a donné les dittes pièces. Je les ay enfin remises entre les mains de mon cousin Daubière qui a achepté la ditte rente et ay receu 109 livres par les mains du nommé Billette, fermier de Mr de Boismorant, le surplus m'est deu par le dit s^r de Boismorant. J'en ay esté payé par Mr Daubière.

Le lundy 18, j'ay esté coucher chez Mr de Balantrut et, le lendemain matin, nous sommes partis ensemble et avons esté disner, luy à Abzat et moy chez Mr Clavetier. Et après disner, suis allé à Confolent pour parler à Mr du Mas, juge d'Availle, affin de faire mettre en criée le bien

---

1. René d'Aloigny, s^gr de Boismorand.

de Mr de Monnette. Le jeudy 21 ensuivant, Mr de Balantrut, qui estoit venu à Saint-Germain coucher le mesme jour que j'y arrivay, et moy retournâmes coucher chez luy et le lendemain nous vinsmes ensemble à la foire à Lussac, dont je retournay coucher ici le mesme jour.

Le dernier juillet, Mr de Lérignat nous est venu voir et s'en est retourné, le jeudy 4 aoust ensuivant, tout mal.

Aoust 1661, commancé par le lundy.

Le dimanche 7 aoust, Mr Nicault et moy sommes allez prendre Mr de Balantrut à Lérignat et de là sommes allez, avec un nommé Savin, sergent, au bourg du Vigean, pour parler au nommé Dupont, fermier des Aydes de l'eslection particulière de cette ville, lequel avoit escrit à Mr de Lavergne, advocat, que si on vouloit aller au bourg du Vigean qu'on pourroit s'accommoder touchant les différends que les habitans et luy ont ensemble, contre lesquels il avoit un arrest solidaire de la somme de trois mille livres pour deux cartiers escheus du dit droict qu'il avoit abandonné au préjudice de laquelle lettre; le dit Dupont estoit party le dit jour, dès le matin, assisté de 12 ou 15 personnes, et comme nous nous en retournions ne l'ayant pas rencontré au dit bourg, nous le trouvâmes au bout du parc, avec les dits hommes, qui amenoit unze chefs de gros bestail qu'il avoit pris au village de Vauriet, en la mestairie de Louis Allange, s^r de Peufrant, et m'estant pleint au dit Dupont de son infidélité et de ce qu'il exécutoit sans nous avoir donné coppie ni signification de son prétendu arrest, nous revînmes au bourg pour avoir la ditte copie qu'il nous promit de nous donner, ce qu'il ne voulut faire après que nous fusmes arrivez, et après l'avoir fait sommer par le dit Savin il nous en donna enfin coppie du dictum. Je luy déclaray nostre opposition à l'exécution du dit prétendu arrest et fis donner assignation pour en desduire les moyens par devant M^r l'intendant et retournâmes coucher à Lérignat et, le lendemain, arrivâmes icy Mr Nicault et moy, à neuf heures du matin.

C'est le plus meschant de tous les hommes, il se pleint d'une rébellion faitte par les habitans contre les commis, ce qui est absolument faux et supposé. Ils furent emprisonnez le 14 may, par ordonnance du juge prévost, pour avoir blessé Jean Lenfant dit l'Ardoize [1], et voilà le sujet de la rebellion.

Le sabmedy ensuivant, Mrs Chasseloup, l'un des scindics, et Marsac, furent trouver M^r l'intendant à Niort pour comparoir à la ditte assignation de l'autre part et retournèrent, le mercredy ensuivant, avec une ordonnance portant que les parties se pourvoiroient au Conseil dans quinzaine pendant laquelle surcis de l'exécution du dit arrest qui est un arrest sur requeste.

Le dimanche 14, a commencé l'ouverture du jubilé qui doit finir le sabmedy 27. La procession de Saint-Martial a esté en l'église de Nostre-Dame où les Augustins s'estoient aussi rendus processionnellement. On a commencé par l'himne *Veni Creator* et en suitte la messe du Saint-Esprit célébrée par le prieur des dits Augustins. Il y a eu prédication faite par Mr Blanchon, viccaire de Saint-Martial ; le Saint-Sacrement a esté exposé le dit jour en la ditte église de Nostre-Dame, le lendemain en celle de Saint-Martial, le dimanche suivant en celle des Augustins, le mercredy, jour de saint Barthelemy, aux pères Récollects, et le lendemain, jour de saint Louis, aux

---

1. En 1637, Jean Lenfant, s^r de l'Ardoise, maître armurier, et Jéanne Grumeau, sa femme, tenaient l'auberge de l'Ardoise à Montmorillon. Jean Lenfant comparait comme témoin le 15 mai 1693, à l'âge de 87 ans, dans un procès entre les Augustins de la Maison-Dieu et Pierre du Chastenet, sénéchal de Montmorillon, au sujet de la possession d'un chemin allant à la Roche-Breneuil Pour agrandir son enclos, Mr du Chastenet avait fait entourer de murs la Roche-Breneuil et le chemin qui y conduisait, de sorte que les Augustins, propriétaires de ladite Roche, ne pouvaient plus y accéder. Une sentence du mois d'août 1694 ordonna la démolition du mur. Mr du Chastenet interjeta appel, mais il ne put le suivre, la mort l'ayant surpris en 1695. (Arch. Vien. H^3 *bis* 73 et 379.)

Religieuses, dans toutes lesquelles églises estoient les stations. Il falloit jeusner le mercredy, vendredy et sabmedy de la semaine qu'on se vouloit confesser et communier pour gaigner le jubilé.

Le dit jour, environ les unze heures du matin, mourut le père Ignace, récollect, et fut enterré le lendemain, jour de l'Assomption, dans leur église. C'estoit un religieux d'une fort sainte vie.

Le [1]..... fut enterrée dans le cimetière de Saint-Martial la femme du chaudronnier.

Le vendredy au soir 26, mourut la femme de La Ramée, arquebusier [2].

Le dit jour, sur les 9 à 10 heures du soir, est décédée la vefve de deffunct Maixant dit Croupillon. Elles ont esté toutes deux enterrées, le lendemain, dans le cimetière de Saint-Martial.

Le mardy 30, Mr Chasseloup, procureur, l'un de nos scindics, et moy sommes partis pour aller trouver Mr Pellot, intendant, pour l'affaire que nos habitans ont avec Dupont. On nous avoit dit que le dit s^r intendant estoit à La Rochelle. Nous fusmes coucher à Vivonne, le lendemain mercredy nous disnâmes à Saint-Maixent et couchâmes à Niort; là nous apprîmes que M^r l'intendant estoit party de La Rochelle le dit jour et s'en alloit à Nantes voir le Roy et que nous le pourrions trouver à Fontenay.

Septembre 1661, commencé par le jeudy.

Le jeudy 1er septembre, nous fusmes disner à Fontenay d'où M^r l'intendant estoit party environ demie heure avant que nous y arrivassions. Il fut coucher à un bourg appelé Chantonès, à sept lieues de là, et nous à un autre appelé Siré, à quatre lieues. Le vendredy, nous disnâmes à [3].......

---

1. Laissé en blanc.
2. Marguerite Ragondeau, femme de Jean Lenfant, s^r de la Ramée, maître arquebusier.
3. En blanc.

et fusmes coucher à Montaigu où fut aussi coucher Mʳ l'intendant. Le lendemain sabmedy, sur la requête que nous luy présentâmes, il nous donna une surcéance de quinzaine des contraintes solidaires portées par les arrests que Dupont avoit obtenus contre nous. Ce mesme jour, nous fusmes coucher à Nantes qui n'est qu'à six lieues de Montaigu. Le Roy y estoit arrivé le jeudy précédent. Il estoit venu en relays de carrosses de Fontainebleau jusques à Saint-Dier, et de Saint-Dier en poste jusques à Nantes, et couroit à 40 chevaux. Le lundy 5ᵉ, environ les unze heures du matin, le Roi fit arrester à la sortie du chasteau où il estoit logé, Mʳ Foucquet [1], surintendant des finances, par Mʳ Dartaignan [2], lieutenant des mousquetaires, et le fit conduire, deux ou trois heures après, prisonnier au chasteau d'Angers par les dits mousquetaires, et sur les cinq heures du soir, fit aussi conduire Mᵐᵉ sa femme [3] à Limoges. Ils estoient logez chez Mʳ de Rouvre, près l'hostel de ville.

Le mardy 6, nous partismes, environ une heure après midy, et vinsmes coucher à Jetté ; le lendemain, disner à Chemillé et coucher à Douay ; le jeudi 8, disner à Saulmur et coucher à Chinon ; le 9, disner à Richelieu et coucher à Chastellerault, et le sabmedy 10, disner à Chauvigny et coucher ici. Je vis Mʳ le comte de Vivonne à Nantes qui nous promit de nous secourir dans nostre affaire. Le

---

1. Nicolas Fouquet, vicomte de Melun et de Vaux, né à Paris en 1615, procureur général du Parlement de Paris en 1650, surintendant des finances en 1653. On sait qu'après son procès qui dura trois années il fut enfermé dans la citadelle de Pignerol, où il mourut le 23 mars 1680, au moment où il venait de recevoir l'autorisation de se rendre, pour sa santé, aux eaux de Bourbon-l'Archambault. (L. Lecestre, *Mémoires de Saint-Hilaire*.)

2. Charles de Baatz, fils de Bertrand, sgr de Castelmore, et de Françoise de Montesquiou d'Artagnan, capitaine lieutenant de la première compagnie des mousquetaires du Roi, tué au siège de Maëstricht en juin 1673. C'est ce Charles de Baatz qui figure au premier plan, sous le nom d'Artagnan, dans le roman des *Trois Mousquetaires* d'Alexandre Dumas.

3. Marie-Magdeleine de Castille Ville-Mareuil.

mesme jour que fut arresté M^r le surintendant, le Roy fit embarquer dix compagnies des gardes pour se jetter dans Belleisle[1] et Concarnau qui estoit au dit surintendant, places très fortes qu'il avoit acheptées de M^r le duc de Rez [2].

Le dimanche 18, Me Félix Mérigot, s^r du Chefs, conseiller en ce siège, a chanté sa première messe aux Récollects. Il avoit pris les ordres à Périgueux, tous à la fois, par le moyen d'un *extra tempora* qu'il avoit eu de Rome. La musique du Dorat, du moins une partie, y estoit. Mr Blanchon, vicaire de Saint-Martial, prescha.

Le lundy 19, environ les sept heures et demie du matin, est décédée Mme Gaultier[3], femme du cousin Gaultier, lieutenant de robbe courte en la mareschaussée de cette ville, aagée d'environ 44 ans, et a esté enterrée, le mesme jour, en l'église Saint-Martial, soubs leur banc. Sept ou huict jours auparavant, il estoit mort deux de leurs petits enfans, et le jour mesme au soir mourut la plus jeune de leurs filles, nommée Marie, âgée de sept ans moins cinq jours, de laquelle j'estois parrin, et a esté enterrée, le lendemain 20, dans le cimetière de Saint-Martial, un peu au-dessoubs la croix qui est vis-à-vis de chez Mr Augier.

Le dit jour 20, est décédée dame Marguerite du Monteil, femme de Me Pierre de la Forest, l'aisné, procureur, aagée d'environ 55 ans, et a esté enterrée, le mesme jour, en l'église de Saint-Martial, soubs leur banc.

Le dit jour 20, est décédé le dernier des enfans de Crugeon, nommé Jean[4], aagé d'environ 19 à 20 ans, et a esté enterré, le mesme jour, dans le cimetière de Saint-Martial. Tous sont morts de dixanterie.

---

1. Fouquet avait fait fortifier Belle-Isle, terre de son domaine, pour lui servir de retraite en cas de besoin. Il y tenait un gouverneur (Mr de la Haye des Noyers) et une garnison qui dépendait de lui. (L. Lecestre, *Mémoires de Saint-Hilaire*)
2. Henri de Gondi, duc de Retz, né en 1590, mort le 12 août 1659.
3. Marie-Renée Fournier.
4. Fils d'Eustache Crugeon, maître teinturier, et de Perrette Moreau.

Le dit jour 20, a esté receu procureur en ce siège M⁰ Jean de la Vergne, sʳ de la Dorlière [1], au lieu et place du dit sʳ de la Dorlière qui s'en estoit desmis le mesme jour en sa faveur, estant extrêmement mal. Il n'y avoit que Mʳ de Lage, assesseur, et moy d'officiers, et fusmes exprès au parquet pour le recevoir.

Le jeudy 22, environ les six heures et demie du soir, est décédé Henry Micheau, fils de Mʳ le lieutenant, qui estoit né le 17 novembre 1658, et a esté enterré, le lendemain, dans l'église de Saint-Martial, ès sépultures de Mʳˢ les Richards.

Le sambedy 24, environ les 10 ou 11 heures du soir, est décédée Perrette Moreau, femme de Crugeon, maître teinturier, aagée d'environ 60 ans, et a esté enterrée, le lendemain, dans le cimetière de Saint-Martial. Morte de dixenterie.

Le dit jour, dimanche 25, le fils [2] de Rocheclaire a esté enterré dans le dit cimetière de Saint-Martial. Mort de dixenterie.

Le mardy 27, a esté enterrée, dans l'église de Saint-Martial, la dernière [3] des filles de ma cousine de Lhéraudière, qui n'avoit que sept à huict mois ; morte de dixenterie.

Le mercredy 28, Mʳ le lieutenant [4] est party du Blanc où il estoit dès le dimanche précédent avec mon cousin de Léché [5], et sont allez avec le messager de Paris pour s'en aller de là à Pontaudemer en Normandie.

Octobre 1661, commencé par le sambedy.

Le sambedy 1ᵉʳ octobre, environ minuict, est décédé

---

1. Fils de Louis Delavergne, sʳ de la Dorlière, procureur et certificateur des criées à Montmorillon, et de Marguerite Outin.
2. ..... Ducellier, fils de Guillaume Ducellier, sʳ de Rocheclaire, sergent royal, et de Catherine Cailleau.
3. Elisabeth, baptisée le 18 mars 1661, fille de Fleurent Goudon, sʳ de l'Héraudière, et de Jeanne Richard.
4. Claude Micheau, sʳ du Meslier, lieutenant général civil.
5. Paul Richard, sʳ du Léché.

Mre Louis Crugeon [1] qui avoit pris l'ordre de soubsdiacre au Quatre-Temps de la Pentecoste dernière, à Limoges, et a esté enterré, le lendemain dimanche, dans le cimetière de Saint-Martial, aagé d'environ 32 ans ; il avoit pris l'habit d'Augustin il y avoit six ou sept ans, qu'il quitta à Paris après l'avoir porté cinq ou six mois ; mort de dixenterie.

Le dit jour dimanche, est décédée la fille cadette de deffunct Me François Veras, nottaire, aagée d'environ 19 à 20 ans, et a esté enterrée, le dit jour, dans l'église de Nostre-Dame ; morte de dixenterie.

Le dit jour, il en a esté enterré six icy, grands que petits, morts tous de dixenterie.

Le dit jour, environ les 3 heures après midy, est décédée, à la Leuf, ma petite filleulle Jeanne [2], fille aisnée de Mr le lieutenant, et a esté enterrée, le lendemain, en l'église de Syllards ; morte de dixenterie. Elle estoit née le 2 juin 1655.

Le dit jour, a esté faitte une procession génèralle de l'église de Saint-Martial en celle de Nostre-Dame, où a esté célébré une grande messe pour appaiser l'ire de Dieu et le prier de nous délivrer des maladies, et a esté fait un vœu de dire tous les soirs, durant neuf jours, le salut en l'église de Nostre-Dame pour la mesme fin. C'est le lundy 3.

Le dit jour 3, a esté enterré dans le cimetière de Saint-Martial le fils de Siméon Dobterre, maître tanneur, aagé de treize à quatorze ans ; mort de dixenterie.

Le dit jour lundy 3, environ minuit, est décédée dame Jeanne Brisson, femme de Me Jean Dupin [3], messager de cette ville à Paris, aagée d'environ 75 ou 76 ans, et a esté

---

1. Fils d'Eustache Crugeon et de Perrette Moreau.
2. Fille de Claude Micheau, sr du Meslier, lieutenant général civil, et de Marie Richard.
3. Jean Dupin était le messager à gages de la Maison-Dieu ; les Augustins lui donnaient par an douze boisseaux de froment et douze boisseaux de seigle pour le port des paquets du couvent entre Montmorillon et Paris. (Arch. Vien. H³ *bis* 379.)

enterrée, le lendemain 4, dans le cimetière de Saint-Martial, au bout du cimetière, du costé qu'on va des Récollects à Saint-Martial, à main droicte. Morte de dixenterie.

Le dit jour 4, a esté aussi enterrée la femme de M[e] [Nicolas] Cherbonnier, s[r] de Lachinault, sergent, aagée de plus de 60 ans. Elle a esté enterrée dans le cimetière de Nostre-Dame ; morte de dixenterie.

Le mercredy 5, a esté enterrée dans le cimetière de Saint-Martial la veufve de deffunct Labrousse, vivant sergent royal en cette ville ; morte de dixenterie.

Le dit jour, environ les 4 heures du soir, est décédé Me Louis de la Vergne, s[r] de la Dorlière, procureur en ce siège, aagé d'environ 56 ans, et a esté enterré, le jeudy 6, dans le cimetière de Saint-Martial, derrière le Charnier. Il avoit fait recevoir son fils en son office le 20 du mois dernier. C'estoit un fort homme d'honneur et tel estimé de tous ceux qui le connoissoient.

La nuict du 5 au 6, est décédé Me Valantin de Chaulme, s[r] de Lagebourget [1], cy-davant exempt en la mareschaussée de cette ville, aagé d'environ 60 ans. Il est mort dans le village de Peufavard, parroisse de Jouhec, et a esté enterré dans le cimetière de Saint-Martial le dit jour 6.

Le dit jour de mercredy, au soir, a esté faitte une seconde procession généralle à cause desdittes maladies. On est party de Saint-Martial, passé aux Récollects qui vindrent en corps portant la croix et accompaignèrent la procession à Nostre-Dame, laquelle de là s'en retourna à Saint-Martial. Et durant neuf jours consécutifs on a fait la mesme procession, au bout desquels la maladie de dixenterie a presque entièrement cessé.

Le sabmedy 8, environ les trois heures après midy,

---

1. Il avait épousé Françoise Amard, dont il eut : 1° Pierre, baptisé à Saint-Martial de Montmorillon le 28 août 1626 ; 2° André, baptisé le 18 septembre 1627 ; 3° Pierre, baptisé le 5 janvier 1636.

est décédée dame Jeanne Argenton, seconde femme de M° Jean de Lavergne, sr de la Boutaudière, procureur en cette ville, aagée d'environ 32 ans, et a esté enterrée, le lendemain dimanche, au coin du charnier, dans le cimetière de Saint-Martial, en tirant du costé du four à ban; morte de dixenterie.

Le lundy 10, a esté enterré dans le cimetière de Nostre-Dame, le bonhomme Rémodeau [1] qui demeuroit au marché.

Le mercredi 19, est décédé Mᵉ Paul Babert [2], sergent royal, environ les neuf heures du matin, aagé d'environ 50 ans, et a esté enterré, le lendemain, à l'entrée de la grande porte de Nostre-Dame, du costé droict en entrant où la voulte est rompue ; mort de dixenterie et d'un abceds au fondement. Il n'avoit jamais esté marié.

Le sabmedy 29, est décédé à Poictiers Mᵉ Louis Fontenette [3], docteur en la faculté de médecine du dit Poictiers, aagé d'environ 50 ans. Il estoit venu icy voir Mˡˡᵉ la procureuse du Roy [4], malade de dixenterie, le 17, et commençoit de se trouver mal dès qu'il vint et la fiebvre le reprit icy. Il s'en retourna le 19 et fut coucher

---

1. Jean Rémodeau, époux de Catherine Matignon.
2. Fils de Florent Babert, sergent royal à Montmorillon, et de Charlotte Delerpinière. Paul Babert était le sergent à gages du couvent de la Maison-Dieu. Par acte du 1ᵉʳ février 1649, reçu par Veras, notaire à Montmorillon, il s'engage, moyennant la somme de 70 livres tournois et 20 boisseaux d'avoine par chacun an, « à faire et donner toutes assignations et significations et autres actes de justice concernant l'office de sergent royal dont il sera requis par les religieux Augustins pour la conservation de leurs biens, droits et devoirs ». (Arch. Vien. E⁴ 46.)
3. Né au Blanc en 1612, marié à Geneviève Thomas, dont un fils, Charles, né en 1637, qui épousa, le 27 août 1663, Anne Vrignaud, fille de René Vrignaud, sr de la Vergne, avocat à Montmorillon, et de Marguerite Jacquet.
Louis Fontenette a publié plusieurs ouvrages, entre autres, *Hypocrate dépaysé* ou la traduction paraphrasée de ses aphorismes, en vers français (1654).
4. Fleurence Boileau, femme de Blaise Vrignaud, sr du Parc, procureur du Roi à Montmorillon.

à Chauvigny et le lendemain à Poictiers. C'estoit un très docte et très expert médecin, regretté de tous ceux qui le connoissoient.

Novembre 1661, commencé par le mardy.

Le mercredy 2 novembre, j'ay esté coucher chez Mr de Balantrut et le lendemain chez Mr Clavetier.

Le sabmedy, Mr du Queiroix et moy fusmes à Confolent où on passa le traicté fait avec un sergent du dit Confolent pour faire les criées à Romazière appartenant à Mr de Monnette, soubs le nom de Mr Vrignaud, chanoine de Saint-Hyllaire-le-Grand de Poictiers, comme mon cessionnaire, moyennant quarante livres dont j'en payay vingt livres comptant au dit sergent, quoy que le dit traicté soit fait soubs le nom du sr du Queiroix comme ayant charge du dit sr Vrignaud et qu'il soit dit que c'est luy qui a payé les dittes vingt livres ; les autres vingt livres sont payables à la fin des dittes criées. Le dit traicté est demeuré pardevers Mr de Villechèze[1], lieutenant du dit Confolent, qui l'avoit escrit et dressé et passé par devant nottaire. Mr du Mas, juge d'Availle, l'a signé. Après quoy nous revinsmes à Saint-Germain dont je partis le lendemain dimanche, je vins coucher à Lérignat[2] où je demeuré jusques au mercredy 9 que je retournay coucher icy. L'affaire a esté despuis terminée par une transaction que le dit sr de Monette, Mr d'Anvaux[3] et moy avons faite ensemble. Nota que combien qu'il y ait un contract de cession faitte par moy au dit sr Vrignaud, chanoine, de ce qui m'est deub par le dit sr de Monnette, néantmoins ce n'est que pour me faire plaisir et pour avoir le moyen de poursuivre soubs mon nom aux requestes

---

1. Guillaume Dubois, sr de Villechèze.
2. On prononce encore aujourd'hui Lérignat au lieu de Nérignac.
3. Louis de Tisseuil, chev., sgr d'Envaux, lieutenant-colonel d'infanterie en 1680.

du pallais, le dit s^r Vrignaud ny son père n'en ayant jamais rien desbourcé.

Le vendredy, jour de Saint-Martin, Mr du Meslier est retourné de Normandie avec mon cousin de Léché et arrivé, environ les six heures du soir, avec le messager de Rochechouard.

Le mardy 15, est décédée la vefve[1] de deffunct Phelippes du Cellier, marchande, on l'appelloit la Phelippe, et a esté enterrée, le lendemain, dans le cimetière de Saint-Martial.

Le dimanche 20, est décédé Mathurin Saigne[2], dit de Chasmarabays[3], cordonnier, aagé de près de quatrevingt ans, et a esté enterré, le lendemain, dans le cimetière de Saint-Martial.

Décembre 1661, commencé par le jeudy.

Le vendredy 2, dame Marguerite[4] Goudon, vefve de deffunct M^e [Pierre] du Monteil, est décédée, environ sur les trois heures après midy, sans s'estre trouvée mal que le jour précédent et encore estoit-elle levée et travailloit à aider à faire de la chandelle, et fut enterrée, le lendemain, dans le milieu de la nef de l'église de Nostre-Dame ; on disoit qu'elle avoit quatre-vingt-seize ans.

Le vendredy 9, au soir, est décédé Me Charles de la Forest, s^r de Perfitte[5], advocat en ce siége, aagé d'environ 37 ans, et a esté enterré, le lendemain, dans l'église de Saint-Martial.

---

1. Marguerite Vrignaud.
2. Abréviatif de Dechassaigne. Famille de cordonniers plus connue sous le surnom de Marabais, auquel on ajoutait encore les sobriquets de l'Hermite et de Niclou.
3. Pour Chez-Marabais.
4. *Aliàs* Renée.
5. Le 5 février 1662, Jeanne Grault, sa veuve, vendait à Félix Augier, s^r de Malgoute, demeurant au lieu noble de Flex, paroisse de Brigueil-le-Chantre, un pré appelé des Hélies, paroisse de Moussac-sur-Gartempe, pour la somme de 90 livres tournois. (Arch. Vien. H³ *bis* 120.)

Le dit jour sabmedy 10, ma femme est allée coucher à Nérignat où je l'ay esté trouver le sabmedy ensuivant 17 et sommes retournez icy le lundy 19.

Le dit jour lundy, environ les huict heures du soir, est décédé M⁰ Jean Jacquet, sʳ de la Fontmorte, procureur, aagé d'environ 57 ans, et a esté enterré, le lendemain, dans l'église de Nostre-Dame, vis-à-vis la chappelle de Saint-Nicolas.

La nuict du vendredy 30 au sabmedy 31, est décédée dame [Françoise] Pin, vefve de deffunct M⁰ Fleurant Goudon, sʳ de Lhéraudière, vivant prévost en la mareschaussée de cette ville, aagée de près de 80 ans, et fut enterrée, le dit jour sabmedy, en l'église de Nostre-Dame, vis-à-vis la chapelle de Saint-Nicollas.

La nuict du jour de Noël venant au jour de Saint-Estienne, est décédée dame Chaterine de la Leuf, femme de M⁰ Vincent Bonnin, appotiquaire, aagée d'environ 53 ans, et a esté enterrée, le dit jour de Saint-Estienne, dans le cimetière de Saint-Martial, près la croix, du costé de chez Mʳ Augier.

Année 1662, commencée par le dimanche.

Le dimanche premier janvier, j'ay esté coucher à Nérignat et suis retourné icy le lendemain.

Le sabmedy 7, Pierre Goudon, escuyer, sʳ de Grézau, fils aisné de deffunct Mʳ de Lhéraudière, est arrivé icy de Paris où il s'estoit allé faire recevoir en la charge de prévost en la mareschaussée de cette ville qu'avoit deffunct son père. Il n'est aagé que d'environ 21 ans.

Le mercredy ensuivant unziesme, ses provisions ont esté leues en l'audiance et registrées.

Le dit jour, a esté receu M⁰ Nicollas Jacquet, fils cadet de deffunct M⁰ Jean Jacquet, sʳ de la Fontmorte, en son office de procureur.

Le vendredy 13, j'ay mené ma niepce de la Baudinière

chez mon cousin Daubière à Poictiers ; nous sommes allez avec Mre Blanchon, vicaire de Saint-Martial, et Mr de Lage, avec lesquels je m'en suis retourné le dimanche ensuivant, et avec Mr de Pommeroux que nous avions trouvé au Temple en allant, et avons tous logé à la Lamproye.

Le dimanche 22, environ les six heures et demie du matin, ma cousine la lieutenante est accouchée d'un fils [1].

Le dimanche 29, ont esté espousez en l'église du Bourg-Archambault, Nicollas de Chantemargue, fils de mon mestayer de Marin, et Mathurine Rambelière, qui demeuroit servante chez le nommé Ravage, du village de Biard-les-Monges.

Le lendemain 30, ont esté contractez et espousez en l'église de Saint-Martial, par Mre Louis Grault, curé d'icelle, Mr de Grézau [2] et damoiselle Marie de la Forest [3], fille de Me André de la Forest, s^r de Lage, assesseur. Jean Goudon, s^r de Boismenu, nottaire, a receu le contract.

Février 1662, commencé par le mercredy.

Le sabmedy 4, environ les unze heures du soir, ont esté espousez en l'église de Saint-Martial Me Pierre Chantaize, s^r de Rémigeoux, et dame Magdelaine Goudon, fille de Me Jean Goudon, s^r de Beauvais, commissaire des saysies réelles de cette ville.

Le dimanche 5, environ les huict heures du matin, est décédé Me Pierre Nicault, advocat en cette ville et esleu en l'eslection particulière, et a esté enterré le dit jour au cimetière de Saint-Martial.

Le lundy 6, M^e [François] Goudon dit Guiron, pro-

---

1. Louis Micheau, fils de Claude Micheau et de Marie Richard.
2. Pierre Goudon, s^r de Grézeau et de l'Héraudière.
3. Dite Mlle de Lage, baptisée à Saint-Martial de Montmorillon le 28 septembre 1636.

cureur, a esté espousé, à Verrière, avec la fille du Verger [1], du dit lieu de Verrière.

Le mercredy 8, a esté baptisé en l'église de Saint-Martial, par Mre André Blanchon, vicaire, le fils dont ma cousine la lieutenante [2] estoit accouchée le 22 du mois passé, et a esté son parrin, Louis Richard, s[r] des Horts, lieutenant criminel en cette ville, et sa marrine, dame Eléonor Pineau, vefve de deffunct mon frère de la Faix. Il a esté nommé Louis.

Le jeudy lendemain, ont esté espousez en l'église de Saint-Martial, par le s[r] Blanchon, viccaire, Félix Marrabays dit maître Niclou, cordonnier, et Jeanne [Bernard], servante de ma cousine la lieutenante.

Le dimanche 19, environ les dix heures et demie avant minuict, ont esté espousez en l'église de Saint-Martial par Mre Louis Grault, curé d'icelle, le dit s[r] des Horts [3], lieutenant criminel, et damoiselle Louise Gaultier, fille de deffunct Gabriel Gaultier, s[r] du Poyoux, et de dame Catherine Naude. Ils sont parens au quatriesme degré, dont M[rs] les grands viccaires de Poictiers ont donné dispense.

Le sabmedy précédent, M[r] et Mlle de Lérignat et Mlle des Champs sont venus icy pour y passer les jours gras et y

---

1. Jeanne Fayard, fille de Jacques Fayard, s[r] du Verger, procureur fiscal de Verrières, et de Catherine Bonnin. François Goudon succéda à son beau-père comme procureur fiscal de Verrières. Le 16 septembre 1665, sa femme et lui affermaient, pour huit années, de François Massoulard, prêtre, bachelier en théologie de l'université de Poitiers, curé de Saint-Michel de Verrières, la maison appelée la Petite-Cure et les terres en dépendant, au-dessous de ladite église, moyennant la somme de 16 livres et 10 sols par an. (Arch. Vien. G[9] 159.)
Devenue veuve, Jeanne Fayard épousa en deuxièmes noces Jacques Grangier, s[r] de la Vergnée.
2. Marie Richard, femme de Claude Micheau, s[r] du Meslier.
3. Louis Richard, s[r] des Ors, conseiller du Roi et lieutenant général criminel à Montmorillon. Le 19 février 1690, il déclarait tenir de la commanderie de Rouflac (ordre de Malte) la terre des Combes, paroisse de Concise, contenant cent boisselées et consistant en maisons, colombier, grange, toits, charrières, jardin, prés, vignes, terres, garenne, bois de haute futaie, francs et libres lesdits lieux de tous droits de dîme et au devoir seulement de deux deniers de cens à mutation de seigneur et d'homme. (Arch. Vien. H[3] 265.)

ont amené ma fille Fleurance. Ils ont demeuré jusques au second mercredy de caresme, 1ᵉʳ mars.

Mars 1662, commencé par le mercredy.

Le 1ᵉʳ mars, environ les sept heures et demie du matin, est décédé Mᵉ François Goudon, sʳ de Marsac, aagé d'environ 55 ans, et a esté enterré dans l'église de Nostre-Dame, moictié dans le cœur et moictié soubs le clocher, le mesme jour au soir.

Le sabmedy 25, j'ay esté coucher à Lérignat pour les voir et retourné icy le lundy ensuivant.

Avril 1662, commencé par le sabmedy.

Le jour des Rameaux 2 avril, environ les six heures et demie du soir, Charles Cailleau, sʳ de Maisonfort[1], passant devant la porte de Mᵉ Anthoine Naude, sʳ de Montplanet, procureur, et ayant apperceu un jeune homme de Confolant nommé Chalaphy, qui y estoit avec le fils aisné[2] du dit Naude, sa fille et Lefebvre, sʳ des Portes, frère du prieur de Saint-Martial, tira un coup de pistollet, pensant tuer ou blesser le dit Chalaphy, duquel il disoit avoir esté maltraitté quelque temps auparavant à Poictiers, et ne luy toucha pas, mais blessa griefvement le dit Desportes au bras et au bas-ventre du costé gauche, après quoy il s'enfuit tout esperdu et fut suivy du dit Desportes et des deux autres et atteint par le dit Chalaphy, en entrant chez Mᵉ François Gaultier, greffier en la mareschaussée, où il se sauva, lequel Chalaphy luy donna un coup d'espée dans les reins.

Le lundy, lendemain des Rameaux, 3 avril, Mʳ de Lage et moy sommes allez à Lérignat où nous avons trouvé

---

1. Baptisé le 2 juin 1636 à Saint-Martial de Montmorillon, fils de Louis Cailleau, sʳ de Maisonfort, et de Marie Dalest.
2. Martial Naude, sʳ des Brosses, marié, le 9 février 1665, à Marguerite Desvaux, dont postérité.

mon frère de Lagebertye qui estoit arrivé de la cour dès le sabmedy. Mr de Lage et moy sommes icy retournez le mesme jour.

Le vendredy 14, Mr de Lage et moy sommes allez ensemble à Lérignat et, après-disner, je suis party avec M^r et Mlle de Balantrut et sommes allez coucher à Saint-Germain. Mr de Lage est retourné icy le dit jour.

Le dimanche 16, a esté passé transaction entre mon beau-père, mes beau-frères, le Queiroix et Lagebertye, et M^r et Mlle de Balantrut touchant la part des successions de quatre enfans et filles décédez despuis la mort de deffuncte Mlle Clavetier, leur mère, dont en a esté délaissé une quatriesme portion à la dite demoiselle de Balantrut qui s'est trouvée revenir à deux mille trois cens cinquante livres, pour le payement de laquelle somme et de deux mille deux cens livres restant de la constitution dotalle de la dite damoiselle luy a esté délaissé un pré près de l'Isle-Jourdain, et Mr du Queiroir a constitué par la mesme transaction la somme de deux cens livres de rente volante. La transaction est receue par Marchand[1] et Maillard, nottaires de Saint-Germain.

Le mardy 18, Mr de Balantrut et moy partimes après disner de Saint-Germain et fûmes coucher à la Groye chez Mr Buissonnet[2], avec lequel nous fûmes le lendemain à Charroux pour travailler à l'accommodement de Mr Chanier et ses enfans qui ont un grand procez avec Mr de Vernueil[3], advocat du Roy à Cyvray, et ses cohéritiers, et n'ayant pu vuider leurs différends, ils nous continuèrent leurs parolles et donnèrent un blanc signé qui fut délaissé

---

1. Le 6 juillet 1647, Pierre Marchand avait affermé des Augustins de Montmorillon, pour trois années, la commanderie ou aumônerie de Chassenay, paroisse de Lessac, moyennant 21 livres par an. (Arch. Vien. H^3 bis 155.)
2. ..... Pascault du Buissonnet.
3. Charles Bricauld, s^r de Verneuil, avocat du Roi à Civray. Cette charge lui avait été cédée en 1654 par sa cousine Suzanne Bricauld, veuve de Charles Imbert, s^r de Pontpinson.

au sʳ Buissonnet, et le sabmedy 22 ensuivant Mʳ de Balantrut et moy retournâmes coucher à Lérignat et moy je revins icy le lendemain, ayant passé à Plaisance où estoit la procession de cette ville.

May 1662, commencé par le lundy.

Le lundy 8 may 1662, je commençay de me trouver mal, par une fiebvre qui me prit en froid en me couchant, et dura toute la nuict, dont ne m'estant point senty le lendemain je ne laissay pas d'agir et sortir à l'ordinaire. Elle me reprit encore en me couchant et ne me quitta que le lendemain mercredy au soir ; je me levay encore le jeudy 11, sans pourtant sortir de la chambre, et le soir la fiebvre m'ayant encore repris, je ne partys plus du lict que le lundy 5 juin que je commençay un peu à me lever, sans néanmoins sortir de la chambre que le dimanche ensuivant, jour de Saint-Barnabé. C'estoit une fausse fiebvre tierce, laquelle changea parfois. Je me trouvay très mal, surtout le dimanche 21 may, par une deffaillance presque universelle qui m'arriva subitement, à quatre heures du matin, que l'on m'apporta en diligence le très Sainct-Sacrement.

Le sabmedy 6, jour de Saint-Jean Porte-Latine, a esté enterré[1]..... de Lavergne, sʳ de la Grille, sergent royal en cette ville, aagé de plus de 60 ans. Il a esté enterré au cemetière de Saint-Martial.

Le jour de la Pentecoste, est décédée la femme[2] de Mᵉ [Pierre] Guérin, sʳ du Parc[3], maître appotiquaire, aagée d'environ 38 ans, et a esté enterrée, le lendemain 29, au cemetière de Saint-Martial. Elle estoit de Loudun.

Juin 1662, commencé par le jeudy.

Le sabmedy 10, est décédée Jeanne[4].... vefve de deffunct

---

1. Laissé en blanc.
2. Angélique Girard.
3. Pierre Guérin épousa en deuxièmes noces Aimée Tartarin, fille de Fleurent Tartarin, greffier de la sénéchaussée de Montmorillon.
4. Laissé en blanc.

Marrabais dit l'Hermitte[1], cordonnier, et a esté enterrée, le lendemain, au cemetière de Saint-Martial. Elle estoit boulangère et pouvoit estre aagée de 55 à 60 ans.

Le mercredy 14, [François] Borde dit Fonlore, sergent royal, estant à Matines à Nostre-Dame, tomba subitement sur le pavé dans le chœur de la ditte église, saysi d'une appoplexie dont il mourut, une heure et demie ou deux heures après, et fut enterré le soir dans [le cemetière] de Nostre-Dame.

Le dimanche 18, environ les 10 à 11 heures du soir, ont esté espousez en l'église de Saint-Martial, par Mre André Blanchon, viccaire, [Louis] Argenton, fils de deffunct Jean Argenton, marchand, et de dame Marie Chasseloup, remariée à présent avec Me Gilbert Babert, nottaire, et Margueritte de la Vergne[2], fille de deffunct Pierre de la Vergne, s^r de Chastaigner, et de [Françoise Rollineau].

Le jeudy 22, j'ay esté coucher à Nérignat, chez Mr de Balantrut, où j'ay séjourné le vendredy et sabmedy ensuivant, et le dimanche 25 j'ay esté coucher à Saint-Germain, chez Mr Clavetier, mon beau-père, où j'ay séjourné jusques au mercredy ensuivant, et le jeudy 29 je suis icy retourné coucher.

Le dimanche 25, a esté espousée Marie Bernard, de la ville de Saint-Savin, nostre servante, avec le nommé Lamigault [3], cordonnier de cette ville. Mre Blanchon, viccaire, les a espousez.

Juillet 1662, commencé par le vendredy.

Le dimanche 2 juillet, j'ay esté à Plaisance pour exécuter un vœu que ma femme avoit fait pendant ma maladie. Je l'y menay et ma fille aisnée ; M^r et Mlle de Lérignat s'y trouvèrent.

---

1. Mathurin Dechassaigne, dit Marabais l'Hermite.
2. Baptisée à Saint-Martial de Montmorillon le 2 août 1638.
3. Mathurin Lamigault, baptisé à Saint-Martial le 2 octobre 1632, fils de Simon Lamigault et de Louise Jolly.

Le vendredy 21, à dix heures du soir, est décédé à Saint-Germain, François Clavetier, s^r du Queiroix, mon beau-frère, dans le vingt-quatriesme jour de sa maladie. Il estoit aagé d'environ 50 ans, et fut enterré, le lendemain au soir 22, dans l'église de Saint-Germain [1], proche le balustre du chœur.

Le dimanche 23, j'ay esté coucher à Nérignat chez Mr de Balantrut, avec lequel je fus le lendemain à Saint-Germain et assistâmes au service qui se fit pour l'âme du dit s^r du Queiroix. Il y avoit unze prestres et deux récollects. Nous retournâmes coucher chez Mr de Balantrut, le mardy au soir 25, et le lendemain je vins icy disner.

Le dit jour, ma niepce la Baudinière retourna de Poictiers avec mes cousines Daubière et Richard et est venue demeurer céans.

Le lundy dernier juillet, ont esté espousez en l'église de Saint-Martial, par Mre André Blanchon, vicaire, [Félix] Crugeon, s^r des Garances [2], teinturier, et dame Françoise

---

1. L'église de Saint-Germain était autrefois la chapelle d'un château-fort dont les ruines sont les plus majestueuses et les plus pittoresques que l'on puisse voir. Tout ce que l'imagination se présente en ce genre de fantastique et de grandiose s'y trouve réuni. Non loin de là se voit le dolmen de Saint-Germain, appelé dans le pays la pierre de Sainte-Madeleine. Il est situé au milieu d'une ile de la Vienne, jadis couverte d'une épaisse forêt qui fut défrichée vers 1840. Ce dolmen présente une pierre énorme supportée par quatre colonnes tournées. Autrefois, une fête religieuse attirait les populations voisines dans l'île de Sainte-Madeleine. On s'y rendait en bateau. Là les pères racontaient à leurs fils la légende de la pierre de Sainte-Madeleine. La sainte elle-même avait, disaient-ils, élevé cette masse énorme. Elle portait la pierre sur sa tête et les colonnes dans la poche de son tablier de gaze. Quand elle arriva sur les bords de la Vienne, son pied s'imprima sur une roche granitique. De ce pas elle franchit le bras de la rivière qui la séparait de l'île et alla placer au milieu son léger fardeau. Ils ne manquaient pas au retour de montrer sur la rive gauche l'empreinte du pied de la sainte. En effet, par un jeu singulier de la nature, que du reste on a remarqué sur d'autres roches granitiques, une empreinte de pied s'y trouve parfaitement gravée. Cette empreinte, appelée le Pas de Sainte-Madeleine, a 0,30 de longueur sur 0,04 de profondeur. Le rocher sur lequel elle se trouve se voit sur le bord d'un petit ruisseau qui se jette dans la Vienne en face de l'île de Saint-Germain. (Michon, *Stat. mon. de la Charente*.)

2. Baptisé à Saint-Martial de Montmorillon le 10 août 1636, fils d'Eustache Crugeon, maître teinturier, et de Perrette Moreau.

de la Forest, fille de M⁰ Pierre de la Forest l'aisné, procureur, et de deffuncte dame Margueritte du Monteil. Le dit sʳ de la Forest n'a voulu assister au mariage auquel il avoit grande répugnance, mais a seulement signé le contract.

Aoust 1662, commencé par le mardy.

Le 1ᵉʳ aoust, ma niepce de Lérignat et Mlle des Champs sont venues céans. Le sabmedy 5, elles sont parties après disner et moy avec elles et sommes allez coucher à Lérignat et le lendemain ay esté coucher à Saint-Germain.

Le mardy 8, Mlle du Queiroir [1] a esté créée mère et tutrice naturelle de ses enfans pardevant Mʳ du Nouhaut, juge de Saint-Germain.

Le lendemain, Mʳ de Balantrut qui estoit venu à Saint-Germain le jour précédent et moy sommes venus coucher à Lérignat, et le jeudy 10, je suis icy retourné au matin.

Le sabmedy 26, Mʳ le lieutenant criminel [2] et moy sommes allez à Poictiers et sommes arrivez à midy et le lendemain nous avons fait vuider les différends qu'il avoit avec tous nous autres ses cohéritiers en la succession de deffunct nostre oncle le sʳ André Richard, lieutenant, pour raison du traicté du dit office de lieutenant criminel, et ce par l'advis de Mʳ de Riparfons et de Mʳˢ Maisondieu le jeune et Thévenet, advocats au présidial, arbitres par nous pris par compromis passé entre nous, receu par Goudon et [Naude], nottaires royaux. La sentence arbitralle est receue par Mᵉ René Berthonneau, notaire à Poictiers. Le dit sʳ lieutenant s'en retourna le dit jour coucher à Aubière, et moy je m'en retournay le lundy 28 avec Mʳ de la Marnière [3], prestre, qui estoit venu à Poictiers avec nous, et avons tous logé à la Lamproye.

---

1. Marie de Maroix, veuve de François Clavetier, sʳ du Quéroir.
2. Louis Richard, sʳ des Ors, lieutenant criminel.
3. René Massonneau, sʳ de la Marnière, prêtre.

Septembre 1662, commencé par le vendredy.

Le mardy 5, mon frère de Lagebertye nous est venu voir et s'en est retourné le lendemain coucher à Lérignat.

Le sabmedy 23, M⁰ Fleurant Argenton, fils de M⁰ Jean Argenton, sʳ de la Rengeardière, procureur, a esté receu en la ditte charge de procureur en la place de son père qui estoit malade à l'extrémité. Il peut être aagé de 17 à 18 ans. Je n'y ay pas voulu assister à cause qu'il n'avoit point de provisions. C'estoit la semaine des assizes.

Le lendemain dimanche 24, le dit M⁰ Jean Argenton est décédé sur les huict à neuf heures du matin et a esté enterré le mesme jour dans le cimetière de Saint-Martial, proche le ravelin, du costé gauche en allant à la closture.

Le lundy 25, le fils [1] de Mʳ Clabat, appotiquaire, et la fille aisnée [2] de Mʳ de Villechinon, ont esté espousez en l'église de Nostre-Dame par Mʳᵉ Boudet, curé de Concize.

Le mardy 26, ont esté espousez en l'église d'Anthenet [3] par Mʳᵉ Louis Pargon, curé d'icelle, M⁰ [Jean] Lestrigou [4], sʳ de Cherpillé, nottaire, demeurant au bourg de Béthines, veuf, et Margueritte Gaultier [5], fille de deffunct M⁰ [Louis] Gaultier, sʳ de l'Isllette [6].

---

1. François, fils de François Clabat, apothicaire, et de Marie Goudon.
2. Anne Dumonteil, fille de Pierre Dumonteil, sʳ de Villechinon.
3. Aujourd'hui Thenet, commune réunie à celle d'Hains le 19 avril 1820. Le fief et haute justice de Thenet relevait de la Maison-Dieu de Montmorillon.
4. Jean Lestrigou, décédé le 12 mars 1684, à l'âge de 70 ans, avait épousé en premières noces Louise Vezien, dont il eut : 1° François, baptisé le 23 juillet 1646; 2° Jeanne, baptisée le 23 décembre 1654 ; 3° Marie, baptisée le 4 janvier 1657; 4° Louise, baptisée le 15 mai 1659; 5° Marie, baptisée le 20 octobre 1661. Du deuxième lit sont issus : 6° François, baptisé le 7 avril 1665 ; 7° Catherine, baptisée le 5 février 1674. (Reg. par. de Béthines.)
5. Fille de Louis Gaultier et de Marie Cailleau.
6. Dans un inventaire des titres de la Maison-Dieu de Montmorillon dressé en 1742 figure, à la page 2, un acte dont la date est effacée, mais qui prend rang entre 1121 et 1221, où il est dit que « Guillaume de Chargé, éc., reconnaît n'avoir aucun droit de cens, vicariat et pâturage en l'hébergement, maison et verger de la Maison-Dieu et de la Sablonnière sis au-dessous de l'enclos de la dite Maison-Dieu, ni dans

Octobre 1662, commencé par le dimanche.

Le dimanche premier jour d'octobre, dame Marie du Bouex, femme de Mr de Chantebon, et moy avons tenu sur les fonds de baptesme la fille cadette[1] de Mr du Brueil-du-Mazet et de la Fouchardière, aagée de dix mois ; a esté baptizée en l'église de Syllards par M[re][2]..... Boulineau, curé, et nommée Marie.

Le mardy 10, ont esté contractez Jeanne Estourneau, fille aisnée de deffunct Me Nicollas Estourneau, s[r] de la Cherbaudière, vivant sergent royal en cette ville, et Guillaume Imbert, chirurgien de la ville de la Trimouille, et ont esté espousez le soir mesme, environ huict à neuf heures du soir, en l'église de Saint-Martial, par Mre Blanchon, vicquaire.

Le sabmedy 21, après soupper, ont esté espousez en l'église de Saint-Martial, Lefebvre[3], s[r] des Portes, avec la fille du nottaire Brisson, laquelle il avoit engrossée.

Le mardy 24, a esté enterré, dans le cemetière de Saint-Martial, André de Chaulme, fils de Me Pierre de Chaulme, s[r] du Monteil, aagé d'environ 16 à 17 ans.

---

une certaine isle appelée Banenée, sise entre la Tonnelière et le dit couvent ». (Arch. Vien. H³ bis 379.)

L'île désignée ici sous le nom de Banenée est sans aucun doute l'île de Fosse-Blanche. Sur un relevé des devoirs dus à la Maison-Dieu par les héritiers du sénéchal Paul Thomas en 1660, on lit la mention suivante concernant un moulin situé en cet ilot et qui fut détruit à la fin du xvie siècle : « les deux roues des Grands-Moulins les plus proches de la rivière, vis-à-vis du moulin à papier, ont été données par le couvent au s[r] de la Jautrudon pour le récompenser de son moulin situé en l'Islette, ruiné par les Augustins comme il se voit au grand procès qui a esté poursuivi par les dits Augustins, contre le s[r] Thomas, sénéchal, touchant le moulin à papier que le s[r] Thomas a esté contraint de reconnoistre en la justice et directe de la Maison-Dieu et la rivière leur appartenir ». (Arch. Vien. H³ bis 89.)

1. Fille de Paul de Coral, éc., sgr du Breuil-du-Mazet et de la Fouchardière, et de Diane-Marie Savatte.

2. Laissé en blanc.

3. Antoine Lefebvre, s[r] des Portes, frère de Jean Lefebvre, prieur de Saint-Martial. Il succéda à son beau-père comme notaire royal à Montmorillon.

4 Marguerite Brisson, fille de Laurent Brisson, notaire royal, et de Jeanne Allaire.

— 214 —

Le dit jour, environ les unze heures du matin, est décédé Mᵉ Louis Allange, sʳ de Peuxfrans, et a esté enterré le lendemain dans l'église de Saint-Martial, soubs son banc vis-à-vis la chaire du prédicateur. Il pouvoit estre aagé de 44 ans.

Le dit jour mercredy 25, jour de Saint-Crespin, après midy, la femme[1] de Mᵉ Niclou, cordonnier, est accouchée d'un fils, lequel a esté baptisé le vendredy 27, durant vespres, dans l'église de Saint-Martial, par Mʳᵉ Blanchon, vicaire, et a esté son parrin, André Micheau, fils aisné de Mʳ le lieutenant civil, et marrine, ma fille aisnée[2], et a esté nommé André.

Novembre 1662, commencé par le mercredy.

La nuict du sabmedy 4 au dimanche 5 de novembre, est décédée dame [Marguerite] Amard, vefve du deffunct sʳ de Peuxfrancs[3], et a esté enterrée, le dit jour de dimanche après vespres, dans l'église de Saint-Martial, contre la muraille vis-à-vis du bénistier. Elle estoit accouchée despuis la mort de son mari, son fruict eut baptesme et mourut peu après, n'estant à terme, car elle s'estoit blessée.

Le jeudy matin 9, la femme du sʳ de Remigeoux[4] est accouchée d'une fille[5].

Le jeudy 16, j'ay esté à Lérignat disner et y ay séjourné tout le jour et le vendredy 17 j'ay esté disner à Abzat chez Mʳ le prieur, où j'ay trouvé mon frère de Lagebertye et avons esté coucher chez luy à Saint-Germain. Le mardy 21, j'ay esté à Confolent pour voir Mʳ de Villechèze pour

---

1. Jeanne Tranchant, femme de Félix Dechassaigne dit Niclou, maître cordonnier.
2. Marguerite Demaillasson.
3. Louis Allange, sʳ de Peufranc.
4. Magdeleine Goudon, femme de Pierre Chantaise, sʳ de Remigeoux.
5. Marguerite, baptisée à Notre-Dame de Montmorillon le 26 novembre 1662.

sçavoir l'estat des criées que je poursuis à Angoulesme, soubs le nom de Mr Vrignaud, chanoine de Saint-Hyllaire de Poictiers, du lieu de Romazières appartenant à Mr de Monnette, auquel le lendemain on a donné assignation pour les voir vérifier; et y suis encore retourné le dit jour 22 et le vendredy 24 suis venu coucher chez Mr de Balantrut et le sabmedy 25 suis retourné icy.

Le vendredy 17, Me Jean Goudon[1], fils de François Goudon, s^r du Chambon, et Me Louis Bonnin[2], fils de M. Vincent Bonnin, appottiquaire, ont esté receus advocats.

Le[3] ...., a esté enterrée la vefve[4] de deffunct Me Charles de la Forest, vivant s^r de Perfitte, advocat en cette ville, dans l'église de Saint-Martial, soubs le banc de Mr de Lavergne et le mien.

Le mercredy 28, Mr Bareau et moy sommes allez à Poictiers pour compter avec M^r le baron de Rouhet, faisant pour le prieur[5] de Saugé, de ce qui estoit deu par le dit prieur au dit s^r curé et sommes retournez icy le jeudy 30 et de là le dit curé s'en est retourné coucher à Saugé. Nous avons logé à la Lamproye.

Décembre 1662, commencé par le vendredy.

Le lundy 4 décembre, Mrs de Balantrut et de Lagebertye sont venus coucher céans et le lendemain le dit s^r de Lagebertye est party pour s'en retourner à la Cour. J'ay esté le conduire au Blanc, Mr de Lhéraudière, prévost de cette ville, y est aussi venu, et le mercredy il est party pour continuer son voyage, et Mr de Lhéraudière et moy

---

1. Fils de François Goudon, s^r du Chambon, et de Louise-Marguerite Delaforest.
2. Baptisé à Saint-Martial de Montmorillon le 24 février 1642, fils de Vincent Bonnin, maître apothicaire, et de Catherine Delaleuf.
3. Laissé en blanc.
4. Jeanne Grault.
5. Fleurent de la Béraudière, prieur du prieuré de Notre-Dame de Saulgé.

sommes retournez icy et arrivez environ les huict heures du soir.

Le dit jour lundy 4, environ les trois heures du matin, Mlle la lieutenante criminelle[1] est accouchée d'un fils[2].

Le mardy 19, j'ay esté à Poictiers où je n'ay pu entrer ayant couché au fauxbourg de Pont-Joubert à la Queue-du-Renard, à cause que je ne pus passer la Vienne au Temple. Elle estoit toutte couverte de glace et fallut aller à Chauvigny où je passay fort tard avec le père Parant, prieur des Augustins de La Rochelle et prieur absous de ceux de cette ville, que je trouvay en partant d'icy qui alloit aussi à Poictiers. J'estois allé pour porter mes provisions de Me des requestes de la Reine mère, sur ce que quelques uns des esleus du dit Poictiers m'avoient d'office voulu taxer en la taille au bas de la commission. J'ay obligation à Mr Citoys[3] qui trouva moyen de l'empescher. Le 20, je fus du matin loger à la Lamproye et m'en retournay icy le lendemain 21.

Le sabmedy 30, ma femme, ma niepce de la Baudinière et Gotton sont allées coucher chez Mr de Balantrut. Le mauvais temps les empescha d'aller à Saint-Germain chez Mr Clavetier pour le voir, comme elles avoient résolu en partant d'icy, et ont tousjours demeuré à Lérignat jusques au mardy 9 janvier 1663 qu'elles sont retournées céans.

Le dit jour, environ les unze heures du matin, est venu en l'audience Mr de Lhéraudière, le prévost, pour se faire décharger des tailles et impôts et fut pour ce en l'obligation de présenter ses pièces qui furent vues et après quoy il fut déchargé par Mr le procureur. Il avoit présenté l'acte de décès de son ayeul Raoul Goudon, fils de Fleurant et de dame de Puysolin en 1507 et les contrats de mariage

---

1. Louise Gaultier, femme de Louis Richard, sr des Ors, lieutenant général criminel.
2. André.
3. René Citoys, sr du Breuil, élu à Poitiers.

de Guy-Denis et Marie Massonneau et celui de Félix et dame Michelle Rochier et celui de Fleurant et Françoise Pain, et enfin celui de ses père et mère Fleurant et Anne Floret. Le premier en 1503, le second en 1563, le troiziesme en 1589 et le quatriesme en 1609[1].

Le dimanche 31, est décédé le fils dont est accouchée Mlle la lieutenante[2] le 4 novembre dernier.

Année 1663, commencée par le lundy.

Le lundy, 8e jour de janvier, a esté baptizé en l'église de Saint-Martial, par Mre Louis Grault, curé de la ditte parroisse et prévost de Nostre-Dame, le fils aisné de M^r le lieutenant criminel, et a esté son parrin, Me André de la Forest, assesseur criminel en ce siège, et marrine, dame Catherine Naude, belle-mère du dit s^r lieutenant, et nommé André[3]. Plusieurs jeunes hommes des principaux de cette ville se sont mis soubs les armes et ont ainsi conduict le baptistaire. Et le soir, grand nombre des plus proches parans tant du dit s^r lieutenant que de la damoiselle sa femme ont souppé chez lui. J'y ay esté.

Le lendemain, environ les sept heures du matin, ont esté espousez en l'église de Saint-Martial, par Mre André Blanchon, vicaire, Me François Dalest[4], juge prévost de cette ville, fils d'autre Me François Dalest, vivant s^r de Puyterrault, et damoiselle Marie Mérigot[5], fille du s^r de la Mothe-Mérigot.

Le vendredy 12, le dit s^r juge a esté installé en la séneschaussée et y a pris séance durant l'audiance. Il y a eu opposition à la ditte installation par le s^r de Joumé[6]

---

1. Ce paragraphe n'est pas de la main de Mr Demaillasson.
2 Marie Richard, femme de Claude Micheau, s^r du Meslier, lieutenant général civil.
3. Né le 4 décembre 1662. Fils de Louis Richard, s^r des Ors, lieutenant criminel, et de Louise Gaultier.
4. Fils de François Dalest, s^r de Puyterrault, et de Marguerite Dauberoche.
5. Fille de François Mérigot, s^r de la Mothe, et de Marie Delavergne.
6. Pierre Mangin, s^r de Joumé.

comme créancier de Mᵉ Pierre Dalest, dernier pourveu du dit office, fondée sur ce que le dit office estoit saysi sur le dit Mᵉ Pierre Dalest et les criées poursuivies. Il estoit installé il y avoit desjà quelque temps à la prévosté [1].

Le lendemain, ma niepce la Baudinière est allée demeurer à Poictiers chez mon cousin Daubière, avec lequel et Mʳ de Lage et le fils aisné du cousin Gaultier elle est partie d'icy.

Le mardy 16, a esté enterrée dans le cimetière de Saint-Martial, Marie Bernard, femme de Lamigault, cordonnier, laquelle avoit demeuré céans deux ans et avoit esté mariée à la Saint-Jean dernière.

Le sabmedy 20, environ deux heures et demie après midy, est décédé Mᵉ François de Marueil, sʳ de la Barde, cy-davant enquesteur en cette ville, aagé d'environ cinquante-sept ans, et a esté enterré, le lendemain, dans l'église de Nostre-Dame, en la chappelle des Cœurderoy, à main droicte en entrant dans la nef.

Le dimanche 21, je fus disner à Lérignat et le mesme jour je retournay icy coucher.

Le lundy 22, ont été espousez, en l'église de Saint-Martial Mᵉ Jean Goudon, advocat, et dame [Magdeleine] de la Vergne, fille de Mᵉ Pierre de la Vergne, sʳ de la Rue.

Le lundy 29, ont esté espousez en l'église de Saint-Martial, [Félix] Augier, sʳ de Malegouste [2], et la fille aisnée [3] de Mᵉ Louis Lhuyllier, sʳ de la Bonnelière, nottaire en cette ville, par Mʳᵉ Blanchon, vicquaire.

Le mercredy dernier janvier, est décédée la femme [4] de

---

1. François Dalest résigna son office en faveur de Pierre-Florent Veras qui en obtint des lettres de provision le 19 mai 1714. Le 13 août de la même année, le Roi Louis XIV lui accorda des lettres d'honneur pour 56 années de services rendus dans sa charge. (Arch. Vien. E² 68.)
2. Baptisé à Saint-Martial de Montmorillon le 31 mars 1637. Fils de François Augier, hôte des Trois-Rois, et de Catherine Gaultier.
3. Gabrielle, fille de Louis Lhuillier et d'Antoinette Féron.
4. Perrette Gaultier, femme de François Cardinault, sʳ de la Brulière, archer.

la Brullière, archer, et a esté enterrée, le lendemain, dans le cimetière de Saint-Martial, près la porte de l'église, à main gauche en entrant.

Février 1663, commencé par le jeudy.

Le sabmedy gras 3, M^r et Mlle de Lérignat et Mlle des Champs sont venus icy faire mardy gras.

Le sabmedy 3, ont esté espousez en l'église des pères Récollects, par le s^r Blanchon, vicquaire, Me Jean de la Vergne, s^r de la Dorlière, procureur, et dame Louise de Chaume, fille de Me Jean de Chaume, s^r de Lagebourget.

Le lundy 5, ont esté espousez en l'église des Récollects, par Mre Grault, curé de Saint-Martial, Fleurant Bonnin, fils de Me Charles Bonnin, et de deffuncte dame Marie Jacquet, et dame Anne Goudon, fille de Me François Goudon, s^r du Chambon, et dame [Marguerite] de la Forest.

Le vendredy 9, a esté receu en l'audiance M^e [André] Sororeau [1] en la place de Me André Sororeau, son père, en la charge de procureur. Je n'y estois pas.

Le mercredy 14, Mlle de Lérignat et Mlle des Champs s'en sont retournées à Lérignat, et le sabmedy ensuivant Mr de Lérignat s'en est retourné.

Le dimanche précédent 11, ma cousine [2] de Lhéraudière est accouchée d'une fille, environ les huict heures du matin, qui a esté baptisée le lendemain lundy 12, en l'église de Saint-Martial et nommée Jeanne. Mr de Lage et ma cousine de Lhéraudière [3] la vefve ont esté parrin et marraine.

Le sabmedy 17, Mr de Lérignat s'en est retourné

---

1. Baptisé à Saint-Martial de Montmorillon le 19 septembre 1649, marié, le 2 avril 1674, à Jeanne Pellerin, veuve de Jacques Rozet, s^r des Croix.
2. Marie Delaforest, femme de Pierre Goudon, s^r de l'Héraudière.
3. Jeanne Richard, veuve de Fleurent Goudon, s^r de l'Héraudière.

chez luy et à cause du mauvais temps a esté contrainct de coucher au village de Tueils.

Le lundy 26, j'ay esté coucher à Lérignat et suis retourné le mercredy ensuivant.

Mars 1663, commencé par le jeudy.

Le vendredy 2, Me François Bastide, s^r de Villemuseau, a presté le serment d'advocat en ce siège. Il estoit receu advocat en parlement.

Le dimanche 4, Mr de Lérignat est icy venu coucher et s'en est retourné le lendemain.

La nuict du sabmedy de Pasques, mourut subitement François Jacques, escuyer, s^r de Pruniers, dans le dit chasteau de Pruniers, aagé de 67 ans, et fut enterré, le lendemain de Pasques, 26 du dit mois de mars, dans l'église de Pindray.

Le mardy de Pasques 27, j'ay esté à Marin avec le s^r de Laumosne, où j'ay fait marché avec Pierre Bordesoulle, masson, demeurant au faulxbourg de Saint-Martial de cette ville, pour faire un pignon à la grange du dit Marin et quelques autres murailles à l'entour d'icelle, et sommes retournez ici coucher.

Le lendemain 28, j'ay esté à Nérignat pour voir ma niepce de Nérignat qui estoit malade dès le sabmedy des Rameaux et suis icy retourné coucher.

Le dit jour mercredy 28, environ les unze heures du matin, dans un vallon appellé le gué de Méneriou [1] et tout contre la forest de Verrière, M^r le marquis de Fors du Vigean [2], estant dans son carrosse avec M^r le chevallier

---

1. Ou Millerou. Cet endroit a encore une mauvaise réputation.

2 François Poussard, marquis de Fors et du Vigean, lieutenant général des armées du Roi, gouverneur de Sainte-Menehould, avait épousé, le 31 août 1649, Charlotte de Nettancourt d'Haussonville de Vaubécourt, avec laquelle il vécut en mauvaise intelligence. Elle se remaria, le 11 octobre 1663, à Charles-Achille de Mouchet de Battefort, conseiller du roi d'Espagne et gruyer du comté de Bourgogne, et quitta le pays.

Leur fils, Jean-Armand, marquis de Fors et du Vigean, né en février 1658, fut confié à Amable Bitton, receveur général des finances à

de Messignat [1] et le s[r] Dansay [2], juge du Vigean, et le nommé Coyer, son maistre d'hostel, fut assassiné avec le dit Dansay et son cocher, par cinq hommes, dont il y en avoit quatre de masqués, lesquels après les avoir tuez de plusieurs coups de mousquetons et pistollets qu'ils tirèrent sur eux, donnèrent encore plusieurs coups de poignars ou bayonnettes sur les corps des dits s[rs] de Fors et Dansay, leur couppèrent la gorge et foulèrent aux pieds avec une inhumanité sans exemple, prirent la bourse du dit s[r] de Fors qu'il leur jetta dès le premier coup qu'ils luy tirèrent et emportèrent son chappeau et d'autres nippes qu'il avoit dans son carrosse. Le lendemain, M[r] le prévost de cette ville fut sur les lieux qui en informa.

Poitiers, qui prit soin de son éducation et de son instruction. Il épousa, le 11 novembre 1686, Jeanne Audebert de Laubuge, dont il eut plusieurs enfants morts sans postérité. Malgré sa grande fortune, Jean-Armand suivit avec tant de fougue le train de dépense de l'époque que ses affaires ne tardèrent pas à devenir très embarrassées. A plusieurs reprises on fut sur le point de vendre ses terres et s'il échappa à cette honte, c'est que ses créanciers étaient pour la plupart ses parents. Il se trouva cependant une de ses cousines, moins patiente que les autres, qui, pour faire exécuter un jugement de décret-saisie qu'elle avait obtenu contre lui, le 4 janvier 1696, ne craignit pas de mettre le château du Vigean dans la nécessité de soutenir un véritable siège. (V. appendice VII.)

Cette algarade ne parvint point à déposséder le marquis, car un acte du 19 novembre 1725 porte que « Mre Jean-Armand Poussard, marquis du Vigean, mestre de camp de cavalerie, demeurant ordinairement en son château du Vigean, étant de présent logé à Paris chez M[r] le comte d'Austry, reconnaît que pour le mettre en état de faire le retrait féodal de la terre du Vigean, Mgr François de Nettancourt d'Haussonville de Vaubécourt, évêque de Montauban, son oncle, lui fait donation de quinze cents livres de rente au principal de trente mille livres dues au dit évêque par Mre Jérôme-Joseph de Goujon de Thuisy, sénéchal de Reims et maître des requêtes de l'hôtel du Roi ».

Devenu veuf, Jean-Armand se remaria, au mois de juillet 1729, avec Marguerite Dassier des Brosses, décédée à Millac le 13 février 1761. Il mourut le 5 septembre 1731, laissant de son second mariage une fille, Françoise-Marthe, née le 5 janvier précédent, qui épousa, le 28 novembre 1753, François-Benoît de Sainte-Colombe, marquis de l'Aubépin, exempt des gardes du corps du Roi, à qui elle apporta la terre du Vigean.

1. Claude Bonnin, appelé le chevalier de Messignac, fils de René, sgr de Messignac, et de Renée de Marsay.
2. Antoine Dansays, avocat en parlement, juge sénéchal du Vigean, marié à Catherine Bouthier, dont postérité.

Le dit s^r marquis s'en alloit à Poictiers à un rendez-vous d'accommodement d'une affaire qu'il avoit avec Mr du Poyault [1] d'Availle. Les meurtriers ne firent point de mal à M^r le chevallier de Messignat, sinon qu'ils luy portoient les bayonnettes contre la gorge pour luy faire quitter le dit s^r marquis qu'il aydoit à soustenir, et ne firent aucun mal non plus à Coyer ny au postillon du dit s^r marquis. Du despuis les s^rs du Poyault et de Vareilles [2], son fils aisné, blamez d'avoir commis cet assassin, s'estant mis volontairement prisonniers à Angoulesme, ont esté exécutez à mort et eu le col couppé, sçavoir : le dit s^r de Vareilles, à La Flèche, où l'affaire avoit esté renvoyée, après qu'ils eurent tous deux souffert la question ordinaire et extraordinaire, sans rien confesser, et le s^r du Poyault à la Croix du Tiroir, à Paris, par arrest du Grand Conseil, où l'affaire avoit après esté renvoyée. La plus part les croyent innocens et que ce fut le s^r de Buxière Beissat [3] qui fit commettre le dit assassin, par les nommez Lamothe, Jamet, son cousin germain, Faber, languedochien, le fils du juge de Périlhat, La Rose, un de ses vallets, et La Fluste, autrement le bourguignon, qui l'avoit aussi auparavant

---

1. Bernard de la Broue, éc., sgr du Pouyault, marié, le 3 janvier 1624 à Jacquette Compaing, fille de François, chev., sgr de Vareilles, et de Marguerite d'Alloue.

2. François de la Broue, marquis de Vareilles, fils du précédent, baptisé dans la chapelle du château de Vareilles le 29 septembre 1624, capitaine de cavalerie au régiment de Coudray-Montpensier en 1645. Il avait épousé, par contrat du 31 mars 1657, Gabrielle-Aymerie Hélye de la Roche-Esnard, fille de Jean, comte de la Roche-Esnard, et de Jeanne-Marguerite de Rochechouart.

3. Jacques du Pin, éc., sgr de Beissat, marié par contrat du 6 mai 1626 (en l'église de Léterps, le 7 juin suivant) à Suzanne de Grandsaigne, eut un fils, Jean, chev., sgr de Beissat et de Bussière-Boffy en partie, qui épousa le 9 octobre 1659 Marie de Rochechouart du Bâtiment. (*Arch. Hist. Poitou*, XXII.) C'est sans doute de ce dernier qu'il est question au paragraphe ci-dessus. Un différend qu'il avait eu avec Jean de Saint-Martin de Bagnac ayant motivé leur comparution à Paris devant les maréchaux de France, y fut suivi d'accommodement, mais à leur descente du carrosse à Poitiers, le 26 juillet 1659, ils en vinrent aux mains non loin de l'hôtellerie du Saumon. (Champeval, *Chartrier de Bagnac*)

servy. Et de fait ce dernier ayant esté pris du costé de Moulins, comme on le conduisoit pour le mener à Alençon où on avoit renvoyé l'affaire, après l'exécution du s^r de Vareilles, ainsi qu'il passoit en cette ville et estoit au Cheval-Blanc, me dit qu'il n'y avoit qu'eux cinq, et que pour luy n'avoit fait aucun mal ayant esté conduit là par surprise. Il m'en dit toutes les particularitez, ce qu'il confirma dans l'audition que M^r le lieutenant criminel prit de luy d'office dans les prisons de Poictiers, où on le mena d'icy. Il fut après conduit à Alençon, et mourut dans ses prisons, où on dit que l'on l'avoit fait empoisonner.

Avril 1663, commencé par le dimanche.

Le dimanche de Quasimodo, 1er avril, j'ay esté à Plaisance avec la procession de cette ville où assista le père Fleuriau, jacobin, qui avoit presché icy advant et caresme, et de là j'ay esté voir Mlle de Nérignat et suis retourné icy coucher.

Le mardy 3, j'ay esté coucher à Nérignat et le lendemain ay esté disner chez Mr Clavetier à Saint-Germain. Après disner, j'ay esté à Confolens où j'ay portay à Mr de Villechèze les obligations qui m'avoient esté ceddées par Mr Clavetier contre Mr de Monnette, avec la ditte cession et celle que j'en ay faitte au fils aisné [1] de Mr de la Vergne, chanoine à Saint-Hyllaire de Poictiers, pour envoyer le tout à Angoulesme afin de les produire pour faire donner la sentence d'ordre de Romazières appartenant au dit s^r de Monnette dont je poursuis le décret soubs le nom du dit s^r Vrignaud, chanoine, et suis retournay coucher le soir à Saint-Germain et le lendemain suis revenu coucher à Nérignat et le vendredy 6, je suis retourné icy.

Le mercredy 11, environ les dix heures du matin, est décédée dame Judith Douadic, vefve de deffunct Me Lau-

---

1. François Vrignaud, chanoine de Saint-Hilaire de Poitiers, fils ainé de René Vrignaud, s^r de la Vergne, et de Marguerite Jacquet.

rens Goudon, s^r de Martrays, et a esté enterrée le mesme jour dans le [cemetière] de Saint-Martial.

Le mardy 24, ma niepce de la Baudinière[1] s'en est venue de Poictiers céans pour se faire émanciper. Elle est venue avec ma cousine de Lhéraudière[2], la vefve, et ma cousine Richard[3], la fille.

Le dimanche précédent 22, est arrivé en cette ville Me Pierre de Chastenet, fils de deffunct Me Jean du Chastenet[4], dernier séneschal, lequel venoit de Paris de se faire recevoir au dit office de séneschal.

Le vendredy 27, le dit s^r séneschal a esté installé. Me Félix Augier, advocat, a présenté les lettres de provisions[5] tant du dit office que de président, et le dit s^r séneschal a harangué.

May 1663, commencé par le mardy.

Le mardy de la Pentecoste 15 may, environ les neuf heures du soir, mon beau-frère de Lagebertye est arrivé céans qui venoit de Paris, et le lendemain, luy et moy sommes allez coucher à Nérignat, dont je suis retourné, le jeudy 17, disner céans.

Le vendredy 25, jour de Saint-Urbain, et le lendemain de la Feste-Dieu, ma cousine du Meslier est accouchée d'un garçon[6] entre les huict à neuf heures du matin.

Le sabmedy 26, ma femme est partie pour aller à Saint-Germain et est allée coucher chez Mr de Balantrut. Elle a

---

1. Marie Vachier, fille de Pierre Vachier, s^r de la Baudinière, et de Magdeleine Demaillasson
2. Jeanne Richard, veuve de Fleurent Goudon, s^r de l'Héraudière.
3. Marie Richard, dite Marion, sœur de la précédente.
4. En 1675, il acheta la maison noble de Durfort de Marie de Valencienne, femme de Pierre Mathuries, notaire et sergent royal, qui la possédait par suite du partage intervenu entre elle et François de Valencienne, sgr de Lépine et de Jarrige, et Gabrielle de Valencienne, femme de Jacques Delamazière, s^r de la Coudinière. (Arch. Vien. E² 250.)
5. Datées du 20 avril 1663. (Arch. Vien. C² 20.)
6. René, fils de Claude Micheau, s^r du Meslier, et de Marie Richard.

mené sa fille aisnée [1] avec elle et Valantin les a conduittes. Elles sont parties le lendemain avec Mlle de Balantrut et sont allées coucher à Saint-Germain d'où elles sont revenues coucher le vendredy, 1er juin, à Lérignat, et sont icy arrivées le sabmedy.

Le mardy 29, a esté enterré Me Eustache Crugeon, teinturier, dans le cemetière de Saint-Martial. Il estoit aagé d'environ 70 ans.

Juin 1663, commencé par le vendredy.

Le dimanche 3 juin 1663, le fils dont Mlle la lieutenante estoit accouchée a esté baptisé en l'église de Saint-Martial et a esté nommé René [2]. Ont esté parrain et marrine, Me René Vrignaud, sr de la Vergne, advocat, et ma sœur de la Mothe. Est mort peu après.

Le mercredy 6, Me Fleurant Bonnin, fils de Mr Charles Bonnin, sr de Tervanne, procureur, a esté receu en l'office de procureur que tenoit Me [Jean] Goudon Beauvais.

Le vendredy 22, a esté enterrée dame Catherine Vrignaud, vefve de deffunct Me René Nicault, advocat en cette ville, aagée d'environ 75 ans. Elle a esté enterrée soubs le clocher de Nostre-Dame. Son mal commença par un catharre qui la prit dans l'église des Récollects environ huict ou dix jours auparavant [3].

Le dimanche précédent 17, j'ay esté coucher à Lérignat, et le lendemain j'ay esté coucher chez mon beau-père à Saint-Germain, dont je suis party avec mon beau-frère de Lagebertye, le vendredy 22, et sommes venus passer à Millac chez Mr de Presigny [4] et de là à l'Isle-Jourdain

---

1. Marguerite Demaillasson.
2. Fils de Claude Micheau, sr du Meslier, et de Marie Richard.
3. René Nicault et Catherine Vrignaud eurent pour enfants : François, baptisé à Saint-Martial de Montmorillon le 12 juin 1625, et Nicolas, baptisé au même lieu le 15 octobre 1626.
4. Louis Tessereau, éc., sgr de Pressigny, de la Guichardière et des Planchettes, marié à Barbe Poitevin du Plessis-Landry, en eut : 1° Louis éc., sgr de Pressigny, né en 1657, décédé le 1er octobre 1702, ayant eu

où nous avons trouvé Mr de Balantrut avec lequel nous sommes venus coucher à Lérignat, dont nous sommes tous deux partis, le dimanche 24, et sommes venus coucher icy.

Le dit jour dimanche, ma niepce de la Baudinière s'en est retournée à Poictiers avec mon cousin Daubière, ma cousine Richard, sa sœur.

Le mardy 19, j'ay esté à Confolent avec mon dit beau-frère et y suis encore retourné seul, le lendemain, où j'ay esté à la prédication de M^r 1......... qui faisoit la mission.

Le mardy 26, mon beau-frère est party d'icy après disner pour s'en aller à Paris servir son semestre. Je l'ay esté conduire jusques à Saint-Savin.

Le vendredy 29, Mr de Balantrut est venu coucher céans et s'en est retourné chez luy le lendemain.

Juillet 1663, commencé par le dimanche.

Le mercredy 4 juillet 1663, environ les dix heures du soir, est décédé Me François Clabat, maître appotiquaire, aagé d'environ 65 ans, et a esté enterré, le lendemain, dans l'église de Nostre-Dame, proche et vis-à-vis du crucifix. Il

---

de Jeanne de la Porte, son épouse, Marie-Gabrielle, baptisée à Millac le 19 mars 1701 ; 2° Jean-Baptiste, éc., sgr de Chaume, épousa Marie Vasselot, fille de Louis, éc., et de Louise de Puiguyon, dont : a) Gabrielle, Mlle de Giverdan, inhumée dans l'église de Millac le 15 août 1771, à l'âge de 80 ans ; b) Charlotte, baptisée le 26 mai 1693 ; c) Marie, baptisée le 18 février 1700 ; d) Jacques, éc., sgr de Pressigny, baptisé le 3 juillet 1701, inhumé dans l'église de Millac le 24 mars 1775 ; 3° Marie, née en 1662, mariée en premières noces, par contrat du 13 juin 1684, à Joseph du Rieux, éc , sgr de Fontbufaut, fils de Gaspard, sgr de Fontbufaut, et d'Anne d'Auberoche ; en deuxièmes noces, le 5 février 1701, à Jacques Laurens, s^r de la Chèze, de Reirat, fils de feu Pierre et de feu Marguerite de la Broue, veuf de Marthe-Marie du Breuil-Hélion, et en troisièmes noces, le 14 juin 1712, à Jean de la Ramière, chev., sgr de Puicharnault, la Maisonneuve, la Mothe-Tersanne, paroisse de Saint-Etienne de Droux ; 4° Charlotte, décédée le 9 mai 1733, mariée, le 14 novembre 1718, à Isaac du Pin, sgr de Montbron, dont elle eut Philippe et Louis ; 5° Marie-Anne, mariée, le 20 juillet 1697, à Philippe de la Roche, sgr de la Mondie, inhumée dans l'église de Millac le 13 décembre 1746, à l'âge de 80 ans.

1. Laissé en blanc.

estoit très habile homme et très expérimenté en son art, et a esté regretté de toute la ville.

Aoust 1663, commencé par le mercredy.

Le mercredy 1ᵉʳ aoust, Mʳ et Mˡˡᵉ de Lérignat et Mˡˡᵉ des Champs sont venus céans disner et ont amené avec eux ma fille Fleurance, qui demeure avec eux dès le mois d'avril de l'année 1659. Ils s'en sont retournez le mardy ensuivant 7, après disner.

Le lundy 6, ma niepce de la Baudinière est retournée de Poictiers céans.

Le dimanche 19, ont esté espousez dans l'église des Récollects, par Mʳᵉ André Blanchon, vicquaire de Saint-Martial, Mᵉ [Laurent] de la Forest, sʳ de la Massolière, fils de Mᵉ Louis de la Forest [1], lieutenant en l'eslection du Blanc, et dame Perrette Clabat, fille du dernier lict de Mᵉ François Clabat, appotiquaire [2].

Le sabmedy 25, Mʳ le procureur du Roy [3] est party avec sa femme [4], et la femme [5] de Mᵉ François Gaultier, greffier en la mareschaussée, pour aller à Bourbon [6].

Le lundy 27, ont esté espousez Charles Fontenette [7], médecin de l'université de Poictiers, et damoiselle Anne Vrignaud, dans l'église des Récollects, par Mʳᵉ [8]....

Le jour précédent, ma fille aisnée [9] a esté marrine et François Goudon, sʳ de la Cartaudière, parrin de la fille

---

1. Louis Delaforest, sʳ de Liniers, enterré à Saint-Savin le 30 août 1679.
2. Laurent Delaforest et Perrette Clabat eurent pour enfants : Jacques, baptisé à Saint-Savin le 25 avril 1664, et Henriette, baptisée au même lieu le 6 juillet 1667.
3. Pierre Richard, sʳ de la Berthonnerie, procureur du Roi.
4. Marguerite Delouche.
5. Françoise Delamazière.
6. Bourbon-l'Archambault, souvent désigné sous le simple nom de Bourbon.
7. Fils de Louis Fontenette, docteur en médecine, et de Geneviève Thomas.
8. Laissé en blanc.
9. Marguerite Demaillasson.

du gendre d'André de Chantemargue, mestayer de Marin, baptisée par Mre de la Roche, curé du Bourg-Archambault, dans l'église du dit lieu. J'ay escrit l'acte baptistaire dans le papier des baptesmes de la ditte paroisse.

Septembre 1663, commencé par le sabmedy.

Le sabmedy 1er septembre, Mr de Balantrut est venu disner céans et s'en est retourné le mesme jour chez luy.

La nuict du dimanche 2 au lundy 3, environ deux heures et demie après minuict, est décédée damoiselle Jeanne Richard [1], vefve de deffunct Fleurant Goudon, escuyer, s^r de Lhéraudière, vivant prévost des mareschaux en cette ville, aagée d'environ 34 ans, et a esté enterrée le soir du dit jour lundy ès sépultures de M^rs les Richards, en l'église de Saint-Martial, joignant la muraille au-dessus des fons baptismaux.

Le lundy 17, ont esté espousez en la chappelle de Martrays, Me Marc Boyer, s^r de la Ménardière, juge des Vazois, aagé d'environ 64 ans, et dame [Anne] Naude [2], fille de Me Anthoine Naude, s^r de Montplanet, procureur en cette ville, aagée d'environ 20 ans.

Le dimanche 30, dernier jour de septembre, est décédée dame [Jeanne] Babert [3], femme de [Louis] du Celier, s^r de Peufavard [4], archer en la mareschaussée de cette ville, et a esté enterrée dans le cemetière de Saint-Martial. Elle est morte en couche.

Le dit jour, j'ay esté coucher à Lérignat.

Octobre 1663, commencé par le lundy.

Le lundy 1er octobre, Mr de Lérignat et moy sommes partis pour aller à Charroux pour l'accommodement de

---

1. Baptisée le 30 septembre 1629 à Saint-Martial de Montmorillon. Fille de Charles Richard, procureur du Roi, et d'Eléonore Vezien.
2. Fille d'Antoine Naude, s^r de Montplanet, et de Jeanne Jacquet.
3. Fille de Gilbert Babert, notaire royal, et de Marie Cailleau.
4. Fils de Paul Ducellier et de Sylvaine Cailleau.

M⁽ʳˢ⁾ Chanier avec M⁽ʳ⁾ l'advocat du Roy¹ de Civray et ses cohéritiers, et sommes retournez le mercredy coucher à Lérignat et le lendemain je suis icy retourné coucher.

Le sabmedy 6, mon beau-frère de Lagebertye est arrivé céans et le lendemain est allé coucher à Lérignat. Il revenoit de ².....

Le lundy 8, j'ay fait vendanger ma vigne où je n'ay eu que trois bussards de vin. J'y en avois eu douze l'année précédente.

Le dimanche 14, M⁽ʳˢ⁾ de Lage, assesseur, de Lhéraudière, prévost, le curé de Saugé³, de la Forest l'aisné, Babert, procureurs, et moy sommes partis pour aller à Saumur et avons disné à Chauvigny et couché à Châtellerault, où s'est rencontré le s⁽ʳ⁾ de Tervanne⁴, père, qui est venu avec nous et avons esté disner, le lendemain, à Richelieu et coucher à Chinon et, le mardy 16, sommes arrivez à Saumur et avons passé par Fontevrault. Le mercredy après disner, tous ces M⁽ʳˢ⁾ sont retournez et ont esté coucher à Loudun et moy j'ay esté coucher aux Trois-Vollets avec Valantin Barriat que j'ay mené avec moy, et le jeudy 18, suis arrivé à Tours. Ma belle-sœur Demaillasson n'y estoit pas, elle estoit à Chisseaux et n'arriva à Tours que le dimanche au soir. J'y demeuray jusques au mardy matin 28, auquel jour je vins coucher au Port-de-Pilles, le lendemain à Chauvigny et le jeudy 25 céans.

Le lundy 15, sur les huict heures du soir, Louis Demaillasson, l'un des enfans de deffunct mon frère de la Faix, donna un coup de pistollet à ⁵..... Thomas, s⁽ʳ⁾ de la Buxière, assesseur en l'eslection du Blanc, demeurant à Saint-Benoist-du-Sault, lequel souppoit chez le nommé Varenne ⁶,

---

1. Charles Bricauld, s⁽ʳ⁾ de Verneuil, avocat du Roi à Civray.
2. Laissé en blanc.
3. Pierre Bareau.
4. Charles Bonnin, s⁽ʳ⁾ de Tervanne, procureur du Roi à Montmorillon.
5. Laissé en blanc.
6. Jean Varenne tenait l'auberge de Notre-Dame.

cabarestier de cette ville, où il estoit logé, dont il mourut le mercredy ensuivant et fut enterré, le jeudy, dans le [cemetière] de Saint-Martial. Il y avoit avec luy quand il receut le coup : le sr curé de Saint-Martial, Bonnin et Goudon, advocats de cette ville, Nicault, La Planche[1] et la Chaumette, le fils, greffier, qui souppoient tous avec luy.

Le dimanche 21, Mr Hallé, marchand à Paris, qui a espousé la fille aisnée[2] de feu mon frère Demaillasson, marchand à Tours, vint céans et en partit le lendemain 22. Ma niepce Hallé estoit à Tours qui l'attendoit.

Novembre 1663, commencé par le jeudy.

Le sabmedy 3 novembre, j'ay esté disner à Lérignat et ay esté avec Mr et Mlle de Lérignat et Mlle des Champs coucher à Saint-Germain, lesquels sont allez le lundy coucher chez Mr de Cheminade, leur beau-frère, où Mlle de Lérignat alloit pour estre marrine à une fille, et moy je suis retourné le mercredy coucher à Lérignat et le jeudy 8 céans. J'estois allé pour voir mon beau-frère de Lagebertye.

Le sabmedy 17, j'ai esté coucher à Lérignat et le lendemain Mr de Lérignat et moy sommes allez coucher à Charroux chez Mr Chanier, dont nous sommes partis le vendredy 23 après disner, et venus coucher à Lérignat. C'estoit encore pour l'accommodement de Mr Chanier avec Mr l'advocat du Roy[3] à Civray et ses sœurs[4] que j'avois fait ce voyage.

Le dit jour 23, je trouvay mon beau-frère de Lagebertye à Lérignat et, le lendemain, nous vinsmes coucher céans

---

1. ...... Jacquet, sr de la Planche.
2. Anne Demaillasson.
3. Charles Bricauld, sr de Verneuil.
4. Jeanne Bricauld, femme de Jacques Robert, sr de Champniers, et Catherine Bricauld, épouse de Jean Chein, sr du Coulombier, sœurs du précédent.

d'où il partit le dimanche 25 après midy et s'en fut coucher à Tournon.

Décembre 1663, commencé par le sabmedy.

Le [1]..... Louise Moreau, seconde femme de Jean Coubart, marchand et messager de cette ville à Poictiers, a esté enterrée dans le cemetière de Saint-Martial.

Le [1]..... a esté enterré M[e] [François] Cardinault, s[r] de la Brullière, qui avoit esté archer en la mareschaussée de cette ville, et a esté enterré dans l'église de Nostre-Dame.

Le [1]..... est décédé Sylvain Petit, mineur, que j'avois pris céans par charité et qui avoit demeuré environ dix mois au Léché gardant mes brebis durant que je faisois faire la mestayrie par vallets. Il a esté enterré le mesme jour dans le cimetière de Saint-Martial.

Année 1664, commencée par le mardy.

Le 12 janvier, environ les onze heures du soir, est décédée Jacquette Dousselain, femme du nommé la Verdure, qui travaille au moulin à papier, et a esté enterrée, le lendemain, dans le cimetière de Saint-Martial.

Le dit jour, j'ay esté à Saint-Savin où j'ay disné chez Mr de Neufchèze [2] et suis retourné coucher icy.

Le lundy 21, j'ay esté coucher chez Mr de Balantrut et suis retourné icy le lendemain.

Le sabmedy 26, ma femme, ma niepce la Baudinière et Gotton, ma fille aisnée, sont allées coucher chez Mr de Balantrut. Mr de Lérignat les est venu quérir et sont retournées le [3].....

Le dernier jour de janvier, M[r] le séneschal [4] est party pour aller à Paris et allé coucher à Beauregard.

---

1. Laissé en blanc.
2. Charles de Neuchèze, juge sénéchal de Saint-Savin, marié à Magdeleine Arnaudet de Peyrefitte dont Pierre, né à Antigny en octobre 1647.
3. Laissé en blanc.
4. Pierre du Chastenet.

Février 1664, commencé par le vendredy.

La nuict du dimanche 10 au lundy, est décédée dame Charlotte de Lauson, seconde femme de Mr de Boismorand[1], au chasteau de Boismorand, aagée d'environ 35 ans, et a esté enterrée, le mardy 12, en l'église d'Anthigny. Elle fut ouverte après sa mort sur le soubçon qu'on l'avoit empoisonnée, et Mr Bugent, médecin de cette ville, qui y estoit présant, me dit qu'ils en avoient trouvé toutes les marques dans la poictrine et les boyaux. On soubçonnoit que c'estoit la damoiselle de Laage, d'Antigny, qui l'avoit fait.

Le lundy 11, ont esté espousez en l'église de Saint-Martial, par Mre André Blanchon, viccaire, Me Louis Goudon, sr de Belleplaine, procureur en cette ville, et la fille aisnée[2] de Me Jean Loreau, aussi procureur. Les dits mariez sont cousins issus de germain et ont obtenu dispense du pape.

Le mardy 12, environ les cinq heures après midy, est décédée damoiselle Marguerite Descollard, vefve de deffunct mon oncle le procureur du Roy[3]. Elle avoit esté mariée en premières nopces avec un nommé Mr de Louche[4], de Saint-Benoist, et fut enterrée le lendemain, ès sépultures des Richards, dans la tombe du dit deffunct sr procureur du Roy, en l'église de Saint-Martial.

---

1. René d'Aloigny, sgr de Boismorand, marié en premières noces à Anne Poirier et en secondes noces à Charlotte de Lauzon, eut du premier lit : 1° Catherine, baptisée le 3 décembre 1635 ; 2° Marie, baptisée le 30 septembre 1637 ; 3° Guy, baptisé le 30 avril 1639, épousa Anne de Brettes, dont Marie, née le 21 avril 1677, mariée, le 17 décembre 1698, à François Scourion, chev., sgr de Bégaudelle, de la paroisse de Saint-Jean-Baptiste de Péronne en Picardie, dont postérité. Du deuxième lit : 4° Louis et 5° Charlotte, baptisés le 9 novembre 1665. (Reg. par. d'Antigny.)
2. Marie Loreau, fille de Jean Loreau, procureur, et de Jeanne Lhuillier.
3. Charles Richard.
4. Pierre Delouche, sr de Montbaille.

Le sabmedy 16, a esté passé le contract de mariage de Valantin Martin, pintier, avec Anne Morneau, fille de deffunct Joseph Morneau et de Magdelaine Chocquin, à présant femme du nommé Varenne, de Saint-Benoist. Il n'y a eu que la ditte Chocquin establie au dit contract, d'autant que le dit Varenne n'a jamais voulu y assister. Je l'ay signé, il a esté passé chez Mr de Lavergne, advocat, lequel l'a dressé. Ils ont esté espousez, le mardy ensuivant, en l'église de Saint-Martial, par le s^r Blanchon, vicquaire.

Le sabmedy 23, M^r et Mlle de Lérignat et Mlle des Champs sont venus céans passer les jours gras et s'en sont retournez le sabmedy ensuivant.

Le dimanche 24 février, le s^r de Puymerlin[1], juge de la Souterrane, et la fille[2] de la vefve Gremont ont esté espousez, en l'église de la Maisondieu, par le père scindic, et le dit jour il l'a emmenée à la Souterrane.

Le 26, jour du mardy gras, ma fille aisnée[3] a esté marrine et le fils[4] de M^r le lieutenant criminel, parrin, chez l'espronnier. Le bonhomme Mr Gros a respondu pour le dit parrin. C'estoit une fille[5].

Mars 1664, commencé par le sabmedy.

Le mardy 4 mars, j'ay esté à Lérignat voir Mr de Balantrut qui estoit malade et suis retourné icy le mesme jour.

Le dimanche 9, ma fille aisnée a esté marrine et le fils de M^r le lieutenant civil, parrin à une fille de la sœur de René du Mas, du village de la Macherie; baptisée en l'église de Saulgé par Mre Bareau, curé d'icelle.

Le jeudy 13, mon beau-frère de Lagebertye est arrivé

---

1. Louis Gaillard, s^r de Puymerlin.
2. Marguerite Estevenet.
3. Marguerite Demaillasson.
4. André Richard, fils de Louis, s^r des Ors, lieutenant criminel, et de Louise Gaultier.
5. Marguerite, fille de François Vion, éperonnier, et de Marie Prunier.

céans, environ les dix heures du matin, qui revenoit de la Cour, et le sabmedy, après disner, nous sommes allez coucher à Lérignat. Mʳ de Lérignat qui estoit icy arrivé le matin pour parler à Mʳ Fouaceau, commis à la recepte de la taille, y est retourné avec nous et y avons séjourné jusques au lundy matin que mon dit beau-frère s'en est allé à Saint-Germain et moy retourné icy.

Avril 1664, commencé par le mardy.

Le mardy premier avril, entre les 5 à 6 heures du matin, ma cousine de Lhéraudière est accouchée d'une fille[1].

Le lundy 7, Mʳ le sénéschal est retourné de Paris.

Le vendredy 25, j'ay esté coucher à Lérignat où mon frère de Lagebertye est arrivé le lendemain et suis retourné icy le lundy 28.

Le mardy 29, mon frère de Lagebertye est venu céans et s'en est retourné le 1ᵉʳ may.

Le mercredy 30, mon cousin de Léché[2], fils aisné de deffunct mon oncle de Léché, du second lict, aagé de 25 ans, est décédé à la Leuf, environ les deux heures après midy, et a esté enterré, le lendemain, en l'église parrochialle de Syllards.

May 1664, commencé par le jeudy.

Le premier jour de may, j'ay mené ma fille Margueritte chez les Religieuses de Villesalem pour y demeurer en pension ; mon cousin Daubière[3] et ma cousine sa femme[4] y ont aussi mené les filles aisnées[5] de deffuncts Mʳ et Mˡˡᵉ de

---

1. Magdeleine Goudon, fille de Pierre, sʳ de l'Héraudière, et de Marie Delaforest. Elle prit l'habit au couvent de Sainte-Claire de la Trimouille le 2 août 1683.

2. Paul Richard, baptisé à Saint-Martial de Montmorillon le 14 février 1638. Fils de Paul Richard, sʳ du Léché, capitaine au régiment de Navarre, et de Jeanne Poutrel.

3. Jacques Richard, sʳ d'Aubière.

4. Marie Chaussetière.

5. Marie et Elisabeth Goudon, filles de Fleurent Goudon, sʳ de l'Héraudière, et de Jeanne Richard.

Lhéraudière, et sommes tous allez ensemble avec ma niepce de la Baudinière.

Juin 1664, commencé par le jour de la Pentecoste.

Le jour de la Pentecoste 1er juin, Me [Louis] Sororeau, chirurgien, fils aisné de Me André Sororeau, huissier, et la fille aisnée [1] de deffunct Me Jouachim Douadic, sr de la Loge, procureur, ont esté espousez en l'église de Saint-Martial par Mre André Blanchon, vicquaire.

Le lendemain 2, j'ay esté disner chez Mr de Balantrut où j'ay demeuré tout le jour, et le mardy j'ay esté disner à Saint-Germain, chez mon beau-père, où Mme la duchesse de Morthemard est aussi venue disner avec Mr le marquis de Cieux [2], escuyer de la Reine, et Mlle de Seneterre [3], fille de deffunct Mr de Saint-Victour. Le mercredy, je fus à Confolens et retournay le vendredy coucher à Lérignat et le sabmedy céans.

Le lundy 16, mon beau-frère de Lagebertye est arrivé céans et, le mercredy 18, il est party pour s'en aller servir son semestre, avec Mr le marquis de Cieux. Mr le curé de Saint-Martial et Mr de Pommeroux, conseiller, sont aussi partis au mesme temps pour Paris et sont allez tous ensemble avec le messager de Rochechouard.

Juillet 1664, commencé par le mardy.

Le 1er juillet, ma femme et moy sommes allez chez Mr de Balantrut dont je suis retourné le mesme jour.

Le lendemain, ma femme est retournée céans et a amené sa sœur Mlle de Balantrut.

---

1. Louise qui, étant séparée de biens d avec son mari, cédait le 26 février 1672, aux Augustins de la Maison-Dieu de Montmorillon, pour la somme de 111 livres, le quart d'une dîme vulgairement appelée la dîme de Courazeau. (Arch. Vien. H³ bis 106.)
2. Jacques-François de Brettes, marquis de Cieux, capitaine des chevau-légers de la garde.
3. Marie de Saint-Nectaire, fille de Charles, sgr de Saint-Victour, et de Jeanne de Rabaine.

Le mesme jour, je suis allé à Poictiers avec Mr Blanchon qui m'a prié d'y aller pour employer mes amis en une affaire qu'il avoit pardevant M^r l'auditeur contre Magdelaine de Villards, servante de Mre Dalest, archiprestre, lequel a suscité le procez. Et sommes retournez le lendemain et partis de Poictiers, à quatre heures du soir, et arrivez icy un peu devant misnuict.

Le mardy 8, ont esté espousez en l'église de Saint-Martial, par Mre Bonneau, prestre, un garçon que l'on dit estre bastard de M^r l'assesseur [1] de cette ville, et la fille bastarde de deffunct Jean Goudon, escuyer, s^r de Jeu, prévost en la mareschaussée de cette ville. Le disner c'est fait chez le dit s^r assesseur, où nous avons tous esté.

Le dimanche 13, ma femme et moy sommes allez voir nostre fille aisnée à Villesalem ; Mr de Tervanne est venu avec nous.

Le dimanche 20, ma femme et moy sommes encore retournez à Villesalem pour voir nostre fille [2], qui estoit tombée malade le mardy précédent ; ma femme y est demeurée pour la gouverner et moy je m'en suis retourné icy le mesme jour avec Mr Beugent, médecin, que nous y avions aussi mené pour voir la malade.

Le mardy 22, je suis encore retourné à Villesalem et revenu le mesme jour icy, et le lendemain j'y ay esté coucher et mené six hommes qui ont porté la chaize de M^r le sénéschal dans laquelle j'ay fait icy apporter ma fille par les susdits hommes, le jeudy, et sommes retournez ma femme et moy quand et quant. Elle a tousjours esté malade jusques au mardy 26 aoust qu'elle a commencé de se lever un peu et a esté à la messe le dimanche dernier jour du dit mois.

Le sabmedy, jour de Sainte-Anne, 26 juillet, Me Charles

---

1. André Delaforest, s^r de Lage, assesseur criminel.
2. Marguerite Demaillasson.

Bonnin et moy sommes allez coucher chez le s^r Pargon, prieur curé d'Anthenet, avec lequel nous sommes partis le lendemain et esté disner à Chastelleraud et coucher à Jaulnay. Le lundy 28, disner à Chinon et coucher à Saulmur dont nous sommes partis le mardy après disner et venus coucher à Chinon ; le lendemain, disner à Marmande et coucher à Chastelleraud et le jeudy 31, disner chez un paysan nommé Moricault au village de [1]. . . . et retournez icy coucher. Nous avons passé allant et venant à Fontevrault.

Le dimanche 27 juillet, Mlles de Lérignat et des Champs sont venues céans. Le vendredy, premier du mois d'aoust, Mr de Lérignat y est arrivé et s'en sont allez le dimanche, troisiesme du dit mois d'aoust.

Aoust 1664, commencé par le vendredy.

Le 11 aoust, Mr de Balantrut est venu coucher céans et s'en est retourné le lendemain après disner.

Le mardy 27, j'ay esté disner chez Mr de Balantrut et retourné coucher céans.

Le mercredy, Mrs de Mouter [2], de Lérignat et du Cluseau [3], esleu à Poictiers, sont arrivez icy. Mr de Lérignat a mis pied à terre céans et les deux autres à la Grille qui sont incontinent venus céans où ils ont demeuré jusques au vendredy après disner qu'ils sont partis. Le dit s^r du Cluseau est venu pour voir ma niepce de la Baudinière dans le dessein de la rechercher en mariage.

Le jeudy 28, est décédé, entre deux et trois heures après midy, Daniel Rousseau, boucher, demeurant à la

---

1. Laissé en blanc.
2. François-Simon du Theil, sgr de Mouterre, fils de Henri, sgr de Bussière, et de Marie de la Feste, marié, le 9 novembre 1659, à Marguerite Ferré, fille de Fleurent, sgr de Boiscommun et de Pindray, et d'Elisabeth Cornuel.
3. Pierre Chazaud, s^r du Cluseau, élu à Niort en 1663, et ensuite à Poitiers, fut pourvu en mars 1687 d'une charge de conseiller au présidial.

Queille, et a esté enterré, le lendemain, dans le cimetière de Saint-Martial.

Septembre 1664, commencé par le lundy.

Le sabmedy 6, Mr Daubière et moy sommes allez coucher à Bonnes et le lendemain avons esté à Saint-Clouaud [1] et retournez icy coucher.

Le lundy 8, au matin, la femme [2] de Me Charles Bonnin, s^r de Tervanne, procureur, est accouchée d'un fils [3] qui a esté baptizé, le jeudy 18, en l'église de Saint-Martial, par Mre Louis Grault, prévost de Nostre-Dame, et a esté son parrain, Me Pierre Fouaceau, commis à la récepte des tailles en cette ville, et marrine, ma fille aisnée Gotton, qu'il a fallu porter en chaize à l'église, à cause qu'elle n'estoit pas encore bien guérie. Le dit s^r de Tervanne et sa femme n'avoient point encore eu d'enfant despuis qu'ils estoient mariez qui fut le 25 octobre 1653. Il est décédé le sabmedy saint 4 avril ensuivant.

Le dit jour 18, au matin, la femme [4] du s^r juge prévost, [François Dalest], est accouchée d'une fille (sa première)[5].

Le lendemain, j'ay fait vandanger la Guette à Maugoueran où j'ay eu une pipe de vin [6] pour ma part. Le lundy ensuivant, j'ay fait vandanger ma vigne en cette ville, j'y ay eu six pippes de vin, et dans la plante à la Jeunesse et celle que j'ay eu de Frétaveu que fait Hyllaire pour luy et pour moy, un bussard et demy. Le mardy, j'ay fait vandanger la Croix-à-la-Dame où le mestayer des Cartes n'avoit rien fait du tout. Il n'y a eu en tout qu'en-

---

1. Saint-Claud, commune de la Chapelle-Moulière. Une foire se tient encore en ce lieu le 7 septembre, jour de la fête de saint Cloud.
2. Marie Jacquet.
3. Pierre.
4. Marie Mérigot.
5. Marie. Elle épousa, le 3 février 1701, Jean-Baptiste Badou, docteur en médecine à Bellac, fils de feu Augustin Badou et de Marguerite Pelisson, dont elle eut Pierre-Augustin, baptisé à Saint-Martial de Montmorillon le 20 septembre 1703.
6. En Poitou, la pipe contenait environ 420 pintes, soit 400 litres.

viron un bussard de vin. Le mercredy et jeudy, j'ay fait vandanger les vignes d'Antigny où j'en ay eu trois bussards pour ma part.

Le lundy 29, Mr de Lage et moy sommes allez coucher à Lérignat et le lendemain nous sommes allez disner à Saint-Germain. Le mercredy premier jour d'octobre, nous avons commencé d'accorder le mariage de ma niepce de la Baudinière avec Mr du Cluzeau. Mr Chazault [1], son père et le s^r de Faugéras [2], son cousin germain, et les s^{rs} de Bussière et de Mouter, père et fils, y estoient. Nous sommes venus coucher le mesme jour à Lérignat, et le jeudy Mr de Lage et moy sommes retournez icy.

Octobre 1664, commencé par le mercredy.

Le premier dimanche, 5 du dit mois, Mre Germain de Lerpinière a chanté sa première messe en l'église de Nostre-Dame. Mr Gaultier [3] et Mlle la lieutenante criminelle [4] estoient parrain et marrine.

Le jeudy 9 octobre, j'ay esté à Saint-Savin à la foire et suis retourné coucher céans.

Le mesme jour, Mrs de Lérignat et du Cluseau sont venus céans, le dernier pour voir les parens de ma niepce de la Baudinière, et s'en sont retournez coucher à Lérignat le dimanche 12.

Le mardy 14, environ huict heures du matin, est décédée dame Argenton [5], femme de Me Mathieu Pineau, procureur, et a esté enterrée le mesme jour dans le cemetière de Saint-Martial, presque au coin vis-à-vis les Trois-Roys. Elle est morte après avoir accouché d'une fille le jour précédent.

---

1. Sr de Lambertier.
2. Jean Mercier, s^r de Faugéras.
3. Germain Gaultier, s^r des Laises, lieutenant en la maréchaussée.
4. Louise Gaultier, femme de Louis Richard, s^r des Ors, lieutenant criminel.
5. Anne Argenton.

Le mercredy 15, Mr de Balantrut est venu coucher céans pour estre le lendemain à la foire et s'en est retourné le vendredy ensuivant.

Le jeudy 23, Mr du Cluseau est venu céans et s'en est allé le dimanche 26 à Poictiers.

Le dernier octobre, Mrs de Mouter, de Lérignat et du Cluseau sont venus céans et s'en sont retournez, sçavoir : les deux premiers le dimanche ensuivant 2 novembre, et le dernier le vendredy ensuivant 7.

Novembre 1664, commencé par le sabmedy.

Le dimanche 9, ma femme, ma niépce de la Baudinière et Gotton [1] sont allées coucher chez Mr de Balantrut et le lendemain, ma femme et sa fille sont allées à Saint-Germain voir Mr Clavetier, d'où elles sont retournées coucher à Lérignat le sabmedy ensuivant, et le dimanche, je les ay esté quérir à Lérignat et sommes retournez icy le lundy 17.

Le 11, jour de Saint-Martin, Mr Jean Douadic, sr de la Grange [2], fut blessé d'un coup de fusil par [Louis] Sororeau, chirurgien, son beau-frère, sur lequel le fusil du dit Douadic avoit manqué et l'avoit encore bandé pour le tirer, ce que voyant, le dit Sororeau le tira du fusil qu'il avoit, ce qui arriva au bas du cemetière de Concise, un peu an deçà du ruisseau. Le bruit que le fusil de la Grange avoit fait faux feu n'a pas continué, mais bien qu'il estoit bandé et fut trouvé en cet estat à terre après que la Grange eust esté blessé, qui l'avoit laissé tomber après le coup par luy receu. Il trespassa le mercredy ensuivant, environ les unze heures du matin, et fut enterré, le jeudy 13, dans l'église de Concise.

Le sabmedy 22, a esté passé céans le contract de

---

1. Marguerite Demaillasson, dite Goton.
2. Né le 5 février 1633 Fils de Joachim Douadic, sr de la Loge, procureur, et de Renée Goudon.

mariage de Vincent de la Chastre, vallet du mestayer du Léché, avec la fille du dit mestayer nommée Vincende de Montoffier, et ont esté espousez, le jeudy ensuivant 27, en l'église de Saulgé, par Mre Pierre Bareau, curé d'icelle. Mr du Cluseau, ma niepce de la Baudinière et Gotton furent au mariage à Saulgé et vindrent disner au Léché où je fus aussi.

Le mardy 25, Mr du Cluseau est arrivé céans et est party, dimanche 30, pour aller à Poictiers pour assister au despartement des tailles.

Décembre 1664, commencé par le lundy.

Le sabmedy 6, a esté enterré dans le cemetière de Saint-Martial dame [Jeanne] Cailleau, vefve de deffunct Pierre de Lerpinière, s^r de Beausoleil[1].

Le dimanche 7, environ vespres, le papetier de cette ville, nommé [Simon] Corivaud[2], s'est noyé voulant passer une femme de Grassevault, laquelle s'en alloit faire meuldre du bleg aux Grands-Moulins, et, le lendemain, il a esté enterré à Saulgé.

Le dimanche 14, Mr du Cluseau est venu céans avec un nommé Mr du Chastenet, l'un des esleus supprimez qui retournoient de Poictiers ; parce qu'ils arrivèrent tard, ils couchèrent icy au Cheval-Blanc la nuit précédante. Ils partirent de céans le lundy pour s'en aller en leur pays.

Le jeudy 19, ma fille Marguerite a esté marrine et Me Augier, advocat, parrin d'une fille[3] dont la femme[4] de Me François Babert, procureur, estoit accouchée il y avoit deux jours, et a esté baptisée à Saint-Martial.

Le dimanche 28, Mr du Cluseau est arrivé céans et le

---

1. Ils eurent un fils, Laurent, baptisé à Saint-Martial de Montmorillon le 7 mars 1630.
2. En 1671, Jeanne Pinaud, sa veuve, et Léonard Courrivaud, son fils, étaient fermiers du moulin à papier appelé le Moulinet des Mas, paroisse de Saulgé. (V. la liste des fermiers du Moulinet, appendice V.
3. Marguerite.
4. Marguerite Caillaud.

lendemain, M. de Lage, luy et moy sommes allez à Laage de Plaisance où M^rs des Chazaulx et de Mouter se sont rencontrez. Et là nous avons arresté les clauses du contract de mariage du dit s^r du Cluseau et de ma niepce de la Baudinière, après quoy il s'en est retourné avec Mr de Mouter et son père, et Mr de Lage et moy sommes retournez icy.

Le mardy précédent 23, ma cousine la lieutenante [1] est accouchée d'un garçon, environ les dix heures du matin, qui a esté baptizé le premier jour de l'an à Saint-Martial. M^r le séneschal [2] a esté parrain et ma niepce de la Baudinière, marrine, et a esté nommé Pierre [3].

Le vendredy 26, Paul Demaillasson, mon fils, a esté parrin et la fille puisnée de Me Augier, nommée Anne, marrine d'une fille dont la femme [4] de Gamaliel Morneau, dit le Bezaut, estoit accouchée il y avoit cinq ou six jours. Elle a esté baptizée à Saint-Martial et nommée Anne.

Le mardy 30, environ les cinq heures du soir, Me Jean de la Vergne, le jeune, procureur, gendre du s^r de Lagebourget, est décédé, après avoir demeuré quatre à cinq mois malade. Il a esté enterré, le lendemain, dans le cemetière de Saint-Martial.

Le jour précédant, ma fille Margueritte est tombée malade d'une fiebvre tierce continue dont les grands accez estoient de 20 et 30 heures, et après le quatriesme accez elle a eu tousjours la fiebvre continue tout à fait violante, avec des resves et des inquiétudes extraordinaire, jusques au 13 janvier que la fiebvre a commencé un peu de diminuer et de là en hors a commencé de se mieux porter.

---

1. Marie Richard, femme de Claude Micheau, s^r du Meslier, lieutenant général civil.
2. Pierre du Chastenet, sgr de Mérignac.
3. Il était curé de Roussines (Indre) en 1696. (Arch. Vien. E² 68.)
4. Sylvaine Boutet.

Année 1665, commencée par le jeudy.

Mʳ du Cluseau arriva céans le dimance 4 janvier et s'en alla à Poictiers le mercredy 7.

Le lundy 12ᵉ jour de janvier, Augier [1], maitre scellier, a esté enterré dans le cemetière de Saint-Martial.

Le sabmedy 17, Gilles, mon vallet, que j'avois loué à la Saint-Jean dernière, est décédé céans environ midy, et n'a demeuré malade que huict jours d'une fausse pleurésie. Il a esté enterré le dit jour dans le cemetière de Saint-Martial. Il est mort en très bon chrestien et a receu le Saint-Sacrement, environ une heure et demie avant de mourir, s'estant confessé deux fois pendant sa maladie.

Le lundy 19, a esté enterré Louis Reat, sʳ de la Pensée, archer en la mareschaussée de cette ville, dans le cemetière de Saint-Martial, près la croix qui est sur le chemin qu'on va du dit cemetière aux Récollects.

Le sabmedy 31, mon beau-frère de Lagebertye est arrivé céans qui venoit de servir son semestre de la Cour et est allé le lendemain coucher à Lérignat d'où il est party le mercredy ensuivant, 4 février, pour aller voir Mʳ l'intendant [2] à Poictiers, et s'est rendu icy le sabmedy septiesme.

Février 1665, commencé par le dimanche.

Le mercredy 4, Mᶜ Fleurant de la Vergne, sʳ de la Rue, et dame Jeanne Sylvain [3], fille du sʳ de la Betoulle, de Chaillac, ont esté espouzez à Briqueil-le-Chantre et la nopce s'est faite chez le sʳ de Puygirard à Allée.

Le vendredy 6, Mʳ du Cluseau et le sʳ de Faugeras sont arrivez céans.

---

1. Jean Augier, marié à Marie Desbordes, dont Marie, baptisée à Saint-Martial de Montmorillon le 1ᵉʳ juin 1635.
2. Charles Colbert, chev., sgr de Croissy et de Torcy, intendant du Poitou de 1663 à 1665.
3. Fille de Jean Sylvain, sʳ de la Betoulle, et de Jacquette Dalest.

Le lendemain, Mr et Mlle de Lérignat et Mlle des Champs sont arrivez céans pour assister au mariage de ma niepce de la Baudinière. Ils ont amené avec eux Fleuron, nostre cadette.

Le dimanche 8, environ les neuf heures du soir, ont esté espouzez en l'église de Saint-Martial, par Mre Bonneau, se prétendant curé d'icelle, Me Louis Lhuyllier, sr de la Bonnelière[1], nottaire royal, avec Margueritte Laisné, vefve de deffunct Laboussée, vivant sergent, et [Jacques] Lhuyllier, sr de Praveil[2], avec Marie de Lerpinière, enfant et fille des dits la Bonnelière et vefve Laboussée.

Le lundy 9, Me Pierre du Chazault, conseiller du Roy, esleu en l'eslection de Poictiers, sr du Cluseau, et damoiselle Marie Vachier, damoiselle de la Baudinière, ma niepce et filleulle, ont esté contractez céans et, tout aussi tost après, ont esté espouzez en l'église des pères Récollects de cette ville par le dit sr Bonneau. Les srs de la Borderie[3], oncle du dit sr du Cluseau, de Faugeras et son frère, de Moulin-neuf[4], médecin, du Masbertier[5], ses cousins germains, et de Mouther ont assisté au dit mariage, et ont signé le contract qui est aussi signé de quantité d'autres personnes. Mr de Faugeras qui estoit venu le vendredy avec le sr du Cluseau estoit porteur de la procuration de Mr du Chazault, sr de Lambertier, père du dit sr du Cluseau. Les cinq autres arrivèrent icy le dimanche au soir et s'en retournèrent, sçavoir : les srs de la Borderie, de Mouther et du Masbertier le mardy après disner, et les trois autres le mercredy après desjeuner. Le festin de la nopce s'est fait céans.

---

1. Veuf de Antoinette Féron.
2. Baptisé à Saint-Martial de Montmorillon le 11 janvier 1642.
3. François Barbarin, sr de la Borderie, marié à Philippe du Pin, demeurant au château de la Borderie, paroisse de Saint-Maurice-des-Lions.
4. ..... Malbay, sr du Moulin-Neuf.
5. ..... Robert, sr du Mas-Berthier.

Le dit jour lundy, Martial Naude, fils aisné de M⁰ Anthoine Naude, sʳ de Montplanet, procureur, a esté espousé au Dorat avec une fille du dit lieu[1].

La nuict du sabmedy précédant venant au dimanche, Pierre Clavetier, sʳ de Vernet, mon beau-père, s'estant trouvé mal subitement, on en donna advis, le lundy, par un homme qui vint exprès à Lérignat avec une lettre de Mˡˡᵉ du Queiroir qu'elle escrivoit à Mʳ de Lagebertye et qui fut apportée céans, le soir, par un vallet que Mʳ de Balantrut y envoya. Je ne voulu pas qu'on donnast, dès le soir, la ditte lettre à mon dit beau-frère [pour lui éviter de se] mettre en chemin la nuict et la luy rendit seulement le mardy matin. Il partit bien tost après et arriva, sur les cinq heures du soir, à Saint-Germain et trouva Mʳ Clavetier sans parolle et sans connoissance, de quoy nous ayant donné advis le lendemain, Mʳ de Lérignat et moy partismes d'icy le jeudy, fusmes disner à Lérignat et arrivâmes à Saint-Germain entre cinq et six heures du soir, où nous rencontrâmes encore Mʳ Clavetier à l'agonie qui trespassa sur les unze heures du soir, ayant tousjours demeuré sans parolle et sans connoissance despuis le mardy. Il avoit receu tous les sacremens le lundy avec beaucoup de dévotion. Il fut enterré, le vendredy, dans l'église du dit Saint-Germain, dans leurs sépultures, et y avoit quinze prestres, le père gardien des Récollects de Confolent et un autre religieux. Nous partimes le sabmedy 14. Mʳ de Balantrut qui y estoit allé le mesme jour que nous s'en revint aussi, et passâmes à Serre voir Mᵐᵉ la duchesse de Morthemar, et Mʳ de Lagebertye vint jusques là. Nous vînmes coucher à Messignac à cause que nous ne pûmes passer la Franche-

---

[1]. Marguerite Desvaux. Ils eurent pour enfants : 1° François, sʳ des Pérelles, qui épousa, à 23 ans, le 30 janvier 1690, Claude Maurat, fille de Guillaume Maurat, avocat au Dorat, et de Marie Delacoste; 2° Antoine, sʳ des Brosses, marié, le 24 septembre 1696, à Claude Vacherie. (Reg. par. de Brigueil-le-Chantre.)

Doire[1]. Le lendemain dimanche, je disnay à Lérignat et vins coucher céans. Mme Fleuron Dupin qui estoit à Lérignat dès le vendredy et s'en revenoit de Serre où elle avoit demeuré près de deux mois revint avec moy ; nous passâmes sur une planche, fimes passer nos chevaux à la nage.

Le mesme jour jeudy 12, Mrs le séneschal[2], les lieutenans civil[3] et criminel[4] et de Laage sont allez à Poictiers où ils ont travaillé en présence de Mr l'intendant[5] pour la réforme des procureurs, nottaires et sergens ; et le premier jour de caresme, Mr le séneschal est party du dit Poictiers, où il avoit tousjours demeuré du despuis, pour s'en aller à Paris.

Le dit jour de vendredy 13, Mlle la procureuse du Roy[6] est accouchée d'une fille qui a esté baptizée, le jour de la Saint-Martin 11 novembre ensuivant, en l'église de Saint-Martial, par Mre Jean Bonneau, se prétendant curé, et nommée Marie. Mr de Nollet[7] et ma niepce du Cluseau[8] ont esté parrain et marrine.

Le lundy 16, Me René de la Forest, sr de Lage-Grassin, et dame [Anne] Pian, vefve de deffunct Berneron, sr de Mont, de Lussac-les-Eglises, ont esté espousez en l'église de Saint-Martial par le dit sr Bonneau. Leur contract de mariage avoit esté passé le dimanche, 1er de ce mois, chez Mr de la Vergne, advocat, et receu par Me Paul Jacquet, nottaire. J'ay signé le contract.

Le dit jour 16, François Massonneau, sr de la Marnière,

---

1. Ruisseau qui prend sa source dans la forêt des Coutumes (Haute-Vienne), traverse la commune d'Adriers de l'est à l'ouest et tombe dans la Grande-Blour au-dessous du village de Torsac.
2. Pierre du Chastenet.
3. Claude Micheau, sr du Meslier.
4. Louis Richard, sr des Ors.
5. Charles Colbert, sgr de Croissy.
6. Marguerite Delouche, femme de Pierre Richard, sr de la Berthonnerie et de Tussac, procureur du Roi.
7. ..... de Nollet, sr de Soleilloux.
8. Marie Vachier, femme de Pierre Chazaud, sr du Cluseau.

M⁶ chirurgien, et la fille¹ de M⁶ Laurens Allais, sergent royal, ont esté espousez en mesme temps dans la dite église par le dit s' Bonneau.

A mesme heure, le nommé La Verdure et la Marion, servante de Mme de la Forest, ont aussi esté espousez par le dit s^r Bonneau.

Le dit jour 16, [Louis] Vezien dit Gassion², fils puisné du deffunct s^r de Beaufran, et la fille aisnée³ de deffunct M⁶ Louis⁴ Cailleau, s^r du Clou, sergent royal, et de dame Margueritte Clabat, ont esté espousez en l'église de Nostre-Dame par Mre Boudet, curé de Concise.

Le vendredy 20, 3⁶ jour de caresme, Mlles de Lérignat et des Champs s'en sont retournées à Lérignat et ont emmené Fleuron⁵.

Le vendredy 27, Mrs de Chanier⁶, père et fils, M^rs l'advocat du Roy⁷ de Civray et du Colombier⁸, son beau-frère, sont icy venus avec Mr de Balantrut chez lequel ils avoient couché, pour leur affaire pour laquelle faire vuider ils me devoient apporter leurs pièces ; cela a encore esté remis à une autre fois ; ils s'en sont retournez le dimanche 1er mars. Ils ont logé tous au Cheval-Blanc et ont mangé céans le sabmedy tout le jour.

Mars 1665, commencé par le dimanche.

Le sabmedy 7 mars, Mr du Cluseau et moy sommes allez coucher chez Mr de Balantrut, où j'estois allé principalement pour voir Mr de Lagebertye que je sçavois y

---

1. Louise, fille de Laurent Allais, sergent royal, et de Françoise Martinet.
2. Fils d'André Vezien, s^r de Beaufranc, et de Marguerite Chantaise.
3. Marie.
4. *Alias* Jacques.
5. Fleurence Demaillasson, dite Fleuron.
6. Jacques et François Robert, s^rs de Champniers.
7. Charles Bricauld, s^r de Verneuil.
8. Jean Chein, s^r du Colombier, lieutenant en la maréchaussée de Civray et Saint-Maixent, époux de Catherine Bricauld.

devoir estre, et le dimanche nous sommes icy retournez coucher.

Le mardy 3 précédent, nous avons passé une transaction, Mrs les Augustins et moy, touchant l'usage que j'avois dans les boys de Vacheresse. La minutte est escritte de la main du père Maxime Charron, lequel fut frappé de catharre le jeudy 5 ensuivant. La ditte minutte a esté mise entre les mains de Me Gilbert Babert, nottaire royal, pour la signer et la garder. Ils m'ont diminué la rente du Léché de huict boisseaux seigle, six boisseaux avoine et un chappon et huict sols en argent. Je leur ay aussi transporté mon pré que j'avois près de leur garenne[1], moyennant huict vingt livres qu'ils m'ont payé. La ditte transaction s'est faite par l'entremise et advis de Mr Augier, advocat[2].

Le mercredy, jour de l'Annonciation de la Vierge, Mr le lieutenant criminel[3] est party pour aller à Paris pour s'accommoder avec Mr le séneschal[4]. Les srs de Fontcailleau et Bonnaud, résignataire de la cure de Saint-Martial, y sont aussi allez.

Le jeudy 12, j'ay esté à Poictiers en compagnie du père procureur des Augustins, nommé père Thadée[5], et sommes retournez le lendemain ensemblement.

Le dit jour vendredy 13, Mr du Cluseau s'en est allé chez luy (aux Salles) et est icy retourné le mardy dernier jour du présant mois.

Le lundy 30, François Demaillasson, aagé d'environ

---

1. Cette garenne, connue sous le nom de « garenne des pauvres », parce que tous les pauvres de Montmorillon allaient y chercher du bois mort, s'étendait sur la rive droite de la Gartempe, depuis le pont neuf actuel jusqu'au pont du chemin de fer.
2. Le 28 mai 1692, les Augustins passent aussi une transaction avec le curé de Saulgé par laquelle ils conservent le droit de lever les novales sur les métairies de Vacheresse et du Léché, le village de Poilieu et la tenue des Vergnades, moyennant une redevance de sept boisseaux de seigle à payer annuellement audit curé. (Arch. Vien. H 48.)
3. Louis Richard, sr des Ors.
4. Pierre du Chastenet.
5. Thadée Lempereur.

unze ans, fils aisné de Mᵉ François Demaillasson, enquesteur, mon nepveu, environ les cinq heures du soir, estant dans leur jardin avec sa sœur aisnée[1], sortit, sans qu'elle y prit garde, par la porte qui descend en la rivière et se mit dedans et fut presque au milieu de l'eau sans qu'on s'en apperceut. L'eau l'emmena jusques proche des Moulins-au-Roy[2], où il fut porté et estant auprès du feu, il ouvrit les yeux et après avoir rendu beaucoup d'eau, il mourut sans qu'on y connust autre chose. Il y avoit environ quatre ans qu'il ne

---

1. Elisabeth Demaillasson.
2. Ces moulins, « situés soubs les ponts de Montmorillon, tant du costé de l'église Nostre-Dame que du costé de l'église Saint-Martial », avaient chacun deux roues.
Dès le xiiiᵉ siècle, on trouve les frères de la Maison-Dieu fermiers des moulins du Roi. En juillet 1308, ils obtenaient du sénéchal de Poitou confirmation du bail à ferme perpétuelle qu'il leur en avait consenti. (*Arch. Hist. du Poitou*, XI, 25.) Ils percevaient sur lesdits moulins une rente annuelle de 50 setiers de blé, moitié froment et moitié seigle, suivant le don que leur en avaient fait les rois de France et d'Angleterre, à la charge de dire chaque jour et à perpétuité une messe en l'église de la Maison-Dieu. (V. appendice II.) En 1347, ils les prenaient à rente moyennant 92 setiers de blé, sur lesquels ils devaient tout d'abord prélever leurs 50 setiers et donner ensuite : 6 setiers au chapitre de Notre-Dame de Montmorillon, 34 setiers au prieur de Plaisance, et au Roi, 2 setiers et 8 sols de cens et rente noble, payables chaque année au jour et fête de saint Michel. Dans la suite, ils arrentèrent ces moulins à des meuniers qui furent souvent « exponcés », faute de payement, et l'arrentement qui était de 92 setiers en 1347, se trouvait réduit à 48 setiers et 8 boisseaux en 1409, à 38 setiers en 1594 et à 24 setiers et 10 boisseaux en 1687. Par suite, les rentes secondes étaient diminuées au prorata.
Nous donnons ci-après l'état des rentes dues sur les Moulins-au-Roi de 1409 à 1740.

	1409 à 1593	1594 à 1686	1687 à 1740
	Boisseaux	Boisseaux	Boisseaux
Au Roi.	32 et 8 sols.	32 et 8 sols.	32 et 8 sols.
A la Maison-Dieu.	72	50	50
Au chapitre de Notre-Dame.	64	50	50
Au prieur de Plaisance.	544	420	210
Au commandeur de Lavaudieu (ordre de Malte).	64	56	52
Total en boisseaux.	776	608	394
Total en setiers (le setier de 16 boisseaux).	48 et 8 bois.	38	24 et 10 bois.

L'inondation survenue le 5 décembre 1740 ayant emporté les Moulins-au-Roi, ils ne furent pas reconstruits et les rentes qui étaient dues sur ces moulins cessèrent d'être servies. (Arch. Vien. H³ *bis* 66, 265, 379 et 385.)

parloit point; on croit qu'il estoit ensorcelé, et s'estoit jetté deux ou trois autres fois en la rivière d'où on l'avoit retiré. Il fut enterré, le lendemain, dans les sépultures des Richards, près la porte de l'église, et dans icelle.

Avril 1665, commencé par le mercredy.

Le sabmedy 4, vigille de Pasques, au matin, le fils[1] de Me Charles Bonnin, de son second lict, duquel ma fille aisnée[2] estoit marrine, est mort. Le jeudy précédent, il estoit gaillard et sa mère[3] le faisoit porter au col de sa nourrisse en visitant les églises. Il estoit né le 8 septembre dernier.

Le sabmedy 11, vigile de Quasimodo, ma femme est allée coucher chez Mr de Balantrut et le lendemain, M^r et Mlle du Cluseau, ma sœur de la Mothe et Mlle de Maisonfort[4] sont partis et l'ont esté prendre et disner chez mon dit s^r de Balantrut et sont tous allez coucher à Saint-Germain, avec M^r et Mlle de Lérignat, et le lendemain, sont allez coucher chez le père[5] de Mr du Cluseau, aux Salles. Mr de Lagebertye est allé avec eux, et le mardy au soir 21, ma sœur et ma femme sont retournées icy.

Le 12, jour de Quasimodo, a esté baptizée la fille dont ma niepce l'enquesteur[6] estoit accouchée le [7].... mars dernier, et nommée Marie. Me Pierre Fouaceau, commis à la récepte en cette ville, a esté parrain, et damoiselle Marie Richard, ma cousine, a esté marrine. Elle a esté baptisée en l'église de Saint-Martial par Mre Louis Grault, prévost de Nostre-Dame et cy-davant curé du dit Saint-Martial.

---

1. Pierre.
2. Marguerite Demaillasson.
3. Marie Jacquet.
4. Marie Cailleau, dite Mlle de Maisonfort.
5. .... Chazaud, s^r de Lambertier.
6. Elisabeth Demareuil, femme de François Demaillasson, avocat et enquêteur à Montmorillon.
7. Laissé en blanc.

Le 14, est décédé et a esté enterré dans le cemetière de Saint-Martial, Isaac Labbes, archer en la mareschaussée de cette ville.

Le lendemain, Mⁱ de Balantrut est venu céans et y a couché. Mʳ Chanier y est aussi venu pour son affaire qu'il a avec Mʳ l'advocat du Roy, de Civray [1], lequel ne s'y estant trouvé ainsi que je leur avois mandé, je leur ay donné rendez-vous au dimanche 26 du courant, à Charroux. Le dit sʳ de Balantrut et Chanier s'en sont retournez, le lendemain 16, coucher à Lérignat.

Le dit jour, Mʳ le lieutenant criminel [2] est retourné de Paris sans rien faire.

Le lundy 20, j'ay esté avec Mᵉ Gilbert Babert, nottaire, chez Mʳ de Balantrut pour passer le contract de vente du lieu de Chez-Tasjau [3] à son proffit, et sommes icy retournez au soir.

Le sabmedy, jour de Saint-Marc, j'ay esté coucher chez Mʳ de Balantrut, avec lequel je suis party le lendemain et sommes allez coucher à Charroux chez Mʳ Chanier pour l'affaire et suivant le rendez-vous cy-dessus. Mʳ l'advocat du Roy, de Civray, s'y est aussi trouvé, et ont promis de m'apporter leurs pièces le mardy 5 may. Nous sommes retournez, Mʳ de Balantrut et moy, coucher à Lérignat le mardy 28 du courant et le lendemain je me suis rendu icy.

Le jeudy 30, environ les trois à quatre heures du matin, est décédée la femme [4] de Mᵉ Anthoine Naude, sʳ de Montplanet, procureur, aagée d'environ 56 ans. Elle ne s'estoit arrestée que le lundy au soir précédent et incontinant qu'elle fut arrestée elle perdit la parolle. Elle a esté enterrée le lendemain, 1ᵉʳ may, dans le cemetière

---

1. Charles Bricauld, sʳ de Verneuil.
2. Louis Richard, sʳ des Ors.
3. Aujourd'hui Montajeau.
4. Jeanne Jacquet.

de Saint-Martial, proche la croix qui est devant chez Mr Augier, advocat.

May 1665, commencé par le vendredy.

Le sabmedy 2 may, environ les quatre heures du soir, est décédée la fille [1] d'André Collas, mariée avec un [2] des enfans de deffunct Daniel Rousseau, et a esté enterrée le lendemain dans le cemetière de Saint-Martial. Elle n'estoit arrestée que du lundy précédent et perdit la parolle deux ou trois jours après. Elle n'avoit pas vingt-trois à vingt-quatre ans.

Le vendredy 8, Mrs du Colombiers et Saint-Pierre [3] m'ont apporté leurs pièces pour faire juger leurs différends et s'en sont retournez le lendemain.

Le mardy 12, j'ay esté disner chez Mr de Balantrut et suis icy retourné coucher.

Le dit jour, Mrs de Lhéraudière et Gaultier s'en retournant de voir M^r le duc de la [Rochefoucauld]. [4]..............

. . . .

Le jeudy 21, j'ay esté disner chez Mr de Balantrut et coucher à Saint-Germain, et le lendemain je fus du matin à Confolent pour voir le s^r de Souhau, advocat, et le s^r du Nouhault, qui m'avoient prié d'y aller pour me communiquer de quelque affaire, et m'en revins disner à Saint-Germain et coucher icy.

Juin 1665, commencé par le lundy.

La nuict du mardy 16 venant au 17, dame Françoise

---

1. Catherine Colas.
2. Joachim Rousseau. Il épousa en deuxièmes noces Louise Estourneau.
3. Jean Robert, s^r de Saint-Pierre, fils de Jacques Robert, s^r de Champniers, et de Jeanne Bricauld de Verneuil. Le 15 avril 1699, il donnait à rente à Pierre Bourdier, s^r de Lalier, la maison de Saint-Pierre sise près la halle de Charroux. (Arch. Vien. E^2 240 *bis*.)
4. Il manque un feuillet.

Cailleau[1], femme de Me Nicollas Jacquet, s[r] de la Fontmorte, procureur en cette ville, est accouchée d'un garçon qui a esté baptisé le vendredy 19 ensuivant, en l'église de Saint-Martial, par Mre Louis Grault, prévost en l'église de Nostre-Dame, faisant la fonction de vicaire du dit Saint-Martial dont il estoit cy-davant curé, et a esté nommé Charles. Ma cousine la lieutenante criminelle[2] et moy l'avons tenu sur les fonds de baptesme.

Le sabmedy 20, Mr du Cluseau est arrivé céans et est party le lendemain pour aller à Poictiers.

Juillet 1665, commencé par le mercredy.

Le mercredy au soir, 1er juillet, Mr du Cluseau est arrivé céans de Poictiers et s'en est retourné, le vendredy 3, aux Salles.

Le dimanche au soir 5, est décédé le fils[3] dont Mme de Fontmorte estoit accouchée et duquel j'estois parrain.

Le sabmedy 11, j'ay esté coucher chez Mr de Balantrut dont je suis party le lendemain après disner et ay esté coucher à Saint-Germain et le lundy aux Salles-de-la-Vauguion, où j'ay séjourné tout le mardy. Le mercredy, Mr du Cluseau et ma niepce, sa femme[4], Mlle des Ramberties, sa sœur[5], et Mlle de Maisonfort et moy sommes venus disner à Saint-Germain, et le jeudy 16, nous sommes tous arrivez ici et avons passé chez Mr de Mouther à Bussière où nous avons disné.

Le mercredy 22, Mr du Cluseau et ma niepce, sa femme, sont allez coucher en leur mesnage en leur maison de cette ville.

---

1. Fille de Jean Cailleau et de Louise Berthonneau. Elle épousa en secondes noces, le 28 juillet 1699, Pierre Maillet, fils de Gabriel Maillet et de Marie Guérin, veuf de Nicolle Martin. (Reg. par. de Saint-Savin.)
2. Louise Gaultier, femme de Louis Richard, s[r] des Ors, lieutenant criminel.
3. Charles Jacquet, fils de Nicolas, s[r] de la Fontmorte, et de Françoise Cailleau.
4. Marie Vachier.
5. Magdeleine Chazaud, dite Mlle des Ramberties.

Aoust 1665, commencé par le sabmedy.

Le sabmedy 1ᵉʳ aoust, ma niepce de Lérignat et Mˡˡᵉ des Champs sont venues céans disner pour estre à la Nostre-Dame-des-Anges. Et le mardy, Mʳ de Lérignat y est venu au matin, et s'en sont tous retournez le mercredy après disner.

Le sabmedy 15, ma femme et Gotton [1] sont allées à Plaisance et de là coucher à Lérignat. Ma femme en est retournée le mardy ensuivant et y a laissé Gotton,

Le lundy 17, Mʳ le lieutenant civil [2], les sʳˢ du Brueil Arnaudet [3], La Boutaudière [4] et moy sommes allez à Poictiers pour rendre nos civilitez, de la part de la ville, à Mʳ Barantin [5], maistre des requestes, intendant des généralitez de Poictiers et Limoges, nouvellement arrivé à Poictiers, et sommes retournez icy le lendemain.

Septembre 1665, commencé par le mardy.

Le dimanche 6, Mʳ du Cluseau, ma niepce, sa femme [6], et sa sœur [7] sont partis pour aller en Limousin, d'où ils sont retournez le mercredy 14 octobre, fors Mʳ du Cluseau qui n'est revenu que le jeudy 22.

Le dit jour 6, j'ay esté disner à Lérignat, où j'ay trouvé Mʳ de Lagebertye qui m'avoit mandé qu'il y seroit, et suis retourné icy coucher.

---

1. Marguerite Demaillassón, dite Goton.
2. Claude Micheau, sʳ du Meslier, lieutenant civil.
3. François Arnaudet, sʳ du Breuil, receveur des consignations.
4. Jean Delavergne, sʳ de la Boutaudière, procureur.
5. Jacques-Honoré Barentin, chev., vicomte de la Motte, sgr d'Ardivilliers, maître des requêtes, intendant du Poitou de 1665 à 1669, puis de Limoges, décédé le 1ᵉʳ mars 1686. Mʳ Barentin a présidé en Poitou à la fameuse recherche des usurpateurs de noblesse, en 1666, et y a laissé son nom attaché. On appelle Barentines les jugements qu'il a rendus en maintenue de noblesse.
6. Marie Vachier.
7. Magdeleine Chazaud.

Le vendredy 11, j'ay esté disner à Lérignat et ay ramené Gotton [1] céans le mesme jour.

Le lundy 14, Mrs Pargon, curé d'Anthenet, de Lage, assesseur, la Forest l'aisné et Tervanne, procureurs, Mlles Daubière [2], de Léraudière [3] et de Flamaigne [4], les deux dernières, filles de Mr de Lage, et moy sommes partis pour aller à Saumur et avons esté disner à Champaigne chez Mr de Boursignoux [5] et coucher à Chastelleraud, le mardy disner à Richelieu, coucher à Chinon, le mercredy disner à Saumur. Le jeudy, après disner, nous en sommes partys et avons esté passer à Fontevrault et coucher à Loudun, le vendredy disner à Mirebeau et coucher à Poictiers, et le sabmedy tout d'une traitte coucher icy.

La procession de Saint-Martial conduitte par le sr Bonneau, se prétendant curé, estoit partie le dimanche. Ils partirent de Saumur peu de temps après que nous y fûmes arrivez.

Le mardy 22, Mr de Lagebertye est venu coucher céans et est party le lendemain pour s'en retourner à Paris.

Le vendredy 25, Mr le séneschal [6] est retourné de Paris et a amené sa femme qu'il avoit espousée à Paris il y avoit environ un mois.

Le mardy, jour de la Saint-Michel, j'ay esté à la foire à Lussac avec Mrs le lieutenant criminel [7] et de Lage et suis retourné le mesme jour.

---

1. Marguerite Demaillasson.
2. Marie Chaussetière, femme de Jacques Richard, sr d'Aubière.
3. Marie Delaforest, femme de Pierre Goudon, sr de l'Héraudière.
4. Marguerite Delaforest, dite Mlle de Flamagne, sœur de la précédente.
5. Martial Vezien, sr de Boursignoux, baptisé à Saint-Martial de Montmorillon le 23 avril 1630, fils de Jacques Vezien, sr de Champagne, et de Marie Petitpied. Il épousa Jeanne Vachier, fille de François, sr de Crémiers, dont il eut Martial, marié à Pouzioux, le 21 mai 1697, à Louise du Chasteau, fille de feu Jacques, éc., sgr de Ry, et d'Anne de la Porte. (Reg. par. de Pouzioux.)
6. Pierre du Chastenet, marié, le 26 août 1665, à Magdeleine Félix d'Ostrelle.
7. Louis Richard, sr des Ors, lieutenant criminel.

Octobre 1665, commencé par le jeudy.

Le dimanche 4 octobre, j'ay esté disner chez Mr de Balantrut et suis allé, après disner, avec Mr de Lérignat à l'Isle-Jourdain où j'ay affermé la vendange de la vigne de Mr de Lagebertye qu'il m'avoit dit de prendre cette année, au sr de Petincourt[1], de l'Isle, qui m'en a donné cent sols et m'en doit donner une pipe de vin, et suis retourné coucher à Lérignat et le lendemain céans.

Le mercredy 14, ma niepce du Cluseau est retournée des Salles avec sa belle-sœur, et Mr du Cluseau y est resté et s'en est retourné le jeudy 22.

Le vendredy 23, Mr Dupin, procureur en parlement, est arrivé icy et a laissé sa femme à Saint-Benoist chez Mr de la Berthonnerie. Elle est icy arrivée, dans le carrosse de Mme de Lagebernard, le lundy 26. Ils sont mariez despuis deux ou trois mois en çà. Elle a nom Agnès.

Le dimanche 25, j'ay esté coucher chez Mr de Balantrut et suis retourné icy le mardy ensuivant.

Le lundy 19, a esté passé le contract de mariage de dame Eléonore Pineau[2], vefve de deffunct mon frère de la Faix, avec Robert de Louche, sr de Boisrémond, lequel j'ay signé, et ont esté espousez, le lendemain, en l'église des Récollects de cette ville par Mre Bonneau, se prétendant curé de Saint-Martial.

Novembre 1665, commencé par le dimanche.

Le jour de la Toussaincts, 1er novembre, ma cousine la lieutenante criminelle[3] est accouchée d'un fils qui a esté baptizé en l'église de Saint-Martial, le samedy 14 ensuivant, par Mre Jean Bonnaud, prétendu curé ; ma cousine Dau-

---

1. Jacques Martin, sr de Pétincourt, inhumé dans l'église de l'Isle-Jourdain le 19 août 1675.
2. Par son testament du 2 avril 1686, Eléonore Pineau donne cent sols de rente à sa sœur, la Sigoune, religieuse au couvent de Saint-Joseph de Montmorillon, ordre de Saint-Francois. (Arch. Vien. En 758.)
3. Louise Gaultier, femme de Louis Richard, sr des Ors, lieutenant général criminel.

bière, nommée Marie Chaussetière, et moy avons esté parrain et marraine et a esté nommé Charles.

La nuict du 11 au 12, damoiselle Marie Mérigot, femme de Me François Dalest, juge prévost de cette ville, est accouchée d'une fille qui a esté baptizée, le 13 ensuivant, par Mre Jean Bonnaud, se prétendant curé, et nommée Agnès[1]. Me Félix Augier, advocat, et damoiselle Agnès [2]...... femme de Me Nicollas Dupin, procureur en parlement, ont esté parrain et marraine.

Le dimanche 15, Me Dupin, procureur en parlement, et moy avons esté coucher chez Mr de Balantrut. Et le lendemain, Mr de Lérignat, luy et moy sommes allez disner chez Mme la duchesse de Morthemart, à Serre, d'où le dit s[r] Dupin s'en est retourné coucher à Lérignat, et Mr de Lérignat et moy à Saint-Germain, et le mercredy ensuivant sommes retournez à Lérignat et suis icy arrivé le lendemain 19.

Le [mardy 10], Gotton[3] a esté marraine d'une fille chez le sergent Petitpied[4]. Elle a esté baptisée en l'église de Nostre-Dame par Mre Boudet, curé de Concise, et nommée Marguerite, et a esté parrain, [André Micheau, fils de Claude, s[r] du Meslier].

Le dimanche 29, la femme[5] du chirurgien la Marnière est accouchée d'une fille, laquelle a esté baptisée en l'église de Saint-Martial, le mercredy 9 décembre ensuivant, et nommée Margueritte. M[r] le curé de Bussière[6], frère du dit la Marnière, et Gotton ont esté parrain et marraine.

---

1. Elle épousa, par contrat du 3 novembre 1706, Pierre Bigot-Pontbaudin, capitaine des traites à Moulimes. (Arch. Vien. E² 68.)
2. Laissé en blanc.
3. Marguerite Demaillasson.
4. Jean Petitpied, sergent royal, fils de Jean Petitpied, dit le maréchal du Roi, et de Gabrielle Augier, baptisé à Saint-Martial de Montmorillon le 22 mars 1641. Il épousa Marie Chevallier.
5. Louise Allais, femme de François Massonneau, s[r] de la Marnière, chirurgien.
6. René Massonneau, s[r] de la Marnière, curé de Bussière-Poitevine.

Décembre 1665, commencé par le mardy.

Le mardy 8 décembre, le Père Semence, religieux Augustin, professeur de philosophie au couvent de cette ville, et moy sommes allez à Boismorant.

[Février 1666.]

. . . .[1]

. . . . le lieutenant général et retournasmes icy le dimanche ensuivant ; nous logeasmes à la Tour-d'Argent. Ses parens le vouloient nommer de rechef nonobstant l'arrest, mais M^r le lieutenant général ne le voulut pas et ils en nommèrent un autre. Il avoit esté créé curateur précédemment par le dit s^r lieutenant général, après la mort d'un autre, lequel estoit curateur dont il se rendit appellant, et par le susdit arrest, qui n'estoit que sur requeste, il fut deschargé sur ce qu'il remontra que sur des offres qu'il avoit faites dès la première nomination qui avoit esté faite, les parens les avoient acceptées et en avoit nommé un autre, après quoy on ne pouvoit plus le nommer, et quoy qu'il eust allégué la mesme chose pardevant le dit s^r lieutenant général, il n'avoit pas laissé de le crier. L'arrest portoit qu'à sa diligence les parens seroient appellez pour procéder à la nomination d'un curateur auxdits mineurs, autre toutefois que de sa personne.

Mars 1666, commencé par le lundy.

Le sabmedy gras 6 mars, Mre Pierre Dalest, archiprestre de cette ville et curé d'Ains, cy-devant juge prévost dont il exerçoit encore l'office, par l'interdiction de son nepveu, pourveu et receu en iceluy, prenant à cet effect qualité de vétéran, estant monté au marché pour juger quel des bouchers avoit le bœuf gras, incontinant

---

1. Il manque plusieurs feuillets.

qu'il l'eust jugé, fut subitement, au bout de la halle, attaqué d'appoplexie, environ les dix heures du matin, et conduit chez M⁶ Jean Goudon, sʳ de la Boulinière, demeurant en la maison qui fait le coing en montant de la porte de la ville aux Bans, à main gauche, où il mourut sur les quatre heures du soir, et fut enterré le lendemain dans l'église de Saint-Martial, soubs leur banc, joignant l'autel de Saint-Michel, au-dessous du crucifix. Il pouvoit être aagé de soixante-deux ans. Il n'a esté regretté de personne à cause que c'estoit un très grand chicaneur.

Le dit jour, ma belle-sœur du Queiroir nous est venue voir et a passé les jours gras avec nous et s'en est retournée le sabmedy 13.

Le 9 mars, jour du mardy gras, à deux heures du matin, Mᵐᵉ de Lagegrassin est accouchée d'une fille [1].

Le dit jour 13, est décédé Mʳᵉ Boudet, curé de Concize, aagé d'environ 50 ans, et a esté enterré le lendemain dans l'église de Concize.

Le lundy 22, Mʳ de Balantrut est venu céans et s'en est retourné le mercredy 24.

Le dimanche 28, Mˡˡᵉˢ des Champs et Fleuron [2] sont venues céans et y ont demeuré jusques au lendemain de Quasimodo, 3 may.

Avril 1666, commencé par le jeudy.

Le mardy 5, ma fille Marguerite a esté marrine et Mʳ de Lhéraudière, parrin, chez Mʳ du Parc, appottiquaire, à sa première fille [3] de son troisiesme mariage, laquelle est décédée le sabmedy ensuivant.

Le vendredy 9, a esté enterré dans le cimetière de Saint-Martial, Mᵉ Pierre de Chaume, sʳ du Monteil, aagé de près de 60 ans.

---

1. ...... fille de René Delaforest, sʳ de l'Age-Grassin, et d'Anne Pian.
2. Fleurence Dupin, dite Fleuron.
3. Marguerite, fille de Pierre Guérin, sʳ du Parc, apothicaire.

Le vendredy 16, mon beau-frère de Lagebertye est arrivé à Lérignat où je l'ay esté voir le lendemain. Il revenoit de servir son semestre. Le dit jour sabmedy, je suis retourné icy et luy s'en est allé à Saint-Germain.

Le lundy de Pasques 26, ma niepce de Lérignat est venue nous voir.

Le vendredy 30, Mr de Balantrut est venu céans disner. Il s'en est retourné le mesme jour et moy avec luy à Lérignat où estoit mon beau-frère Lagebertye.

May 1666, commencé par le sabmedy.

Le 1er may, je suis retourné icy.

Le dit jour, Mr de Chazault, père de Mr du Cluseau, est venu céans. Il venoit de Poictiers de chez Mr du Cluseau où il avoit passé le caresme. Il s'en est retourné le lundy 3.

Le dimanche 2, jour de Quasimodo, M^{re} [Laurent] Augier, chanoine en l'église de Nostre-Dame, y chanta sa première messe. Son père luy servoit d'ajuant et son frère [1], prieur curé de Journé, servoit de diacre et le prestre Lerpinière de sous-diacre. Le prieur des bénédictins de Saint-Savin y prescha. Mr Chazault et moy y fûmes disner. Il y avoit grand monde. Mr de la Contour [2] et Mme la séneschalle [3] servoient comme de parrin et marrine.

Le dit jour, Mr de Lérignat est venu céans et s'en est retourné le lendemain avec sa femme, Mlle Deschamps et Fleuron.

Le mardy, j'ay esté à Persac avec Mr Daubière et retourné le dit jour.

---

1. François, baptisé à Saint-Martial de Montmorillon le 1er octobre 1631.
2. François de Moussy, chev., sgr de la Contour, maréchal de camp en 1653, lieutenant de roi en la ville et citadelle de Metz en 1654, marié, le 31 août 1631, à Marie Grateloup, fille de Bertrand, baron de Senevières, et de Bonne d'Alloneau.
3. Magdeleine Félix d'Ostrelle, femme de Pierre du Chastenet.

Le mercredy 5, M^rs le séneschal et procureur du Roy sont allez à Poictiers pour un faux d'entre Piau, s^r de Laumosne, et le s^r de Romagny et le nommé Lafin[1], nottaire à Lastus. Ils sont retournez le sabmedy 8, à 9 heures du soir. Le dit s^r de Romagny et Laumosne et Me Fleurant Tartarin, greffier, sont allez et venus avec eux.

Le dimanche 9, M^r et Mme la séneschalle[2] ont disné céans. Mr de la Contour les y est venu trouver.

Le dit jour, le lieutenant général de Chastellerault est venu en cette ville pour exécuter une commission de la Cour à la requeste de M^r le séneschal pour faire une enqueste d'examen à futur contre M^rs les lieutenans civil[3] et criminel[4], l'assesseur[5] et procureur du Roy[6] touchant les parentez.

Le lendemain 10, M^r le lieutenant criminel est party pour Paris pour l'accommodement d'entre luy et M^r le séneschal, suivant le compromis passé entre eux par l'entremise de Mr de la Contour. Mre Louis Grault, prévost de Nostre-Dame, est aussi party et se sont rendus le mercredy à Tournon où ils ont joinct le messager de Rochouard avec lequel ils ont fait le voyage. Le dit compromis n'a point eu d'exécution par la faute du s^r séneschal, néantmoins du despuis, par l'entremise de Mr de la Rochevreux[7], ils se sont soumis au jugement de Mr Bignon[8], advocat général, qui les a jugez. C'estoit pour le reiglement

---

1. Jean Nouveau, s^r de la Fin, sergent royal et notaire à Latus.
2. Pierre du Chastenet et Magdeleine Félix d'Ostrelle.
3. Claude Micheau, s^r du Meslier, lieutenant civil.
4. Louis Richard, s^r des Ors, lieutenant criminel.
5. André Delaforest, s^r de Lage, assesseur criminel.
6. Pierre Richard, s^r de la Berthonnerie, procureur du Roi.
7. Honorat Courault, sgr de la Rochechevreux. Le 6 mai 1672, il rendait aveu de Bonneuil (Indre) à la Tour Maubergeon. (Arch. Vien. C².)
8 Jérôme Bignon, né à Paris le 11 novembre 1627, avocat général en 1656, conseiller d'honneur au Parlement en 1673, conseiller d'Etat en 1678, chef du Conseil établi pour l'enregistrement des armoiries en 1696, mort le 15 janvier 1697.

de leurs charges. Le dit sr lieutenant criminel [1] n'est retourné que le mardy 16 novembre ensuivant.

Le vendredy 14, Mr le séneschal [2] est aussy party pour Paris pour le mesme sujet que dessus et est retourné le jeudy 4 novembre, à 6 heures du soir.

Le dimanche 16, a esté fait procession géneralle pour avoir de la pluye. On a porté l'image de la sainte Vierge. Les Récollects ont assisté à la procession avec leur croix. La procession est partie de Nostre-Dame, on est venu à Saint-Martial, passé aux Récollects, de là retourné à Nostre-Dame où il s'est chanté une grande messe. Il y avoit eu un salut pour le mesme sujet à Nostre-Dame, qui avoit commencé le mardy 11 précédent et qu'on acheva le mercredy 19.

Le dit jour 16, ont esté contractez Me Louis Bonnin, advocat, et damoiselle Marie Cailleau Maisonfort, et espousez le lendemain matin en l'église de Saint-Martial.

Le mardy 18, mon beau-frère de Lagebertye arriva céans, sur les huict heures du matin, et s'en retourna coucher à Lérignat le jeudy 20.

Le dimanche 23, a esté faitte une semblable procession que dessus pour le mesme sujet.

Le lundy 24, ma niepce du Cluseau [3] et sa belle-sœur [4] sont icy arrivées, et le vendredy 28, Mr du Cluseau y est arrivé.

Le dimanche 30, Mlle de la Chesne [5] de Poictiers et une fille de deffunct Mr Giraud, advocat au dit Poictiers, sont arrivées chez Mr du Cluseau et le lendemain sont tous partis ensemble pour aller aux Salles et de là aux Ostensions.

---

1. Louis Richard, sr des Ors.
2. Pierre du Chastenet.
3. Marie Vachier, femme de Pierre Chazaud, sr du Cluseau.
4. Magdeleine Chazaud.
5. Marie Mercier, femme de François Garnier, sr de la Chesne.

Le dit jour, Mʳ le procureur du Roy [1] et sa femme [2] sont aussi partis pour aller aux Ostensions et sont retournez le lundy 7 juin ensuivant.

Juin 1666, commencé par le mardy.

Le mercredy 9 juin, Mᵉ Fleurant Tartarin, greffier criminel, aagé d'environ 63 ans, est décédé, sur les six heures du matin, et a esté enterré soubs son banc en l'église de Saint-Martial, joignant la muraille du costé de la chaire du prédicateur, le dit jour [3].

Le sabmedy 12, vigile de la Pentecoste, j'ay esté disner à Lérignat et coucher à Saint-Germain pour y voir Mʳ de Lagebertye [4], et en suis party le lundy 14, à trois heures après midy, et venu coucher céans où je suis arrivé, environ les neuf heures, et ay passé du costé de Mouter et d'Adrier.

Le dimanche de la Trinité 20, j'ay esté à Anthigny et suis retourné coucher céans.

Le dit jour, Pierre Genty et Marguerite Bernard, fille de Simon Bernard, maître charpantier, marrine de ma fille Margueritte, ont esté espousez en l'église de Saint-Martial.

Le lundy 21, mon beau-frère de Lagebertye est arrivé céans, à disner, et est party le lendemain matin pour aller à la Cour servir son semestre. Nous fûmes disner à la Contour ensemble.

Le dimanche 27, Guillaume Sanson, dit Frappe d'arrière, et la servante de Mᵉ Jean de la Vergne, sʳ de la Boutaudière, procureur, ont esté espousez en l'église de Saint-Martial.

---

1. Pierre Richard, sʳ de la Berthonnerie.
2. Marguerite Delouche.
3. Antoinette Bonnin, sa veuve, fut enterrée au même lieu le 21 décembre 1670.
4. Le 20 juin 1666, Pierre Clavetier, sʳ de Lagebertye, cédait, par échange, à Isaac Barbarin, sgr de Mondenau, du Bost et de la Rye, le fief de Maillac, paroisse de Brillac. (Champeval, *Chartrier de Bagnac*.)

Juillet 1666, commencé par le jeudy.

Le jeudy, 1ᵉʳ juillet 1666, octave de la Feste-Dieu, Mʳˢ Augier le père, prestre, de Lage, assesseur, de la Vergne, advocat, et moy sommes allez à Saint-Germain-lez-Saint-Savin pour reigler un différend d'entre Mʳᵉ Arnaudet, curé du dit Saint-Germain, et un nommé Rousseau, pour une veue d'une fenestre qui regardoit sur le jardin du dit sʳ curé. Mʳ du Brueil Arnaudet estoit avec nous, et avons disné à Beauchamp chez Mʳ du Rivault Champaigne [1]. Mʳ Augier n'y a pas disné.

Le lundy 12, j'ay esté à la foire de Saint-Savin pour y achepter des bœufs pour Maugoueran, et suis retourné icy coucher et ay passé à la Contour.

Le lundy 19, j'ay esté à Mazerolles pour assister au service de la quarantaine de deffunct Nicollas Vacher, vivant sʳ de la Pouge.

Le dit jour, ma femme et Gotton [2] sont allées à Lérignat.

Le mercredy 21, le nommé Brin, sergent des tailles, et Guionne Pin, fille de deffunct [Hilaire] Pin, sʳ de la Fontaine, ont esté espousez, à dix heures du soir, en l'église Nostre-Dame [3].

Le dimanche 25, j'ay esté disner à Lérignat et suis retourné le mesme jour avec ma femme.

---

1. Jacques Vezien, sʳ du Rivault, marié à Marie Chauvet, dont : 1º André, sʳ de Beauchamp, baptisé le 16 août 1656 ; 2º Jeanne, baptisée le 13 mars 1658, mariée, le 12 juillet 1679, à Salomon de Pons, fils de feu Jean et de Jeanne de Soullière ; 3º Marie-Anne, baptisée le 3 novembre 1660 ; 4º Jacques, baptisé le 22 août 1662 ; 5º Catherine, baptisée le 9 août 1671, décédée le 26 septembre 1715, mariée, le 3 septembre 1686, à Louis de Couhé, fils de René, sgr du Peux, et de Françoise Boisson. (Reg par. de Saint-Germain, Vienne.)

2. Marguerite Demaillasson.

3. Pierre Brin et Guionne Pin demeuraient près la porte du Puycornet, paroisse de Concise. Ils eurent un fils, François, baptisé à Notre-Dame de Montmorillon le 5 juin 1668, qui eut pour parrain François Brin, greffier de la Cour conservatoire à Poitiers.

Aoust 1666, commencé par le dimanche.

Le dimanche, 1ᵉʳ aoust, Mʳ de Lérignat est venu céans et s'en est retourné le mardy.

Le dit jour, j'ay fait faucher mon pré où je n'ay recueilly qu'environ 28 quintaux de foin.

Le dimanche 8, j'ay esté disner à Lérignat et retourné le mesme jour.

Le mardy 10, jour de Saint-Laurent, Mʳ de Balantrut est venu à la foire, et a disné céans et s'en est retourné le mesme jour.

Le dit jour, environ les dix heures du matin, Mᵐᵉ la séneschalle [1] est accouchée d'une fille [2].

Le dimanche 15, Mᵉ Bugent, médecin en cette ville, est décédé sur les quatre heures du matin, et a esté enterré, sur les sept heures du soir, en l'église de la Maison-Dieu.

Le lendemain, François Trouillon, marchand, et dame Louise de la Forest, fille de Mᵉ Pierre de la Forest l'aisné, procureur, et de deffuncte dame Margueritte du Monteil, ont esté contractez et espousez ensuitte en l'église des Récollects par Mʳᵉ Bonneau, prétendu curé de Saint-Martial. J'ay signé le contract. C'est la cinquiesme et dernière des filles du dit sʳ de la Forest. Babert, nottaire, a receu le contract [3].

Le lendemain mardy 17, la fille de deffunct Jacques Vezien, sʳ de Boysfleury, vivant sergent, et d'Eléonor [Chenon], a esté contractée avec le nommé Marrans, de la province de Champaigne, marqueur de vin en cette ville,

---

1. Magdeleine Félix d'Ostrelle, femme de Pierre du Chastenet, sénéchal.
2. Magdeleine-Elisabeth.
3. François Trouillon et Louise Delaforest eurent pour enfants : 1º Louise, mariée à François Augier, lieutenant civil à Montmorillon ; 2º Marie-Anne, mariée à Etienne Mornet, sʳ de Rufane. Etant veuve, elle rendit hommage du fief de la Gardèche à la Maison-Dieu de Montmorillon, le 15 février 1718. (Arch. Vien. H² bis 71.)

et ont esté espousez le lendemain matin. J'ay signé le contract qui a esté receu par Jacquet, nottaire.

Septembre 1666, commencé par le mercredy.

Le mardy 7 septembre 1666, envivon les quatre à cinq heures du matin, est décédé Mᵉ Louis Douadic, l'un des procureurs supprimez, aagé d'environ 37 ans, et a esté, le même jour, enterré dans le cimetière de Saint-Martial, vis-à-vis la porte du charnier.

Le mardy 14, environ deux heures après midy, est décédée la femme de Germain Dousselin[1], meusnier du Moulin-au-Roy.

Le dit jour, j'ay fait vendanger ma vigne où j'ay eu vingt barriques de vin.

Le lendemain, dame Louise de la Forest, femme de Mᵉ François Goudon, sʳ du Chambon, est décédée au dit village du Chambon, paroisse de Lastus, aagée d'environ 44 ans. Elle estoit grosse et s'estoit blessée. Elle a esté enterrée, le jeudi 16, en l'église de Saint-Martial, proche la chaire du prédicateur.

Octobre 1666, commencé par le vendredy.

Le dimanche 3, Mʳˢ les lieutenant civil [2], assesseur [3], La Forest l'aisné [4], Tervanne [5] et Babert [6], procureurs, et moy sommes partis pour aller à Saumur et avons esté disner

---

1. Les 20 février 1655 et 3 juillet 1664, Germain Dousselin, meunier des Moulins-au-Roi, côté de Saint-Martial, déclare devoir au commandeur de Rouflac (ordre de Malte) 28 boisseaux froment et 28 boisseaux seigle, mesure de Montmorillon, de rente noble, féodale et foncière, faisant partie de plus grandes rentes dues tant au Roi qu'au couvent des Augustins, au chapitre de Notre-Dame de Montmorillon et au prieur de Notre-Dame de Plaisance. (Arch. Vien. H³ 265.)
2. Claude Micheau, sʳ du Meslier, lieutenant civil.
3. André Delaforest, sʳ de Lage, assesseur criminel.
4. Pierre Delaforest, procureur.
5. Charles Bonnin, sʳ de Tervanne, procureur.
6. François Babert, procureur.

chez Mr de Boursignoux[1] à Champaigne et coucher à Chastelleraut où Mr du Cluseau s'est rendu, et avons tous fait le voyage ensemble. Au retour, nous avons passé par Loudun et Poictiers et sommes icy retournez le vendredy 8.

Novembre 1666, commencé par le lundy.

Le jeudy 4, le séneschal[2] est arrivé icy de Paris.

Le sabmedy 6, sur les huict à neuf heures du soir, ma cousine de Lhéraudière[3], la prévoste, est accouchée d'une fille, laquelle a esté baptisée, le lendemain, en l'église de Saint-Martial. Pierre Fouasseau, commis à la recepte des tailles en cette ville, et ma cousine de Flamaigne, sœur de ma cousine de Lhéraudière, ont esté parrain et marrine, et a esté nommée Margueritte[4].

Le vendredy 12, Mr du Cluseau, sa femme et sa sœur s'en sont retournez à Poictiers.

Le lendemain, Mrs l'assesseur, Lhéraudière et moy sommes allez, après disner, au Bourg-Archambault pour voir Mr le marquis de Castelnau-Mauvissière[5], gendre de Mme la mareschalle Foucault.

Le dit jour, un exprès est arrivé céans que Mme Maillasson, ma belle-sœur de Tours, m'avoit envoyé pour me prier d'assister au mariage de ma niepce Magdelon, sa fille, avec lequel je suis party, le dimanche 14, et mené Valentin Barriat avec moy. Nous sommes allez disner à

---

1. Martial Vezien, sr de Boursignoux. Le 30 juin 1662, il affermait, pour cinq années, à Claude Augier et à Jean Dufour, marchands à Montmorillon, les étangs de Bâtardeau, Beaufour, la Planche-au-Groix et du Léché, avec la métairie des Forêts, moyennant 1800 livres pour les cinq années. (Arch. Vien. H³ bis 105.)
2. Pierre du Chastenet.
3. Marie Delaforest, femme de Pierre Goudon, sr de l'Héraudière, prévôt des maréchaux.
4. Elle prit l'habit de religieuse au couvent de Sainte-Claire à la Trimouille le 2 août 1683.
5. Michel, marquis de Castelnau-Mauvissière, marié à Louise-Marie Foucaud, fille de Louis, comte du Doignon, sgr de Bourg-Archambault, maréchal et vice-amiral de France, et de Marie Fourré de Dampierre.

Chauvigny où mon cousin Demaillasson, de Maignat, qui est banquier et demeure à Paris, m'a joinct et sommes allez coucher à Chastellerault, le lendemain disner à Sainte-Maure et coucher à Montbazon et arrivez le mardy, à neuf heures du matin, à Tours. Mon dit cousin est party, le lendemain 17, pour s'en retourner à Paris. Le dimanche 21, Mr Hallé, gendre de ma ditte sœur, et ma niepce Manon, sa fille, sont arrivez de Paris à Tours pour assister au dit mariage, qui s'est fait, le mercredy 24, avec le sr Louis Roy, marchand de la ville de La Rochelle, en l'église de Saint-Saturnin de Tours, par le sr curé d'icelle. Et suis party, le vendredy 26, pour m'en retourner et ay couché à La Haye, le lendemain ay disné à Vic et couché à Anthigny chez le bottier et suis arrivé céans le dimanche 28, à neuf heures du matin.

Le mardy 16, Mr le lieutenant criminel[1] est arrivé de Paris.

Le sabmedy 20, ma cousine sa femme[2], est accouchée d'une fille qui a esté baptisée, le mardy 8 février 1667, en l'église de Saint-Martial, par Mre Louis Grault, prévost de Nostre-Dame. Mon cousin de la Berthonnerie Richard et la fille aisnée du cousin Gaultier ont esté parrain et marrine, et a esté nommée Françoise.

Le mercredy 24, mon nepveu l'enquesteur[3] est party pour aller à Paris et est retourné le vendredy 17 décembre ensuivant.

Le jeudy 25, Me Charles Demaillasson, mon nepveu et filleul, fils de deffunct mon frère de la Faict, a esté espousé avec dame Marie Dalest[4], fille de deffunct Me François Dalest, sr de Peuterrault, et de dame [Marguerite] Dau-

---

1. Louis Richard, sr des Ors, lieutenant criminel.
2 Louise Gaultier, femme du précédent.
3. François Demaillasson, enquêteur.
4. Le *Dictionnaire des Familles du Poitou* de MM. Beauchet-Filleau la dit fille de François Dalest, juge prévôt, et de Marie Mérigot ; c'est évidemment une erreur.

broche. Le mariage s'est fait en l'église de Saint-Martial.

Le sabmedy 27, dame Marie Demaillasson ma niepce, femme de M⁰ Gaspard Fradet, est décédée en travail d'enfant ; on l'a ouverte, l'enfant estoit mort. Elle a esté enterrée dans une chappelle de l'église de Lussac-le-Chasteau [1], du costé gauche en entrant dans l'église.

Décembre 1666, commencé par le mercredy.

Le jeudy 2, ma femme est allée à Lérignat et est retournée le mardy ensuivant.

Le vendredy 17, environ les cinq heures du matin, damoiselle Margueritte de Louche, femme de M⁰ Pierre Richard, procureur du Roy, est décédée en couche, n'ayant pas pu délivrer d'un garçon dont elle estoit grosse, lequel a pourtant esté baptisé dans le corps de sa mère où on le touchoit. Elle a esté enterrée, au soir, en l'église de Saint-Martial, ès sépultures des Richards joignant la muraille. Elle estoit aagée d'environ 35 ans.

Le dit jour, mon nepveu l'enquesteur [2] est retourné de Paris.

Le jeudy 23, M⁰ et M⁰⁰ de Lérignat et M⁰⁰ Deschamps sont venus céans pour y passer les festes et s'en sont retournez le mercredy 29.

Année 1667, commencée par le sabmedy.

Le dimanche 2, M⁰ de Balantrut est venu céans et s'en est retourné le [3]......

---

1. C'est mal à propos que l'usage a prévalu d'écrire Lussac-les-Châteaux au lieu de Lussac-le-Château.
Cette ville était le chef-lieu d'un archiprêtré dont le curé de Moussac-sur-Vienne était titulaire. Dans l'ordre civil, Lussac était le siège d'une châtellenie qui ressortissait au siège royal du Dorat ; mais, dès le xvi⁰ siècle, les habitants de cette contrée avaient pris l'habitude d'aller plaider à Montmorillon.
Il y avait à Lussac un prieuré sous le nom de Sainte-Marie-Madeleine, dépendant de l'abbaye de Saint-Savin.
2. François Demaillasson, enquêteur.
3. Laissé en blanc.

Le lundy 3, M^r et Mme la séneschalle [1] sont partys pour aller à Mérignat, sont allez coucher à Lagebernard et sont retournez le vendredy 11 ensuivant.

Le dimanche 9, j'ay esté à Boismorand et suis icy retourné le soir.

Le dit jour, Jacques, serviteur de Mr Roy, marchand à La Rochelle, qui est le mesme qui m'estoit venu quérir pour aller au mariage de ma niepce Magdelon, est arrivé céans, lequel m'a apporté une lettre de ma belle-sœur de Maillasson de Tours par où elle me prioit d'assister au mariage de ma niepce Mannon, sa fille, qui se devoit faire, le 17 de ce mois, avec le fils aisné de Mr Massicault, marchand à Tours. Je n'y ay pu aller à cause d'un rheumatisme que j'avois et du grand froid qu'il faisoit.

Le vendredy 14, Jacques Collas, meusnier des Grands-Moulins, a esté enterré.

Le dimanche 16, environ une ou deux heures après midy, est décédé Me Pierre de la Forest le jeune [2], l'un des procureurs réservez, aagé d'environ 40 ans, et a esté enterré, le lendemain, contre le ravelin de l'église de Saint-Martial, à main gauche en entrant.

Nota que le mardy 11, André [3]...... mon vallet, s'est marié avec une fille du village de l'Esbaupin, parroisse de Pindray.

Le mardy 25, entre dix et unze heures du matin, est décédée Jeanne Estourneau, femme de Me Guillaume Imbert, s^r de Razilly, maitre chirurgien, aagée d'environ 26 ans, et a esté enterrée, le lendemain, dans le cimetière de Saint-Martial.

Le jeudy 27, a esté chanté un *Te Deum*, après la grande messe célébrée en l'église de Nostre-Dame, pour la nais-

---

1. Pierre du Chastenet et Magdeleine Félix d'Ostrelle, son épouse.
2. Il avait épousé Louise Sylvain, dont il eut Jean, baptisé à Saint-Martial de Montmorillon le 14 mai 1651.
3. Laissé en blanc.

sance de Madame de France [1], 3ᵉ fille du Roy, dont les deux autres estoient mortes, laquelle est née le 2 présant mois, au château de Saint-Germain-lez-Paris, à dix heures un cart du soir. Il y avoit ordre de Mʳ de Pardaillan, lieutenant du Roy de cette province. Les officiers, advocats et procureurs y ont la plus part assisté.

Le lundy 31, entre neuf et dix heures du soir, la femme de Mᵉ François Gaultier, greffier en la mareschaussée, est accouchée d'un fils, lequel a esté baptisé, le jeudy 10 février, en l'église de Saint-Martial. Le fils aisné du cousin Gaultier, lieutenant en laditte mareschaussée, a esté parrain, et la fille de deffunct la Fontmorte, advocat, du bourg de Vouhet, marrine, et a esté nommé [François] [2].

Février 1667, commencé par le mardy.

Le mercredy 2, Françoise Giraud, du bourg d'Anthigny, nostre servante, a esté contractée avec Charles Bonnin, cordonnier de cette ville, et ont esté espousez, le mardi 15, en l'église de Saint-Martial, par Mʳᵉ Jean Bonneau, prétendu curé d'icelle.

Le dit jour 2, environ les cinq heures du soir, ma niepce du Cluseau [3] est accouchée d'un fils [4] à Poictiers où ils demeurent, rue Saint-Denis. Est mort le mardy 11 mars 1669 à Poictiers.

Le soir du dit jour, à sept heures, la femme de Mᵉ [François] Bastide, sʳ de Villemuseau, est accouchée

---

1. Marie-Thérèse, morte le 1ᵉʳ mars 1672.
2. Pierre Delamazière, sʳ du Vignault, garde du corps du Roi, décédé à Angles le 27 avril 1679, à l'âge de 70 ans, s'était marié deux fois : 1° avec Françoise Foucher, décédée à Angles le 18 décembre 1652 ; 2° le 18 janvier 1656, avec Jeanne Desmarets, veuve de François Jacquet. Il eut du premier lit : 1° Jacques, maitre apothicaire et perruquier à Angles, marié, le 19 février 1678, à Renée Soret, fille de feu Pierre Soret, sʳ de Séris, et de Renée Lucas ; 2° Françoise, mariée, le 20 janvier 1654, à François Gaultier, greffier de la maréchaussée à Montmorillon, père et mère de François ci-dessus.
3. Marie Vachier, femme de Pierre Chazaud, sʳ du Cluseau.
4. Pierre.

d'une fille qui a esté baptisée, le dimanche 6, par le dit sʳ Bonneau, en l'église de Saint-Martial, et nommée Mathurine. Le sʳ de Lavergne [1], advocat, et Mˡˡᵉ de Joumé [2], parrain et marraine.

Le vendredy 4, environ minuict, la femme [3] du sʳ Augier, advocat, est accouchée d'un fils qui a esté baptisé, le lendemain, en ladite église, par le dit sʳ Bonneau, et nommé Louis. Louis Ladmiraud, sʳ de Vaultibault, et Gotton, parrain et marraine. Est mort à l'aage de deux ou trois ans.

Le dimanche, Mʳ de Lérignat céans ; s'en est retourné le vendredy 11.

Le lundy 7, a esté passé le contract de mariage de Louise Estourneau avec Joachin Rousseau, marchand, veuf, et de Marie Estourneau, avec autre Rousseau, boucher. Je l'ay signé. Ils ont esté espousez, en l'église de Saint-Martial, par le dit sʳ Bonneau, le [4].......... ensuivant.

Le mercredy 9, a esté passé le contract de mariage de Mᵉ Pierre Gaultier, sʳ de Beumaine, avec damoiselle Françoise Gaultier, fille du cousin Gaultier, lieutenant de robbe courte en la mareschaussée de cette ville. Je l'ay signé. Ils ont esté espousez le soir, à neuf heures, en l'église de Saint-Martial, par Mʳᵉ Louis Grault, prévost de Nostre-Dame. Ils sont parens au quatriesme degré et ont eu dispence de Mʳ l'évesque de Poictiers.

Le dit jour, dame Fleurance Dupin, fille de Mʳ Jean Dupin, messager, est décédée sur les trois heures après midy, aagée d'environ 33 ans, et a esté enterrée, le lendemain, dans l'église des Augustins, un peu au-dessus du clocher, entre l'autel de Sainte-Anne et la muraille. Elle a vescu et est morte en sainte.

---

1. René Vrignaud, sʳ de la Vergne.
2. Mathurine Dalest, femme de Pierre Mangin, sgr de Joumé.
3. Marguerite Vrignaud, femme de Félix Augier, avocat.
4. Laissé en blanc.

La nuict du jeudy 10 au vendredy 11, Laurens Brisson, nottaire royal, aagé d'environ 57 ans, est décédé et a esté enterré, le dit jour 11, dans le cimetière de Saint-Martial.

Le vendredy 18, entre huit et neuf heures du soir, la femme [1] de Me Louis Bonnin, advocat, est accouchée d'un fils qui n'a pas vescu que cinq ou six jours.

Mars 1667, commencé par le mardy.

Le sabmedy 12 mars, ma femme et moy sommes allez coucher chez Mr de Balantrut et sommes retournez le mercredy 16.

Le dit jour 12, ma cousine la lieutenante civile [2] est accouchée d'une fille, environ les six heures du soir, laquelle a esté baptisée, le dimanche 20, en l'église de Saint-Martial, par Mre Germain de Lerpinière, faisant la fonction de curé en l'absence de Mre Jean Bonneau. Mr de Boisrémond et ma femme ont esté parrain et marraine, et a esté nommée Anne.

Le vendredy 18, est arrivée icy une recrue de cent hommes de pied du régiment Royal conduitte par le s^r de la Resnerie [3], lieutenant-colonel. Ils avoient cette ville pour lieu d'assemblée pour dix jours. Ils n'ont demeuré que huict jours et sont partis le vendredy 25.

Le dimanche 20, environ midy, est décédé Mre Laurens Augier [4], prestre, cy-davant advocat en cette ville, aagé d'environ 68 ans, et a esté enterré, le lendemain, dans le chœur de l'église de Saint-Martial, contre les marches du grand autel du costé de l'Evangile.

Le 25, a esté baptisé en l'église de Saint-Martial, par

---

1. Marie Cailleau.
2. Marie Richard, femme de Claude Micheau, s^r du Meslier.
3. Augustin Alamigeon, éc., sgr de la Resnerie, gentilhomme de la chambre de Monsieur le duc d'Orléans, lieutenant-colonel au régiment Royal-Infanterie.
4. Veuf d'Elisabeth Cœurderoy.

Mre Germain de Lerpinière, un fils du s^r de Ravenel [1], grand homme de guerre, et qui avoit commendé autrefois un régiment de cavallerie. Le s^r de la Resnerie, lieutenant-colonel du régiment Royal, et Mme la séneschalle [2] ont esté parrain et marraine. Il a esté nommé Auguste et estoit aagé d'environ deux mois.

Le dimanche de la Passion 27, a esté tué le s^r de Boisgrenier [3], gentilhomme de la parroisse de Liglet, dans une rencontre arrivée près le bourg de Vernueil. Il estoit avec le s^r de la Tour-au-Paumier [4] et des Sauzettes, son frère, le Bouchaut Vauzelle [5], la Bruneterie [6] et Desprez [7]. Ils se rencontrèrent inopinément, eux et M^r le baron du Rys [8], lequel avoit querelle avec le s^r de la Brunetrie, et lequel baron du Rys venoit de Lagebernard et avoit avec luy le s^r de Lorme [9], frère cadet du s^r de Saint-Pierre [10], le fils aisné du s^r des Laurancières [11], nommé Dardilly, un cavallier de la garnison du Dorat et deux vallets. On dit que ce fut de Lorme qui le tua d'un coup de pistollet.

Avril 1667, commencé par le vendredy.

Le mercredy de la semaine sainte, 6 avril, ma niepce de Lérignat et Mlle des Champs sont venues céans pour y passer les festes, s'en sont retournées le jeudy de Pasques 14,

---

1. Jacques de Ravenel, chev., sgr de Reigner, maréchal des camps et armées du Roi.
2. Magdeleine Félix d'Ostrelle.
3. Pierre de Forges, éc., sgr de Boisgrenier, époux de Mathurine de Louche.
4. Antoine Richard, sgr de la Tour-aux-Paulmes.
5. Claude de la Faire, sgr du Bouchaut et Vauzelle, époux de Marie Simonnot.
6. Louis Chauvet, sgr de la Bruneterie, fils de Charles et de Marie Estourneau.
7. Claude Savary, sgr des Prez, époux de Marie de Marbœuf.
8. François Estourneau, chev., baron du Riz-Chauveron, époux de Jeanne Barthon de Montbas.
9. Gabriel Estourneau, éc., sgr de Lorme, époux d'Anne Chauvet.
10. Jacques Estourneau, éc., sgr de Locherie et Saint-Pierre.
11. François de Chalucet, sgr des Laurencières, époux de Marie-Anne Estourneau.

et ont emmené Paul [1] avec elles, que nous avons envoyé quérir le dimanche 1ᵉʳ may ensuivant.

Le mardy de Pasques 12, Mʳᵉ Grault, prévost de Nostre-Dame, et Mʳ le lieutenant criminel [2] sont partis pour Paris et ont esté attendre le messager à Tournon. Le premier est retourné le vendredi 22 juillet ensuivant et l'autre le jeudi 25 aoust.

Le dit jour 12, Mᵐᵉ la séneschalle [3] est aussi partie pour Paris et a esté prendre le carosse à Poictiers. Mʳ le séneschal l'a conduitte jusques à Chastelleraut.

Le lendemain 13, Mᵉ Pierre Chantaize, sʳ de Remigeoux, est aussi party pour Paris avec le messager et est retourné avec Mʳ le prévost de Nostre-Dame.

Le mercredy 20, Siméon Dobterre, corroyeur, est décédé et a esté enterré, le mesme jour, dans le cimetière de Saint-Martial. Il pouvoit estre aagé de 56 ans.

Le dit jour, Mʳ l'assesseur [4] est allé en son pays et est retourné le sabmedy 23.

Le jeudy 21, ma femme, Gotton [5] et la fille de Tervanne, procureur, sont allées voir les religieuses de Villesalem [6] et retournées le mesme jour.

Le lendemain 22, Mʳ de Balantrut est venu céans et s'en est retourné le lendemain, après disner.

Le lundy 25, Mʳ l'assesseur [7] et Mʳ le controlleur [8] sont allez à Poictiers et retournez le jeudi 28.

---

1. Paul Demaillasson.
2. Louis Richard, sʳ des Ors, lieutenant criminel.
3. Magdeleine Félix d'Ostrelle, femme de Pierre du Chastenet, sénéchal.
4. André Delaforest, sʳ de Lage, assesseur criminel.
5. Marguerite Demaillasson.
6. Couvent de l'ordre de Fontevrault, fondé avant 1109. La prieure avait droit de haute justice dans la seigneurie de Villesalem.
7. André Delaforest, déjà nommé.
8. François Demareuil, contrôleur des montres de la maréchaussée.

May 1667, commencé par le dimanche.

Le lundy 2 may, Mr de Lérignat est venu céans et s'en est retourné le lendemain.

Le mercredy 4, toutes les vignes de deçà l'eau ont gelé et y en a eu quelques unes de delà qui ont aussi gelé, mais peu. Je n'ay eu dans la mienne que deux pipes et demie de vin.

Le sabmedy 7, environ les cinq heures du matin, le temps paroissant fort serain et sans aucun nuage, on a entendu un furieux coup de tonnerre qui s'est ouy en différents lieux fort esloignez.

Le dit jour, mon fils [1] a esté parrain, avec une femme de Vacheresse, au fils de Vincent de la Chastre et de Vincende de Montofier, fils de mon mestayer du Léché avec lequel ils demeurent, lequel a esté baptisé, en l'église de Saulgé, par Mre Pierre Bareau, curé d'icelle, et a esté nommé Paul.

Le lendemain 8, ma fille Margueritte a esté marrine au fils de Me Jean de la Forest, sr de Lagegrassin, né le vendredy précédent, à six heures et demie du soir. Il a esté baptisé en l'église de Saint-Martial et nommé Jean. Me Jean Pian, sr de la Dallerie, assesseur en la mareschaussée, beau-frère du dit de la Forest, a esté parrain.

Le mardy 10, Me Jean Argenton, advocat, est allé coucher à Saint-Savin et le lendemain est party pour Paris, sur la menace qu'on faisoit que Mr de la Resnerie avoit obtenu une lettre de cachet pour l'exiler à Aix en Provence. Il est vray qu'il s'estoit pleint de luy à Mr le marquis de Louvoy [2], mais la lettre de cachet n'avoit pas esté expédiée. Il s'en est retourné icy le vendredy 27.

---

1. Paul Demaillasson.
2. François-Michel Le Tellier, marquis de Louvois, secrétaire d'Etat à la guerre, né à Paris le 18 janvier 1641, mort à Versailles le 16 juillet 1691.

Le lundy 23, dame Louise Goudon, femme de M⁶ [Pierre] Berthonneau, a esté enterrée.

Le lundy 30, lendemain de la Pentecoste, Guillaume Imbert, maître chirurgien, et dame Louise de Chaulme, vefve de deffunct M⁶ Jean de la Vergne, procureur, ont esté espousez, en l'église des Pères Récollects, par Mre Laurens Augier, chanoine en l'église de Nostre-Dame, par commission de Mr de la Rocheguion [1], grand vicaire.

Le lendemain, mon cousin de Lesché [2], dernier des enfans de deffunct mon oncle de Lesché, est allé avec la Naulière [3], dernier des enfans du deffunct s^r de la Boulinière, coucher chez le s^r de Boisredon, lieutenant-colonel du régiment de Linières, avec lequel ils sont partys, le lendemain mercredy, pour aller à Montrueil-sur-Mer où estoit partie du dit régiment en garnison.

Juin 1667, commencé par le mercredy.

Le vendredy 10 juin, ma femme et Gotton [4] sont allées à Lérignat, d'où elles sont parties, le dimanche 12, pour aller à Saint-Germain voir Mlle du Queiroir [5], avec M^r et Mlle de Lérignat [6] et Mlle des Champs [7]; lesquels furent de là voir Mlle de Cheminade [8], et après qu'ils furent de retour à Saint-Germain où ma femme et Gotton les attendoient, ils s'en retournèrent tous ensemble, le lundy 20, à Lérignat, et moy j'y fus coucher le mardy, et mercredi 22, ma femme, Gotton et moy retournâmes icy.

---

1. Louis Guyon, sgr de la Roche-Guyon, docteur de Sorbonne, abbé de Tonnay-Charente, curé d'Availle-Limousine en 1654, puis vicaire général.
2. André Richard, s^r de la Leuf et du Léché.
3. Pierre Goudon, s^r de la Nolière.
4. Marguerite Demaillasson.
5. Marie de Maroix, femme de François Clavetier, s^r du Quéroir.
6. Catherine de Leirat, femme de Gaspard de Guillaumet, sgr de Nérignac.
7. Marie de Guillaumet, dite Mlle des Champs.
8. Esther de Guillaumet, femme de François Vidaud, s^r de Cheminade.

Le jeudy 16, Mrs de Lage et de Léraudière sont allez à la Vergne, près Rhodes, pour voir Mme de Rhodes [1] et Mr de Rhodes, son fils aisné [2]. Et sont retournez ici, le mardy au soir 21, avec Mr de Rhodes, lequel est party le lendemain pour aller à Fontenay et à La Rochelle où il a achepté des chevaux pour sa compagnie de cavallerie. Il a mené Mr de Lhéraudière avec luy et sont retournez huict ou dix jours après.

Le sabmedy 18, après les baux, M^r le séneschal [3] est party pour aller du costé de Limoges et est retourné le sabmedy 25 ensuivant.

Le dimanche 26, nous avons fait venir Fleuron [4] céans, pour y apprendre à escrire, et sept ou huict jours après, Marion [5] est allée chez Mr de Balantrut.

Le lundy 27, Me Jean Pointeau, advocat, et Fleurant Bonnin, greffier criminel, et la Naulière sont partis pour aller à Paris; les deux premiers pour un procez avec Remigeoux pour des brandes du costé du Poirat, qui fut jugé deux heures avant leur arrivée, et le perdirent, et le dernier pour aller joindre le s^r de Boisredon.

Le mardy 28, environ minuit, ma niepce l'enquesteur [6] accoucha d'un fils.

Le dit jour, ma niepce du Cluseau [7] avec sa belle-sœur [8] sont arrivées icy. Elle a amené son fils [9].

Juillet 1667, commencé par le vendredy.

Le jeudy 14, Me Jean Pointeau est retourné de Paris.

---

1. Gabrielle de Rouville de Clinchamp, femme de Henri Pot, sgr de Rhodes, grand maître des cérémonies de France.
2. Charles Pot, marquis de Rhodes, fils des précédents, succéda à son père dans la charge de grand maître des cérémonies de France qu'il vendit en 1684 et mourut le 1er juillet 1705.
3. Pierre du Chastenet.
4. Fleurence Demaillasson, dite Fleuron.
5. Marie Demaillasson, dite Marion.
6. Elisabeth Demareuil, femme de François Demaillasson, enquêteur.
7. Marie Vachier, femme de Pierre Chazaud, s^r du Cluseau.
8. Magdeleine Chazaud.
9. Pierre Chazaud.

Le vendredy 22, Mrs Grault, prévost de Nostre-Dame, et de Remigeoux sont retournez de Paris.

Le vendredy 29, Me Pierre Pain, sergent royal, demeurant à Plaisance, a esté blessé d'un coup de pistollet dans le ventre par le s^r de Saint-Fiaud Rocheblon [1], environ à 200 pas an deçà du bourg de Lastus, sans aucun sujet, dont il est mort huict ou dix jours après. Le dit Saint-Fiaud a esté pris à mesme temps par La Carte [2], l'un des archers de cette ville, et Merlatrie [3], qui estoient avec le dit Pain, quand il receut le coup, et a esté icy conduit prisonnier. On a informé en la mareschaussée et par devant le juge de Lastus, ce dernier pour faire conflict de juridiction, et le dit Saint-Fiaud a, par ce moyen, obtenu des deffences du Grand Conseil, et ensuitte la vefve s'est accommodée, mais il n'a pas laissé de demeurer tousjours prisonnier jusques à [4]..........

Aoust 1667, commencé par le lundy.

Le vendredy 12 aoust, Mr du Cluseau, sa femme [5] et sa sœur [6] sont partis pour aller aux Salles.

Le jeudy 25, M^r le lieutenant criminel [7] est retourné de Paris où il a fait donner un arrest d'explication du reiglement rendu entre M^r le séneschal [8] et luy l'an passé.

Le lundy 29, Me François Mérigot, s^r de la Mothe, est décédé, environ les sept heures et demie du soir, et a esté enterré, le lendemain, sous leur banc, en l'église de Saint-Martial, vis-à-vis la chaire du prédicateur.

---

1. ...... Rocheblond, s^r de Saint-Fiaud.
2. Félix Nouveau, s^r de la Carte, archer de la maréchaussée.
3. François Jacquet, s^r de la Merlatrie, hôte du Cheval-Blanc.
4. Laissé en blanc.
5. Marie Vachier, femme de Pierre Chazaud, s^r du Cluseau.
6. Magdeleine Chazaud.
7. Louis Richard, s^r des Ors, lieutenant criminel.
8. Pierre du Chastenet.

Septembre 1667, commencé par le jeudy.

Le vendredy 2 septembre, M⁰ de Balantrut est venu céans et s'en est retourné le mesme jour.

Le sabmedy 3, M⁰ le séneschal [1] est party pour aller à Paris, pensant faire casser le dernier arrest que M⁰ le lieutenant [2] avoit obtenu, portant explication de leur réglement, ainsi qu'il se vantoit de faire au privé Conseil. Mais il n'a pas trouvé le gué bon et est retourné avec Mᵐᵉ la séneschalle [3] le lundy 24 octobre ensuivant.

Le dimanche 8, M⁰ et Mˡˡᵉ de Lérignat sont arrivez céans et, le mardy 6, sont partis pour aller à Bourbon, et ont mené le nommé Champaigne, leur vallet, et sont icy retournez le dimanche 9 octobre ensuivant.

Le mercredy 7, dame Fleurance Boileau, vefve de deffunct Mᵉ Blaise Vrignaud, sʳ du Parc, procureur, a esté enterrée dans le cimetière de Saint-Martial, presque vis-à-vis du charnier. Elle estoit décédée, le jour précédent, au village de la Canne, parroisse de Jouhé.

Le mardy 13, M⁰ du Cluseau est icy arrivé des Salles avec M⁰ Deschazaud, son père, et sa sœur [4]; ma niepce du Cluseau estoit venue environ quinze jours auparavant.

Le lendemain, Mʳˢ le lieutenant civil [5], assesseur [6], juge prévost [7], Pargon, curé d'Anthenet, de la Forest et de Tervanne, procureurs, et moy sommes partis pour aller à Saumur où nous sommes arrivez le vendredy 16, environ midy, et sommes icy retournez le lundy 19. Nous avons, en allant et venant, passé du costé de Chastellerault.

---

1. Pierre du Chastenet.
2. Louis Richard, sʳ des Ors.
3. Magdeleine Félix d'Ostrelle.
4. Magdeleine Chazaud.
5. Claude Micheau, sʳ du Meslier.
6. André Delaforest, sʳ de Lage.
7. François Dalest.

Nous y avons trouvé en venant M`r` des Fontenelles Richard[1] qui s'en retournoit à Amiens, son fils et M`r` Thévenet, advocat.

Le lundy 26, le fils de M`r` du Cluseau a esté baptisé, en l'église de Saint-Martial, par M`re` Germain de Lerpinière faisant la fonction de vicaire de la ditte parroisse. M`r` Chazaud, père de M`r` du Cluseau, et ma femme ont esté parrain et marraine, et a esté nommé Pierre. Il est né le 2 février dernier.

Le jeudy 29, le Père Michel, de Tours, cappucin, est venu céans me voir avec le Frère Georges, et s'en sont allez le lendemain coucher chez M`r` de Balantrut. Le dit jour j'ay fait vandange.

Le dit jour 29, M`r` et M`lle` la lieutenante[2] sont allez à Saint-Benoist faire vandenge et sont retourniez ici le sabmedy 8 octobre.

Octobre 1667, commencé par le sabmedy.

Le mardy 4 octobre, j'ay esté à Maugoueran faire vendange et retourné icy coucher. J'y suis encore allé le lendemain 5 et retourné icy coucher.

Le dit jour 5, M`r` de Balantrut est venu céans et s'en est retourné le lendemain.

Le dimanche 9, M`r` Thévenet, advocat à Poictiers, est venu en cette ville voir son fils qui est religieux Augustin à la Maisondieu où il a logé. Il m'est venu voir le lundy, et le mercredy, il s'en est retourné. Le fils aisné de mon cousin des Fontenelles Richard, qui demeure à Amiens, estoit avec luy.

Le dit jour mercredy 12, M`r` de Balantrut est venu céans et s'en est retourné le lendemain.

Le mercredy 26, j'ay esté au Dorat pour faire signifier

---

1. Richard, s`r` des Fontenelles.
2. Louis Richard, s`r` des Ors, lieutenant criminel, et Louise Gaultier, son épouse.

un défaut des requestes pour Mr de Lagebertie au sr Busson, receveur des consignations. Mr du Cluseau est venu avec moy. J'y ay mené Brisson[1], Vezien[2] et Petitpied[3], sergens, et sommes icy retournez coucher le mesme jour, fors Petitpied et la Chambut qui sont demeurez coucher à Latus.

Novembre 1667, commencé par le mardy.

Le dimanche 13, ma femme, Gotton[4] et Fleuron[5] sont allées coucher chez Mr de Balantrut, où j'ay esté le lendemain, et sommes icy retournez le jeudy 17.

Le lundy 14, Mr et Mlle du Cluseau[6] et tout leur train s'en sont retournez à Poictiers.

Le dit jour, le fils de la nourrisse de Fleuron, du premier lict, aagé de 16 à 17 ans, a esté espousé avec la fille de Robert Berthon, sargetier, en l'église de Nostre-Dame, par Mre Julien Boudet, curé de Concise.

Le dit jour, à 6 heures du soir, [Jean] Mégnan[7], clerc, travaillant au greffe criminel sous Me Fleurant Bonnin, greffier, a esté espousé, en la mesme église, par le dit curé, avec la fille aisnée[8] de du Clou, archer.

Le jeudy 17, mon cousin Jean Demaillasson le jeune, bourgeois de Paris, est venu icy avec la cousine du Bost, vefve, sa belle-sœur, pour terminer les procez qui estoient entre elle et luy et ses frères, qui avoient commencé il y avoit plus de 18 à 19 ans, du vivant de Me Joseph Demaillasson, sr du Bost, son mary, qui les avoit intentez.

---

1. Jacques Brisson, sergent royal.
2. Joseph Vezien, sr de la Chambu, sergent royal, né le 25 mai 1626, fils de Jacques Vezien, sr du Bois, et de Philiberte de Lauzon.
3. Jean Petitpied, sergent royal.
4. Marguerite Demaillasson, dite Goton.
5. Fleurence Demaillasson, dite Fleuron.
6. Pierre Chazaud, sr du Cluseau, et Marie Vachier, son épouse.
7. Jean Mégnan, sr des Robins.
8. Nicolle Delhôpital, fille de Charles Delhôpital, sr du Clou, archer en la maréchaussée de Montmorillon, et de Marguerite Cailleau.

Mrs Augier, advocat, Montplanet, procureur et nottaire, et moy y avons travaillé sans discontinuation soir et matin durant huict jours, et enfin leur avons fait passer transaction entre eux et quelques autres traittez qu'ils ont fait ensuitte. Lesquels actes sont tous receus par le dit Naude, s^r de Montplanet, qui en a les minuttes, et Babert, nottaires, et s'en sont allez le sabmedy 26. La vefve de deffunct Chavignat, sœur du dit cousin Demaillasson, estoit avec eux.

Le mardy 22, M^e [Pierre] Berthonneau s'est remarié avec la fille cadette[1] de M^e [Louis] Gaultron, s^r de la Berthonnerie, sergent, demeurant à Béthines, auquel lieu ils ont esté espousez.

Le lendemain 23, [Jean] Durand, chirurgien, fils de Durand dit des Chirons, sergent en cette ville, et[2] ..... l'aisnée des filles de la Desmoulins, maistresse d'escolle, ont esté espousez en l'église de Nostre-Dame.

Le dit jour, damoiselle Marie Richard[3], fille de deffunct M^r le procureur du Roy, mon oncle, a esté espousée avec le s^r de Monsat[4], en l'église de Blon, contre le consentement de ses frères et beau-frère. M^r le lieutenant civil[5] et Mr de Lhéraudière ont assisté au mariage.

Le dimanche 27, premier dimanche de l'advent, j'ay esté à Anthigny pour faire venir mon vin que j'ay eu à Maugoueran.

Le Père Pierre, récollect, natif de La Rochelle, a presché l'advent et caresme.

---

1. Marie.
2. Laissé en blanc.
3. Baptisée à Saint-Martial de Montmorillon le 10 août 1635. Fille de Charles Richard, s^r de la Chèze, procureur du Roi, et d'Eléonore Vezien.
4 Guy de la Couture, sgr de Monsac, fils cadet de François, sgr de Monsac. Son frère aîné, François, avait épousé, le 3 février 1656, Catherine de Chouppes, fille de Pierre, marquis de Chouppes, et de Renée de Rabelin. (Reg. par. de Chouppes).
5. Claude Micheau, s^r du Meslier, lieutenant civil.

Décembre 1667, commencé par le jeudy.

Le sabmedy 3, la vefve [1] de deffunct M⁰ Simon Béraud, procureur, est décédée dans la maison appellée la Fuye de Grassevault où elle demeuroit et a esté enterrée, le lendemain, soubs leur banc, en l'église de Saint-Martial, un peu au-dessus de la deuxiesme fenestre basse du costé du prieuré.

Le jeudy 8, jour de la Conception de Nostre-Dame, mon beau-frère de Lagebertye est arrivé céans qui retournoit de la Cour. Et le sabmedy suivant, nous sommes allez coucher à Lérignat, dont je suis retourné le mardy 13, et luy s'en est allé le mercredy à Saint-Germain.

Le jour de Noël, mon beau-frère est retourné céans et s'en est allé à Lérignat le jeudi 29.

Année bissextile 1668, commencée par le dimanche.

Le 1ᵉʳ jour de janvier 1668, a esté baptisée, en l'église de Saint-Martial, la fille du sʳ séneschal de cette ville et nommée Magdelaine-Elisabeth [2]. Le fils de sa nourrisse qui est une femme du village de Fleigné, laquelle avoit nourry mon fils, a esté son parrain, et la fille d'un sergetier, nommé Justobale, marrine. Mᵐᵉ la séneschalle n'y estoit pas et estoit allée, le jour précédent, pour voir Mᵐᵉ de la Resnerie [3]. Le dit sʳ séneschal fit faire le baptesme pour déplaire à sa femme.

Le dit jour, au soir, la compagnie de cavallerie de la Bérange est venue coucher icy de l'Isle, par routte du Roy, et s'en est allée le lendemain au Blanc, devant aller en garnison à Mouzon. On les a nourris.

Le dit jour 2, j'ay esté coucher à Lérignat, où mon beau-

---

1. Louise Chastillon.
2. Née le 10 août 1666, fille de Pierre du Chastenet, sgr de Mérignat, sénéchal de Montmorillon, et de Magdeleine Félix d'Ostrelle.
3. Françoise de la Touche, femme de Augustin Alamigeon, éc., sgr de la Resnerie.

frère de Lagebertye m'attendoit, et le mardy 3, nous sommes partis avec M⁵ de Lérignat et sommes allez coucher chez M⁵ Chanier à Charroux, et le jeudy 5, je fis passer la transaction sur les procez qui estoient entre le dit s⁵ Chanier et ses enfans, d'une part, et le s⁵ Bricaud, advocat du Roy à Civray, et ses deux sœurs [1], d'autre. Laquelle transaction fut receue par des nottaires de Charroux et signée par toutes les parties sans voir, et le dit jour 5, M⁵ de Lagebertye et moy retournâmes coucher à Lérignat. J'avois commencé à travailler à cet accommodement avec M⁵ Buissonnet, qui m'y avoit engagé, dès le jeudy 20 avril 1662.

Le mercredy précédent 4, on envoya en diligence quérir M⁵ de Lérignat, à cause d'une fluxion subite et extraordinaire qui avoit saisy sa femme [2], la nuict, lequel mal le s⁵ Laubat [3], médecin de l'Isle, nomma un catharre suffoquant. On la crut morte. Elle se confessa et communia, et aussitost qu'on l'eut pu faire vomir, elle se trouva soulagée. Ma femme s'y rendit le dit jour, et le sabmedy 7, nous retournâmes icy, elle et moy.

Le vendredy 13, Mme la séneschalle [4] est retournée de la Fons, de chez Mme de la Resnerie.

Le lendemain 14, environ les sept à huict heures du matin, elle est sortie de chez elle à cause que son mary l'avoit fort maltraittée, ce qui paroissoit par des égratigneures et marques d'ongle qui luy avoient excorié la peau du bras, proche de la main, en quatre endroicts, et s'est retirée chez M⁵ le lieutenant civil [5]. Environ une heure et demie après, elle s'en retourna chez elle, mais

---

1. Catherine Bricauld, femme de Jean Chein, s⁵ du Colombier, et Jeanne Bricauld, épouse de Jacques Robert, s⁵ de Champniers.
2. Catherine de Leirat, femme de Gaspard de Guillaumet, sgr de Nérignac.
3. René Lhuillier, s⁵ de Laubat, docteur en médecine.
4. Magdeleine Félix d'Ostrelle, femme de Pierre du Chastenet, sénéchal.
5. Claude Micheau, s⁵ du Meslier, lieutenant civil.

son mary n'ayant voulu souffrir que sa damoiselle suivante, nommée Delbé, demeurast au logis avec elle et voulant absolument qu'elle l'envoyast, elle est sortie de rechef et venue encore chez le dit s^r lieutenant, où elle a demeuré jusques au jeudy ensuivant 19, sur les unze heures du soir, qu'elle s'en est allée à Chazelet, chez Mme de Chassingrimont [1], où Mlle la lieutenante [2] l'a accompagnée, avec sa femme de chambre et le nommé Chanfleury, nepveu de la ditte femme de chambre. Mr de la Resnerie, avec cinq ou six hommes, l'escortoit. Mlle la lieutenante est demeurée avec elle à Chazelet, jusques au jeudy 26 qu'elle est icy retournée. Et Mme la séneschalle est demeurée à Chazelet jusques au vendredy 10 février ensuivant, que Mme de Chassingrimont est partie pour Paris et l'a menée avec elle, dans son carosse. Mr de Saint-Simon [3], frère de laditte dame séneschalle, estoit venu en poste à Chazelet la quérir et s'en fut avec elle. Ils arrivèrent à Paris le mardy 21 [4].

Le mardy 17, j'ay esté coucher à Lérignat et le lendemain à Saint-Germain, avec Mr de Lérignat, d'où nous sommes venus coucher à Lérignat le sabmedy 21 et moy icy de retour le dimanche 22.

Février 1668, commencé par le mercredy.

Le lundy 6 février, ont esté espousez, en l'église de Saint-Martial, [Jean] de la Vergne, s^r des Rochettes, fils

---

1. Louise de la Trimouille, fille de François, sgr de Fontmorand, et de Marguerite Pot, et femme de Guillaume d'Aubusson, sgr de Chassingrimont et de Chazelet.
2. Marie Richard, femme de Claude Micheau, s^r du Meslier, lieutenant civil.
3. .... Félix d'Ostrelle, s^r de Saint-Simon.
4 Le 12 janvier 1669, Pierre du Chastenet, sénéchal de Montmorillon, obtenait du Parlement de Paris un arrêt faisant défense à Claude Micheau, s^r du Meslier, lieutenant civil ; à Marie Richard, sa femme ; à Etiennette Léobet, sa servante ; à Augustin Alamigeon, éc., sgr de la Resnerie, lieutenant-colonel d'infanterie, et à Françoise de la Touche, sa femme, de recevoir Mme du Chastenet chez eux. (Arch. Vien. E^2 250 bis.)

cadet de M⁰ Jean de la Vergne, sʳ de la Boutaudière, procureur, avec la fille cadette [1] de Jean Trouillon, marchand.

Le jeudi 9, Mʳ et Mˡˡᵉ de Lérignat et Mˡˡᵉ des Champs sont venus céans pour y passer les jours gras et s'en sont retournez le premier vendredy de caresme 17.

Le lundi gras 13, mon beau-frère de Lagebertye est venu céans et s'en est allé le premier jour de caresme coucher au Dorat.

Le dit jour 13, Jean de La Vergne, sʳ de Mortaigue, a esté espousé, en l'église de Saint-Martial, avec la fille aisnée d'un nommé du Chesne, de la ville de Nante, et de [Louise] Pineau, femme à présent du nommé Saint-Martin, hoste de la Grille de cette ville.

Le jeudi 16, le sʳ Reymond [2], lieutenant général de Bellac, est icy venu pour informer à la requeste du sʳ séneschal [3] de cette ville, quoyque sans commission de la Cour, du prétendu enlèvement et subornement de Mᵐᵉ sa femme [4], et y a demeuré jusques au mercredy 22 et a ouy beaucoup de tesmoins.

Le vendredy 17, Mᵉ Augier, advocat, et moy sommes allez coucher à Lérignat, le lendemain avec Mʳ de Balantrut à l'Isle-Jourdain où Mʳ Augier a couché, et Mʳ de Balantrut et moy sommes venus coucher à Lérignat, et le dimanche 19, Mʳ du Cluseau, qui s'estoit trouvé à Lérignat, le jour précédent, et moy avons esté à l'Isle, où Mʳ de Balantrut s'est aussi rendu, d'où Mʳ Augier, Mʳ de Balantrut et moy sommes retournez coucher à Lérignat, et Mʳ de Lagebertye, pour les affaires duquel nous estions allez à l'Isle, s'en est allé avec Mʳ du Cluseau coucher à

---

1. Florence, fille de Jean Trouillon, marchand gantier à Montmorillon, et d'Anne Veras.
2. Gabriel-François Reymond, sʳ du Monteil et d'Escurat, lieutenant général civil et criminel à Bellac.
3. Pierre du Chastenet.
4. Magdeleine Félix d'Ostrelle, femme du précédent.

Saint-Germain, et le lundy 22, Mr Augier et moy sommes retournez icy.

Le jeudy 23, M^r le lieutenant civil [1], sa femme [2] et sa femme de chambre [3] ; Mlles Daubière [4], du Chefs [5] et de Marueil [6], fille du deffunct controolleur ; Mme Gaultier [7], femme du greffier de la mareschaussée ; le s^r Boismenu [8], nottaire, et le vitrier [9] sont allez à Poictiers pour estre ouïs en l'information que Mme la séneschalle faisoit faire contre son mary pour les mauvais traittemens par luy commis en sa personne, la ditte information faitte par M^r le lieutenant criminel de Poictiers, juge commis par la Cour. Mr Augier, qui fut à Poictiers le lendemain pour les affaires de Mr de Lagebertye, fut aussi ouy en la ditte information.

Mars 1668, commencé par le jeudy.

Le sabmedy 3 mars, la compagnie du s^r Donat, cappitaine du régiment d'Anguien, a couché icy par routte et le lendemain au Blanc. Il y avoit près de six vingts hommes. On les a nourris.

Le dimanche 4, M^r le séneschal [10] est party pour aller à Paris, et pour cacher son voyage, il passa à la Contour et de là fut coucher au Temple et a pris le messager de Poictiers.

Le lendemain, à unze heures du matin, Mrs de Balantrut et de Lagebertye sont arrivez céans. Nous avons tous

---

1. Claude Micheau, s^r du Meslier, lieutenant civil.
2. Marie Richard.
3. Etiennette Léobet.
4. Marie Chaussetière, femme de Jacques Richard, s^r d'Aubière.
5. Jeanne Mérigot, dite Mlle du Ché, fille de Félix Mérigot, s^r du Ché, et de Jeanne Arnaudet.
6. Marie Demareuil, fille de feu Blaise Demareuil, contrôleur des montres de la maréchaussée, et d'Anne Gaultier.
7. Françoise Delamazière, femme de François Gaultier, greffier de la maréchaussée.
8. Jean Goudon, s^r de Boismenu, notaire royal.
9. Paul Auprêtre, vitrier à Montmorillon.
10. Pierre du Chastenet.

disné chez Mr de Lhéraudière. Ils s'en sont retournez le lendemain mardy à Lérignat.

Le dit jour 5, seize officiers et soldats du régiment de Jonzac[1] ont icy couché par routte et le lendemain à l'Isle.

Le mercredy 7, entre cinq et six heures du soir, est décédée Louise Allex, femme de François Massonneau, s^r de la Marnière, chirurgien. Est décédée aussitost après estre accouchée d'une fille et a esté enterrée, le lendemain, au cimetière, soubs la seconde tombe à main droitte en entrant en l'église de Saint-Martial.

Le mardy 13, Mr du Cluseau est arrivé icy des Sales.

Le jeudy 15, je suis allé à Poictiers avec Mr du Cluseau, où j'ay mené Gotton[2], qui a demeuré chez eux jusques au 22 juin ensuivant, et suis retourné icy le sabmedy 17.

Le mercredy 21, Mr du Cluseau est party pour Paris par le carosse de Poictiers, pour l'affaire de son vallet, et s'en est retourné par la mesme voye à Poictiers le dimanche 15 avril.

Le dimanche des Rameaux, jour de l'Anonciation de la Vierge, s'est faite l'ouverture du Jubilé accordé par le pape Clement IX[3] pour son eslection à la papauté, laquelle ouverture a commencé par une procession qui s'est faite à Saint-Martial après la bénédiction des rameaux, de mesme celle que l'on a coustume de faire le jour de la Feste-Dieu, et en retournant, on chanta l'Evangile à la Croix qui est au milieu du cimetière ainsi qu'on fait ordinairement à la procession du jour des Rameaux. Les Pères Récollects assistèrent avec leur croix à la procession. Le

---

1. Alexis de Sainte-Maure, marquis de Jonzac, mestre de camp d'un régiment de son nom, mort en 1677.
2. Marguerite Demaillasson, dite Goton.
3. Jules Rospigliosi, né en 1599 à Pistoie (Italie), élu pape le 20 juin 1667, sous le nom de Clément IX, mort le 9 décembre 1669. Il fit signer le formulaire aux évêques français, et apaisa, sans pouvoir l'étouffer, la querelle du jansénisme en France. Il mourut de chagrin, à la nouvelle de la prise de Candie par les Turcs.

Jubilé finit le jour de Quasimodo, 8 avril au soir. La procession de Saint-Martial avec les Récollects et la procession de Concise se rendirent en l'église de Nostre-Dame où on chanta un *Te Deum*. Les stations furent à Nostre-Dame et Saint-Martial durant les deux semaines, aux Augustins durant la première semaine, et aux Récollects et Religieuses durant la seconde. Le Saint Sacrement fut tousjours exposé dans les églises où estoient les dittes stations durant qu'elles y estoient, despuis les six heures du matin jusqu'à six heures du soir.

Le mercredy saint 28, Mlles de Lérignat et des Champs sont venues passer les festes avec nous et s'en sont retournées le mercredy suivant 4 avril, et ont ramené Fleuron [1].

Le sabmedy saint 31, Mr de Lagebertye est aussi venu icy passer les festes avec nous et s'en est retourné le jeudy suivant à Saint-Germain, le lendemain a esté à Limoges pour y voir Mr de Pompadour qui revenoit de Paris et luy avoit fait escrire qu'il l'attendoit à Limoges.

Avril 1668, commencé par le dimanche.

Le vendredy 13, nous avons envoyé quérir Marion [2] qui estoit chez Mr de Balantrut dès le commencement du moy de juillet.

Le dimanche 22, j'ay esté coucher à Lérignat, où j'ay trouvé Mr de Lagebertye, et le lundy et mardy ensuivant nous sommes allez au village de la Favrie où s'est fait l'arpentement des tenues de Laffillon [3], la Favrie, au suject du

---

1. Fleurence Demaillasson, dite Fleuron.
2. Marie Demaillasson, dite Marion.
3. Pièce de terre située près de la chapelle de Saint-Thibault, au village de la Favrie, commune de Millac, plus connue sous le nom de la Font-Thibault à cause de la fontaine qui se trouve auprès.

Dans les temps de sécheresse, on allait de Millac en procession à la chapelle de Saint-Thibault pour demander de la pluie. Le porte-croix plongeait le bâton de la croix dans la fontaine, pendant que le prêtre et les fidèles récitaient les prières, et très souvent au retour il tombait une averse.

Le 22 mars 1774, Jean Picard, curé de la Peyratte, prieur de la

procez d'entre luy et Martial du Noyer, pour les rentes deues sur les dittes tenues, et le mercredy 25, je suis icy retourné.

Le vendredy 27, a commencé au Blanc le chapitre des Augustins, et le dimanche 29, le Saint Sacrement a commencé d'estre exposé en l'église des Augustins de cette ville, ce qui a continué tous les jours jusques au dimanche ensuivant qu'ils en ont fait la closture à issue de vespres et du sermon par un *Te Deum* qu'on y a chanté.

May 1668, commencé par le mardy.

Le dimanche 13, M[rs] le lieutenant civil [1], Boismenu [2], scindic, et moy sommes allez à Poictiers pour faire compliment à M[r] le président Barentin [3], intendant. Avons logé à la Lamproye et sommes icy retournez le lendemain à dix heures du soir.

Le dit jour dimanche, Mr de Lagebertye est venu céans et s'en est allé coucher à Lérignat le mardy 15.

Le mercredy 16, j'ai esté disner à Lérignat où j'ai trouvé Mr de Lagebertye et ay passé à Persac en allant où je croyais trouver M[r] l'intendant, et suis venu coucher céans.

Le mercredy 23, M[r] l'intendant est venu à Persac, pour visiter la terre dont il disoit se vouloir accommoder. M[rs] le lieutenant criminel [4] et de Lage, Mr de Lhéraudière, avec toute la mareschaussée, où estoit le s[r] procureur du

---

chapelle de Saint-Thibault, donnait à ferme, pour 9 ans, à Sylvain Duvivier, maître sellier à l'Isle-Jourdain, le revenu temporel de ladite chapelle moyennant la somme de 90 livres payables chaque année au jour et fête de Noël. Le 7 mars 1782, cette ferme était continuée pour 9 ans et pour le même prix à Renée Mallet, veuve de Sylvain Duvivier, et le 17 août 1789, Jacques-André Frédot, chanoine hebdomadier du chapitre de Saint-Hilaire de Poitiers, successeur de Jean Picard, comme prieur de Saint-Thibault, renouvelait pour 9 années et moyennant 110 livres par an, le bail passé par son prédécesseur avec la veuve Duvivier. (Arch. Vien. G[10] 16.)

1. Claude Micheau, s[r] du Meslier.
2. Jean Goudon, s[r] de Boismenu.
3. Jacques-Honoré Barentin.
4. Louis Richard, s[r] des Ors.

Roy [1], le furent saluer à la Messelière où il estoit arrivé le jour précédent, et s'en retournèrent icy le mesme jour.

Le dit jour 23, j'ay esté à Maugoueran et en retournant ay passé chez Mr de Boismorand, le voir.

Le dit jour, Mr du Cluseau est icy arrivé et le sabmedy ensuivant s'en est allé aux Salles.

Juin 1668, commencé par le vendredy.

Le lundy 4, Mrs de Balantrut et de Lagebertye sont arrivez céans.

Le mercredy 6, Mr de Lagebertye est party pour s'en aller servir son semestre, et le sr de Laumosne est allé avec luy, et Mr de Balantrut s'en est retourné à Lérignat, et Laumosne est retourné à Paris le vendredy 22.

Le vendredy 8, Mr du Cluseau est arrivé icy des Salles.

Le dimanche 10, Mrs de Lage, du Cluseau et de la Mothe [2] et moy sommes allez à Anthigny et retournez icy coucher.

Le lendemain, Mr du Cluseau et ma femme sont allez à Poictiers. Elle y alloit pour faire une neuvaine à Sainte-Radegonde et est retournée le vendredy 22 et a ramené Gotton [3].

Le mercredy 27, ma niepce du Cluseau est arrivée icy avec tout son petit train, fors Mr du Cluseau qui est resté à Poictiers.

Juillet 1668, commencé par le dimanche.

Le lundy 9, à huict heures du soir, Mlle la jugesse [4] est accouchée d'un garçon qui a esté baptisé, le jeudy 12, en l'église Saint-Martial, par Mre Jean Bonneau, curé d'icelle. Me Pierre Richard, procureur du Roy, et dame Jeanne Dalest, femme de Me Jean Gaultier, cy-devant greffier en

---

1. Pierre Richard, sr de la Berthonnerie.
2. Pierre Delamothe, sr des Chaussidiers.
3. Marguerite Demaillasson, dite Goton.
4. Marie Mérigot, femme de François Dalest, juge prévôt.

la mareschaussée de cette ville, ont esté parrain et marraine, et a esté nommé Pierre [1].

Le mercredy 14, j'ay esté à la foire à Saint-Savin et suis retourné icy le dit jour.

Le [2] . . . . . . mon cousin de Léché [3], dernier des enfans de deffunct mon oncle Léché, est retourné de l'armée. Il s'en estoit allé avec le sr de Boisredon le 31 juin 1667.

Le lundy 16, je suis allé au Dorat pour les affaires de Mr de Lagebertye. Mr Argenton, advocat, y est aussi venu pour des affaires qu'il y avoit et sommes retournez ensemble le mesme jour.

Le mercredy 18, Mr du Cluseau est retourné des Salles. Mr Chazaud, son père, est venu avec luy.

Le vendredy 20, Mrs Chazaud, de Lage, assesseur, du Cluseau et moy sommes allez pour voir la maison du Peux-Gauvin, près le Temple, appartenant au sr de la Touche-Renaud, laquelle le dit sr du Cluseau a despuis acheptée. Le contract est du deuxiesme aoust ensuivant, passé à la Chapelle-de-Viviers, receu par Babert et son conotaire en cette ville. Elle couste treize mille livres et cent soixante et cinq livres de pot de vin et 800 livres, pour les ventes, à Mr le baron de Morthemer [4].

Le jeudy 26, jour de Sainte-Anne, Mr de Monsat ayant tué un chien de Fleurant Veras, sr de Ferrière, nottaire, avec lequel il chassoit dans la vigne près le village de la Bastière, le dit Veras luy tira un coup de fusil dont il fut grièvement blessé.

---

1. Etant procureur du Roi à Montmorillon, il épousa, par contrat du 22 octobre 1696, Marguerite Pichon, fille de feu Philippe, sr de Pommeroux, et de Marguerite Augier.

2 Laissé en blanc.

3. André Richard, sr de la Leuf et du Léché.

4. Gaspard Taveau, baron de Morthemer, marié, le 11 août 1631, à Esther de Rochechouart, fille (naturelle, dit le *Laboureur*) de Gaspard, marquis de Mortemart, prince de Tonnay-Charente, grand-père de Mme de Montespan.

Aoust 1668, commencé par le mercredy.

Le lundy 6 aoust, environ les trois heures du matin, ma cousine la lieutenante criminelle [1] est accouchée d'une fille, laquelle a esté baptisée, le jeudy 16, en l'église de Saint-Martial, par Mre Louis Grault, prévost de Nostre-Dame, et a esté son parrin, Me Jean Gaultier, cy-devant greffier en la mareschaussée, et marrine, ma cousine de Flamagne, fille de Mr de Lage. Elle a esté nommée Marguerite.

Le sabmedy 11, ma femme et Gotton [2] sont allées à Nérignat chez Mr de Balantrut et ont mené Marguerite Daillé du dit bourg, l'une de nos servantes. J'ay esté les quérir le sabmedy 18, et sommes icy retournez le dimanche 19.

Le dit jour sabmedy, Marguerite Bénizeau, servante à la Contour, accusée d'avoir fait périr son fruict, fut pendue et estranglée au marché de cette ville par arrest du Parlement, confirmatif de la sentence du juge prévost.

Le mercredy 22, a esté enterrée dans l'église de Saint-Martial, sous leur banc, dame Marie Dalest, vefve de deffunct Louis Cailleau, s^r de Maisonfort. Elle estoit décédée le lundy 20, entre dix et unze heures du soir.

Le jeudy 23, environ les six heures du soir, est décédé Germain Laisné, s^r du Péron, cy-devant archer en la mareschaussée de cette ville, et a esté enterré, le lendemain, en l'église de Nostre-Dame, un peu au-dessus du bénistier de la petite porte.

Septembre 1668, commencé par le sabmedy.

Le dimanche 2, M^r le lieutenant civil et sa femme [3] et

---

1. Louise Gaultier, femme de Louis Richard, s^r des Ors, lieutenant criminel.
2. Marguerite Demaillasson, dite Goton.
3. Claude Micheau, s^r du Meslier, et Marie Richard, son épouse.

Mlle Daubière sont partys pour aller à Bourbon et sont retournez le [1]. . . . . octobre ensuivant.

Le sabmedy 8, jour de la Nativité de la sainte Vierge, ma niepce du Cluseau [2] est accouchée d'une fille, dans la salle de sa maison de cette ville, à sept heures trois cars du soir. Elle a esté baptisée le dimanche 18 novembre et a esté nommée Marie-Fleurance. Mr du Mesnieux [3], frère aisné de Mr du Cluseau, et ma sœur de la Mothe ont esté ses parrain et marraine. Mre Augier le chanoine l'avoit ondoyée auparavant par permission de M[rs] les grands vicaires. Le Père Chrisante, gardien des Récollects, l'a baptisée à Saint-Martial, où ils l'ont commis pour faire le service au lieu de Mre Jean Bonneau.

Le dimanche 16, environ les 5 heures du matin, Mme de Lagegrassin est accouchée d'un fils qui a esté baptisé le lundy ensuivant et nommé René. Me René de Marueil, controolleur en la mareschaussée, et ma cousine de Flamaigne [4], fille cadette de M[r] l'assesseur, ont esté parrain et marraine.

La nuict du sabmedy 29 au dimanche 30, est décédé M[re] [François] Estevenet, prestre, chanoine en l'église de Nostre-Dame et chappellain de la chappelle nommée du Buffect [5], pour raison de quoy on l'appelloit M[r] de la

---

1. Laissé en blanc.
2. Marie Vachier, femme de Pierre Chazaud, s[r] du Cluseau.
3. Mathieu Chazaud, s[r] du Mesnieux, marié à Marie de Saint-Martin, fille d'Antoine et d'Anne Barbarin, dont : 1° Mathieu-Alexandre, s[r] du Mesnieux, demeurant à Bagnac, le 17 août 1693, sous la curatelle de Jacques Mercier de Borille, avocat ; 2° Marie-Philippe, demeurant en 1693 à Poitiers, chez l'avocat Maisondieu, ayant pour curateur Jean Chazaud, s[r] de la Saigne, demeurant au bourg de Biénac, près Rochechouart ; 3° Françoise-Thérèse, demeurant à Bagnac en 1693. Devenue veuve, Marie de Saint-Martin épousa en secondes noces, par contrat du 6 février 1691, Jean de Saint-Martin, sgr de Bagnac, veuf de Marguerite Papon, qu'il avait épousée par contrat du 24 septembre 1655.
4. Marguerite Delaforest, dite Mlle de Flamagne, fille d'André Delaforest, s[r] de Lage, assesseur criminel, et de Jacquette Richard.
5. La fondation de cette chapelle est peut-être due à la famille du

Buffette, a esté enterré en la ditte église ¹ le dit jour dimanche ; estoit aagé d'environ 75 ans.

Le dit jour dimanche, la femme ² de Bougeaud, maistre escrivain, est accouchée d'un fils, baptisé le lendemain 1ᵉʳ octobre par Mʳᵉ Jean Bonnaud, curé de l'église de Saint-Martial ; a esté nommé René. René de la Vergne, sʳ des Gats, et ma fille Margueritte, parrain et marraine.

Octobre 1668, commencé par le lundy.

Le mercredy 3, mon beau-frère de Lagebertye est arrivé céans. Il venoit de Chambor où il avoit laissé la Cour. Il est allé le lendemain coucher à Lérignat.

Le vendredy 5, environ les dix heures du matin, la fiebvre me prit dont l'accez des plus violens que j'ay eu me dura près de vingt heures et me jetta une fluxion sur la jambe gauche, qui me fit garder le lict et la chambre jusques au 18.

Le dimanche 14, Mʳˢ de Lage, assesseur, la Forest ³, Boutaudière ⁴ et son fils ⁵ et la Barre ⁶ sont partys pour aller à Saumur en dévotion.

Le dimanche 21, le sʳ Litry, de Basars ⁷, neveu de Mʳ Jean Pointeau, advocat, a ramené sa fille ⁸ chez le dit sʳ Pointeau. On l'appelle Mˡˡᵉ Gattonne. Elle avoit tous-

---

Buffet, dont un membre, Guillot, était prévôt fermier de Montmorillon en 1338. (*Arch. Hist. Poitou*, XVII.)

Le 15 novembre 1724, Mʳᵉ Veras, prieur de Saint-Léomer, chapelain de la chapelle du Buffet, desservie en l'église de Notre-Dame, affermait, pour sept années, à Charles Chambert et Louise Gendre, sa femme, le droit de cuillère qui se prend et perçoit sur les blés et grains amenés au marché de Montmorillon, moyennant la somme de 120 livres payable en deux termes aux jours et fêtes de Pâques et de Saint-Martin d'hiver. (Arch. Vien. G¹⁰.)

1. Entre le grand autel et l'autel de Saint-Jean. François Estevenet avait été prieur de Saint-Léomer et de Concise.
2. Louise Romanet.
3. Pierre Delaforest, l'aîné, procureur.
4. Jean Delavergne, sʳ de la Boutaudière, procureur.
5. Nicolas Delavergne, fils du précédent.
6. René Delavergne, sʳ de la Barre.
7. Bazas, Gironde.
8. Catherine Litterie, dite Mˡˡᵉ Gatonne.

jours demeuré chez le dit Pointeau dès le mois de novembre 1655 que sa mère l'y avoit amenée jusques au mois d'octobre 1667 que son père et sa mère la vindrent quérir et la menèrent chez eux à Bazas.

Le mardy 23, Mr de Lagebertye est venu céans et est party le lendemain pour s'en retourner à la Cour.

Novembre 1668, commencé par le jeudy.

La nuict du dimanche 4 au lundy 5, dame Susane de Marueil, femme de Me Fleurant Veras, s^r de Ferrière, nottaire, est décédée de la dissenterie, et a esté enterrée, le dit jour lundy, dans l'église de Nostre-Dame.

Le dit jour lundy, Mre Félix Mérigot. curé de Lastus et conseiller en ce siège, a réconcilié l'église et cimetière de Saint-Martial, par commission de M^rs les grands vicaires. L'église avoit esté pollue dès la vigile de Toussainct que Mre Jean Bonnaud, curé, fut blessé d'un coup de l'encensoir, que Mre Jean Lefebvre, prieur, luy donna derrière l'autel, sur la contestation à qui commenceroit vespres, ou du dit Bonneaud ou de Mre Germain de Lerpinière, vicaire du dit prieur, en sorte que le jour de Toussainct et autres suivans l'église fut fermée et le Saint Sacrement fut porté aux Récollects, qui fut retourné à Saint-Martial le dit jour 5.

Le dit jour 5, le dit Bonneaud fut pris prisonnier par vertu d'un décret de l'official et conduit ès prisons de l'évesché. Il a demeuré prisonnier jusques au mois de janvier ensuivant qu'il a esté par jugement du dit official condamné à faire brusler un cierge de cinq ou six livres devant le Sainct Sacrement, interdict pour trois mois et condamné aux despans du procez. Il estoit accusé de divers crimes sur la dénonciation de l'aisné Bayonne faitte au promoteur. Le s^r Gaultier, lieutenant en la mareschaussée, estoit sa véritable partie et poursuivoit soubs le nom du dit Bayonne, boucher. Les Récollects ont esté commis pour faire le service pendant une partie du temps de sa prison et Mr le chanoine Augier pendant l'autre et jusques à la fin.

Le dit jour 5, mon cousin Demaillasson le jeune, advocat au parlement de Paris, est party d'icy après avoir disné céans et s'en est allé à Maignac. Il estoit arrivé de Paris le soir précédent. Il a repassé pour s'en retourner à Paris le mardy 20 et est party le lendemain, après avoir aussi disné céans.

Le [1]..... Claude Petitpied dit la Molle, qui avoit esté mareschal, a esté enterré. Il est mort de la dissenterie. Le dit jour, il a esté enterré quatre autres personnes morts de mesme maladie.

Le lundy 12, à cause de la dixenterie, a esté faitte procession généralle, où on a porté l'image de la sainte Vierge, à Saint-Martial et aux Récollects.

Le mardy 13, Mr le lieutenant civil [2] et moy sommes allez coucher à Lérignat. Le jeudy, nous avons esté disner aux Roches chez Mr de Chamousseaux [3] et sommes retournez icy le vendredy.

Il estoit interdict par arrest obtenu par surprise par le séneschal [4] et par autre arrest contradictoire il fust restably [5].

Le mardy 20, Paul, mon fils, et Marie Micheau, fille aisnée de Mr le lieutenant civil, ont esté parrain et mar-

---

1. Laissé en blanc.
2. Claude Micheau, sr du Meslier.
3. Charles Frottier, sgr de Chamousseau, marié à Moussac-sur-Vienne, le 26 novembre 1662, à Renée Frottier, dame de Bagneux, veuve de Siméon du Chaussé, sgr de Chaumont. Ils eurent une fille, Marie-Anne, qui épousa à Moussac, le 22 septembre 1688, Jean de la Ramière, éc., sgr de Puicharnault et de la Maisonneuve, fils de feu Jacques et de Jeanne Estourneau, dont : 1° Charles, né le 2 juillet 1689 ; 2° Jean-Gédéon, né le 29 juillet 1690, baptisé le 12 septembre suivant ; 3° Marie-Anne-Bonaventure, baptisée le 26 février 1693 ; 4° Radegonde, baptisée le 30 mars 1694. (Reg. par. de Moussac-sur-Vienne.)
4. Pierre du Chastenet.
5. Il s'agit de Claude Micheau, sr du Meslier, lieutenant civil.

raine d'une fille de Me François Pian, s^r de Laumosne, baptisée en l'église de Saint-Martial par le Père Denys, récollect ; nommée Marie [1] (née la veille).

Décembre 1668, commencé par le sabmedy.

Le lundy 10, j'ay esté à Poictiers avec Mrs de Lage et Daubière pour fournir de deffences à l'assignation à nous donnée à la requeste de Me Jean Pinet, qui a pris le party des faux nobles, pour avoir par nous pris la qualité d'escuyer [2]. Et sommes retournez le mercredy. Avons logé à la Lamproye.

Le dimanche 9 précédent, Mr de Lérignat est icy venu, pour parler à Mr de Lhéraudière, prévost, et à M^r le procureur du Roy [3], touchant une accusation du crime de fausse monnoye, dont M^r le marquis de l'Isle Rouet [4] avoit esté accusé par deux particuliers exécutez à mort pour raison du mesme crime.

Janvier 1669, commencé par le mardy.

Le mercredy 2, Mr de Lhéraudière est party pour aller mener un déserteur du régiment du Roy à Paris. Le s^r de la Dallerie [5], assesseur en la mareschaussée, et Peux-Favar [6] et Brunet [7], archers, sont allez avec luy qui sont retournez le vendredy 18, et Mr de Lhéraudière le mercredy 3 avril seulement ; il y a esté malade.

---

1. Fille de François Pian, s^r de Laumône, et de Louise Gendre.
2. Charles Demaillasson, André Delaforest, s^r de Lage, et Jacques Richard, s^r d'Aubière, furent condamnés chacun à 300 livres d'amende. (*Arch. Hist. Poit.*, XXIII.)
3. Pierre Richard, s^r de la Berthonnerie.
4. François de la Béraudière, marquis de l'Isle-Jourdain et de Rouet, marié à Marie-Gabrielle Bonnin de Messignac.
5. Jean Pian, s^r de la Dallerie.
6. Louis Ducellier, s^r de Peufavard.
7. Gilbert Brunet, marié à Marie Cuisinier, fille de Pierre Cuisinier, sergent royal, et de Catherine Touchard, dont : 1º Sylvine, baptisée le 1er novembre 1661 ; 2º Pierre, baptisé le 18 septembre 1663 ; 3º Jacques, baptisé le 2 mars 1666, maître chirurgien, épousa en premières noces Marie Doleau, décédée le 25 décembre 1699, et en deuxièmes noces, le 3 septembre 1701, Jeanne Auper, fille de feu Pierre Auper et de feu Jeanne Bruère. (Reg. par. d'Antigny.)

La nuict du dit jour 2 au jeudy 3, M⁰ René Douadic, sʳ de l'Espine, procureur, est décédé et a esté enterré, le dit jour de jeudy, en l'église de Saint-Martial, sous leur banc. Il n'estoit pas marié [1].

Le jeudy 17, M⁰ Gilbert de Lerpinière [2], qui avoit presque toute sa vie travaillé dans les greffes, tomba du long de son eschelle, de laquelle cheute il mourut, le mardy 29, à une heure après minuict, et fut enterré, le dit jour, dans le cimetière de Saint-Martial, joignant et au-dessus la croix estant au-dessous de l'orme. Il estoit aagé de 83 ans, et n'avoit jamais esté saigné ny pris de médecine, et avant sa cheute il agissoit comme un homme de 40 ans. Le verglas, qui estoit si glissant qu'on ne se pouvoit presque tenir, fut cause de sa cheute.

Environ trois heures après minuict du mercredy 30 au jeudy 31, Mˡˡᵉ la lieutenante civile [3] est accouchée d'un fils, lequel fut baptisé en la chambre précipitamment, le lundy 4 février, par un gentilhomme nommé Mʳ des Sechères [4], demeurant du costé de Rochechouard, qui avoit icy un procez, lequel se rencontra chez Mʳ le lieutenant, à cause qu'il luy prit une défaillance et on croyoit qu'il alloit expirer et incontinent après fut porté en l'église de Saint-Martial, où il fut de rechef baptisé et nommé Joseph. Mar-

---

1. Il était fils de Joachim Douadic et de Renée Goudon. L'inhumation eut lieu en présence de : Renée Goudon, sa mère ; François Goudon, sʳ du Chambon, son oncle ; Jean Argenton, avocat, son cousin germain ; Louis Sororeau, son beau-frère ; Louise et Marie Douadic, ses sœurs.
2. Greffier garde-scel à Montmorillon, fils de Maurice de Lerpinière, sergent royal, et de Marguerite Couste, veuf de Marie Laisné. L'inhumation eut lieu en présence de François de Lerpinière, son fils, et de François Gendre, chirurgien, son gendre. Gilbert de Lerpinière avait trois sœurs : Renée, mariée à Etienne Frottier, sergent royal ; Charlotte, femme de Fleurent Babert, sergent royal, et Marguerite, épouse de René Allaire, procureur à Montmorillon. (Arch. Vien. E² 259.)
3. Marie Richard, femme de Claude Micheau, sʳ du Meslier, lieutenant civil.
4. Gabriel Rousseau, sgr des Sechères, marié à Léonarde Rampnoux.

rabays dit Mᵉ Niclou [1], cordonnier, et la fille [2] de Pierre Bernard, cherpantier, mary de la sage-femme, ont esté parrain et marrine.

Février 1669, commencé par le vendredy.

Le dimanche 3 février, ont esté espouzez en l'église de Saint-Martial, par Mʳᵉ Laurens Augier, chanoine de Nostre-Dame, faisant les fonctions curiales par commission de Mʳˢ les grands vicaires de Poictiers, au lieu de Mʳᵉ Jean Bonneaud, prestre curé du dit Saint-Martial, interdict par sentence de l'official, Gabriel de Haubterre [3], tanneur, et Marie Morneau, fille de deffunct Joseph Morneau, boucher, et Louise Chocquin, à présent femme du nommé Jean Varenne. Leur contract de mariage avoit esté passé céans par Mᵉ Gilbert Babert et son conotaire, le dimanche 20 janvier dernier, lequel j'ay signé [4].

Le lundy 18, ont esté contractez et espouzez, dans l'église des Religieuses, Jacques Roset [5], tanneur, fils puisné de Jean Roset, sʳ de la Groge, et de Catherine [6] Gaultier, et [Jeanne] Pellerin [7], fille de Pierre Pellerin, boucher, sʳ de Morthoumat, par Mʳᵉ Julien Boudet, curé

---

1. Félix Dechassaigne, plus connu sous le surnom de Marabais dit Niclou.
2. Louise Bernard.
3. Fils de feu Simon Dehaulteterre et de Jeanne Perrineau. Au registre paroissial, le marié a signé « Dehaulteterre » et son nom est écrit « Opterre » dans l'acte. Cette dernière orthographe a prévalu.
4. Etaient présents au contrat, du côté du futur : Daniel Dehaulteterre, maître tailleur d'habits, son oncle ; Abraham Perrineau, maître tanneur, son cousin second ; Louis Argenton, marchand, son cousin ; Mᵉ Jean Goudon, notaire royal, son cousin; Mᵉ Pierre Delaforest l'aîné, procureur, son cousin, à cause de la défunte dame Marguerite Dumonteil, son épouse. Du côté de la future : Valentin Martin, maître pintier, son beau-frère, et Mᵉ Charles Bonnin, procureur, son parrain. (Arch. Vien. E² 258.) En 1681, Gabriel Dehaulteterre était condamné à remettre au curé de Saint-Martial de Montmorillon deux cierges pesant chacun un quarteron, plus huit livres d'argent affectées à l'église, pour avoir vendangé le dimanche. (Arch. Vien. Sénéch. de Montmorillon, liasse 52.)
5. Sʳ des Croix.
6. Antoinette, d'après le registre paroissial.
7. Fille de Pierre Pellerin, sʳ de Mortomat, et de Magdeleine Romanet.

de Concise. Le contract receu par Mᵉ Jean Goudon et son conotaire, lequel j'ay signé. Et le jeudy 13 juin ensuivant, environ les quatre heures du matin, le dit Roset est décédé et a esté enterré, le mesme jour, dans la chappelle de Nostre-Dame-de-Pitié de l'église de Nostre-Dame, joignant le mur du costé de main droicte en entrant [1].

Le sabmedy 23, Mʳ du Cluseau est venu icy de Poictiers et s'y en est retourné le lundy 25, après disner ; a esté coucher en sa maison au Peux.

Le dit jour 23, Mʳˢ les lieutenant civil [2] et de Lage [3], assesseur, sont allez à Poictiers, pour la poursuitte faite contre eux pour avoir pris la qualité d'escuyer, et ont esté condamnez, sçavoir : le premier en 400 livres d'amande, et l'autre en 600 livres [4] ; et sont retournez le mardy 26.

Le dit jour 26, ont esté contractez et espousez en l'église d'Anthigny, par Mʳᵉ Riol, curé du dit lieu, François Massonneau, sʳ de la Marnière, chirurgien, et Marie Cuisinier, fille du sergent Laboussée [5]. Lefebvre, nottaire en cette ville, et Thévenet, aussi nottaire royal, ont receu le contract ; le premier a la minutte. Je l'ay dressé et signé, il est escrit de la main du fils aisné [6] du dit Laboussée.

Mars 1669, commencé par le vendredy.

Le sabmedy gras, 2 mars, Mʳ et Mˡˡᵉ de Nérignat et Mˡˡᵉ des Champs sont venus passer céans les jours gras et ont mené Fleuron [7] avec eux. Ils s'en sont retournez le sabmedy 9. Nous avons retenu Fleuron.

Le lundy 4, damoiselle [Magdeleine] des Chazault,

---

1. L'inhumation eut lieu en présence de : Antoinette Gaultier, sa mère ; Pierre Rozet, son frère ; Pierre Pellerin, sʳ de Mortomat, et Magdeleine Romanet, son beau-père et sa belle-mère.
2. Claude Micheau, sʳ du Meslier.
3. André Delaforest, sʳ de Lage.
4. Ces amendes furent réduites de 400 à 250 livres et de 600 à 300 livres. (*Arch. Hist. Poitou*, XXIII.)
5. Pierre Cuisinier, sʳ de la Boussée, sergent royal.
6. Jérôme Cuisinier, fils aîné du précédent.
7. Fleurence Demaillasson, dite Fleuron.

appellée Mlle des Rembertyes, sœur de Mr du Cluseau, a esté espousée avec Mr Poussineau [1], escuyer, s^r de Boussay, à Poictiers, en une chappelle qui est tout contre la maison où demeure le dit s^r du Cluseau, en la parroisse de Saint-Paul, par le curé de la ditte parroisse.

La nuict du mercredy 6, premier jour de caresme, au jeudy, est décédé un Père cordelier [2] qui estoit confesseur des Religieuses et a esté enterré le dit jour de jeudy dans leur église.

Le sabmedy 16, j'ay esté coucher chez Mr de Balantrut et suis retourné le lendemain à huict heures du matin.

Le dit jour 16, en suitte de la destitution faite par arrest du Conseil, laquelle fut affichée au carrefour, le 18 février dernier, de la personne de Me Jean Pinet [3] en l'exercice de receveur des tailles et autres droicts et taxes de la chambre de justice et des faux nobles, le dit Pinet vint icy avec Mr Cytois [4], esleu à Poictiers, pour sceller chez Mr Pierre Fouasseau [5], son beau-frère et commis, le prétendant rétentionnaire de sommes considérables. Le dit Fouasseau estoit retenu à Touffou, chez M^r le comte de Saint-Georges [6], où le dit Pinet l'avoit fait venir sous un faux

---

1. Jacques Poussineau, sgr de Boussay.
2. René de la Motte, de Lassay, dans la province du Maine. Il fut inhumé « avec belle solemnité », sur les cinq heures du soir, en présence de tout le chapitre de Notre-Dame et de quantité de Pères augustins et récollets. (Reg. par. de Notre-Dame.)
3. Jean Pinet, receveur général des finances, était fils d'un maréchal de la Rochelle. Il avait épousé Marie Fouasseau, fille d'Isaac Fouasseau, bourgeois de Poitiers, et de Catherine Gareau. Convaincu du crime de péculat, concussion et malversation, il fut condamné à mort le 10 mai 1670 et exécuté le même jour. Sa maison (aujourd'hui l'Hôtel-Dieu) fut confisquée par arrêt du Conseil du 28 février 1682 et vendue au séminaire par lettres patentes d'avril 1686, moyennant la somme de 10,000 livres. (Arch. Vien. G 440.)
4. René Citoys, sgr du Breuil, fils de Mathieu Citoys et de Radegonde Clabat. Il fut maire de Poitiers en 1663.
5. Pierre Fouasseau, receveur des tailles à Montmorillon, était fils d'Isaac Fouasseau et de Catherine Gareau.
6. Joseph-Roch Chasteigner, comte de Saint-Georges, sgr de Touffou, capitaine de cavalerie, marié, par contrat du 3 juin 1665, à Anne Guinaudeau de Montigny, dont postérité.

prétexte. Ils s'en retournèrent le dimanche 17 à Touffou. Le s⁷ de Poix[1], receveur de l'eslection de Poictiers, estoit avec eux. Ils furent chez mon nepveu l'enquesteur[2], où ils trouvèrent quelques effets appartenant au dit Fouasseau. Les dits s^rs Cytois et de Poix retournèrent icy le lundy et y amenèrent le dit Fouasseau, chez lequel ils firent invantaire de ce qui s'y trouva, et le mercredy s'en retournèrent tous à Poictiers, et le sabmedy 30 le dit Fouasseau fut constitué prisonnier et conduit à la prévosté à Poictiers.

Le lundy 25, mon nepveu l'enquesteur[2] s'est osté d'icy à cause que le dit s⁷ Cytois avoit décrété prise de corps contre luy, prétendant qu'il fust complice du divertissement qu'ils accusent Fouasseau des deniers de sa recepte. Il y a aussi décret d'adjournement personnel contre ma niepce l'enquesteur[3].

Le mardy 26, M⁷ le lieutenant criminel[4] est allé à Poictiers et le lendemain est party avec le messager pour aller à Paris à cause que M⁷ le séneschal[5] avoit présenté placet au Roy pour demender que l'arrest du Conseil rendu en 1666 contre les officiers de Moulins, pour raison des parentez, fust déclaré commun en ce siège où il supposoit que les dittes parentez causoient des désordres espouventables dans l'administration de la justice, lequel placet fut renvoyé à M⁷ de la Houssaye-Pelletier[6], maître des Requestes, pour en faire le rapport, ce qu'il fit le lundy de la semaine sainte, 15 avril, en présence du Roy qui, s'expliquant sur l'exécution du dit arrest, dit que son intention

---

1. Hélie de Poix, receveur des tailles, par lettres de provision du 7 août 1657. Son fils, Louis, s⁷ de Parigny, fut pourvu des mêmes fonctions le 21 novembre 1700.
2. François Demaillasson.
3. Elisabeth Demareuil.
4. Louis Richard, s⁷ des Ors.
5. Pierre du Chastenet.
6. Nicolas Le Pelletier, sgr de la Houssaye, conseiller au Parlement de Paris le 19 février 1653, maître des Requêtes le 19 décembre 1660, mort le 10 janvier 1674.

n'avoit pas esté de toucher aux officiers receus avant le dit arrest et dernières ordonnances. Ainsi le dit sʳ séneschal fut desbouté honteusement de ses prétentions injustes et qui n'avoient de but et de fondement que sa passion et animosité, n'ayant pu cotter le moindre inconvénient qu'eussent causé les dittes parentez en ce siège. Aussi du despuis il a lâchement désadvoué, contre une vérité connue de tout le monde, d'avoir entrepris cette procédure. Le mardy 30 avril, Mʳ le lieutenant criminel [1] est icy retourné.

Le sabmedy 30, j'ay esté à Poictiers en compagnie de Mʳ Augier l'advocat. C'est sur le suject des mémoires instructifs sur l'estat ecclésiastique, celuy de la noblesse et de la justice de ce qui est dans nostre ressort en l'estendue de la généralité de Poictiers, selon et au désir de la commission secrète que j'en avois eu de Mʳ le président Barantin, intendant de cette province. J'ay logé chez Mʳ du Cluseau et sommes, Mʳ Augier et moy, retournez icy le mardy 2 avril, à disner. C'estoit pour m'esclaircir de la manière dont j'en devois user. Mʳ Augier n'en a rien sceu.

Le dit jour 30, Mᵉ [Jean] Chasseloup, sʳ de Rabaudière, appotiquaire de cette ville, ayant voulu faire sa comparution personnelle sur un décret esmané de Mʳ Cytois, esleu à Poictiers, touchant l'affaire de Fouasseau, fut envoyé dans la conciergerie de Poictiers, après avoir rendu son audition.

Avril 1669, commencé par le lundy.

Le dimanche 7, j'ai envoyé Paul [2] chez Mʳ du Cluseau à Poictiers pour prendre tonsure, laquelle Mʳ de Poictiers [3] luy donna, dans sa chappelle de l'évesché, le mardy de

---

1. Louis Richard, sʳ des Ors.
2. Paul Demaillasson.
3. Gilbert de Clérembault, nommé à l'évêché de Poitiers en 1657, sacré à Paris le 21 juillet 1658 ; il prit possession de son siège le 15 mars 1659 et mourut le 4 janvier 1680.

Pasques 23, et s'en retourna le lendemain icy avec ma niepce du Cluseau.

Le vendredy 12, Mr de Lagebertye est arrivé icy de Paris et est allé le lendemain coucher à Lérignat.

Le jour de Saint-Marc 25, ma femme et Gotton[1] sont allées à Lérignat et y ont mené Marguerite Dailler, l'une de nos servantes.

Le dimanche de Quasimodo 28, j'ay esté coucher à Lérignat et y ay trouvé Mr de Lagebertye, et suis icy retourné le lendemain avec ma femme, Gotton et Marguerite.

Le vendredy 26, Mr du Cluseau est venu icy et, le mardy 30, il s'en est allé coucher au Peux et a emmené sa femme, et le lendemain, à Poictiers.

May 1669, commencé par le mercredy.

Le dimanche 5, a esté faite la publication et ouverture du jubilé accordé pour prier Dieu et faire des aumosnes pour la délivrance du siège de Candie[2] assiégée par les Turcs. On a fait une procession généralle, laquelle a commencé en l'église de Saint-Martial, a fait le tour du cimetière et de là autour des croix, passé au faux bourg de la Queille, entré au Pont-Neuf jusques au carrefour, monté aux Augustins en l'église et de là en celle de Nostre-Dame et retourné à Saint-Martial où a esté ditte la grande messe,

---

1. Marguerite Demaillasson, dite Goton.
2. Candie, considérée comme le dernier boulevard de la chrétienté, était uniquement défendue par quelques galères maltaises et une poignée de soldats du pape. Le roi de France avait vainement donné aux autres princes le signal d'une expédition en faveur de Candie. Il y avait envoyé sept mille hommes commandés par le duc de Beaufort; mais cette générosité était à peu près demeurée sans résultat, parce que cet exemple, soit indifférence, soit manque de ressources, n'avait point été suivi par le reste des nations européennes. Candie capitula le 16 septembre 1669.
Le duc de Beaufort et le jeune Georges de Bermondet, baron d'Oradour-sur-Vayres, qui était venu à Candie comme volontaire, périrent dans la sortie du 25 juin. (*Mémoires de Saint-Hilaire.*) Le vaisseau *la Thérèse* sauta, le 24 juillet, avec le capitaine, trois cents hommes et cinquante pièces de canon, et faillit couler *la Réale* que montait le comte de Vivonne, général des galères. (*Mémoires de Navailles.*)

au milieu de laquelle le Père Fontenette, jésuiste, a presché et publié la bulle du jubilé [1].

Le mardy 7, j'ay esté à Poictiers pour y porter les mémoires que j'ay dressez conformément à l'ordre de M^r l'intendant. Je les ay donnez à Mr Chevallier, demeurant chez M^r l'intendant, qui prend qualité de procureur général pour la réformation des eaux et forests de la générallité de Poictiers, qui m'avoit adressé la commission.

La nuict du mardy 14 au mercredy 15, le feu s'est pris au couvent des Augustins au-dessus de la salle dans l'aisle qui est entre les deux corps de logis. Sept ou huict jours après, on a descouvert que deux de leurs jeunes religieux, dont l'un s'en est luy-mesme accusé, l'avoient mis pour quelque desplaisir qu'ils prétendoient avoir receu. On les a emprisonnez fort estroitement dans le dit couvent.

Le mercredy 22, j'ay esté couché chez Mr de Balantrut, où j'ay trouvé Mr de Lagebertye, et sommes allez tous trois, le lendemain, disner chez Mr de la Messelière [2] où estoit M^r le doyen de Saint-Hylaire de Poictiers. Et suis retourné icy le vendredy 24.

Le mercredy 29, Mr de Lagebertye est arrivé céans, il venoit du Dorat ; le vendredy 31, est allé coucher chez Mr de Balantrut.

Juin 1669, commencé par le sabmedy.

Le mercredy 5, le Père Hiérosme Valvasseur, général de l'ordre des Augustins, est icy arrivé. Il venoit de Poictiers. On est allé en armes au-devant de luy un bon quart de lieue. Il estoit dans le carrosse de Mr de la Contour que les Augustins d'icy avoient emprunté et envoyé audevant

---

[1]. Le mercredi précédent 1er mai, le chapitre de Notre-Dame avait accordé au curé et aux marguilliers de Concise la permission d'exposer le Saint Sacrement dans l'église de Notre-Dame pendant ce jubilé. (Arch. Vien. G^8 80.)

[2]. Louis Frottier, sgr de la Messelière, marié, le 3 octobre 1655, à Anne Irland, fille de Bonaventure, sgr de Lavau, et de Suzanne Prévost de Beaulieu.

de luy jusques au Temple. Le lendemain jeudy, le corps des officiers de cette ville sont allez le complimenter aux Augustins. La plus part des advocats et procureurs y estoient aussi. Me Claude Micheau, lieutenant général civil, portoit la parolle qui l'a harangué en latin, à quoy il a respondu fort civilement et à propos. Le vendredy 14, un peu avant l'audiance, le dit Père général est descendu au parquet dans le mesme carosse avec trois autres religieux pour remercier tout le siège de la civilité qu'on luy avoit rendue, ce qu'il a fait fort éloquemment en latin, auquel le dit s^r Micheau a respondu en mesme langue. Il s'en est allé le mardy 18 à Morthemar.

Le jeudy 6, ont esté espousez en l'église de Saint-Martial, par Mre Jean Bonneaud, curé; M^e [François] Augier [1], fils aisné de Me Jean Augier, s^r de Corné, notaire, et dame Catherine [2] de la Vergne, fille puisnée de feu Me Louis de la Vergne, s^r de la Dorlière, procureur, et de dame Marguerite Outin [3].

Le vendredy 14, mon beau frère de Lagebertye est arrivé céans, à disner, et le lendemain est party pour aller servir son semestre.

Le dimanche 23 [4], Marguerite Dallier, nostre servante, qui est du bourg de Nérignat, a esté espousée en l'église de Nostre-Dame, par Mre Julien Boudet, curé de Consize, à Jean Marchand dit la Trace, cordonnier de cette ville.

Le lundy 25, le nommé Anthoine [5]..... et Phelipes [5]..... valet et servante chez Mr de Lage, ont esté espousez dans l'église de Saint-Martial.

---

1. François Augier, s^r du Peux, succéda à son père comme notaire royal à Montmorillon. De son mariage avec Marie Delavergne il eut Marie, baptisée le 23 décembre 1675, et François-Eustache, baptisé le 16 janvier 1678.
2. Marie, d'après le registre paroissial.
3. Ailleurs on trouve Marie Hostain.
4. Le dimanche 16, d'après le registre paroissial.
5. Laissé en blanc.

Juillet 1669, commencé par le lundy.

Le mardy 2, j'ay esté coucher chez Mr de Balantrut et le lendemain, luy et moy sommes allez à Saint-Germain où nous avions esté assignez à la requeste de Mlle du Queiroir pour voir faire bail du bien de ses enfans, lequel luy a esté adjugé à sept cens livres le jeudy 4 et leur pension arrestée à deux cens trente livres. Le mesme jour, sommes retournez à Lérignat et moy le vendredy céans.

Le dimanche 7, entre quatre et cinq heures du matin, est décédée damoiselle Catherine de Leirat, femme de Gaspar de Guillaumet, escuyer, s^r de Lérignat, niepce de ma femme, aagée d'environ 38 ans, après avoir esté très longtemps malade. Elle a esté enterrée, le mesme jour, en l'église de Nérignat, dans la mesme fosse où damoiselle [Gabrielle] de Marrans, première femme de Mr de Balantrut, avoit esté enterrée vingt ans auparavant, dont le scapulaire s'est trouvé tout entier et sans aucune altération autour de l'os d'un de ses bras. Elle estoit femme de haute vertu et morte en réputation d'une très dévote personne. Ma femme et moy avons assisté à l'enterrement de Mlle de Lérignat et suis retourné icy le lendemain, à disner, et ma femme le sabmedy ensuivant.

Le lundy 15, j'ay esté voir M^r et Mlle du Cluseau au Peux où estoit aussi Gotton [1] et suis retourné icy le lendemain.

Le vendredy 19, Mr de Lérignat est venu céans, au matin, et s'en est retourné le lendemain.

Le lundy 22, j'ay esté à la foire à Lussac et retourné icy le mesme jour.

Le mardy 23, Mr Augier et moy sommes allez à Moulime pour parachever l'invantaire de la vefve Fayolle [2].

La nuit du 23 au 24, Me André Pineau, advocat, est

---

1. Marguerite Demaillasson, dite Goton.
2. Marguerite Delamothe, veuve de Mathurin Sylvain, s^r de Fayolle, sergent royal à Montmorillon.

décédé en sa 79ᵉ année et a esté enterré, le 24, dans le cimetière de Saint-Martial, à costé gauche de la croix osanière en montant à l'église. Il demeuroit chez Mᵉ Mathieu Pineau, procureur, son fils, en la maison la plus proche du puy du Pont-Neuf.

La nuict du 24 au 25, ma cousine de l'Eraudière [1] est accouchée d'une 5ᵉ fille [2].

Le dimanche 28, Jean Petitpied dit Jean la Molle [3], mareschal, est décédé, aagé de 96 ans. Il estoit à peu près de l'aage de feu mon père.

Le mardy 30, j'ay esté chez Mʳ de Balantrut et suis retourné icy le jeudy 1ᵉʳ aoust.

Aoust 1669, commencé par le jeudy.

Le lundy 26, ma femme est allée à Lérignat pour assister à la quarantaine de deffuncte ma niepce de Lérignat, qui s'est faite le lendemain, où j'ay esté et suis retourné icy le mesme jour, et ma femme le jeudy 29. Mʳ de Balantrut est venu avec elle et s'en est retourné le lendemain.

Septembre 1669, commencé par le dimanche.

Le mercredy 4, Mʳ du Cluseau est allé coucher au Peux.

Le lendemain, Mʳˢ de Lage et de l'Héraudière sont allez à Poictiers et sont icy retourné le sabmedy 7. Ils prinrent en passant au Peux Mʳ du Cluseau, lequel fut avec eux à Poictiers, et de là partit pour l'exécution d'une commission

---

1. Marie Delaforest, femme de Pierre Goudon, sʳ de l'Héraudière.
2. Geneviève, baptisée, le lendemain, à Saint-Martial de Montmorillon. Elle épousa en 1694 Pierre Jacquemin, sʳ de la Peyrotière, dont Marie, épouse de Louis des Mousseaux, sgr de Bretigny, et Jeanne, née le 21 août 1699, mariée, le 15 août 1718, à Sylvain de Blom, sgr de Beaupuy. Le 17 juin 1736, Jeanne et Marie Jacquemin, qui étaient veuves, affermaient pour neuf années et moyennant 700 livres par an, à René Nouveau, sʳ de Puymartin, et à Françoise Jacquet, son épouse, les métairies de la Jarrige et du Bouchage, paroisse de Latus. (Arch. Vien. E² 262.)
3. Mot patois qui signifie meule.

de la Cour des Aydes, pour informer du costé de Parthenay contre Mr de Villebouin [1]

Le vendredy, Mr de Lérignat est venu céans et s'en est retourné le lendemain chez eux.

Le dimanche 8, environ les trois heures après midy, est décédé [Pierre] Goudon, s^r de la Nollière, aagé de 24 à 25 ans. Il gardoit le lict d'un abcez qu'il avoit dans une cuisse il y avoit plus d'un an, de quoy il mourut et fut enterré, le lendemain, dans l'église de Saint-Martial, sous leur banc, presque au-dessous la chaire du prédicateur.

Le lundy 16, ma niepce du Cluseau s'en est allée au Peux et a emmené tout son train. Gotton [2] est aussi allée avec elle, où elle a demeuré jusques au 15 novembre.

Le mercredy 18, environ midy, est décédée Marie Gaultier, vefve de deffunct René de la Vergne, s^r de Mortaigue, aagée d'environ 46 ans. Elle a esté enterrée [3], le lendemain, dans le cimetière de Saint-Martial, presque au coin en montant des Récollects à la ditte église à main gauche. Morte de dixenterie.

Le dit jour jeudy, environ six heures du soir, est décédée dame Marguerite Chantaise, vefve de feu André Vezien, s^r de Beaufran, laquelle a esté enterrée, le lendemain, presque au milieu de la nef de l'église des Augustins. Morte de dixanterie.

La nuict du sabmedy 21 au dimanche 22, est décédée dame [Anne] Clabat, femme de Pierre Estevenet, maître appotiquaire, aagée d'environ 32 ans, laquelle a esté enterrée [4] le dit jour 22, vis-à-vis le crucifix, en l'église de Nostre-Dame. Morte d'une assez longue maladie.

---

1. Julien Sochet, sgr de Villebouin, fils de Louis Sochet, éc., sgr de Villebouin, assesseur criminel, et de Marie Serizier. (Arch. Vien. E² 241.)
2. Marguerite Demaillasson, dite Goton.
3. En présence de Jean Delavergne, son fils.
4. En présence de François Clabat, maître apothicaire, son frère.

Le lundy 30, [Jacques] Deugnet, mareschal, a esté enterré dans le cimetière de Saint-Martial. Mort de dixantrie.

Octobre 1669, commencé par le mardy.

Le mardy 1er octobre, j'ay esté voir Mr et Mlle du Cluseau et Gotton [1] au Peux et suis icy retourné le jeudy 3.

Le vendredy 4, après disner, Mrs le lieutenant civil [2], assesseur [3], procureur du Roy [4], Augier, advocat, et moy sommes allez rendre nos civilitez à Mr Le Maistre [5], conseiller au Parlement, lequel estoit à Persac, laquelle terre il avoit acheptée par décret, et sommes retournez icy le mesme jour.

Le lundy 7, j'ay esté coucher chez Mr de Balantrut et le lendemain luy et moy sommes allez disner à la Brulonnière avec Mr Le Maistre et retournez coucher à Lérignat, et le mercredy 9 suis icy retourné.

Le lundy 14, [François] Lescuyer, sr de la Braguetrie [6], pintier, fils puisné de défunct [Jean] Lescuyer, sr du Prat, vivant archer en la mareschaussée de cette ville, et Jeanne Gaultier [7], fille aisnée de défunct [Louis] Gaultier, vivant aussi archer en la ditte mareschaussée, ma filleulle, et de la femme de Labignolle, ont esté contractez et espouzez en l'église de Saint-Martial, par Mre Jean Bonneaud, curé. J'ay signé le contract.

---

1. Marguerite Demaillasson, dite Goton.
2. Claude Micheau, sr du Meslier, lieutenant civil.
3. André Delaforest, sr de Lage, assesseur criminel.
4. Pierre Richard, sr de la Berthonnerie, procureur du Roi.
5 François Le Maistre, fils de Gilles, sgr de Ferrières, et de Marie Pastoureau, mort à Paris le 14 septembre 1685. La terre de Persac lui avait été adjugée pour la somme de 93.500 livres, par arrêt du 21 mars 1669. (A. O., *Mémoires*, X, 1887.)
Les 22 septembre et 10 novembre 1685, Marie Le Féron, sa veuve, faisait apposer les scellés et dresser l'inventaire des meubles et effets qui se trouvaient au château de la Brulonnière. (Arch. Vien. E² 259.)
6. Baptisé à Notre-Dame de Montmorillon le 25 août 1643. Fils de feu Jean Lescuyer, sr du Prat, archer, et de Catherine Léobet.
7. Fille de feu Louis Gaultier, sr de l'Islette, archer, et de Jeanne Cailleau, remariée à Paul Jacquet, sr de la Bignolle, notaire.

Le jeudi 17, jour de la foire des Confrairies, Mr de Balantrut est venu céans et s'en est retourné le lendemain.

Le dit jour jeudi, Mr Lemaistre est venu en cette ville et allé descendre aux Augustins et a rendu visite à ceux qui l'avoient esté voir. Il a souppé et couché chez M^r le sénéschal[1]. Le lendemain, M^rs les lieutenant civil[2], lieutenant criminel[3], assesseur[4], procureur du Roy[5] et moy luy avons esté faire nos complimens aux Augustins où nous avons esté en robbes. Il s'en est retourné le dit jour à Persac.

Le sabmedy 19, M^rs l'assesseur[6], de l'Héraudière[7], la Forest l'aisné[8], Tervanne le jeune[9], sa femme[10], et moy sommes partis pour Saumur et passé du costé de Chastelleraut et retournez par Loudun et Poictiers et arrivez icy le jeudi 24.

Le mercredy 30, Louise Dupin, ma filleulle et de défuncte ma belle-sœur la Faix, est décédée sans avoir esté mariée et a esté enterrée, le lendemain, dans l'église des Augustins, un peu au-dessus du clocher, entre le pillier de l'autel de Sainte-Anne et la muraille, à costé de défuncte Fleurance Dupin, sa sœur. C'estoit une fille dévotte qui ne s'estoit jamais voulu marier. Elle estoit aagée d'environ 39 ans. Les jeusnes et les austéritez ont racourcy ses jours et a longtemps demeuré languissante.

Novembre 1669, commencé par le vendredy.

La nuict de la Toussainct au lendemain, est décédée dame Mathurine Dalest, femme de M^e [Louis] Goudon, s^r de Chasteaugaillard, aagée d'environ 26 ans, et a esté enterrée,

---

1. Pierre du Chastenet.
2. Claude Micheau, s^r du Meslier.
3. Louis Richard, s^r des Ors.
4. André Delaforest, s^r de Lage.
5. Pierre Richard, s^r de la Berthonnerie.
6. André Delaforest, s^r de Lage, déjà nommé.
7. Pierre Goudon, s^r de l'Héraudière.
8. Pierre Delaforést l'aîné.
9. Fleurent Bonnin, s^r de Tervanne.
10. Anne Goudon.

le jour des morts, en l'église de Saint-Martial. Est morte de dixantrie.

Le dimanche 3, Mʳ de Balantrut est venu céans et s'en est retourné le mardy 5.

Le dit jour 5, Catherine Clavetier, fille de deffunct mon beau-frère le Queiroir, est décédée de dixantrie à Saint-Germain, âgée de 8 à 9 ans.

Le dimanche 10, j'ay esté coucher chez Mʳ de Balantrut, dont je suis party le mardy 12 et suis allé coucher chez Mʳ du Cluseau au Peux et retourné céans, le vendredy 15, avec Gotton [1] que j'ay ramenée.

Le jeudy 14, Mʳ de Lérignat est venu céans et s'en est retourné le sabmedy 16.

Le jeudy 21, j'ay esté à Anthigny, et ay mené avec moy Petitpied, le sergent, pour informer contre les Girauds qui avoient battu mon bourdier. J'ay tout remis à la prière de Mᵐᵉ de la Lardonnière [2], fille de Mʳ de Boismorand, qui y vint m'en prier.

Le mardy 26, Mʳ de Lérignat est venu céans et s'en est retourné le jeudy 28.

Décembre 1669, commencé par le dimanche.

Le Père Ambroise Thomas, carme, a presché l'advent et caresme suivant.

Le lundy 2, j'ay esté à Maugoueran pour faire venir le

---

1. Marguerite Demaillasson, dite Goton.
2. Marie d'Aloigny, fille de René, sgr de Boismorand, et de Anne Poirier, mariée, le 7 novembre 1669, à Jean de Phelippes, sgr de Lardonnière, fils de Marc et de Marie de la Haye, dont : 1º Anne-Catherine, baptisée à Antigny le 27 avril 1680. Elle eut pour parrain Messire Guy d'Aloigny, chev., sgr de Boismorand, grand-croix de l'ordre de Saint-Jean de Jérusalem, grand bailli de Morée et de Cury, commandeur de la Feuillée et de Saint-Jean de Latran ; 2º Marie, mariée à Antigny, le 30 juin 1695, à Jacques de la Chastre, chev., sgr de la Roche-Belusson, de la Gaudeterie et de Sauzelle, fils de Louis, chev., sgr de Paray, et de défunte Anne Muzard de Poix, de la paroisse de Vellèche. (Reg. par. d'Antigny.) En 1702, Jacques de la Chastre était condamné par le sénéchal de Montmorillon au payement de la rente de 24 boisseaux de blé due au chapitre de Saint-Pierre de Chauvigny sur la seigneurie de Sauzelle (Leigne). (Arch. Vien. Gˢ 29.)

vin que j'y avois cueilly qui estoit quatre barriques dans la vigne de la Guette et une barrique dans mes vignes d'Anthigny et de la Croix-à-la-Dame, le tout pour ma moitié.

Le jeudy 5, Mr Augier et moy sommes allez disner chez Mr de Balantrut où estoit Mr le chastelain de Rancon [1], avec lequel nous sommes retournez icy le lendemain.

Le lundy 9, Mr de Balantrut est venu céans et s'en est retourné le mercredy 11. Ma femme et Gotton sont allées avec luy et s'en sont retournées céans le mardy 17 ensuivant.

Le mercredy, jour de Noël, Mrs Charles et Estienne Bonnin, père et fils, sont allez à Paris pour l'affaire contre les héritiers de défunct Me Fleurant Tartarin et sont retournez le [2].....

Le sabmedy 28, j'ay esté coucher à Anthigny où Mr du Cluseau m'avoit prié de me rendre et s'y est aussi trouvé avec Mrs Poussineau, son beau-frère, et Lauranceau, procureur à Poictiers. Et le lendemain, sommes allez tous ensemble à la Roche-à-Guet et avons pris, en passant à Saint-Savin, Mr Guillemot, marchand au dit Poictiers, lequel avoit proposé au dit sr Poussineau d'achepter la ditte maison. Et sommes retournez coucher à Saint-Savin et le lundy m'en suis retourné céans. Le dit sr Poussineau ne s'est point accommodé de la ditte maison.

Janvier 1670, commencé par le mercredy.

Le vendredy 3, la fille aisnée [3] de défunct Me Pierre Nicault, advocat, a esté enterrée dans le cimetière de Saint-Martial, contre la chappelle du charnier. Est morte du poulmon, aagée d'environ 26 ans.

---

1. ..... de Marans.
2. Laissé en blanc.
3. Catherine, fille de feu Pierre Nicault, avocat, et de Suzanne Delaforest.

Le mardy 7, environ les 3 à 4 heures après midy, est décédé M⁶ Nicollas Grault Verdier, des Forests, aagé de 82 ans, et a esté enterré, le lendemain, dans l'église de Nostre-Dame, vis-à-vis la porte du clocher. Le dimanche 5, il estoit tombé voulant aller à la messe, ce qu'on croit estre cause de sa mort.

Le mercredy 8, est décédée dame Renée Goudon, vefve de deffunct M⁶ Jouachim Douadic, s^r de la Loge, procureur. Elle demeuroit dans le village de Concise et a esté enterrée dans l'église du dit lieu [1].

Le mardy 21, j'ay esté à Poictiers pour tâcher de faire juger l'instance que l'on a intantée contre moy, à cause que j'ay esté employé par inadvertance dans un seul acte en qualité d'escuyer, où je n'ay rien fait, et suis retourné céans le mardy ensuivant 28.

Le dimanche 26, Mr de Balantrut est venu céans et s'en est retourné le lendemain.

Février 1670, commencé par le sabmedy.

Le sabmedy 8, dame [Jeanne] Sansignier, femme de René Estevenet, s^r de la Verdrie, hoste du Cheval-Blanc, estant à table à souper, fut saisie d'une apoplexie et tomba par terre et sans qu'elle ait parlé du despuis décéda le lundy ensuivant et fut enterrée, le lendemain 11, dans l'église de Nostre-Dame [2].

Le soir du dimanche gras 16, il fut dansé céans un ballet.

Le mardy [24], la femme [3] de M⁶ François Augier, s^r des Vigères [4], a esté enterrée en l'église de Nostre-

---

1. L'inhumation eut lieu en présence de Louis Sororeau, chirurgien, son gendre, et de Marie Douadic, sa fille.
2. L'inhumation eut lieu en présence de René Estevenet, son mari, François Augier, s^r des Vigères, son gendre, et Jean Jacquet, prêtre, son neveu.
3 Marguerite Estevenet.
4. François Augier, s^r des Vigères, fils de François Augier, hôte des Trois-Rois, et de Catherine Gaultier, épousa en deuxièmes noces, le 18 juillet 1673, Louise Thomasson, veuve. Il eut du premier lit:

Dame. Est morte pulmonique. Elle estoit fille des dits Estevenet et Sansignier.

Mars 1670, commencé par le sabmedy.

Le jeudy 6, Mr de Balantrut est venu céans et s'en est retourné le sabmedy 8.

Le lundy 10, j'ay esté coucher chez Mr de Balantrut et suis retourné le lendemain à disner icy, ma femme m'ayant envoyé toute la nuict mon vallet pour m'apporter des lettres que Mr du Cluseau m'envoyoit de Mr de Lagebertye qui me mandoit de me rendre à Poictiers pour y voir Mr de Varangeville, beau-frère de Mr Rouillé [1], intendant, qui avoit promis de luy parler en ma faveur, pour mon affaire des faux nobles.

Le dit jour 11, après avoir disné céans, je suis allé coucher au Peux où Mr du Cluseau m'attendoit, et le lendemain nous sommes allez disner à Poictiers, d'où Mr de Varangeville estoit party le matin pour aller à Bordeaux, ainsi je ne l'ay point veu. Il parla bien en ma faveur à M^r l'intendant et à Mr Douilly [2], mais cela ne servit de rien. Je retournay céans le lundy 17 sans rien faire, et le 24 ensuivant, M^r l'intendant [3] me condamna à 300 livres, et les deux sols pour livre, et en 30 livres pour les fraix, que j'ay payé le [4]..... juin ensuivant, sous la quittance de La

---

Pierre, s^r des Mas, marié, le 26 juillet 1701, à Jeanne Maignan, et Claude, s^r des Vigères, huissier archer, qui épousa, le 25 août 1695, Anne Delaflavandrie, fille de feu Nicolas Delaflavandrie et de Marie Jacquet, dont Claude, s^r des Vigères, marié, le 23 février 1740, à Jeanne-Renée Pian, fille de Charles Pian et de Jeanne Jacquet, de laquelle il eut sept garçons et deux filles Un des garçons, François, s^r des Vigères, maître chirurgien à Montmorillon, épousa, le 11 juin 1782, Marie-Anne Cuisinier de l'Isle, fille de Jacques Cuisinier, s^r de l'Isle, et de Marie Boidin.

1. Pierre Rouillé, sgr du Coudray et du Plessis, intendant du Poitou de 1669 à 1672.
2. Pierre Rioult, s^r d'Ouilly, commis par arrêt du Conseil du 30 septembre 1669 pour exercer l'office de receveur général des finances de la généralité de Poitiers. (Arch. Vien. C² 113.)
3. Pierre Rouillé, sgr du Coudray, déjà nommé.
4. Laissé en blanc.

Haye, commis à la recepte des tailles, et despuis j'ay eu une autre quittance en forme de Bertillat [1], garde du trésor royal, en datte du [2]..... ensuivant, et ay rendu celle de La Haye.

Le jeudy 13, M[rs] le lieutenant civil [3] et procureur du Roy [4] sont allez du costé de Peyrat [5] pour faire l'invantaire de défunct le baron du Larron [6], et sont retournez icy le jeudy 27. Me Pierre de la Forest l'aisné, procureur, a esté avec eux et la Boulinière, greffier.

Le mercredy 19, sur les cinq heures du matin, est décédé Me Pierre Estevenet, appotiquaire, et a esté enterré, le mesme jour, dans l'église de Nostre-Dame, au-dessous du crucifix, à main gauche en entrant. Il pouvoit estre aagé d'environ 40 ans.

Le sabmedy 29, vigile des Rameaux, j'ay esté chez Mr de Balantrut le voir. Il estoit malade de la goutte. Et suis retourné le mesme jour.

Avril 1670, commencé par le mardy.

Le mercredy 2, sur les cinq heures du matin, est décédé Jacques-Félix Richard, s[r] de Villenaye, dans la maison noble de la Leu, et a esté enterré le dit jour dans l'église de Syllards, contre l'autel qui est à main gauche en entrant et tout joignant la muraille. Il pouvoit estre aagé de 26 à 27 ans.

Le 4, jour du vendredy saint, Paul [7] est allé à Lérignat et est retourné icy le jour de Quasimodo.

Le lundy de Pasques 7, a esté passé à Saint-Germain-sur-Vienne le contract de mariage de damoiselle Marie de Marois, vefve de défunct mon beau-frère le Queiroir, avec

---

1. ....., Jehannot de Bertillat.
2. Laissé en blanc.
3. Claude Micheau, s[r] du Meslier.
4. Pierre Richard, s[r] de la Berthonnerie.
5. Peyrat-le-Château, canton d'Eymoutiers (Haute-Vienne).
6. ..... de la Breuille, baron du Laron (Saint-Amand, Creuse).
7. Paul Demaillasson.

Jean de Pons, escuyer, s^r de Felet, de la parroisse de Pleuville, et ont esté espousez en l'église du dit Saint-Germain, par le curé, le lundy 21 ensuivant.

Le dimanche de Quasimodo 13, est décédée, dans le prieuré de Saulgé dont ils étaient fermiers, dame Louise Gendre, femme de Me François Pian, s^r de l'Aumosne[1], et le lundy 14, a esté enterrée dans le cimetière de Saint-Martial. Elle pouvoit estre aagée d'environ 41 ans.

Le dit jour 13, Mr du Cluseau et ma niepce[2] sa femme sont venus icy et retournez au Peux le lundy 28 et le lendemain à Poictiers.

Le mercredy 16, Mr Daubière et moy sommes allez à Anthigny et retournez le dit jour. C'estoit pour faire venir deux barriques de vin que j'avois achepté du mestayer de Saint-Cyprien.

Le vendredy 18, moy à Lérignat ; de retour le mesme jour.

Le mercredy 23, les articles du mariage de ma fille aisnée, Marguerite, avec Louis Ladmirault, s^r de Vautibaut[3], ont esté arrestez et signez par eux, la mère du dit de Vautibaut, Mr Augier, advocat, ma femme et moy, et le contract a esté fait le 16 juin et le mariage le mardy 17 ensuivant.

Mai 1670, commencé par le jeudy.

Le jeudy 1er may, ma femme et Gotton[4] sont allées à

---

1. Le 12 juin 1670, François Pian, s^r de Laumône, fermier de la seigneurie et château de la Rivière, paroisse de la Trimouille, était commissaire des biens de la succession de feu Fleurent Tartarin, greffier criminel de la sénéchaussée de Montmorillon, et, en cette qualité, convoquait les héritiers : Fleurent Bonnin, s^r de Tervanne, greffier criminel de ladite sénéchaussée ; Jean Gaultier, s^r de Beumont, et Jeanne Bonnin, sa femme ; Pierre Guérin, maître apothicaire, et Aimée Tartarin, sa femme. (Arch. Vien. H^a bis 14.)

2 Marie Vachier.

3. Fils de feu François Ladmirault, s^r de Vautibaut, commissaire des montres de la maréchaussée de Montmorillon, et de Catherine Jacquet.

4. Marguerite Demaillasson, dite Goton.

Lérignat chez Mr de Balantrut et sont retournées icy le mardy 6.

Le mercredy 7, j'ay esté coucher à Lérignat. Le lendemain 8, Mr de Balantrut et moy sommes allez à Saint-Germain pour faire créer un tuteur au petit Queiroir[1], ce qui fut remis au mercredy 20.

Le vendredy 9, Mr de Balantrut et moy sommes partis de Saint-Germain pour aller au Dorat où nous avons logé chez Mr l'abbé[2], et suis retourné icy le 10.

Le lundy 18, j'ay esté coucher chez Mr de Balantrut, le lendemain Mr de Lérignat et moy sommes allez à Saint-Germain pour la tutelle cy-dessus et n'avons rien fait. Et sommes retournez, le mercredy 20, à Lérignat, et moy céans de retour le jeudy 21.

La nuict du sabmedy 24 au dimanche de Pentecoste 25, environ une heure après minuict, Mlle la lieutenante civile[3] est accouchée d'un fils, lequel fut baptisé, le mardy 26, en l'église de Saint-Martial, par Mre Jean Bonneaud, curé. Me Félix Augier, advocat, et damoiselle Marie Chaussetière, femme de Mr Daubière, ont esté parrain et marraine. Et a esté nommé Henry.

Le mercredy 28, j'ay esté coucher à Lérignat et le lendemain, Mr de Lérignat et moy sommes allez à Saint-Germain pour la ditte tutelle, et après que les parens paternels eurent nommé Mr de Lagebertye pour tuteur et les maternels Mr de Fellet, vitric[4] du mineur, il fut dit premier pour faire droict que le dit sr de Lagebertye seroit appellé. Et sommes retournez le dit jour à Lérignat, et moy céans le vendredy 30.

---

1. Pierre Clavetier, fils de feu Pierre Clavetier, sr du Quéroir, et de Marie de Maroix.
2. René de Marans, abbé du Dorat.
3. Marie Richard, femme de Claude Micheau, sr du Meslier, lieutenant général civil.
4. Beau-père.

Juin 1670, commencé par le dimanche.

Le dimanche de la Trinité, 1er juin, j'ay esté à Anthigny et retourné le dit jour céans.

Le vendredy 6, Mr de Vautibaut et moy sommes allez à Poictiers et laissé au Peux, où nous avons disné, ma sœur de La Mothe qui estoit partie avec nous, et le lendemain y sommes retournez coucher. Ma niepce du Cluseau y estoit. Et le dimanche 8, Mr de Vautibaut et moy sommes icy arrivez à la messe.

Le lundy 9, Mlle Augier[1] accouchée d'un fils[2], lequel a esté baptisé en l'église de Saint-Martial le [lendemain].

Le vendredy 13, Mr de Lérignat, Mlle des Champs et Fleuron[3] sont venus céans et Mr de Lérignat s'en est retourné le mesme jour et les deux autres le sabmedy 21.

Le lundy 16, a esté passé céans le contract de mariage de Mr de Vautibaut et de ma fille aisnée, Marguerite, et receu par Me Gilbert Babert, nottaire royal, et le lendemain 17, ils ont esté espousez, entre les cinq et six heures du matin, dans l'église des Récollects, par Mre Jean Bonneaud, curé de Saint-Martial.

Le dernier juin, Mr de Balantrut est venu céans et s'en est retourné le dit jour.

Juillet 1670, commencé par le mardy.

Le mardy 1er juillet, ont esté espousez en l'église de Nostre-Dame, le fils[4] du sr Bonnin, de Saint-Savin, et dame Jeanne[5] Veras, fille de deffunct Me [François] Veras, nottaire, et de dame [Nicolle] Goudon, par Mre Julien Boudet, curé de Concise.

---

1. Marguerite Vrignaud, femme de Félix Augier, avocat.
2. Félix.
3. Fleurence Demaillasson, dite Fleuron.
4. Jérôme Bonnin, sr de Chavaigne. Le 14 novembre 1684, il vendait à François Goudon, sr de la Boulinière, greffier, demeurant au faubourg des Bancs, paroisse de Concise, une vigne au clos des Roussilles, pour 115 livres. (Arch. Vien. E² 243.)
5. Louise, d'après le registre paroissial.

Le mardy 8, M‍ʳ de Lérignat est venu céans et s'en est retourné le dit jour.

Le lundy 14, ma femme, Mʳ de Vautibaut et sa femme[1] sont allez chez Mʳ de Balantrut et retournez céans le vendredy à disner.

Le mardy 15, j'ay esté à Lérignat pour assister au service du bout de l'an de défuncte ma niepce de Lérignat[2] et suis retourné icy le dit jour.

Le mardy 29, Mʳ de Lérignat et Mlle des Champs, sa sœur, sont venus céans, et le jeudy 31, Mʳ de Lérignat s'en est retourné.

Le jeudy 31, Mlle des Champs, ma femme[3], Mʳ de Vautibaut et sa femme[4] sont allez au Blanc pour voir la parenté de Mʳ de Vautibaut et sont retournez ici le sabmedy 9 aoust.

Aoust 1670, commencé par le vendredy.

Le dimanche 10 aoust, jour de Saint-Laurens, a esté faitte une procession générale pour avoir de la pluye, tant la seicheresse estoit grande. On a porté l'image de la sainte Vierge à Saint-Martial et aux Récollects.

Le lundy 11, Mʳ de Lérignat est venu céans et s'en est retourné le lendemain avec Mlle des Champs.

Le vendredy 22, [Antoine] Allange, sʳ de Peufrant, aagé d'environ 23 ans, après avoir souppé et bien beu chez Brisson, dit Pommerède, cabarettier au fauxbourg de Saint-Martial, ayant fait gajeure avec de Chaume[5], exempt en la mareschaussée, l'un de ceux avec qui il avoit souppé, qu'il boiroit 11 razettes[6] de vin pur, se trouva mal à la dixième et ayant esté mis sur un lict trespassa quasi tout à l'ins-

---

1. Marguerite Demaillasson.
2. Catherine de Leirat, femme de Gaspard de Guillaumet, sgr de Nérignac.
3. Anne Clavetier.
4. Marguerite Demaillasson.
5. Antoine Dechaume, marié à Anne Berthonneau.
6. Rasades.

tant, et a esté enterré, le lendemain, sous la 2ᵉ tombe, en sortant de l'église de Saint-Martial, à main gauche.

Le dimanche, jour de Saint-Barthélemy, Mʳ de Vautibaut et moy sommes allez à Martrays et venus disner avec plusieurs autres à Champs dans la mestayrie du sʳ de Chaume[1], procureur, d'où Mʳ de Vautibaut est allé au Blanc et en est retourné le mardy 26.

Le 28, jour de Saint-Augustin, Mʳ l'abbé du Dorat[2] a presché dans l'église des Augustins.

Le dit jour, Mʳ de Balantrut est venu céans et s'en est retourné le lendemain.

Septembre 1670, commencé par le lundy,

Le mardy 2 septembre, [René] Vezien, sʳ de la Balisière[3], aagé de 24 à 25 ans, est décédé et a esté enterré, le dit jour, dans l'église de Saint-Martial.

La nuit du 3 au 4, est décédée damoiselle Marguerite Achard, vefve de défunct François Cœurderoy, sʳ de la Vignace, et a esté enterrée, le soir, dans l'entrée de l'église de Nostre-Dame, à main gauche, entre la tour[4] et l'autel, où il n'y an y voûte ny couverture. Elle pouvoit estre aagée de 56 ans[5].

Le dit jour jeudy 4, Mʳ de Vautibaut est allé à Lérignat et s'en est retourné le lundy 8.

Le vendredy 5, Mʳ de Lérignat est venu en cette ville et a logé au Cheval-Blanc et s'en est retourné le dimanche 7.

---

1. Pierre Dechaume, sʳ du Monteil.
2. René de Marans.
3. Le 8 juin 1668, René Vezien et Jeanne Cailleau, sa femme, affermaient de Jean Dubois, sʳ de l'Héraudie, avocat en parlement, agent général de Mʳ le duc de Mortemart, la terre de Villeneuve, paroisse de Persac, pour la somme de 375 livres. (Arch. Vien. H³ *bis* 382.)
4. Cette tour, placée au pignon gauche de l'église, portait à son étage supérieur le millésime de 1619. Elle a été démolie vers 1830. (A. O. *Mémoires*, III.)
5. L'inhumation eut lieu en présence de Louis Cœurderoy, sʳ de la Vignasse, son fils, et de François Cœurderoy, conseiller du Roi, son beau-frère.

Octobre 1670, commencé par le mercredy.

Le mardy 7, ma femme et moy sommes allez voir chez Mr de Balantrut et retournez ici le vendredy 10.

Le dimanche 12, Me [Antoine] Naude, sr de Graillé, advocat en cette ville, a amené sa femme [1] icy, chez son père, laquelle il avoit espousée à l'Isle-Jourdain le [2]..... et s'en sont retournez le mercredy 22. Elle est fille de défunct le sr Dansays, juge du Vigean [3], qui fut assassiné avec Mr le marquis de Faurs.

---

1. Françoise Dansays, fille de Antoine et de Catherine Bouthier. Antoine Naude et Françoise Dansays eurent pour enfants : 1o Marie, mariée, le 4 mars 1696, à Jean Sudre, sr de Longeville, décédé au Peyrat, paroisse de Millac, le 4 novembre 1740, à l'âge de 70 ans, et enterré dans le cimetière de Saint-Paixent ; 2o Antoine, sr de Graillé, marié, le 18 février 1697, à Mathurine Vételay, décédé à l'Isle-Jourdain le 11 octobre 1742, ayant eu : a) Marie, baptisée au Dorat le 4 juin 1704 ; b) Marguerite, mariée à l'Isle-Jourdain, le 19 janvier 1728, à François Béliot, avocat en parlement, fils de Joseph Béliot et de Marguerite Casson, de la paroisse de Magnac ; c) Catherine, décédée à l'Isle-Jourdain le 3 mai 1710, à l'âge de deux ans ; d) Marie, baptisée à l'Isle-Jourdain le 17 juillet 1711 ; 3o François, baptisé le 5 octobre 1676. (Reg. par. de l'Isle-Jourdain.)
2. En blanc.
3. Le château du Vigean était le siège d'une châtellenie qualifiée baronnie en 1618, marquisat en 1659.
Cette terre fut vendue, le 24 novembre 1766, par François-Benoît de Sainte-Colombe, marquis de l'Aubépin, et Françoise-Marthe Poussard du Vigean, son épouse, à Antoine-Charles Tardieu, comte de Malessye, lieutenant aux Gardes-françaises, et à Elisabeth-Marie Paignon, sa femme, qui s'étaient déjà rendus acquéreurs, le 9 novembre précédent, moyennant 150,000 livres, de la seigneurie de l'Isle-Jourdain appartenant à Marie-Charles du Chilleau, marquis d'Airvault, colonel du régiment de Guyenne, comme donataire de sa première femme, Jeanne Barton de Montbas, fille de Pierre, marquis de Montbas, et de Marie-Anne-Jeanne-Armande de la Béraudière, dernière descendante de la branche de l'Isle.
A cette époque, la seigneurie du Vigean comprenait : un château composé de son principal corps de logis avec une aile du côté droit de l'entrée, une grande basse-cour coupée par un canal au milieu duquel est un petit pont, avec granges, écuries, cuvier et brûlerie ; un parc comprenant : « plante » d'ormeaux, jardin, bois de haute futaie, vigne, terres labourables et bruyère, le tout renfermé de murailles ; une petite maison à l'entrée du château ; les prés de la Ribière, de la Souaigne, du Vignaud, de Bourgery, de Boutifais, des Pradelles et de l'Etang-Neuf ; les bois des Fouillarges, l'étang de Boudignoux ; les métairies de la Petite-Age, Chantegrelière, la Chaunerie, Chez-Fréreau, la Fa, la Pouge et le Charrault ; les moulins banaux de Sazat, les moulins de la Pouge, de Bourpeuil et de Salles, avec droit de passage

Le dit jour 22, Mr de Lagebertye est arrivé céans qui avoit laissé la Cour à Chambor.

Le lendemain, luy et moy sommes allez coucher à Lérignat. Le vendredy, nous sommes allez avec Mr de Balantrut à Beauregard voir Mr et Mme de Beauregard[1], et à la Messelière voir Mr de la Messelière[2] qui estoit malade il y avoit longtemps, et le sabmedy je suis retourné céans et Mr de Lagebertye s'en est allé à Saint-Germain.

Le mardy 28, Mr de Vautibaut et moy sommes allez voir Mr du Cluseau au Peux et retournez céans le jeudy 30.

Novembre 1670, commencé par le sabmedy.

Le jour de Toussaincts, Mr de Vautibaut et moy sommes allez coucher chez Mr de Balantrut et le lendemain, luy, Mr de Lérignat et nous, sommes allez coucher à Azat. Le mercredy, Mr de Balantrut s'en est retourné à Lérignat et nous autres sommes allez à Saint-Germain voir Mr de Lagebertye[3]. Le vendredy, nous sommes retournez à

---

sur la rivière de Vienne ; les fours banaux du bourg du Vigean et de Bourpeuil ; les droits de justice haute, moyenne et basse dans les juridictions de ladite seigneurie ; le droit de dîme sur les tenues de Chez-Rousset, Lage-Déraut et Biard en la paroisse de Moussac ; 8 boisseaux de froment, 43 boisseaux de seigle, 24 boisseaux d'avoine; 3 livres 19 sols 11 deniers, 4 gelines et 2 chapons de rente noble sur les villages de la Choltière, le Couret, les Effes, Gaudry, Mortaigue et la Touche-Palardy en la paroisse de Queaux ; les droits de justice dans le village de la Clie ou du Chevillat en la paroisse de Bouresse, dans les villages de la Carte, Pinsonnet et Torsac en la paroisse d'Usson, et dans le village du Faix des Tilles en la paroisse de Saint-Martin-l'Ars ; enfin le droit de molières avec le droit de justice et lods et vente dans le village des Bordes en la paroisse d'Availle. (Arch. Vien. G⁹ 162.)

1. Pierre de Beauregard, sr de Champnoir, et Jacqueline du Pin de la Guérivière, son épouse.

2. Louis Frottier, sgr de la Messelière.

3. Le 20 novembre 1670, Pierre Clavetier, sr de Lagebertye, échangeait sa métairie de Chez-Peurée, paroisse de Lessac, contre celle de la Maniguette, paroisse d'Abzac, appartenant à Jean Laurens, sr du Masdille, et à Marie Segretain, sa femme, demeurant au faubourg de Sainte-Radegonde à Saint-Germain-sur-Vienne. Chez-Peurée étant d'une plus grande valeur que la Maniguette, le sr du Masdille et sa femme assignent sur leurs biens une rente foncière et perpétuelle de 61 livres 12 sols à Mr de Lagebertye qui cède, le même jour, ladite rente à Guillaume Dubois, sr de Villechèze, juge assesseur à Confolens. (Arch. Vien. E² 121.)

Lérignat et le sabmedy, Mr de Vautibaut et moy sommes retournez céans.

Le lundy 3, Mr de la Messelière a esté enterré. Il estoit décédé, le jour précédent, en son chasteau de la Messelière.

Le sabmedy 15, Eléonore [1]..... femme de Pierre Lhuyllier, s^r de la Chaumette, est décédée.

Le dit jour, j'ay esté coucher à Lérignat. Le lendemain, Mr de Balantrut et moy sommes allez à Saint-Germain et le lundy 17, j'ay esté nommé tuteur de Pierre Clavetier, nepveu de ma femme, par les parens paternels, et créé le vendredy 21. Le mardy 18, Mr de Balantrut s'en retourna à Azat et moy avec luy. Le jeudy 20, il s'en retourna à Lérignat et, le dimanche 23, Mr de Lérignat, qui estoit venu à Azat le 17, et moy retournâmes à Lérignat et moy le lendemain céans.

Le dimanche 23, Simon Lebeau, s^r de Montaigny, fils aisné des enfans de défunct Paul Lebeau [2], qui avoit esté sénéschal de cette ville, décéda dans leur maison de cette ville, aagé d'environ 47 ans, et fut enterré, le lendemain, dans leurs sépultures en l'église de Saint-Martial, en la chappelle de Saint-Eloy. Il y avoit environ 3 ans qu'il estoit icy et s'estoit retiré d'avec sa femme. Est mort echtique,

Le dit jour lundy 24, Me Pierre de la Forest le jeune, s^r de Luchet, procureur, a esté espousé à la Chastille avec la fille [3] de [Mathurin] Prestreau, fermier de la ditte com-

---

1. Laissé en blanc. Est également en blanc sur le registre paroissial de Saint-Martial.
2. Paul Le Beau, fils de André Le Beau, sénéchal de Montmorillon, massacré par les protestants dans l'église de Notre-Dame en 1585, et de Jeanne Thomas, succéda en 1621 à Paul Thomas, comme sénéchal de Montmorillon. Il épousa, l'année suivante, Magdeleine de Mahault, dont il eut : 1° Simon, susnommé, qui, le 25 octobre 1667, rendait aveu de l'Age de Plaisance au château de Montmorillon (Arch. Vien. C²) ; 2° René, baptisé le 20 juillet 1626 ; 3° Renée, baptisée le 16 août 1627 ; 4° Louis, baptisé le 5 novembre 1629 ; 5° Paul. baptisé le 24 novembre 1633. (Reg. par. de Saint-Martial de Montmorillon.)
3. Jeanne Prestreau, fille de Mathurin Prestreau et de Renée Bonneau.

manderie de la Chastille, laquelle il a amenée en cette ville le lendemain 25.

Le dimanche 30, Mr Augier et moy sommes allez disner chez Mr de Balantrut pour le diférend d'entre Mr de Lagebertye et le sr de Laubat, médecin, touchant l'exponsion faite par ce dernier de la mestayrie de la Favrie, laquelle il avoit arrenté, et avons accommodé l'affaire. Le dit sr de Lagebertye y estoit et y avons aussi trouvé le sr de Fellet, le petit Queiroir Albert, cy-devant commis à la recepte des tailles à Civray et à Rochechouard, avec un gentilhomme de Périgord, et sommes retournez icy le lundy 1er décembre avec Mr de Lagebertye.

Décembre 1670, commencé par le lundy.

Le dimanche 7, Mr de Lagebertye est party de céans pour s'en retourner à la Cour. Mr de Rocard, gentilhomme de Limousin, et Mr de Villechèze, lieutenant en la justice de Confolent, sont partys avec luy.

Le [1]..... est décédée dame Marguerite Outin, vefve de défunct Me Louis de la Vergne, sr de la Dorlière, procureur et certificateur des criées, et a esté enterrée dans [1]..... de Saint-Martial.

Le jeudy 11, Françoise Giraud, femme de Charles Bonnin, cordonnier, est accouchée d'une fille, laquelle a esté baptisée le lendemain à Saint-Martial et nommée Marie. Mr [André de] Lerpinière, messager à Poictiers, et ma fille Marie (Marion) ont esté parrain et marrine. C'est sa seconde fille, la première estant décédée le 15 novembre précédent, aagée d'environ deux ans et dix mois. Ma fille de Vautibaut estoit sa marrine, et avoit nom Marguerite.

Le dimanche 14, je suis allé chez Mr de Balantrut et suis retourné céans le mardy 16. C'estoit pour aller à Azat pour

---

1. Laissé en blanc.

parachever le partage du fonds de défuncte ma niepce de Lérignat entre Mr de Lérignat, son donataire, et les héritiers d'icelle. Et à cause de la neige qui tomba nous remismes.

Le dimanche 25, Mr de Lérignat est venu céans.

Le lendemain, luy, Mr de Vautibaut et moy sommes allez disner à Maugoueran où j'ay passé ferme de la mestayrie des Cartes, par-devant Aulbin [1], notaire, du bourg d'Anthigny, à la vefve de feu Babigeon et à Pasquet et Charles Babigeon, ses enfans, du village de la Boislivière; et sommes icy retournez le mesme jour, et le mardy 27, Mr de Lérignat s'en est retourné chez luy.

Le dit jour lundy 26, la femme [2] de Me Louis Bonnin, advocat, est accouchée d'une fille, entre cinq et six heures du soir, laquelle a esté baptisée, le lendemain, en l'église de Saint-Martial, par Mre Louis Grault, prévost de l'église de Nostre-Dame, et nommée Anne. Me Pierre de Chaume et ma femme ont esté parrain et marraine.

Année 1671. Janvier, commencé par le jeudy.

Le sabmedy 3 janvier 1671, dame [Jeanne] Augier, femme de [Pierre] Gaultier, s^r de Chavaigne, est décédée, entre les 9 à 10 heures du soir, et a esté enterrée, le lendemain, dans le cimetière de Saint-Martial. Elle pouvoit estre aagée de 21 à 22 ans. Est décédée dans la maison du s^r controlleur [3] en la mareschaussée en suitte d'une couche [4].

Le mardy 6, le nommé Gainier, qui fait les affaires de mon beau-frère de Lagebertye, est venu céans et s'en est retourné le lendemain.

Le lundy 12, Mr de Vautibaut est allé à Chastelleraud

---

1. Charles Aubin, notaire de la châtellenie de Saint-Savin, baptisé à Antigny le 4 mars 1637, était fils de Charles Aubin, aussi notaire, et de Catherine Bonnamy. (Reg. par. d'Antigny.)
2. Marie Cailleau.
3. François Demareuil, contrôleur des montres en la maréchaussée.
4. Elle était accouchée d'un fils, François, baptisé à Saint-Martial de Montmorillon le 6 décembre 1670.

pour les affaires de sa mère[1]. Est retourné passer au Blanc et est revenu ici le sabmedy 17.

Le mercredy 14, a logé icy une recrue d'une compagnie du régiment de Lorraine qui a séjourné le lendemain et est partie le vendredy 16 pour aller coucher au Dorat. On les a nourris par forme d'estappe.

Le lundy 19, ma femme est allée chez Mr de Balantrut pour les voir et a mené avec elle et pendant qu'elle y estoit Fleuron[2] a eu la picotte, et y suis allé le mercredy 28 et les ay ramenez le dit jour. Avons laissé Fleuron[2] qui se portoit mieux.

Le lundy 26, M^e [Pierre] Vezien, s^r de Beaufran, a esté espousé avec dame Catherine Goudon[3], fille du s^r de Boismenu, nottaire, en l'église de Notre-Dame, par Mre Louis Grault, prévost de la ditte église. La mère de la fille n'y a pas assisté, le père l'a conduite à l'église, qui ne vouloit point le mariage, mais qui le consentit par la considération de quelqu'un de ses amis qui en avoit fait la demande; et de fait, il sortit de l'église aussi tost le mariage parachevé, sans avoir voulu voir ny son gendre, ny sa fille.

Février 1671, commencé par le dimanche.

Le dimanche 1er février, environ les neuf heures du soir, [Gabriel] Beaumont[4], tailleur d'habits, fils d'autre Beaumont, aussi tailleur d'habits, a esté espousé avec la dernière des filles de Me Gilbert Babert, notaire, par

---

1. Catherine Jacquet, veuve de François Ladmirault, s^r de Vautibaut, commissaire des montres de la maréchaussée de Montmorillon.
2. Fleurence Demaillasson, dite Fleuron.
3. Baptisée à Saint-Martial de Montmorillon le 2 octobre 1652. Fille de Jean Goudon, s^r de Boismenu, et de Jeanne Rat.
4. C'est un sobriquet. Le registre paroissial porte : Mariage de Gabriel Pian, s^r de la Fillolière, maître tailleur d'habits, et de Marguerite Babert. En présence de Raoul Pian, aussi tailleur, et de Marie Estourneau, père et mère du marié, de Gilbert Babert, notaire royal, père de la mariée.

Mre Julien Boudet, curé de Concize, en l'église de Nostre-Dame.

Despuis la recrue qui vint icy le 14 janvier dernier jusques au jeudy 12 février, qui estoit le premier jeudy de caresme, il en logea une seconde qui n'y fit que coucher, non plus que la troisiesme qui y coucha pareillement le dit jour 12 février, laquelle estoit du régiment de Condé.

Le sabmedy 14, sur les quatre heures du soir, est décédé Me René de la Forest, sr de Lagegrassin, dans la maison de Mr Pierre de la Forest, son père, avec lequel sa femme [1] et luy demeuroient. Et a esté enterré, le lendemain, dans le cimetière de Saint-Martial, contre le ravelin, dans les tombeaux plus proches de la grande porte du prieuré. Il pouvoit avoir quelques 28 ans. Est mort d'une oppression de poitrine.

Le lundy 16, j'ay esté disner chez Mr de Balantrut et retourné icy coucher.

Le mercredy 18, le Père prieur [2] des Augustins de cette ville est décédé et a esté enterré, le lendemain, entre le grand autel [3] et la balustrade de l'église, du costé gauche en entrant.

---

1. Anne Pian.
2. Christin Meunier.
3. Sur le grand autel, se trouvaient, en 1700, deux châsses où étaient conservés : une partie du bras de saint Honeste, martyr ; une partie de l'épaule de sainte Maxime, martyre ; une des vertèbres de sainte Fauste, martyre, et l'os de la jambe de saint Vincent, martyr, le tout conformément à l'authentique de Mgr Joseph Eusanius Aquilanus, évêque de Porphyre, délivrée à Rome le 4 juin 1687. Ces reliques avaient été données à la Maison-Dieu par l'abbesse de Sainte-Croix, comme on le voit par l'acte suivant :

« Nous sœur Charlotte-Françoise-Radegonde de Montault de Navailles, abbesse de l'abbaye royale de Sainte-Croix, avons, par ces présentes, donné et déposé, par considération particulière, entre les mains du frère Thadée Lempereur, religieux du couvent des Augustins de la Maison-Dieu de Montmorillon, une capsule venante de Rome, donnée au R. P. Paul Fontaine, de la Compagnie de Jésus, dans laquelle est une insigne relique de saint Vincent, martyr, suivant l'autantique et vérification faite d'icelle par Mgr l'évêque de Poitiers, ci-attachez, pour en faire et disposer par le dit frère Lempereur ainsy qu'il le jugera à propos pour être déposée à la vénération et dévotion des fidelles suivant et conformément aux permissions ci-attachez. En foy

Le sabmedy 21, j'ay esté coucher à Lérignat, et retourné icy le lendemain.

La nuict du 22 au 23, est décédé Mᵉ Mathieu Pineau, procureur, enterré le dit jour 23, dans le cimetière de Saint-Martial, au costé gauche de la croix osanière en descendant du dit cimetière en ville. Est mort d'une oppression de poitrine.

Le lundy 23, est décédée dame [Marie] Augier[1], femme de Mᵉ Jean Cailleau, procureur, demeurant au fauxbourg des Bans, et a esté enterrée, le lendemain, en l'église de Nostre-Dame.

Le mercredy 25, le Père Raphaël Aloncle, augustin, lequel avoit esté provincial, est décédé et a esté enterré, le lendemain, à costé du Père prieur[2].

Le dit jour jeudy 26, Mʳ le séneschal[3] et Mᵐᵉ la séneschalle[4] sont arrivez de Paris icy. Ils s'estoient accordez il y avoit quelque temps, mais cela ne dura guères et quand ils vindrent, ils estoient en aussi mauvaise intelligence qu'auparavant.

Mars 1671, commencé par le dimanche.

Le 1ᵉʳ mars, j'ay esté coucher à Lérignat. Le lundy, Mʳ de Balantrut et moy sommes allez à Abzat où je l'ay laissé et suis retourné à Lérignat coucher, le vendredy 6, et le sabmedy céans.

Le dit jour vendredy 6, Mᵃ Louis Goudon, sʳ de Chasteau-

---

de quoy, avons signé ces présentes et fait poser le grand sceau de notre abbaye, le vingtiesme septembre mil six cents quatre-vingt-quatorze. *Signé* : Sʳ Charlotte-Françoise-Radegonde de Montault de Navailles, abbesse de Sainte-Croix de Poitiers. Par Madame, Sʳ Marie de Sainte-Marthe, secrétaire. » (Arch. Vien. H³ *bis* 3.)

1. Fille de François Augier et de Catherine Gaultier.
L'inhumation eut lieu en présence de Jean Cailleau, son mari ; Paul Cailleau, son fils ; François Augier, sʳ des Vigères, et Claude Augier, sʳ des Romages, ses frères.
2. Christin Meunier.
3. Pierre du Chastenet.
4. Magdeleine Félix d'Ostrelle.

Gaillard, est décédé et, le lendemain, a esté enterré dans l'église de Saint-Martial. Il estoit fils puisné de défunct Me Jean Goudon, s^r de la Boulinière, procureur. Est mort d'une oppression de poitrine. Il pouvoit avoir 27 ou 28 ans.

Le mercredy 11, Mr de Vautibaut et moy sommes allez au Blanc pour y rendre visite à Mlle sa mère [1] et à toute sa parenté qui nous ont régallez d'importance, et sommes retournez icy le dimanche 15.

Le dit jour mercredy 11, Mr de Balantrut est venu céans et s'en est retourné le lendemain.

Le dimanche, jour des Rameaux 22, s'est faitte l'ouverture du jubilé, après vespres, par la procession de Saint-Martial à Nostre-Dame où on a exposé et donné en mesme temps la bénédiction du Saint Sacrement. Après quoy, la procession est retournée à Saint-Martial, conduite par un Père récollect nommé Père Théotime, qui retournoit de Candie et de Rome, lequel a toujours fait les fonctions de prieur et de curé de la ditte parroisse de Saint-Martial pendant trois sepmaines ou un mois après, n'y ayant aucun autre prestre pour servir la ditte église. Le jubilé a duré jusques au dimanche de Quasimodo, 5 avril. Le Saint Sacrement a esté tousjours exposé pendant les deux semaines à Nostre-Dame et à Saint-Martial, fors le jeudy et vendredy saint qu'il ne fut exposé que comme il a accoustumé de l'estre ces jours-là. Et durant la première sepmaine, il fut aussi exposé dans l'église des Augustins, et la seconde en celles des Récollects et des Religieuses.

Le lundy 23, Mr de Vautibaut et moy sommes allez à Poictiers voir mon beau-frère de Lagebertye, lequel estoit venu voir M^r l'évesque [2] de Poictiers de la part de Mme de

---

1. Catherine Jacquet.
2. Gilbert de Clérembault.

Morthemar[1], abbesse de Fontevrault, laquelle il avoit conduite de la part du Roy en la ditte abbaye de Fontevrault. Et sommes retournés, le mercredy 25, à 9 heures du soir.

Le mardy 24, Mr de Balantrut est venu céans, et s'en est retourné le vendredy 27.

Avril 1671, commencé par le mercredy.

Le mercredy 1er avril, à huict heures du soir, Mme la séneschalle[2] s'est comme desrobée, pour s'en retourner à Paris, sans qu'on ait pu sçavoir au vray quelle voye elle avoit tenu.

Le sabmedy 4, Mlle de Vautibaut[3] est venue céans, pour assister aux couches de ma fille[4] Vautibaut, sa brue.

Le dimanche 12, Anne Brisson[5], fille aisnée de [Pierre] Brisson, dit Pommerède, filleulle de ma femme, a esté contractée avec [Joseph] du Cellier[6], tanneur, et le mardy 28, a esté espousée en l'église de Saint-Martial. J'ay signé le contract receu par Paul Jacquet, notaire, et son conotaire.

Le sabmedy 18, Mlle de Vautibaut est retournée au Blanc, et est revenue icy le jeudy 23.

Le lundy 20, j'ay mis Paul[7] en pension chez Mr le curé de Jouhé[8] pour étudier. Mr de Vautibaut l'y a conduit.

---

1. Marie-Magdeleine-Gabrielle de Rochechouart-Mortemart prit le voile à l'abbaye de Notre-Dame-aux-Bois le 19 février 1664 et y fit profession le 1er mars de l'année suivante. Le Roi la nomma abbesse de Fontevrault le 18 août 1670, avec dispense du pape à cause du défaut de l'âge prescrit par les canons. (P. Clément, *Vie de Gabrielle de Rochechouart-Mortemart*.)

2. Magdeleine Félix d'Ostrelle, femme de Pierre du Chastenet, sénéchal.

3 Catherine Jacquet, veuve de François Ladmirault, sr de Vautibaut.

4. Marguerite Demaillasson, femme de Louis Ladmirault, sr de Vautibaut.

5. Fille de Pierre Brisson, sr de Pommerède, et de Marie Carron.

6. Baptisé à Saint-Martial de Montmorillon le 21 mars 1643. Fils de Paul Ducellier, marchand, et de Sylvaine Cailleau.

7. Paul Demaillasson.

8. Jean Biché. Le 28 août 1670, il transigeait avec Robert Bonnin, sr des Abattis, demeurant à Saint-Savin, au sujet d'une rente due à la cure de Jouhet sur une pièce de terre appelée le Pommier, autrement le Champodon, dans la paroisse de Leigne, proche des Abattis. (Arch. Vien. G⁹ 52.)

Le vendredy 24, a commencé le chapitre des Augustins à la Maisondieu, auquel le Père Baillargeon a présidé, et le lendemain, environ les 3 heures après midy, le Père Ange Le Proust a esté esleu provincial. Le chapitre a fini le 4 may, et pendant tout ce temps là le Saint Sacrement a esté exposé tous les jours.

Le dit jour sabmedy 25, jour de Saint-Marc, Mᵉ [Pierre] Gaultier, fils cadet de défunct [François] Gaultier, sʳ de Beaumont, remarié avec dame [Marie] de la Vergne, fille mineure du défunct sʳ le maistre des eaux et forests.

Le jeudy 30, jour de la foire Saint-Eutrope, à six heures après midy, ma fille aisnée[1] est accouchée d'un fils céans dans la chambre fueillemorte, et le sabmedy second may, à unze heures du matin, il a esté baptisé en l'église de Saint-Martial, par Mʳᵉ Louis Grault, prévost de Nostre-Dame, n'y ayant ny curé, ny vicaire dans la ditte parroisse. Damoiselle Catherine Jacquet, damoiselle de Vautibaut, son ayeulle, et moy, avons esté ses parrain et marraine, et a esté nommé Charles. Et le dimanche 3, Mˡˡᵉ de Vautibaut s'en est retournée chez elle au Blanc.

May 1671, commencé par le vendredy.

Le mardy 5, Jean Frédot, sʳ de Fontbretin, est décédé, et le lendemain a esté enterré dans le cimetière de Saint-Martial. Il avoit esté sergent en cette ville. Estoit agé de près de 80 ans [2].

Le dit jour mercredy 6, le fils du Parc[3], appoticaire, est décédé et a esté enterré, le lendemain, dans le cimetière de Saint-Martial. Il estoit tombé de cheval, et est mort après en peu de temps.

Le sabmedy 9, Mʳ de Vautibaut est allé à Poictiers pour

---

1. Marguerite Demaillasson, femme de Louis Ladmirault, sʳ de Vautibaut.
2. Il eut de Catherine Estevenet, sa première femme, François, baptisé à Saint-Martial de Montmorillon le 15 septembre 1627.
3. Pierre Guérin, sʳ du Parc, apothicaire.

rendre son hommage au bureau des thrésoriers, à cause de Fougerolle[1], et aussi pour quelque affaire que sa mère y avoit, et est retourné icy le mercredy 13.

Le mardy de la Pentecoste 19, j'ay esté à Lérignat pour parler à Mrs l'advocat du Roy[2] de Civray et de Fellet touchant les affaires du petit du Queiroir, et suis retourné icy coucher.

Juin 1671, commencé par le lundy.

Le 1er juin, j'ay esté coucher à Lérignat pour l'affaire de La Favrie, où je ne fis rien à cause que le sr de Laubat, médecin de l'Isle, ne s'y trouva pas, et retournay icy le mercredy 3.

Le dimanche 7, j'ay esté au Dorat où le sr de Fellet m'avoit promis de se trouver, ce qu'il ne fit pas. J'y ay presté le serment de curateur du petit Queiroir, le lundy, par devant Mr le lieutenant général, et suis retourné coucher icy le dit jour.

Le dit jour de lundy 8, le dernier des enfans de défunct Chantaize, de son second lict, appelé Chantaize le Fier[3], chirurgien, a esté espousé avec la fille[4] du nommé Patrier, sergent royal, demeurant à Cubor[5].

Le mardy 9, Naude, sr de la Bedouche, dernier des enfans de Me Anthoine Naude, sr de Montplanet, procureur[6], a esté espousé avec la fille de Bonnestat[7], juge de Saint-Savin, à Saint-Savin.

---

1. Il en rendait un autre de la même terre au château de Montmorillon, le 22 décembre 1683. (Arch. Vien. C².)
2. Charles Bricauld, sr de Verneuil.
3. André Chantaise.
4. Catherine Patrier.
5. Village coupé en deux par la Vienne. Sur la rive droite se trouvait un prieuré qui dépendait de l'abbaye de Saint-Benoît de Quinçai.
6. Jean Naude, sr de la Bedouche, fils d'Antoine Naude, sr de Montplanet, procureur, et de Jeanne Jacquet, décédé à Brigueil-le-Chantre le 9 novembre 1704.
7. Jacques Bonnestat, licencié ès lois, avocat en Parlement, juge sénéchal de la châtellenie de Saint-Savin, fils de Jean Bonnestat, chirurgien au même lieu, et de Marie Belloux, eut de Jeanne Pérot,

Le mercredy 10, Charles Bruslé, charpentier, mon filleul a esté espousé avec la servante[1] de chez Pommerède[2], en l'église de Saint-Martial. Il estoit veuf.

Le vendredy 12, Mr de Balantrut est venu céans et s'en est retourné le lendemain ; Mr le chastelain[3] de Rancon s'y est rencontré.

Le mercredy 17, j'ay esté coucher à Lérignat et ay esté le lendemain à la Favrie où le sr de Laubat et moy avons convenu de nous assembler icy pour terminer l'accommodement touchant l'exponsion qu'il en a faite.

Le lundy 22, Me Charles Argenton, sr de la Rengeardière, a esté contracté et espousé aux Récollects par Mre [Jean] Merlet, vicaire de Saint-Martial, avec dame Marguerite de la Forest, fille puisnée de défunct la Forest Chaillat.

Le dit jour, le sr de la Dallerie[4], assesseur en la mareschaussée de cette ville, est party pour Paris, d'où il est retourné le vendredy 8 juillet ensuivant.

Le vendredy 26, les srs de la Brunettrie[5] et des Gran-

---

son épouse, décédée sa veuve le 7 octobre 1679 : 1° Jeanne, née en 1653, baptisée le 13 avril 1657, mariée à Jean Naude ci-dessus ; 2° Jean, baptisé le 16 mai 1659 ; 3° Catherine et 4° Marie, baptisées le 27 décembre 1660 ; 5° Marie-Anne, baptisée le 30 juin 1662 ; 6° Suzanne, baptisée le 7 septembre 1663 ; 7° Pierre, baptisé le 29 novembre 1665 ; 8° Henriette, baptisée le 25 novembre 1666 ; 9° Louis, baptisé le 12 février 1669 ; 10° Raymond, né le 10 juillet 1670, baptisé le 23 janvier 1673 ; 11° Thérèse, baptisée le 7 janvier 1674. (Reg. par. de Saint-Savin.)

Jacques Bonnestat fut condamné par sentence du 23 novembre 1675 de Mathieu Poncet de la Rivière, intendant de la généralité de Bourges, au payement de 2500 livres pour avoir détourné et mal employé les deniers d'étapes qu'il avait perçus depuis vingt ans sans en rendre compte. (Arch. Vien. Abb. de Saint-Savin, 13.)

1. Jeanne Bernard.
2. Pierre Brisson, sr de Pommerède, cabaretier.
3. ... de Marans.
4. Jean Pian, sr de la Dallerie, assesseur en la maréchaussée.
5. Louis Chauvet, sgr de la Bruneterie, fils de Charles Chauvet et de Marie Estourneau. Il laissa un fils, Charles-Joseph, chev., sgr de la Bruneterie, qui épousa Marie de Nollet dont il eut Marie, mariée, le 26 février 1715, à Jean Vidaud, comte du Doignon, baron de Murat, colonel d'infanterie, chambellan de feu S. A. R. le duc de Berry. (Arch. Haute-Vien. Le Dorat GG³.) En 1719, Marie Chauvet, agissant

ges[1], tous deux voisins et alliez, se sont battus en une rencontre, préméditée à ce qu'on croit. Le premier a esté blessé de deux coups d'espée dont il est décédé le lundy 29 ensuivant, et l'autre a esté blessé de cinq grands coups d'espée pénétrans et de sept autres légers, a esté désarmé et laissé sur la place, où on le vint quérir; néantmoins il n'en est pas mort.

Le dit jour 29, Mr de Lérignat est venu céans et y a mené ma fille Fleurance[2] qu'il y a laissée, et s'en est retourné le mercredy 1er juillet.

Le mardy 30 juin, la Bedouche a esté blessé d'un coup de pistollet en s'en retournant, sur les huict à neuf heures du soir, à Saint-Savin, par les Neuchèze[3], père et fils, du dit Saint-Savin. La blessure s'est trouvée fort légère.

Juillet 1671, commencé par le mercredy.

Le dimanche 5, ma fille Marie[4] est allée chez Mr de Balantrut, lequel est venu céans le lendemain et s'en est retourné le mesme jour.

Le mercredy 8, j'ay esté coucher au Dorat pour faire

---

tant pour elle que pour Jean Vidaud, son mari, déclarait avoir acquis la baronnie du Ris-Chauveron, appartenant à Jeanne Estournau, femme séparée de biens de Pierre de Lubersac, chev., sgr du Verdier. (Arch. H[te]-Vien. Le Dorat. B 244.)

1. Joseph de l'Aigle, sgr des Granges, marié à Marie Estourneau.
2. Fleurence Demaillasson.
3. Charles de Neuchèze, s[r] de l'Epine et de Pierre-Fitte, juge sénéchal de Saint-Savin, décédé dans sa maison de Pierre-Fitte, le 13 juin 1693, à l'âge de 82 ans, eut deux enfants : 1° Bénigne, s[r] de Prémilly, marié en premières noces à Jeanne Cochepin et en deuxièmes noces à Jeanne Cuirblanc, fille de Guy Cuirblanc, avocat au présidial de Poitiers, et de Marie Chasseloup. Il fut inhumé dans l'église de Saint-Germain, le lundi 8 juin 1728, ayant eu du premier lit : a) Marie, femme de Salomon de la Salle, s[r] de Puyrichard ; b) Jacques, baptisé le 19 juillet 1668 ; c) Louise, mariée, le 11 octobre 1707, à Pierre Cuirblanc, s[r] de Lestang, frère de la deuxième femme de son père ; d) Charles, s[r] de Beaulieu, marié à Gilberte Le Bret, dont il eut Laurent-Charles, baptisé le 3 août 1724 ; 2° Jacques, s[r] de Pierre-Fitte, marié à Catherine Charlet, dont Jacques, baptisé le 30 mars 1698. (Reg. par. de Saint-Germain.)
4. Marie Demaillasson.

faire l'adjudication du bail de mon nepveu le Queiroir, qui fut continué à sa mère [1] soubs la caution qu'elle donna pour trois ans, et suis retourné icy le lendemain.

Le lundy 13, M. de Lage et moy sommes allez à Poictiers pour faire juger le différend d'entre M. le lieutenant civil [2] et M. de la Berthonnerie [3] pour raison du testament de deffunct Villenaye [4], ce que nous fîmes le mesme jour par M. de Riparfont et de Serière; mais M. le lieutenant n'a pas voulu exécuter le dit jugement. M. de la Tour au Paumier, de l'Eraudière, Daubière, Le Pescher et un nommé Petit vindrent avec nous. M. de Lage et moy retournasmes ensemble le lendemain à minuict.

Le jeudy 23, M. de Vautibaut [5] est venue céans et s'en est retournée au Blanc le sabmedy 25.

Le dit jour 25, M. des Champs est venue céans et s'en est retournée à Lérignat le mardy 4 aoust.

Le mardy 28, nous sommes tous allez disner à Fougerolle où sont aussi venus ma sœur de la Mothe et la femme [6] de Gaultier, greffier en la mareschaussée, avec M. du Cluseau et sa femme [7], qui s'en sont tous quatre allez coucher au Peux.

Le dit jour, M. de Lérignat est venu icy pour l'affaire de quelques particuliers et a logé chez Varenne [8], et s'en est retourné le vendredy matin 31.

Aoust 1671, commencé par le sabmedy.

Le mardy 4, M. des Champs est retournée à Lérignat

---

1. Marie de Maroix, remariée à Jean de Pons, s. de Fellet.
2. Claude Micheau, s. du Meslier, lieutenant civil.
3. Pierre Richard, s. de la Berthonnerie.
4. Jacques-Félix Richard, s. de Villenaye.
5. Catherine Jacquet, veuve de François Ladmirault, s. de Vautibaut.
6. Françoise Delamazière, femme de François Gaultier, greffier en la maréchaussée.
7. Marie Vachier, femme de Pierre Chazaud, s. du Cluseau.
8. Jean Varenne, hôte de Notre-Dame.

et moy avec elle, d'où, le dit jour après disner, Mʳ de Lérignat, Catherine Champion, de Persac, et moy sommes allez à Oradour[1] et venus coucher à Abzat et le lendemain à Lérignat, et suis retourné icy le jeudy, tout indisposé.

Le dimanche 9, Mʳ le lieutenant civil[2] est allé à Poictiers pour assister à un acte public que son fils[3] a fait dans la grande salle des Jésuites, le mardy, et est retourné icy le mercredy environ minuict.

Le dit jour mercredy 12, Mᵉ Jean de la Vergne, sʳ de la Boutaudière, procureur, est décédé à 8 heures et demie du soir, dans son septiesme jour de sa maladie, et a esté enterré, le lendemain, dans l'église de Saint-Martial. Il pouvoit estre aagé de 55 ans.

Le vendredy 14, à 9 heures du matin, Mˡˡᵉ la lieutenante civile[4] est accouchée d'un fils qui a esté baptisé, un ou deux jours après, et a esté son parrain, le petit Renaud[5], l'un de ses frères, et marrine, sa sœur aisnée nommée Marie, et a esté nommé Claude-François.

Le lundy 17, Mʳ de Vautibaut et ma fille sa femme[6] sont allez à Lérignat, d'où ils sont retournez le sabmedy 22.

Le dimanche 23, Mʳ de Vautibaut est allé à Poictiers et est retourné le mardy 25.

Le lundy 24, je suis allé à Lérignat et retourné icy le lendemain.

Le mercredy 26, Mʳ de Vautibaut est allé au Blanc et de là à Chastelleraud et du costé de l'Isle-Bouchard, et est retourné icy le jeudy 3 septembre.

---

1. Oradour-Fanais est encore aujourd'hui communément désigné sous le simple nom d'Oradour. On prononce Oradou.
2. Claude Micheau, sʳ du Meslier, lieutenant civil.
3. André.
4. Marie Richard, femme de Claude Micheau, sʳ du Meslier.
5. René.
6. Marguerite Demaillasson.

Le vendredy 28, Mr de Lérignat est venu céans et s'en est retourné chez lui le dimanche 30.

Septembre 1671, commencé par le mardy.

Le mardy 1er septembre[1], Me Louis[2] de la Forest, fils aisné de Me Charles de la Forest, s^r de Perfite, a esté espousé avec dame Marie Allange[3], fille de défunct Me Louis Allange, s^r de Peufrant.

Le dimanche 6, environ les 6 heures du soir, la femme[4] de Me Pierre de la Forest le jeune, s^r de Luchet, est accouchée d'une fille[5], au fauxbourg des Bans, en la maison du Chappeau-Rouge.

Le lundy 7, Mlle Augier[6] est accouchée d'un garçon entre dix et unze heures du matin. Il a esté baptisé, le lendemain, en l'église de Saint-Martial, par Mre Merlet, vicaire, et nommé Charles. Me Charles Fontenette, docteur en médecine à Poictiers, et dame Louise Vrignaud, vefve de deffunct Me Louis Douadic, ont esté parrain et marraine.

Le dit jour 8, jour de la Nativité de la Vierge, ma fille Fleurance[7] est allée à Plaisance en voyage[8], d'où Mlle des

---

1. Le 31 août, d'après le registre paroissial de Saint-Martial.
2. Jean, d'après le registre paroissial.
3. Fille de feu Louis Allange, s^r de Peufranc, et de Marguerite Achard.
4. Jeanne Prestreau.
5. Renée, baptisée à Notre-Dame de Montmorillon le 8 septembre 1671.
6. Marguerite Vrignaud, femme de Félix Augier, avocat.
7. Fleurence Demaillasson.
8. Voyage est ici employé pour pèlerinage. Cette expression nous remet en mémoire les « faiseuses de voyages », comme on les appelait. Il y avait dans les campagnes des femmes qui, moyennant une modique somme d'argent due le plus souvent à la charité publique, faisaient des voyages pour les personnes infirmes et les petits enfants « entachés de saints », c'est-à-dire atteints de maux ne pouvant être guéris que par des saints. Pour savoir de quel saint était « entaché » son enfant, la mère découpait de petites rondelles de toile qu'elle mettait dans un vase rempli d'eau, après avoir donné à chacune d'elles le nom d'un saint. Celle des rondelles qui s'enfonçait la première sous l'eau donnait le nom du saint « entacheur » qu'il fallait invoquer pour obtenir la guérison du petit malade. Cette coutume subsiste encore dans certaines communes des arrondissements de Civray et de Montmorillon.

Champs, qui s'y estoit rendue le jour précédent avec ma fille Marie[1], l'emmena à Lérignat et s'en retourna icy le sabmedy 12.

Le dimanche 13, ma femme, Mr de Vautibaut, sa femme et moy, sommes allez faire nos dévotions à Plaisance. Le Père Célestin, récollect, nous y vint dire la messe.

Le mercredy 30, Mr le lieutenant civil[2], mon cousin de la Leuf[3] et Mr du Brueil-du-Mazet[4] partirent pour aller à Paris et purent joindre le messager à Tournon, et de là les deux premiers furent à Pontaudemer, d'où ils retournèrent icy le vendredy 20 novembre ensuivant, avec le messager de Rochechouard.

Octobre 1671, commencé par le jeudy.

Le dimanche 11 octobre, ma fille Marie est venue céans de Lérignat et y est retournée le mardy 27 avec Mr de Lérignat.

Le jeudy 15, Mr de Lérignat est venu céans et s'en est retourné le lundy 19.

Le vendredy 16, Mr et Mlle du Cluseau sont venus icy et Mr du Cluseau s'en est retourné à Poictiers, le mardy 20, pour assister au département des tailles, lequel se trouva arresté avant qu'il fust arrivé ; et ma niepce s'en retourna le lendemain au Peux.

Le sabmedy 17, commença la solemnité de saint Pierre d'Alcantara[5] par une procession solemnelle[6] que firent les

---

1. Marie Demaillasson.
2. Claude Micheau, sr du Meslier.
3. André Richard, sr de la Leuf et du Léché.
4. Paul de Coral, sgr du Breuil-du-Mazet.
5. Né à Alcantara en 1499, mort à Las Arenas le 18 octobre 1562. Fils du jurisconsulte Alphonse Garavito, gouverneur de Murcie, il entra, en 1524, dans l'ordre de Saint-François dont il fut élu provincial en 1538. En 1542, il fonda la réforme dite de *la plus étroite observance*, qui fut approuvée par le pape Jules III, en 1554. Béatifié par Grégoire XV en 1622, il fut canonisé par Clément IX, en 1669. On a de lui, en espagnol, un livre *Sur la prière et la méditation* (1560) ; en latin, un *Traité de la paix de l'âme* (1600).
6. Une ordonnance du sénéchal de Montmorillon du même jour enjoignait aux habitants de nettoyer les rues et d'orner leurs maisons

Pères Récollects de leur église en celle de Saint-Martial, de laquelle ils furent ensuitte en celle de Nostre-Dame et en celle de la Maison-Dieu, et puis en celle des Religieuses. (Cette procession fut remise l'après-disnée parce que c'estoit le jour de la foire.) Les officiers, advocats et procureurs y furent en corps. Il y avoit aussi quantité d'habitans sous les armes qui firent plusieurs descharges, et dix ou douze petits enfans, vestus en anges. Le chapitre de Nostre-Dame y fit l'office despuis les vespres du vendredy jusqu'au lendemain tout le jour. Ils y descendirent processionnellement, le dit jour 17, vestus d'habits sacerdotaux et en chappes et y estant arrivez, commencèrent la grande messe qui fut célébrée fort solemnellement et s'en retournèrent processionnellement. Le dimanche 18, les Pères Augustins firent la mesme chose et y officièrent, et le lundy 19, que finit la solemnité. Les prestres séculiers y officièrent et Mre Augier, prieur de Journec, y dit la grande messe. Pendant les dits trois jours, le Saint Sacrement fut exposé dans l'église des Récollects et y eut prédication et bénédiction chaque jour. Mre de la Barde, théologal de l'église de Poictiers, fit l'ouverture des prédications. Le prieur [1] des Augustins prescha le second jour et le Père Constant, récollect, fit la closture.

Le dit jour 17, Mrs de Lage [2], de Monsat [3], Puymerlin, juge de la Sousterrane [4], la Forest l'aisné [5] et Boulinière [6] partirent pour le voyage de Saumur [7] et retournèrent icy le jeudy 22.

---

pour le passage de la procession. (Arch. Vien. Sénéch. de Montmorillon, l. 32).

1. Louis Charles.
2. André Delaforest, sr de Lage.
3. Guy de la Couture, sgr de Monsac.
4. Louis Gaillard, sr de Puymerlin.
5. Pierre Delaforest l'aîné.
6. François Goudon, sr de la Boulinière.
7. Il s'agit d'un pèlerinage à Notre-Dame des Ardilliers. Ainsi que nous l'avons déjà vu, le mot voyage est souvent employé pour pèlerinage. Cette expression est encore usitée.

Le dit jour 17, Mlle des Champs et sa nièpce la petite Puyrobin[1] sont venues céans pour estre à la solemnité de saint Pierre d'Alcantara et s'en sont retournées le mardy 20.

Le dit jour 20, Mr de Vautibaut est allé avec elles à Lérignat. Le lendemain il est party et est allé à Saint-Germain coucher. Le jeudy 22, il est allé voir sa sœur[2] à Villedon et le vendredy 23 il est retourné céans.

Le dimanche 25, Mr de Lérignat est venu céans. Le lendemain il fut à Bessac voir Mlle de la Fontenille sur le sujet de quelques propositions faites pour le marier avec Mlle de la Besdonnière Linger, retourna coucher céans et le lendemain s'en retourna à Lérignat avec Marion.

Le dit jour 25, est décédé, dans le prieuré de la Chèze[3], Me Jean Rosel[4] qui en estoit fermier. Il avoit esté archer en la mareschaussée de cette ville, dont il s'estoit desfait, il y avoit desjà longtemps. C'estoit un homme vestu tousjours fort bigearrement et d'une manière toute contraire aux autres, fort adonné au vin et aux femmes et qui ne demeuroit pas avec la sienne[5], avoit plusieurs bastards qu'il tesmoignoit aimer plus que ses enfans légitimes. Il mourut néantmoins en bon chrestien et fut enterré, le lundy, à l'entrée, à main gauche, de la grande porte de l'église de Nostre-Dame.

Le jeudy 29, Mr de Vautibaut est allé au Blanc et est retourné céans le lendemain.

Novembre 1671, commencé par le dimanche.

Le mardy 3, Mrs Augier, advocat, La Forest l'aîné, pro-

---

1. Anne-Marie de Mancier de Puyrobin.
2. Catherine Ladmirault, femme de Jean de Villedon.
3. Le prieuré de la Chaise-aux-Moines ou simplement la Chaise (Sillars) dépendait de l'abbaye de la Chaise-Dieu (Haute-Loire).
4. En 1663, Jean Rozet vendait à Jean Jacquet, prêtre, chanoine de Notre-Dame de Montmorillon, une maison sise au faubourg des Bancs, pour la somme de 1400 livres. (Arch. Vien. H³ *bis* 57.)
5. Catherine Gaultier.

cureur, Vautibaut et moy avons esté coucher chez Mr de Balantrut, d'où Mrs Augier et de la Forest sont retournez icy le jeudy 5, auquel jour Mrs de Lérignat, Vautibaut et moy sommes allez coucher à Saint-Germain pour faire faire la visite des bastimens de mon nepveu le Queiroir, laquelle a esté faite le lendemain 6, et sommes retournez coucher à Lérignat le sabmedy 7, et le dimanche, Mrs de Balantrut, Vautibaut et moy sommes venus disner à la Brûlonnière chez Mr Le Maistre, conseiller du Parlement, qui estoit au pays il y avoit desjà quelque temps, et sommes retournez, Mr de Vautibaut et moy, le dit jour céans.

Le mercredy précédent 4, le chevalier de Neuchèze[1] fit appeller ledit sr Le Maistre en duel par le nommé Sornin, fils puisné du feu sr Chasteau-Dampierre.

Le jeudy 19, Mr de Vautibaut est allé à Lérignat et est retourné céans le sabmedy 21.

Le dit jour 21, Monsieur, frère du Roy, espousé à Chalons[2].

Le mardy 24, Mr de Vautibaut est allé coucher au Blanc et le lendemain est party pour Paris avec le messager de Rochechouard. S'est fait recevoir en la charge de commissaire en la mareschaussée de cette ville et est retourné céans le sabmedy 26 décembre.

Le Père Emard, jésuiste, a presché l'advent et caresme.

. . . .
. . . .
. . . . [3].

Année 1672. Janvier, commencé par le vendredy.

Le vendredy premier jour de janvier, Mr de Lérignat est venu céans et s'en est retourné le lendemain.

---

1. Pierre de Nuchèze, chev., sgr de la Brûlonnière. Par arrêt du 21 mars 1669, il avait été dépossédé de ses biens patrimoniaux qui furent adjugés à François Le Maistre, conseiller au Parlement de Paris (Bon d'Huart, *Notes sur Persac*.)

2. Avec Charlotte-Elisabeth de Bavière, fille de Charles-Louis, électeur palatin, et de Charlotte de Hesse, morte le 8 décembre 1722.

3. Il manque le mois de décembre.

Le mercredy 6, Mme de Villedon [1] est arrivée céans et le sabmedy 9, Mlle de Vautibaut [2] y est aussi arrivée et s'en sont allées au Blanc le mardy 12.

Le dit jour sabmedy 9, Mr de Vautibaut et ma fille sont allez à Poictiers chez Mr du Cluseau, dont il est retourné, le lundy 11, icy, et le mardy 19 l'est allé quérir et sont retournez tous deux le jeudy 21.

Le dit jour mardy 12, Louis Lescuyer dit le Prat, maître pintier, veuf [3], et [Marie] Lhuyllier, fille de Pierre Lhuyllier, s^r de la Chaumette, ont esté espousez.

Le dit jour, Charles Babigeon, l'un de mes mestayers des Cartes, a esté espousé dans l'église de Pindray avec une servante de Mlle de Pruniers [4].

Le dimanche 17, j'ay esté coucher chez Mr de Balantrut, avec lequel et Mr de Lérignat, j'ay esté le mercredy 20 chez Mr de Chamousseaux, aux Roches, où estoient Mrs de la Coste-Messelière [5], de Monchandy son fils [6], et Marron [7], assesseur à Civray, pour traiter du mariage de Mr de Lérignat avec Mlle de la Coste [8]. Et le vendredy 22, Mr de Balantrut et moy sommes venus icy, dont il s'en est retourné le lendemain.

---

1. Catherine Ladmirault, femme de Jean de Villedon.
2. Marguerite Demaillasson, femme de Louis Ladmirault, s^r de Vautibaut.
3. Veuf de Jeanne Gendre, inhumée à Notre-Dame de Montmorillon, le 12 octobre 1671, en présence de François Gendre, marchand boucher, son frère.
4. Anne Jacques, femme de Charles Fricon, sgr de Pruniers.
5. Benjamin Frottier, sgr de la Coste-Messelière, marié en premières noces, le 9 juillet 1637, à Catherine Courault, fille de Jean, sgr de Pleuville, et de Charlotte Bricauld de Verneuil, et en deuxièmes noces, le 2 août 1658, à Marie Lévesque de Marconnay, veuve de Gabriel de la Barde, sgr d'Essé, et fille d'Abraham, sgr de Marconnay, et de Jeanne Neau.
6. Louis Frottier, sgr de Monchandy, fils de Benjamin Frottier et de Catherine Courault ci-dessus, marié, le 2 août 1658, à Marie de la Barde, fille de Gabriel, sgr d'Essé, et de Marie Levesque de Marconnay, deuxième femme de son père.
7. Jacques Maron, sgr de la Bonnardelière.
8. Catherine Frottier, dite Mlle de la Coste, fille de Benjamin Frottier et de Catherine Courault ci-dessus.

Février 1672, commencé par le lundy.

Le [22] février, ont esté espousez, en l'église de Nostre-Dame, [François] Jacquet, s^r de la Tour [1], fils cadet de défunct Martial Jacquet, s^r de Couppé, et [Françoise] Chantaize, fille de deffunct Me Gabriel Chantaize et de Jeanne Maurat [2], sa seconde femme, qui estoit vefve de défunct M^e [Félix] Pérot, procureur en ce siège.

Le mardy 9, il a icy logé une compagnie de cavallerie qui a couché.

Le dit jour, M^r le chastelain de Rancon [3] et moy sommes allez coucher à Lérignat chez Mr de Balantrut, où nous avons trouvé M^r l'abbé du Dorat [4]; et le soir M^r le curé de Saint-Michel de Limoges et de la Bastide [5], fils aisné du dit s^r chastelain, y sont arrivez qui venoient de Poictiers.

Le mercredy 10, le dit s^r chastelain, Mrs de Balantrut, de Lérignat, Puyrobin et moy sommes allez coucher à Monchandy, parroisse de Chasteaugarnier, où le lendemain a esté passé le contract de mariage de Gaspard de Guillaumet, escuyer, s^r de Lérignat, et de damoiselle Catherine Frottier, fille de Benjamin Frottier, escuyer, s^r de la Coste-Messelière, et de damoiselle Catherine Courrault, pardevant Collasson et de la Faye qui a la minutte, nottaires de Rochemeau, lequel contract j'ay signé comme procureur et ayant charge de damoiselle Magdelaine Clavetier, damoiselle de Balan-

---

1. François Jacquet, s^r de la Tour, archer de la maréchaussée, fils de Martial Jacquet, s^r de Couppé, et de Catherine Estevenet. Il eut de Françoise Chantaise, François, né le 30 novembre 1674, baptisé à Notre-Dame de Montmorillon le 6 décembre suivant.

2. Jeanne Maurat fut inhumée à Notre-Dame le 29 mars 1673, à l'âge de 70 ans, en présence de René, André et Louis Chantaise, s^r de Remigeoux, ses enfants, et de François Jacquet, s^r de la Tour, son gendre. Elle avait eu de Félix Pérot, son premier mari, une fille, Marie, baptisée à Saint-Martial le 28 juin 1629.

3. ... de Marans.

4. René de Marans.

5. Joseph de Marans, s^r de la Bastide, juge châtelain de Rancon à la mort de son père, marié, le 7 février 1678, à Anne-Marie Guiot, fille de Mathieu, sgr d'Asnières, et de Marie Jobert, dont Henriette, baptisée au Dorat le 22 avril 1694.

trut, ma belle-sœur, laquelle a promis la somme de deux mille livres au s^r de Lérignat, payables dans le jour de la bénédiction nuptiale sur sa part de la communauté d'avec son mary et subsidiairement sur tous ses autres biens. Le vendredy 12, je suis retourné avec les dits s^{rs} de Balantrut et Lérignat coucher à Lérignat, et le lendemain sabmedy céans.

Le [sabmedy 13], Jean Coubar, autrefois marchand, puis messager de cette ville à Poictiers et enfin devenu nécessiteux, a esté enterré dans le cimetière de Saint-Martial. Il pouvoit estre aagé de 66 ans.

Le dit jour sabmedy, Mr de Vautibaut est allé disner au Blanc pour assister à l'enterrement de damoiselle Catherine Rabaud [1], vefve de défunct M^e [Jean] Jacquet, s^r du Courtioux, receveur des tailles au Blanc, aagée de près de 80 ans, sa grand'mère, laquelle estoit décédée le jour précédent. Est retourné céans le dimanche avant disner avec le s^r Dazay, procureur du Roy en l'eslection au Blanc, qui est party après disner pour aller du costé de Villedon.

Le lundy 15, j'ay esté à Poictiers pour mettre mon nepveu Le Queiroir en pension, selon l'ordre de Mr de Lagebertye, ce que je fis le jeudy 18 chez Mr Jousseaume, près la rue de Saint-Denys. Mr de Fellet, son beau-père, et Gainier, l'homme de Mr de Lagebertye, le menèrent à Poictiers. Je logeay à la Lamproye.

---

1. Catherine Rabaud était fille de Jean Rabaud, avocat et procureur fiscal au Blanc, et de Françoise Moutard, qui eurent aussi : Antoine, prieur des Augustins de Saint-Benoît-du-Sault ; Jérôme dit Jean, sousprieur des Augustins de Bourges ; Louise, épouse de René Pellerin, lieutenant général criminel à Châtillon-sur-Indre, et Catherine, femme de Philippe Rémon. (Arch. Vien. H^3 bis 4 et 133.)

Par sentence des Requêtes du palais du 3 février 1666, Catherine Rabaud était condamnée à payer à Antoine Mornet, conseiller et maître des Requêtes de la Reine, sénéchal du Blanc, sgr et propriétaire du fief de Rouilly, 24 boisseaux seigle, 9 boisseaux avoine, 10 sols et 2 liards pour 22 années d'arrérages de rente dus sur divers héritages dépendant du fief de Rouilly, acquis par feu Jean Jacquet, son mari, et sujets aux cens et rente. (Arch. Vien. H^3 258.)

Le mercredy 17, Mr de Vautibaut vint à Poictiers, logea aussy à la Lamproye, et le dit jour de jeudy 18 nous retournâmes icy avec Gainier.

Le lundy 22, Mr de Lérignat est venu céans et s'en est retourné le lendemain.

Le lundy gras 29, après soupper, il a esté espousé avec la ditte Mlle de la Coste, dans la chappelle du château de Chasteaugarnier, par un prestre particulier, par la permission toutefois du curé de la ditte parroisse de Chasteaugarnier, qui ne les voulut pas espouser qu'au matin et leur vouloit dire la messe. Mais à cause de Mmes de la Coste [1] et de Monchandy [2], belle-mère et belle-sœur de la ditte damoiselle de la Coste, qui sont de la religion prétendue réformée et qui n'y auroientpas assisté si on eust dit messe, les choses se passèrent de la sorte.

Mars 1672, commencé par le mardy.

Le mardy 1er mars, jour de mardy gras, ont esté espousez Me Fleurant Veras, sr de Ferrière [3], notaire et greffier en la justice prévostalle de cette ville, et dame [Marguerite] Jacquet [4], fille de défunct Martial Jacquet, sr de

---

1. Marie Lévesque de Marconnay, veuve de Gabriel de la Barde, sgr d'Essé, et femme de Benjamin Frottier, sgr de la Coste-Messelière.
2. Marie de la Barde, fille de la précédente et femme de Louis Frottier, sgr de Monchandy.
3. Agé de 40 ans. Il mourut le 26 décembre 1698 et fut enterré le lendemain à Notre-Dame. Le 29 août 1685, Fleurent Veras arrentait, moyennant cinq sols de cens et rente noble payables annuellement au jour et fête de Saint-Michel à la recette du domaine de la baronnie de Montmorillon, « une place de vingt-cinq pieds de long et dix pieds de large dans les fossez de la ditte ville, proche la porte du Pont-Neuf, joignant les murailles d'icelle, pour en jouir luy et les siens perpétuellemant et y faire construire tel bastiment que bon luy semblera, appuyer icelluy sur les murailles de la ditte ville ; lequel bastiment aura son entrée, issue et charrières dans les fossez de la présante ville pour tirer la terraille et fians quy proviendra des agouts du dit bastiment et des eaux pluvialles ; en outre, à la charge par luy et les siens de desmollir le dit bastiment en temps de guerre et assiégemant de cette ville par les ennemis, en telle sorte qu'il ne puisse servir de moyens pour entrer en icelle » (Arch. Vien. C. 392 ter.)
4. Agée de 20 ans.

Couppé, et de dame [Catherine] Estevenet, en l'église de Nostre-Dame, par Mre Julien Boudet, curé de Concise, environ les sept heures du soir.

Le lendemain, 1er jour de caresme, Mr Augier, advocat, est party pour aller à Paris, est allé passer à Poictiers et est retourné icy le dimanche 3 avril.

Le mardy 22, Mr de Vautibaut est allé voir chez Mr de Balantrut et est retourné icy le lendemain.

Le dimanche 27, ma femme les est aussi allée voir et est retournée le jeudy 31.

Le dit jour 31, la femme du sr Le Beau [1] et en premières nopces du sr de la Baillonnière, est accouchée d'un fils dans la maison des Le Beau de cette ville, joignant le Parquet. Il a esté baptisé en l'église de Saint-Martial le [2]. . . . . avril ensuivant. Le sr de Bonnueil [3], médecin de cette ville, et la fille [4] de Mr des Minetières, du 1er lict, ont esté parrain et marrine ; et a esté nommé [Henry] [5].

Avril 1672, commencé par le vendredy.

Le sabmedy 2 avril, Mre [Jean-Jacques] Bourrau, prestre, natif de Loudun, est venu prendre possession de la cure de Saint-Martial de cette ville.

Le lundy 4, Mr de Lérignat a amené sa femme [6] chez

---

1. Judith de Ravenel, fille de Jacques et de Renée Coustin. Elle épousa : 1° par contrat du 2 février 1654, François Arnaudet, sr de la Baillonnière, fils de Martial Arnaudet et de Gabrielle Poirier ; 2° par contrat du 2 novembre 1670, Geoffroy Le Beau, sgr de Vaugery, fils de Paul, sgr de la Barde, et de Magdeleine de Mahault ; 3° en mars 1683, Paul Laurens, sr de Saint-Paul, veuf de Gabrielle de Maumillon et fils de Georges Laurens, sr de Lésignac, et de Philippe de Cursolle.
2. Laissé en blanc.
3. Henri de Bonneuil, médecin à gages de l'hôpital de la Maison-Dieu.
4. Elisabeth Pignonneau, fille d'Isaac Pignonneau, sr des Minetières. Elle épousa Pierre Savary, sgr d'Alex. Le 9 juin 1703, son mari et elle vendaient à Pierre Trouillon, sr de la Pinoterie, marchand à Montmorillon, pour la somme de 1450 livres, une métairie sise à la Pouge, paroisse de Journet, appartenant à ladite dame d'Alex, comme lui venant de feu Isaac Pignonneau, son père. (Arch. Vien. H³ bis 105.)
5. Décédé le 2 mars 1675.
6. Catherine Frottier.

Mr de Balantrut à Lérignat. Mmes de la Coste[1] et de Monchandy[2], ses belle-mère et belle-sœur, Mr et Mme de Chamousseaux[3] l'y conduisirent.

Le dimanche des Rameaux 10[4], environ midy, est décédé Me Vincend Bonnin, dans sa maison au fauxbourg Saint-Martial, vis-à-vis le four, et a esté enterré, le lendemain, dans le cimetière de Saint-Martial. Il estoit aagé d'environ 60 ans et avoit autrefois fait la profession d'apoticaire.

Le dit jour dimanche, j'ay envoyé quérir Paul[5] chez Mr le curé de Jouhec pour passer icy les festes et l'ay renvoyé le jour de la Saint-Marc 25.

La nuict du mardy 12 au mercredy 13, ma cousine de l'Héraudière[6] est accouchée d'un garçon qui a esté baptisé le sabmedy saint 16, et a esté son parrain, Me François Dalest, juge prévost de cette ville, et marraine, Mlle d'Aubière[7], et nommé François-Joseph[8]. Il a esté baptisé en l'église de Saint-Martial.

Le mardy de Pasques 19, ma fille Fleurance[9] a esté marrine chez Charles Bruslé, cherpantier, mon filleul, et Me [Jean] de la Vergne, sr des Rochettes, parrain à une fille nommée Fleurance, laquelle a esté baptisée, en l'église de Saint-Martial, par le sr Bourau, curé.

Le jeudy 21, la femme[10] du dit des Rochettes est accouchée d'une fille, laquelle a esté baptisée en la ditte église, par le dit sr curé, le dimanche de Quasimodo 24. Et ont

---

1. Marie Lévesque de Marconnay, femme de Benjamin Frottier, sgr de la Coste-Messelière.
2. Marie de la Barde, femme de Louis Frottier, sgr de Monchandy.
3. Charles Frottier, sgr de Chamousseau, et Renée Frottier, son épouse.
4. Le 9, d'après le registre paroissial.
5. Paul Demaillasson.
6. Marie Delaforest, femme de Pierre Goudon, sr de l'Héraudière.
7. Marie Chaussetière, femme de Jacques Richard, sr d'Aubière.
8. François-Joseph Goudon, sr de la Lande, prévôt de la maréchaussée à Montmorillon, épousa, le 10 juillet 1703, Marie Demaillasson, veuve d'André Richard, lieutenant criminel, et fille de Charles Demaillasson, avocat du Roi, et d'Anne Clavetier.
9. Fleurence Demaillasson.
10. Fleurence Trouillon, femme de Jean Delavergne, sr des Rochettes.

esté parrain et marrine, Jean Trouillon, marchand, père de la ditte des Rochettes, et dame Catherine de la Vergne, vefve du défunct sr des Combes[1], et a esté nommée Catherine[2].

La nuict du vendredy 22 au sabmedy 23, entre minuict et une heure, Mlle la lieutenante criminelle[3] est accouchée d'un garçon, lequel a esté baptisé par le dit sr curé en la ditte église, le mardy 26, et nommé Louis. Mre Louis Grault, prévost de l'église de Nostre-Dame, et demoiselle Marie Goudon, fille du défunct sr de l'Héraudière, ont esté parrain et marrine.

Le dit jour mardy 26, Mr de Vautibaut, sa femme[4] et Fleuron[5] sont allez au Blanc voir Mlle de Vautibaut[6], où ils ont demeuré jusques au mercredy 18 may, qu'ils sont retournez céans.

May 1672, commencé par le dimanche.

Le jeudy 26, jour de l'Ascension, entre neuf et dix heures du matin, est décédé Pierre de la Mothe, sr des Chaussidiers, mon beau-frère, et a esté enterré, le lendemain 27, sous son banc, dans l'église de Saint-Martial, vis-à-vis la petite porte qui entre au prieuré. Il ne se trouva mal que le 25, environ les six heures du soir, en se mettant à table, qu'il luy prit une grande douleur d'estomac, et ensuitte d'un mal de cœur qui fut suivy d'un vomissement de bile, lequel continua toute la nuict et mesme jusqu'à

---

1. Charles Gaultier, sr des Combes.
2. Décédée le 5 mars 1695. Le 8 février précédent, elle avait épousé René du Taillis, sr de la Chabosselière, fils de Jacques du Taillis et de Marie de Lorme, de la paroisse de Vic.
Jean Delavergne et Fleurence Trouillon eurent deux autres filles : Anne, mariée, le 13 janvier 1688, à Antoine Moreau, procureur et notaire à Angle, et Jeanne, mariée, le 16 juillet 1697, à Jacques de Macé, sr de la Boutinière, veuf.
3. Louise Gaultier, femme de Louis Richard, sr des Ors, lieutenant criminel.
4. Marguerite Demaillasson.
5. Fleurence Demaillasson.
6. Catherine Jacquet, veuve de François Ladmirault, sr de Vautibaut.

une demye-heure avant son trespas sans grands efforts. Il receut tous les sacremens et parla tousjours avec le jugement sain jusques à environ demy-cart d'heure avant qu'il trespassast. On a cru que le fiel s'estoit crevé. Il estoit aagé d'environ 52 ans.

Le dit jour vendredy 27, Mlle la jugesse[1] est accouchée d'une fille, laquelle a esté baptisée, le lendemain, en l'église de Saint-Martial, par le s^r Bourau, curé. M^e [Joseph de] Marrans, juge chastelain de Rancon, et damoiselle Marie Goudon l'Héraudière ont esté parrain et marrine, et a esté nommée Fleurance-Marie.

Le dit jour 27, Mr de Lérignat est venu céans et s'en est retourné le lendemain.

Le mardy 31, M^r et Mlle du Cluseau[2] sont venus voir ma sœur de la Mothe[3].

Juin 1672, commencé par le mercredy.

Le mercredy 1er, Mr de Vautibaut est allé disner chez Mr de Balantrut à Lérignat et coucher à Saint-Germain pour voir Gainier, l'homme de Mr de Lagebertye, qui estoit malade. Il est retourné céans le sabmedy 4, à disner.

Le vendredy 3, Mr du Cluseau est retourné à Poictiers avec Mr Cytois[4], avec lequel il estoit venu icy, et a laissé icy ma niepce, sa femme.

Le lundy de la Pentecoste 6, Mr de Vautibaut est allé au Blanc, à cause de la mort du fils du s^r Dalest[5], cy-devant advocat du Roy en l'eslection du dit lieu, lequel fils avoit esté tué d'un coup d'espée, le jour précédent, par [Louis]

---

1. Marie Mérigot, femme de François Dalest, conseiller du Roi et juge prévôt.
2. Pierre Chazaud, s^r du Cluseau, et Marie Vachier, son épouse.
3 Fleurence Demaillasson, veuve de Pierre Delamothe.
4. René Citoys, s^r du Breuil.
5. Le 12 août 1661, Pierre Dalest, avocat du Roi au Blanc, et Françoise Rat, sa femme, déclaraient tenir de la commanderie de Plaincourault (ordre de Malte) : 1° le mas de la Pourettrie, près le bourg de Plaincourault, au devoir de 15 sols et une poule de rente noble,

Colin, s^r de Souvigny, dans la place, près le dit auditoire. Les s^rs du Thois et de la Brosse, alliez du dit s^r de Vautibaut, s'y estoient rencontrez avec les nommez du Charrault et Clinchamps. Ils avoient tous quatre mis l'espée à la main, et on dit que le dit Souvigny blessa le dit Dalest fils avant qu'il eust tiré son espée du fourreau. Quelques-uns ont voulu dire que c'estoit duel parce qu'ils se trouvèrent trois contre trois. Néantmoins le s^r Dalest, père, a poursuivy seulement le dit Souvigny, par devant M^r le lieutenant criminel[1] de cette ville, et l'a fait condamner par contumace à la mort, le 29 aoust ensuivant, en 5.000 livres de réparations civiles, et en 200 livres d'amande. Mr de Vautibaut est retourné le jeudy 9.

Le dit jour 6, a esté passé céans le contract de mariage de Marguerite Bombard, du bourg de Lérignat, cy-devant servante céans, et qui pour lors l'estoit chez Tervanne, greffier criminel, avec François de la Fons, qui y demeuroit vallet avec elle. J'ai signé le dit contract receu par Goudon et son conotaire. Ils ont esté espousez par M^r le prieur de Plaisance, dans l'église de Plaisance, le lundy 20.

Le vendredy 10, Mr du Cluseau est venu icy et le vendredy 17, lui et sa femme s'en sont retournez au Peux, et de là à Poictiers.

Le dimanche de la Trinité 12, ont esté espousez en l'église de Saint-Martial, [René] de Mauvise[2], escuyer,

---

féodale et foncière, payables chacun an au jour et fête de Noël, outre la dîme de douze gerbes une et la contrainte au moulin ; 2° la borderie des Rouillards, située entre le bourg de Plaincourault et la maison du Plandret, consistant en un corps de logis, des masures effondrées et diverses pièces de terre, au devoir de 6 deniers tournois de rente noble, féodale et foncière, payables chacun an au jour et fête de Noël, outre la dîme de douze gerbes une et la contrainte au moulin. (Arch. Vien. H³ 258.)

Pierre Dalest et Françoise Rat eurent aussi une fille, Jeanne, qui épousa, par contrat du 26 février 1650, Pierre de Lauzon, sénéchal de la ville de Chauvigny.

1. Louis Richard, s^r des Ors, lieutenant criminel.
2. Fils de Jean de Mauvise et de Magdeleine Pérot.

sr de la Mothe, et damoiselle Catherine Goudon, fille de défunct sr de l'Héraudière ; et a esté conduite en son mesnage en la maison noble de Villards le lundy 20.

Le dimanche 26, est décédé Jean de Chaulme, sr de Lagebourget, appellé Pisse-Vinaigre, dans sa maison, près le carrefour, et a esté enterré, le lendemain, dans [le cimetière de Saint-Martial].

Le mercredy 29, ma fille Marie[1] est retournée de Lérignat où elle estoit dès le 5 mars dernier.

Le lendemain 30, Mr de Lérignat est venu céans et s'en est retourné le dit jour.

Juillet 1672, commencé par le vendredy.

Le lundy 4, la femme[2] de Mr de Lérignat et Mlle des Champs sont arrivées céans à disner, et le jeudy 7 s'en sont retournées, auquel jour Mr de Lérignat les est venu quérir, et ont emmené Fleuron[3].

Le sabmedy 9, a esté, à l'issue d'une grande messe, chanté un *Te Deum*[4] par l'ordre de Mr le gouverneur[5],

---

1. Marie Demaillasson.
2. Catherine Frottier.
3. Fleurence Demaillasson.
4. Voici un extrait du mandement que Mgr de Clérambault, évêque de Poitiers, adressait, le 23 août suivant, au clergé et aux religieux de Montmorillon, au sujet de ce *Te Deum* :
« Sur ce qu'il nous a été remontré que les officiers du siège de Montmorillon auraient, par une entreprise contre notre dignité épiscopale, fait une ordonnance du 6 juillet passé portant qu'il serait chanté ensuite de la grande messe qui serait dite en l'église royale, séculière et collégiale de Notre-Dame de la même ville, un *Te Deum*, le samedi suivant, heure de neuf heures, auxquelles cérémonies ils assisteraient en corps, comme aussy les communautés des religieux Augustins et Récollets et le curé de la dite ville, laquelle ordonnance ils auraient fait signifier par un sergent, le 7 du même mois, aux dits religieux et autres ecclésiastiques, avec injonction d'y obéir, au préjudice de notre autorité et au mépris des ordres que nous leur en avions envoyés, faisons inhibition et défense au clergé et religieux de Montmorillon de s'assembler pour des *Te Deum* et autres cérémonies ecclésiastiques par autres ordres que ceux qu'ils recevront de nous, et aux officiers laïques de les indiquer, à peine d'être procédé contre eux par les voyes de droit, ce qui sera publié au prône et affiché aux portes des églises. » (Arch. Vien. G8 80.)
5. Charles de la Vieuville.

en l'église de Nostre-Dame, pour la naissance de Mᵣ le duc d'Anjou¹ et les victoires du Roy contre les Holandais², où ont assisté le curé de Saint-Martial, les Augustins et les Récollects de cette ville. Et le lendemain, a esté fait un feu de joye pour le mesme sujet, où la plus part des habitans estoient sous les armes.

Le lundy 11, nous sommes allez, Mʳ de Vautibaut et moy, à Lérignat, où j'ay touché mille livres de Mʳ de Lérignat et trois cens cinq livres que j'avois touché auparavant sur la somme de deux mille livres que défuncte Mˡˡᵉ de Lérignat³, niepce de ma femme, nous avoit léguée par son testament, et sommes retournez disner céans le lendemain.

La nuict du jeudy 14 au vendredy 15, est décédé Pierre Imbert, pintier, qui a esté enterré, le dit jour 15, dans le cimetière de Saint-Martial. Il n'avoit jamais esté marié et estoit promis avec la dernière fille de la femme⁴ de Saint-Martin, hostesse de la Grille, de son premier mariage.

Le sabmedy 23, Mʳ de Vautibaut est allé au Blanc. C'est encore pour la mort du fils Dalest. Et est retourné le dimanche 31, avant disner.

Le jeudy 28, la femme⁵ du sʳ Bonnin, advocat, est accouchée d'une fille, laquelle a esté baptisée, le sabmedy 30, en l'église de Saint-Martial, par le sʳ curé du dit lieu, et nommée Marie-Anne. Le frère cadet du dit sʳ Bonnin a esté parrain et damoiselle Mannon Augier, fille de Mʳ Augier, advocat, marrine. Ils estoient allez demeurer

---

1. Louis-François de France, duc d'Anjou, né le 14 juin 1672, mort le 4 novembre suivant.
2. En sept mois et treize jours, les armées françaises traversèrent trois rivières, prirent les trois provinces de Gueldre, d'Utrecht et d'Overyssel, et plus de quarante villes fortifiées.
3. Catherine de Leirat, femme de Gaspard de Guillaumet, sgr de Nérignac.
4. Louise Pineau, femme du sʳ Saint-Martin, avait épousé en premières noces un nommé Duchesne, de Nantes.
5. Marie Cailleau, femme de Louis Bonnin, avocat.

— 356 —

depuis peu dans la maison où le père du dit s^r Bonnin est décédé, devant le four de Saint-Martial.

Aoust 1672, commencé par le lundy.

Le mercredy 3, vers le soir, la femme [1] de Me Jacques Lhuyllier, s^r de Praveil, demeurant proche la maison de céans, est accouchée d'un fils, lequel a esté baptisé le [2]..... ensuivant, en l'église de Saint-Martial, par le dit s^r curé, et nommé Jean. Me Jean Pian, assesseur en la mareschaussée, a esté parrain, et l'aisnée des niepces du s^r Bastide [3], conseiller, marrine.

Le mercredy 10, jour de la Saint-Laurens, Mr de Lérignat est venu céans et s'en est retourné le dit jour.

Le lundy 15, j'ay envoyé Valantin Barriat à Poictiers quérir mon nepveu le Queiroir, qui est arrivé céans le lendemain.

Le mercredy 24, jour de Saint-Barthélemy, Mr de Vautibaut est allé coucher au Blanc et est retourné céans le lendemain.

Le dit jour 24, environ les quatre heures du soir, le nommé Marchand [4], sergent des tailles, de Poictiers, est décédé au Cheval-Blanc de cette ville, et a esté enterré, le lendemain, dans le cimetière de Nostre-Dame.

Le sabmedy 27, est décédé François Massonneau, s^r de la Marnière, chirurgien, aagé de 38 à 39 ans, après avoir demeuré longtemps malade. Il a esté enterré le lendemain dimanche, dans l'église de Nostre-Dame, dans la chappelle qui est du costé droict en entrant dans la ditte église.

Septembre 1672, commencé par le jeudy.

Le dimanche 4 septembre, environ les quatre à cinq

---

1. Marie de Lerpinière.
2. Laissé en blanc.
3. Jean Bastide, conseiller du Roi.
4. Décédé à l'âge de 40 ans, « en vrai chrétien et bon catholique ». Il était originaire de Saint-Maixent.

heures du matin, est décédée dame Catherine Goudon, femme de Mᵉ [Pierre] Vezien, sʳ de Beaufran, chirurgien, et a esté enterrée le dit jour, après vespres, dans l'église de Saint-Martial, sous le banc de Mᵉ Jean Goudon, son père, joignant la chappelle de Mʳ Thomas.

Le mercredy 7, Mᵉ [Jean] Vachier, veuf, et [Jacquette] de la Vergne, fille aisnée de Louis de la Vergne, sʳ de Puycornet, concierge des prisons, et de défuncte [Magdeleine] Gaultier, sa femme, ont esté espousez en l'église de Saint-Martial, par le sʳ Bourau, curé.

Le sabmedy 24, environ les trois à quatre heures du matin, Mˡˡᵉ Augier [1] est accouchée d'un garçon, lequel a esté baptisé le mesme jour, en l'église de Saint-Martial, par Mʳᵉ Bourau, curé. Et a esté parrain, François Augier, fils aisné du dit sʳ Augier, advocat, et damoiselle Anne Augier, sa fille cadette, marrine, et nommé [François].

Le lendemain dimanche 25, Mʳ le séneschal [2] est icy arrivé de Paris, où il estoit despuis le mois d'avril ou may de l'année 1671, à la sollicitation du procez contre sa femme [3].

Le vendredy 30, Mʳ de Vautibaut est allé coucher à la Leuf, et le lendemain, mon cousin de Léché [4] et luy sont allez au Peux voir Mʳ du Cluseau ; et est retourné icy le mardy 4 octobre.

Octobre 1672, commencé par le sabmedy.

Le mardy 4, est décédé Paul Auprestre [5], vitrier, et a esté enterré, le lendemain, dans l'église des Augustins, proche la chappelle de Sainte-Anne.

Le dit jour 4, Mʳ de Miromesnil, intendant de cette

---

1. Marguerite Vrignaud, femme de Félix Augier.
2. Pierre du Chastenet.
3. Magdeleine Félix d'Ostrelle.
4. André Richard, sʳ de la Leuf et du Léché.
5. Il avait épousé Louise Bobin, dont Charles, baptisé à Saint-Martial de Montmorillon le 21 mai 1661.

province[1], est arrivé sur les sept à huict heures du soir aux Augustins, où il a couché, et est party le lendemain, après disner, pour aller du costé de Rochechouart. Nous l'avons esté saluer en corps ; tous les officiers, hors Mrs Bastide et le juge prévost, y estoient.

Le lundy précédent 3, j'ay esté à Lérignat où j'ay mené le s^r Daguay, opérateur, qui est dans cette ville despuis un mois ou environ, pour y voir Mr de Balantrut, indisposé de la goutte, et Mlle de Balantrut fort incommodée par des suffocations et maux de cœur, et sommes retournez icy le mesme jour.

Le jeudy 6, ma femme est allée coucher à Lérignat et y a demeuré jusques au sabmedy 22, à cause de la maladie de Mlle de Balantrut[2], et est icy retournée le dit jour 22, à disner.

Le dimanche 16, Mr de Vautibaut est allé à Lérignat et de là à Villedon, et est retourné icy le jeudy 20.

Le dimanche précédent 9, j'ay remenay Paul[3] chez M^r le curé de Jouhé, et de là Mr de Vautibaut et moy sommes allez disner à Anthigny et retournez icy coucher.

Le lundy 10, mon nepveu du Queiroir s'en est allé à Saint-Germain avec Gainier et le régent de Saint-Germain qui l'estoit venu quérir, et ont esté passer au Dorat. Il est retourné céans le sabmedy 29.

Le mardy 18, Mlle de Vautibaut[4] est arrivée céans et s'en est retournée au Blanc le jeudy 27.

Le mercredy 26, environ les huict heures du soir, est décédé à Saulgé Mre Pierre Bareau, curé du dit lieu, aagé de 63 ans, dans le quinziesme jour de sa maladie, et a esté

---

1. Thomas Hue de Miromesnil, sgr de la Roque, Miromesnil, Laringy, maître des requêtes, intendant du Poitou en 1672-1673.
2. Magdeleine Clavetier, femme de Philippe de Guillaumet, sgr de Balentru.
3. Paul Demaillasson.
4. Catherine Jacquet, veuve de François Ladmirault, s^r de Vautibaut.

enterré, le lendemain, dans l'église de la Maison-Dieu, selon qu'il l'avoit ordonné par son testament, proche et vis-à-vis du premier confessionnal, du costé de l'autel à main gauche en entrant. Il m'a nommé son exécuteur testamentaire.

Le dit jour 27, Mr de Vautibaut est allé coucher à Lérignat et, le lendemain, est allé à la foire à l'Isle et s'en est retourné icy le sabmedy 29.

Le dit jour 27, Me Fleurant de la Vergne, s^r de la Contrée, est décédé et a esté enterré, le mesme jour, dans le cimetière de Saint-Martial, au delà et vis-à-vis la chapelle de Saint-Légier [1]. Il estoit tout perclus des gouttes il y avoit plus de dix ans et pouvoit estre aagé d'environ 57 ans.

Le dit jour sabmedy 29, mon nepveu le Queiroir est retourné de Saint-Germain, il a passé à Lérignat et est venu avec Mr de Vautibaut céans.

Le lundy 31, Mr de Vautibaut et Mr Gaultier au Blanc. De retour Mr de Vautibaut le mercredy 2 novembre.

Novembre 1672, commencé par le mardy.

Le jeudy 10, Mr de Vautibaut est allé au Blanc et retourné céans le sabmedy 12.

Le lundy 29, Mr de Vautibaut est allé à Lérignat et est retourné céans le lendemain.

Décembre 1672, commencé par le jeudy.

Le vendredy 2, environ les trois heures du matin, est décédée Margueritte Micheau, fille cadette de M^r le lieutenant civil, aagée de 13 ans et quelques jours, et a esté enterrée, le dit jour, dans les sépultures des Richards, près des fons baptismaux, en l'église de Saint-Martial.

Le dimanche 4, René Micheau, troisiesme des garçons

---

1. La chapelle Saint-Léger, desservie au charnier de l'église de Saint-Martial, avait été fondée, en 1521, par Mre Gilles Bonneton, prêtre. (Arch. Vien. G^{10} 10.)

de Mr le lieutenant civil, est décédé sur les dix heures du matin et a esté enterré, le dit jour, dans les susdittes sépultures. Il estoit né le 25 may 1663.

Le sabmedy 10, le fils aisné [1] de Mr le lieutenant civil est party avec le Frère Ambroise, augustin, qui fait les affaires de toute la province à Paris, pour y aller.

Le mardy 13, Mr de Lérignat est venu céans et s'en est retourné le lendemain.

La nuict du jeudy 22 au vendredy 23, environ un cart d'heure après minuict, ma fille de Vautibaut [2] est accouchée d'un garçon qui a esté baptisé, le sabmedy 24, en l'église de Saint-Martial, par Mre Jacques Bourau, curé de la ditte parroisse, et nommé Félix ; et a esté son parrain, Me Félix Augier, advocat en parlement et en cette ville, et marrine, damoiselle Anne Clavetier, ma femme. Il est décédé au Blanc chez la mère [3] de Mr de Vautibaut, laquelle l'avoit tousjours élevé chez elle despuis l'aage de deux ans, et y est mort de dissenterie le dimanche 18 aoust 1680.

Année 1673, commencée par le dimanche.

Le dimanche, 1er jour de l'an 1673, à cinq heures du soir, est décédée dame [Marguerite] Vezien, femme de Me [Jean] Chasseloup, sr de Rabaudière, maître appotiquaire [4], et a esté enterrée, le lendemain, dans l'église de Saint-Martial, ès sépultures des Veziens, à costé du bénistier, à main droicte en entrant en la ditte église.

La nuict du dimanche 8 au lundy 9, environ minuict,

---

1. André Micheau, fils de Claude, sr du Meslier, lieutenant général civil, et de Marie Richard.
2. Marguerite Demaillasson, femme de Louis Ladmirault, sr de Vautibaut.
3. Catherine Jacquet, veuve de François Ladmirault, sr de Vautibaut.
4. Jean Chasseloup et Marguerite Vezien eurent un fils, Jacques, docteur en médecine à Montmorillon, qui épousa, le 23 novembre 1695, Marie Jacquet, fille de feu Nicolas Jacquet et de Louise Estevenet.

ma cousine la lieutenante civile [1] est accouchée d'un garçon, lequel a esté baptisé, le mardy 10, en l'église de Saint-Martial, par Mre Jacques Bourau, curé, et a esté nommé Charles. Son frère, fils cadet de M^r le lieutenant civil, nommé Louis, et Héliette [2] Leobet, femme du nommé Cresnon, mercier de cette ville, laquelle avoit esté leur femme de chambre, ont esté parrain et marraine.

Le mercredy 11, Mr de Vautibaut est allé avec Mr Gaultier, lieutenant de robbe courte en la mareschaussée de cette ville, coucher aux Lèzes et le lendemain au Blanc, et est retourné icy le vendredy 13.

Le lundy 16, Mr de Vautibaut est allé coucher à Poictiers et de là est allé à Chastelleraud et est retourné icy le dimanche 22.

Février 1673, commencé par le mercredy.

Le lundy 6 février, a esté enterrée dans le cimetière de Saint-Martial [Pierrette] Redaut, vefve de feu Jean Frédot, s^r de Fontbretin, sergent, en secondes nopces, et de défunct [Pierre] Lescuyer [3], s^r de la Plante, vivant pintier, en premières nopces. Elle a esté trouvée morte le matin du dit jour en sa chambre. Elle estoit troublée de son esprit.

Le vendredy 10, le nommé Berthelin [4], s^r de Soligny, frère du s^r d'Effre [5], a enlevé damoiselle [Louise] Barbe [6],

---

1. Marie Richard, femme de Claude Micheau, s^r du Meslier, lieutenant général civil.
2. *Aliàs* Etiennette, femme de Antoine Cresnon, marchand mercier à Montmorillon.
3. Pierre Lescuyer eut de Pierrette Redaut, François, baptisé à Saint-Martial de Montmorillon le 25 juin 1650.
4. Joseph Berthelin, s^r de Soligny, fils de Michel, s^r d'Aiffres, et de Marie Pastureau.
5. Jacques Berthelin, s^r de Romagny et d'Aiffres, fils des mêmes.
6. Louise Barbe, dite Mlle de la Jarrige, baptisée à Latus le 29 mai 1659, fille de Henri Barbe, s^r de Lage-Courbe, et de Marie Chevallier. Elle épousa, le 23 octobre 1674, François de Valencienne, s^r de Lépine et de Jarrige, fils de François, s^r de Montfleury, et de Marie Petitpied, né au lieu noble de Jarrige, le 26 janvier 1651, décédé subitement à

damoiselle de la Jarrige, fille mineure, sur le chemin d'icy à Leigne. Ils alloient ensemble avec la dame d'Ouzilly [1], sa fille, sa belle-sœur et sa femme de chambre, et le nommé Merlaudière [2], et encore le s^r du Cluseau [3], fils aisné du dit s^r d'Effre et nepveu du dit Soligny, et son valet, pour passer les jours gras, à ce qu'ils disoient tous, au chasteau de Jarriges, en la ditte parroisse de Leigne, demeure du dit Merlaudière, et commença le dit Soligny à faire parestre son dessein quand ils furent au lieu appellé le Negreste, environ une lieue et demie de cette ville. Ils commirent plusieurs violances en la personne de cette jeune damoiselle, laquelle ils emmenèrent au chasteau de Vaucour, et parce que le dit Merlaudière voulut faire quelque résistance pour empescher le dit enlèvement, le dit du Cluseau le blessa d'un coup d'espée dans le corps ; un autre des enfans du dit s^r d'Effre, appellé le Chevalier [4], et le valet du dit s^r d'Effre, nommé Lestime, vindrent au lieu de Graillé, où la ditte damoiselle de la Jarrige s'estoit sauvée

---

Saint-Savin le 2 octobre 1701 et inhumé le lendemain à Leigne, ayant eu : 1° Elisabeth, baptisée le 12 janvier 1676 ; 2° Marie, baptisée le 15 février 1677 ; 3° Louise, baptisée le 18 avril 1678, mariée, le 5 novembre 1720, à Armand Gaullier, s^r de la Vallade, et inhumée à Leigne le 8 septembre 1733 ; 4° autre Louise, baptisée le 1er mai 1680 ; 5° Anne, baptisée le 31 octobre 1682 ; 6° autre Marie, baptisée le 3 mars 1684 ; 7° Pierre-Louis, s^r de la Jarrige, baptisé le 13 octobre 1685, marié, le 11 septembre 1720, à Charlotte Girardin de Barendan, veuve de Salomon Guillemot, de la paroisse de Notre-Dame-la-Petite de Poitiers ; 8° Magdeleine-Renée, baptisée le 27 juin 1687 ; 9° Pierre, baptisé le 25 mars 1689 ; 10° François, baptisé le 3 juin 1690 ; 11° Pierre-François, baptisé le 10 janvier 1692 ; 12° Françoise, baptisée le 10 mars 1693 ; 13° autre François, baptisé le 26 janvier 1696 ; 14° autre François, baptisé le 24 février 1698. (Reg. par. de Leigne.)

1. Gabrielle Barbe, femme de Charles Petitpied, s^r d'Ouzilly.
2. Antoine Delamazière, s^r de Merlaudière, décédé à Briguеil-le-Chantre le 23 octobre 1704, à l'âge de 77 ans, ayant eu de Jeanne Naude, son épouse, Françoise, baptisée à Latus le 30 mars 1653, et Martial, baptisé au même lieu le 18 octobre 1655.
3. Simon Berthelin, s^r du Cluseau, fils de Jacques, s^r de Romagny et d'Aiffres, et de Françoise Serizier, né le 1er novembre 1651, baptisé à Latus le 29 octobre 1653.
4. François Berthelin, dit le Chevalier, fils de Jacques, s^r de Romagny et d'Aiffres, et de Françoise Serizier, baptisé à Latus le 15 octobre 1659.

et cachée dans la maison d'un paysan. Le dit Soligny les avoit esté quérir au chasteau de Pindray, demeure du dit s^r d'Effre, et aydèrent avec le dit du Cluseau à conduire la ditte damoiselle au dit lieu de Vaucour, d'où ils s'en allèrent le lendemain matin et l'y laissèrent, après que le dit Soligny eut commis la nuict plusieurs violences et efforts pour la forcer, ce que l'on dit mesme qu'il fit, ainsi que l'on l'a exposé par la plainte faite à Mr de Miromény, intendant de cette province. Le s^r de l'Héraudière avec les autres officiers de la mareschaussée et quelques archers furent la quérir au dit lieu de Vaucour, le dit jour sabmedy 11, et l'emmenèrent chez le dit s^r de l'Héraudière.

Le jeudy précédent 9, Mr de Lérignat est venu céans et s'en est retourné le dit jour sabmedy 11.

Le dimanche 26, environ les 8 heures du soir, Jean Le Bouc, tisseran en toille, fut blessé d'un coup de mousqueton, dans l'escurie des Augustins, par le nommé René Cantault, valet des dits Augustins, dont il mourut le lendemain, environ les quatre heures du soir, et fut enterré, le mardy 28, dans le cimetière de la Maison-Dieu. Il estoit un de ceux qui faisoient garde chez les Augustins, lesquels craignoient d'estre chassez par les chevaliers de Saint-Lazare [1].

Le lundy 27, vers le soir, est décédée dame Andrée Roset, vefve de défunct Me Jean Argenton, s^r de la Rengear-

---

[1]. En vertu de l'édit de 1672 qui réunissait à leur ordre les hôpitaux, maisons-Dieu, léproseries et aumôneries, les chevaliers de Saint-Lazare avaient fait saisir plusieurs dépendances de la Maison-Dieu de Montmorillon. Mainlevée de ces saisies fut donnée aux Augustins le 19 décembre 1673 par la Chambre de l'Arsenal créée à cette fin. Après un débat de neuf ans et malgré le grand crédit de Mr de Louvois, vicaire général de l'ordre de Saint-Lazare, les Augustins furent maintenus en possession de leurs biens et les chevaliers de Saint-Lazare déboutés par arrêt rendu en ladite chambre en 1682. Mr de Louvois se pourvut en Conseil où il obtint un arrêt ordonnant la dépossession desdits biens, faute par les Augustins de produire leur cartulaire. Par une transaction du 26 février 1683, ces derniers s'engagèrent à payer 5000 livres de redevance annuelle à l'ordre de Saint-Lazare ; mais Mr de Louvois étant venu à mourir, l'édit de 1672 fut révoqué et les Augustins furent déchargés de cette rente par un arrêt du Conseil en 1693. (Arch. Vien. H^3 *bis* 5 et 379.)

dière, procureur, et a esté enterrée dans le cimetière de Saint-Martial, à costé gauche du ravelin en allant à la closture, le lendemain.

Le dit jour lundy, Mr de Lérignat et Mr du Verger, fils de Mr Prévost, de Saint-Germain, sont venus disner céans et y ont couché et s'en sont retournez le lendemain mardy.

Mars 1673, commencé par le mercredy.

Le vendredy 3 mars, Mr de Lérignat est tombé malade d'un mal de gorge et d'une pleurésie dont, pensant estre gary et s'estant commencé de lever, il est retombé d'un abcez que l'on a cru qu'il avoit dans la poictrine, ce qui a fait creindre qu'il n'en réchaperoit pas.

Le vendredy 24, Mr de Vautibaut et moy sommes allez, après disner, chez Mr de Balantrut voir Mr de Lérignat malade qui me demendoit. Ils m'avoient envoyé un cheval pour me quérir, et sommes retournez icy le lendemain.

La nuict du sabmedy 25 au dimanche des Rameaux 26, est décédé André Richard, s^r de la Leuf, dernier des enfans de défunct mon oncle de Léché, aagé de 27 ans, et a esté enterré, le dit jour des Rameaux, dans l'église de Syllards, ès sépulture de la maison noble de la Leuf, dans laquelle il est décédé. Il estoit malade dès environ la Toussaint.

Nous avons envoyé quérir Paul [1] le dit jour des Rameaux 26 et l'avons renvoyé chez son maistre le lendemain de Quasimodo 10.

Le dit jour des Rameaux, c'est faite l'ouverture du jubilé accordé pour prier Dieu pour la conservation et maintien du royaume de Pologne contre les Turcs. Le curé de Saint-Martial n'a pas voulu aller en procession avec le chapitre de Nostre-Dame et a fait l'ouverture du jubilé

---

1. Paul Demaillasson.

par un *Veni Creator* chanté à l'issue de vespres, en faisant la procession autour du cimetière. Le jubilé a finy le jour de Quasimodo après vespres.

Avril 1673, commencé par le sabmedy.

Le lundy 10 avril 1673, M^{rs} les lieutenant criminel[1] et procureur du Roy[2] et M^{rs} de l'Héraudière, Gaultier et la Dallerie sont allez à Poictiers pour se faire régler sur la contestation qu'ils avoient pour sçavoir à qui d'eux appartenoit la connoissance du rapt de la damoiselle de la Jarrige, suivant qu'il est raporté cy-devant, dont ils avoient informé de part et d'autre, sçavoir : M^r le lieutenant sur la plainte rendue par M^r le procureur du Roy, et M^{rs} de la mareschaussée en conséquence de la commission de M^r l'intendant[3] donnée au bas de la plainte à luy rendue par M^r d'Ouzilly[4], sa femme[5], la dite damoiselle et le nommé Merlaudière. Ils en devoient passer par l'advis de chacun un arbitre, lesquels, en cas qu'ils ne pussent convenir, pourroient, sans en rien dire aux parties, prendre tels surnuméraires qu'il leur plairoit. M^{rs} le lieutenant et procureur du Roy prirent pour leur arbitre M^r le lieutenant général[6], et M^{rs} de l'Héraudière, Gaultier et la Dallerie prirent le s^r Mayaud[7], lesquels ne s'estant pu accorder, M^r le lieutenant général ne voulut pas prendre de surnuméraires pour n'y en avoir qui ne fussent au-dessous de luy, ainsi l'affaire fut rompue. Mr de Lage et moy les avions portez à en passer par la voye susditte. Le vendredy 14, M^{rs} le lieutenant criminel[8] et procureur du Roy[9] s'en re-

---

1. Louis Richard, s^r des Ors, lieutenant criminel.
2. Pierre Richard, s^r de la Berthonnerie, procureur du Roi.
3. Thomas Hue de Miromesnil.
4. Charles Petitpied, s^r d'Ouzilly.
5. Gabrielle Barbe.
6. Jean de Razes, lieutenant général de la sénéchaussée de Poitiers.
7. Jacques Mayaud, procureur du Roi à Poitiers.
8. Louis Richard, s^r des Ors, lieutenant criminel, déjà nommé.
9. Pierre Richard, s^r de la Berthonnerie, procureur du Roi.

tournèrent et le lendemain se jugea le procez icy où Soligny, le Cluseau et le chevalier furent condamnez par contumace d'avoir le col couppé, et les deux valets d'estre pendus et estranglez, et en douze mille livres d'amande sur laquelle seroit pris certaine somme pour les fraix des témoins et nourriture des sergens, laquelle sentence fut exécutée par effigie, le lundy 1er may, jour que se tenoit la foire en la place du marché de cette ville. Et pour Mr de l'Héraudière et les deux autres demeurèrent à Poictiers où ils firent juger l'affaire, le dit jour de sabmedy 15, au présidial où elle fut déclarée compétente, nonobstant l'opposition formée par Mr le procureur du Roy[1] avant de s'en retourner à ce qu'il ne fust passé outre, et les conclusions de Mrs les gens du Roy de Poictiers à ce que sur la ditte opposition il fust[2]..... aux parties à se pourvoir au Conseil ; et furent tous les dits accusez condamnez à estre rouhez, en dix mille livres de réparations civiles envers la ditte damoiselle de la Jarrige, en deux mille livres envers la dame d'Ouzilly et en quinze cens livres envers Merlaudière et en deux mille livres d'amande et aux despans du procez, laquelle sentence fut aussi exécutée par effigie, le mercredy ensuivant 19, en laditte place du marché de cette ville, après midy.

Le lundy 17, ont esté espousez en l'église de Saint-Martial par Mre Jean Bourrau, curé, Jean Pian, sr de la Dallerie, lieutenant de robbe longue en la mareschaussée de cette ville, et damoiselle Catherine Litry[3], de la ville de Bazars, petite niepce de Me Jean Pointeau, advocat, nommée auparavant Mlle Gatonne.

Le mercredy 26, Mr de Vautibaut et moy sommes allez coucher chez Mr de Balantrut, pour voir principale-

---

1. Pierre Richard, sr de la Berthonnerie, procureur du Roi.
2. Laissé en blanc.
3. De Litterie, d'après le registre paroissial.

ment Mʳ de Lérignat qui estoit tousjours fort mal, et sommes retournez céans le lendemain.

May 1673, commencé par le lundy.

Le sabmedy 20 may, veille de la Pentecoste, nous avons envoyé quérir Paul[1] et l'avons renvoyé le mercredy ensuivant chez son maistre.

Le sabmedy 27, le Queiroir est allé voir sa mère[2] qui l'avoit envoyé quérir et est retourné céans le mardy 20 juin ensuivant.

Le dimanche 28 du dit mois de may, jour de la Trinité, Mʳ de Vautibaut est allé coucher chez Mʳ de Balantrut et est retourné céans le mardy 30 et a ramené Marion[3].

Juin 1673, commencé par le jeudy.

Le vendredy 2, Fleuron[4] est allée à Lérignat.

Le sabmedy 17, Mʳ de Vautibaut et moy sommes allez à Poictiers, pensant y voir Mʳ de Lagebertye qui conduisoit l'envoyé du duc de Moscovie[5] par l'ordre du Roy jusques sur la frontière d'Espagne ; mais il ne vint pas ce jour-là, ce qui fit que nous retournâmes icy le lendemain.

Mʳ le procureur du Roy[6] et mon nepveu l'enquesteur[7] allèrent et retournèrent avec nous ; c'estoit pour la taxe des francs-fiefs qu'ils faisoient le voyage.

Le mardy ensuivant 20, Mʳ de Vautibaut y retourna et le lendemain Mʳ de Lagebertye y arriva, environ une heure après midy, avec l'envoyé susdit et partirent, le jeudy 22, à mesme heure, et Mʳ de Vautibaut retourna icy coucher.

Le dit jour sabmedy 17, entre deux et trois heures [du

---

1. Paul Demaillasson.
2. Marie de Maroix.
3. Marie Demaillasson, dite Marion.
4. Fleurence Demaillasson, dite Fleuron.
5. Alexis Michaïlovitch, duc de Moscovie de 1645 à 1676, père de Pierre le Grand, empereur de Russie.
6. Pierre Richard, sʳ de la Berthonnerie, procureur du Roi.
7. François Demaillasson, enquêteur.

matin], est décédée dame Jeanne Dalest, femme de [Jean] Gaultier, cy-devant greffier en la mareschaussée de cette ville, aagée d'environ 68 ans, et a esté enterrée, le dit jour, dans l'église de Saint-Martial, sous le banc des Dalests joignant le chœur, du costé droict en entrant. Il y avoit desjà longtemps qu'elle estoit tombée en quelque foiblesse d'esprit par un catharre.

Le mardy 27, M^r le lieutenant criminel[1] est party pour Paris à cause de l'affaire de Mlle de la Jarrige, ayant esté pris à partie et M^r le procureur du Roy pareillement par le s^r d'Ouzilly qui les avoit fait inthimer au Grand Conseil par vertu d'un arrest portant commission qu'il en avoit obtenu pour avoir décrété contre luy et sa femme un adjournement, pour estre ouys. Il est allé coucher au Blanc. Mr de Vautibaut y est aussi allé coucher et sont partis ensemble. Le dit s^r de Vautibaut est retourné céans le lendemain, et le dit s^r lieutenant le vendredy 15 septembre ensuivant.

Le lundy précédent, 26, a esté espousée damoiselle Marguerite Richard, appellée Mlle de la Leuf[2], fille de défunct mon oncle de Léché, avec le s^r de Baignat[3], fils du s^r de Ricoux, en l'église de Syllards, par le curé du dit lieu.

Juillet 1673, commencé par le sabmedy.

Le sabmedy 8 juillet, environ les quatre heures et demie du matin, est décédé dans sa maison, près le fossé de la

---

1. Louis Richard, s^r des Ors, lieutenant criminel.
2. Fille de feu Paul Richard, s^r du Léché, capitaine au régiment de Navarre, et de Jeanne Poutrel.
3. François de Bagnac, fils de Jean, sgr de Ricoux, et de Marie de Rosière. Il eut de Marguerite Richard, Jean-Balthazar, sgr de Ricoux, baptisé à Tersannes le 10 octobre 1674, et Claude-François, baptisé au même lieu le 22 septembre 1681, capitaine au régiment de Navarre.

Etant veuve, Marguerite Richard rendait aveu de Ricoux au château de Montmorillon le 23 juin 1692. Elle en rendait un autre de la Grand'-Roche le 23 juin 1693.

porte de Saint-Martial[1], M⁰ André de la Forest (Mʳ de Lage), conseiller du Roy, lieutenant particulier, assesseur criminel et premier conseiller en ce siège, aagé de 63 ans moins huict jours, et a esté enterré, sur les cinq heures du soir, sous son banc qui estoit autres fois le banc de la Lande, vis-à-vis et proche la chaire du prédicateur, en l'église de Saint-Martial. Il est mort d'hydropisie. C'estoit un très homme de bien, bon juge, fort esclairé et grand aumosnier. Il m'a fait son exécuteur testamentaire.

Le mercredy 12, environ les six heures du soir, ont esté espousez en l'église de Nostre-Dame, par Mʳᵉ Julien Boudet, curé de Concize, Mᵉ [Jean] Chasseloup, sʳ de Rabaudière, maître appotiquaire, et dame Anthoinette du Monteil[2], 3ᵉ fille de deffunct Mᵉ Paul du Monteil, vivant sʳ de la Loge, procureur en cette ville, et de dame Jeanne de la Forest, sa vefve.

Le dimanche 16, mon beau-frère de Lagebertye est arrivé à Saint-Germain, après avoir conduit l'envoyé de Moscovie à Iron, frontière d'Espagne.

Le dit jour, Mᵐᵉ de Lérignat est venue céans et a amené Fleuron[3] avec elle. Elle avoit icy donné rendez-

---

1. Le 5 septembre 1692, les administrateurs du domaine de la baronnie de Montmorillon arrentaient à Pierre Loignon, maître taillandier, moyennant deux sols six derniers de rente noble payables chaque année au jour de Saint-Michel, « une place de quatorze pieds de large et douze de long, sur le bord des fossez de la présante ville, joignant le bout de la muraille quy sert de garde-fous au bout du pont-levies quy est à la porte de la ditte ville par où l'on entre au faubourg de Saint-Martial, à main gaulche ; à prendre la ditte place depuis le bout de la ditte muraille à garde-fous jusque à la rue que l'on va du dit pont-levies au logis où pand pour enseigne la Croix-Blanche, à main gauche. Le dit Loignon pourra y faire construire une boutique à son usage et un plancher par-dessus qui ne pourra néanmoins estre eslevé que de dix pieds ; à condition qu'en temps de guerre ou autre nécessité publique, les habitants y pourront faire un corps de garde ou le desmolir s'il est ainsi jugé par délibération publique ». (Arch. Vien. C. 392 *ter*.)

2. Enterrée à Saint-Martial de Montmorillon le 29 avril 1693, à l'âge de 50 ans.

3. Fleurence Demaillasson.

vous à Mlle d'Escurat[1], fille du sieur lieutenant général de Belac, avec laquelle Mme du Pérat, vefve du fils du s^r procureur du Roy du dit Bellac, y est venue. Elles ont toutes couché céans et y ont disné le lendemain, et les deux dernières s'en sont retournées chez elles après disner. Un peu avant leur despart, Mlle de Puyrobin est arrivée céans qui venoit pour y voir Mlle d'Escurat et s'en est retournée le lendemain, et Mme de Lérignat et Fleuron le mercredy 19.

Le dit jour mercredy, Mr de Vautibaut et mon nepveu le Queiroir sont allez coucher à Lérignat et sont partis avec Mme de Lérignat et Fleuron. Le lendemain, sont allez à Saint-Germain voir Mr de Lagebertye, lequel avoit envoyé un cheval, le mardy, par le messager de Rochechouard pour quérir le Queiroir.

Le dimanche 23, ils sont tous trois venus coucher à Lérignat et le lundy sont venus [tous] céans, d'où Mr de Lagebertye s'en est retourné le jeudy 27 et est allé disner à Lérignat et a ramené avec lui le Queiroir.

Le sabmedy 29, environ minuict, je m'esveillay avec un grand froid qui fut suivy d'une fiebvre violente par exceds, laquelle me dura près de 24 heures, avec des maux de cœur presque continuels, jusques sur les cinq heures du soir, et me jetta une espèce d'hérésipelle sur toute la jambe gauche, avec de furieuses douleurs qui m'empeschoient de me pouvoir tenir debout, et ay gardé presque tousjours le lict jusques au dimanche 6 aoust ensuivant que j'ay esté à la messe.

Aoust 1673, commencé par le mardy.

Le lundy 7, Mrs Daubière et de Vautibaut sont allez au Blanc et retournez le lendemain.

---

1. Louise Reymond, dite Mlle d'Escurat, fille de Gabriel-François Reymond, s^r du Monteil et d'Escurat, lieutenant général civil et criminel à Bellac, et de Catherine Sanguinier. Elle épousa, le 1er avril 1704, Pierre Barton de Montbas. (Arch. Haute-Vien. Bellac, GG^1.)

Le dit jour lundy, Mr de Lagebertye est arrivé céans et s'en est retourné le mercredy coucher à Saint-Germain-sur-Vienne.

Le jour de l'Assomption de la Vierge 15, environ les onze heures du matin, est décédée damoiselle [Françoise] Mangin, damoiselle de Chizé, dans la maison du s^r de Joumé[1], son frère, et a esté enterrée, le lendemain, dans le cimetière des pauvres de l'église de Saint-Martial, l'ayant ainsi demendé avant de mourir. C'estoit une fille qui vivoit fort dévotement.

Le sabmedy 19, j'ay esté coucher chez Mr de Balantrut, pensant y rencontrer Mr de Lagebertye qui n'y vint pas, et je suis retourné céans le lundy matin pour assister au service de la quarantaine de Mr de Laage.

Le mercredy 23, Me Pierre Vrignaud, fils de Me René Vrignaud, s^r de la Vergne, doyen des advocats, a esté receu advocat en ce siège et y a playdé, et Me Louis Bonnin, advocat, a playdé contre luy. Il a esté présenté par Me Félix Augier, son beau-frère.

Le vendredy 25, j'ay esté coucher chez Mr de Balantrut et suis retourné céans le lendemain.

Le dit jour sabmedy 26, a esté enterrée dans le cimetière de Saint-Martial, à costé du ravelin, dame [Reat], vefve de défunct Jean Argenton, vivant marchand en cette ville. Elle estoit aagée de plus de 80 ans et estoit devenue aveugle despuis quelque temps.

Septembre 1673, commencé par le vendredy.

Le vendredy 1er septembre, on a commencé de se servir du papier marqué pour toute sorte d'actes et n'y a que

---

1. Pierre Mangin, s^r de Joumé, fils de Pierre, s^r de Chizé, et de Jeanne Rouelle, marié en premières noces, le 21 février 1656, à Mathurine Dalest, et en secondes noces, le 25 mars 1686, à Marie Arnaudet, dont postérité.

les simples lettres qui en soient exceptées, pour lesquelles on se peut servir d'autre papier [1].

Le dit jour, mon beau-frère de Lagebertye est arrivé céans à neuf heures du soir et en est party le mardy 5 avec Mr de Lhéraudie [2], juge d'Availle, pour s'en aller à Paris. Ils sont allez passer à Fontevrault. Mr de Vautibaut est allé avec eux jusques à Chastelleraut, où ils sont allez coucher.

Le lundy ensuivant 9, Mr de Vautibaut est retourné céans. Il estoit allé passer au Blanc.

Le lundy précédent 4, Mr de Balantrut est venu céans avant disner et s'en est retourné le lendemain après disner.

Le mercredy 13, entre une et deux heures après midy, est décédé céans Hyllaire de Chastre qui avoit esté [mon vallet] et m'avoit servi pendant six ans de suitte, à commencer le jour de la Saint-Jean 1650, et ensuitte s'estoit retiré céans où il m'avoit prié de trouver bon qu'il y fist porter sa balasse [3]. Je le nourrissois et luy donnois la moitié de la vendange de la vigne que j'ay achetée de la Jeunesse, sergetier, et pendant les mestives il les alloit gaigner où bon luy sembloit. Il les faisoit cette année au Léché. Il a esté enterré le mesme jour, environ les sept heures du soir, dans le cimetière de Saint-Martial.

Le sabmedy 16, je suis allé à Maugoueran pour y faire vanter [4] de l'avoine et suis retourné le mesme jour.

---

1. D'après l'article 4 de l'ordonnance de juin 1680, « toutes requêtes, exploits, écritures, procédures, jugements, arrêts, déclarations de dépens, exécutoires, commissions, extraits, collations, et généralement tous actes et expéditions, de quelque qualité qu'elles soient, tant en matière civile que criminelle, faites par tous juges, avocats, procureurs, greffiers, huissiers, sergens et autres officiers et ministres de la justice, même des officialités, ne pourront être présentées, reçues et exécutées ni servir en justice, si elles ne sont écrites sur papier ou parchemin timbré ; tant pour les originaux que pour les copies faites et signifiées depuis le 1er avril 1673 ».
2. Jean Dubois, s[r] de l'Héraudie, avocat en parlement, juge sénéchal d'Availle-Limousine.
3. Matelas formé de balles d'avoine.
4. Vanner.

Le [1]. . . . . est décédée Jeanne Desbordes, femme de Michel Massonneau, travaillant au moulin à papier. Elle estoit grosse et s'estoit blessée. Elle a esté enterrée, le mesme jour, dans le cimetière de Saint-Martial.

Le sabmedy 16, vers le soir, est décédé Victor Rousseau, du bourg de Journé, qui demeuroit clerc chez M⁰ Charles Bonnin, procureur, et a esté enterré, le lendemain 17, dans le cimetière de Saint-Martial.

Le mercredy 20, j'ay esté coucher chez Mʳ de Balantrut et le lendemain suis allé avec luy au village de la Fauconnière, où j'ay fait marché pour faire les réparations des bastimens de la mestayrie de mon nepveu le Queiroir, et suis retourné céans le vendredy à disner.

Le jeudy 21, est décédé le nommé Romanet [2], cordonnier, et a esté enterré, le dit jour, dans le cimetière de Saint-Martial.

Le dit jour 21, est aussi décédé, au soir, Germain Dousselin, meusnier du Moulin-au-Roy, et a esté enterré le lendemain.

Le sabmedy 23, environ les trois heures après minuict, Françoise Giraud, femme de Charles Bonnin, cordonnier, est accouchée d'une fille qui a esté baptisée le dimanche, un peu avant vespres, en l'église de Saint-Martial, par Mʳᵉ Jean Bouraud, curé d'icelle, et a esté parrin, Mʳ de Vautibaut [3], et marrine, la femme [4] de Mᵉ Louis Bonnin, advocat, et a esté nommée Louise.

Le dit jour, j'ay envoyé quérir Paul [5] pour passer icy quelques jours de vacances et l'ay renvoyé le dimanche 8 octobre.

---

1. Laissé en blanc.
2. Melchior Romanet.
3. Louis Ladmirault, sʳ de Vautibaut.
4. Marie Cailleau.
5. Paul Demaillasson.

— 374 —

Le mardy 26, M^r de l'Héraudière est retourné de Paris.

Le vendredy 29, M^r le séneschal [1] est retourné de Paris. Il y estoit dès le mois de décembre.

Octobre 1673, commencé par le dimanche.

Le dimanche 8 octobre, Me Pierre Vezien [2], s^r de Beaufran, maître chirurgien, veuf, a esté espousé, dans l'église de Nostre-Dame, par Mre Julien Boudet, curé de Concise, avec dame Susanne du Monteil, 34 ans, quatriesme et dernière fille de défunct Me Paul du Monteil, s^r de la Loge, vivant procureur icy, et dame Jeanne de la Forest.

Le lundy 23, Mr de Vautibaut et moy sommes allez coucher chez Mr de Balantrut et le lendemain nous sommes allez coucher à Saint-Germain, où nous avons demeuré tout le mercredy et le jeudy, et ce [jour] j'ay esté voir les Religieuses de Confolent, et Mr de Vautibaut est allé à Villedon voir Mme de Villedon, sa sœur, et sommes retournez coucher à Lérignat le vendredy 27 et le lendemain céans.

Le mardy 31, Louis Goudon, dit l'Abbé, commissaire des saysies réelles de cette ville, fut attaqué d'une appoplexie dont il trépassa le soir et fut enterré le lendemain, jour de Toussaincts, dans l'église de Saint-Martial, proche le bénitier. Il avoit environ 40 ans.

Novembre 1673, commencé par le mercredy.

Le 1er jour de novembre, j'ay envoyé quérir Paul [3], son

---

1. Pierre du Chastenet.
2. Le 6 janvier 1713, Pierre Vezien, veuf ; Anne et Marie Vezien, ses filles ; François Vezien, chirurgien, son fils, absent ; Marguerite Vezien, son autre fille, épouse de Pierre Chantaise, procureur à Montmorillon, et Charles Pian, s^r de la Fillolière, notaire royal, veuf de Marguerite Robert, fille de feu Jean Robert, s^r des Arcis, et de Renée Dumonteil, et héritier de feu Marguerite Pian, leur fille, vendaient, pour la somme de 700 livres, à François Augier, lieutenant civil, et à Louise Trouillon, son épouse, une métairie sise au village des Arcis, paroisse de Moussac-sur-Gartempe. (Arch. Vien. H³ *bis* 70.)
3. Paul Demaillasson.

maistre m'ayant mandé qu'il avoit eu des accez de fiebvre double carte.

Le dimanche 29 octobre, Mr du Cluseau est retourné icy. Il y estoit venu le 22 et estoit retourné au Peux. Ma nièce [1] y estoit venue deux jours avant et y avoit tousjours demeuré. Ils s'en retournèrent au Peux le sabmedy 4 de ce mois.

Le mercredy 8, Mr de Vautibaut et moy avons esté coucher à Lérignat et sommes retournez le lendemain céans. Prévost, de Saint-Germain, son gendre, et son fils, y estoient. Le vendredy, Mr de Vautibaut est allé au Blanc et est retourné céans le mardy 14.

Le dimanche 26, à 10 heures du soir, ma fille de Vautibaut [2] s'est trouvée mal et, environ minuict, est accouchée d'un enfant qui est venu mort au monde. Elle pouvoit estre grosse de sept à huict mois. Elle a esté à la messe le 18 décembre ensuivant, jour de lundy.

Décembre 1673, commencé par le vendredy.

Le mardy 5, Fleuron [3] qui estoit à Lérignat chez Mr de Balantrut dès le 2 juin dernier est retournée céans.

Le mercredy 6, Mr de Lérignat est venu céans et s'en est retourné le vendredy 8.

Le dit jour 8, entre 10 et 11 heures du matin, est décédé Me Jean Cailleau, sr de Fontcailleau, greffier des insinuations, et a esté enterré, le lendemain, en l'église de Saint-Martial, sous son banc.

Le dimanche 10, Paul de Coral, escuyer, sr du Brueil-du-Mazet, fut arresté prisonnier dans l'église de Syllards, à la fin de la messe, par le sr Gaultier, lieutenant de robbe courte en la mareschaussée de cette ville, par vertu d'une lettre de

---

1. Marie Vachier, femme de Pierre Chazaud, sr du Cluseau.
2. Marguerite Demaillasson, femme de Louis Ladmirault, sr de Vautibaut.
3. Fleurence Demaillasson, sœur de la précédente.

cachet et un ordre de Mr de Marillac, intendant en cette province [1], et le lendemain conduit dans la Conciergerie du palais à Poictiers par Mrs de l'Héraudière et Gaultier, avec leurs archers. C'estoit pour avoir quitté la cornette de la compagnie des gardes du corps, où il estoit garde, commendée par Mr le marquis de Duras [2]. Il a tousjours demeuré prisonnier jusqu'au commencement d'avril, qu'il fut eslargi aussi par ordre du Roy, à la charge de se rendre incessamment à sa cornette.

Le mercredy 13, Mr le lieutenant civil [3] est allé coucher à Chastelleraut pour prendre le messager de Poictiers, avec lequel il est allé à Paris pour le procez que Mr le sénéschal [4] a intenté contre luy et Mlle la lieutenante [5], qu'il prétend avoir entretenu et fomenté la division d'entre luy et Mme sa femme [6], pour profiter des émolumens de sa charge dont il a esté, dit-il, contrainct d'abandonner l'exercice pour solliciter le procez que sa ditte femme luy a fait en séparation de biens et d'habitation.

Le jour de Saint-Thomas 21, Pierre Vrignaud dit Beaurocher, serrurier, a esté enterré dans le cimetière de Saint-Martial.

Le dit jour, Mr le lieutenant criminel [7] est allé à Civray pour faire juger le procez en injure qu'il a contre Lavaudieu [8], procureur fiscal de Brosse, et est icy retourné le jour de Noël.

---

1. René de Marillac, baron de la Ferté-Péron, sgr d'Olinville et d'Attichy, intendant du Poitou de 1673 à 1681.
2. Jacques-Henri de Durfort, marquis, puis duc de Duras, né à Duras le 9 octobre 1625, capitaine des gardes du corps en 1671, maréchal de France le 30 juillet 1675, mort à Paris le 12 octobre 1704. Une de ses filles, Félice-Armande-Charlotte, épousa, en décembre 1685, Paul-Jules de la Porte, petit-fils du maréchal de la Meilleraye.
3. Claude Micheau, sr du Meslier, lieutenant civil.
4. Pierre du Chastenet.
5. Marie Richard, femme de Claude Micheau ci-dessus.
6. Magdeleine Félix d'Ostrelle, femme de Pierre du Chastenet ci-dessus.
7. Louis Richard, sr des Ors, lieutenant criminel.
8. Jean Bastide, sr de Lavaudieu.

Le vendredy 29, à quatre heures du soir, est décédé Me Jean Poincteau, advocat en cette ville, aagé d'environ 68 ans, et a esté enterré, le lendemain, dans l'église des Augustins de la Maison-Dieu, un peu au-dessus la chaire du prédicateur en entrant. Il avoit langui fort longtemps.

Janvier 1674, commencé par le lundy.

Le jeudy 4, Claude Augier [1] dit Claude la Boucle a esté enterré dans le cimetière de Saint-Martial. Il avoit près de 80 ans.

Le lendemain, le sr. Gaignier est venu nous voir et s'en est retourné le lendemain.

Le dimanche 7, Mr le lieutenant criminel est allé à Civray pour l'affaire contre Lavaudieu, procureur fiscal de Brosse.

Le mercredy 31, Mr le séneschal [2] est party après l'audiance pour aller à Paris.

Février 1674, commencé par le jeudy.

Le sabmedy 3, ont esté contractez Charles Goudon, sr de Jeu, fils aisné de défunct Fleurant Goudon, escuyer, sr de l'Héraudière, et de damoiselle Jeanne Richard, ma cousine germaine, et damoiselle Jeanne Mérigot, fille aisnée de Me Félix Mérigot, sr du Chefs, conseiller et prestre, et de défuncte Jeanne Arnaudet. Et ont esté espousez, la nuict suivante, en l'église de Saint-Martial, par Mre Jean Bourau, curé, un peu après minuict. J'ay signé le contract.

Le lundy 12, Mr de Vautibaut est allé au Blanc et s'en est retourné le jeudy, et le vendredy est allé à Lérignat et est retourné le sabmedy 17.

---

1. Il avait épousé Louise Chotard, dont il eut : Jean, baptisé à Saint-Martial de Montmorillon le 23 juillet 1628 ; Pierre, baptisé le 9 juillet 1630, et Louise, baptisée le 30 août 1634.
2. Pierre du Chastenet.

Le sabmedy 17, ma fille[1] de Vautibaut s'est mise à part en son mesnage et ont esté demeurer dans la maison de défunct Me Jouachim Douadic, procureur, près de céans.

Le jour de Saint-Mathias 24, Fleuron[2] a esté marraine avec Mr de la Vergne[3] le fils, advocat, qui a esté parrain chez Marc Thierry, s^r de Saint-Mars, à une de ses filles qui a esté baptisée en l'église de Nostre-Dame par Mre Julien Boudet, curé de Concise, et nommée Fleurance[4].

Le lundy 26, Mr du Cluseau est venu icy avec Mr du Brueil-Guillot, procureur du Roy en l'eslection de Poictiers, pour informer contre le nommé Guron, sergent des tailles, et s'en sont retournez le mercredy 28.

Le dit jour 28, Me Pierre Goudon[5], prévost en la mareschaussée de cette ville, a esté installé dans l'office de lieutenant particulier, assesseur criminel et premier conseiller en ce siège, que possédoit défunct Mr de Lage, son beau-père. Il y avoit Mrs du Chefs, Bastide, Pommeroux, conseillers, et M^r le juge prévost[6] en l'audiance. Il a esté receu au présidial de Poictiers.

Mars 1674, commencé par le jeudy.

Le 1er jour de mars, M^{rs} le lieutenant criminel[7] et Vautibaut sont allez à Poictiers et retournez le dimanche 3.

Ma cousine la lieutenante civile[8] est accouchée d'un fils la nuict du sabmedy 10 au dimanche 11, environ une heure après minuict, qui a esté baptisé, le dit jour 11, en

---

1. Marguerite Demaillasson, femme de Louis Ladmirault, s^r de Vautibaut.
2. Fleurence Demaillasson.
3. Pierre Vrignaud, s^r de la Vergne.
4. Fille de Marc Thierry, s^r de Saint-Mars, maître tailleur d'habits, et de Sylvaine Pian.
5. Le 8 décembre 1683, il rendait aveu de la Lande au château de Montmorillon.
6. François Dalest, juge prévôt.
7. Louis Richard, s^r des Ors, lieutenant criminel.
8. Marie Richard, femme de Claude Micheau, s^r du Meslier, lieutenant civil.

l'église de Saint-Martial, par Mre Jean Bourau, curé, et nommé Adolphe-Christian-Guillaume. André Michau, s^r du Meslier, son frère aisné, a esté son parrain, et Mlle Marion[1] l'Héraudière, marrine. Est décédé le mardy 10 octobre 1691, à huict heures du soir.

Le dimanche de la Passion 11, la femme[2] du s^r de la Dallerie, assesseur en la mareschaussée, est accouchée, sur le soir, d'une fille, laquelle a esté baptisée, deux ou trois jours après, en l'église de Saint-Martial, par Mre Jean Bourau, curé, et a esté parrain, M^r de l'Héraudière, et marrine, dame Anne Beaumont, vefve de défunct s^r de Lage-Grassin, et nommée Anne.

Le dit jour, Mlle de Jeu[3] est accouchée d'un fils[4] dans la maison du Chefs, qui a esté baptisé, peu de temps après, dans l'église de Lastus. Ç'a esté un paysan et une paysane qui ont esté parrain et marraine.

Le jour du vendredy sainct 23, entre les huict et neuf heures du matin, est décédée damoiselle Jeanne Poutrel, vefve de défunct mon oncle de Léché[5], aagée d'environ 60 ans, dans la maison où demeure M^r le lieutenant civil[6], son gendre, qui est l'ancienne maison de M^rs les Richards. Elle estoit natifve du Pontaudemer, à dix lieues de Rouen. Elle a esté enterrée dans l'église de Saint-Martial, le lendemain, ès sépultures des dits sieurs Richards.

Le dit jour du vendredy sainct, mon nepveu le Queiroir est allé voir sa mère[7] qui l'avoit envoyé quérir et est retourné le sabmedy 14 avril ensuivant.

Le mardy de Pasques 27, Mr de Vautibaut et Fleuron[8]

---

1. Marie Goudon, dite Marion.
2. Catherine de Litterie, femme de Jean Pian, s^r de la Dallerie, assesseur.
3. Jeanne Mérigot, femme de Charles Goudon, s^r de Jeu.
4. Charles Goudon.
5. Paul Richard, s^r du Léché, capitaine au régiment de Navarre.
6. Claude Micheau, s^r du Meslier, lieutenant civil.
7. Marie de Maroix, remariée à Jean de Pons, s^r de Fellet.
8. Fleurence Demaillasson.

sont allez à Lérignat voir ma sœur de Balantrut[1] qui s'estoit trouvée mal la nuict du jour de Pasques. Mr de Vautibaut s'en est retourné le lendemain.

Le jeudy 29 [François] Suire, dit le Poictevin, cordonnier, a esté enterré dans le cemetière de Saint-Martial. Il estoit aagé d'environ 74 ans, et y avoit longtemps qu'il ne travailloit plus.

Le vendredy 30, Mr de Marillac, intendant de cette province, arriva au soir en cette ville et logea chez Mr de l'Héraudière, à la Closture, et s'en retourna à Poictiers le dimanche ensuivant 1er avril. Il estoit venu sur le sujet d'une pleinte qui luy avoit esté rendue contre le sr d'Anthenet[2], cadet de Champignolle, de ce qu'il avoit pris plusieurs personnes malgré eux pour estre soldats dans la compagnie de gens de pied qu'il levoit. Et y en eut huict ou neuf qu'on en osta[3].

Avril 1674, commencé par le dimanche.

La nuict du sabmedy dernier mars au dimanche premier avril, environ une heure après minuict, Mme de Lérignat est accouchée d'un fils en la maison du Masgodard[4],

---

1. Magdeleine Clavetier, femme de Philippe de Guillaumet, sgr de Balentru.
2. François Girard, sr d'Anthenet, fils cadet de feu François Girard, sr de Champignolle, et de Louise Vaillant.
3. Ces plaintes devenant de plus en plus fréquentes, Mr de Louvois adressait, le 14 février 1691, la lettre suivante aux gouverneurs et intendants des provinces : « Monsieur, le Roi a appris avec surprise qu'il ait été fait des violences considérables dans les provinces par les officiers de ses troupes, pour faire des levées. Sa Majesté trouve bon que l'on dissimule les petites tromperies qu'ils font pour enrôler les soldats, mais Elle désapprouve absolument les violences qu'ils font de prendre les gens sur les grands chemins aux foires et aux marchés ». (Ch. Desmaze, *Curiosités des anciennes justices*.)
4. Le château de Masgodard, dont les ruines se voient encore à Nérignac, appartenait en 1408 à Jean de Blom, sire de Magodat ; en 1461 à Philippe Patry, éc., sgr du Mas-Gaudard ; en 1476 à Janot de Guillaumet et à Agnus Fleur, éc., sgrs de Magodat, à cause de Marguerite et Jacquette Patry, leurs femmes, dames dudit Magodat. (A. O. *Mém.* X, 188.) On trouve ensuite François de Guillaumet, éc., sgr de Masgodard, marié à l'Isle-Jourdain, le 22 avril 1504, à Jeanne du Chas-

au bourg de Lérignat, lequel a esté baptisé, le mercredy 4, dans l'église de Moussac-sur-Vienne, et nommé Philippes [1]. M⁰ de Balantrut, son ayeul, et ma fille Fleuron [2] ont esté parrain et marraine.

Le jeudy 5, ma femme est allée à Lérignat voir Mme de Balantrut [3], sa sœur, et s'en est retournée le mercredy 13 et a ramené Fleuron.

Le sabmedy 7, environ les trois à quatre heures après midy, dame Jeanne Lhuyllier, femme de M⁰ Jean Loreau, procureur, est décédée et a esté enterrée, le lendemain, dans le cemetière de Saint-Martial, un peu au-dessous la croix qui est devant chez M⁰ Augier.

Le dit jour dimanche 8, a esté chanté le *Te Deum* pour la prise de Greix [4] en la Franche-Comté, dans l'église de Saint-Martial où nous avons assisté en corps. Les Augustins et Récollects y ont aussi assisté et y sont venus avec la croix.

Le mercredy 11, M⁰ de Vautibaut et sa femme [5] sont

---

tenet, qui rendait un dénombrement, le 29 novembre 1506, à François du Fou, chev., sgr du Vigean (Arch. Vien. G⁰ 82) ; Pierre Fleur, éc., sgr de Magodat en partie, 1525-1531 ; Jean Fleur, éc., sgr de Magodat et curé de la Fa, 1532 (A. O. *Mém.* X, 1887) ; Eustache de Guillaumet, éc., sgr de Mongodard, qui rend un dénombrement, le 5 mai 1542, à François de la Béraudière, éc., sgr de l'Isle-Jourdain et de Chantouillet (Arch. Vien. G⁰ 82) ; Agnus Fleur, éc., sgr de Magodat, 1567, père de Yolande, mariée, avant 1596, à René de Guillaumet, éc., sgr de Masgodard et de Balentru, qui rendait un dénombrement, le 20 décembre 1636, à Mre Emmanuel Philibert de la Béraudière, éc., sgr de l'Isle-Jourdain et de Rouet (Arch. Vien. G⁰ 82). Les descendants de René de Guillaumet ont possédé la seigneurie de Masgodard jusqu'à la Révolution.

1. Il épousa à Saint-Cybard de Poitiers, le 1ᵉʳ mars 1707, Elisabeth de Poix, fille d'Elie de Poix, receveur des tailles, et de Jeanne Faverot, décédée à Nérignac le 30 avril 1748, à l'âge de 83 ans.

2. Fleurence Demaillasson.

3. Magdeleine Clavetier, femme de Philippe de Guillaumet, sgr de Balentru.

4. Gray se rendit le 28 février 1674 au duc de Navailles qui prit à discrétion 1600 hommes de pied, 400 chevaux et 600 dragons. (*Mém. de Navailles.*)

5. Marguerite Demaillasson.

allez au Blanc voir Mlle de Vautibaut [1], leur mère. Luy retourna icy le lundy 16.

Le vendredy 20, une compagnie de gens de pied passant par cette ville, et les Gaultier [2] et de la Dallerie [3] leur voulant oster une meschante cavalle qu'ils avoient pris en passant proche de Beumaine, sur laquelle estoit un des soldats, malade, le sr de la Dallerie ayant jetté par terre le dit soldat, il fut blessé d'un coup d'espée au bras.

Le sabmedy 21, Mr de Vautibaut conduisit Fleuron [4] chez Mr du Cluseau, à Poictiers, où il la laissa et s'en retourna icy le lundy 23. Et elle est retournée icy avec Mr et Mlle du Cluseau, le sabmedy 23 juin.

La nuict du sabmedy 24 au dimanche, Mr Augier partit en diligence sur l'advis que Desbordes [5], son cousin, avoit esté arresté prisonnier à Poictiers, par un des lieutenans de la mareschaussée du dit lieu, sur un décret du deffunct sr de la Vau-Saint-James [6], grand prévost, pour crime de la fausse monnoye. Et néantmoins, par le moyen des amis du dit sr et de Mr de l'Héraudière, qui s'y employa, il eut une sentence d'absolution moyennant 800 livres, et le dit sr Augier le ramena le jeudy 26.

Le sabmedy 24, Mr de l'Héraudière a conduit Lerpinière, sr de Baudelette, et le nommé Le Gandou, mareschal, du bourg de Lastus, prisonniers à Poictiers. Il avoit arresté le dit Baudelette prisonnier dans l'hostellerie des Trois-Roys de cette ville, par ordre et par vertu d'un décret de Mr l'intendant [7], le sabmedy 31 mars, lorsque le dit sieur intendant estoit icy. Et Le Gandou avoit esté pris à Lastus,

---

1. Catherine Jacquet, veuve de François Ladmirault, sr de Vautibaut.
2. Germain Gaultier, sr des Laises, lieutenant en la maréchaussée.
3. Jean Pian, sr de la Dallerie, assesseur en la maréchaussée.
4. Fleurence Demaillasson.
5. Jean Gaillard, sr des Bordes.
6. Philbert Porcheron, sr de la Vau-Saint-James, grand prévôt de Poitou.
7. René de Marillac.

et amené dans les prisons de cette ville, du despuis, par des archers de cette ville. Mr de l'Héraudière ne s'en retourna que le jeudy ensuivant avec Mr Augier. Du despuis, Mre Germain de Lerpinière[1], prestre, frère du dit Lerpinière, a esté aussi prisonnier et banny à perpétuité, et son dit frère et Gandou condamnez aux gallères perpétuelles par jugement du présidial et en dernier ressort, où Mr de Marilhac, intendant, a présidé.

Le mardy 24, Mr de Vautibaut est retourné au Blanc pour quérir sa femme[2], et s'en sont retournez icy le sabmedy 28.

Le dimanche 29, damoiselle Diane-Marie Savatte, femme de Paul de Coral, escuyer, sr du Brueil-du-Mazet[3], décéda, environ les 11 heures du matin, au chasteau de la Fouchardière, sans que personne s'en fut apperceu. Elle ne s'estoit qu'un peu trouvée mal le soir précédent. Elle fut enterrée, le lendemain, dans l'église de Syllards.

Le lundy 30, Mr le lieutenant criminel[4] est allé à Poictiers, et y a mené le sr Grateirolle, de Nouic, pour parler à Mr l'intendant[5].

May 1674, commencé par le mardy.

Le jour de l'Ascension, 3 may, Mre Germain de Lerpinière, prestre, vicaire du prieur de Lastus, fut pris prisonnier et conduit à Poictiers dans la Tour de l'Evesché. Il estoit accusé du mesme crime pour lequel Gandou avoit esté arresté.

---

1. Germain de Lerpinière obtint sans doute des lettres de rémission, car il fut vicaire de Millac de 1700 à 1702 et mourut dans cette localité le 13 février 1710.
Nous ignorons le motif de cette condamnation.
2. Marguerite Demaillasson.
3. Paul de Coral épousa en secondes noces, à Availle-Limousine, le 15 avril 1676, Marie Micheau, veuve de François Compaing, sgr de la Devinière, et fille de Louis Micheau et de Marie Maron.
4. Louis Richard, sr des Ors, lieutenant criminel.
5. René de Marillac.

Le lundy 7, ont esté espousez en l'église de Saint-Martial, par Mre Jean Bourau, curé, M^e [Jacques] Dalest, s^r de la Vau, fils du s^r Dalest, de la ville du Blanc, et damoiselle Anne Augier, seconde fille de Me Félix Augier, advocat, et de damoiselle Marguerite Vrignaud. Le contract de mariage est du vendredy 20 avril, lequel j'ay signé. C'est, le dit s^r Dalest, trouvé impuissant, et n'ont couché que quatre nuits ensemble.

Le dit jour 7, environ les dix heures du matin, est décédée dame Fleurance de la Vergne, femme de Pierre de la Vergne, s^r de la Rue, aagée d'environ 56 ans, et a esté enterrée, le mesme jour, dans [le cimetière] de Saint-Martial.

Le mardy 8, M^{rs} le lieutenant criminel [1] et procureur du Roy [2] sont partis, et le lendemain M^{rs} de l'Héraudière et Gaultier, lieutenant de robbe courte en la mareschaussée de cette ville, pour aller à Poictiers pour se faire reigler par M^r l'intendant [3], en la personne duquel ils avoient passé compromis avec Mme d'Ouzilly [4], la damoiselle de la Jarrige [5] et le nommé Merlaudière [6], sur le procez pendant entre eux au Grand Conseil, touchant le rapt commis par le nommé Solligny [7] et autres en la personne de la ditte damoiselle de la Jarrige, le 10 février 1673. Et par sentence arbitralle rendue par le dit s^r intendant sous le bon plaisir de Mrs du Grand Conseil, les sentences rendues tant par le dit s^r lieutenant criminel que par le dit s^r Gaultier ont esté cassées et renvoyé l'affaire pardevant le lieutenant criminel de Guéret, au greffe duquel seroient les informations et procédures faites tant en la

---

1. Louis Richard, s^r des Ors, lieutenant criminel.
2. Pierre Richard, s^r de la Berthonnerie, procureur du Roi.
3. René de Marillac.
4. Gabrielle Barbe, femme de Charles Petitpied, sgr d'Ouzilly.
5. Louise Barbe, dite Mlle de la Jarrige.
6. Antoine Delamazière, s^r de Merlaudière.
7. Joseph Berthelin, s^r de Soligny.

séneschaussée que mareschaussée de cette ville, portées, despens compensez ; ils disnèrent ensemble chez le sʳ Lauranceau, greffier du présidial, et s'en retournèrent icy le sabmedy 12 tous ensemble.

Le jeudy 10, j'ay esté coucher à Lérignat et suis retourné céans le lendemain.

Le lundy de la Pentecoste 14, peu de temps après disner, j'ay esté attaqué d'une fièvre tierce dont j'ay eu six accez des plus violens qu'on puisse souffrir et m'a quitté au septiesme. Elle m'a laissé une grande foiblesse et n'ay esté à la messe que le dimanche 3 juin, sans estre sorty auparavant.

Le mercredy 16, Gaignier est venu céans et s'en est retourné le lendemain et est allé passer au Dorat. Je l'avois mandé pour m'esclaircir avec luy de quelque affaire dont j'avois esté prié.

Le jour de la Feste-Dieu 24, Mʳ de Lérignat m'est venu voir et s'en est retourné le sabmedy matin.

Le vendredy 25, Mʳ de Vautibaut est allé à Poictiers pour parler à Mʳ l'intendant [1] sur le suject de sa charge de commissaire en la mareschaussée. Est retourné le dimanche 27.

Le dit jour 27, Paul [2] est allé à Lérignat pour les voir et changer un peu d'air. Est retourné le dimanche 17 juin.

Le mercredy 30, Gaignier est venu céans qui a amené un jeune garçon, fils de défunct le nommé Forest, sergent, qu'il a envoyé avec le messager de Paris à Mʳ de Lagebertye pour le servir. Il luy a mené un mullet. Le dit Gaignier s'en est retourné le lendemain.

Le jeudy 31, le marquis de Bellebrune, cappitaine de cavallerie, a couché icy avec sa compagnie et est party le

---

1. René de Marillac.
2. Paul Demaillasson.

lendemain et est allé coucher à Saint-Benoist. Il a bruslé le logement qu'il devoit faire à la Trimouille. Les cavalliers ont tué le mestayer de la mestérie de la Brullière qui voulut empescher qu'ils ne prissent deux bœufs dont il labouroit, pour ayder à conduire un charriot.

Juin 1674, commencé par le vendredy.

Le sabmedy 2, Mr de Vautibaut est allé à Lérignat et retourné icy le lundy.

Le mardy 5, est décédé Mre François de Moussy, chevalier, s^{gr} de la Contour [1], en son chasteau de la Contour, et a esté enterré, le lendemain, dans l'église de Jouhé. Il estoit aagé d'environ 75 ans. Il avoit esté lieutenant de Roy à Mets, laquelle charge il avoit délaissé à Mr de la Vaugade [2], son gendre.

Le dit jour mercredy 6, est décédée [Françoise] Léobet, vefve de défunct Claude Petitpied dit Claude la Mole, et a esté enterrée, le lendemain, dans le cimetière de Nostre-Dame.

Le dit jour mercredy, Mr de Vautibaut est allé au Dorat pour faire faire le bail des biens de mon nepveu le Queiroir, qui est remis. Il s'en est retourné le jeudy 7.

Le mardy 12, Mr de Fellet est venu icy qui m'a donné cinquante-six livres huict sols pour payer le nommé la Poussière [3], maître masson, pour de la besongne qu'il a faite à la mestayrie de la Fauconnière, appartenant à mon nepveu le Queiroir, laquelle somme j'ay au mesme instant donnée au dit la Poussière qui m'en a baillé acquit.

---

1. Gouverneur du Castelet le 10 avril 1640, commandant des chevau-légers du maréchal de Schomberg le 20 août 1644, gouverneur du duché de Cardonne le 1er août 1648, maréchal de camp le 10 janvier 1653, lieutenant de Roi en la ville et citadelle de Metz le 12 septembre 1654.

2. Centurion Avogadro, mestre de camp du régiment Royal-italien, marié en 1658 à Françoise de Moussy de la Contour, fille du précédent.

3. C'est évidemment un surnom.

Le dit s^r de Fellet m'a aussi donné quatre-vingt-dix livres que j'ay donné à mesme temps à Gainier pour payer la taxe des francs-fiefs qui a esté faite pour le bien noble de mon dit nepveu. J'en ay aussi donné mon receu au dit s^r de Fellet.

Le sabmedy 23, Mr du Cluseau et ma niepce [1] sont venus icy et ont ramené Fleuron [2].

Le lundy 25 juin, M^r de l'Héraudière et moy sommes allez à Lussac-les-Eglises, où se sont rencontrez Mr Chaud [3], de Chasteau-Poinsat, Mrs de la Chassaigne [4] et de Boisdumont [5], ses enfans, M^r d'Aubroche, son gendre [6], Mr de Lacour, [7] de Morterol, et Mr du Chiron [8], son fils, où nous avons arresté les articles du mariage du dit s^r du Boisdu-

---

1. Marie Vachier, femme de Pierre Chazaud, s^r du Cluseau.
2. Fleurence Demaillasson.
3. Mathurin Chaud, sgr de la Chassaigne, juge sénéchal de Château-Ponsac. Il vivait encore le 11 août 1676, date du mariage de son fils Jacques, sgr de las Meynérias, avec Dauphine Delacoste, fille de François Delacoste, s^r de la Bachellerie, avocat au Dorat. (Reg. par. du Dorat.)
4. Jean Chaud, sgr de la Chassaigne, fils de Mathurin Chaud ci-dessus et de Anne Charon.
5. Léonard Chaud, sgr de Boisdumont, fils des mêmes.
6. Jean Dauberoche, époux de Catherine Chaud, fille des mêmes, dont François, baptisé à Château-Ponsac le 12 février 1645.
De cette famille était Pierre Dauberoche, ou d'Auberoche, jésuite, docteur en théologie, prédicateur ordinaire du Roi, aumônier général des armées, curé d'Availle-Limousine de 1631 à 1640, puis bénédictin. Il a composé trois livres imprimés à Paris : le premier intitulé *Eloquentiæ Santarfa*, dédié au cardinal de Richelieu ; le second intitulé *Poesis Regia et Augusta*, dédié à Louis XIII, et le troisième intitulé *Prærogativæ Augustissimæ Virginis deiparæ cum selectissimis ad eam precibus*, dédié au cardinal Mazarin. Il était fils de François Dauberoche, contrôleur au Blanc, et d'Anne Chardebœuf, sa seconde femme. (Reg. par. de Saint-Maximin de Magnac-Laval.)
7. Pierre Laurens, s^r de Lacour, marié en premières noces, le 24 avril 1641, à Renée Delaforest, fille de Marc Delaforest et de Sébastienne Petitpied, et en deuxièmes noces, le 19 novembre 1656, à Jeanne Dumonteil, fille de Jean, s^r du Puy-Moucher, et de Mathurine Sornin.
8. Léonard Laurens, s^r du Chiron, conseiller du Roi à Montmorillon, fils de Pierre, s^r de Lacour, et de Renée Delaforest, marié, en 1675, à Julie Sornin, fille de Guillaume Sornin et de Suzanne Duvignaud. Ils eurent un fils, Marc-Léonard, s^r de la Besge, conseiller du Roi à Montmorillon, qui épousa, le 5 mars 1707, Marie-Anne Goudon, fille d'André, s^r de Lage, et de Marguerite Cœurderoy, dont André-Léonard, baptisé à Saint Martial de Montmorillon le 28 juin 1708.

mont et de Mlle de Flamaigne [1], fille de défunct Mr de Lage, assesseur en cette ville, et sommes icy retournez souper. Je les ay signez.

Le jeudy 28, M^r le lieutenant civil [2] est retourné de Paris icy. Il estoit party le 13 décembre précédent et est retourné avec Mr de Boisrémont. Il a esté condamné pour toutes réparations, dommages intérests et despens envers M^r le sénéchal [3] en la somme de six cens livres.

Juillet 1674, commencé par le dimanche.

Le dimanche 1er juillet, j'ay renvoyé mon fils, Paul [4], chez M^r le curé de Jouhec.

Le mardy 17, Mr de Vautibaut et moy sommes allez coucher chez Mr de Balantrut ; nous y estions allez pour dire adieu à Mr de Lérignat qui devoit aller sur les costes avec les autres gentilshommes de l'eslection de Poictiers, où M^r le duc de la Vieuville [5], gouverneur de Poictou, les avoit mandez pour s'opposer aux Holandois que l'on appréhendoit qui ne fissent descentes. Il estoit party, mais ne passa pas Melle, d'où son beau-père [6] luy conseilla de s'en retourner, et ainsi ne fit point le voyage. Nous retournâmes icy coucher le lendemain mercredy.

Le vendredy 20, tous les gentilshommes de l'eslection de Poictiers, en ce qui est du gouvernement, se sont ren-

---

1. Marguerite Delaforest, dite Mlle de Flamagne, fille de feu André Delaforest, s^r de Lage, et de feu Jacquette Richard.
2. Claude Micheau, s^r du Meslier, lieutenant civil.
3. Pierre du Chastenet, sgr de Mérignat, sénéchal.
4. Paul Demaillasson.
5. Charles de la Vieuville, duc et pair de France, mestre de camp du régiment de Picardie, lieutenant général des armées en la province de Champagne, avait été pourvu, par lettres patentes du 12 septembre 1664, de la charge de gouverneur et lieutenant général en la province de haut et bas Poitou, Châtelleraudais et Loudunais, vacante par la démission du duc de Roannez. (Voir, tome XV des *Arch. Hist. du Poitou*, les fêtes ordonnées à l'occasion de son entrée à Poitiers, le 24 mars 1665.) Il avait épousé, en septembre 1649, Françoise-Marie de Vienne, comtesse de Châteauvieux, dont René-François, marquis de la Vieuville, qui succéda à son père comme gouverneur du Poitou.
6. Benjamin Frottier, sgr de la Coste-Messelière et de Monchandy.

dus à Fontenay-le-Conte, selon l'ordre qu'en avoit envoyé M^r le duc de la Vieuville. Le s^r d'Effre [1] estoit cappitaine de ceux de cette séneschaussée. Il y eut le s^r de la Rhode [2] et le s^r de la Dauge [3] qui n'arrivèrent à Fontenay que deux jours après, qui ne voulurent pas se mettre de sa compagnie, et se mirent de celle de M^r le marquis de Foix de Vitré. Ils ne demeurèrent sur les costes que environ 15 jours.

Le jeudy 26, jour de Sainte-Anne, il grella en quantité de lieux. Il en tomba peu icy, mais quantité et de prodigieusement grosse, despuis le moulin de Roche jusques au delà du bourg d'Anthigny et dans plusieurs villages tant deçà que delà l'eau dans la ditte parroisse. Il en tomba aussi beaucoup du costé de Saint-Germain-sur-Vienne.

. . . .
. . . .
. . . . [4]

Septembre 1674, commencé par le sabmedy.

Le mardy 4, Lavergne Verdilhac [5], adjudicataire du bien de mon nepveu le Queiroir, et Gainier sont venus icy et s'en sont retournez le lendemain.

Le vendredy 7, Mrs Citois et du Cluseau sont venus icy et s'en sont retournez coucher au Peux le lendemain.

Le sabmedy 8, Mr de Vautibaut est allé à Poictiers pour tâcher de se garantir de marcher avec les maréchaussées et n'a rien fait. M^rs de l'Héraudière et Gaultier y estoient aussi allez. Ils sont retournez le lundy 10, fors Gaultier qui n'est pas venu que le mercredy.

---

1. Jacques Berthelin, sgr d'Aiffres et de Romagné, époux de Françoise Serizier.
2. François Baconnet, sgr de la Rode.
3. Pierre Fricon, sgr de la Dauge.
4. Il manque le mois d'août.
5. Robert de Verdilhac, s^r de la Vergne. En 1666, il avait été condamné à 100 livres d'amende pour usurpation de titre de noblesse.

Le mardy 11, j'ay esté à Poictiers pour le mesme suject et on m'a promis qu'en donnant un homme en sa place on le feroit exempter de marcher. Je suis retourné icy le lendemain.

Le dit jour mardy, Mr de Vautibaut est allé au Blanc et retourné le lendemain. Il y a mené Félix, son cadet, qu'il a laissé chez Mlle de Vautibaut [1].

Le dit jour mardy, Mr de Lérignat est venu céans et s'en est retourné le jeudy 13.

Le dit jour 13, M^r le séneschal [2] est retourné de Paris.

Le dimanche 16, Mr de Vautibaut au Blanc, de retour le mardy 18.

Le dit jour mardy 18, j'ay envoyé quérir mon fils Paul [3], qui s'en est après retourné chez son maistre, le 14 octobre.

Le dit jour mardy, après souper, ont esté contractez Mr Léonnard Chaud, s^r de Boisdumont [4], et damoiselle Marguerite de la Forest dite Mlle de Flamaigne, fille de défuncts Mr de Lage, assesseur en ce siège, et de damoiselle Jacquette Richard. Le contract receu par Veras avec son conotaire, lequel j'ay signé, et entre minuict et une heure, ils ont esté espousez en l'église de Saint-Martial par Mre Jean Bourau, curé. J'y ay assisté.

Le jeudy 20, la mareschaussée de cette ville est partie, sont allez coucher à Chastelleraut, où se sont aussi rendues toutes les autres marchaussées de la province, dont M^r l'intendant [5] a composé quatre compagnies et a donné le commendement de toutes à M^r de l'Héraudière. Il a incorporé dans la compagnie de M^r de l'Hérau-

---

1. Catherine Jacquet, veuve de François Ladmirault, s^r de Vautibaut.
2. Pierre du Chastenet.
3. Paul Demaillasson.
4. Il obtint, en vertu de l'édit de 1693, des lettres de noblesse qui furent enregistrées au bureau des finances de Poitiers le 9 novembre 1697. (Arch. Vien. C 35.)
5. Thomas Hue de Miromesnil.

dière celle du prévost du Blanc. Le fils aisné [1] du s[r] Gaultier fut nommé lieutenant de la compagnie de M[r] de l'Héraudière par M[r] l'intendant ; et le s[r] de la Dalerie [2], lieutenant de la compagnie du prévost de Poictiers [3], qui estoit commendée par un des lieutenans du dit prévost nommé [4]. .

. . . . Le prévost n'y estoit pas ; les deux autres compagnies estoient commandées, l'une par le prévost de La Rochelle [5], et l'autre par le prévost de Saint-Maixant [6]. Mr de Vautibaut mit en sa place le fils aisné de défunct Audru, d'Anthigny, et M[r] le procureur du Roy [7] mit en la sienne Bonnin [8], gendre de défunct Veras, le notaire, auquel il donna 25 pistoles. Ils eurent route pour se rendre jusques à Noyon, où ils ne séjournèrent qu'un jour, et on les envoya à Saint-Quentin et de là s'en retournèrent tous presque par la mesme route jusques à Chastellerault, où ils arrivèrent le jeudi 22 novembre, et se rendirent icy le lendemain. M[r] de l'Héraudière ne s'y rendit que le sabmedy 24, parce qu'il fut passer à Poictiers. Le s[r] de Jeu [9] et le s[r] du Chiron [10], fils du s[r] de la Cour [11], de Morterol, firent le voyage.

Le dimanche 30 septembre, mon nepveu le Queiroir est allé voir sa mère et s'en est retourné céans le sabmedy 20 octobre ensuivant et Gainier est venu avec luy.

. . . .

---

1. François Gaultier, s[r] des Laises, fils de Germain Gaultier, s[r] des Laises, lieutenant en la maréchaussée de Montmorillon, et de Marie-Renée Fournier.
2. Jean Pian, s[r] de la Dallerie, assesseur en la maréchaussée.
3. Louis Legeay, s[r] de la Contaudière, prévôt de la maréchaussée à Poitiers.
4. Laissé en blanc. Peut-être Mathieu Legeay, s[r] de Landrière, parent du précédent.
5. Jacques-Hélie Girardon, s[r] des Curolles.
6. Pierre Birot.
7. Pierre Richard, s[r] de la Berthonnerie, procureur du Roi.
8. Jérôme Bonnin, s[r] de Chavaigne, marié à Jeanne Veras, fille de feu François Veras, notaire royal, et de Nicolle Goudon.
9. Charles Goudon, s[r] de Jeu.
10. Léonard Laurens, s[r] du Chiron.
11. Pierre Laurens, s[r] de Lacour.

. . . .
. . . . ¹.

Novembre 1674, commencé par le jeudy.

Le jour de la Toussaincts, Mʳ Le Maistre, conseiller au parlement, a passé icy venant de Paris, y a ouy messe et s'en est allé coucher à Persac.

Le dimanche, jour de Saint-Martin, Mˡˡᵉ la lieutenante criminelle ² est partie avec le sʳ de la Bedouche ³ et sa femme ⁴ et le dernier des enfans de défunct Taillebaut ⁵, de la Trimouille, pour aller à Saumur et de là à Tours, et est retourné icy le mercredy 21.

Le mercredy 14, Mʳ de Vautibaut et moy sommes allez coucher à Lérignat, et, le vendredy 16, disner chez Mʳ Le Maistre, à Persac, où vindrent Mʳˢ le lieutenant civil ⁶, procureur du Roy ⁷, et Boisrémond, et après disner nous retournâmes icy tous avec mon dit sʳ Le Maistre qui fut coucher chez Mʳ le sénéchal ⁸, où nous le conduisîmes jusques à la porte et le fûmes voir en corps le lendemain. Il s'en retourna à Persac dimanche, et ne fut voir icy personne.

Le jeudy 15, Mʳ de Fellet et Gainier icy et, le lendemain 16, il me remit son compte pour la curatelle de mon nepveu ⁹ entre les mains avec les pièces justificatives pour y fournir de blâmes, et s'en retournèrent le sabmedy 17.

Le ¹⁰. . . . . Mʳ de Vautibaut est allé au Blanc. Son frère est mort le ¹⁰. . . . .

---

1. Il manque le mois d'octobre.
2. Louise Gaultier, femme de Louis Richard, sʳ des Ors, lieutenant criminel
3. Jean Naude, sʳ de la Bedouche.
4. Jeanne Bonnestat.
5. Simon Dechastenet, sʳ de Taillebaut. Il avait épousé Florence Naude.
6. Claude Micheau, sʳ du Meslier.
7. Pierre Richard, sʳ de la Berthonnerie.
8. Pierre du Chastenet.
9. Pierre Clavetier, sʳ du Quéroir.
10. Laissé en blanc.

Décembre 1674, commencé par le sabmedy.

Le jeudy 6 décembre, Mr de Vautibaut et moy sommes allez à Saint-Savin pour reigler un différend d'entre Mr de Bourcavier [1], que nous avons pris en passant à Pruniers, et ma sœur de la Mothe, touchant une tenue appellée des Rivières, proche du dit Saint-Savin, et avons tous disné chez Billette, maître tanneur, et sommes retournez icy le mesme jour.

Le lundy 10, Mr de Vautibaut et moy sommes allez au Dorat pour compter avec du Noyer de quelques arrérages de rente qu'il prétend avoir payez pour la mestayrie de la Favrie, à la recepte de l'Isle-Jourdain, desquels Mr de Lagebertye est condamné de le rembourser. Nous n'avons rien fait à cause que le dit du Noyer n'a voulu passer en compte plusieurs acquits du dit s^r de Lagebertye, ou quoy que ce soit de défunct Mr Clavetier, qu'il avoit retirez des fermiers de l'Isle, des payemens qu'il avoit fait des dites rentes. Gainier y estoit, et nous sommes retournez icy le mardy 11.

Le sabmedy 15, Fleuron [2] est allée voir Mlle de Balantrut [3] à Lérignat. Le Queiroir y est allé la quérir, le vendredy 21, et sont icy retournez le sabmedy 22.

Le jeudy 27, M^r et Mlle de la Sinne [4] et la fille [5] de

---

1. Charles Fricon, sgr de Bourcavier, fils d'Isaac Fricon et de Marguerite Vezien, baptisé à Antigny le 5 février 1626. Il épousa Anne Jacques, fille de François Jacques, sgr de Pruniers, et d'Anne Prévost, et fut enterré à Antigny le 23 août 1698, en présence de René Fricon, sgr de la Vigerie, capitaine de dragons au régiment de Vérac, son fils, et de Marie Barachin, femme de ce dernier.
2. Fleurence Demaillasson.
3. Magdeleine Clavetier, femme de Philippe de Guillaumet, sgr de Balentru.
4. Florent Fricon, sgr de la Signe, fils de Pierre Fricon, sgr de la Dauge et de Chez-Bobin, et de Renée Vérinaud, baptisé à Latus le 23 juin 1642, et Marie de Guillaumet, son épouse, fille de Philippe, sgr de Balentru, et de Gabrielle de Marans.
5. Anne-Marie de Mancier, dite Mlle Ninon, fille de Pierre, sgr de Puyrobin, et de Marguerite de Guillaumet.

Mr de Puyrobin sont arrivez céans à disner. Ils venoient de Pruniers. Ils s'en sont retournez le sabmedy 29.

Le dimanche 30, Mr de Vautibaut est allé au Blanc et s'en est retourné le lendemain.

Le dit jour 30, Mr de Congneux[1], marquis de Bélâbre, conseiller au Grand Conseil, est venu coucher chez Mr le sénéchal[2] et s'en est retourné le lendemain.

La nuict du 30 au 31, la femme[3] de Me François Clabat, appoticaire, est accouchée d'un garçon et d'une fille qui ont esté baptisez à Saint-Martial, le dit jour 31, et sont décédez peu après.

Année 1675, commencée par le mardy.

Le vendredy 25 janvier, Mlle la jugesse[4] est accouchée d'un garçon, environ les dix heures du matin, lequel a esté baptisé, le lundy 28, par Mre Jean Bourau, curé de Saint-Martial, et nommé Pierre[5]. Le sr sénéchal et damoiselle Marguerite Mérigot ont esté parrain et marraine.

Février 1675, commencé par le vendredy.

Le sabmedy 9, Mr de Vautibaut est allé à Poictiers et en est retourné le sabmedy 16.

Le lundy 11, la fille cadette[6] de Pommerède a esté

---

1. Gabriel Le Coigneux, marquis de Bélâbre, conseiller au Grand Conseil en 1673, maître des requêtes de l'hôtel du Roi le 30 mai 1680. La terre de Bélâbre (Indre), mouvant de la Tour de Maubergeon, avait été érigée en marquisat par lettres de février 1650, registrées au Bureau des finances de Poitiers le 1er mars 1684.
2. Pierre du Chastenet.
3. Anne Dumonteil.
4. Marie Mérigot, femme de François Dalest, juge prévôt.
5. François-Héliot, d'après le registre paroissial. Procureur du Roi à Montmorillon, il épousa Jeanne Pian, fille de Jean, sr de la Dallerie, et de Catherine de Litterie, dont il eut Jean-Baptiste, baptisé à Saint-Martial le 7 février 1717.
6. Catherine Brisson, fille de Pierre Brisson, sr de Pommerède, cabaretier à Montmorillon.

espousée, en l'église de Saint-Martial, avec le fils Delage [1], mareschal, par Mre Jean Bourau, curé.

Le lendemain 12, Anne [Violet], dite la Valoize, tailleuse, a esté espousée avec Mathurin Boucher [2], dit Cormier, fils cadet de Christophe Boucher [3], dit le Prince, arquebuzier, par le dit s^r Bourau.

Le mardy 19 [4], la fille aisnée [5] d'Abraham Perrineau, maître tanneur, a aussi esté espousée avec [Léonard] Rochier, de Bélâbre, qui estoit en apprentissage chez le dit Perrineau, par le dit s^r curé.

Le dit jour, a aussi esté espousée, par ledit s^r curé, la fille du nommé Montolivette [6], secrétain de la dite église, avec Michel Bernard dit Boutilhon, cherpantier [7].

1. Louis Delage. Leur fils, Fleurent, marchand mégissier à Montmorillon, épousa, par contrat du 30 juin 1713, Marguerite Moreau, femme de chambre de Marie Blondel, veuve de Gabriel de la Porte du Theil, fille de feu Jacques Moreau, bourgeois, et de Marguerite Nay. La future se constitue en dot : 1° la somme de 900 livres à elle due par Joseph Blondel, éc., sgr de Gagny, conseiller, trésorier général des bâtiments de Sa Majesté ; 2° la somme de 500 livres à elle due par François Blondel, éc., sgr de Puisolle, conseiller, secrétaire et intendant des bâtiments du Roi. Etaient présents au contrat : M^res Louis Brisson, prêtre, prieur de Saint-Rémi ; Jean Brisson, archiprêtre de Lussac et curé de Moussac-sur-Vienne, oncles maternels du futur, et Fleurent Dufour, son beau-frère. (Arch. Vien. E² 258.)
2. Fils de Christophe Boucher et de Louise Barbarin.
3. Le 8 avril 1681, Christophe Boucher, maître arquebusier à Montmorillon, déclarait tenir de Mre Guillaume Luce, bachelier en Sorbonne, chapelain de la chapelle de Saint-Michel desservie en l'église de Saint-Martial de Montmorillon, quatre quartiers et demi de vigne et trois quarts de boisselée de terre au lieu dit le Billerot, au devoir de un sol et trois deniers de rente noble, féodale et foncière. (Arch. Vien. G¹⁰ 12.)
4. Le 18, d'après le registre paroissial.
5. Jeanne Perrineau.
6. Catherine Blanchard, fille de Blanchard dit Montolivette, sacristain de Saint-Martial.
7. En 1682, Pierre et Michel Bernard, maîtres charpentiers à Montmorillon, avaient l'entreprise de certains travaux à exécuter à l'église de Saint-Martial « un lambris, un tambour à la porte, la charpente de l'ancienne sacristie qui est du costé du prieuré, devant y avoir une petite chambrette par le dessus pour le prédicateur. Tous lesquels ouvrages doivent estre faits et parfaits dans le terme et temps de la feste de Tous les Saints de l'année mil six cens quatre-vingt-trois, et ce pour le prix et somme de 530 livres, en leur fournissant tous matériaux ». L'acte passé par Me Augier, s^r du Peux, notaire royal. (Reg. par. de Saint-Martial.)

— 396 —

Le mercredy 20, le fils [1] de [Jean de] La Chèze, dit Chauchepaille, marchand, a esté espousé, par le dit s^r curé, avec la fille [2] de Morice Pérot [3].

Le sabmedy 23, Mlle Ninon [4], fille de Mr de Puyrobin, est venue céans et s'en est retournée le mardy 12 mars ensuivant.

La nuict du sabmedy 23 au dimanche 24, [Jean] Gautier, s^r de Beumont, a esté espousé, par le dit s^r curé, avec dame [Jeanne] Bonnin, fille de Me Charles Bonnin, s^r de Tervanne, procureur, et de défuncte dame Marie Jacquet.

Au mesme temps [5], la fille aisnée [6] du jeune Bayonne, boucher, a aussi esté espousée, par le dit s^r curé, avec un garçon chapelier [7] de la ville du Blanc.

Le soir du lundy gras 25, Pierre Guillemin, s^r de la Bussière, et damoiselle Elisabeth de Maillasson, ma petite niepce et filleule, fille aisnée de Me François de Maillasson, enquesteur, mon neveu, ont esté contractez. Jacquet a receu le contract que j'ay signé, et ensuitte ont esté espousez par le dit s^r curé, environ une heure après minuict.

Quelques jours auparavant [8], damoiselle Marie Goudon, fille de défunct Me Fleurant Goudon, escuyer, s^r de l'Héraudière, et de damoiselle Jeanne Richard, et [Mathieu] Cytois [9], fils aisné de Mr Cytois, esleu à Poictiers, ont esté espousez dans l'église de Saint-Cybard du dit Poictiers.

---

1. Jean Delachèze.
2. Marguerite Pérot.
3. Maître tailleur d'habits à Montmorillon.
4. Anne-Marie de Mancier, dite Mlle Ninon.
5. Le 24 février.
6. Catherine Giraud, fille de Giraud dit Bayonne.
7. Gilbert Lestoré.
8. Le 18 février.
9. Mathieu Citoys, s^r de la Marberie, fils de René Citoys, s^r du Breuil, et de Marthe Constant. Devenu veuf, il embrassa l'état ecclésiastique et devint chanoine de l'Eglise de Poitiers, où il obtint la dignité de grand-chantre.

Mars 1675, commencé par le vendredy.

Le mardy 12 mars 1675, Mʳ de Vautibaut et mon neveu le Queiroir sont allez coucher à Lérignat et y ont emmené Mˡˡᵉ Ninon de Puyrobin [1], et le jeudy 14, Mʳ de Vautibaut s'en est retourné et le Queiroir alla dire adieu à sa mère [2], d'où il retourna le 18 céans, à disner, avec la Forest, lacquays de Mʳ de Lagebertye, et amenèrent ses chevaux.

Le sabmedy 16 mars, environ les quatre heures du matin, est décédé Mᵉ Félix Mérigot, sʳ du Chefs, prestre, et qui avoit esté cy-davant curé de la parroisse de Lastus, et estoit conseiller en ce siège, aagé d'environ 67 ans, et a esté enterré, le dit jour, dans l'église des Augustins de la Maison-Dieu, un peu au deçà de la chaire du prédicateur.

Le mardy 19, environ les trois heures après midy, est décédé René Estevenet, sʳ de la Verdrie, lequel, depuis la mort de sa femme [3] ou quoy que ce soit quelque temps après, avoit quitté l'hostellerie du Cheval-Blanc, et a esté enterré, le lendemain mercredy, en l'église de Nostre-Dame. Il estoit aagé de près de 76 ans.

Le dit jour mercredy, Gainier est venu céans et s'en est retourné le lendemain.

Le dit jour mercredy, Mʳ de Vautibaut est allé au Blanc. Mʳˢ le prévost de Nostre-Dame [4], les lieutenans civil [5] et criminel [6] et Gaultier [7] y sont aussi allez et retournez avec luy le sabmedy 23.

Le jeudy 21, mon neveu le Queiroir est party sur les chevaux de Mʳ de Lagebertye avec Marc, l'un des facteurs

---

1. Anne-Marie de Mancier de Puyrobin, dite Mˡˡᵉ Ninon
2. Marie de Maroix.
3. Jeanne Sansignier.
4. Louis Grault.
5. Claude Micheau, sʳ du Meslier
6. Louis Richard, sʳ des Ors.
7. Germain Gaultier, sʳ des Laises.

du messager de Rochechouard à Paris, où il est arrivé le mardy 26.

Le dit jour de jeudy 21, environ une heure et demie après midy, est décédée dame Fleurance Vachier [1], vefve de défunct Me Jean Poincteau, advocat, aagée d'environ 58 ans, après une très longue maladie. Et est morte ectique et a esté enterrée, le lendemain, dans l'église des Augustins, près le 2e confessionnal en entrant.

Avril 1675, commencé par le lundy.

Le dimanche des Rameaux 7, j'ay envoyé quérir mon fils [2] et l'ay renvoyé chez M[r] le curé de Jouhé, son maistre, le lendemain de Quasimodo 22.

Le mercredy 24, Mr de Vautibaut est allé à Saint-Bonnet, pour la nomination d'un tuteur aux enfans mineurs des défuncts s[r] et damoiselle de Champagnat [3], où il avoit esté assigné, et a mené Mr Augier avec luy pour l'empescher d'estre nommé tuteur ; la chose a esté remise.

Le vendredy 26, Mme de Lérignat [4] est accouchée d'une fille, laquelle est décédée quelque temps après.

Le dit jour, la femme [5] du s[r] de la Dallerie est accouchée d'un garçon qui a esté baptisé le [30 du dit mois] et nommé François. Le s[r] juge prévost [6] et la damoiselle Litry, mère de l'accouchée, ont esté parrain et marraine. Il n'a pas vescu longtemps.

---

1. Fille d'Antoine Vachier, s[r] de Crémiers, et de Diane Martinet.
2. Paul Demaillasson.
3. .... Guiot, sgr de Champagnac.
4. Gaspard de Guillaumet, sgr de Nérignac, et Catherine Frottier eurent encore : Marie-Martine, née le 11 novembre 1677, baptisée le 22 du même mois et inhumée le 26 décembre suivant ; Etienne-Bonaventure, né le 1er avril 1679, baptisé le 3 du même mois et inhumé le 15 mai suivant ; Philippe-Hyacinthe, baptisé le 16 août 1680 ; Louise-Elisabeth, née le 14 février 1682, baptisée le 3 avril suivant ; Gaspard-Basilide, baptisé le 27 juin 1683, marié, en février 1702, à Marguerite Abrioux, veuve de Joseph Bigaud, s[r] de Buxerolles. (Reg. par. de Moussac-sur-Vienne.)
5. Catherine de Litterie, femme de Jean Pian, s[r] de la Dallerie.
6. François Dalest.

May 1675, commencé par le mercredy.

Le mercredy 8, les dits srs Augier et Vautibaut sont allez à Bussière-Poictevine pour la tutelle des mineurs du défunct sr de Champagnat. Le sr Le Beau y est aussi allé pour la mesme chose, lequel a fait des offres que les parens ont acceptées. La chose a encore esté remise à quinzaine.

Le mardy 14, Mr de Vautibaut est allé passer à Confolent pour prendre des lettres de recommandation pour le sr des Termes [1], juge de Champagnat, et le mercredy est allé à Bellac pour les luy présenter, affin de faire remettre l'affaire à trois semaines, mais il ne gaigna rien. Il retourna le jeudy 16.

Le mercredy 22, Mr de l'Espau [2], grand sénéschal de la Marche, qui se rencontra icy, Mr Augier et Mr de Vautibaut sont allez au dit lieu de Bussière où le sr Saint-Mars [3], d'Alloue, oncle des dits mineurs, a esté nommé curateur par la plus grande voix des parens. Ils sont tous retournez icy le dit jour.

Le sabmedy 25, Mr de Vautibaut est allé à Poictiers, s'en est retourné le mercredy 29 avec ma niepce du Cluseau, Mr et Mlle Cytois [4].

Le jeudy 29, Mr le lieutenant criminel [5] est party pour aller à Paris pour un procez qu'il a contre Lavaudieu [6], procureur fiscal de Brosse ; de retour le 30 aoust ensuivant.

---

1. Jean Gallicher de la Salle, sr des Thermes, juge châtelain de Champagnac, décédé à Bellac, le 25 juin 1676, à l'âge de 67 ans.
2. Paul de Nollet, sgr de l'Espaux, du Mas-du-Bost, d'Aurillac et de la Grange, fils de Paul, sgr de l'Espaux, et de Marie Guiot de la Vergne, fut pourvu de la charge de sénéchal de la Basse-Marche par lettres du 20 avril 1671.
3. Marc Guiot, sgr de Saint-Marc, fils de Marc Guiot et de Françoise Gourdin.
4. Mathieu Citoys et Marie Goudon, son épouse.
5. Louis Richard, sr des Ors.
6. Jean Bastide, sr de Lavaudieu.

Juillet 1675, commencé par le lundy.

Le mardy 9, Salut pendant neuf jours à Saint-Martial et aux Récollects et le lendemain aux Augustins et aux Religieuses pour obtenir du beau temps.

Le jeudy 11, Mrs de Nostre-Dame firent la procession où fut porté l'image de la Sainte Vierge et commencèrent aussi un Salut qui continua pendant neuf jours, et les soirs, ils donnèrent la bénédiction du Saint Sacrement. Ce qui fut aussi fait dans toutes les autres églises, excepté à Saint-Martial, et le mesme jour que l'on fit la procession la pluye cessa et le beau temps continua jusques au 28.

Le jeudy 18, Mr de Vautibaut et moy sommes allez coucher à Lérignat et le lendemain disner à Saint-Germain et retournez disner le dimanche 21 à Lérignat, et avons, en passant, ouy la messe à Saint-Paixant, et nous sommes rendus icy le lundy 22, et passé à Lussac à la foire.

Le jeudy 25, Mr de Vautibaut et moy sommes allez à Anthigny et retournez icy le mesme jour.

Le dit jour, M^r et Mlle Citoys sont retournez à Poictiers et Mlle Daubière est partie avec eux. Mr Daubière a rendu le compte de Mlle Citoys pendant qu'ils ont esté icy.

Le dit jour, M^r le séneschal [1] est aussi allé à Poictiers où il a mené ses deux sœurs [2] et sa fille [3] et de là les a conduites à Fontevrault et y a laissé sa sœur, religieuse du dit ordre, et sa fille, et s'en est retourné avec la religieuse de cette ville icy le vendredy 2 aoust.

Le lundy 29, Gainier est venu céans et le lendemain est party pour Poictiers. C'estoit à cause d'une assignation donnée à Mr de Lagebertye à la requeste de la Chéronnie.

---

1. Pierre du Chastenet.
2. Gabrielle du Chastenet, entrée à l'abbaye de Fontevrault le 8 octobre 1652, et Marie-Thérèse du Chastenet, entrée au couvent de Saint-Joseph de Montmorillon (ordre de Saint-François) le 27 janvier 1664. (Arch. Vien. E² bis 250.)
3. Magdeleine-Elisabeth du Chastenet.

Aoust 1675, commencé par le jeudy.

Le 1er aoust, M*me* de Villedon [1] est venue en cette ville pour y demeurer.

Le sabmedy 3, ma cousine de Boisdumont [2] est accouchée d'une fille, entre neuf et dix heures du matin, laquelle a esté baptisée en l'église de Saint-Martial, par M*re* Jean Bourau, curé, le [11 septembre], et a esté son parrain, M*r* Chaud [3], père du dit s*r* de Boisdumont, et marraine, M*lle* l'Héraudière [4], sœur de la dite accouchée. A esté nommée Jeanne [5].

Le jeudy 8, Fleuron [6] a esté attaquée de la petite vérolle dont elle a esté très mal.

Le dimanche 18, M*r* de Vautibaut [7] et moy sommes allez à Poictiers où il s'est fait recevoir en mon office d'advocat du Roy que j'avois exercé despuis le mois de novembre 1648. Il a tiré la loy le mercredy 21, l'a rendue le vendredy 23, après quoy il a esté receu avec applaudissement de tous M*rs* ses juges et a presté le serment au mesme instant. M*r* Lespinay Richeteau [8], sous-doyen des conseillers du présidial, estoit son rapporteur. Nous sommes retournez icy le dimanche 25.

Le lundy 26, M*e* André [9] de Chaulme dit Rabillon,

---

1. Catherine Ladmirault, femme de Jean de Villedon, capitaine de cent hommes d'armes au régiment de Rouergue. Le 24 février 1668, Jean de Villedon et sa femme affermaient à Jacques Gourdonneau, marchand, demeurant au bourg d'Asnières, pour cinq années et moyennant la somme de 296 livres 9 sols et 6 deniers par an, les dîmes dépendant de la seigneurie de Villedon qui ont coutume d'être levées sur les villages de Chez-Poirier, la Grange-de-Villedon, Chez-Mallet, Chez-Collin et Chez-Gailledrat. (Arch. Vien. G⁹ 4.)
2. Marguerite Delaforest, femme de Léonard Chaud, sgr de Boisdumont.
3. Mathurin Chaud, sgr de la Chassaigne.
4. Marie Delaforest, femme de Pierre Goudon, sgr de l'Héraudière.
5. Marie, d'après le registre paroissial.
6. Fleurence Demaillasson.
7. Louis Ladmirault, s*r* de Vautibaut.
8. Jean Richeteau, s*r* de l'Epinay.
9. René, d'après le registre paroissial.

troisiesme des enfans de défunct Pierre de Chaulme, sr du Monteil, et dame [Marguerite] Allange, fille cadette de défunct Louis Allange, sr de Peufran, ont esté espousez, en l'église de Saint-Martial, par Mre Jean Bourau, curé.

Septembre 1675, commencé par le dimanche.

Le vendredy 20, je suis allé à Poictiers pour l'accommodement de ma sœur de la Mothe [1] avec les héritiers de son mary, et avons passé une transaction et ay traité de tout ce qui leur pouvoit revenir aux uns et aux autres, et ont cédé tous leurs droits à ma dite sœur. La dite transaction est du 21, receu par Bourbeau et son compaignon. Mr Augier et moy y sommes allez ensemble, et a dressé la dite transaction et sommes retournez icy le lundy 23.

Octobre 1675, commencé par le mardy.

Le mercredy 9, je suis allé à Saint-Savin et suis retourné icy le mesme jour.

Le sabmedy 26, Mr de Vautibaut et moy sommes allez coucher au Peux chez Mr du Cluseau. Le dimanche, nous sommes allez chez Mr de Balantrut. Le lundy, j'ay esté à l'Isle et retourné coucher à Lérignat, et le mardy 29 nous sommes retournez icy avec Maillasson [2] qui estoit venu à Lérignat le dimanche.

Novembre 1675, commencé par le vendredy.

Le dimanche 3, j'ay esté disner chez Mr du Cluseau au Peux où j'ay mené Maillasson [2], et le lendemain sommes allez avec Mr du Cluseau coucher à Poictiers chez luy et le mardy 5, j'ay mis Maillasson [2] en pension chez Mr Girard, professeur de philosophie au collège de Puygarreau, à 280 livres de pension, sans la blanchissure et la chandelle,

---

1. Fleurence Demaillasson, veuve de Pierre Delamothe, sr des Chaussidiers.
2. Paul Demaillasson.

dont j'ay payé au dit sieur Girard pour un cartier 70 livres, et le soir, Mr du Cluseau et moy sommes retournez coucher au Peux et me suis rendu icy le mercredy 6 au soir.

Le dit jour dimanche 3, Mr de Vautibaut est allé voir sa mère [1] au Blanc et est retourné icy le jeudy 7.

Le dimanche 10, M^r et Mme de Lérignat [2] sont venus céans pour ouïr les harangues du premier jour de droict et sont retournez le jeudy 14.

Le mardy 12, Mlle de Vautibaut est venue chez son fils [3], et le mercredy 13 a esté faite l'ouverture des audiances par Mr de Vautibaut. M^r le séneschal [4] a aussi harangué.

Le jeudy 14, j'ay esté faire apprécier les bestiaux de Marin où j'ay mené le mestayer du Léché.

La nuict du jeudy 14 au vendredy 15, est décédé Me Laurens Allex [5], sergent royal en cette ville, et a esté, le dit jour 15, enterré au cimetière de Saint-Martial. Il estoit aagé de 80 quelques années, et est mort d'une débauche qu'il fit 7 ou 8 jours auparavant chez Le Merle [6].

Le lundy 18, j'ay esté à Poictiers pour parler au s^r de Bessé [7], commis à la recepte des tailles, touchant mon privilège de maître des requestes de la défuncte Reine Mère, et avons arresté que j'en escrirois à mon beau-frère de Lagebertye. J'ay logé chez Mr du Cluseau et suis retourné le mercredy 20. Mr de Lagebertye m'a mandé du depuis qu'il n'y avoit rien à faire, ce qui m'a obligé de me faire employer sur le roolle des tailles de l'année 1679 à 30 livres.

---

1. Catherine Jacquet, veuve de François Ladmirault, s^r de Vautibaut.
2. Gaspart de Guillaumet, sgr de Nérignac, et Catherine Frottier, son épouse.
3. Louis Ladmirault, s^r de Vautibaut.
4. Pierre du Chastenet.
5. Il avait épousé Françoise Martinet, dont il eut Simon, baptisé à Saint-Martial de Montmorillon le 25 mai 1626, et Louise, mariée à François Massonneau.
6. Barthélemy Viault dit le Merle, cabaretier.
7. Jean de Bessé.

Le sabmedy 23, ma femme est allée voir Mlle de Balantrut [1], sa sœur, à Lérignat, et s'en est retournée céans le vendredy 29.

. . . .
. . . . [2].

Janvier 1676, commencé par le mercredy.

Le jeudy 2, Mr de Vautibaut est allé à Poictiers avec Mr Daubière qui s'y en retournoit, et est revenu le sabmedy 4.

Le mardy 7, Mr de Vautibaut est allé à Lérignat voir Mr de Balantrut qui s'estoit trouvé mal, et s'en est retourné le jeudy 9.

Le dit jour 9, la mareschaussée de cette ville a fait reveue au Temple devant M^r Le Peultre [3], thrésorier de Poictiers, comme subdélégué de M^r l'intendant [4].

Le mercredy 8, environ les 11 heures du soir, est décédé André Moreau, aagé d'environ 75 ans. Il ne s'estoit trouvé mal que le dit jour environ vespres. Il a esté enterré, le lendemain 9, au cimetière de Saint-Martial.

Le lundy 13, j'ay esté à Lérignat voir Mr de Balantrut qui estoit tousjours malade et suis retourné céans le mercredy 15, et le lendemain, j'y ay envoyé le médecin de cette ville qui s'en est retourné le vendredy 17 et l'a laissé fort mal.

Le dit jour vendredy 17, environ les 8 heures, Jeanne [Bernard], femme de Me Niclou [5], cordonnier, nostre voisin, est décédée. Elle avoit eu une perte estant grosse et

---

1. Magdeleine Clavetier, femme de Philippe de Guillaumet, sgr de Balentru.
2. Il manque la fin de novembre et le mois de décembre.
3. Philippe Le Peultre, sgr de Sautonne et de la Grandmaison, trésorier de France en 1661, inhumé à Poitiers, le 17 septembre 1721, dans l'église de Saint-Pierre-l'Hospitalier.
4. René de Marillac.
5. Joseph Dechassaigne, dit Niclou, cordonnier.

s'estoit blessée, ce qui la fit mourir. Elle a esté enterrée, le lendemain sabmedy, au cimetière de Saint-Martial.

Le dit jour sabmedy 18, Mr de Vautibaut est de rechef allé à Lérignat voir Mr de Balantrut qui estoit tousjours fort mal, et est retourné le lundy 20.

Le vendredy 24, Mr des Ages [1], bailly du Blanc, est venu icy, s'en est retourné le lendemain après disner au Blanc, et le dimanche, environ minuict, est décédé de mort subite.

Le sabmedy 25, Mme de Lérignat m'ayant mandé le jour précédent d'y aller et qu'elle ne croyoit pas que Mr de Balantrut passast la nuict, et prié de faire faire le luminaire et le faire porter, nous y fûmes coucher, Mr de Vautibaut et moy, et l'ayant trouvé qui se portoit mieux, Mr de Vautibaut s'en retourna le dimanche 26 et moy le lundy 27. Il estoit pourtant tousjours fort mal.

Le mercredy 29, Fleuron [2] a esté coucher chez Mr de la Dauge [3], au lieu appellé Chez-Boby, et le lendemain la fille dont Mlle de la Sine [4] estoit accouchée le mercredy 22, environ les 10 à 11 heures du soir, a esté baptisée, en l'église de Lastus, par le sr Merlet [5], curé. Le fils [6] de Mr de Saint-Estienne a esté parrain, au lieu de son père qui se trouva indisposé, et Fleuron, marrine. A esté nommée Marie-Fleurance. Fleuron s'en est retournée le sabmedy 1er février.

Le jeudy 30, Mlle la jugesse [7] est accouchée d'un garçon [8].

Le dit jour, damoiselle Marie de Maroys, vefve en

---

1. Antoine Jacquet, sr des Ages.
2. Fleurence Demaillasson.
3. Pierre Fricon, sgr de la Dauge.
4. Marie de Guillaumet, femme de Florent Fricon sgr de la Signe.
5. Jean Merlet, curé de Latus.
6. Nicolas-Sylvain de la Lande, sgr de Lavau-Saint-Etienne, fils de Jean, sgr de Lavau, et de Françoise Filleau.
7. Marie Mérigot, femme de François Dalest, juge prévôt.
8. René, baptisé à Saint-Martial le 1er février suivant.

première nopce de défunct mon beau-frère du Queiroir, et à présent femme de Jean de Pons, escuyer, s^r de Fellet, est décédée au chasteau de Fellet.

Février 1676, commencé par le sabmedy.

Le lundy 3, environ les quatre heures du soir, Philippes de Guillaumet, escuyer, s^r de Balantrut, aagé de 79 ans et 11 mois, est décédé dans sa maison de Masgodar et a esté enterré, le lendemain, dans leurs sépultures de l'église de Lérignat, dans le chœur de la dite église, à costé droict en entrant.

Le dit jour mardy 4, Mr de Vautibaut et moy sommes partis pour assister à l'enterrement du dit s^r de Balantrut, qui estoit fait quand nous arrivâmes.

Le lendemain 5, nous commençâmes à faire une description des meubles, qui fut parachevée le vendredy 7, et ne se trouva que 133 livres quelques sols d'argent. Nous retournâmes icy le dit jour.

Le sabmedy 8, nous avons envoyé Fleuron [1] à Lérignat pour se tenir auprès de Mlle de Balantrut qui la demendoit.

Le jeudy 10, j'ay esté à Lérignat pour assister au service de deffunct Mr de Balantrut qui s'y est fait et suis retourné icy coucher.

Le 17, jour du lundy gras, environ 11 heures du matin, ma fille Vautibaut est accouchée d'un garçon qui est son troisiesme fils, lequel a esté baptisé, à Saint-Martial, par Mre Jean Bourau, curé, le jeudy ensuivant 20, et nommé Louis-Ornuphle. Me Louis Richard, lieutenant criminel, a esté parrain, et ma fille Fleurance, marrine. Nous l'envoyâmes quérir, le jour précédent, exprès à Lérignat.

La nuict du sabmedy 22 au dimanche 23, M^e [Pierre] Gaultier, s^r de Chavaigne, est décédé et a esté enterré, le

---

1. Fleurance Demaillasson.

dit jour dimanche, en l'église de Saint-Martial, un peu au-dessus la chaire du prédicateur. Il ne fut malade que deux jours et mourut d'une débauche.

Le dit jour dimanche, Mr de Vautibaut et moy fûmes coucher à Lérignat pour faire l'inventaire des papiers que nous commençâmes le lendemain, et fut parachevé le 4 mars, jour de mercredy, et nous retournâmes icy le jeudy, à 11 heures du matin, 5 du dit mois.

Le jeudy 27 février, Mr Augier est party pour Paris, pour le procez du prétendu mariage de sa fille[1] qui avoit esté déclaré nul, à cause de l'impuissance du sr de la Vau[2], qui l'avoit espousée le 7 may 1674, par sentence de l'official de Poictiers, et confirmée par l'auditeur. Il s'en est retourné icy le 28 juillet ensuivant, sans avoir fait juger qu'une provision.

Mars 1676, commencé par le dimanche.

La nuict du vendredy 6 au sabmedy 7, Lacroix, boulanger, est décédé et a esté enterré, ledit jour sabmedy, dans le cimetière de Saint-Martial.

Le lundy 9, j'ay esté à Lérignat pour quérir Mlle de Balentrut, ma belle-sœur, que j'ay amenée le mesme jour céans pour demeurer avec nous.

Le dit jour, Mr du Cluseau est arrivé icy qui venoit de Bourge, et le lendemain est allé coucher au Peux. Mr de

---

[1]. Anne Augier.
[2]. Le 20 janvier 1675, Jacques Dalest, sr de Lavau, comparut devant un congrès composé de MM. Umeau, Cothereau, Delugré, Mauduit, docteurs en médecine de l'université de Poitiers, et de MM. Herpin et Plassays, chirurgiens jurés de la même ville, tous nommés d'office, le 18 précédent, par Mr de la Borde, docteur en théologie et promoteur en l'officialité. Après examen, le sr Dalest fut reconnu être « du nombre des froids et maléficiés et incapable d'exercer jamais les fonctions du mariage », (Rapport imprimé classé aux Arch. de la Vienne, carton 27, dossier 11.)
La procédure réaliste et grossière du congrès qui s'était introduite au xive siècle fut interdite par un arrêt du Parlement de Paris du 16 février 1677 ; mais le principe de la nullité du mariage pour cause d'impuissance fut maintenu.

Vautibaut est allé avec luy, et le vendredy 11, sont allez à Poictiers où M⁰ de Vautibaut a pris des lettres d'atache au bureau des trésoriers pour l'office de commissaire et de là est allé à Chastelleraut et est retourné icy le mardy 17.

Le mardy 10, M⁰ André[1] Sororeau est décédé, environ les huict heures du matin, et a esté enterré, ledit jour, dans le cimetière de Saint-Martial, proche le ravelin, à main gauche en entrant à l'église. Il avoit esté procureur au siège royal et huyssier audiancier en la justice prévostalle de cette ville. Il pouvoit estre aagé de 65 ans.

Le sabmedy 14, ma fille de Vautibaut[2] est allée à la messe. M⁰ le curé de Saint-Martial l'a relevée à la porte de l'église des Récollects, et il est allé dire la messe à Saint-Martial. Ma fille l'a ouye aux Récollects.

Le mercredy 18, M⁰ de Lérignat est venu céans et s'en est retourné le lendemain.

Le jeudy 19, le Père François et le Père Joseph, cappucins, tous deux frères, sont arrivez icy processionnellement de Lussac, d'où ils venoient faire la mission, et ont commencé à l'establir en l'église de Saint-Martial le dit jour, ayant dit la messe et presché, et tous les jours du depuis ils ont fait deux fois le cathéchisme et presché deux autres fois, excepté les jours du jeudy et vendredy sainct et du mercredy qu'ils ne preschèrent qu'une fois et finirent la mission le jeudy de Pasques, 9 avril, par la procession du Saint Sacrement où tous les garçons et filles, après avoir communié, assistèrent à la procession deux à deux, marchant devant le Saint Sacrement chacun un cierge à la main.

Le sabmedy 21, au soir, [Daniel] de Haubterre dit le Plessis, aagé d'environ 67 ans, après avoir bien souppé chez luy devant l'eschelle de Nostre-Dame, s'estant couché,

---

1. François, d'après le registre paroissial.
2. Marguerite Demaillasson, femme de Louis Ladmirault, s⁰ de Vautibaut.

mourut subitement demie heure après et fut enterré, le lendemain, dans le cimetière de Nostre-Dame. Il estoit tailleur.

Avril 1676, commencé par le mercredy.

Le mercredy 1er jour d'avril, Mr de Vautibaut est allé coucher au Blanc.

Le vendredy sainct 3, mon beau-frère de Lagebertye est arrivé céans au matin. Il est venu avec le messager de Paris. Mr de Vautibaut s'en est retourné du Blanc avec luy et, le lendemain, il est allé disner à Lérignat et coucher à Saint-Germain.

Le jour de Pasques 5, la femme [1] du sr de la Dallerie est accouchée d'un garçon [2], sur le soir.

Le dit jour, Bonavanture Navière, aagée d'environ 64 ans, est décédée et a esté enterrée, le lendemain, dans le cimetière de Saint-Martial. Elle n'avoit jamais esté mariée.

Le dit jour de lundy 6, Mr de Vautibaut est allé trouver Mr de Lagebertye à Saint-Germain et sont tous deux arrivez icy le jour de Quasimodo 12.

Le lendemain 13, Mr de la Brouhe [3], capitaine et major du régiment de cavallerie de Sanguin, est arrivé céans. Il n'y a pas couché, mais il y a tousjours mangé et a couché à la Grille et s'en est allé, le mercredy 15, disner à Boismorand.

Le dit jour lundy 13, le Père Babinet [4], jésuite, scindic

---

1. Catherine de Litterie, femme de Jean Pian, sr de la Dallerie.
2. Augustin, baptisé à Saint-Martial de Montmorillon le surlendemain
3. Jean de la Broue, sgr de Boisse, fils de Bernard, sgr du Pouyault, et de Jacquette Compaing de Vareilles, premier capitaine et major du régiment de Sanguin-Cavalerie en 1676, mestre de camp de cavalerie le 2 avril 1692. De son mariage contracté à Paris, le 19 février 1677, avec Marie-Anne Juvernay, veuve de Dominique-Bernard de Bray, il n'eut qu'une fille, Marie-Monique, qui épousa Louis de la Broue, son cousin germain, par contrat signé au château de Versailles, le 16 mars 1698, par le Roi, le Dauphin et les Princes.
4. François Babinet, fils cadet d'Alexandre Babinet, maître apothicaire à Poitiers, et de Marie Liet, né le 4 novembre 1634, entré, le

de leur collège de Limoges, est arrivé icy, a mangé céans tout le mardy et est allé coucher au Dorat le mercredy.

Le jeudy 16, Mr de Lagebertye est party, avec le mesme messager de Paris qu'il estoit venu, pour s'en retourner en Cour. Mr de Vautibaut est allé le conduire jusques au Blanc et s'en est retourné icy le sabmedy à disner.

Le dit jour sabmedy 18, dame [Nicolle] Goudon, vefve de défunct Me François Veras, notaire, a esté enterrée dans l'église de Nostre-Dame et estoit décédée le jour précédent, environ les cinq heures du soir. Elle estoit aagée d'environ 72 ans.

Le dimanche 26, dame Marie de la Vergne, vefve de défunct [Pierre] Gaultier, s[r] de Chavaigne, a esté espousée avec un homme dont, après, elle a voulu faire rompre son mariage.

Le lundy 27, damoiselle Marguerite Mérigot, fille cadette de défunct Mr du Chefs, a esté contractée avec [François] Lhuyllier [1], fils de [René] Lhuyllier, s[r] de Lau-

---

29 novembre 1657, dans la Compagnie de Jésus, dont il devint l'un des membres les plus distingués. Il mourut à la maison de Poitiers, le 26 janvier 1702. (Beauchet-Filleau, *Dict. des Fam. du Poitou*.)

1. François Lhuillier, s[r] de la Favrie, docteur en médecine à l'Isle-Jourdain, et Marguerite Mérigot eurent pour enfants : 1° Jeanne, baptisée le 25 avril 1677, décédée le 10 septembre 1753, mariée à Pierre-Louis de Puiguyon, éc., sgr de la Voûte, décédé à l'Isle-Jourdain le 11 octobre 1722 ; 2° Marie, baptisée le 2 février 1679, décédée le 12 novembre 1741, mariée, le 2 septembre 1704, à Pierre Lancereau, s[r] de Boisblanc, officier de la maison royale des Invalides, fils de Louis, s[r] de Boisblanc, et de Anne de la Leuf ; 3° Marguerite, baptisée le 8 avril 1680 ; 4° Joseph, s[r] de la Favrie, né en 1682, noyé dans la Vienne le 12 mai 1728, et inhumé dans l'église de l'Isle-Jourdain le 21 dudit mois. Il avait épousé Anne Gaujoux, veuve de Antoine Naudin, dont il eut : a) Jean, s[r] de la Favrie, baptisé à l'Isle-Jourdain le 3 février 1725, maire de l'Isle-Jourdain en 1790, marié, le 4 février 1765, à Marie-Anne Patharin, fille de Jean Patharin de la Gasne, procureur fiscal du marquisat du Vigean, receveur des domaines du Roi, subdélégué de l'intendant de la généralité de Poitiers, et de Catherine Labiron, dont : Jean-Joseph, baptisé à l'Isle-Jourdain, le 20 février 1766, et Jean-François-Joseph, baptisé au même lieu le 6 août 1769 ; b) Jean-François, baptisé le 20 mai 1727 ; 5° François, baptisé le 7 février 1693 ; 6° Joseph, écolier, décédé le 12 novembre 1702 (Reg. par. de l'Isle-Jourdain) ; 7° Françoise, dite Mlle des Bordes, mariée, le 25 février 1756, à ... Beau, notaire royal, fils de feu Antoine Beau, aussi notaire royal, et de

bat [1], médecin de l'Isle-Jourdain. Goudon, s^r de Boismenu, a receu le contract, et le mercredy 3 juin, à dix heures du matin, ils ont esté espousez en l'église de Saint-Martial, par Mre Jean Bourau, curé, et le dimanche 14, a esté conduitte à l'Isle où elle doit demeurer.

Le dit jour 27, [René] Martin dit Chirouet, sargetier, est décédé environ les six heures du soir et a esté enterré, le lendemain, dans le cemetière de Saint-Martial.

Le dit jour mardy 28, environ les six heures du matin, est décédé Me Philippes Pichon, s^r de Pommeroux, conseiller au siège royal de cette ville, et a esté enterré, le lendemain, proche le ravelin de l'église de Nostre-Dame à main droite en entrant dans l'église. Il pouvoit estre aagé de 48 ans.

May 1676, commencé par le vendredy.

Le lundy 18, environ les quatre heures du matin, est décédé Marc Thierry dit Saint-Mars, maître tailleur d'habits, et a esté enterré, ledit jour, près l'hostel de Nostre-Dame-de-Pitié, en entrant à main droite en l'église de Nostre-Dame. Il pouvoit estre aagé d'environ 56 ans.

Le mercredy 20, Pierre Champion [2], marchand, est décédé, environ les 5 heures du matin, et le dit jour, il a esté enterré en l'église des Augustins. Il estoit aagé d'environ 68 ans.

Catherine Chareau, de la paroisse d'Asnières. (Reg. par. de Saint-Julien-l'Ars.)

Devenue veuve le 20 octobre 1696, Marguerite Mérigot épousa en deuxièmes noces, le 17 novembre 1697, René Gervais, s^r de la Fond, juge sénéchal des châtellenies de la Messelière et de Persac.

1. Décédé à l'Isle-Jourdain le 17 mai 1682. Dans les registres paroissiaux de l'Isle-Jourdain et de Montmorillon, on trouve son nom diversement orthographié: Leulier, Lheulier, Lhuillier et Lulier.

2. Il avait épousé Jeanne Auprêtre, dont il eut Anne, baptisée à Saint-Martial de Montmorillon le 27 avril 1650, et Charles, baptisé au même lieu le 26 avril 1652.

Le sabmedy 23, Mr du Cluseau est venu chez ma sœur [1] et s'en est retourné le jeudy 28.

Le dimanche 24, jour de la Pentecoste, Mlle de Lassine [2] est venue nous voir et s'en est retournée le mercredy 27.

Le dit jour 27, on a commencé à dire un Salut à Notre-Dame et à Saint-Martial pour avoir de la pluye, et on a continué à le dire pendant 9 jours.

Le vendredy 29, Mr de Marillac, intendant de la justice dans cette générallité, est venu icy pour faire sa chevauchée. On est allé au-devant de luy en armes jusques environ trois cars de lieue et la mareschaussée est allée jusques à la Chapelle-de-Viviers. Le dimanche, il est allé à Maignat voir Mr de Maignat [3], et est retourné le dit jour icy et

---

1. Fleurence Demaillasson, veuve de Pierre Delamothe, s^r des Chaussidiers.
2. Marie de Guillaumet, femme de Florent Fricon, sgr de la Signe.
3. Antoine de Salignac, marquis de Magnac et de Lamothe-Fénelon, baron d'Arnac et du Soulier, conseiller du Roi en son conseil d'Etat, lieutenant-général en Haute et Basse-Marche. Il eut de Catherine de Montbron, son épouse : 1° Jean-Baptiste, comte de Fontaine-Chalendray, blessé d'une balle turque à la défense de Candie, le 16 septembre 1669, mort de cette blessure au château de Magnac, le 27 mars suivant, à l'âge de 18 ans ; 2° Marie-Françoise, mariée en premières noces à Pierre de Laval, marquis de Laval-Lezay, comte de la Bigeotière, lieutenant-général en Haute et Basse-Marche, frère de Françoise de Laval, abbesse de Sainte-Croix de Poitiers, et en deuxièmes noces, à Henri-Joseph de Salignac, comte de Lamothe-Fénelon, gouverneur de la Marche, son cousin germain, frère de François de Salignac, archevêque de Cambrai.
Le 17 octobre 1664, Antoine de Salignac fonda, à Magnac, un séminaire qu'il dota de « la moytié des deniers qui se lèvent dans les foires et marchez du dit lieu ». Cette fondation fut réglée par lettres patentes données à Paris au mois de mars 1665, et ce fut Martial Dunoyer, prêtre de la communauté de Saint-Sulpice de Paris, qui fut le donataire et l'exécuteur de l'acte du 17 octobre 1664.
Parmi les élèves du séminaire, il n'y avait pas seulement des volontaires du célibat perpétuel ; il y avait aussi des étudiants qui devenaient époux sur les bancs de l'école, parce qu'on les engageait dans les liens du mariage avant qu'ils eussent fini leurs classes (a).
Voici un exemple d'un de ces mariages singuliers, contracté par un écolier du séminaire de Magnac. L'acte de ce mariage est un renseignement curieux sur les usages du temps : « 13 août 1674, Louis d'Aulberoche, escolier, aagé de quatorze à quinze ans, fils de Mr Vincent d'Aulberoche, apoticaire, soubsigné, et de feue Marie Sornin, de cette

a. L'âge minimum pour contracter mariage était quatorze ans pour les garçons et douze ans pour les filles.

le lendemain lundy, premier juin, il est allé coucher à l'Isle et a passé à Plaisance, et le matin, avant qu'il soit party, il a assisté à un *Te Deum* que l'on a chanté à Saint-Martial [1], et estant party pour y aller plus tost qu'on ne croyoit, on l'y est allé trouver en armes et on l'a reconduit chez M[r] le séneschal [2] où il a logé.

---

ville, a contracté mariage par paroles de présents (a) par devant moy, curé soubsigné, dans cette esglise, à huict heures du matin, ce treize aoust mille six cens septante et quatre, ne s'estant reconnut aulcuns empeschements, les trois annonces ayant esté faictes trois dimanches consécutifs, avec Silvine Richard, du Bourg à-Chambault, en Poictou, fille de Me Jacques Richard, nottaire, et de dame Jehanne Courry, icy présents. Furent présents : Vincent d'Auberoche, père du dit Louis, demeurant au bourg de Saint-Léomet, en Poictou, et ont assisté la dite dame Jehanne, qui a déclaré ne sçavoir signer, et interpellés et requis, les nottaires soubsignés, de signer pour elle, et ont les parties signé : Louis d'Aulberoche, Silvine Richard, du Chastenet, Sornin, Ribaud, Laisné, d'Aulberoche, Maurat, Vincendon, Beaugay, Gitton, d'Aulberoche, prestre, oncle du dit Louis d'Aulberoche, V. Fournier, prestre, curé de Maignac ». (Normand, *Histoire du collège de Magnac-Laval.*)

1. Chant ordonné par mandement spécial de Mgr de Clérembault, évêque de Poitiers, « pour rendre grâce à Dieu de la prise par assault de la ville et citadelle de Condé en Hainaut, Sa Majesté présente ». Mr de Marillac avait réglé lui-même le jour et l'heure de la cérémonie. (Reg. par. de Saint-Martial de Montmorillon.) La prise de Condé avait eu lieu le 26 avril 1676.

Le dimanche 10 février 1675, un *Te Deum* avait été chanté aussi à Saint-Martial par ordre de Mgr de Clérembault, à l'occasion de la victoire remportée, le 6 janvier précédent, par Mr de Turenne sur les princes confédérés de l'Empire, « ayant défaict leur armée près de Mulhausen, Colmar et Turckheim, pris 3500 prisonniers et contraint le reste à faire une honteuse retraicte en Allemagne par le pont de Strasbourg ». (Reg. par. de Saint Martial de Montmorillon.)

Des *Te Deum* furent encore chantés à Saint-Martial : le dimanche 26 juillet 1676, pour « la grande victoire remportée (le 2 juin) par M[r] le mareschal de Vivonne sur l'armée navale des Espagnols et Hollandois devant Palerme » ; — le dimanche 11 avril 1677, pour. « la prise de Valenciennes (le 17 mars), une des plus grandes et plus riches villes des Pays-Bas, prise d'assault après huict jours de tranchées » ; — le samedi 15 mai 1677, pour « la grande victoire que Monsieur, frère unique du Roy, a remportée (le 11 avril) sur le prince d'Orange dans la Flandre » ; — le dimanche 16 mai 1677, pour « la prise (le 5 avril) de la ville et citadelle de Cambray que le Roy a réduit soubs son obéissance par la force de ses armes, dans la Flandre », — et enfin le dimanche 19 décembre 1677, pour « la réduction de la ville de Fribourg-en-Brisgau » (le 14 novembre). (Reg. par. de Saint-Martial de Montmorillon.)

2. Pierre du Chastenet.

a. Mariage par déclaration devant notaire, en cas de refus du curé de le célébrer. Un arrêt de règlement de 1680 interdit aux notaires de recevoir pareille déclaration.

Juin 1676, commencé par le lundy.

Le sabmedy 13 juin, Charles Ladmirault [Vautibille], mon petit-fils, et ma fille Fleurance [1] ont esté parrain et marraine d'un garçon dont Françoise Giraud, femme de Charles Bonnin, cordonnier, estoit accouchée le jour précédent, environ les deux heures après midy. Mort despuis.

Le dimanche 14, les Récollects sont allez en procession à Plaisance pour obtenir de la pluye dont il en tomba le lendemain et le mardy ensuivant. Il y avoit sept semaines qu'il n'avoit pleu.

Le jeudy 18, Mr de Vautibaut et ma fille Marie [2] (Marion) ont esté parrain et maraine chez le nourrigeon [3] du petit Félix Vautibaut, mestayer de la vefve Le Péron au village de la Cordé, à la fille dont la nourrice du dit Félix estoit accouchée, laquelle a esté baptisée en l'église de Jouhec, à cause que le curé d'Anthigny n'estoit pas à Anthigny, et a esté nommée Marie.

Le dit jour, le fils aisné [4] du cousin Gaultier, lieutenant de robbe courte en la mareschaussée de cette ville, est party pour s'aller faire recevoir à Paris en la charge de son père et est retourné le lundy 13 juillet.

Le sabmedy 27 juin, Mlle de Vautibaut [5] est venue voir son fils et a mené avec elle le petit Félix et la fille cadette de Mme de Villedon [6] et s'en est retournée avec eux le sabmedy 4 juillet.

Juillet 1676, commencé par le mercredy.

Le dimanche 5 juillet, Laurens Guillon, boucher, a

---

1. Fleurence Demaillasson.
2. Marie Demaillasson dite Marion.
3. Nourrisson.
4. François Gaultier, sr des Laises, fils de Germain Gaultier, sr des Laises, lieutenant en la maréchaussée de Montmorillon, et de Marie-Renée Fournier.
5. Catherine Jacquet, veuve de François Ladmirault, sr de Vautibaut.
6. Catherine Ladmirault, femme de Jean de Villedon, sgr du dit lieu.

esté enterré dans l'église des Augustins. Il pouvoit estre aagé de 72 ans.

Le dit jour, Mlle la lieutenante criminelle [1] est accouchée d'une fille, laquelle a esté baptisée le dimanche 19, en l'église de Saint-Martial, par Mre Jean Bourau, curé, et nommée Elisabeth. Mr de Vautibaut devoit estre parrain, mais il se trouva absent et mon filleul Charles [2], fils du dit s[r] lieutenant criminel, fut mis en sa place, et damoiselle Elisabeth Goudon, dernière des filles de défunct M[r] de l'Héraudière, a esté marraine.

Le mercredy 15, Mr de Vautibaut et moy avons esté à Poictiers pour faire régler la part de communauté de Mlle de Balantrut [3] avec les enfans de défunct Mr de Balantrut et sommes retournez icy à dix heures du soir, avons logé à l'Oiseau-de-Paradis [4] chez le nommé Corade.

---

1. Louise Gaultier, femme de Louis Richard, s[r] des Ors, lieutenant criminel.
2. Charles Gaultier, fils des précédents.
3. Magdeleine Clavetier, veuve de Philippe de Guillaumet, sgr de Balentru.
4. Le logis où pendait pour enseigne l'Oiseau-de-Paradis était situé dans la Grand'Rue, à l'endroit occupé aujourd'hui par la maison portant le n° 170, comme on peut le voir par la pièce suivante, qui fait connaître aussi l'existence d'un jeu de paume ignoré jusque-là :
« Contrat d'arrentement consenti, le 13 avril 1672, par Louis Richeteau, éc., s[r] de la Coindrie, pair et échevin de la maison commune de Poitiers, et Marie de la Ville de Férolles, son épouse, à Pierre Cousseau, maître apothicaire, Marie Testaud, sa femme, Jean Dubois, aussi maitre apothicaire, et Marie-Anne Cousseau, sa femme, moyennant la rente annuelle de 200 livres tournois : 1° d'un logis situé dans la Grand'-Rue du Pont-Joubert, paroisse de Saint-Savin, l'entrée en la dite Grand'Rue (n° 172 actuel) et la sortie dans la rue des Trois-Cheminées (aujourd'hui Riffault) ; tenant à la Grand'Rue par le devant ; *à main droite, au logis où pend pour enseigne l'Oiseau-de-Paradis*, appartenant à Me Hilaire Bourbeau, notaire ; d'autre, au logis du s[r] de Cressac, marchand ; tout le long, à la rue des Trois-Cheminées, et par derrière, à la maison où demeure Me Julien Mennuteau, procureur, et ci-devant au s[r] Roy, son beau-père, procureur au présidial ; 2° d'un jardin situé devant la maison de Mr de la Rouille (Jacques Audebert), *autrefois le jeu de paume des Jeux-Neufs*, tenant d'une part au jardin des s[rs] Jarry, d'autre à celui du s[r] de la Violatte et à la ruelle qui va à la grange dépendant du logis du s[r] des Ageois (Nicolas Filleau). » (Arch. Vien. E² 240.)
L'Oiseau-de-Paradis consistait en un appartement sur la rue, une

Le sabmedy 18, Mr de Vautibaut a esté coucher au Dorat pour les affaires de Mr de Lagebertye touchant ce qui luy estoit deu sur Vareilles et s'en est retourné le lundy 20 et, le 30, est allé au Blanc, d'où il est retourné le sabmedy 1er aoust.

Aoust 1676, commencé par le sabmedy.

Le [31 juillet], damoiselle Héleine Husse, de la ville de Nancy, capitale de Loraine, femme de [François] Goudon, fils de Jean Goudon, sr de Boismenu, notaire royal, est accouchée d'un garçon qui a été baptisé à Saint-Martial le [4 aoust] ensuivant et nommé Louis, et ont esté parrain et marraine, Pierre Chantaize, sr de Remigeoux, et dame Jeanne de la Leuf, femme de Me Pierre de la Forest l'aisné, procureur.

Le lundy 3, la fille[1] de Mr de Puyrobin nous est venue voir et s'en est retournée le jour de la Saint-Laurens 10.

Le dit jour 3, Mr de Vautibaut et la femme[2] du sr Argenton, advocat, ont esté parrain et maraine à un garçon[3] dont Mme Le Beau[4] estoit accouchée, qui a esté baptisé, dans l'église de Journé, par le sr Augier, prieur curé du dit lieu.

---

cour, un autre appartement sur le jardin, composé d'une chambre basse, une chambre haute, un grenier et une cave.

Le 22 décembre 1673, Marguerite Baunay, femme de Me Hilaire Bourbeau, notaire royal, déclarait devoir au chapitre de Saint-Pierre une rente foncière, annuelle et perpétuelle de quarante-cinq sols sur la maison appelée l'Oiseau-de-Paradis. Mêmes déclarations sont faites : le 29 août 1724, par Jeanne Bourbeau, veuve de Me Alexis Morineau, procureur au présidial ; le 28 juillet 1732, par Jean-Baptiste Crossard, marchand, et Marguerite Pouzioux, sa femme, comme acquéreurs de Mre François-Antoine Morineau, prêtre, bachelier en théologie, chanoine de Saint-Hilaire-le-Grand, et, le 26 juin 1763, par Sébastien Goujon, marchand, Jeanne Vaillant, sa femme, et Jean Goujon, leur frère et beau-frère, comme étant aux droits des sr et demoiselle Crossard par contrat d'arrentement du 19 décembre 1761. (Arch. Vien. Saint-Pierre, reg. 114, pages 227 à 233.)

1. Anne-Marie de Mancier, fille de Pierre de Mancier, sgr de Puyrobin, et de Marguerite de Guillaumet.
2. Anne Douadic.
3. Louis
4. Judith de Ravenel, femme de Geoffroy Le Beau, sr de Vaugery.

Le mardy 4, Mr de Lérignat est venu céans et s'en est retourné le mesme jour.

Le mercredy 5, Mr le séneschal [1] est party pour s'en aller à Paris.

Le jeudy 6, Mr du Cluseau est arrivé chez ma sœur de la Mothe [2], à disner, et s'en est retourné au Peux coucher le lendemain.

Le lundy 10, jour de Saint-Laurens, Mr de Vautibaut est allé coucher chez Mr de Puyrobin, avec lequel et sa fille il est party d'icy. Le lendemain, Mr de Puyrobin, luy et Mr de Lérignat sont allez disner à Abzat où ils ont fait une description des meubles qui sont dans la maison de ma belle-sœur de Balantrut [3] et sont retournez coucher à Lérignat, et, le mercredy, Mr de Vautibaut est retourné icy, à disner.

Le vendredy 14, Mr de Puymartin, cadet de la maison de la Barlottière [4], est décédé dans l'hostellerie du Cheval-Blanc de cette ville. Il s'estoit trouvé mal, il y avoit environ trois semaines, en arrivant icy. On l'a porté enterrer dans l'église de Lastus, sa paroisse.

Le sabmedy, jour de l'Assomption de la sainte Vierge, environ 11 heures du matin, la femme [5] du sr Bonnin, advocat, est accouchée d'un garçon. Il est mort peu de temps après à Anthigny où il estoit en nourrice.

Le dimanche 16, Mr de Lérignat est venu icy et s'en est retourné le mesme jour, et avons mis jour au dimanche ensuivant pour nous trouver à Lérignat affin de travailler

---

1. Pierre du Chastenet.
2. Fleurence Demaillasson, femme de Pierre Delamothe, sr des Chaussidiers.
3. Magdeleine Clavetier, veuve de Philippe de Guillaumèt, sgr de Balentru.
4. François de la Barlotière, marié à Isabeau de la Porte, en eut : 1º Robert, baptisé le 30 octobre 1623 ; 2º Laurent, sr de Puy-Martin, baptisé le 2 mars 1625, dont le décès est indiqué ci-dessus ; 3º Marie, baptisée le 4 février 1629. (Reg. par. de Latus.)
5. Marie Cailleau, femme de Louis Bonnin, avocat.

au partage de la communauté de défunct M⁽ʳ⁾ de Balantrut.

Le mardy 18, Maillasson[1] est retourné de Poictiers après avoir soustenu en philosophie et avoir esté passé maistre ès arts.

Le vendredy 21, M⁽ʳ⁾ de Vautibaut est allé au Dorat pour se trouver, par l'ordre de M⁽ʳ⁾ de Lagebertye, à l'adjudication de la terre de Vareilles[2], mais le décret estoit interposé, le jour précédent, et la terre adjugée au s⁽ʳ⁾ de la Brouhe[3], cappitaine et major du régiment de Sanguin-Cavallerie, fils puisné de la maison de Vareilles, à 39,500 livres, et M⁽ʳ⁾ de Vautibaut est retourné icy le sabmedy matin.

Le dimanche 23, M⁽ʳˢ⁾ de Vautibaut, Augier l'advocat et moy sommes allez coucher à Lérignat où nous avons tousjours demeuré, M⁽ʳ⁾ de Vautibaut et moy, jusques au dimanche 30, que je suis retourné icy, à cause que je me suis trouvé indisposé. M⁽ʳ⁾ de Vautibaut n'est retourné que le mardy ensuivant 1⁽ᵉʳ⁾ septembre, et M⁽ʳ⁾ Augier retourna icy le mardy au soir 25, à cause de l'audiance, et revint encore à Lérignat le jeudy 27, et s'en retourna icy le dimanche 30. M⁽ʳ⁾ de Vautibaut et moy couchions et mangions, le soir, chez M⁽ʳ⁾ de Puyrobin. Et à cause que nous ne pusmes parachever le partage, on remit aux vacances.

Septembre 1676, commencé par le mardy,

Le lundy 7, M⁽ʳ⁾ de Vautibaut est allé au Dorat pour l'affaire de Vareilles et est retourné icy le lendemain.

Le mercredy 23, environ les six heures du soir, est décédé Charles Ladmiraut, mon filleul, fils aisné de M⁽ʳ⁾ de Vautibaut, dans le 20⁽ᵉ⁾ jour de sa maladie qui estoit une

---

1. Paul Demaillasson.
2. La terre de Vareilles avait été saisie sur Gabrielle de la Roche-Esnard, la malheureuse veuve de François de la Broue, mort victime d'une erreur judiciaire. (V. *suprà* page 222.)
3. Jean de la Broue, frère du précédent.

hérésipelle, laquelle commença au-dessous du gras d'une de ses jambes et luy remonta par toutes les parties de son corps, qui luy causa une fièvre continue, laquelle ne le quitta jamais, avec des vers dont il en fit plusieurs pendant sa maladie. Il fut enterré, le lendemain, dans nos sépultures, dans le chœur de l'église de Saint-Martial. Il estoit aagé de cinq ans, quatre mois et 23 jours, et tout à fait bien fait d'esprit et de corps, autant que l'on le pouvoit souhaiter.

Octobre 1676, commencé par le jeudy.

Le vendredy 9, Mr de Lagebértye est arrivé céans, à disner. Il est venu avec le messager de Rochouard et est party le lendemain pour s'en aller à Saint-Germain.

Le dit jour sabmedy 10, Mr de Vautibaut et moy sommes partis avec Mr de Lagebertye que nous avons conduit jusques à Moulime, où Mr Augier nous est venu joindre, et sommes allez tous trois coucher à Lérignat, où j'ay demeuré jusques au sabmedy 24. Et le dit jour, Mr Augier et moy sommes retournez ici avec M^r le lieutenant criminel[1], Mrs de Chaume, procureur, et Tervanne, greffier criminel, qui estoient venus, le matin, à Lérignat pour faire une information contre le nommé David[2], notaire du dit bourg. Mr de Vautibaut s'en est retourné le lendemain dimanche. Et pendant nostre séjour, Mr Augier vint icy le mercredy et retourné à Lérignat le mardy 20.

Le dit jour sabmedy 24, a esté passée la transaction pour le partage de la communauté de M^r et Mlle de Balantrut pardevant Lefebvre, notaire royal de cette ville.

Le dit jour, Mr de Lagebertye est arrivé céans, qui

---

1. Louis Richard, s^r des Ors, lieutenant criminel.
2. François David, notaire et procureur de la juridiction de Nérignac, inhumé dans l'église dudit lieu le 9 avril 1685. Il avait épousé Gabrielle Abrioux, dont il eut Jacquette, née en 1670, mariée, le 10 février 1695, à Jean Augry, s^r de Laudonnière, fils de Louis Augry et de Gabrielle Bonnet. (Reg. par. de Moussac-sur-Vienne.)

venoit du Dorat avec le Père Babinet, jésuiste, scyndic du collège de Limoges, et s'en sont retournez, le lundy 26, coucher à l'Isle. Le Père Babinet a tousjours mangé céans, excepté le sabmedy.

Novembre 1676, commencé par le dimanche.

Le lundy 2, Mr de Vautibaut et moy sommes allez coucher à Saint-Germain, pour la reddition du compte que Mr de Fellet me doit rendre du revenu de mon neveu le Queiroir, où nous avons travaillé jusques au dimanche 8, que nous sommes icy retournez, après avoir mis toutes les pièces concernant le dit compte entre les mains de Mr Bricault, s^r de Vernueil, advocat du Roy à Civray, pour le régler.

Le mardy 3, est décédé le Père Siméon, récollect conventuel, en leur couvent de cette ville, et, le lendemain, a esté enterré dans leur église. Il pouvoit avoir environ 60 ans.

Le dimanche 8, mon fils [1] est party pour aller à Poictiers estudier en théologie sous les Pères Jacobins.

Le vendredy 13, mon beau-frère de Lagebertye est arrivé céans, à disner. Il venoit du Dorat et s'en est retourné le dimanche et a esté coucher à l'Isle.

Le vendredy 20, Mr de Vautibaut est allé coucher au Dorat, pour l'affaire de Mr de Lagebertye qui s'y est aussi rendu, et, le dimanche 22, Mr de Vautibaut est retourné icy.

Le sabmedy 21, le s^r Mallard [2], curé de Pindray, m'escrivit et m'envoya le sacristain de l'église d'Anthigny où il me mandoit d'aller en diligence pour voir le s^r Riol [3], curé du dit Anthigny, lequel estoit très mal et me demandoit pour me parler de ses affaires, et y estant allé, tout

---

1. Paul Demaillasson.
2. Jacques Malhard.
3. Pierre Riol.

aussi tost je le trouvay qui se portoit mieux et me dit qu'il faudroit remettre à une autre fois. J'y couchay chez la vefve Laboussée [1] et retournay icy le lendemain, à la messe. Et s'estant trouvé plus mal, sur les neuf heures du soir du mesme jour, il me demanda avec grand empressement et, environ une [heure] après que le nommé Lespinette, mary de la nourrisse du petit Louis Vautibaut, fut party pour me venir quérir, il décéda après avoir receu tous les sacremens, et fut enterré, le lendemain, dans l'église du dit Anthigny.

Le sabmedy 28, Mr de Vautibaut est de rechef allé au Dorat où, le mardy 1er décembre, Mr de Lagebertye l'est allé joindre pour sa mesme affaire, et Mr de Vautibaut est retourné icy le 15.

Décembre 1676, commencé par le mardy.

Le vendredy 4, le nommé Saint-Amand, l'un des facteurs du messager de Rochouard à Paris, m'apporta la nouvelle de la mort de mon neveu le Queiroir, lequel décéda dans la citadelle de Tournay, le 17 du mois dernier, d'une fièvre continue, dans le 10e jour de sa maladie, et fut enterré, le lendemain 18, dans l'église de Saint-Piat qui est la paroisse de la dite citadelle, ainsi que Mr des Hogues, major de la place, le manda à Mr de Lagebertye par sa lettre du 19 du dit mois dernier, laquelle je receus par la poste de Poictiers le 9 du présent mois. Il estoit aagé de 17 ans et cinq mois. Estoit fort bien fait d'esprit et de corps et desjà fort conneu de Monseigneur le Daulphin, et estoit pour faire quelque chose s'il eust vescu.

Le mercredy 16, Mr de Marillac, intendant, est venu icy coucher et a logé chez Mr de l'Héraudière, n'ayant trouvé personne chez Mr le sénéschal. Le lendemain, il est allé à

---

1. Catherine Touchard, veuve de Pierre Cuisinier, sr de la Boussée, sergent royal à Saint-Savin, décédé à Antigny le 8 janvier 1676.

Chauvigny pour faire la revue du régiment de Laurière-Cavallerie qui y estoit arrivé le jour précédent. Il s'en est retourné icy coucher. Il avoit mené avec luy M*r* de l'Héraudière.

Le vendredy 18, le régiment du Repaire-Cavallerie, composé de six compagnies, a couché icy. M*r* l'intendant leur fit faire la reveue en arrivant dans la Closture. Il venoit du Blanc. M*r* du Repaire avoit passé par une autre route avec Madame sa femme et avoit avec luy, à ce que l'on disoit, 60 cavalliers. Le soir, il commença de tomber de la neige qui continua une partie de la nuict et le lendemain, jusques à deux ou trois heures après midy, lequel jour de sabmedy, le dit régiment fut coucher à l'Isle-Jourdain. M*r* l'intendant fut avec eux jusques à Moulime et de là s'en alla coucher aux Forges chez M*me* la marquise de l'Isle[1]. Ils devoient aller à Plaisance partant d'icy, mais ils brullèrent le dit logement, à la prière mesme de M*r* l'intendant.

Le dit jour sabmedy 19, M*r* de Lérignat est venu céans et y a couché avec un joueur de musette qui venoit s'engager avec M*r* de la Contour[2], premier cappitaine d'un régiment de dragons pour aller à l'armée, et, le lendemain dimanche, le dit s*r* de Lérignat s'en est retourné.

Le dit jour 20, environ les dix heures du matin, je me suis trouvé mal d'une fièvre qui m'a duré 36 heures et m'a fait sortir une hérésipelle à la jambe gauche. Et, après six ou sept heures de relâche, m'a encore repris et m'a duré

---

1. Marie-Gabrielle Bonnin de Messignac, femme de François de la Béraudière, marquis de l'Isle-Jourdain.
2. Charles de Moussy, sgr de la Contour, capitaine au régiment de Barbezières-Dragons, fils de François et de Marie Grateloup, épousa en premières noces, le 21 février 1678, Louise Rocher, et en secondes noces, le 15 février 1706, Anne Jacques, fille de feu Gaspard Jacques, éc., sgr de Pruniers, et de Anne Guimard. Le 24 octobre 1719, sa veuve faisait assigner François de la Lande, éc., sgr de la Vergnée, et Marie-Anne Garnier, son épouse, pour avoir contrevenu au ban des vendanges en faisant vendanger leurs vignes du Pouyoux et de la Cadrie après la date fixée. (Arch. Vien. E² 261.)

24 heures et davantage. Et ay gardé le lict et la chambre jusques au mercredy 13 janvier, que j'ay esté à la messe aux Récollects.

Le jeudy vigile de Noël 24, Mr de Lagebertye est arrivé céans, à disner, et, le mercredy 30, il s'en est retourné avec Mr de Vautibaut à Saint-Germain.

Le lendemain, jour de Noël, trois compagnies du régiment de Varenne-Cavallerie ont couché icy et sont allées le lendemain coucher à l'Islle, auquel jour il a retombé de la neige sur celle qui estoit desjà tombée, en sorte qu'elle estoit communément haute de près de genouille et a demeuré sur la terre jusques au 14 janvier, qu'elle a commencé de fondre par un dégel fort doux et quasi sans pluye. Il ne s'est guières veu faire plus de froid qu'il en a fait ; on passoit toutes les rivières sur la glace et le dit jour 14 janvier, les glaces passoient d'une furie espouvantable et fondirent entièrement la tour de la maison de mon neveu l'enquesteur [1] de ce qui estoit du costé de l'eau.

Le sabmedy 26, est décédé François de Marueil, aagé de 47 ans environ. Il n'a esté que fort peu de temps malade. Le vin l'a tué, il estoit quasi tousjours yvre.

Année 1677, commencée par le vendredy.

Le jeudy 14, dame Marie de Chaume, fille de défunct Jean de Chaume, sr de Lagebourget, et de dame [Louise] Vachier, ma filleule, et de Mlle de l'Héraudière, a esté contractée avec [André] Vezien [2], fils puisné de Joseph Vezien, sr de la Chambut, sergent royal. Le contract a esté receu par Naude, notaire royal. Je l'ay signé.

Le lundy 11 précédent, [Pierre] Trouillon, fils puisné de Jean Trouillon, marchand, a esté contracté avec dame [Marie] Goudon, fille de défunct Me Jean Goudon, sr de

---

1. François Demaillasson, enquêteur.
2. Fils de Joseph Vezien, sr de la Chambut, sergent royal, et de Louise Redaut.

la Boulinière, (et née quelque temps après sa mort), et de dame Anne de la Forest, ses père et mère.

Le lundy 25, les deux filles cy-dessus ont esté espousées, à Saint-Martial, par Mre Jacques Bourau, curé.

Le mardy 26, Mr de Vautibaut est retourné de Saint-Germain. Mr de Lagebertye a transigé avec Mr de Fellet sur la reddition de compte qu'il me devoit rendre de l'administration des biens de défunct mon neveu le Queiroir, et encore sur celuy que j'estois obligé de rendre aux héritiers de mon dit feu neveu.

Le [1]. . . . . . . dame Jeanne de la Forest, vefve de défunct Paul du Monteil, vivant s^r de la Loge, est décédée et a esté enterrée dans l'église de Nostre-Dame. Elle pouvoit estre aagée de 70 ans.

Février 1677, commencé par le lundy.

Le mardy 2, mon beau-frère de Lagebertye et Mr de Puyrobin sont arrivez céans ; ce dernier s'en est retourné le jeudy 4.

Le mercredy 3, Mr de Lérignat est venu céans et s'en est retourné le sabmedy 6. Il a payé à Mr de Lagebertye 1166 livres qu'il lui devoit, laquelle somme avec celle de 440 livres receue de Mme de la Contour [2] Mr de Lagebertye a donné à Mr Desmoulins pour Mr de Labrouhe [3], adjudicataire de la seigneurie de Vareilles.

Le sabmedy 6, Mr de Lagebertye est party d'icy avec un prestre du Dorat pour s'en retourner en Cour et sont allez coucher à Tournon.

Le [4]. . . . . la vefve Lacroix, boulangère, s'est mariée, pour la quatriesme fois, avec un mareschal.

---

1. En blanc.
2. Marie Grateloup, veuve de François de Moussy, sgr de la Contour.
3. Jean de la Broue, capitaine au régiment de Sanguin.
4. En blanc.

Le mardy 23, ont esté espousez en l'église de Saint-Martial, Jean Lhuyllier, fils puisné de Pierre Lhuyllier, sʳ de la Chaumette, et dame Catherine Dumay, niepce de Mʳᵉ Jacques Bourau, curé du dit Saint-Martial.

La nuict de mercredy 24 au jeudy 25, environ une heure un cart après minuict, ma fille [1] est accouchée de son quatriesme garçon, lequel a esté baptisé, le dimanche 28, en l'église de Saint-Martial, par Mʳᵉ Jacques Bourau, curé, et nommé Pierre-Alexis. Et a esté son parrain, Mᵉ Pierre Vrignaud, sʳ de la Vergne, pourveu d'un office de conseiller en ce siège, et maraine, ma fille Marie.

Le jeudy 25, environ midy, Mˡˡᵉ la jugesse [2] est accouchée d'une fille [3], laquelle a esté baptisée, le lendemain 26, à Saint-Martial. Leur vallet [4] et servante [5] ont esté parrain et maraine.

Mars 1677, commencé par le lundy.

Le mardy 9 mars, Mʳ de Vautibaut est allé coucher au Peux et le lendemain à Poictiers, d'où il est retourné le vendredy 12.

Le mercredy 10, un peu avant midy, Mˡˡᵉ la Dallerie [6] est accouchée d'un garçon. Est mort en nourrisse à Anthigny, aagé d'environ 19 mois.

Le lundy 15, Mʳˢ le lieutenant criminel [7] et Vautibaut sont allez à Guéret et ont mené Chantaise [8], greffier et huyssier audiancier, avec eux.

---

1. Marguerite Demaillasson, femme de Louis Ladmirault, sʳ de Vautibaut.
2. Marie Mérigot, femme de François Dalest, juge prévôt.
3. Marguerite.
4. Sylvain Romanet.
5. Marguerite Gabillault.
6. Catherine de Litterie, femme de Jean Pian, sʳ de la Dallerie.
7. Louis Richard, sʳ des Ors, lieutenant criminel.
8. René Chantaise, sʳ de Grémont, marié à Eléonore Cailleau, dont : Jean, baptisé à Notre-Dame de Montmorillon le 2ᵐ février 1669 ; Pierre, baptisé le 2 juin 1675, et Françoise, mariée, le 30 janvier 1703, à Charles Nouveau, notaire royal à Latus, fils de feu Pierre Nouveau, aussi notaire, et de Catherine Mazereau.

Le dimanche 21, Mr de Vautibaut est allé à Lérignat, et, le mardy 23, il a fait venir le bleg que Mlle de Balantru [1] avoit eu pour sa part, et est retourné le sabmedy 27.

Avril 1677, commencé par le jeudy.

Le lundy 5, Mr de Vautibaut est allé à Chastelleraut et est retourné icy le vendredy 9, à disner.

Le dit jour 9, mon fils [2] est venu céans de Poictiers passer les festes avec nous.

La nuict du dimanche des Rameaux 10 au lundy 11, Charles de l'Hospital, sr du Clou, qui avoit esté archer en la mareschaussée de cette ville, est décédé et a esté enterré, le dit jour lundy, au cimetière de Nostre-Dame, derrière l'église.

Le dit jour des Rameaux, a commencé le jubilé qui a finy le jour de Quasimodo. Le Saint Sacrement a esté exposé, pendant les deux semaines, à Nostre-Dame et à Saint-Martial. Et la première semaine, il a esté exposé aux Augustins et la seconde aux Récollects.

Le dit jour lundy 11, mon cousin du Meslier [3], lequel estoit party pour Rome, environ au commencement de l'année 1675, et avoit pris party en s'en retournant dans un régiment d'infanterie d'Italliens qui s'en venoient servir en Flandre pour le Roy, dans lequel il demeura assez longtemps, est retourné de son dit voyage et est venu avec la compagnie du sr de Champelière [4] qui retournoit de Flandre et alloit en garnison à Angoulesme.

---

1. Magdeleine Clavetier, veuve de Philippe de Guillaumet, sgr de Balentru.
2. Paul Demaillasson.
3. André Micheau, sr du Meslier, fils de Claude Micheau et de Marie Richard.
4. Mathieu du Chesneau, sgr de Champellière, capitaine au régiment de Normandie.
Par acte du 13 septembre 1665, Gervais du Chesneau, sr de la Maréchère, probablement frère du précédent, s'obligeait à donner 60 livres pour la façon d'une grosse cloche destinée à l'église d'Asnières (Vienne) et 27 livres pour une petite cloche, « qui sera incorporée dans la

Le dit jour, Fleuron [1] a esté maraine à Persac d'une fille de la Thoinette qui avoit demeuré chez Mr de Balantru. Le s^r de Busserolle [2], hoste des Trois-Roys de Lussac, a esté parrain. Maillasson [3] y est allé avec Fleuron. Et a esté nommée Fleurance.

Le jeudy de Pasques 22, Mrs Augier et de la Vergne, son beau-frère, sont partis pour Paris. Le dit s^r Augier est retourné le lundy 28 ensuivant. Ils y estoient allez pour la solicitation du procez intanté pour faire casser le mariage de la fille du dit s^r Augier avec Dalest, s^r de la Vau, fondée sur l'impuissance du dit la Vau.

May 1677, commencé par le sabmedy.

Le jeudy 3 may, mon fils [3] s'en est retourné à Poictiers.

Le mardy 11, Mr de Vautibaut et moy sommes allez à Abzat où Mr de Lérignat est venu le lendemain, et le jeudy 13, nous avons commencé à visiter et faire arpanter les terres des deux mestairies de Charzat [4] sujettes à partage entre Mlle de Balantru [5] et le dit s^r de Lérignat, à cause du don qu'il avoit de défuncte Mlle de Lérignat, sa première femme [6], et a esté fait le dit partage le mardy 18, par l'ad-

---

grande cloche », et en outre, à fournir annuellement 3 chopines d'huile pour l'entretien de la lampe de la dite église, moyennant qu'il lui serait accordé, à lui et aux siens à venir, droit de sépulture et de ban à l'entrée de l'église du dit Asnières. (Arch. Vien. G⁹ 4.)

1. Fleurence Demaillasson.
2. Joseph Bigaud, s^r de Buxerolles, marié à Marguerite Abrioux. Son frère aîné, François, marchand à Magnac, propriétaire du village de Buxerolles, paroisse de Magnac, passait une transaction, le 20 janvier 1672, avec les Augustins de la Maison-Dieu de Montmorillon, au sujet des limites et confrontation du village de Buxerolles touchant à l'aumônerie du Vieux-Bois de Droux. (Arch. Vien. H³ *bis* 324.)
3. Paul Demaillasson.
4. Charzat, Cherzat (aujourd'hui Chardat), village important, commune d'Abzac (Charente), renommé par ses fabriques de tuile et ses fours à chaux.
5. Magdeleine Clavetier, veuve en premières noces de Etienne de Leirat et en deuxièmes noces de Philippe de Guillaumet, sgr de Balentru.
6. Catherine de Leirat, fille de la précédente.

vis de Mᵉ André Prévost, de Saint-Germain, et Jean de Roche, arpanteur et notaire du dit Saint-Germain, demeurant à Oradoux, lequel en a receu la minutte, que j'ay signée comme ayant charge de la dite damoiselle. Et sommes retournez icy, Mʳ de Vautibaut et moy, le mercredy 19. Les jours suivants, jusques au 24 inclus, je n'ay party du lict à cause du mal de ma cuisse.

Le dit jour de mardy 18, Mʳˢ du Cluseau et Rembergerie sont venus coucher chez Brunet [1] où nous estions et sont allez le lendemain aux Salles.

Le dimanche 23, Mʳ de Vautibaut est allé au Blanc et s'en est retourné icy le mercredy 26.

Juin 1677, commencé par le mardy.

Le 1ᵉʳ jour de juin, Mᵉ François Cœurderoy [2] le fils, conseiller, et dame [Marie] Vachier [3], vefve de défunct François de Marueil, ont esté espousez par Mʳᵉ Jean Boudet, curé de Concise. Elle n'estoit vefve que du mois de décembre dernier et a huict enfans et le dit Cœurderoy six.

---

1. Félix Brunet, demeurant à Margnier, paroisse d'Abzac. Le 25 novembre 1747, Louise Brunet, épouse de Pierre Chauvet, demeurant à Margnier ; Jean Brunet, frère de la précédente ; Jean Prévost, sʳ du Marest ; Jean Néaulme, sʳ de Villemagne ; Pierre Rampnoux, sʳ de Pléneuf, maître chirurgien, demeurant tous à Saint-Germain-sur-Vienne, déclarent devoir solidairement au prieur-curé d'Asnières, à cause de la grande tenue de Boissenatière, paroisse du dit Asnières, une rente noble, féodale et foncière de deux boisseaux froment, mesure d'Availle, payable chaque année au jour et fête de Saint-Michel, en conséquence de la donation faite, le 25 décembre 1472, par Hugues d'Oradour, éc., sgr de la Forêt, et Antoinette de Montlouis, son épouse. (Arch. Vien. G⁹ 4.)

2. François Cœurderoy était veuf de Catherine Bailly. Il fut enterré à Notre-Dame de Montmorillon le 8 avril 1695. Le 25 septembre 1701, ses trois filles (du premier lit), Catherine, Marie-Anne, femme de Jacques Chaignon, et Radegonde, veuve de François Chaignon, demeurant toutes trois au village de la Roche-au-Baussan, paroisse de Pindray, vendaient, pour la somme de quatre cents livres, à Suzanne de Poix, veuve de Jean Toyon, chirurgien, demeurant à Poitiers, leurs parts d'une cinquième partie en deux places de clerc des greffes de la sénéchaussée de Montmorillon, appelés les greffes des enquêtes et des baux à ferme, provenant de la succession de leur père. (Arch. Vien. C 392 *ter*.)

3. Agée de 40 ans. Fille de François Vachier, sʳ de Crémiers.

Le dit jour, mes filles de Vautibaut [1] et Fleuron [2] sont allez à Poictiers pour se faire vestir des estoffes que Mr de Lagebertye leur avoit envoyées, et à Marion [3], le vendredy précédent. Le sabmedy 19, ma fille de Vautibaut s'en est retournée icy et Fleuron y a demeuré jusques au 6 septembre ensuivant qu'elle est aussi retournée icy.

Le dit jour 1er juin, dame Margueritte Cuisinier, fille de défunct la Boussée d'Anthigny, est venue nous voir et s'en est retournée à Anthigny le mercredy 30.

Le vendredy 4, Mr du Cluseau, qui retournoit des Salles et avoit couché au Peux, est venu icy et s'en est retourné à Poictiers le lundy de la Pentecoste 7.

Le vendredy 11, Mr de Vautibaut est allé à Fressines pour parachever l'eschange que fait Mr du Cluseau du bien qu'il a au vilage de la Boulinière [4] avec le fief et une mestayrie au dit lieu de Fressines appartenant au s[r] Chantaise, greffier et huyssier audiancier, et quelque rente en la paroisse de Lastus. Le dit s[r] de Vautibaut a esté coucher au Peux, avec Mr du Cluseau, et s'en est retourné icy le lendemain.

Le vendredy 18, Mr de Vautibaut est allé à la Chapelle-de-Viviers avec M[r] des Lèzes qui y avoit une affaire, et sont allez coucher au Peux et retournez icy, le sabmedy 19, avec ma fille de Vautibaut.

Juillet 1677, commencé par le jeudy.

Le dimanche 25, Mr de Lérignat céans pour les affaires d'entre Mlle de Balantru et luy, et s'en est retourné le mardy.

Le vendredy 30, mon neveu Pierre Demaillasson est venu céans nous voir. Il venoit de voir ma niepce Roy, sa

---

1. Marguerite Demaillasson.
2. Fleurence Demaillasson.
3. Marie Demaillasson.
4. Le 20 juin 1685, Louis Daulbroche, maître apothicaire, rendait hommage au château de Montmorillon du fief de la Boulinière, paroisse de Saint-Léomer. (Arch. Vien. C 374.)

sœur, de La Rochelle, et s'en est retourné le lundy 9 aoust ensuivant.

Aoust 1677, commencé par le dimanche.

Le lundy 2, mon fils [1] est retourné de Poictiers.

Le mardy 3, ma cousine de Boisdumont [2] est accouchée d'un garçon, lequel a esté baptisé par Mre Jacques Bourau, curé, dans l'église de Saint-Martial, le lundy 23. Et a esté son parrain, Mr de la Chassaigne, frère aisné de Mr de Boisdumont, et Mlle Daubière, maraine, et nommé [Jean].

La nuict du dit jour mardy 3 au mercredy 4, la femme [3] de maître Niclou accouchée d'une fille.

Le mardy 10, environ les six heures du matin, est décédée dame [Marie] Maingueneau, vefve de défunct [Germain] Laisné, s^r du Péron.

Le dimanche 15, Mr de Vautibaut est allé coucher à Lérignat et, le lendemain, a fait venir cinq pipes de vin de Mlle de Balantrut et est retourné icy le mardy 17.

Le dit jour 17, Mlles de Vautibaut [4] et Jacquet [5], du Blanc, sont venues icy et s'en sont retournées le dimanche 22.

Le sabmedy 21, ont esté espousez par le s^r Périot, curé de Saint-Benoist-du-Sault, M^e [Léonard] Bastide [6], petit-fils du défunct s^r de la Griminière du bourg de Rancon, et damoiselle [Marie] Moreau, nommée Mlle de Grandmont.

Le mardy 31, Mr de Vautibaut, sa femme et moy sommes partis pour aller à Saumur et avons esté coucher chez Mme la Boussée [7] à Antigny. Le lendemain, disner à la Chapelle-Roux [8] et coucher à Chastelleraut. Le jeudy,

---

1. Paul Demaillasson.
2. Marguerite Delaforest, femme de Léonard Chaud, s^r de Boisdumont.
3. Jeanne Tranchant, femme de Félix Dechassaigne dit Niclou.
4. Catherine Jacquet, veuve de François Ladmirault, s^r de Vautibaut.
5. Magdeleine Pataud du Goulet, veuve de Antoine Jacquet.
6. En juin 1678, il fut nommé conseiller du Roi à Montmorillon, à la place de Me Jean Bastide, décédé le 2 décembre précédent.
7. Catherine Touchard, veuve de Pierre Cuisinier, s^r de la Boussée.
8. Ancienne commune réunie à celle de Chenevelles le 18 novembre 1818.

disner à Richelieu et coucher à Chinon, et, le vendredy, à Saumur, d'où nous sommes partis le sabmedy ; avons esté passer à Fontevrault et coucher à Chinon, et sommes retournez icy, le lundy 6 septembre, ayant passé par Chauvigny.

Septembre 1677, commencé par le mercredy.

Le jeudy 9, Mᵉ [Antoine] Naude, sʳ de Graillé, juge de l'Isle-Jourdain, est décédé au dit lieu de l'Isle. Il pouvoit estre aagé d'environ 35 ans.

Le dimanche 12, environ les quatre heures après midy, est décédé Jean Dupin, messager de cette ville à Paris, aagé de 80 ans, et a esté enterré, le lendemain, dans le cimetière de Saint-Martial.

Le dit jour lundy, j'ay esté à Maugoueran et suis retourné icy le mesme jour.

Le vendredy 24, ils ont fait vendanges à Maugoueran. Mes deux filles [1] Fleuron et Marion y ont esté.

Le lundy 27, j'ay commencé de faire vendanger ma vigne et achevé le lendemain de bonne heure. J'y ai eu neuf pipes de vin.

Octobre 1677, commencé par le vendredy.

Le vendredy 15, Mʳ du Cluseau est venu icy. Le commis général des aydes de cette généralité, Mʳ de Vautibaut et moy avons souppé avec luy chez ma sœur de la Mothe. Il s'en est retourné le mercredy 20 au matin.

Le dimanche 17, Mʳ de Vautibaut est allé au Blanc et s'en est retourné icy le sabmedy 23 avec Mʳ Augier qui y estoit aussi allé.

Le lundy 18, damoiselle Marie Micheau, fille aisnée de Mʳ le lieutenant civil, a esté mise en Extrême-Onction après avoir esté malade d'une fort longue maladie de poulmon.

---

1. Fleurence et Marie Demaillasson.

Et est décédée le jeudy 21, entre les quatre à cinq heures du soir, et a esté enterrée, le lendemain, ès sépultures des Richards, dans l'église de Saint-Martial. Elle estoit aagée de 20 ans 12 jours.

Le mercredy 20, Mr de Lérignat est venu céans et s'en est retourné le jeudi 21.

Le dimanche 24, le dit s^r de Lérignat est encore venu céans et s'en est retourné le lendemain.

Le dit jour, a esté passé céans le contract de mariage de Jean Auprestre et Marguerite Cousin, fille de la nourrisse de Fleuron [1], et ont esté espousez à Nostre-Dame, le lundy 15 novembre ensuivant, par Mre Julien Boudet, curé de Concize.

Le vendredy 29, Mr de Vautibaut, Maillasson et moy sommes allez disner chez Mlle Dansays [2], fermière de Messignat, à Messignat, et coucher à l'Isle. Et le lendemain 30, j'ay passé la ferme de la mestayrie de la Fauconnière, au nom de mon beau-frère Lagebertye, à François et Gervais Ribardière, père et fils, à moitié fruicts. Et le dit jour, nous sommes allez coucher à Abzat où Mr de Lérignat nous est venu joindre, le lendemain dimanche 31, et sommes retournez icy le lundy 4 novembre. Mr de Lérignat s'en est retourné à Lérignat.

Le sabmedy 30, ont esté espousez, en l'église des Récollets, par Mre Jacques Bourau, curé de Saint-Martial, [Maurice] Bichier, s^r des Osannes [3], de la ville du Blanc, et damoiselle Anne Augier, laquelle avoit esté espousée, le 7 may 1674, avec le nommé Dalest, s^r de la Vau, de la dite ville du Blanc, qui s'estant trouvé impuissant et jugé tel par l'official de Poictiers et par l'auditeur, s'estoit rendu

---

1. Fleurence Demaillasson.
2. Catherine Bouthier, veuve de Antoine Dansays, juge sénéchal du Vigean.
3. Fils de feu Maurice Bichier, trésorier de France au bureau de Bourges, et de Jeanne Jacquet.

appellant des dits jugemens au parlement de Paris, où il seroit décédé pendant la poursuitte. Mʳ Augier, père de la dite damoiselle, avoit retiré une quittance de la somme de 5.000 livres du dit Dalest, laquelle somme il avoit promise en dot à la dite fille, de laquelle néantmoins il n'avoit rien payé et laquelle somme les héritiers du dit Dalest luy doivent payer, avec 200 livres d'ailleurs pour les dépens, domages et intérests de sadite fille, à ce que l'on dit [1].

Novembre 1677, commencé par le lundy.

Le mercredy 10 novembre, Mʳ de Saint-Germain [2], gouverneur de la Marche, est arrivé chez Mʳ le sénéschal [3], lequel l'avoit prié d'assister à son harangue de la Saint-Martin, et s'en est retourné le sabmedy 13. Mʳ et Mᵐᵉ de Pons ont aussi assisté aux harangues.

Le jeudy 11, le sʳ Albert, estappier, et le nommé Huchar, hocqueton, servant auprès de Mʳ l'intendant [4], sont arrivez icy pour y faire establir un magazin d'avoine et de foin et ont fait la visite des maisons pour le logement de la compagnie de chevaux-légers de Monsieur, frère unique du Roy, qui y doit venir en garnison.

Le sabmedy 13, Mʳ de Vautibaut est allé au Blanc et est retourné le [5].....

Le dimanche 14, Mʳˢ de l'Héraudière et du Brueil Arnauldet, qui ont esté députez pour aller trouver Mʳ l'intendant [6] au sujet de la garnison cy-dessus, sont partis pour aller à Poictiers, avec les dits Albert et Huchar et Goudon l'advocat, l'un des scyndics. Et a esté fait le logement par Mʳ l'intendant presque tout sur les mémoires

---

1. Pour les détails de cette affaire, voir page 407.
2. Henri Foucault, marquis de Saint-Germain-Beaupré.
3. Pierre du Chastenet, sgr de Mérignat.
4. René de Marillac.
5. En blanc.
6. René de Marillac, déjà nommé.

— 434 —

du dit Huchar, lequel logement Mr l'intendant a donné tout cacheté à Mr de l'Héraudière avec ordre de tenir la main à tout.

Le mardy 23[1], ont esté espousez [Gaspard] Lucquet[2], de Lussac-les-Eglises, et damoiselle Anne de Maillasson[3], fille cadette de mon neveu l'enquesteur, dans l'église de Saint-Martial.

Le dit jour 23, environ midy, la compagnie de chevaux-légers de Monsieur, frère du Roy, commandée par le marquis de Volsemé, cappitaine lieutenant, est arrivée icy pour y tenir garnison. Mr le séneschal[4] a été subdélégué par Mr l'intendant pour faire le logement et tenir la main à tout, au préjudice de l'ordre cy-dessus qu'il en avoit donné à Mr de l'Héraudière, et tous les billets ont esté signez du dit séneschal.

Le lundy 29, Mr l'intendant est arrivé icy et a logé chez le dit sr séneschal et, le lendemain, il a fait faire la reveue de la dite compagnie dans le grand pré, près la porte du Pont-Neuf, et a ordonné que l'on donneroit aux officiers 18 livres 10 sols par jour pour leur ustancile, ce que néantmoins il n'a point voulu signer. Et conformément à l'ordre du Roy que l'on fourniroit à chaque chevau-léger une pinte de vin, mesure de cette ville, une livre et demye de viande, mouton, bœuf ou pourceau, au choix de l'hoste, et un pain de 24 onces[5], entre bis et blanc, et que le chevau-léger se chaufferoit et esclaireroit au feu et à la chandelle de l'hoste, moyennant quoy le dit chevau-léger luy donneroit cinq sols par jour, ce qui n'a point eu d'exécution, car les hostes ont nourry leurs chevaulégers sans rien avoir. L'estappier a fourny 20 livres de foin et

---

1. Le 25, d'après le registre paroissial.
2. Gaspard de Lucquet, sr des Marnes.
3. Fille de François Demaillasson, enquêteur, et de Elisabeth Demareuil.
4. Pierre du Chastenet.
5. Environ 735 grammes.

demy boisseau d'avoine, mesure de cette ville, pour chaque cheval pour le jour et la nuict.

Décembre 1677, commencé par le mercredy.

Le vendredy 10, Mr de Vautibaut est party, environ une heure et demie après midy, pour aller voir Mr de Lagebertye que l'on m'avoit mandé, par des lettres que je venois de recevoir par le messager de Paris, s'estre trouvé mal d'une apoplexie dont il fut attaqué en disnant à Saint-Germain-en-Laye, le lundy 29 novembre précédent. Et comme il fut promptement secouru, le Roy, la Reine et M^r le Dauphin luy ayant envoyé leurs médecins, il en estoit revenu. Mais s'estant levé le matin, fait le poil et ayant esté à la messe qu'il ouït teste nue et, deux ou trois jours après, estant allé chez un de ses camarades sans avoir rendu un lavement qu'il avoit pris à cause qu'il en trouvoit l'effect trop long, il retomba de rechef dans le mesme accident d'apoplexie dont il fut trois ou quatre jours à revenir. Et néantmoins, par la grâce du bon Dieu, par les grandes assistances que luy rendirent les mesmes médecins, il en revint. Il a demeuré longtemps après incommodé d'une difficulté de parler. Mr de Vautibaut fut coucher au Temple, le lendemain fut disner à Poictiers et coucher à Chastelleraut et se rendit à Paris, le vendredy 17 au matin, et, le lendemain, fut trouver Mr de Lagebertye à Saint-Germain, qu'il rencontra qui se promenoit dans la chambre, et s'en retourna icy le sabmedy 15 janvier ensuivant, après qu'il eut laissé Mr de Lagebertye à Paris chez Mr Belet [1], l'un des barbiers du Roy.

---

1. Jean Bellet, s^r de Chez-Bellet (Chez-Blet), maître chirurgien à Availle-Limousine, eut au moins deux enfants d'Anne Poirier, sa femme (remariée, en 1618, à Pierre Le Conte, aussi chirurgien à Availle) : Jean, barbier et valet de chambre ordinaire du Roi et de Mgr le duc d'Anjou, et Catherine, mariée à François Delagrange, demeurant au village de Chaumont, paroisse d'Abzac. Etant veuve, elle vendait, le 29 juillet 1652, à Léonard Mourgaud, s^r de la Vergne, pour la

Le mercredy 29, Mr de Lérignat est venu céans et a payé le douaire à Mlle de Balantru[1] qui est 227 livres. Le lendemain, Mr de Puyrobin est aussi arrivé à disner. Ils s'en sont retournez, le vendredy 31, après disner.

Année 1678, commencée par le sabmedy.

Le jeudy 6 janvier, jour des Roys, mon fils[2] est party avec le messager de Rochouard pour aller estudier à Paris. Le s^r de la Bucherie Morellon, de Saint-Auvant, y est aussi allé et sont allé coucher au Blanc. Le jeudy 13, Mr de Lagebertye le mena luy-mesme chez M^r le principal du colège de Montaigu[3], où il le mit en pension, à raison de 320 livres par an, et payé son cartier.

Le dimanche 9, environ les cinq heures du soir, est décédé Jouachim de Lerpinière, garçon, aagé d'environ 35 ans, et le lendemain a esté enterré dans le cimetière de Saint-Martial. Il est mort d'une débauche et d'avoir passé une nuict entière couché à sa porte où il estoit tombé en s'en retournant de faire la dite débauche.

Le dit jour lundy 10, est décédée la fille cadette[4] de Mme de Villechinon et a esté enterrée dans l'église de Nostre-Dame.

Le mercredy 12, Mr de Lérignat et Mlle de Lassine[5] sont venus céans et, le lendemain, Mrs de la Dauge et de Lassine y ont disné. Ils m'ont donné acquit de tout ce que je leur devois en qualité de curateur de défunct mon neveu le

---

somme de trente livres, une pièce de terre au lieu dit la Croix-au-Loup, paroisse d'Abzac (Charente). (Arch. Vien. E^2 201.)

Perrette Bellet, sœur de Jean, maître chirurgien, épousa Bertrand Compaing, s^r de la Maurie, décédé à Availle-Limousine, le 8 août 1631, laissant postérité.

1. Magdeleine Clavetier, veuve de Philippe de Guillaumet, s^r de Balentru.
2. Paul Demaillasson.
3. Célèbre collège fondé, en 1314, par Gilles Aycelin de Montaigu, archevêque de Rouen.
4. Anne Dumonteil.
5. Marie de Guillaumet, femme de Florent Fricon, sgr de la Signe.

Queiroir[1]. Jacquet, sr de la Bignolle, l'a receu. Le dit sr de Lérignat s'en est retourné et Mlle de Lassine aussi, le sabmedy 15, après disner.

Le mardy 18, a esté espousé au Dorat Me Pierre Vrignaud, conseiller au siège royal de cette ville, avec damoiselle Maurat[2], fille du défunct sr Maurat, substitut du procureur du Roy au siège royal du Dorat.

Le sabmedy 22[3], la femme[4] de Me Pierre de la Forest le jeune, sr de Luchet, procureur, est accouchée d'un garçon[5].

Le lundy 24, dame Marie de Chaulme, ma filleule, femme de la Chanbut[6] le jeune, est accouchée d'un garçon.

Le dit jour, Mr de Vautibaut est allé à Poictiers et s'en est retourné le jeudy 27.

Le mercredy 26, Mr l'intendant[7] est venu icy pour faire partir la garnison. A logé chez Mr le sénéschal[8] et, le vendredy, s'en est allé coucher aux Forges. Le dit sr sénéschal est allé avec luy, après avoir fait partir la garnison qui estoit icy commendée pour lors par le baron de Salart, cornette, le marquis de Volsemé s'en estant allé quelques jours auparavant à la Cour.

Le dit jour mercredy 26, [Louise Chauvin][9], vefve du nommé Bougeaud[10], qui montroit à lire aux petits enfans, est décédée, environ les deux heures après midy, et a esté enterrée, le lendemain, dans le cimetière de Saint-Martial. Elle estoit aagée d'environ 75 ans.

---

1. Pierre Clavetier, sr du Quéroir.
2. Jeanne, fille de Jean Maurat, avocat et substitut du procureur du Roi au Dorat, et de Catherine Aubugeois.
3. Le 21, d'après le registre paroissial.
4. Jeanne Prestreau.
5. Félix.
6. André Vezien, sr de la Chambut, procureur.
7. René de Marillac.
8. Pierre du Chastenet.
9. Dite la Maîtresse.
10. Savin Bougeaud, maître d'école à Montmorillon. Son fils, Savin, lui succéda, en 1660, comme maître d'école, au même lieu.

Février 1678, commencé par le mardy.

Le jeudy 3, Mʳ de Vautibaut et moy sommes allez disner chez Mʳ de Puyrobin à Lérignat et coucher à Abzat et, le lundy ensuivant, le bestail des mestayries de Charzat et d'autres chetaliers particuliers que Mʳ de Lérignat estoit tenu de donner à Mˡˡᵉ de Balantru, a esté apprécié par le sʳ du Masdille [1], de Saint-Germain, et Gervais Ribardière,

---

1. Jean Laurens, sʳ du Masdille, baptisé à Lessac (Charente) le 26 juin 1625, fils de Pierre Laurens, sʳ du Villars, épousa Marie Segrétain, dont entre autres enfants : André-Eustache, prêtre, entré aux Augustins de Toulouse en 1687, prieur du couvent de l'Isle-d'Albi en 1733 ; Marie, épouse de Pierre Marchand, sʳ du Chaume, notaire à Saint-Germain-sur-Vienne, et Jacques, sʳ du Villars, capitaine de cavalerie, marié, par contrat du 15 août 1681, à Françoise Chaperon, nommé capitaine de la milice bourgeoise de Charroux, le 20 septembre 1703, par le maréchal de Chamilly (Noël Bouton), commandant en chef dans les provinces de Poitou, Saintonge et Aunis. Il n'eut qu'un fils, André-Alexandre, sʳ de la Barde, du Villars et des Roches, baptisé à Lessac le 16 avril 1684, décédé au château des Roches (Moussac-sur-Vienne) le 4 janvier 1768 et inhumé le lendemain dans l'église du Vigean. Lieutenant au régiment de Luynes en 1723, puis au régiment de Brancas en 1741, André-Alexandre fut réformé peu de temps après au régiment de Chevreuse. Il accompagna, en qualité d'écuyer, Mʳ le comte du Luc (François-Charles de Vintimille), dans son ambassade à Vienne près l'empereur Charles VI, en 1716, et Mʳ le marquis de la Mothe-Fénelon (Gabriel-Jacques de Salignac) dans son ambassade en Hollande, en 1724. Vers 1725, il acheta de Mʳˢ de la Ramière la terre des Roches, paroisse de Moussac-sur-Vienne, pour la somme de 26.500 livres. Dans son livre-journal déposé aux archives de la Vienne (E² 121), il nous apprend que, le mardi 3 août 1740, Son Excellence Madame de Fénelon (Louise-Françoise Le Pelletier de Villeneuve), ambassadrice de Hollande, et son beau-frère, Mʳ de la Mothe-Fénelon (François-Barthélemy de Salignac), évêque de Pamiers, sont venus, avec douze personnes, souper et coucher chez lui aux Roches, et que, à cette occasion, il a fait pour soixante livres d'extraordinaire. Le 15 avril 1739, il obtint de Mgr de Foudras de Courcenay, évêque de Poitiers, la permission de faire célébrer la messe dans la chapelle de son château des Roches, et le 4 juillet 1743, Mʳ Barbarin de la Roche, curé de Moussac, était autorisé à bénir les linges et ornements que Mʳ du Villars avait fait faire pour l'usage de cette chapelle. Le 3 novembre 1750, il adressait une requête au juge sénéchal de Saint-Germain-sur-Vienne aux fins de faire rectifier le nom de son fils, François-Alexandre, mal orthographié sur le registre paroissial de Lessac, Laurand au lieu de Laurens. Pendant son séjour en Hollande, André Laurens avait épousé, à la Haye, Jacoba-Thérésa Crockesel, décédée aux Roches et inhumée à Moussac le 27 avril 1780, à l'âge de 85 ans, « après avoir mené la vie la plus édifiante et la plus exemplaire et terminé sa carrière comme une prédestinée ». De ce mariage sont issus : 1ᵉ François-Alexandre, baptisé à Lessac le 7 avril 1728, tonsuré à Limoges par Mgr du Plessis

mestayer de la Fauconnière, et sommes retournez le mercredy avec Mr de Lérignat qui y estoit dès le mercredy 2 et avons passé chez Mr de Puyrobin et coucher icy.

Le dimanche 20, Pierre Vezien [1], chirurgien, fils aisné de Joseph Vezien, s^r de la Chambut, a esté contracté avec damoiselle [Magdeleine] de Marueil, fille aisnée de défunct François de Marueil et de damoiselle [Marie] Vachier, remariée à François Cœurderoy, conseiller, et ont esté espousez le lendemain.

Le jour du mardy gras 22, ont esté contractez et espousez en l'église de Saint-Martial, par Mre Jacques Bourau, curé, [Jean] Cailleau, médecin, et dame Marguerite Pineau, fille aisnée de défunct Me Mathieu Pineau, procureur.

Mars 1678, commencé par le mardy.

Le jeudy 3 mars, Mrs de Vautibaut, Boismenu et moy sommes allez à Lérignat pour faire l'appréciation des bestiaux que Mr de Lérignat devoit donner à Mlle de Balantrut. Nous y fusmes disner et avons bu, mangé et couché chez Mr de Puyrobin et sommes retournez icy le lendemain.

Le dit jour vendredy 4, passa en cette ville un régiment d'infanterie, la plus part Vallons, d'environ 800 hommes, qui fut loger à Plaisance où il séjourna le lendemain et en partit le 6 et fut coucher à l'Isle.

Le mardy 8, Mr de Vautibaut, sa femme [2] et Marion [3]

---

d'Argentré le 23 mai 1739, sous-diacre et bachelier en Sorbonne, inhumé dans l'église de Moussac le 9 mars 1761 ; 2° Louis-Alexandre-Joseph, baptisé à Alloue le 20 mars 1729 ; 3° Jean-Alexandre, baptisé à Lessac le 15 février 1735, gendarme de la garde du Roi, marié : 1° à Marthe-Françoise du Pin de Montbron, inhumée dans l'église de Moussac le 14 novembre 1775 ; 2° le 10 juin 1788, à Marie-Jeanne-Henriette de la Lande de Vernon (49 ans), pensionnaire au couvent des Filles de Notre-Dame à Poitiers, fille de feu Jean-François de la Lande, chev., sgr de Vernon, et de Marguerite de Tricon. Il eut du premier lit trois garçons et une fille, tous baptisés à Moussac.

1. Fils de Joseph Vezien, s^r de la Chambut, sergent royal, et de Louise Redaut.
2. Marguerite Demaillasson.
3. Marie Demaillasson.

sont allez au Blanc voir la mère [1] de Mr de Vautibaut, d'où ils sont tous retournez le mardy 5 avril ensuivant.

Le sabmedy 12, Mrs du Cluseau et de Boussay, son beaufrère, sont arrivez icy et en sont partis, le lundy 14, pour aller aux Salles.

Le mardy 15, Mr de Vautibaut est retourné du Blanc où il s'en est encore allé le vendredy 18.

Le jeudy 17, environ les 10 heures du matin, est décédé Me Gilbert Babert, notaire, aagé d'environ 69 ans, et a esté enterré, le lendemain, proche le bénistier en entrant, à main droite, par la petite porte de l'église de Nostre-Dame. Il y avoit plus de deux ans qu'il gardoit presque tousjours le lict sans sortir.

Le sabmedy 19, [Louis] de la Forest [2], fils cadet de défunct Me Charles de la Forest, s^r de Perfite, et de dame [Jeanne] Grault, est décédé et a esté enterré, le lendemain, dans l'église de Saint-Martial. Il pouvoit avoir 25 ou 26 ans. Il est mort du poulmon.

Le jeudy 24, François Augier, s^r des Vigères, archer en la mareschaussée de cette ville, est décédé, environ les neuf heures du soir, et a esté enterré, le lendemain 25, dans l'église de Nostre-Dame, contre la muraille, proche le crucifix, à main gauche en entrant. Il pouvoit estre aagé de 46 ans ; il languissoit il y avoit longtemps.

Le sabmedy 26, Mr de Vautibaut est retourné icy du Blanc et, le lendemain, a esté coucher chez Mr de Puyrobin pour aller à la foire à l'Isle et s'en est retourné icy le mardy 29.

Avril 1678, commencé par le vendredy.

Le dimanche des Rameaux 3, Mr de Vautibaut est re-

---

1. Catherine Jacquet, veuve de François Ladmirault, s^r de Vautibaut.
2. S^r des Mas.

tourné au Blanc pour quérir sa femme [1] et Marion [2] et sont retournez icy le mardy 5.

Le mercredy 6, Mlle Mansier [3], fille de Mr de Puyrobin, nous est venue voir et s'en est retournée le dimanche de Quasimodo 17.

Le jour du jeudy saint 7, André Le Beau, fils de défunct Me Paul Le Beau, qui avoit esté séneschal de cette ville, s'en allant à Paris, décéda à Loche où il fut enterré.

Le jour du sabmedy saint 9, est décédé Me Jean Augier, sr de Corné [4], notaire, et a esté enterré, le lendemain, jour de Pasques, sous la seconde tombe du cimetière de Saint-Martial, en descendant de la Closture, à main droite. Il pouvoit estre aagé de 56 ans.

Le jeudy de Pasques 14, environ les quatre heures du soir, est décédé Gabriel Le Blanc [5], appellé Charbonnière, aagé d'environ 26 ans, et, le lendemain, a esté enterré dans l'église des Récollects, contre le pillier de bois, proche le bénistier, à main droite en entrant.

La nuict du sabmedy 23 au dimanche 24, est décédé Me Jean Gaultier qui avoit esté longtemps greffier en la mareschaussée de cette ville, lequel office il avoit donné à Me François Gaultier, son fils aisné, par son contract de mariage, et a esté enterré, le dit jour dimanche, en l'église de Saint-Martial, sous son banc, proche le mien.

Le dit jour dimanche 24, Mr de Vautibaut et moy sommes allez à l'Isle et retournez coucher chez Mr de Puyrobin et le lendemain, jour de Saint-Marc, avons esté derechef à l'Isle avec Mr de Puyrobin et Mlle Mansier à la foire, et coucher chez luy et retourné icy le mardy 26.

Le sabmedy 30, Mr de Vautibaut est allé coucher au

---

1. Marguerite Demaillasson.
2. Marie Demaillasson.
3. Anne-Marie de Mancier dite Ninon.
4. Fils de François Augier et de Catherine Gaultier.
5. Fils de René Le Blanc, sr de Charbonnière, sergent royal, et de Jeanne Dupin.

Dorat pour les affaires de Mme de Vildon, sa sœur, et est retourné icy le lundy 2 may.

May 1678, commencé par le dimanche.

Le mardy des Rogations 17 may, Mr de Vautibaut et moy sommes allez disner à la Fauconnière et coucher à Azat, et sommes retournez icy le sabmedy 21.

Le mercredy 25, Mlle Mansier est venue nous voir et s'en est retournée le vendredy 3 juin. Elle estoit venue avec Mr de Lérignat et sa femme [1] qui s'en retournèrent le vendredy 27.

Juin 1678, commencé par le mercredy.

Le mercredy 1er juin, [Marie] de Lerpinière, femme d'Abraham Perrineau, estant montée pour acheter du bleg au marché, fut subitement saysie d'apoplexie et fut portée au logis du Cheval-Blanc, où elle trépassa deux heures après, qui estoit environ les onze heures du matin.

Le sabmedy 4, Mr de Vautibaut et Mme de Vildon [2] sont allez coucher au Dorat pour les affaires de la dite dame, qui est pour le bail de la terre de Vildon, et sont retournez icy le mardy à midy.

Le lundy 13, ma nièce du Cluseau [3] et ma cousine Cytois [4] sont arrivées icy à disner et s'en sont retournées à Poictiers le mardy 21.

Le sabmedy 11, Mr du Cluseau estoit party pour aller à Paris. Il estoit député pour les affaires de la maison de ville de Poictiers.

Le vendredy 17, entre dix et onze heures du matin, François Durand dit des Chirons, qui avoit esté sergent et qui estoit du nombre des suprimez et tenoit à présent ca-

---

1. Catherine Frottier.
2. Catherine Ladmirault, femme de Jean de Villedon.
3. Marie Vachier, femme de Pierre Chazaud, s^r du Cluseau.
4. Marie Goudon, femme de Mathieu Citoys.

baret, est décédé et le dit jour a esté enterré dans la chapelle, un peu au-dessus de la petite porte de l'église de Nostre-Dame. Il pouvoit avoir 68 ans et estoit languissant il y avoit desjà quelque temps.

Le lundy 20, Mr de Vautibaut et moy sommes allez à la foire à l'Isle et le dit jour coucher à Abzat, d'où Mr de Vautibaut s'en est retourné le sabmedy 25 et moy le dimanche 26.

Le vendredy 24, Pierre Dault [1], boucher, a esté enterré dans le cimetière de Saint-Martial.

Le dit jour dimanche 26, Mr de Vautibaut et Mme de Vildon sont allez coucher au Dorat pour le dit bail de la terre de Vildon et sont retournez icy le mardy 28.

Juillet 1678, commencé par le vendredy.

Le mercredy 6, Mr de Vautibaut est allé coucher au Dorat où se doit rendre Mme de Vildon. Elle estoit depuis cinq ou six jours à Vildon. Mr de Vautibaut est retourné le vendredy 8.

Le jeudy 7, sur les deux heures du matin, est décédé Me Jean Loreau, procureur, aagé de 60 ans, et a esté enterré le dit jour, sur les quatre heures du soir, au cimetière de Saint-Martial, un peu au-dessous la croix ausanière. Il estoit hydropique et étique.

Le lundy 25, jour de Saint-Jacques et Saint-Christophle, Mr de Vautibaut est allé à Poictiers et est retourné le sabmedy 31.

Aoust 1678, commencé par le lundy.

Le jeudy 4, mon neveu Demaillasson, de Tours, est arrivé céans.

Le jeudy 11, il est allé à la Trimouille voir le receveur des traittes qui est un garçon de Tours et est retourné icy le dimanche au soir et s'en est retourné à Tours le jeudy 18.

---

1. Il avait épousé Jeanne Dousselin, dont postérité.

Nota que, le mardy 2, Mr de Vautibaut est allé au Blanc et est retourné icy le lendemain.

Le mercredy 24, jour de Saint-Barthélemy, mes deux filles Fleuron [1], Marion [2] et moy sommes allez à Azat et y avons mené Janneton, l'une de nos servantes, et le dimanche ensuivant, nous sommes tous allez disner à Saint-Germain chez Ganiel et, après disner, mes deux filles sont allées à Confolens où elles ont fait plusieurs visites. Mme de la Vergne [3], d'Azat, les y a conduittes et sont retournées au soir à Saint-Germain où nous avons couché et le lendemain, après disner, nous sommes retournez à Azat et y avons séjourné jusques au jeudy 15 septembre, auquel jour nous sommes retournez icy, et pendant nostre séjour nous avons fait battre et vanter le bleg qui s'est recueilly à Charzat et dans la borderie de Chez-Redon et fait conduire le tout dans la maison d'Azat.

Septembre 1678, commencé par le jeudy.

Le ... septembre [4], est décédée dame [Marguerite] Sylvain, femme de Me René [5] Nicaud, et a esté enterrée, le lendemain, dans le cimetière de Saint-Martial.

Le [6]......., Valantin Martin dit Chirouet, maître pintier, a esté enterré dans le cimetière de Saint-Martial. Il est mort languissant longtemps auparavant et avoit fait beaucoup de débauches. Il pouvoit avoir environ 38 ans.

Octobre 1678, commencé par le sabmedy.

Le jeudy 13 octobre, environ les quatre à cinq heures du soir, est décédé Jacques Brisson, sergent royal en cette ville, et a esté enterré au cemetière de Saint-Martial le lendemain. Le mal le prit subitement la nuit du mercredy

---

1. Fleurence Demaillasson.
2. Marie Demaillasson.
3. Femme de Sébastien Couraud, s^r de la Vergne.
4. Le 25 août, d'après le registre paroissial.
5. *Aliàs* Pierre.
6. Le 29 juillet, d'après le registre paroissial.

précédant venant au dit jour de jeudy. Il perdit en mesme instant la parolle sans l'avoir depuis recouverte.

Le dimanche 16, a esté enterrée Marguerite de la Vergne [1], fille aisnée de défunct M⁰ Louis de la Vergne, s⁻ de la Dorlière, procureur, dans le cemetière de Saint-Martial. C'estoit une fille fort dévotte et pouvoit estre aagée d'environ 40 ans.

Le jeudy 20, la femme de M⁻ de la Vergne [2], conseiller en cette vilile, est accouchée d'un garçon qui a esté baptisé par M⁻ Jacques Bourau, curé de Saint-Martial, le [26 octobre] ensuivant. Et a esté son parrain, M⁰ René Vrignaud, son ayeul, advocat, et marraine, damoiselle [Anne] Maurat [3], sœur de la dite damoiselle de la Vergne, et nommé René.

Le [lundy 24], Pierre Berthonneau est décédé et a esté enterré, le lendemain, au cimetière de Saint-Martial. Il est mort pulmonique et pouvoit estre aagé de 40 ans.

Le dimanche 23 [4], [Jean] Varenne, hoste de l'hostellerie de Nostre-Dame, a esté enterré dans le cimetière de Saint-Martial. Il avoit autrefois monstré à escrire en cette ville et estoit originaire de Saint-Benoist. Il avoit plus de 60 ans.

Le jeudy 27, M⁻ de Vautibaut et moy sommes allez coucher chez M⁻ de Puyrobin, à Nérignat, et le lendemain avons esté à la foire à l'Isle et y avons aussi couché, et le sabmedy 29, sommes allez à Azat où nous avons demeuré jusques au mercredy 9 novembre ensuivant que nous en sommes partis et retournez passer à l'Isle et avons couché à Moulime chez le Pillier, hoste du dit lieu, et retournez icy le jeudy 10.

---

1. Dite Mlle de la Dorlière.
2. Jeanne Maurat, femme de Pierre Vrignaud, s⁻ de la Vergne, fille de Jean Maurat, avocat et substitut du procureur du Roi au Dorat, et de Catherine Aubugeois.
3. Mariée, le 31 juillet 1679, à Jean Robert, s⁻ de la Marquetière, avocat au Dorat, fils de Simon Robert et de Marie Douadic.
4. Le 19, d'après le registre paroissial.

Le 5 du dit mois de novembre, j'ay passé la ferme du bien qu'a ma belle-sœur de Balantru au bourg et parroisse d'Azat au sʳ de la Vergne Couraud [1], procureur fiscal de Brillac, demeurant au dit bourg d'Azat, et le lundy 7, nous avons apprécié le bestail que nous luy avons laissé avec les charrettes à douze cens [2]...... livres et [2]...... chefs de berbis.

Novembre 1678, commencé par le mardy.

Le mardy 15 novembre, a esté enterrée Louise Estourneau, femme de Jouachim Rousseau, bourcier et ferreur d'aiguillas [3] et hoste, demeurant au fauxbourg de la Maison-Dieu, et a esté enterrée au cimetière de Saint-Martial.

Le jeudy 24, la femme [4] du sʳ Cailleau, médecin, est accouchée d'un garçon qui a esté baptisé, en l'église de Saint-Martial, par Mʳᵉ Jacques Bourrau, curé, le lundy 5 décembre ensuivant. Et a esté son parrain, Mʳᵉ Benjamin de Rochechouard [5], chanoine en la cathédralle de Poictiers et prieur du Teil et Darnac, et marraine, Mˡˡᵉ la jugesse [6]. Et a esté nommé Benjamin.

Le mardy 29, damoiselle Anne Augier, femme de [Maurice] Bichier, sʳ des Ozannes, est accouchée d'un garçon baptisé, en l'église de Saint-Martial, par le sʳ Bourrau, curé, le sabmedy 3 décembre ensuivant. Et a esté son parrain, Mᵉ Félix Augier, son ayeul, et marraine, damoiselle [Magdeleine Pataud] du Goulet, vefve de défunct Mᵉ Anthoine Jacquet, sʳ des Ages, baillif de la ville du Blanc. Et a esté nommé Félix.

---

1. Sébastien Couraud, sʳ de la Vergne.
2. En blanc.
3. Gaule assez longue, armée à l'une de ses extrémités d'une pointe pour piquer les bœufs, et à l'autre d'une petite palette en fer, appelée curour, pour nettoyer la charrue. On dit aussi aguillade et aiguillarde.
4. Marguerite Pineau, femme de Jean Cailleau, docteur en médecine.
5. Chanoine prébendé de la cathédrale de Poitiers, prieur du Grand-Theil-aux-Moines, officier de l'Université de Poitiers.
6. Marie Mérigot, femme de François Dalest, juge prévôt.

Décembre 1678, commencé par le jeudy.

Le lundy 12, environ les sept heures du soir, est décédée damoiselle Margueritte Jacquet, femme de M⁶ René Vrignaud, sʳ de la Vergne, doyen des advocats de cette ville, aagée de près de 64 ans, et a esté enterrée, le lendemain 13, dans l'église de Nostre-Dame, proche le mur qui est entre la porte du clocher et l'hostel de Saint-Nicolas. C'estoit une très vertueuse et dévotte personne et qui vivoit dans une grande piété, aimée et chérie de tous ceux qui la connoissoient.

Le mardy 20, Mʳˢ de Vautibaut et Dazay, receveur des tailles au Blanc, sont partis pour aller à Chastelleraut et sont retournez icy le vendredy ensuivant 23, et le sʳ Dazay retourné au Blanc, le sambedy 24. Il estoit venu icy, le lundy 19, prendre Mʳ de Vautibaut pour aller à Chastelleraut.

Le vendredy 16, Mʳ Jacquet[1] qui avoit esté receveur des tailles au Blanc, est venu à la nuict chez Mʳ de Vautibaut, où il a demeuré jusques au mardy 20 ensuivant qu'il est party au point du jour.

Le mercredy 28, Mʳ de Vautibaut, sur ce que l'on m'avoit mandé que Gainier estoit à l'extrémité, a esté coucher chez Mʳ de Puyrobin, à Lérignat, et s'est rendu le lendemain à Saint-Germain où il l'a trouvé encore en vie, et trépassa la nuict du sambedy dernier jour de l'an au dimanche premier jour de l'année 1679. Mʳ de Vautibaut le fit enterrer dans l'église de Saint-Germain, ès sépultures de Mʳˢ Clavetier qui sont près le chœur de la dite église. Il s'appelloit Jean Gainier. C'estoit un vieux cavallier qui avoit servy dans le régiment de Brégy-Cavallerie où Mʳ de Lagebertye estoit cappitaine et major. Et il y avoit en-

---

1. Jérôme Jacquet, conseiller du Roi et receveur des tailles en l'élection du Blanc.

viron 15 ans que Mr de Lagebertye l'avoit envoyé chez Mr Clavetier pour prendre soin des affaires de la maison. Il pouvoit estre aagé d'environ 60 ans. Estoit originaire de Champaigne et est mort pulmonique. Mr de Vautibaut retourna coucher chez Mr de Puyrobin le mardy 3 janvier et icy le lendemain.

Année 1679, commencée par le dimanche.

Le vendredy jour des Roys, Mr de Vautibaut est party, après disner, pour aller au Blanc ; de retour le dimanche 15.

Le lundy 16, Mr de Vautibaut est allé à Poictiers et toute la mareschaussée aussi pour faire la reveue devant Mr l'intendant[1], et s'en est retourné icy le jeudy 19.

Février 1679, commancé par le mercredy.

Le jour du dimanche gras 13 février, [François] Bazeuge, dit Montafilan, le jeune[2], espousé à Saint-Martial, par Mre le curé Bourrau, avec une femme de chambre[3] de Mme de Sueillan[4], laquelle est de Saint-Benoist-du-Sault.

Le dimanche 26, environ midy, est décédée dame Françoise Cardinault, vefve de défunct le nommé Mestayer[5], et a esté enterrée, le lendemain, en l'église de Nostre-Dame, joignant le costé gauche de l'entrée du chœur des chanoines. Elle estoit aagée d'environ 74 ans.

Le mardy 28, Mr. de Vautibaut est allé au Blanc et le lundy 6 mars, en est party pour aller à Paris, où il est arrivé le sabmedy 11 et est retourné icy le sabmedy 29 juillet ensuivant.

---

1. René de Marillac.
2. Menuisier.
3. Marguerite Giraud.
4. Marie Garnier, fille de Pierre Garnier et de Marie Pascault et femme de Joseph de Fougères, éc., sgr de Seillans, fils de Pierre, éc., sgr du Colombier, et de Marguerite Vezien.
5. Lucas Mestayer, sergent royal à Montmorillon.

Mars 1679, commencé par le mercredy.

Le sabmedy 11, environ les neuf heures du matin, est décédé Paul Jacquet, s^r de la Bignolle, notaire royal en cette ville, aagé d'environ 70 ans, et a esté enterré, le lendemain, dans l'église de Nostre-Dame, proche le coing de la muraille qui est vis-à-vis l'hostel de Saint-Nicollas, à main droite en entrant dans l'église.

Avril 1679, commencé par le vendredy.

Le jeudy 13 avril, environ les trois à quatre heures du soir, est décédé Charles Argenton, s^r de la Rengeardière. Il pouvoit avoir 33 ans. Il est mort pulmonique et a esté enterré au cimetière de Saint-Martial, contre le chemin que l'on va de l'église à la Closture, à main gauche, le lendemain vendredy.

Le dit jour jeudy 13, proche les 11 heures du soir, Pierre Goudon, s^r de Plaisance, second fils de défunct M^r de l'Héraudière et de damoiselle Jeanne Richard, ma cousine, tomba sous le pont de cette ville et se noya. Il se retiroit de chez Mlle de la Barde, où il avoit esté vueiller, après soupper de chez le nommé Jouachim Rousseau, à la Maison-Dieu, où il avoit souppé avec Rozet[1] et Latour, deux archers, et comme il fut proche de chez luy, il envoya son valet, qui estoit avec luy, pour faire du feu et luy dit qu'il vouloit aller faire un tour sur le pont, où on dit qu'il avoit accoustumé de se promener tous les soirs. Et son valet ne fust presque pas entré chez luy qu'on dit qu'il entendit tomber quelque chose en l'eau et crier : mon Dieu! sainte Vierge! ayez pitié de moy, secourez-moi, mes amis! et sortit tout incontinent et courut sur le pont qui est tout proche de la maison où demeuroit le dit s^r de

---

1. Pierre Rozet, archer et huissier en la maréchaussée de Montmorillon, marié à Jeanne Trouillon, dont Anne, baptisée à Notre-Dame le 18 février 1674.

Plaisance, qui est celle de défunct Fleurant Goudon, son grand-père, mais il n'entendit et ne vit rien. Il y courut beaucoup de monde qui ne virent rien non plus. Il faisoit extraordinairement obscur, l'eau estoit presque en pleine rive et faisoit un vent fort violent, et ce fut apparemment ce qui le jetta dans l'eau. Il avoit son manteau sur luy qui ne s'est point trouvé non plus que son corps, à cause que l'eau grossit beaucoup le lendemain et le jour suivant, et vint jusques contre nostre porte de la cour de derrière. On trouva son chapeau, le lendemain vendredy, accroché contre la muraille du jardin de la Barre [1] qui touche la muraille de la ville. Il estoit né le 16 aoust 1657. Quelques jours après son corps a esté retrouvé.

Le sabmedy 29, à 10 heures du soir, est décédé Me René Vrignaud, sr de la Vergne, doyen des advocats de cette ville, aagé de 77 ans et neuf mois. Il avoit esté attaqué, au mois de mars dernier, d'une espèce d'appoplexie, sans pourtant avoir perdu le jugement, mais seulement la parolle, durant près d'une heure. Et la nuict du vendredy 28, il eut encore une attaque, moins violente pourtant que la précédente et de moindre durée ; se fascha quand on luy dit qu'il s'estoit trouvé mal, dit que non et qu'on luy vouloit faire croire qu'il estoit malade ; fut debout tout le sabmedy qu'il ne se coucha qu'à neuf heures du soir et aussitôt qu'il fut couché se trouva mal et trépassa une heure après. C'estoit un très honneste homme, sçavant dans sa profession qu'il avoit exercée avec beaucoup d'honneur. Il a esté enterré, le dimanche 30, dans l'église de Nostre-Dame, à costé de deffuncte sa femme [2], joignant la chapelle de Saint-Nicollas.

May 1679, commencé par le lundy.

Le jeudy 4, à une heure après midy, est décédé

---

1. René Delavergne, sr de la Barre.
2. Marguerite Jacquet.

[Jacques] Mérigot, s^r de la Custière, cadet des enfans de défunct Mr du Chefs, et a esté enterré, le vendredy 5, dans l'église de Saint-Martial, vis-à-vis de la chaire du prédicateur. Il estoit garçon, est mort languissant pour avoir fait trop de débauches. Il pouvoit estre aagé de 37 à 38 ans[1].

Le mercredy 10, Mlle Lassine [2] et Mlle Mancier [3] sont venues céans. Mlle de Lassine s'en est allée deux jours après et Mlle Mancier s'en est allée le jeudy 25.

Le vendredy 12, Mr de Lagebertye est arrivé à Saint-Germain-sur-Vienne. Il venoit d'un lieu auprès de Nismes appellé Cabrière, voir le prieur du dit lieu qui est un homme lequel a des secrets admirables pour guérir les maux ausquels presque tous les médecins ne sçavent donner de remèdes, et de fait le dit s^r de Lagebertye s'est très bien trouvé de ses remèdes. Le mesme jour qu'il fut arrivé à Saint-Germain, il m'envoya icy un homme pour me prier de l'y aller trouver.

Le mercredy 17, je suis allé coucher à Saint-Germain où j'ay demeuré jusques au mardy 13 juin que nous en sommes partis, Mr de Lagebertye et moy, et venus coucher à l'Isle et, le mercredy 14, sommes venus coucher céans.

Le lundy 12 du dit mois de juin, environ les six heures du soir, est décédée la femme du s^r Prévost, de Saint-Germain, aagée de 70 ans, et a esté enterrée, le mardy 13, dans l'église de Lessat.

Juin 1679, commencé par le jeudy.

La nuict du dimanche 11, jour de Saint-Barnabé, est décédée presque subitement et sans s'estre autrement trouvée mal tout le dit jour de dimanche, damoiselle Jeanne Berthelin, espouse en premières noces de défunct

---

1. Baptisé à Saint-Martial de Montmorillon le 1er novembre 1639.
2. Marie de Guillaumet, femme de Florent Fricon, s^r de la Signe.
3. Anne-Marie de Mancier.

Mᵉ André Richard, lieutenant général civil et criminel en ce siège, mon oncle, et en secondes de défunct Doradour, escuyer, sʳ de Cléray, gentilhomme du costé d'Usson, et a esté enterrée, le lendemain lundy 12, dans les sépultures des Richards, au coing de la grande porte de l'église Saint-Martial, à main gauche en entrant. Elle estoit aagée de 82 ans.

Le mercredy 13, après souper, la vefve du défunct sʳ de Graillé [1] a esté espousée, dans l'église de l'Isle-Jourdain, avec un cadet de la maison du Dognon [2], par le prieur curé de la dite église. Le dit sʳ de Graillé estoit décédé le 9 septembre 1677.

Le lundy 19, Mʳ de Lagebertye est party de céans et s'en est retourné à la Cour. Il a esté passer à Lussac-le-Chasteau pour voir où il se trouveroit un endroit commode pour y bastir le chasteau, ayant esté prié d'y voir par Mʳ le mareschal de Vivonne et Mᵐᵉ de Montespan [3].

Le dimanche 25, le fils aisné [4] de Berthommé, tailleur d'habits, qui est aussi tailleur, a espousé une des filles de défunct le sʳ de Belle-Maison [5], de l'Isle-Jourdain, qui estoit servante chez Mʳ Augier, advocat. Le sʳ curé de Saint-Martial les a espousez en la dite église.

---

1. Françoise Dansays, veuve de Antoine Naude, sʳ de Graillé.
2. Marc Guiot, sgr de la Gilardie, capitaine au régiment de Navarre, fils de Fiacre, sgr du Doignon, et de Françoise de Grandsaigne, dont un fils, Etienne, baptisé à l'Isle-Jourdain le 1ᵉʳ mai 1680.
3. Lorsqu'en 1679 elle cessa d'être invitée aux fêtes de la Cour, Mᵐᵉ de Montespan eut l'intention de faire construire un château aux environs de Lussac, mais elle abandonna ce projet. En quittant Versailles, en 1691, elle se retira aux Filles de Saint-Joseph à Paris, puis, en 1700, à l'abbaye de Fontevrault, d'où elle sortit à la mort de sa sœur, en 1704, pour aller au château d'Oiron que le duc d'Antin, son fils, avait fait aménager à son intention. On sait que, s'étant rendue, pour sa santé, aux eaux de Bourbon-l'Archambault, elle y mourut le 28 mai 1707. Son corps, ramené à Poitiers par l'abbé Anselme, ancien précepteur du duc d'Antin, fut inhumé, le 5 août au soir, aux Cordeliers, dans le tombeau de la famille. (*Journal* de Bobinet, curé de Buxerolles,)
4. Louis Guillon, fils de Barthélemy Guillon dit Berthommé.
5. Anne Guimbaud, fille de François Guimbaud, sʳ de Bellemaison.

Juillet 1679, commencé par le sabmedy.

Le dimanche 2, est décédé M⁶ François Chasseloup, aagé d'environ 62 ans. Il avoit esté procureur en cette ville et fut supprimé lors de la réforme qui fut faitte en 1665 des notaires, procureurs et sergens. Il y avoit plus d'un an qu'il estoit incommodé. Il a esté enterré dans l'église de Nostre-Dame, le lundy 3.

Le vendredy 7, j'ay esté coucher à Azat et, le dimanche 9, j'ay esté, après disner, à Saint-Germain où je n'ay demeuré qu'environ deux heures et suis retourné coucher à Azat et ay fait conduire icy, le lundy 10, partie du bleg qui c'estoit recueilly l'an passé dans le bien de ma belle-sœur de Balantru [1], et le dit jour lundy suis retourné icy.

Le dimanche 9, environ minuict, Mme la séneschalle [2] est arrivée icy. M^r le séneschal estoit allé la quérir, à ce qu'on dit, jusqu'à Orléans et les amena, elle et leur fille [3], icy.

Aoust 1679, commencé par le mardy.

Le mercredy 2, au matin, les femmes de Beumont [4] et de Tervanne [5], greffier criminel, sont accouchées de chacune un garçon qui ont esté baptisez en l'église de Saint-Martial, le lundy 7, par Mre Jacques Bourau, curé. Et au fils de Beumont a esté parrain, Pierre Goudon, escuyer, s^r de l'Héraudière, assesseur au siège royal de cette ville et prévost en la mareschaussée, et damoiselle Marie Richard, femme de Me Claude Micheau, s^r du Meslier, lieutenant civil au dit siège, marraine, et a esté nommé Pierre.

---

1. Magdeleine Clavetier, veuve de Philippe de Guillaumet, s^gr de Balentru.
2. Magdeleine Félix d'Ostrelle, femme de Pierre du Chastenet, sénéchal.
3. Magdeleine-Elisabeth du Chastenet.
4. Jeanne Bonnin, femme de Jean Gaultier, s^r de Beumont.
5. Anne Goudon, femme de Fleurent Bonnin, s^r de Tervanne.

Et au fils de Tervanne a esté parrain, Mᵉ François Babert, procureur, et marraine, la femme ¹ de Mᵉ Jean Goudon, advocat, et a esté nommé François.

Le dit jour lundy 7, est décédé Charles Bruslé, cherpantier, mon filleul, et a esté enterré, le lendemain, dans le cimetière de Saint-Martial, du costé du four. Il m'avoit servi estant jeune garçon et je luy avois fait apprendre son estat de cherpantier. Il pouvoit estre aagé de 35 ans.

Le mercredy 9, entre onze heures et midy, dame Jeanne de la Leuf, vefve en premières nopces de François Goudon, sʳ de Marsac, et à présent femme de Mᵉ Pierre de la Forest l'aisné, procureur, est morte subitement, après avoir bien disné, en boulangeant du pain dans une arche à pétrir, et a esté enterrée, le lendemain, jour de Saint-Laurens, dans le cimetière de Saint-Martial, contre le coin du ravelin, proche la porte du prieuré. Elle pouvoit estre aagée d'environ 73 ans.

Le vendredy 25, a esté enterré, dans le cimetière de Saint-Martial, le nommé Le Baron ², hoste du Chesne-Vert qui est dans le Fort ³, du costé de la fons de l'Escolle, à main gauche.

Le lundy 28, a esté enterré, à Saint-Savin, Mᵉ Louis de la Forest ⁴, qui avoit esté autrefois juge de la Trimouille.

Le jeudy dernier jour du mois, Mʳ Le Maistre, conseiller au parlement de Paris, est arrivé à Persac.

Septembre 1679, commencé par le vendredy.

La nuict du jeudy dernier aoust au vendredy premier

---

1. Magdeleine Delavergne, femme de Jean Goudon, sʳ du Chambon, avocat.
2. Martin Mesnard dit le baron.
3. On appelait ainsi l'ancien château.
4. Il avait épousé Françoise Gaultier, dont il eut : 1º Marguerite, baptisée à Latus le 21 juillet 1624, mariée à François Goudon, sʳ du Chambon ; 2º Fleurent, baptisé à Saint-Martial de Montmorillon le 9 février 1630 ; 3º Louis, baptisé au même lieu le 8 avril 1631, lieutenant en l'élection du Blanc.

septembre, dame [Jeanne] Bonnin, vefve de défunct André Sororeau, est décédée et a esté enterrée dans le cimetière de Saint-Martial. Elle estoit aagée de plus de 60 ans. Est morte d'apoplexie [1].

Le lundy 4, Mr de Vautibaut et moy sommes allez voir M^r Le Maistre, conseiller au parlement de Paris, et avons disné avec luy à Persac et sommes retournez coucher icy.

Le jeudy 7, Mr de Vautibaut est allé, après disner, au Blanc, voir sa mère [2], et aussi pour rendre compte de son voyage de Paris, et retourné icy le sabmedy 16.

La nuict du vendredy 8 au sabmedy 9, est décédée [Jacquette] de la Vergne, femme en secondes nopces de [Jean] Vacher, aagée de 28 à 30 ans, et a esté enterrée au cimetière de Saint-Martial, le dit jour 9.

Le dimanche 17, a esté enterré, dans le cimetière de Saint-Martial, Gabriel Huguet, dit Briaud, boucher. Il estoit aagé de plus de 80 ans.

Le jeudy 21, jour de Saint-Mathieu, mes filles Fleuron [3] et Marion [4] sont allées avec Mr de Vautibaut au Peux chez ma nièce du Cluseau, d'où elles sont parties, le jeudy 28, pour aller voir passer la reine d'Espagne [5] qui arriva à Poictiers le sabmedy 30, y séjourna le dimanche 1er octobre et partit le lendemain. Mr de Vautibaut est retourné icy le sabmedy au soir 23.

Le [vendredy 22], a esté enterré [Louis] Pouyollon, recouvreur, dans le cimetière de [Saint-Martial]. Il estoit aagé de 80 ans.

Le jeudy 28 septembre, environ les dix heures du soir,

---

1. Le 15 juin 1651, André Sororeau, Jeanne Bonnin, sa femme, Jacques Fayard, procureur fiscal de Verrières, et Catherine Bonnin, sa femme, faisaient à la Maison-Dieu de Montmorillon une déclaration du village de la Doretière et de l'étang de Pétaveau, proche du village de la Baudinière, paroisse de Journet. (Arch. Vien. H³ *bis* 105.)
2. Catherine Jacquet, veuve de François Ladmirault, s^r de Vautibaut.
3. Fleurence Demaillasson.
4. Marie Demaillasson.
5. Marie-Louise d'Orléans, épouse de Charles II.

la femme [1] de Mr Charles Demaillasson, mon neveu et filleul, est accouchée d'un garçon qui a esté baptisé en l'église de Saint-Martial, le dimanche 1er octobre, par Mre Laurens Augier, prestre et chanoine en l'église de Nostre-Dame. Et a esté son parrain, Mre Jacques Bourau, curé de la dite paroisse de Saint-Martial, et ma femme, marraine, et nommé Jacques.

Octobre 1679, commencé par le dimanche.

Le mardy 3 octobre, est décédée la femme de Estienne [2] . . . . . . , jardinier de Mr le sénéchal [3], et a esté enterrée, dans l'église de Saint-Martial, le lendemain 4, entre le bénistier et la porte. Est morte en couche.

Le sabmedy 7, a esté fait l'accommodement de Mrs le lieutenant criminel [4] et juge prévost [5] de cette ville, touchant les mauvais traittemens, soit d'injures, soit de quelques voyes de fait commises par le dit sr juge contre le dit sr lieutenant, pour raison de quoy le dit sr lieutenant avoit obtenu commission de la Cour addressante au sr lieutenant criminel de Civray [6], et avoit obtenu une quérémonie qu'il avoit fait publier par trois dimanches par Mre [Pestre], prieur de Béthines. Le dit accommodement a esté fait par l'entremise du sr des Fondans, autrement le Champeron, de Lussac-les-Eglises, prestre, et de Mr le lieutenant civil [7]. Il n'y avoit que Mr de l'Héraudière et Mr Daubière présentz au dit accommodement qui s'est fait chez le dit sr lieutenant civil.

Le dimanche 8, j'ay esté, après disner, voir Mr le marquis de Pons, au Bourg-Archambaut, et suis retourné avec

---

1. Marie Dalest.
2. En blanc.
3. Pierre du Chastenet, sénéchal.
4. Louis Richard, sr des Ors, lieutenant criminel.
5. François Dalest, juge prévôt.
6. Paul du Tiers, conseiller du Roi, lieutenant criminel.
7. Claude Micheau, sr du Meslier, lieutenant civil.

M^rs de l'Héraudière et le juge prévost [1] qui y estoient allez disner.

Le lundy 9, Mr Jacquet, du Blanc, est venu chez Mr de Vautibaut et s'en est retourné le mercredy 11.

Le sabmedy 14, environ les [2]..... du matin, Mlle de la Vergne [3], conseiller, est accouchée d'un garçon qui a esté baptisé le mardy 17, en l'église de Saint-Martial, par Mre Bourau, curé, et nommé François. Mre François Vrignaud, chanoine de Saint-Hylaire de Poictiers, frère dudit s^r de la Vergne, et Mlle Augier [4], sa sœur, ont esté parrain et maraine.

Le lundy 16, Mme la séneschalle [5] est partie avec sa damoiselle et la petite fille de ladite damoiselle pour s'en retourner à Paris et a esté coucher à Poictiers pour y prendre le carosse où, n'ayant pas trouvé de place, elle a séjourné à Poictiers jusques au mercredy 25. Le s^r séneschal l'a obligée de s'en retourner ainsi par les mauvais traittemens qu'il lui faisoit, luy refusant le plus souvent les choses nécessaires et ne trouvant pas bon que personne la fust voir. Le mercredy 18, ayant sçeu qu'elle n'estoit pas partie de Poictiers, il partit d'icy avec M^r des Fondans, sa fille [6] et sa sœur [7] la religieuse, dans le dessein d'aller la quérir, et ayant envoyé un vallet pour l'en advertir, auquel elle dit qu'elle ne retourneroit pas, il s'en retourna avec sa compagnie, et fut jusques à deux lieues de Poictiers.

Le mercredy 18, mes filles Fleuron [8] et Marion [9] sont retournées de Poictiers.

---

1. François Dalest, juge prévôt.
2. En blanc.
3. Jeanne Maurat, femme de Pierre Vrignaud, s^r de la Vergne, conseiller.
4. Marguerite Vrignaud, femme de Félix Augier, avocat.
5. Magdeleine Félix d'Ostrelle, femme de Pierre du Chastenet, sénéchal.
6. Magdeleine-Elisabeth du Chastenet.
7. Marie-Thérèse du Chastenet.
8. Fleurence Demaillasson.
9. Marie Demaillasson.

Le mercredy 25, Mr de Vautibaut et moy sommes allez coucher à Azat et, le lendemain, nous avons esté, après disner, à Saint-Germain et retournez coucher à Azat. Et, le sabmedy 28, sommes venus disner à l'Isle où nous avons couché. Et sommes retournez icy le dimanche au soir 29.

Novembre 1679, commencé par le mercredy.

Le jeudy 2, feste des morts, environ les dix heures du soir, est décédé Me René Nicault[1], dit le Bourru, aagé d'environ 55 ans, après avoir demeuré longtemps malade, et a esté enterré, le lendemain vendredy 3, dans le cimetière de Saint-Martial.

Le lundy 13, environ les trois heures du matin, ma fille Vautibaut[2] est accouchée d'un garçon lequel a esté baptisé le mardy 14, en l'église de Saint-Martial, par Mre Jacques Bourau, curé d'icelle, et a esté nommé Joseph[3]; Joseph Richard, fils de Me Pierre Richard, procureur du Roy en cette ville, mon cousin germain, a esté parrain, et damoiselle Marie Richard, ma cousine germaine, femme de Me Claude Micheau, s^r du Meslier, lieutenant général civil en la séneschaussée et siège royal de cette ville, marraine.

Le jeudy 16, M^r de l'Héraudière, en qualité d'assesseur criminel au siège royal de cette ville, Mr de Vautibaut et Fleurant Bonnin, s^r de Tervanne, greffier criminel audit siège, sont allez au Blanc, pour demender que l'on leur mist entre les mains le s^r de Saint-Fiaud et son fils, qui avoient esté pris par le nommé la Barre, controlleur du dépost du scel[4] de Bélabre, et menez prisonniers ès prisons du Blanc.

---

1. Sr de Sazat.
2. Marguerite Demaillasson, femme de Louis Ladmirault, s^r de Vautibaut.
3. Prêtre, curé d'Antigny de 1726 à 1748, inhumé dans l'église dudit lieu le 28 janvier 1772, à l'âge de 93 ans.
4. Pour sel.

Le dit jour jeudy, Mrs du Cluseau, de Boussay, son beau-frère, et Aupetit, procureur à Poictiers, sont arrivez icy, à disner, et s'en sont retournez coucher, le lendemain vendredy, au Peux chez Mr du Cluseau. Le dit s^r du Cluseau n'estoit arrivé chez luy de son voyage de Paris que le dimanche 5 de ce mois. Il estoit party de Poictiers pour y aller le sabmedy 11 juin 1678 [1].

---

1. Les privilèges de noblesse accordés aux maires et échevins des villes du royaume ayant été révoqués en 1667, M. Chazaud du Cluseau avait été envoyé à Paris pour demander le maintien de ces privilèges. Voici la lettre qu'il écrivait, à ce sujet, au maire de Poitiers, le 10 février 1679 (il existe une copie de cette lettre dans les minutes de Gaultier, étude de Me Chauveau, not. à Poitiers) :

« Monsieur, en continuant de vous donner advis de l'estat de nos affaires, je vous disray que despuis deux jours Mme de Montespand estant venue à Paris chez M. le maréchal, où nous étions allé pour voir M. l'abbé Delavaud, nous la rencontrasmes par azard sortant accompagnée du dit sieur abbé, lequel nous ayant apersu nous présenta à Mme de Montespand qui nous dit, fort honnestement et avec un visage gay et obligeant, qu'elle feroit plaisir à Messieurs de Poitiers avec bien de la joye et que nous n'avions qu'à mettre nos mémoires entre les mains de M. Delavaud pour les luy rendre. Il n'a pas jugé à propos de les prendre de ces deux jours derniers, parce que ces puissances seroient trop occupées aux affaires du mariage de M. le marquis de Mortemart (a), lequel est arresté et dont le contract fust fait hier au soir. Sy bien qu'il nous remit au lendemain et nous fist cependant espérer qu'on proposeroit hier nos affaires à M. Colbert. Nous en sçaurons demain des nouvelles que je ne manqueray pas de vous escrire au premier ordinaire. M. Thévenet vous a desjà marqué, Monsieur, qu'on avoit jugé à propos chercher des habitudes pour faciliter les chemins par lesquels toutes les affaires que mesnageons doivent passer. Comme cella ne se peut ny se doit faire que en assurant des récompances, des gratifications, nous avons fait des démarches pour cella, sy bien qu'il est expédiant que la ville cherche incessamment un fons jusque à douze mille livres pour le pouvoir envoyer au premier mandement. Cependant j'assure, s'il vous plaist, icy tous ces Messieurs de mes respects et obéissance et me diray, s'il vous plaist, votre très humble et très obéissant serviteur.

« Ducluseau,
« chevin et élu de Poitiers.

« A Paris, le 10 février 1679. »

Cette lettre, transcrite le 18 février, obligea les fabriciens à se réunir le 20, après la messe, et à envoyer le 21, à 9 heures, leur décision au conseil de ville qui fit parvenir à M. du Cluseau les fonds demandés. A la suite de ces démarches et grâce au crédit de Mme de Montespan, ces privilèges furent rétablis par édit de 1685, mais en faveur du maire seulement.

a. Louis de Rochechouart, fils du maréchal de Vivonne, marié, le 14 février 1679, à Marie-Anne Colbert, fille du grand Colbert.

Le sabmedy 18, le nommé Guillaume [Champignolle] lequel avoit demeuré environ 3 ans à l'hospital de la Maison-Dieu de cette ville, a esté pandu et estranglé à une potence devant l'église de la dite Maison-Dieu, et en suitte son corps bruslé pour avoir esté convaincu d'avoir empoisonné la nommée Magdelaine[1], demeurante audit hospital, laquelle gouverne les pauvres, et sa servante, de laquelle il estoit amoureux, à ce qu'on dit, parce qu'elle n'avoit pas voulu qu'il couchast avec elle. Il avoit mis de l'arsenic dans leur pot, et toutes deux ayant mangé de la souppe, la servante se trouva mal tout incontinent, et ladite Magdelaine, qui avoit couru à la porte des Augustins pour les advertir que cette servante se trouvoit extrêmement mal, s'escria au mesme temps qu'elle mesme n'en pouvoit plus. On les secourut et on les guérit toutes deux. Il avoit esté condamné en la justice prévostalle à faire amande honorable et estre ensuitte pendu et estranglé devant l'hospital; et par arrest on adjousta qu'il seroit bruslé après sa mort. Il avoit pris le nom de Guillaume Champignolle à cause qu'il avoit, assez longtemps avant de venir icy, tué un sien beau-frère. Et s'appelloit Jacques Lourau. Il estoit boitteux et paroissoit estre fol et est mort sans vouloir faire aucun acte de chrestien et en chantant comme un fol. Le Père gardien [2] des Récollects l'exhortoit à la mort. Il déclara avoir changé de nom à cause qu'il avoit donné un coup de pierre par la teste d'un sien cousin germain, lequel en estoit mort quelque temps après.

Le dit jour sabmedy, M^{rs} de l'Héraudière et Vautibaut ont icy conduit prisonniers le dit s^r de Saint-Fiaud et

---

1. Magdeleine Rozet. Par son engagement du 15 octobre 1678, elle était tenue de « fournir l'huile nécessaire pour allumer la lampe de 5 heures du soir et toute la nuit s'il est besoin, de la Toussaint jusqu'à Pâques, et de faire blanchir le linge à ses frais ». Elle recevait pour cela la somme de 200 livres par an. (Arch. Vien., H^3*bis* 28.)

2. Pierre Leclerc.

son fils. Le père fut icy condamné à estre rouhé et le fils à avoir la teste tranchée. Despuis, ayant esté appellans et conduis à Paris, par arrest, le père a esté condamné d'avoir la teste tranchée et le fils d'assister à l'exécution et banny pour un certain temps de la vicomté de Paris et de la séneschaussée de cette ville de Montmorillon, ce qui a esté exécuté au mois de [1]..... et le [1]..... 1680.

La nuict du jeudy 23 au vendredy 24, est décédée dame Françoise de la Mazière, femme de François Gaultier, greffier en la mareschaussée de cette ville, et a esté enterrée, ledit jour vendredy, dans le cimetière de Saint-Martial, vers la maison de Mr Augier. Il y avoit longtemps qu'elle estoit infirme et depuis 4 ou 5 mois, elle ne bougeoit presque du lict. Elle n'avoit qu'environ 35 ans.

Le mercredy 29, environ les quatre heures du soir, est décédé René de la Vergne, s^r des Gas, aagé de 35 ans, et a esté enterré, le lendemain, dans le cimetière de Saint-Martial, proche du Charnier, à main gauche en montant à la Closture. Il est mort dans le huitième jour de sa maladie d'une fièvre continue avec une douleur de costé.

Décembre 1679, commencé par le vendredy.

Le jeudy 7, environ les 9 heures du matin, dame Jeanne de la Vergne, fille aisnée de défunct Fleurant de la Vergne, s^r de la Contrée, est décédée et a esté enterrée, le lendemain, au cimetière de Saint-Martial, ès mesmes sépultures que le défunct s^r des Gas. Est morte du mesme mal. Elle pouvoit estre aagée de 28 ans.

Le vendredy 8, jour de la Conception de la Vierge, environ les dix heures du soir, est décédé le Père gardien des Récollects de cette ville, nommé Père Pierre Leclerc, natif de Brouage, aagé d'environ 37 ans, homme d'une sainte vie, et a esté enterré, le lendemain 9, dans l'église

---

[1]. En blanc.

desdits Récollects, proche le balustre du grand autel, tant soit peu à main gauche du milieu de l'église, en entrant.

Le dimanche 10, Mr de Vautibaut et moy sommes allez à Lastus pour y voir le sr de la Jaulnière[1], chastelain du Dorat, sur des propositions d'accommodement qu'il avoit faites à Mr de Vautibaut touchant l'affaire que ma sœur de la Mothe a avec le sr du Mazeix[2], juge d'Adrier, et sommes retournez icy le mesme jour. Le dit sr du Mazeix y estoit aussi.

Le dit jour dimanche, au soir, est décédée dame [Françoise] Chantaize, fille de Pierre Chantaize, sr de Remigioux[3], et de défuncte dame [Louise] Vrignaud et femme de [René] Vezien, sr de Poislieu[4], fils cadet du sr de Poislieu. Elle pouvoit estre aagée d'environ 26 ans, et a esté enterrée, le lendemain, dans l'église de Nostre-Dame, un peu au-dessus du bénistier de la petite porte, à main gauche en entrant.

Le dit jour lundy 11, Mr de Vautibaut et moy sommes allez passer à Anthigny et de là disner à Maugoueran, gouster mon vin, et retournez coucher icy.

Année 1680, commencée par le lundy.

La nuict du dimanche dernier jour de l'an 1679 au lundy premier janvier 1680, est décédée [Marguerite]

---

1. Jean de la Josnière, sr des Loges, conseiller du Roi, juge châtelain du Dorat, inhumé en cette ville le 9 novembre 1693, en présence de Antoine de la Josnière, sr de Cléré, juge sénéchal de la ville du Dorat, (Arch. Haute-Vien. Le Dorat. GG¹.)
2. François Chesne, sr du Mazeix, avocat et procureur fiscal au siège royal du Dorat, juge châtelain d'Adriers, fils de feu Simon Chesne, sr de la Bussière, procureur fiscal au Dorat, et de Catherine Sornin.
3. *Aliàs* Louis, inhumé à Notre-Dame de Montmorillon le 8 juin 1692, à l'âge de 70 ans, en présence de Jacques Chantaise, prêtre, et Louis Chantaise, ses fils.
- 4. Fils de François Vezien, sr de Poilieu, et de Marguerite Deméret. Il épousa en deuxièmes noces Marguerite Chantaise, dont François-André, baptisé à Saint-Martial de Montmorillon le 7 octobre 1691.

Babert[1], femme de [Gabriel] Pian, s^r de la Fillollière[2], et a esté enterrée, le lundy, un peu au-dessous de l'autel de Nostre-Dame-de-Pitié, en entrant à main droite, en l'église de Nostre-Dame. Elle pouvoit estre aagée d'environ 29 ans et y avoit longtemps qu'elle traisnoit[3].

Le jeudy 4, est décédé Me François Goudon, s^r du Chambon, aagé de 62 ans, après avoir longtemps demeuré malade, et a esté enterré dans l'église de Saint-Martial, le vendredy 5, un peu au-dessus du bénistier. Son mal commença par une fièvre carte.

Le sabmedy 13, jour de Saint-Hylaire, Mr de Vautibaut est allé à Chastellerault et a mené avec luy Anthoine Bobin, sergent, et sont retournez icy le lundy 15, à disner.

Le sabmedy 20, environ les neuf heures du matin, est décédée dame [Marie Frémont], femme d'Anthoine Pian, s^r de l'Aumosne, marchand à Poictiers, aagée d'environ 25 ans. Elle estoit malade depuis quelque temps, attaquée d'hydropisie. On l'avoit amenée icy, pour changer d'air, il y avoit environ 12 ou 15 jours. Elle a esté enterrée, le lendemain dimanche 21, dans l'église de Saint-Martial, près l'autel de Saint-Jacques et joignant la muraille de la dite église. Elle estoit originaire de Chastellerault, et très bonne et vertueuse femme. Elle est morte chez Mme de Lagegrassin, sa belle-sœur[4], proche de céans.

Le mardy 23, environ [trois heures du matin], ma cousine de Boisdumont[5] est accouchée d'une fille, laquelle a esté baptisée le lendemain, en l'église de Saint-Martial, par Mre Jacques Bourau, curé d'icelle. M^e [François] de

---

1. Fille de Gilbert Babert, notaire royal, et de Marie Cailleau.
2. Maître tailleur d'habits, fils de Raoul Pian, aussi tailleur d'habits, et de Marie Estourneau.
3. Leur fils, Charles, notaire royal à Montmorillon, épousa le 10 juillet 1695 Marguerite Robert, fille de feu Jean Robert, s^r des Arcis, et de Renée Dumonteil.
4. Anne Pian, femme de René Delaforest, s^r de l'Age-Grassin.
5. Marguerite Delaforest, femme de Léonard Chaud, sgr de Boisdumont.

Marueil, controlleur en la mareschaussée, et damoiselle Marie-Anne Richard, fille du s[r] procureur du Roy, ont esté parrain et marraine, et a esté nommée Marie-Anne [1].

Le sabmedy 27, environ les six heures du soir, est décédé François Jacquet, s[r] de la Merlatrie, hoste du Cheval-Blanc, aagé d'environ 68 ans. Il estoit languissant depuis trois ou quatre mois et avoit esté attaqué d'une espèce de catharre qui lui avoit laissé une main qui luy trambloit tousjours. Il a esté enterré, le lendemain dimanche, dans l'église de Nostre-Dame.

Février 1680, commencé par le jeudy.

Le vendredy 16, est décédé le nommé Rabussier [2], charpentier, et a esté enterré, le lendemain, au cimetière de Saint-Martial. Il estoit aagé de plus de 60 ans.

Le dit jour vendredy, environ une heure après midy, est décédé Jean de la Vergne, s[r] des Rochettes, aagé d'environ 34 ans, et a esté enterré, le lendemain sabmedy, au cimetière de Saint-Martial, proche la chapelle du Charnier ; est mort hydropique.

Le dit jour sabmedy, M[rs] d'Aubière, le lieutenant criminel [3], l'Héraudière et de Jeu, sont partis pour aller à Poictiers, pour le mariage de damoiselle Elisabeth Goudon, la dernière fille de défunct M[r] de l'Héraudière, lequel mariage a esté fait, le lundy au soir ensuivant 19, avec le s[r] de la Touche [4], fils aisné du s[r] Milon, conseiller au présidial.

Le dit jour lundy, Mr de Vautibaut est aussi allé à Poictiers pour l'affaire de la vefve Champion et pour assister

---

1. Mariée, le 27 juillet 1705, à Louis de Coral, sgr de la Fouchardière, veuf de Marie Compaing.
2. Louis Rabussier, charpentier et sabotier.
3. Louis Richard, s[r] des Ors.
4. Pierre Milon, fils de Pierre, s[r] de la Touche, conseiller au présidial, et de Suzanne Baron. Cette dernière rendait hommage du Breuil-Mingot à la Tour Maubergeon, le 30 mars 1691. (Arch. Vien. C. 319.)

à la reveue de la mareschaussée de cette ville qui s'eſt faitte le lendemain devant M^r l'intendant [1] ; M^r le controlleur est allé avec luy. Et ledit jour mardy, M^rs d'Aubière, le lieutenant criminel et des Lèzes sont icy retournez.

Le mercredy 21, environ les six heures du soir, est décédée dame [Nicolle] Jacquet [2], dernière fille de défunct Me Jean Jacquet, s^r de la Fonmorte, aagée de 16 à 17 ans, et a esté enterrée, le lendemain, dans l'église de Nostre-Dame. Elle est morte toute languissante.

Le vendredy 23, est décédée [Louise] Redaut, femme de Joseph Vezien [3], s^r de la Chambut, sergent royal en cette ville, et a esté enterrée, le lendemain, dans l'église de Saint-Martial, un peu au-dessous de la chapelle de Mr Thomas.

Le lundy 26, ont esté espousez dans l'église de Nostre-Dame, par Mre Jean Boudet, curé de Concise, [Jean] de la Vergne [4], fils aisné de [René] de la Vergne, s^r de la Barre, et Catherine Trouillon [5], quatriesme fille de Jean Trouillon, marchand.

Le mardy 27, Mr du Cluseau est venu icy et Mr de Vautibaut, de retour de Poictiers, avec luy et ledit s^r du Cluseau retourné, le jeudy 29, coucher au Peux.

Le dit jour jeudy 29, M^r le séneschal [6] est party pour aller à Paris.

Mars 1680, commencé par le vendredy.

Le vendredy 1er mars, est décédé Me Anthoine Naude, s^r de Montplanet, notaire et procureur en ce siège, envi-

---

1. René de Marillac.
2. Baptisée le 11 janvier 1663, fille de Jean Jacquet, s^r de la Font-Morte, et de Louise Michon.
3. Joseph Vezien épousa en deuxièmes noces, le 7 mai 1685, Antoinette Navière, veuve de Pierre Longa.
4. Fils de René Delavergne, s^r de la Barre, et de Françoise Chasseloup.
5. Décédée sa veuve, le 10 décembre 1745, à l'âge de 82 ans.
6. Pierre du Chastenet.

ron les neuf heures du matin, aagé d'environ 76 ans, et a esté enterré, le lendemain, dans le cimetière de Saint-Martial, un peu au-dessous la croix qui est devant chez Mr Augier.

Le lundy gras 4, Louis de Chaulme, s^r des Rochettes, a esté contracté avec dame Catherine de la Forest et incontinent après ont esté espousez en l'église de Saint-Martial, par Mre Jacques Bourau, curé de la dite église. J'ay signé le contract et ay fait la demande de la fille et ay aussi signé l'acte d'épousaille.

Le dit jour 4, ont aussi esté espousez par le dit sieur curé, en la dite église, [François Deugnet], sargetier, du bourg d'Anthigny, et [Marguerite] Tartarin [1], fille d'Annet Tartarin, dit le Frisé.

Le jeudy 7, c'est fait le mariage de Monseigneur le Daulphin [2] et de [Anne-Christine-Victoire] de Bavière [3], dans la ville de Châlons, par M^r le cardinal de Bouillon [4].

Le dit jour, a esté baptisé par Mre Jacques Bourau, curé de Saint-Martial, le second fils [5] de M^e [Jean] Cailleau, médecin. Et a esté son parrain, Pierre Goudon, escuyer, s^r de l'Héraudière, assesseur au siège royal de cette ville et prévost en la mareschaussée, et marraine, ma fille Fleurance [6].

Le vendredy 8, sont décédez dans le chasteau de Beaupuy, Esmanuel de Blon, escuyer, s^r du dit lieu de Beaupuy, aagé d'environ 70 ans, et la dame de Beaupuy, sa femme [7],

---

1. Fille d'Annet Tartarin et de Renée Pellerin.
2. Louis de France, né à Fontainebleau le 1er novembre 1661, mort à Meudon le 14 avril 1711.
3. Fille de Ferdinand-Marie, électeur de Bavière, et de Henriette-Adélaïde de Savoie, née à Munich le 28 novembre 1660, morte à Versailles le 20 avril 1690.
4. Emmanuel-Théodore de la Tour, cardinal de Bouillon, grand aumônier de France, né le 24 août 1643, mort à Rome le 2 mars 1715.
5. Pierre, fils de Jean Cailleau et de Marguerite Pineau.
6. Fleurence Demaillasson.
7. Marguerite Morault, fille de Henri, sgr du Pin, de Crémilles, et de Marie Robin.

à une heure de temps l'un de l'autre. Il y avoit longtemps que le dit s^r de Beaupuy estoit malade, mais sa femme ne se trouva mal que deux ou trois jours auparavant et mourut la première. Ils ont esté enterrez, le lendemain, dans l'église de Plaisance.

Le jeudy 28, Mre Louis Grault, prévost de Notre-Dame, a bény la chapelle de Fougerolles qui est dans la tour, contre le corps de logis, à main gauche en entrant. Le Père Jacques et le Père Junien, récollects, du couvent de cette ville, y estoient et tous trois y ont dit chacun leur messe. Elle est béniste sous le nom de Saint-Ornuphre. Le père de Mr de Vautibaut en avoit obtenu la permission de défunct Mr de la Rocheposay, esvesque de Poictiers, et le dit s^r de Vautibaut la fit renouveller par M^rs du chapitre de Saint-Pierre au mois de février dernier, le siège épiscopal vaccant.

Avril 1680, commencé par le lundy.

Le lundy premier jour d'avril, Mr de Vautibaut et Fleuron ont esté parrain et marraine à une fille dont la femme de Gaudignon, mestayer dans la mestayrie du Ferrou appartenant audit s^r de Vautibaut, estoit accouchée le jour précédent. Elle a esté baptisée, en l'église de Sylards, par le s^r [1]......, curé d'icelle, et nommée Fleurance.

Le jour du jeudi saint 18 avril, la vefve [2] du deffunct nommé le Baron [3], hostesse du Chesne-Vert, est décédée, sur les dix heures du matin, et a esté enterrée le lendemain, jour du vendredy saint, dans le cimetière de Saint-Martial.

La nuit du mercredy de Pasques 24 venant au 25, jour

---

1. En blanc.
2. Marie Devillars.
3. Martin Mesnard dit le Baron.

de Saint-Marc, est décédé [1]...... Pascaut, dit le Rivault, marchand bourcier, fils d'autre Rivaut, aagé d'environ 28 ans, et n'a esté malade que sept jours. Il a esté enterré le dit jour 25 dans [1]......

Juin 1680, commencé par le sabmedy.

Le sabmedy 8 juin, vigile de la Pentecoste, la rivière est venue dans la rue et a monté près de la maison de Mr de la Forest ; le vendredy, à trois heures du soir, on la passoit à guay au Pont-Neuf, et grossit de la sorte jusques à six heures du matin du dit jour sabmedy.

Le mardy 18, Mr le séneschal [2] est retourné de Paris et est arrivé chez lui la nuict.

Juillet 1680, commencé par le lundy.

Le mercredy 3 juillet, Mr le séneschal est encore retourné à Paris.

Le sabmedy matin 6, est décédée la femme [3] de [4]...... Marsac, dit Bonnet-Rond, cordonnier, et a esté enterrée, le mesme jour, dans le cimetierre de Saint-Martial.

Le dit jour 8 juillet, environ les huict heures du matin, est décédé le nommé Bidaut, sr de Saint-Martin [5], hoste de la Grille, et a esté enterré, le lendemain 9, dans le cimetière de Saint-Martial. Il estoit originaire de Bourgongne en Daulphiné.

Le lundy 15, Mr de l'Héraudière est party pour aller à Paris, pour le procez qu'a intenté Mr le séneschal contre les archers, qu'il prétend ne pouvoir exploicter en qualité d'huyssiers qu'ils ne soient receus à la séneschaussée, et aussi pour faire ordonner que le dit sr de l'Héraudière se démettra de la charge de prévost en la

---

1. En blanc.
2. Pierre du Chastenet.
3. Jeanne Moreau.
4. Laissé en blanc.
5. Mathieu Bidaud, sr de Saint-Martin. Marie Pineau, sa veuve, vivait encore en 1692.

mareschaussée ou de celle de lieutenant particulier et assesseur criminel en la séneschaussée et siège royal, lesquelles deux charges il possède. Ils se sont accommodez et a esté dit que les dits archers seront tenus de faire registrer leurs provisions à la séneschaussée et payeront au dit s^r séneschal deux escus, au s^r procureur du Roy 40 sols, et 40 sols au greffier, pour raison du dit enregistrement.

Aoust 1680, commencé par le jeudy.

Le dimanche 11 aoust, Mr de Vautibaut et moy sommes allez à Anthigny où ont esté passez les articles du mariage d'entre Martin Martin, fils d'autre Martin, s^r du Breuil, du bourg de Saint-Hylaire, et dame Margueritte Cuisinier, fille de défunct Pierre Cuisinier, s^r de la Boussée, et de Catherine Touchard ; et sommes retournez icy coucher.

Le dimanche 18, est décédé, de dissenterie, mon petit-fils Félix Ladmirault, chez Mlle de Vautibaut[1], sa grande mère, au Blanc, qui l'avoit tousjours eslevé avec elle depuis l'âge d'un an et neuf mois. Il estoit né la nuict d'entre le jeudy 22 au vendredy 23, environ un cart d'heure après minuit. Il avoit un esprit sans pareil.

Le jeudy 29, dame [Marie] de Grateloup, vefve de défunct Mr de la Contour, a esté enterrée dans l'église de Jouhé. Elle estoit décédée, deux jours auparavant, à Poictiers où elle s'estoit retirée il y avoit environ huict ou dix mois, après avoir fait le partage de son bien entre Mr de la Contour et Mme la Vogade, son fils et fille.

Le dit jour, environ les dix heures du soir, est décédée Michelle[2]..... vefve de défunct Pierre Champion, et a esté enterrée, le lendemain, dans l'église des Augustins, à costé de la chappelle de Sainte-Anne.

---

1. Catherine Jacquet, veuve de François Ladmirault, s^r de Vautibaut.
2. En blanc.

Septembre 1680, commencé par le dimanche.

Le dimanche 8, jour de la Nativité de la sainte Vierge, environ les cinq heures du matin, est décédée dame Marie Loreau, femme de Mᵉ Louis Goudon, sʳ de Belleplaine, procureur, aagée d'environ 38 à 40 ans, et a esté enterrée, le mesme jour, dans le cimetière de Saint-Martial [1].

Le dimanche 22, Mʳ de l'Héraudière est retourné de Paris.

Le lundy 23, est décédé [Barthélemy Viault], dit le Merle, cabarestier, et a esté enterré, le lendemain 24, dans le cimetière de Saint-Martial. Il estoit aagé de 70 ans au moins et y avoit fort longtemps qu'il estoit malade et languissant.

Le jeudy 26, mon beau-frère de Lagebertye est arrivé céans, entre dix et onze heures du matin, comme nous estions à table, et est party, le lendemain matin, pour aller à Saint-Germain-sur-Vienne. Il avoit esté avec le Roy dans le voyage qu'il a fait en Flandre et à son retour il estoit venu à Saint-Germain-sur-Indre [2], qui est une terre qu'il a achettée depuis peu, qui luy couste quarante-huict mille livres de premier achat. Il y avoit plus d'un mois qu'il y estoit.

Octobre 1680, commencé par le mardy.

Le mercredy 2 octobre, Mʳ de Lagebertye est retourné de Saint-Germain et a demeuré céans jusques au ven-

---

1. Leur fils, François, avocat, épousa, le 4 août 1699, Jeanne Delavergne, fille de Fleurent Delavergne, sʳ de la Rue, capitaine de la milice bourgeoise de Montmorillon, et de Jeanne Sylvain. La bénédiction nuptiale leur fut donnée par Guy-François Loreau, en présence de : Annet Loreau, Anne, Marguerite, Jeanne et Antoinette Loreau, oncle et tantes du marié, de Louis Goudon, son frère, et du père et de la mère de la mariée.
2. Mʳ de Lagebertye ne s'étant pas marié, cette terre passa ensuite à son petit-neveu, Charles-Paul-Jacques-Joseph de Bridieu, puis au fils cadet de celui-ci, qui la posséda jusqu'à la Révolution.

dredy 4 qu'il s'en est retourné en sa maison de Saint-Germain-sur-Indre.

Le mercredy 9, Mʳ de Vautibaut et moy sommes allez coucher à Abzat. Le vendredy 11, nous fûmes à Fellet et retournâmes à Abzat. Le dit jour, Mʳ de Lérignat nous y vint trouver ; la Garenne, sergent, estoit avec luy, et furent coucher, le lendemain sabmedy, à Availles [1]. Nous retournâmes icy, Mʳ de Vautibaut et moy, le lundy 14.

Le jeudy 17, a esté enterrée, dans le cimetière de Saint-Martial, la vefve [2] de défunct Laurens Guillon, boucher. Elle avoit esté mariée en premières nopces avec le nommé Bouchalois [3], aussi boucher, et estoit fort vieille.

Le dimanche 27, environ les cinq heures du soir, est décédée dame Françoise Cailleau, fille de défunct Jean Cailleau, sʳ de Fontcailleau, laquelle n'avoit pas esté mariée, et pouvoit estre aagée d'environ 30 ans, et a esté enterrée, le lendemain, dans le cimetière de Saint-Martial.

Le lundy 28, Mʳ de Lagebertye est arrivé céans, à une heure après midy, et est allé, le lendemain, à Saint-Germain-sur-Vienne, d'où il est retourné, le jeudy 31, coucher à l'Isle et venu coucher, le jour de la Toussaincts, céans d'où il est party, le lundy 4, pour s'en retourner en sa maison à Saint-Germain-sur-Indre.

---

1. Availle-Limousine est encore aujourd'hui communément désigné sous le simple nom d'Availle.
Avant 1790, la paroisse de Saint-Martin d'Availle faisait partie de l'archiprêtré de Lussac-le-Château, du comté de la Basse-Marche (ressort du Dorat) et de l'élection de Confolens. La cure était à la nomination de l'abbé de Saint-Cyprien. La châtellenie relevait de celle de Saint-Germain-sur-Vienne.
Le 5 juillet 1768, fut placé dans le clocher de l'église d'Availle-Limousine « l'horloge avec son caderan, attaché au grand pignon, qui a esté fait aux frais de la paroisse et fabriqué par Brunier, dit Potvin, sous la direction de Mʳᵉ Michel-Simon Guithonneau, vicaire du dit lieu, Mʳᵉ Laurent Guérineau étant curé et François Pinet, fabricien ». (Reg. par. d'Availle-Limousine.)
2. Anne Bonnamy.
3. Boileau, dit Bouchalais.

Novembre 1680, commencé par le vendredy.

Le jeudy 14, Mr de Vautibaut est allé voir sa mère[1] aux Ages, près du Blanc, et s'en est retourné le sabmedy 16.

Le dit jour jeudy 14, Mr le séneschal[2] est retourné de Paris. Il s'estoit accordé avec les Augustins de Paris, avec sa femme[3], avec Mr de l'Héraudière et avec Mr le lieutenant civil[4].

Le dit jour jeudy 14, environ les cinq heures du soir, est décédée dame Anne Pointeau, aagée de 80 ans. Elle n'avoit jamais esté mariée et a esté enterrée, le lendemain 15, dans l'église des Augustins.

Le dit jour 15, j'ay esté coucher à l'Isle-Jourdain à cause des réparations de la mestayrie de la Favrie où j'ay esté, le lendemain 16, et suis retourné, le dit jour 16, coucher icy.

Le dimanche matin 17, Mlle de la Vergne[5] est accouchée d'une fille, laquelle a esté baptisée, le mesme jour, en l'église de Saint-Martial, par Mre Jacques Bourau, curé de la dite église, et ont esté les parrain et marraine, Me Louis Ladmiraut, sr de Vautibaut, advocat du Roy en la séneschaussée et siège royal de cette ville et commissaire des monstres en la mareschaussée, mon gendre, et damoiselle Mathurine Dalest, femme du sr de Joumé[6], et a esté nommée Marie.

Le lundy 25, a esté espousée, en l'église de Saint-Martial, par Mre Jacques Bourrau, curé, la fille aisnée[7] du nommé

---

1. Catherine Jacquet, veuve de François Ladmirault, sr de Vautibaut.
2. Pierre du Chastenet.
3. Magdeleine Félix d'Ostrelle.
4. Claude Micheau, sr du Meslier.
5. Jeanne Maurat, femme de Pierre Vrignaud, sr de la Vergne.
6. Pierre Mangin, sr de Joumé.
7. Catherine Barlet, fille de Malaine Barlet.

Mallaine, cordonnier, avec un mareschal [1] de l'Isle-Jourdain.

Le mardy 26, a esté baptisée, en l'église de Saint-Martial, par le dit s^r Bourau, la fille dont la femme [2] de Me Pierre de la Forest le jeune, s^r de Luchet, procureur, estoit accouchée, le dimanche précédent, et ont esté les parrain et maraine, François Trouillon, fils aisné de Jean Trouillon, marchand, et la femme [3] du s^r Bonnin, advocat, et a esté nommée Marie.

Le sabmedy, jour de Saint-André 30, Vincend de la Chastre, mon mestayer du Léché, a esté espousé, en l'église de Monsac-sur-Vienne [4], par Mr Brisson, archiprestre du dit Monsac [5], avec [6]. . . . Patrier, vefve de [6]. . .

Décembre 1680, commencé par le dimanche.

Le sabmedy 7, Mlle de Vautibaut [7] est venue demeurer en cette ville. Mr de Vautibaut, son fils, estoit allé la quérir le jour précédent.

Le mardy 10, Mr de Vautibaut est allé à Poictiers pour l'affaire de ma sœur [8] contre Mr du Monteil-Boisvin [9] et s'en est retourné le lundy 16.

Le dimanche 22, sur les 6 à 7 heures du soir, René Chantaize [10], huyssier audiancier et un des fermiers du greffe de la séneschaussée, est décédé, ainsi que tout le

---

1. André Granchamp.
2. Jeanne Prestreau.
3. Marie Cailleau, femme de Louis Bonnin, avocat.
4. On prononce encore aujourd'hui « Monsa ».
5. Moussac-sur-Vienne n'était pas un archiprêtré, mais le curé de cette paroisse était titulaire de l'archiprêtré de Lussac-le-Château.
6. En blanc.
7. Catherine Jacquet, veuve de François Ladmirault, s^r de Vautibaut.
8. Fleurence Demaillasson, veuve de Pierre Delamothe, s^r des Chaussidiers.
9. Hilaire Boivin, s^r du Monteil, marié à Renée de la Vialière. En 1676, il était en procès avec ses fermiers de Lage-Rouïl et de Juillé. (Arch. Vien. Fonds Babert.)
10. Il avait épousé Eléonore Cailleau.

monde l'a asseuré, et néantmoins il n'a esté enterré que le vendredy 3 janvier ensuivant, pour tâcher de sauver son office d'huyssier, ce que l'on a fait.

FIN DU TOME PREMIER.

TABLE DES MATIÈRES

CONTENUES DANS CE VOLUME

	Pages.
Liste des membres de la Société des Archives historiques du Poitou.	i
Extrait des procès-verbaux des séances de la Société pendant l'année 1906.	v
JOURNAL DE Mr DEMAILLASSON, AVOCAT DU ROI A MONTMORILLON (1643-1694), publié par M. V. BARDET. Tome I. . . .	I
Introduction.	III
Texte du Journal.	1

monde l'a asseuré, et néantmoins il n'a esté enterré que le vendredy 3 janvier ensuivant, pour tâcher de sauver son office d'huyssier, ce que l'on a fait.

FIN DU TOME PREMIER.

TABLE DES MATIÈRES

CONTENUES DANS CE VOLUME

	Pages.
Liste des membres de la Société des Archives historiques du Poitou.	*i*
Extrait des procès-verbaux des séances de la Société pendant l'année 1906.	*v*
Journal de Mr Demaillasson, avocat du Roi a Montmorillon (1643-1694), publié par M. V. Bardet. Tome I. . . .	i
Introduction.	iii
Texte du Journal.	1

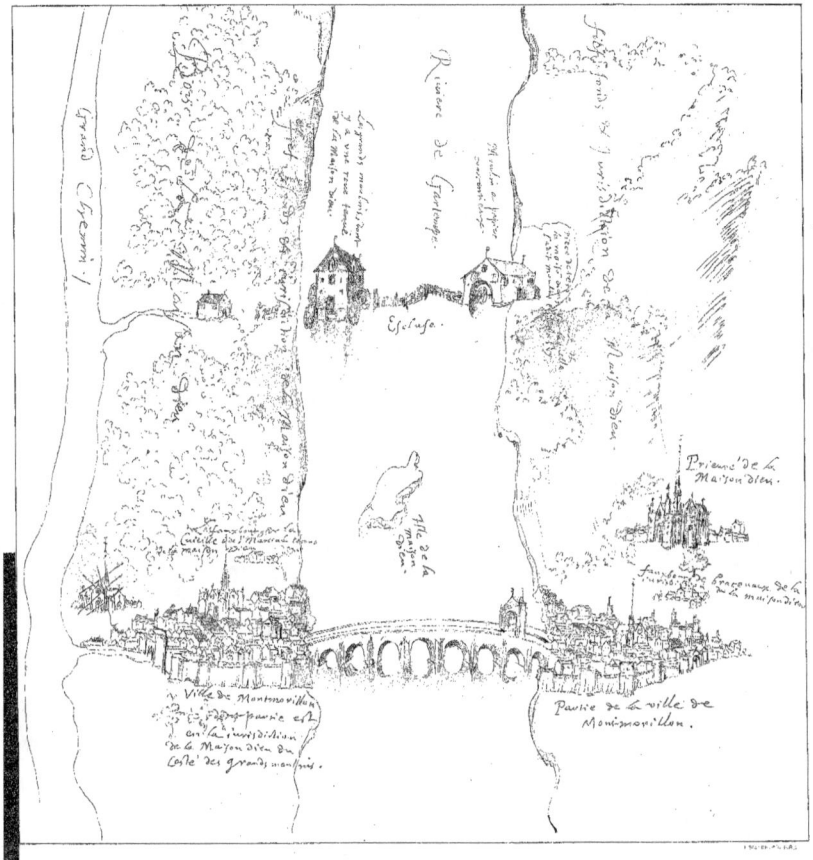

Planche 1

www.ingramcontent.com/pod-product-compliance
Lightning Source LLC
Chambersburg PA
CBHW060221230426
43664CB00011B/1501